应用统计优秀案例丛书



# 首届应用统计专业硕士优秀案例选

周勇 主编

中国统计出版社
China Statistics Press

**图书在版编目(CIP)数据**

首届应用统计专业硕士优秀案例选 / 周勇主编. ——北京 ：中国统计出版社，2016.4
(应用统计优秀案例丛书)
ISBN 978 - 7 - 5037 - 7771 - 4

Ⅰ.①首… Ⅱ.①周… Ⅲ.①统计学一案例 Ⅳ.①C8

中国版本图书馆 CIP 数据核字(2016)第 081265 号

首届应用统计专业硕士优秀案例选

作　　者/周　勇
责任编辑/姜　洋
封面设计/李雪燕
出版发行/中国统计出版社
通信地址/北京市丰台区西三环南路甲 6 号　邮政编码/100073
电　　话/邮购(010)63376909　书店(010)68783171
网　　址/http://www.zgtjcbs.com/
印　　刷/河北天普润印刷厂
经　　销/新华书店
开　　本/787mm×1092mm　1/16
字　　数/600 千字
印　　张/24.5
版　　别/2016 年 5 月第 1 版
版　　次/2016 年 5 月第 1 次印刷
定　　价/60.00 元

# 《应用统计优秀案例丛书》

## 编委会

# 《应用统计优秀案例丛书》序

统计学是关于收集、整理、分析和解释统计数据的科学，属于一门认识方法论性质的科学，其目的是探索数据内在的数量规律性，以达到对客观事物的科学认识。“由部分推及全体”的思想贯穿于统计学的始终。由于无论在科学研究还是社会生活中都有着大量的数据产生，所以统计学在自然科学、工程技术、生物医药学、经济金融、社会科学、人文和管理科学等许多学科领域都有着广泛的应用，并且推动着这些学科的发展。

统计学科既是一门具有严谨科学理论与方法体系的独立学科，同时也是与数学、工业工程、生物医学、经济学、金融学、管理科学和行为科学等多学科交叉的一门应用学科，并同这些学科相结合而发展出许多相关的统计学二级学科和学科分支。例如生物统计学、生物计量学、环境计量学、精算学和金融计量学等。

统计学科和工业工程、计算机科学、社会科学的交叉，极大地推动了社会经济、科学与管理的发展。经济金融与社会科学的现代化越来越显现出与统计科学相互交叉、渗透而发展的特色。由此可见，统计学正成为整个科学门类中重要的基础及各类应用交叉学科的核心。统计学是我国高等教育中较新的理学门类下的一级学科。

在大数据时代，统计学遇到前所未有的机遇，同时也面临极大的挑战。首先是对统计学传统的理论和方法造成极大的困扰，传统统计学的方法和理论需要发展和创新，因此也是统计学发展的机遇。对统计学的学习和教学、研究都带来新的局面。

对于应用统计教学和人才培养而言，具体和实际的案例起着重要和特殊的作用，许多拔尖的统计分析人才和经营高手还在学校学习期间，就有过把所学到的统计知识成功和有效地应用到实践之中的案例，并由此获得了应用所学统计知识的快乐和兴趣。

到目前为止，国内有关统计学的应用案例还很少，对于统计学的教学和学习仍然存在瓶颈，同时提高人们统计学的学习兴趣也不足，因此中国统计出版社出版此套《应用统计优秀案例丛书》，以期提高人们兴趣来学习统计学，并更加了解统计学的应用背景，加大统计学在学和用的有机结合的力度。对我国统计学的教育事业、人才培养发挥显著的作用。

《应用统计优秀案例丛书》选材都是来自每两年一届的全国应用统计专业硕士案例大赛获奖的优秀案例，经过编委会的精心挑选，组织修改而完成。这套书宗旨是面向大学统计专业、经济金融专业、社会科学专业和工业工程专业等的高年级学生、研究生以及青年教师，针对一些重要的统计应用领域，作较宽泛的介绍，既注重统计学的基础知识，又反映统计学具有宽广的应用领域。

这套书得到全国大部分统计学院的长期大力支持，编辑人员也为其付出了艰辛的工作。这套书凝聚了广大作者和编委会的诸多努力，仍然有许多不足，但我们相信它必将获得全国应用统计工作者、广大读者喜爱。我们真诚地希望大家关心和支持它的发展。使它越办越好，为统计教育事业做出进一步贡献。

周　勇

2015年12月

# 前　言

统计学是一门关于数据的科学和艺术。随着科学技术的发展,领域理论日益拓展和细分化,数据分析技术与工具也日益完善和先进。与此同时,统计学也得到了前所未有的分支学科的领域扩容和深层次的延伸,理工农医文,没有一个领域用不到统计学。为适应我国现代统计事业发展对应用统计专门人才的迫切需要,完善应用统计人才培养体系,创新应用统计人才培养模式,提高应用统计人才培养质量,为我国经济建设培养实用型人才,2011 年国务院学位办特设置应用统计硕士专业学位。

21 世纪,随着信息化、市场化的加深,统计学让数据"大有可观",应用统计学更是让数据变"活"、变"亲切"、变得更有价值。正是由于统计在社会经济生活中的深入应用,具有较强应用能力并能够解决重要实际问题的统计学高级应用人才的社会需求日益旺盛。为培养应用统计专业学位研究生发现问题、研究问题、解决问题和评价问题的能力以适应社会需求,并探讨适合我国应用统计硕士的教学方法,提高我国高校统计学教师在应用统计方法与案例教学方面的水平,全国应用统计专业学位研究生教育指导委员会举办了"2014 全国应用统计专业学位研究生案例大赛"。

大赛组委会于 2013 年 12 月发出比赛通知后,众多高校老师给予了大力支持,学生们也踊跃报名,积极参与。案例大赛采用小组制,每个小组由一位指导教师和三名学生组成。2014 年 7 月,经过大赛评审专家的专业评审,大赛共决出了 10 个一等奖,20 个二等奖,20 个优秀奖,为了确保比赛的专业和公允,大赛评审专家库由具备应用统计专业硕士学位授予权单位的教师组成,从专家库中随机抽取专家对参赛作品进行评审。

参赛作品涵盖了经济、金融、生物医药、工业、环境、教育、电子商务等方方面面,讨论的问题都是目前社会和生活中的热点话题,所用数据也都来自实际,更有很多案例所用的是通过亲自调查得到的一手数据;在分析问题和建模的过程中,思路开阔,统计方法多种多样,有比较经典的多元统计分析、时间序列预测等方法，也有BP神经网络、决策树、包络分析模型等较为前沿的方法，解决问题时运用的统计软件的种类也非常多，有matlab、R、SPSS、SAS、Eviews、Python等。比赛的过程和结果都充分达到了大赛的目的与预期。

为了扩大全国应用统计专业硕士案例大赛的影响力，实现举办大赛的初衷以及长期的良性发展，大赛将每两年举办一次，每次选取部分优秀案例出版案例集，作为各校案例教学的参考资料，以期在应用统计专业硕士的教学过程中，把统计知识体系渗透到案例教学，使学生在案例学习中掌握具体统计分析技术，扩展学生的眼界和思路，激发学生的学习兴趣，培养学生理论联系实际，用所学的统计方法进行统计建模和分析，解决实际问题的能力，达到更好的教学效果。

本次出版的案例是从获得一、二等奖的案例中精心挑选出来的，由于这是应用统计专业硕士案例大赛优秀案例集的第一次出版，尝试中难免会出现一些问题，如案例格式，案例编选的适用性等，这些都需要大家在实际教学和使用时发现问题，反馈问题，给我们提出宝贵的意见和建议，也希望有更多的学生和高校参与到大赛中来，以推动我国应用统计专业硕士的能力培养，推动未来应用统计人才的快速成长，推动我国统计事业的健康快速发展。

本书在编辑过程中得到全国统计界同仁的大力支持，首先要感谢首都经济贸易大学提供了大量人力和物力支持，以使此书得以顺利出版。其次感谢以下专家在本书出版前期做的大量工作，他们是陈敏、赵彦云、刘洪、顾六宝、王孟欣、郑明、朱仲义、朱建平、吴耀华、于丹、房祥忠、童行伟、张宝学、崔恒建、阮敬、毛炳寰、黄性芳、李昂、白欢朋、李钰、陈庆焕、汪红霞，正是这些工作使本书能早日与大家见面。再次，感谢编委会的认真工作，委员们多次开会讨论，不辞辛苦，最终形成本书的样稿。最后，感谢全国应用统计专业硕士的学子们，是他们积极参与案例大赛，付出艰辛的努力才使本书成为“有源之水和有米之炊”，使这本书具有新颖性和可读性。一直关心统计教育事业的各行各业广大读者，是你们的支持使得统计学的发展更上了一层楼，在此诚挚致谢！

李金昌　纪　宏

2016年2月

# 目　录

# 基于中国海南省橡胶树台风灾害易损性的统计分析

郭菲菲　李昕泽　唐思汝
（指导教师：童行伟）

北京师范大学

## 一、问题描述

### （一）选题背景及研究意义

天然橡胶因其特殊性能被广泛运用于国防、工业、交通、医药卫生领域和日常生活等方面，是四大基础工业原料之一，其重要性可以与石油、煤炭、钢铁相提并论，是国家的重要战略物资。随着经济的飞速发展，我国逐步成为了世界最大的橡胶消费国[1]。海南省是我国最大的天然橡胶生产基地，海南种植面积达到752万亩，年产干胶37.23万吨，面积和产量均占全国一半以上。海南从事橡胶产业人员已达200多万人，占海南省1/4人口，其中胶农有75万多人。

自然灾害是如今人类面临的全球性的重大问题之一，尤其是热带气旋灾害更是以发生频率高、影响最严重著称。而台风又是热带气旋中产生的危害性最严重、破坏性最大的一种天气系统。台风持续的时间虽然并不长，但由于其强大的破坏力，故一旦登陆将会对陆地上大面积的作物造成危害。与此同时，由于海南省特殊的地理位置，在热带季风气候影响下，海南省成为了我国受热带气旋影响最严重的地区之一。已收集西北太平洋1949—2009年影响海南的热带气旋就有358场，强烈的热带气旋带来了严重的人员伤亡和经济损失，特别是对海南的橡胶林造成了严重的损害。例如2005年18号台风"达维"，是近十年对海南橡胶树造成损害最大的台风，统计海南农垦区受风害3级以上的橡胶树，其中已开割橡胶树受害率达51%，未开割树受害率达33.9%，总损失金额多达24亿元。[2]

面对台风灾害给橡胶树带来的损失，运用统计方法明确致灾因子强度与损失之间的定量关系，对于识别风险、应对风险以及相关保险产品的设计均有一定的意义。实际保险理赔中，当一场台风影响过后，需要保险公司职员去到农场实地核算损失，时间耗费较长，可能耽误理赔，从而影响胶农的再生产。针对台风灾害对于海南省橡胶林造成的严重损失，对于承灾体进行合理的易损性分析，从而可以根据致灾因子强度定量判断损失情况，对于应对风险以及相关保险产品的设计均有一定的意义。之后的进一步研究则可以基于致灾因子强度和损失情况的定量关系计算保险赔付概率分布、期望损失等指标，最终完成保险指数构建，从而使得保险公司的及时理赔以保证胶农的及时投入再生产，这样对于保险公司和胶农而言是双赢的事情。

### （二）研究框架

本次研究主要针对海南省并且基于农场尺度数据进行的。海南省是我国最南端的省份，在1949—2011年间，对海南周围200公里范围内海域产生影响的热带气旋共366场，其中台风及以上强度的共230场；登陆海南的热带气旋共144场，其中台风及以上强度的89场。[3]

按照风险模型中"致灾因子—承灾体—易损性"的结构，致灾因子方面有历史实测风速以及通过风场模拟得到的模拟风速；承灾体方面，将海南橡胶林农场的空间分布信息与收集到的各农场损失数据进行匹配，建立风速与损失率对应的数据集；然后通过运用合适的函数对致灾因子强度与损失率数据进行拟合，得到易损性曲线，并研究其拟合效果；得到易损性曲线之后，按照《中华人名共和国气象行业标准》[4]按照风力等级的划分对不同风速下的损失进行离散化，得到每一个风力等级下对应的预测损失率，这样可以方便实际应用；最后，估计出损失率的方差，得到每一个风力等级下损失率的可能范围，以便于进一步识别风险和相关保险产品的设计。

## 二、数据

### （一）致灾因子数据

致灾因子数据分为实测风速和模拟风速。实测风速即历史台风气象站点观测数据，观测数据又分为人工站观测数据和自动站观测数据。取各站点在每场台风过程中所观测极大风速的最大值作为该站点的风速指标。

然而，由于海南岛内气象人工站点只有 18 个，而损失数据和农场有 72 个，无法形成风速—损失率的一一对应关系，而自动站虽然分布广泛，但是由于建站较晚，所以监测到的数据有限，无法用来进行统计分析。因此需要对每个农场分配一个适合站点，以其所测风速作为该农场的风速指标进行估算。这样就会出现不同农场对应同一风速的情况，从而产生系统误差，导致不能很好的估计风速与损失率之间的关系。因此，提高易损性模型精度的一个重要修正就是风速数据修正，实现一个农场对应一个数据。因此就需要采用风场模型得出的模拟风速进行接下来的研究。此研究采用的模拟风速是减灾与应急管理研究院的同学采取风场模型得出的结果，精确度还有待提高。并且台风风速分为极大风速和最大风速，极大风速是指某个时段内出现的最大瞬时风速（瞬时风速是指 3s 的平均风速）值；最大风速是指在某个时段内出现的最大 10min 平均风速值。由于 Usbesk 等人研究发现损失与极大风速相关性最大[5]，因此下文的研究采用的是极大风速。

### （二）承灾体数据

对于本研究，承灾体即为种植在海南省农场中的橡胶树，已收集 72 个农场及其下属 2548 个生产队的空间信息。在 1970 年到 2009 年农场橡胶种植信息方面已经收集的主要指标包括：橡胶种植面积，当年定植株数，橡胶种植总株数，已开割橡胶树面积，干胶总产量，年亩产干胶，单株年产干胶，以及由以上数据衍生出的未开割橡胶树面积、株数。

### （三）橡胶树损失数据

已收集 9 场台风损失数据，其中 0016 号“悟空”、0308 号“天鹅”、0312 号“科罗旺”及 0518 号“达维”的损失数据分布较广，且损失程度各不相同，具有良好的代表性和可计算性，因此将其作为本次案例分析使用的数据①。主要指标包括：农场名，农场中心经纬度，开割树损失金额，开割树总株数，开割树受害数，开割树受害率，开割树倒伏数，开割树半倒数，开割树断主干 2 米以下数，开割树断主干 2 米以上数，开割树全部主枝折断数；未开割树损失金额，未开割树总株数，未开割树受害数，未开割树受害率，未开割树倒伏数，未开割树半倒数，未开割树断主干 2 米以下数，未开割树断主干 2 米以上数，未开割树全部主枝折断数；总损失金额，总株数，总损失数，总损失率。根据《海南省农垦 50 年统计资料汇编》[6]将橡胶树风灾受损类型如表 1 所示。

① 本书中涉及的案例数据、程序命令等资料，读者可登陆中国统计出版社网站（网址：http://www.zgtjcbs.com）自行下载。

**表1　橡胶树风灾受损类型**

| 损失类型 | 损失情况 |
|---|---|
| 倒伏 | 指橡胶树主干倾斜超过45度，即橡胶树主干倾斜后与地平线(面)夹角小于45度 |
| 半倒 | 指橡胶树主干倾斜30度至45度，即橡胶树主干倾斜后与地平线(面)夹角大于或等于45度且小于或等于60度。 |
| 断主干<br>2米以下 | 五级风害断主干：指橡胶树主干2米以下折断，即橡胶树主干折断的断截面(部位)离地面高度小于2米(含2米) |
| 断主干<br>2米以上 | 四级风害断主干：指橡胶树主干2米以上折断，即橡胶树主干折断的断截面(部位)离地面高度大于2米(不含2米) |
| 全部主枝折断 | 指橡胶树的主枝全部折断 |

## 三、指标选取

热带气旋带来的致灾因子主要有大风、降雨以及风暴潮，基于要研究的对象为海南省橡胶树的损失率，则选取风速。并且台风风速分为极大风速和最大风速，极大风速是指某个时段内出现的最大瞬时风速(瞬时风速是指3s的平均风速)值；最大风速是指在某个时段内出现的最大10min平均风速值。对于风速由于要考虑可以导致灾害发生的极值风速，因此采用极大风速。损失数据首先橡胶树分为开割和未开割两种，每一种橡胶树的倒伏情况又分为五种分别有对应的损失数据。根据分析历史数据中的极大风速和损失率可以来预测不同风速等级下损失的状况。

## 四、统计分析

### (一)模型建立

根据风场模型得出的模拟极大风速和对应的损失率数据画出散点图，分析风速与损失率之间的相关性。通过计算pearson相关系数，得出开割橡胶树模拟极大风速与损失率的相关系数为0.525，未开割橡胶树模拟极大风速与损失率之间的相关系数为0.534，且p值均小于0.001，说明相关性是显著的。可以看出极大风速与损失率之间是存在显著的相关性的，很有研究的必要和意义。并且未开割树相关性更高一些，可能是因为幼树扎根浅，质量轻，幼嫩易损伤等。

经过实际数据的过程发现，单纯的只采用参数回归或非参数回归去研究似乎结果总是不够理想。而事实上，在研究回归问题的时候可以综合运用参数回归和非参数回归，于是就想到采用一种广义回归模型[7],[8],[9]。即$Y=g(X\beta)+\varepsilon$，其中$g$为连接函数，可以采用核光滑法或者样条光滑法进行估计[7][10]。此处基于实际问题中损失率大于0小于1，并且是单调递增的，可以取$g=\frac{e^x}{1+e^x}$、$g=\int_{-\infty}^{x}\frac{1}{\sqrt{2\pi}}e^{-\frac{t^2}{2}}dt$。

通过对历史数据的拟合效果的对比同时结合数据实际背景意义，广义线性模型更好一些，并且由于$g=\frac{e^x}{1+e^x}$、$g=\int_{-\infty}^{x}\frac{1}{\sqrt{2\pi}}e^{-\frac{t^2}{2}}dt$两种连接函数得出的拟合效果相差不多，故选用形式相对较为简单的连接函数$g=\frac{e^x}{1+e^x}$。

综上，本研究最后确定采用的易损性函数模型为：

$$Y = g(X\beta) + \varepsilon = \frac{e^{X\beta}}{1+e^{X\beta}} + \varepsilon, X = (1, x), \beta = (\beta_1, \beta_2)^T \tag{1}$$

其中 $x = (x_1, x_2, \cdots, x_n)^T$，$n$ 是样本个数，$x$ 是风速，$y$ 是损失率。

基于上一部分建立的模型对风速和损失数据进行处理得到不同类型损失的易损性曲线。为了方便实际应用，根据《中华人民共和国气象行业标准》按照风力等级的划分对不同风速下的损失进行离散化，得到每一个风力等级下对应的预测损失率。具体做法是采用每一个风力等级风速范围的中数所对应的的损失率预测值当做这个风力等级下的损失率。从而每一种橡胶树的每一种损失类型都得到从五级到大于等于十五级共 11 种损失率。

然而实际应用中只给出不同风力等级对应的损失率总是有误差存在，为了方便应用更希望给出一个损失率的置信区间。为此需要先得到估计参数的渐进正态性从而得到参数的方差，然后再计算得到损失率的方差，从而给出损失率的置信区间。

（二）参数估计的渐进正态性

由于本研究采用的易损性曲线模型是 $g(X\beta) = \frac{e^{X\beta}}{1+e^{X\beta}}$，其中估计未知参数 $\beta$ 采用的最小二乘法，即得出 $\beta$ 的估计值为

$$\hat{\beta} = arg\min_{\beta} \sum_{i=1}^{n} [y_i - g(X_i\beta)]^2 \tag{2}$$

则

$$\sqrt{n}(\hat{\beta} - \beta) \xrightarrow{d} N(o, \Sigma^*), \Sigma^* = A^{-1}\Sigma A^{-1'} \tag{3}$$

其中 $$A = \frac{1}{n}\sum_{i=1}^{n} \frac{\partial U_i(\beta)}{\partial \beta} = \frac{1}{n}\sum_{i=1}^{n} \frac{[\exp(-X_i\beta)]^2}{[1+\exp(-X_i\beta)]^4} X_i^T X_i$$

$$\Sigma = \frac{1}{n}\sum_{i=1}^{n} U_i(\beta) U_i(\beta)^T = \frac{1}{n}\sum_{i=1}^{n} \frac{[\exp(-X_i\beta)]^2 [y_i - g(X_i)]^2}{[1+\exp(-X_i\beta)]^4} X_i^T X_i$$

以上结论的具体证明过程如下：

由于 $\hat{\beta}$ 满足式(2)，则对式(2)关于 $\beta$ 求导等于 0，即

$$\sum_{i=1}^{n} [y_i - g(X_i\beta)] X^T f'(X_i\beta) = 0$$

为了方便下面的推导，将上式记作 $U_n(\beta) = \sum_{i=1}^{n} U_i(\beta) = 0$

由泰勒展式得 $$0 = U_n(\hat{\beta}) = U_n(\beta) + U'_n(\beta)(\hat{\beta} - \beta)$$

整理得 $$\hat{\beta} - \beta = -[U'_n(\beta)]^{-1} U_n(\beta) = -[\sum_{i=1}^{n} U'_i(\beta)]^{-1} \sum_{i=1}^{n} U_i(\beta)$$

$$= -\frac{1}{\sqrt{n}}[\frac{1}{n}\sum_{i=1}^{n} U'_i(\beta)]^{-1} \frac{1}{\sqrt{n}}\sum_{i=1}^{n} U_i(\beta)$$

由中心极限定理(CLT)得 $$\frac{1}{\sqrt{n}}\sum_{i=1}^{n} U_i(\beta) \xrightarrow{d} N(0, Var(U_i(\beta)))$$

且
$$\frac{1}{n}\sum_{i=1}^{n} U'_i(\beta) \xrightarrow{n\to\infty} E(U'(\beta))$$

所以
$$\sqrt{n}(\hat{\beta}-\beta) = -[E(U'(\beta))]^{-1}\frac{1}{\sqrt{n}}\sum_{i=1}^{n} U_i(\beta)$$
$$\xrightarrow{d} N(0,[E(U'(\beta))]^{-1}Var(U_i(\beta))([E(U'(\beta))]^{-1})^T)$$

记
$$A = E(U'(\beta)),\Sigma = Var(U_i(\beta))$$

则 $A$ 和 $\Sigma$ 估计值为 $\hat{A}=\frac{1}{n}\sum_{i=1}^{n}U'_i(\hat{\beta})$ 和 $\hat{\Sigma}=\frac{1}{n}\sum_{i=1}^{n}U_i(\hat{\beta})U_i^T(\hat{\beta})$。将函数 $g(X\beta)=\frac{e^{X\beta}}{1+e^{X\beta}}$ 的具体形式带入计算即可得到要证的结论。

(三)损失方差估计

根据历史样本数据可以估计出 $\beta$，之后我们想求出 $g(X\beta)=\frac{e^{x\beta}}{1+e^{x\beta}}$ 的方差，从而得到估计损失的不确定性，最后可以给出损失数据的区间估计。根据 $\delta$ 方法可以知道需要先求出 $\beta$ 的渐进正态分布的方差[11][12]。

$\delta$ 方法：设 $\beta$ 为是参数，并设 $\hat{\beta}$ 为 $\beta$ 的渐进正态估计，即 $\sqrt{n}(\hat{\beta}-\beta)\xrightarrow{d}N(o,\Sigma^*)$，又设 $g(X\beta)$ 是满足 $g'(X\beta)\neq 0$，且 $g'(X\beta)$ 为有限的函数，
则

$$\sqrt{n}[g(X\hat{\beta})-g(X\beta)]\xrightarrow{d}N(0,(g'(X\beta))^T\Sigma^* g'(X\beta)) \quad (4)$$

以上结论的具体证明过程如下：

$$g(X\hat{\beta}) = g(X\beta)+(g'(X\beta)+R_n)(\hat{\beta}-\beta)$$

当 $\hat{\beta}\to\beta$ 时，则 $R_n\xrightarrow{p}0$，从而得到 $g'(X\beta)+R_n\xrightarrow{p}g'(X\beta)$

则 $\sqrt{n}[g(X\hat{\beta})-g(X\beta)]=\sqrt{n}[(g'(X\beta)+R_n)(\hat{\beta}-\beta)]\xrightarrow{d}N(0,(g'(X\beta))^T\Sigma^* g'(X\beta))$

因此　设 $X_0=(1,x_0)$ 为历史风速数据，则

$$\sqrt{n}[g(X_0\hat{\beta})-g(X_0\beta)]\xrightarrow{d}N(0,(\frac{X_0^T\exp(-X_0\beta)}{(1+\exp(-X_0\beta))^2})^T\Sigma^*\frac{X_0^T\exp(-X_0\beta)}{(1+\exp(-X_0\beta))^2}) \quad (5)$$

从而估计出损失率 $g(X\beta)$ 的方差，进一步可以算出每一种风力等级下损失的一个范围，从而为灾害识别和保险产品设计及理赔提供依据。

## 五、案例分析及结果

通过上述研究，本次案例分析主要是基于以上方法对 0016 号“悟空”、0308 号“天鹅”、0312 号“科罗旺”及 0518 号“达维”四场典型台风的加总的模拟极大风速以及损失率的易损性分析，分别得出开割橡胶树和未开割橡胶树的五种损失类型的损失率的预测值以及方差的预测值，从而进一步得出每一级风力等级下的损失率范围的预测。具体结果如下列图表所示。

(一)开割橡胶树

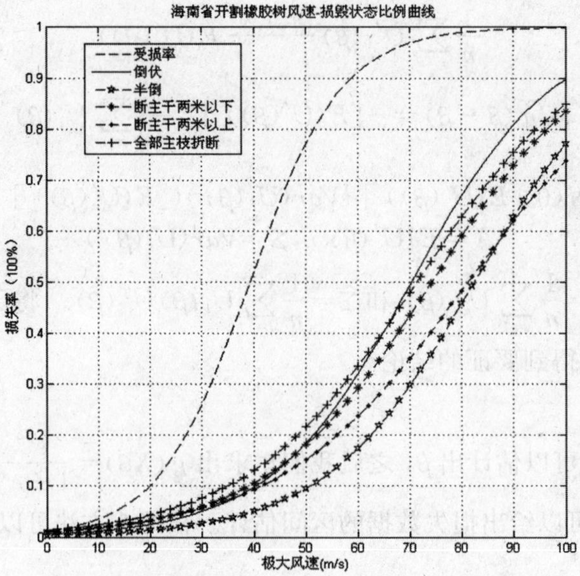


**图 1　开割橡胶树模拟风速—损毁状态比例曲线**

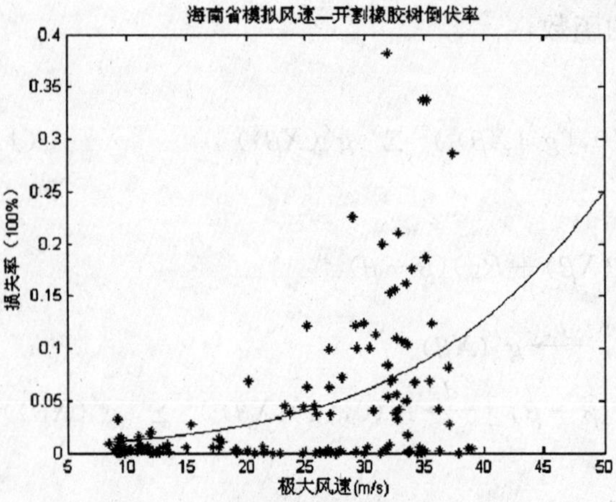


**图 2　开割橡胶树模拟风速—倒伏率**

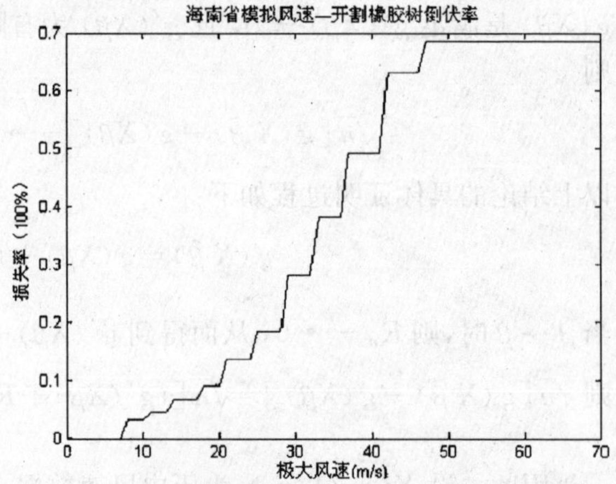


**图 3　开割橡胶树模拟风速—倒伏率阶梯函数**

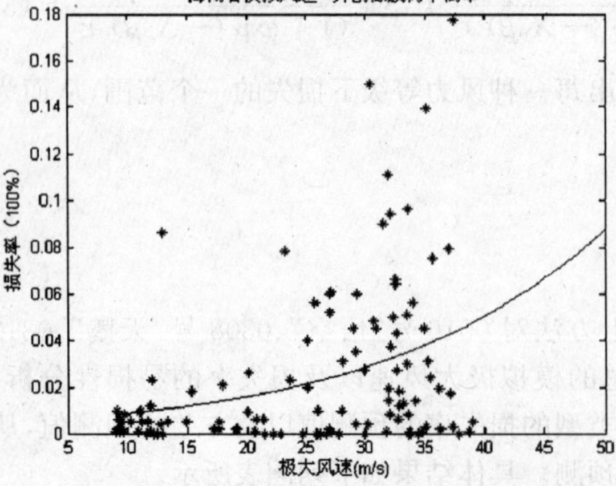


**图 4　开割橡胶是模拟风速—半倒率**

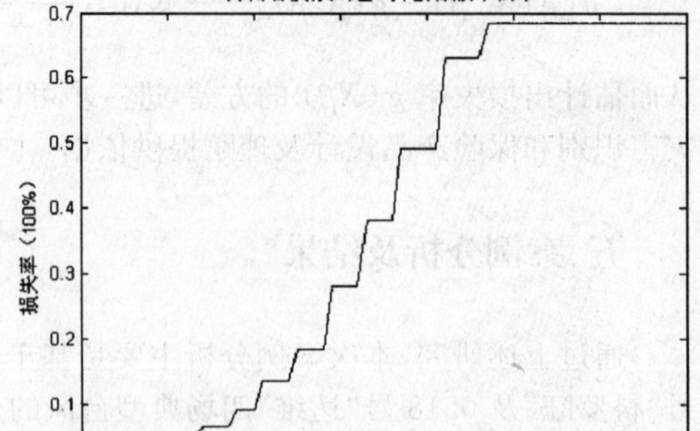


**图 5　开割橡胶是模拟风速—半倒率阶梯函数数**

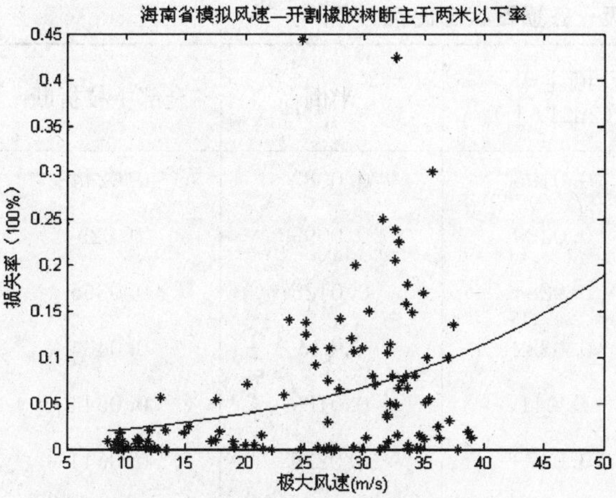


图 6　开割橡胶是模拟风速—断主干两米以下率

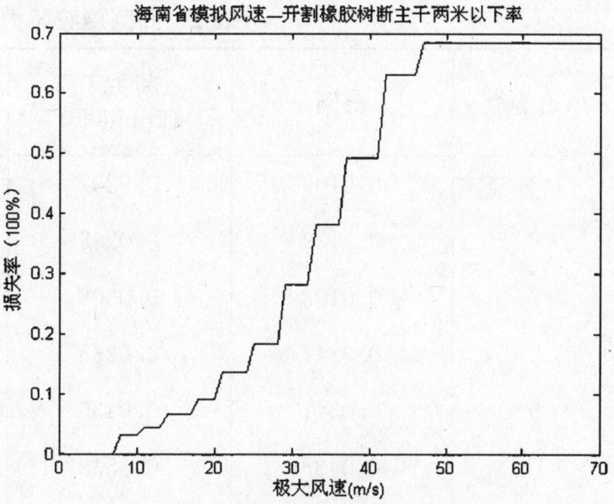


图 7　开割橡胶是模拟风速—断主干两米以下率阶梯函数

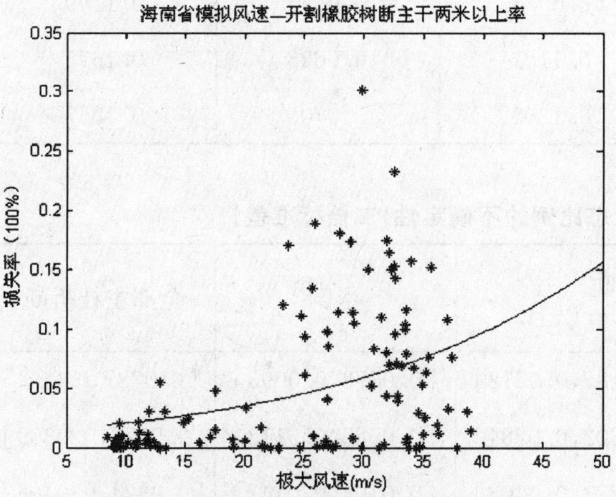


图 8　开割橡胶是模拟风速—断主干两米以上率

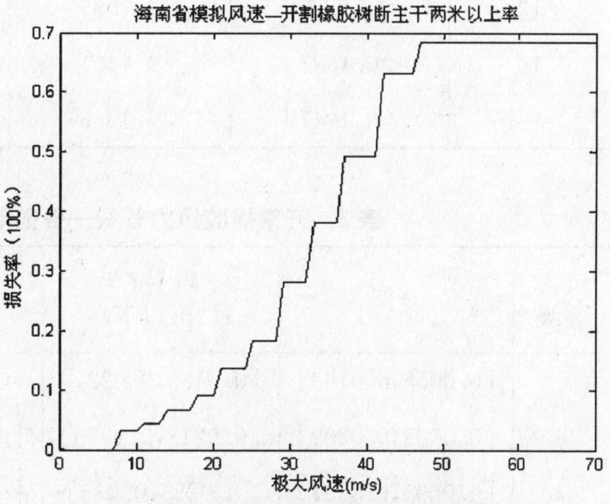


图 9　开割橡胶是模拟风速—断主干两米以上率阶梯函数

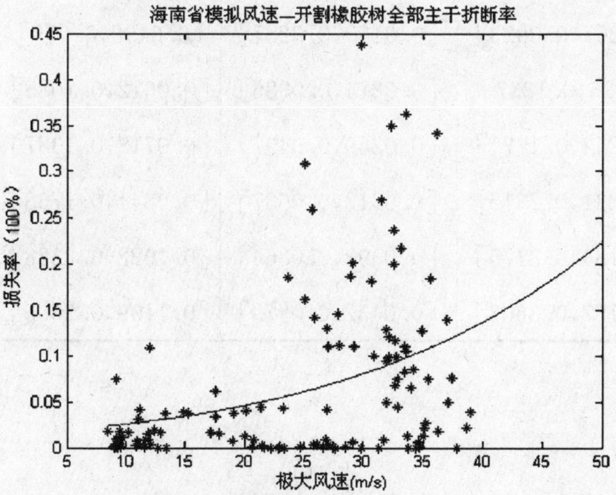


图 10　开割橡胶是模拟风速—全部主枝折断率

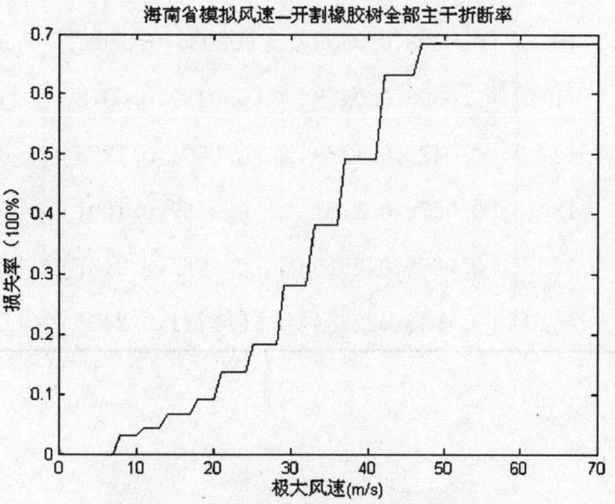


图 11　开割橡胶是模拟风速—全部主枝折断率阶梯函数

**表 2　开割橡胶风力等级—各损毁状态比例**

| 风力等级 | 全倒 | 断主干（2m 以下） | 断主干（2m 以上） | 半倒 | 全部主枝折断 |
|---|---|---|---|---|---|
| 5 | 0.0109 | 0.0207 | 0.0196 | 0.0083 | 0.0244 |
| 6 | 0.0139 | 0.0245 | 0.0229 | 0.0099 | 0.029 |
| 7 | 0.0193 | 0.0308 | 0.0284 | 0.0125 | 0.0365 |
| 8 | 0.0247 | 0.0365 | 0.0332 | 0.015 | 0.0434 |
| 9 | 0.0341 | 0.0456 | 0.041 | 0.0189 | 0.0544 |
| 10 | 0.0433 | 0.0539 | 0.0479 | 0.0225 | 0.0644 |
| 11 | 0.0643 | 0.0709 | 0.0619 | 0.03 | 0.0848 |
| 12 | 0.0875 | 0.0879 | 0.0759 | 0.0378 | 0.1053 |
| 13 | 0.118 | 0.1085 | 0.0926 | 0.0475 | 0.1299 |
| 14 | 0.1687 | 0.1401 | 0.1181 | 0.0628 | 0.1675 |
| >=15 | 0.1947 | 0.1556 | 0.1305 | 0.0706 | 0.1857 |

**表 3　开割橡胶风力等级—各损毁状态比例的不确定性(二倍标准差)**

| 风力等级 | 全倒 | 断主干（2m 以下） | 断主干（2m 以上） | 半倒 | 全部主枝折断 |
|---|---|---|---|---|---|
| 5 | [0.0055,0.0163] | [0.0193,0.022,] | [0.0187,0.0212] | [0.0073,0.0093] | [0.0237,0.025] |
| 6 | [0.0069,0.0209] | [0.0218,0.0273] | [0.0202,0.0284] | [0.0085,0.0113] | [0.0272,0.0309] |
| 7 | [0.0095,0.0291] | [0.0255,0.036] | [0.0221,0.0408] | [0.0104,0.0147] | [0.0324,0.0406] |
| 8 | [0.012,0.0373] | [0.0286,0.0443] | [0.0235,0.0528] | [0.012,0.0179] | [0.037,0.0498] |
| 9 | [0.0164,0.0518] | [0.0332,0.058] | [0.0249,0.0731] | [0.0146,0.0232] | [0.0439,0.0649] |
| 10 | [0.0208,0.0659] | [0.037,0.0708] | [0.0257,0.0923] | [0.0169,0.0281] | [0.0498,0.079] |
| 11 | [0.0308,0.0978] | [0.0439,0.0978] | [0.026,0.1337] | [0.0214,0.0386] | [0.0612,0.1085] |
| 12 | [0.0422,0.1328] | [0.0501,0.1256] | [0.0252,0.1771] | [0.0259,0.0497] | [0.0718,0.1387] |
| 13 | [0.0579,0.1781] | [0.0569,0.1601] | [0.0231,0.2315] | [0.0312,0.0637] | [0.0841,0.1758] |
| 14 | [0.0859,0.2515] | [0.0665,0.2137] | [0.0184,0.3175] | [0.0393,0.0864] | [0.1022,0.2328] |
| >=15 | [0.1012,0.2881] | [0.0711,0.2401] | [0.0157,0.3603] | [0.0432,0.0979] | [0.1109,0.2605] |

(二)未开割橡胶树

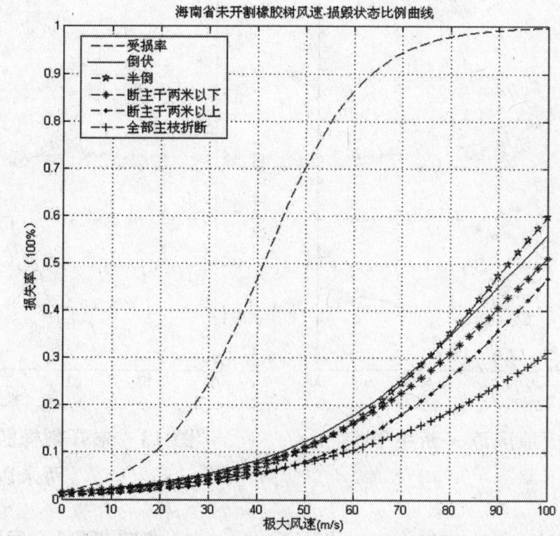


**图 12　未开割橡胶树模拟风速—损毁状态比例曲线**

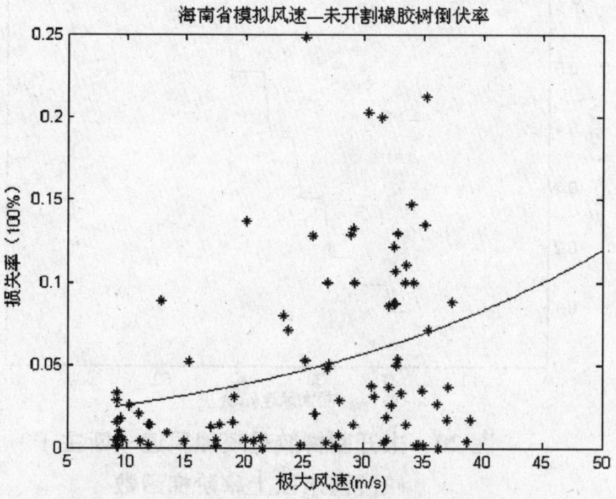


**图 13　未开割橡胶是模拟风速—倒伏率**

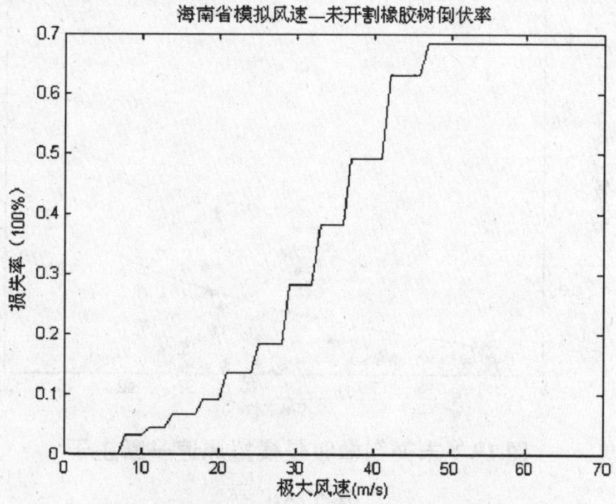


**图 14　未开割橡胶是模拟风速—倒伏率阶梯函数**

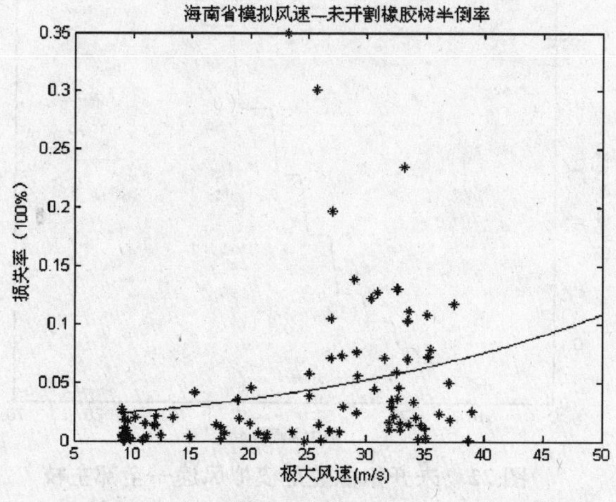


**图 15　未开割橡胶是模拟风速—半倒率**

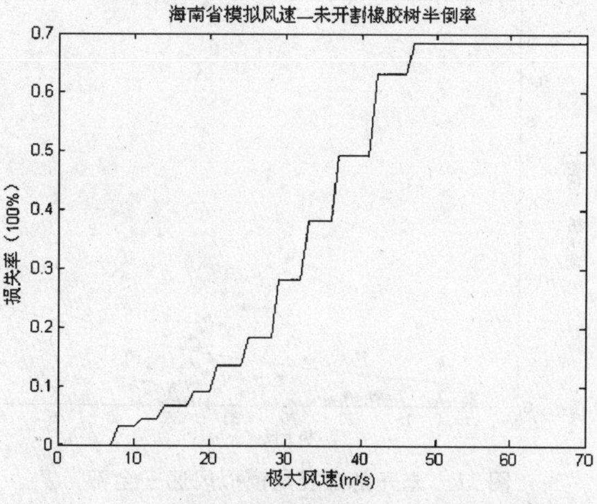


**图 16　未开割橡胶是模拟风速—半倒率阶梯函数**

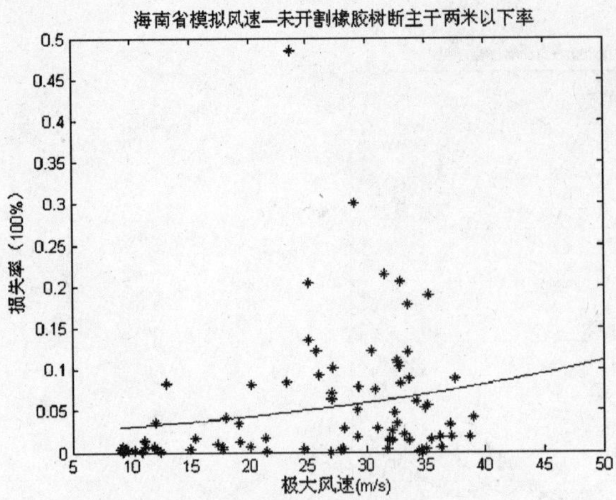


图 17　未开割橡胶是模拟风速—断主干两米以下率

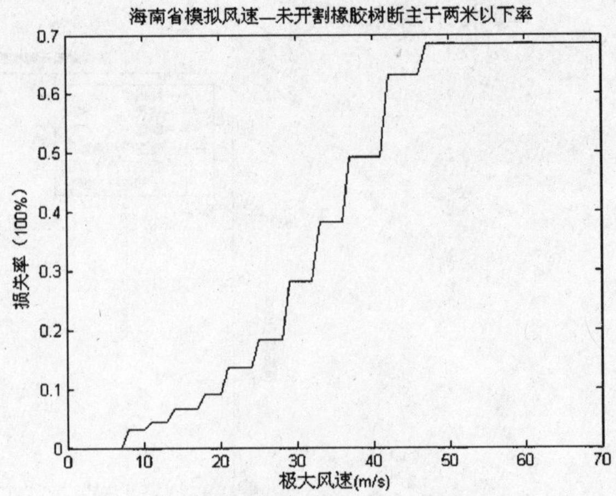


图 18　未开割橡胶是模拟风速—断主干两米以下率阶梯函数

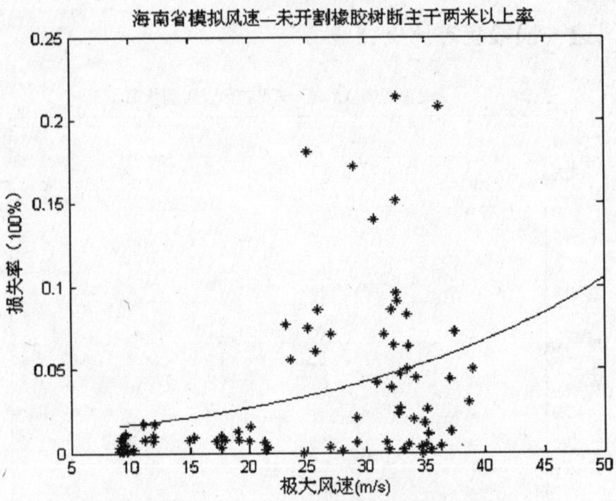


图 19　未开割橡胶是模拟风速—断主干两米以上率

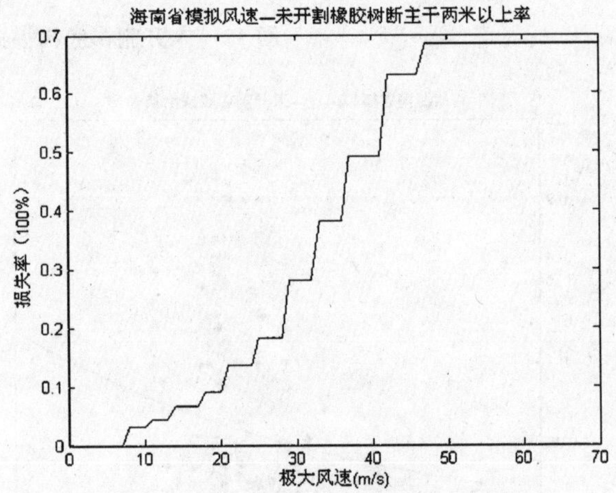


图 20　未开割橡胶是模拟风速—断主干两米以上率阶梯函数

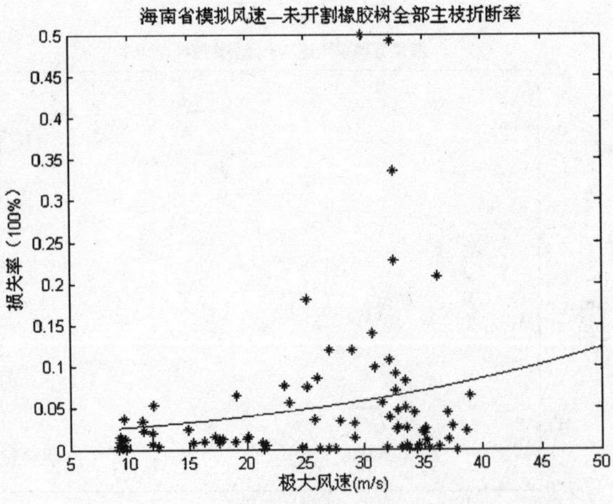


图 21　未开割橡胶是模拟风速—全部主枝折断率

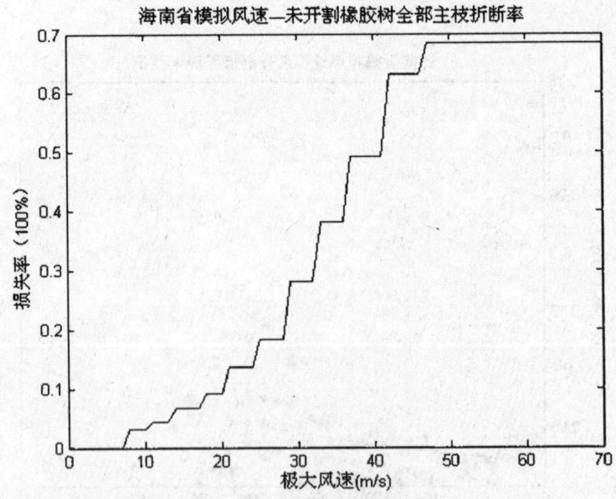


图 22　未开割橡胶是模拟风速—全部主枝折断率阶梯函数

**表 4　未开割橡胶风力等级—各损毁状态比例**

| 风力等级 | 全倒 | 断主干<br>2m 以下 | 断主干<br>2m 以上 | 半倒 | 全部主枝折断 |
|---|---|---|---|---|---|
| 5 | 0.0252 | 0.0299 | 0.0161 | 0.0236 | 0.0261 |
| 6 | 0.0283 | 0.033 | 0.0186 | 0.0265 | 0.0293 |
| 7 | 0.0332 | 0.0376 | 0.0224 | 0.0309 | 0.0343 |
| 8 | 0.0373 | 0.0415 | 0.0258 | 0.0346 | 0.0385 |
| 9 | 0.0436 | 0.0472 | 0.031 | 0.0403 | 0.0449 |
| 10 | 0.0489 | 0.052 | 0.0356 | 0.0451 | 0.0503 |
| 11 | 0.0593 | 0.0611 | 0.0448 | 0.0545 | 0.0609 |
| 12 | 0.069 | 0.0694 | 0.0538 | 0.0632 | 0.0707 |
| 13 | 0.0802 | 0.0787 | 0.0644 | 0.0732 | 0.0821 |
| 14 | 0.0966 | 0.0919 | 0.0804 | 0.0878 | 0.0985 |
| ＞＝15 | 0.1043 | 0.0981 | 0.0881 | 0.0947 | 0.1063 |

**表 5　未开割橡胶风力等级—各损毁状态比例的不确定性(二倍标准差)**

| 风力等级 | 全倒 | 断主干<br>(2m 以下) | 断主干<br>(2m 以上) | 半倒 | 全部主枝折断 |
|---|---|---|---|---|---|
| 5 | [0.025,0.0253] | [0.0193,0.0405] | [0.0142,0.0201] | [0.0225,0.0247] | [0.0256,0.0266] |
| 6 | [0.0271,0.0295] | [0.024,0.042] | [0.0156,0.0244] | [0.0253,0.0276] | [0.0281,0.0305] |
| 7 | [0.0297,0.0367] | [0.0314,0.0438] | [0.0178,0.0316] | [0.0258,0.0359] | [0.0319,0.0366] |
| 8 | [0.0316,0.043] | [0.038,0.045] | [0.0196,0.0381] | [0.0258,0.0434] | [0.035,0.042] |
| 9 | [0.0342,0.0529] | [0.0462,0.0483] | [0.0221,0.0488] | [0.0353,0.0553] | [0.0395,0.0503] |
| 10 | [0.0362,0.0617] | [0.0468,0.0573] | [0.0242,0.0585] | [0.0425,0.0658] | [0.0433,0.0574] |
| 11 | [0.0394,0.0792] | [0.047,0.0752] | [0.028,0.0786] | [0.0508,0.0872] | [0.0503,0.0715] |
| 12 | [0.0419,0.0962] | [0.0463,0.0925] | [0.0312,0.0980] | [0.0613,0.1081] | [0.0565,0.0849] |
| 13 | [0.0442,0.1163] | [0.0447,0.1127] | [0.0347,0.1237] | [0.0633,0.1331] | [0.0635,0.1006] |
| 14 | [0.0468,0.1464] | [0.0412,0.1427] | [0.0394,0.1622] | [0.0747,0.1709] | [0.0733,0.1238] |
| ＞＝15 | [0.0477,0.1608] | [0.0391,0.157] | [0.0415,0.1812] | [0.0821,0.1892] | [0.0778,0.1348] |

## 六、模型效果检验

(一)均方根误差 RMSE[13]

RMSE 表示观测值 $y$ 与预测值 $\hat{y}$ 间的差异,用来反映拟合模型的误差。在极特殊的条件下 RMSE 的最小值为零,表示 $y$ 与 $\hat{y}$ 间无差异,即模型拟合效果最好,此种情况为特例。一般情况下,RMSE 的值越小,表示拟合越精确。而且还可以对其进行统计检验。若 $RMSE < RMSE_{\alpha}$,则模型拟合效果好,$RMSE_{\alpha}$ 是概率为 $\alpha$ 时均方根误差的显著临界值,其中 $t(\alpha, n-2)$ 查表可得,$S_e = S_y / \sqrt{n}$ 是观测值的标准误。

$$\mathrm{RMSE}=\sqrt{(y_i-\hat{y}_i)^2/n} \tag{6}$$

$$\mathrm{RMSE}_{\alpha}=\sqrt{(t(\alpha,n-2)\times S_e)^2/n} \tag{7}$$

例如，计算得到开割橡胶树倒伏的损失率拟合的 RMSE＝0.0502，$\mathrm{RMSE}_{0.05}$＝0.1110，0.0502＜0.1110，所以可以得出模型拟合效果好。未开割橡胶树倒伏的损失率拟合的 RMSE＝0.0485，$\mathrm{RMSE}_{0.05}$＝0.1025，0.0485＜0.1025，表明拟合效果很好。所有损失类型的 RMSE 值如表 6 所示，可以看出所有的 RMSE 值均很小且小于临界值，说明拟合效果是比较好的。

**表 6　橡胶树风速—损失率曲线拟合 RMSE 值**

| 损失类型 | 开割橡胶树 | | 未开割橡胶树 | |
|---|---|---|---|---|
| | RMSE | $\mathrm{RMSE}_{0.05}$ | RMSE | $\mathrm{RMSE}_{0.05}$ |
| 倒伏 | 0.0502 | 0.1110 | 0.0485 | 0.1025 |
| 半倒 | 0.0279 | 0.0604 | 0.0332 | 0.0729 |
| 断主干 2 米以下 | 0.0570 | 0.1249 | 0.0504 | 0.1056 |
| 断主干 2 米以上 | 0.0498 | 0.1090 | 0.0315 | 0.0671 |
| 全部主干折断 | 0.0737 | 0.1594 | 0.0451 | 0.0920 |

（二）平均差 MD[13]

MD 是观测值 y 与预测值 $\hat{y}$ 之差的平均数。由于公式中可以正负相消，所以不一致性的随机误差被忽略了，使得 MD 主要反应一致性误差即系统误差。MD 值可正可负，越接近零表明系统误差越小。同时，MD＞0 说明预测值偏低；MD＜0 说明预测值偏高。

$$\mathrm{MD}=\sum_{i=1}^{n}(y_i-\hat{y}_{ii})/n \tag{8}$$

通过分别计算各种损失类型拟合的 MD，发现均很小，十分接近 0，说明模拟是有效的。例如，计算得到开割橡胶树倒伏的损失率拟合的 MD＝0.0015，十分接近 0，说明拟合效果很好，同时 MD＞0 说明预测值较真实值有些偏低。未开割橡胶树倒伏的损失率拟合的 MD＝0.000657，也是十分接近 0，说明拟合效果很好。

## 七、结论与讨论

以上基本上完成了本次研究，得出了易损性曲线以及损失率的预测值和范围的预测值，且结果达到了一定的精度。这样就可以将所有的历史数据纳入模型，得到基于历史损失情况的易损性模型，进而进行相关保险产品的设计。即根据模型直接得出每个风力级别可能造成损失的范围，再根据这样级别台风出现的概率得到造成这样程度损失的可能性，最后计算不同理赔程度保险应支付的保费以及根据保险合同计算最后应该赔偿的费用。

但是仍存在值得探讨和未来有待改进的地方。在数据方面，由于采用的模拟风速是根据风场模型得出的，模型的准确性会对风速有一定的影响，例如近期项目组成员正在把地形因子加到模型中，对风速进行一个基于不同地形特征的修正；损失率数据的上报和统计过程中也会有不可避免的误差。因此数据的进一步精确会使上述结果得到改进。方法方面，基于广义线性模型的连接函数并没有根据数据进行估计，而是直接采用了已有的较为成熟的集中函数形式进行比较，选择了结果较好的，在以后的研究中可以重点采用核密度光滑法估计一下连接函数。在变量方面，模型只引入了最显而易见的风速这一个变量，除此之外还有一些变量对损失有重要影响。如台风的前移速度会影响台风的停留时间，对造成的损失也会有影响，以及农场与台风中心的距离也会影响损失，等。

## 参考文献

[1] 符方雄，张德生.橡胶树风灾保险处理实践与改进[J].热带农业科技，2010:16—17.

[2] 余伟，张木兰，麦全法，等.台风"达维"对海南农垦橡胶产业的损害及所引发的对今后产业发展的思考[J].热带农业科学，2006，26(4):41—43.

[3] 国家统计局.中国统计年鉴(2010)[J].2011.

[4] 国家气象局，中华人民共和国气象行业标准[S].气象出版社，2007.

[5] Usbeck，T..Wind speed measurement and forest damage in Canton Zurich (Central Europe) from 1891 to winter 2007[J].International journal of Climatology，2009，30:347—358.

[6] 海南省农垦50年统计资料汇编编辑委员会.海南省农垦50年统计资料汇编[G].2002:247—252.

[7] 邹清明.单指标模型的几个统计推断问题的研究[D].华东师范大学，2008.

[8] Zhu Liping，Yang Xiaoyan，Yu Zhou.An analysis of single index model with monotonic link function[J].Appl. Math.J.Chinese，Univ2008，2008，23(1):107—112.

[9] Yingcun Xia.Asymptotic Distributions for Two Estimators of the Single-Index Model，Econometric Theory [J].2006，22(6):1112—1137.

[10] 王星.非参数统计[M].北京：清华大学出版社，2009:213—218.

[11] 郑忠国，童行伟，赵慧.高等统计学[M].北京大学出版社，2012:140—142.

[12] T.W.Anderson.An introduction to multivariate statistical analysis[M].A John Wiley & Sons，Inc，2003:131—133.

[13] 周鸿飞.回归模型拟合效果的定性与定量分析[J].辽宁农业科学，2002(3):21—22.

## 附录:本案例所使用的 MATLAB 软件程序命令

```
% 拟合
X=[ ]; % 风速
y0=[ ]; % 损失
y=y0. /100;
fun=inline('1. /(1-exp(-b(1)-b(2). * x))','b','x');
[b1,r]=lsqcurvefit(fun,[0,0],x,y);
xx=min(x):0. 1:50;
y1=1. /(1-exp(-b1(1)-b1(2). * xx));
plot(x,y,'* ')
xlabel('极大风速(m/s)');ylabel('损失率(100% )');
title('海南省模拟风速—未开割橡胶树倒伏率');
hold on
plot(xx,y1,'r-')
hold off;

% 计算方差
X=[ones(1,size(x,1));x']';
sum=zeros(2,2);
for i=1:size(x,1)
sum=sum-((exp(-X(i,:)* (b1'))). ^2. /(1-exp(-X(i,:)* (b1'))). ^4). * ((X(i,:))'* X(i,:));
end
A=sum. /size(x,1);
sum1=zeros(2,2);
for m=1:size(x,1)
sum1=sum1-(((y(i,1)-(1. /(1-exp(-X(i,:)* (b1'))))). ^2). * (exp(-X(i,:)* (b1'))). ^2. /(1-exp(-X(i,:)*
(b1'))). ^4). * ((X(i,:))'* X(i,:));
end
B=sum1. /size(x,1);
C=inv(A)* B* ((inv(A))');
D=zeros(2,size(xx',1));
for i=1:size(xx',1)
D(:,i)=([1,xx(i)]'. * exp(-b1(1)-b1(2). * xx(i))). /((1-exp(-b1(1)-b1(2). * xx(i))). ^2);
end
w=zeros(size(xx,2),1);
W=zeros(size(xx,2),1);
s=zeros(size(xx,2),1);
for i=1:size(xx,2)
```

```
w(i,:)=D(:,i)′* C* D(:,i);
W(i,:)=w(i,:). /size(xx,2);
s(i,:)=sqrt(W(i,:));
end

% 画置信区间图
y2=1. /(1-exp(-b1(1)-b1(2). * xx));
y3=y2-2* s′;
y4=y2-2* s′;
plot(x,y,′* ′)
xlabel(′极大风速(m/s)′);ylabel(′损失率(100% )′);
title(′海南省模拟风速—未开割橡胶树倒伏率及 95% 置信区间′);
hold on
plot(xx,y2,′r-′)
hold on
plot(xx,y3,′b-′)
hold on
plot(xx,y4,′b-′)
hold off;

% 画阶梯函数图像
fun=@ (x)1. /(1-exp(4. 3654-0. 1094. * x));
x=0:1:70;
F=Pie_x(fun,x);
plot(x,F)
xlabel(′极大风速(m/s)′);ylabel(′损失率(100% )′);
title(′海南省模拟风速—开割橡胶树倒伏率′);
hold on
plot(x,y,′* ′)
hold off;

% 离散化
h=[9 12 16 19 23 26 31 35 39 44 46. 1];
m=1. /(1-exp(4. 0788-0. 0395. * h));
m′-2* s
m′-2* s

% 开割橡胶树
x=0:0. 1:100;
yy=1. /(1-exp(4. 4417-0. 1131. * x));
```

```
yy1=1. /(1-exp(5. 2601-0. 0833. *  x));
yy2=1. /(1-exp(5. 3160-0. 0594. *  x));
yy3=1. /(1-exp(4. 3838-0. 0584. *  x));
yy4=1. /(1-exp(4. 4041-0. 0544. *  x));
yy5=1. /(1-exp(4. 2259-0. 0596. *  x));

% 未开割橡胶树
x=0:0. 1:100;
yy=1. /(1-exp(4. 0782-0. 0989. *  x));
yy1=1. /(1-exp(4. 0224-0. 0406. *  x));
yy2=1. /(1-exp(4. 0788-0. 0395. *  x));
yy3=1. /(1-exp(3. 7862-0. 0340. *  x));
yy4=1. /(1-exp(4. 5408-0. 0478. *  x));
yy5=1. /(1-exp(3. 9823-0. 0402. *  x));

% 画图
plot(x,yy,'b-');
xlabel('极大风速(m/s)');ylabel('损失率(100% )');
hold on;
plot(x,yy1,'r-');
hold on;
plot(x,yy2,'g-');
hold on;
plot(x,yy3,'m-');
hold on;
plot(x,yy4,'y-');
hold on;
plot(x,yy5,'k-')
title('海南省未割橡胶树风速-损毁状态比例曲线');
legend('受损率','倒伏','半倒','断主干两米以下','断主干两米以上','全部主枝折断');
axis square;
grid on;
hold off;
function F=Pie_x(fun,x)
F=0.*  (x<8.0)+fun(9.0).*  (x>=8.0&x<10.7)+fun(12.0).*  (x>=10.7&x<13.8)+fun(16.0).*  (x>=13.8&x<17.1)+fun(19.0).*  (x>=17.1&x<20.7)+fun(23.0).*  (x>=20.7&x<24.4)+fun(26).*  (x>=24.4&x<28.4)+fun(31.0).*  (x>=28.4&x<32.6)+fun(35.0).*  (x>=32.6&x<36.9)+fun(39.0).*  (x>=36.9&x<41.4)+fun(44.0).*  (x>=41.4&x<46.1)+fun(46.1).*  (x>=46.1);
end
```

（审稿人：岳荣先　张鸣芳、常　宁）

# 某石油公司成品油调价策略分析

李　超　矫雨驰　冯晓明
（指导教师：阮　敬）
首都经济贸易大学

## 一、研究背景概述

在我国竞争日趋激烈的成品油市场上，现存的成品油销售企业面对着巨大的生存压力，即使是像本案例的研究对象——我国该石油公司这样占据绝对优势市场地位的企业也不能例外。该石油公司自 1999 年成立以来，经过十几年的发展，成为中国油气行业占主导地位的油气生产商和销售商，也是世界上最大的石油公司之一。然而目前在我国市场需求趋于稳定的形势下，某石油公司想要提升销售品质与销售额、再占据更多市场份额，主要面临两大难题：

一是同业市场竞争激烈，主要包括石油的国有企业、外资企业和民营企业。据统计，2012 年时某石油公司自身占据中国成品油市场份额的 20.22%，与某石油公司比肩的另一大石油产品供应商，拥有更广阔的市场环境、加油站质量也略高一筹，获得了高于 30%的市场，而且自 2007 年政府取消对成品油批发企业加油站数量的限制后，民营加油站数量激增，这些社会加油站的运营灵活、价格优惠，拥有了 46.04%的市场份额；进入中国市场的跨国石油公司如壳牌、道达尔等，虽然还没有形成强大完备的市场，但具有独具特色的经营理念，竞争力仍然不容小觑；

二是政府对成品油价格的管控。一直以来，国家对成品油的管理处于不断完善中，但成品

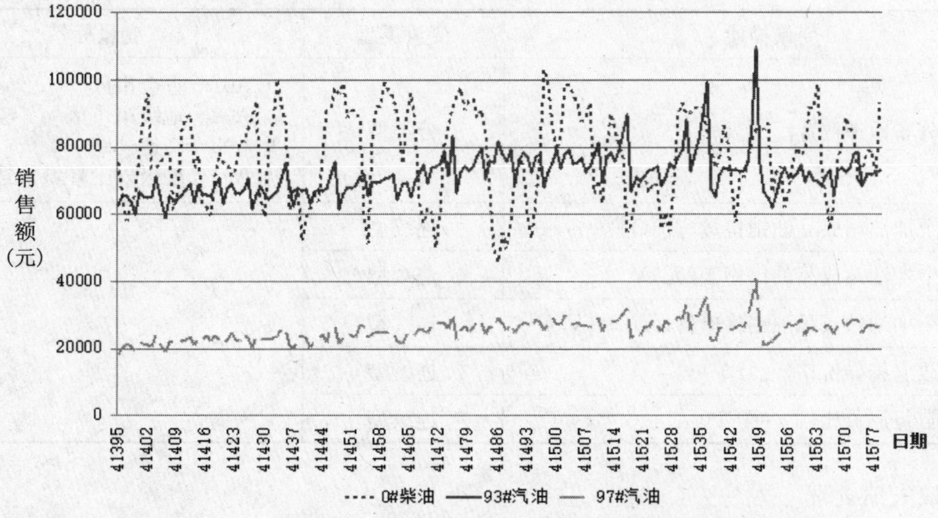


**图 1　2013.5.1～2013.10.31 某石油公司某市各标号成品油销售额**

注：图中日期数值为 SAS 的日期戳，1960 年 1 月 1 日数值为 1。

油的定价机制仍然没有完全放开，零售的最高限价仍由国家掌控，调整时间和幅度也不能完全由市场自主决定，这大大限制了某石油公司的营业收入和利润。实际情况可以从图 1 看出，2013.5～2013.10 期间，某石油公司在某市的销售额呈现缓慢增长的趋势。

在实际的成品油市场中，政府为零售企业制定最高限价，但允许各石油公司在最高限价的基础上根据成本、地区等因素的不同自行调整零售价格。某石油公司邀请本案例项目组参与课题研究，探讨在目前严峻的市场形势和定价模式下如何通过自身调价提高销售额。

本案例从统计模型角度出发，通过对以上六个月的销售数据分析，找出某石油公司在某省能够获得最大销售额时的价格微调情况，为将来某石油公司在某省的各个加油站的定价策略提供参考，有助于某石油公司成品油销售情况的整体改观，实现提高企业利润、占据更多的市场份额的目标。

## 二、数据和模型简介

### (一)数据说明

为进行本次课题研究，该石油公司某省分公司提供的可供分析使用的数据为该省 523 个该石油公司集团加油站的设施和销售情况，具体包括的变量有：每个加油站在该省分布的地理位置(A01－省会市区、A02－地级市市区、A03－高速公路、A04－地级以上环城快速路)、每个加油站的油罐数量、每个加油站的油枪数量、184 天(2013.5.1～2013.10.31)中每天每个加油站 93＃、97＃汽油和 0＃柴油的销售量(升)、184 天(2013.5.1～2013.10.31)中每天每个加油站 93＃、97＃汽油和 0＃柴油的销售额(元)。为配合研究目标要求，本案例项目组还查阅了 2013.5.1～2013.10.31 期间该省 93＃、97＃汽油和 0＃柴油的政府指导价格。

1. 变量筛选与数据准备

本次案例统计分析过程以该省省会城市 82 个加油站 184 天(2013.5.1～2013.10.31)中成品油的销售情况数据为基础，需要用到的变量及标识符号如表 1 所示。

**表 1　变量及标识符号**

| 变量描述 | 变量类型 | 变量标签 |
| --- | --- | --- |
| 加油站分布地理位置 | 分类型 | A01－省会市区<br>A02－地级市市区<br>A03－高速公路<br>A04－地级以上环城快速路 |
| 每天每个加油站成品油销售量(升)Q | 连续型 | — |
| 每天每个加油站成品油销售额(元)V | 连续型 | |
| 每天每个加油站成品油销售单价(元)P＝V/Q | 连续型 | |
| 成品油政府指导价格(元)P0 | 连续型 | |
| 加油站自行调价比例 x＝P/P0 | 连续型 | |

2. 缺失值处理

实际数据中，缺失值的现象非常常见，在收集、记录、保存过程中的疏忽或错误都可能导致数据的删失、截断。这种粗糙数据遗失了部分信息，也成为统计研究工作的障碍。在进行数据分析前，对缺失值的处理是非常必要的。原始数据中的82个加油站中有27个在上述变量中出现缺失值，具体的缺失值情况如表2。

表2　原始数据缺失值情况

| 加油站代码 | XA03 | XA04 | XA0B | XA0J | XA0N | XA0O | XA0S | XA0X | XA17 |
|---|---|---|---|---|---|---|---|---|---|
| 缺失值数量 | 80 | 5 | 87 | 22 | 1 | 50 | 1 | 4 | 7 |
| 加油站代码 | XA1E | XA1K | XA1O | XA1R | XA1W | XA20 | XA22 | XA28 | XA2D |
| 缺失值数量 | 2 | 31 | 1 | 1 | 2 | 10 | 9 | 2 | 36 |
| 加油站代码 | XA2G | XA2H | XA2P | XA2W | XA2X | XA2Y | XA2Z | XA31 | XA32 |
| 缺失值数量 | 137 | 58 | 33 | 33 | 32 | 31 | 31 | 127 | 128 |

对缺失值的处理方法总体上可分为删除含缺失值的个案和对缺失值进行插补。然而若对原始数据删除过多会丢失大量总体信息、失去全面性，在后续的统计建模中会影响模型质量、限制模型的应用范围；若对原始数据中的缺失值进行大量填补，会导致数据整体失真，过于理想化的数据不能有效提供总体的实际信息，同样影响统计模型的有效性。兼顾以上两方面情况，我们决定将含超过10个缺失值的加油站(共15个)删除不予考虑，对含10个及以下缺失值的个案用当天同一类位置加油站的销售量的均值进行填补，插补率不高于5%以维持原始数据的真实性。

经过缺失值处理后，本次研究中使用的数据来自该省某市67个该石油公司加油站。

(二)模型简介

1. 多元线性回归模型

在统计学中，线性回归(Linear Regression)通常用来分析一种现象和一个或多个因素之间的联系，该模型是对一个或多个自变量和因变量之间的依赖关系建立一个线性模型，使用已有数据对模型参数进行估计，通过一系列统计量评估拟合的线性方程，在评估的基础上加以修正后即可应用。具体的多元线性回归模型如下：

$$y=\beta_0+\beta_1 x_1+\beta_2 x_2+\cdots+\beta_k x_k+\varepsilon \tag{1}$$

由该模型可以知道，在其他条件不变的情况下，自变量每变化一个单位，会使得因变量 $y$ 的均值相应变化 $\beta_i$ 个单位。估计的多元线性回归模型可以用作评价各因素 $x_i$ 对 $y$ 的影响大小，或对于给定的 $x_i$ 值可预测 $y$ 的个别值或均值。

2. 线性规划模型

线性规划(Linear Programming)是运筹学的一个重要分支，它能够帮助人们进行科学管理，因此在经济、管理、运输、工业生产等活动中应用非常广泛。线性规划要解决的问题是如何在完成既定的目标时消耗最少的资源，或是如何在资源投入一定时实现产出的最大化。在实际中许多最优化问题都可以转化为线性规划问题进行求解，从而实现资源的合理配置、达到预期的生产目标。

线性规划模型由三个要素组成：①决策变量，是问题中要确定的未知量。它表明规划中的用数量表示的方案、措施，可由决策者决定；②目标函数，是对问题所追求的目标的数学描述，按优化目标分别在这个函数前加 min 或 max；③约束条件，是决策变量取值受到的各种资源条件的限制，通常表达为含决策变量的等式或不等式。

线性规划问题的解就是所有满足约束条件的决策变量的取值中能够使目标函数最大或最小的一组解。

## 三、模型建立

由图 1 可知，某省该石油公司不同标号成品油的销售情况明显存在差异，用方差分析也能验证(F=1927.65，过程略)，因此在进行分析时需要将成品油标号分开考虑。由于篇幅所限，详细建模过程以该石油公司在该省省会城市 93＃汽油 184 天的销售数据为例给出，其他标号汽油的分析仅将结果以表格形式列出，不再赘述。

(一)整体模型

1. 销售额的影响因素探究

将 67 个加油站每天的销售额、销售量按天平均，得到每一天某市各加油站的平均销售额、平均销售量。通过计算日均销售单价和日均销售量的相关系数为 0.18 可知，在现行价格下，单价对于销售量的影响几乎可以忽略，在我国对于成品油的需求一直是一种刚性需求，尤其在国家价格管控、某石油公司中石化等大型国企领导的成品油市场下，价格波动幅度小，且成品油的供求关系受到价格影响很小。因此在建立模型时以平均销售额作为因变量，平均销售量、每天的政府指导价格、加油站调价比例作为自变量，且销售量和销售价格之间不存在影响模型参数估计和检验的多重共线性问题。参照经济学中柯布—道格拉斯生产函数建立一个多元模型(2)，其中 $\alpha$、$\beta_i(i=1,2,3)$为未知参数。

$$V=\alpha P_0^{\beta_1}x^{\beta_2}Q^{\beta_3}e^{\mu} \tag{2}$$

将模型两边分别取对数，既消除了原有数据的异方差性又能够使之线性化，即：

$$\ln V=\ln\alpha+\beta_1\ln P_0+\beta_2\ln x+\beta_3\ln Q+\mu \tag{3}$$

利用最小二乘估计对模型的未知参数进行估计，修正后得到最优结果如下：

$$\ln V=1.028\ln P_0+1.036\ln x+1.000\ln Q-0.052$$

$$(771.42)\quad(508.43)\quad(2077.46)\quad(-10.70)$$

$$\bar{R}^2=0.999\quad F=2174807\quad P-value<0.0001$$

方程的拟合效果很好，政府指定价格 $P_0$(对数)、日销售量 $Q$(对数)、企业自行调价比例 $x$(对数)三个变量能够解释销售额 $V$(对数)总变化程度的 99.99%，且各自变量的偏回归系数显著，方程整体显著。模型中 $\beta_1=\dfrac{\partial(\ln V)}{\partial(\ln P_0)}=1.028$、$\beta_2=\dfrac{\partial(\ln V)}{\partial(\ln x)}=1.036$、$\beta_3=\dfrac{\partial(\ln V)}{\partial(\ln Q)}=1.000$，分别为政府定价、企业自行调价比例、销售量对销售额的弹性。即以 $\beta_1$ 为例，在其他条件不变时，政府限价每增加一个百分点，平均销售额将增加 1.028%。由估计方程可以看出，对销售额影响最大的是各加油站在政府指导价格下的自行调价比例。利用拟合方程提供的信息，并结合实际情况，关于使得销售额 $V$ 最大化的研究目标，我们可以给予以下考虑：

一是国家发改委为稳定成品油市场给出了零售价格的最高限价，在政府指导价格的实施下，$P_0$ 变动对销售额 $V$ 所产生的影响属于外部因素，不能被石油企业自行控制；

二是在正常的商品经济供求关系中，如果我国的成品油零售价格大幅变动，会导致销售量

$Q$ 的大幅变动，符合基本经济规律。但在目前，我国的成品油零售市场中供应量迅速扩张、需求量滞后的局面下，由于政府对价格的控制，长期看来，在售价没有明显降低的前提下销售量难以有明显增长；

三是该石油公司在该省省会城市的调价比例如果过高，容易失去同业竞争力，导致客户流失到竞争对手一方，但如果比例过低，又不满足企业追求利润最大化的诉求。因此参照现有调价比例和对应的销售额，我们需要重新寻找更加合理的定价策略，最终达到提高销售额、实现在控制成本基础上的利润最大。

2. 销售量与价格关系

在本案例中，93＃汽油的零售价格变化幅度约为 0.5 元，在价格与销售量的相关性度量中发现该零售价格的变动对销售量的影响非常微弱。如前所述，由于在需求曲线上，$\Delta P \to 0$，因此 $\Delta Q \to 0$，实际中便呈现出好像违反了经济学中需求和价格反向变动关系的现象。但在构建模型时，我们需要刻画出整条需求曲线，作为企业在制定零售价格时的最终约束，以保证价格对需求量的影响控制在严格的范围内。

结合经济学理论以及实际的价格制定规则，通过现有数据可以拟合出很多需求曲线，但经过模型的对比以及效果评价，最终取用以下需求函数：

$$\ln Q = |\ln x|^{-0.205} \cdot \ln P_0^{2.692} \quad (R^2 = 0.999) \tag{4}$$

3. 销售额最大化的定价策略

由上述分析可知，想要达到一定期间内销售额 $V$ 最大，关键是解决好企业如何在政府指导价格下指定合理可行的自行调价比例。因此引入线性规划模型来解决定价和销售额的最优化问题，具体的模型如下：

$$\begin{aligned} &\max V = e^{-0.052} P_0^{1.028} x^{1.028} Q \\ &s.t. \begin{cases} 92\% \leqslant x \leqslant 100\% \\ \ln Q = |\ln x|^{-0.205} \cdot \ln P_0^{2.692} \end{cases} \end{aligned} \tag{5}$$

利用线性规划思想，找出约束方程构建的曲面空间和目标函数的切点，得到在 $x = P_0^{-0.076}$ 时候最大化的 $V$=16,005,836,803.20，而实际 2013.5.1～2013.10.31 期间，该石油公司在该省省会城市获得的销售额为 15,039,536,988.10 元。若按最优解的定价方式制定 93＃汽油的零售价格，该石油公司的销售额会在这六个月内增加 966,299,815.10 元。

(二)局部定价策略制订方案

本案例中的某石油公司加油站分布在该省会城市不同位置，分别为 A01－省会市区 14 个、A02－地级市市区 8 个、A03－高速公路 31 个、A04－地级以上环城快速路 14 个。若将销售额按照地理位置进行分类，由图 2 可知，不同地理位置的销售额有一定差异。

进一步使用方差分析可知，四个组别之间销售额的均值存在显著差异，这一点使用方差分析也可验证(F=6781.14，过程略)。然而如下图 3 所示，四个地理位置的 93＃号汽油零售价格差异非常小。

不同地理位置的加油站每天的销售额存在显著差异，而其零售价格受全市整体控制没有明显差异，这说明加油站每天的销售量受到位置因素影响很大，进一步可以推测出处在不同地理位置上的加油站在销售量、销售额方面受到价格波动的影响也存在差异。在销售额最大化的企业目标的指引下，可以考虑为不同地理位置的加油站制定相应的一套定价策略，使之更加科学

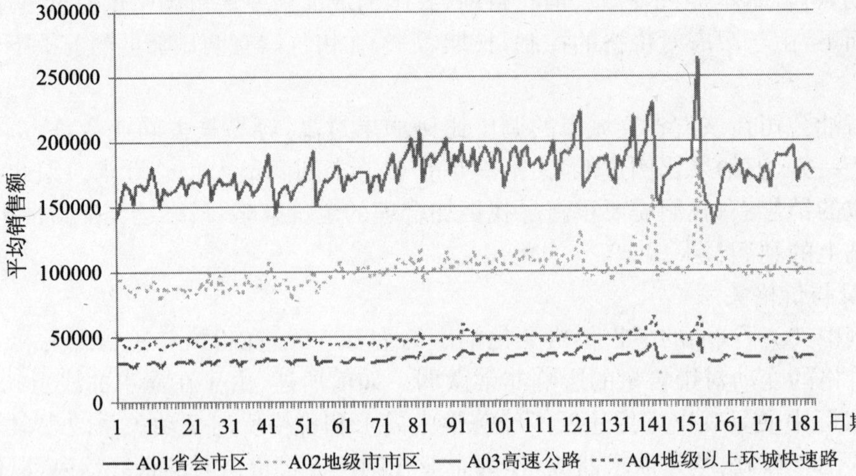


**图 2　2013.5.1.～2013.10.31 分位置某石油公司加油站平均销售额**

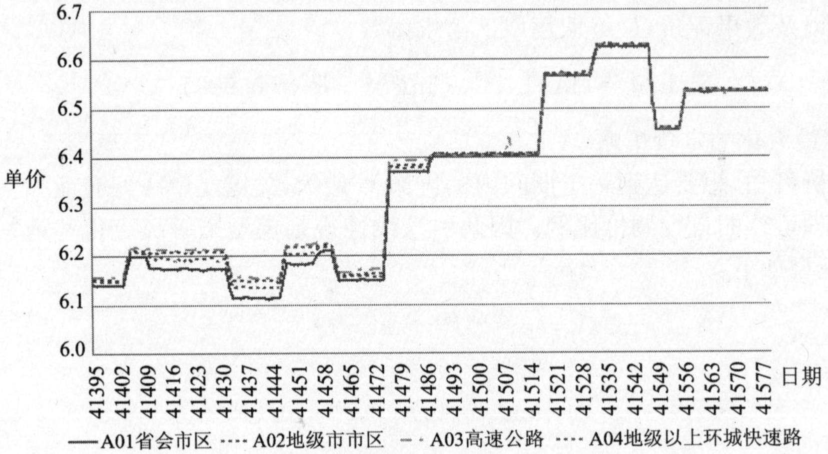


**图 3　各位置加油站 93＃汽油零售单价**

合理地经营、有效提高销售额。

模拟整体模型，对分布在四个位置的加油站的销售情况分别建立线性规划模型，找出每个位置模型的最优解，从而根据计算结果制定分位置的零售价格定价策略。具体的模型和计算结果如表 3 所示。

**表 3　分位置定价模型**

| 位置 | 目标函数 | 约束条件 | 定价方程 | 实际销售额(元) | 预计销售额(元) |
|---|---|---|---|---|---|
| A01 | $\max V = e^{-0.017} P_0^{1.009} x^{1.008} Q$ | $\ln Q = \lvert \ln x \rvert^{-0.205} \cdot \ln P_0^{2.796}$ | $x = P_0^{-0.073}$ | 457,969,224 | 540,539,314.4 |
| A02 | $\max V = e^{-0.034} P_0^{1.015} x^{1.020} Q$ | $\ln Q = \lvert \ln x \rvert^{-0.207} \cdot \ln P_0^{2.702}$ | $x = P_0^{-0.078}$ | 148,119,084.8 | 150,951,610.7 |
| A03 | $\max V = e^{-0.016} P_0^{0.995} x^{0.997} Q^{0.999}$ | $\ln Q = \lvert \ln x \rvert^{-0.199} \cdot \ln P_0^{2.542}$ | $x = P_0^{-0.076}$ | 185,352,988.7 | 174,729,976 |
| A04 | $\max V = e^{-0.030} P_0^{1.017} x^{1.024} Q$ | $\ln Q = \lvert \ln x \rvert^{-0.193} \cdot \ln P_0^{2.623}$ | $x = P_0^{-0.074}$ | 121,219,466 | 129,574,590 |
| 合计 | — | | | 912,660,764 | 995,795,491.10 |

实际价格和各位置按定价方程调整后的调整价格如图 4。

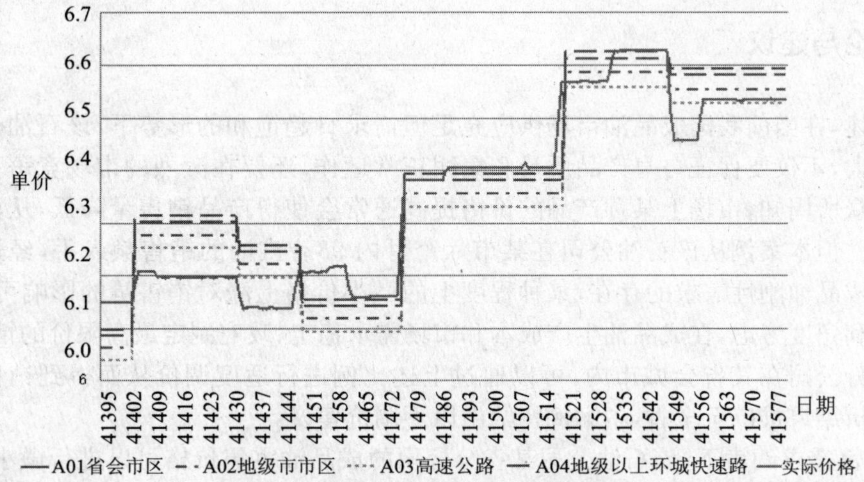


**图 4 实际价格与各位置建议调整价格**

在定价方程 $x=P_0^{\alpha}(\alpha<0)$ 中，$\alpha$ 越大，则说明石油公司制定的零售价格应该更加贴近政府制定的最高限价，诸如像 A01(市区)内对成品油的刚性需求更大一些，价格的微小上浮对总体的销售额增加有利，因此在以省会市区为中心到环城公路的范围内，市场能够接纳的零售价格更高；而在人流量大、消费个体不固定的高速公路加油站或人口密度、消费水平相对较低的地级市区内加油站，市场有限、同业竞争力更大，相比省会城市，这些区域内的销售量更容易因价格上浮而受到损害，石油公司在制定定价方式时要更加关注调价与其市场份额的影响。

(三)其他标号汽油调价策略

由以上模型分析过程可以类似得到 97＃汽油和 0＃柴油的相关调价方案如表 4 所示。

**表 4 其他标号成品油调价策略**

| 标号 | 位置 | 定价方程 | 实际销售额(元) | 预测销售额(元) |
|---|---|---|---|---|
| 97＃汽油 | A01 | $x=P_0^{-0.075}$ | 116,334,317.1 | 119,607,123.6 |
| | A02 | $x=P_0^{-0.080}$ | 37,227,528.42 | 36,743,313.44 |
| | A03 | $x=P_0^{-0.078}$ | 38,162,221.55 | 36,997,594.33 |
| | A04 | $x=P_0^{-0.075}$ | 22,568,141.65 | 21,015,946.97 |
| | 合计 | — | 214,292,208.7 | 221,363,978.34 |
| 0＃柴油 | A01 | $x=P_0^{-0.031}$ | 224,426,495.9 | 269,895,126.9 |
| | A02 | $x=P_0^{-0.037}$ | 176,216,375 | 221,393,681.3 |
| | A03 | $x=P_0^{-0.029}$ | 404,937,321.1 | 472,688,492.7 |
| | A04 | $x=P_0^{-0.029}$ | 170,984,258.9 | 193,920,322.7 |
| | 合计 | — | 976,564,451 | 1,157,897,624 |

按照模型给出的调价策略，该石油公司分布在该省省会城市的 67 个加油站，在六个月期间的销售额会有大幅增长，增加额达到 271,539,669.7 元，销售额提高了 12.9％。

## 四、结论与建议

综上所述，在当前我国成品油市场供应充足但需求日趋饱和的形势下，该石油公司面对的生存压力巨大，不仅要保证自身产品质量和集团正常运作，还要在激烈的市场竞争下维持自身优势地位。众所周知，市场上某种产品的价格提高通常会使得产品销售量降低，从而可能影响整体销售额。但本案例从该石油公司在某市六个月内93＃汽油的销售额入手，经过研究发现由于市场上成品油刚性需求的存在，某种程度上的微小价格上涨对销售量的影响可以忽略，因此从企业盈利角度考虑，在成品油生产成本和市场需求稳定、政府制定最高限价的情况下，该石油公司某省分公司在其省会城市内，可以通过上述比例进行适度调价从而得到销售额大幅提升。而将分析结果推广至全省，本案例特给出以下调价建议：

1. 在刚性需求约束下，该石油公司某省分公司的成品油零售价格可以进行微小上调，从而能在不紧缩成本、不失去大量市场的情况下显著扩大销售额；

2. 地处不同位置的加油站的销售额有较大差异，该石油公司可以根据市场需求的不同分别制定93＃汽油定价方案：

(1)处在省会市区及周边环路上的加油站销售量更稳定，更不容易受到价格波动影响，因此可以考虑在政府限价、保证品质的情况下将零售价略微调高；

(2)处在高速公路服务区的加油站的消费群体流动性大，该石油公司更应该通过价格优势抢占成品油市场，因此在这些位置应考虑适当放低价格来吸引消费者；

(3)地级市内消费水平相较于省会城市更低，人口密度也相对较小，处在地级市市区内的加油站数量有限，服务对象多为市内消费者，单纯通过上调零售价格对提升销售额的影响不大，因此可以考虑在适度调整零售价格的同时通过其他方式改善销售环境，如保证产品质量、增加加油站数量等。

3. 即使是处在同一位置的不同标号成品油的销售额也有很大差异，因为成品油品质的不同造成其消费主体的不同。因此该石油公司可以有针对性地制定调价策略，调价的大致原则如下：

(1)97＃汽油单价在所有标号汽油中最高，但品质突出，非常受到高档车青睐，其消费群体通常集中在高档车车主和一些对汽油品质有特殊要求的人群。基于这种情况，该石油公司分布在省会城市市区、高速公路的加油站可以将97＃汽油单价适当调高，使之更贴近政府指导价格；而在地级市市区和地级以上环城快速路，高消费群体小，97＃汽油的零售价格适当放低有助于吸引更多消费者；

(2)0＃柴油是柴油机的燃料，多用于大客车、大货车、油罐车、工程机械等需要更好热效率的机动车。而高速公路和环城快速路是这些车辆经常活动的区域，该石油公司在这两处位置的加油站可以考虑微小上调单价，从而提高销售额；市区对这些车辆的行驶一般都有严格控制，柴油销量本身有限，且市区内加油站数量多，价格的抬高容易失去市场，因此相较于高速公路，市区内不建议将价格调整过高。

## 五、模型效用评估

理论需要实践的检验和印证。通过以上理论分析可知，若将不同位置、不同标号的成品油零售单价进行微小幅度的调整后，乘以该石油公司极具优势的市场份额，公司销售额可以获得非常可观的提升。为了证明以上结论的可靠性和可操作性，本案例组选取了两个该石油公司的加油站进行试验。两处加油站同在该省省会城市市区内，周边环境、车流量和加油站布局相似，其中 A 站按照原来方案调价，B 站按照模型给出的定价方程进行调价。项目组对这两个加油站在 2013. 12. 1～2013. 12. 31 期间 93＃汽油、97＃汽油、0＃柴油的日销售量进行监测记录。

期间，政府限价分别为：7. 1、7. 82、7. 09，A、B 两个被观测加油站的一个月的销售总额分别为 23，477，331. 33、25，658，285. 61 元，B 站销售额比 A 站销售额高 9. 29％。可见，以上调价模型具备可操作性和实用性，按照模型所设定调价比例能够对该石油公司在该省省会城市的销售额改观起到很大作用。若将调价策略推广至全省，预计可将这六个月的整体销售额提高 20 亿，提高幅度能够达到 10％左右，这对于该石油公司某省分公司销售情况的改善、提高盈利是非常大的支持。

本调价模型具备理论意义和实践意义，能够对该石油公司在某省分公司的成品油定价提供策略参考，帮助其根据不同地理位置制定销售单价，从而提高销售额。但任何理论模型都不是完美的，在实际销售中某石油公司面对的市场情况更为复杂，由于项目小组成员水平有限和现有资料的局限性，还有一些问题没有给予细化分析，例如本模型在提供调价比例时并未考虑实际成品油供应量问题，即若某位置单价相对较低，消费者是否会考虑到相对低价的加油站消费，而这些加油站的成品油供应是否能够承载可能出现的消费者转移和集聚，在模型评估试验时也只选取了两个加油站作比较，代表性不够使得在试验期间这种消费者转移现象并不明显。因此本模型的提出是为该石油公司在全省各位置加油站的调价策略提供理论参考，具体的调价比例还需要各加油站根据自身特点和市场环境自行斟酌决定。

## 参考文献


[1] 曾淑婉.国内外成品油价格形成机制的分析比较[J].现代经济，2009(03)：153－155.

[2] 惠晓军.2009 年成品油价格情况分析[J].价格与市场，2009(12)：21－22.

[3] 郭丽岩，周辉.我国成品油定价模式及其影响分析[J].中国物价，2009(01)：13－16.

[4] 赵卫亚，彭寿康，朱晋.计量经济学[M].北京：机械工业出版社，2008.

[5] 李子奈.高等计量经济学[M].北京：清华大学出版社，2000.

[6] 熊伟.运筹学[M].北京：机械工业出版社，2009.

[7] 王金南，潘向忠.线性规划方法在环境容量资源分配中的应用[J].环境科学，2005(26)：195－198.

[8] 曾梅清，田大钢.线性规划问题的算法综述[J].科学技术与工程，2010(01)：152－159.

[9] Frega Romeo，Lanfranco Jose Guerra，De Greve Sam，Bernardini Sara，Geniez Perrine，Grede Nils，Bloem Martin，de Pee Saskia. What linear programming contributes：world food programme experience with the cost of the diet tool. Food and Nutrition Bulletin[J].2012，(33).

[10] K.M.Nordstrom. Scaling statistics in a critical，nonlinear physical model of tropical oceanic rainfall[J]. Nonlinear Processes in Geophysics，2003，10(6).

[11] Mooney J D.Real－DATE modelling of influenza outbreaks－a linear regression analysis[J].Eurosurveillance (Online)，2003，7(12).

# 附录：本案例所使用的SAS软件程序命令

1. 数据准备程序

```
options formchar='______________';
libname oildata "F:\oil";
libname strategy "F:\strategy";
/* 筛选数据，建立各种油品的数据集* /
% macro dataselect(city=,material=,data=);
data &data;
   set oildata. data_company;
keep DATE plant QL QKG TYPE NO INCOME;
where place=&city;
run;
/* 运用sql过程步，计算出每个加油站销售汽油的价格* /
proc sql;
create table &data as
select DATE,plant,QL,INCOME,NO,TYPE INCOME/QL as price from &data;
run;
quit;
% mend dataselect;
/* 数据转置* /
% macro transmacro(data=,out=);/* 用于对数据集变量的转置，data=输入数据集，out=输出数据集，id=转置变量* /
proc sort data=&data;by plant NO;run;/* 对需要转置数据的分组变量进行排序* /
proc transpose data=&data out=&out;/* 利用transpose过程步进行数据集变量的转置* /
   by plant NO;
id &id;
run;
% mend transmacro;
% transmacro(data=data93,out=data93,id=DATE);
% transmacro(data=data97,out=data97,id=DATE);
% transmacro(data=data0,out=data0,id=DATE);
/* 得到总的平均数据* /
% macro getmean(data=,out=);
proc sort data=&data;
by _NAME_ ;
run;
proc means data=&data mean;
   var _numeric_;
```

```
   by _NAME_ ;
   output out=&out;
   run;
data &out;
set &out;
drop _TYPE_ _FREQ_;
if _STAT_='MEAN';
run;
proc transpose data=&out out=&out;
   id _NAME_;
   run;
data &out(drop=_NAME_);
set &out;
DATE=_n_;
label INCOME='销售额' QL='消费量' price='销售价格';
run;
% mend getmean;
% getmean(data=data93,out=modeling93);
% getmean(data=data97,out=modeling97);
% getmean(data=data0,out=modeling0);
/* 得到各个位置的均衡数据集* /
% macro getall(data=);
proc sort data=&data;
by _NAME_ NO;
run;
proc means data=&data mean;
   var _numeric_;
   by _NAME_ NO;
   output out=&data;
   run;
data &data;
   set &data;
   if _STAT_="MEAN";
   drop _TYPE_ _FREQ_ _STAT_;
   run;
proc transpose data=&data out=&data;
   id NO;
   by _NAME_;
   run;
% mend getall;
```

```
% getall(data=data93);
% getall(data=data97);
% getall(data=data0);
/* 将各个变量合并到一个数据集中,构成三种油品的三个数据集* /
% macro classify(data=);
data A;
  set &data;
  DATE=_n_;
  where _NAME_='INCOME';
  rename A01=A01_V A02=A02_V A03=A03_V   A04=A04_V;
  drop A10 A11 _NAME_;
run;
data B;
  set &data;
  DATE=_n_;
  where _NAME_='QL';
  rename A01=A01_Q A02=A02_Q A03=A03_Q A04=A04_Q;
  drop A10 A11 _NAME_;
run;
data C;
  set &data;
  DATE=_n_;
  rename A01=A01_D A02=A02_D A03=A03_D A04=A04_D;
  drop A10 A11 _NAME_;
run;
data D;
  set &data;
  DATE=_n_;
  where _NAME_='price';
  rename A01=A01_P A02=A02_P A03=A03_P A04=A04_P;
  drop A10 A11 _NAME_;
run;
data &data;merge A B C D;run;
% mend classify;
% classify(data=data93);
% classify(data=data97);
% classify(data=data0);
```

2. 整体和分位置建模

```
/* 建立总的价格调整模型* /
```

```
/* 拟合各个油品的目标方程* /
% macro builddestination(data=);
proc sql;
create table &data as select INCOME,QL,price,DATE,leadprice,price/leadprice as x from &data;
run;quit;
proc sql;
create table &data as select INCOME,QL,price,DATE,leadprice,x,log(INCOME) as log_v,log(QL) as log_Q,log(leadprice) as log_ leadprice,log(price) as log_P,log(x) as log_x
from &data;
quit;
proc glm data=&data;
   model   log_V=log_Q log_ leadprice log_x;
run;quit;
% mend builddestination;
% builddestination(data=oildata. modeling93);
% builddestination(data=oildata. modeling97);
% builddestination(data=oildata. modeling0);
proc glm data=oildata. modeling0;
   model   log_V=log_Q log_ leadprice log_x/noint;
run;quit;
/* 拟合各个油品的约束方程* /
% macro buildrestrict(data=);
proc sql;
create table &data as select INCOME,QL,price,DATE,leadprice,x,log(- log_x) as llog_x,log(log_Q) as llog_Q,log(log_ leadprice) as llog_leadprice from &data;
run;quit;
proc reg data=&data;
model llog_Q=llog_x llog_ leadprice /noint;
run;quit;
% mend buildrestrict;
% buildrestrict(data=oildata. modeling93);
% buildrestrict(data=oildata. modeling97);
% buildrestrict(data=oildata. modeling0);
/* 三种油品的总模型拟合完毕* /
/* 建立各个油品,对应四个位置的调价策略* /
/* 建立各种油品的目标方程与约束方程* /
% macro compute(V=,Q=,P=,data=);
proc sql;
   create table working asselect DATE,&V,&Q,&P,leadprice,&P/ leadprice as x from &data;
   create table working as
```

```
select DATE,log(&v) as log_v,log(&Q) as log_Q,log(leadprice) as log_ leadprice,log(x) as log_x from working;
    create table working asselect DATE,log_v,log_Q,log_leadprice,log_x,log(log_Q) as llog_Q,log(log_ leadprice) as llog_leadprice,log(- log_x) as llog_x from working;
run;quit;
proc glm data=working;
    model log_v=log_Q log_leadprice log_x/noint;
run;quit;
proc reg data=working;
    model llog_Q=llog_leadprice llog_x/noint;
run;quit;
% mend compute;
% compute(V=A01_V,Q=A01_Q,P=A01_P,data=oildata. data93);
% compute(V=A02_V,Q=A02_Q,P=A02_P,data=oildata. data93);
% compute(V=A03_V,Q=A03_Q,P=A03_P,data=oildata. data93);
% compute(V=A04_V,Q=A04_Q,P=A04_P,data=oildata. data93);
% compute(V=A01_V,Q=A01_Q,P=A01_P,data=oildata. data0);
% compute(V=A02_V,Q=A02_Q,P=A02_P,data=oildata. data0);
% compute(V=A03_V,Q=A03_Q,P=A03_P,data=oildata. data0);
% compute(V=A04_V,Q=A04_Q,P=A04_P,data=oildata. data0);
% compute(V=A01_V,Q=A01_Q,P=A01_P,data=oildata. data97);
% compute(V=A02_V,Q=A02_Q,P=A02_P,data=oildata. data97);
% compute(V=A03_V,Q=A03_Q,P=A03_P,data=oildata. data97);
% compute(V=A04_V,Q=A04_Q,P=A04_P,data=oildata. data97);
```

（审稿人：林金官　张宝学　陈　敏　黄性芳）

# 广州市二手房房价影响因素的相关研究

李　苏　刘志翔　闫炳硕
（指导老师：杨广仁）
暨南大学

## 一、实际问题描述

房地产行业是国民经济中的支柱行业，自从1998年国家取消福利分房，住房市场化以来，房地产行业迅速发展，房地产行业增加值在1978年至2012年间，从79亿元增长到29005亿元，平均每年增长21.96%。房地产行业增加值占当年GDP的比重也从1978年的2.19%涨到2012年的5.59%。

房地产价格的持续上涨问题，倍受社会各界关注，中央和各级地方政府出台了许多楼市调控措施。2005年5月国务院办公厅转发《建设部等部门关于做好稳定住房价格工作的意见》，2008年12月发布《关于促进房地产市场健康发展的若干意见》，2010年1月发布《关于促进房地产市场平稳健康发展的通知》，2010年4月发布《关于坚决遏制部分城市房价快速上涨的通知》，2011年1月发布《关于进一步做好房地产市场调控工作有关问题的通知》，2013年2月，发布《关于继续做好房地产市场调控工作的通知》。这些措施的颁布并没有遏制房价的飞涨，对于一些收入不高的老百姓，这些措施的颁布并没有减轻他们购买新房的压力。

由于房价的飞涨，很多消费者就把目光转向了再交易住房，即二手房。二手房对补充住宅市场房源，扩大住房消费，改善居住环境，平抑房价，防止出现新的房产过热现象有重要作用。二手房的优点有很多，具体包括以下四个方面：

1. 二手房通常地理位置较好。如今，由于城市的扩张，新楼房通常只能建于远离城市中心之地，交通便利性较差，远不如建于城市中心地带的二手房。

2. 二手房周边配套完备。一个新的社区从建立之初到成为一个成熟的社区通常要经过好几年的时间，所以新房周边配套普遍不如二手房。

3. 二手房的房屋质量更有保障。经过几年的使用，房屋存在的质量问题都会暴露出来，想要考察二手房的质量情况，除了通过自己的观察，还可以多与周围邻居交流，这样更容易买到质量有保障的住房。

4. 新房最大的问题之一就是污染超标，如甲醛、苯等有害物质，而二手房经过几年的使用，有害物质基本已经挥发，从健康角度出发，选择二手房更明智。[1]

基于商品房房价的飞涨和二手房的种种优势，二手房市场飞速发展，据资料显示，在广州，2013年1月至11月，全市二手房成交量为81912套，环比2012年52586套增长55.77%，在2014年3月份，广州市全市二手房成交量环比增加几乎一倍，价格上环比上涨了2.9%。

随着二手房市场的不断发展，很多百姓已经开始计划将自己的旧住房卖掉，也有很多百姓计划购买别人的旧住房。但是，自己要卖的或者要买的住房究竟值多少钱呢？正如以下三位受访者遇到的问题：

(一)二手房售价问题

受访者张先生，现于广州市海珠区鸿运花园拥有一套75平方米的房产，该房产证已过五年，但不是张先生的唯一房产，位于一个环境优美的小区，房屋朝向坐南朝北，楼龄为13年，精装修，公寓楼总共9层，该住房位于第2层，小区绿化率为62%，月物业费为0.6元/m²。由于工作的调动，张先生打算出售此套房产，却不懂如何对自己的住房定价。

(二)二手房投资问题

受访者陈先生，随着房价的水涨船高，陈先生现打算投资到房地产行业中去，打算投资二手房，但不清楚投资哪一类户型、哪一些地段、具有哪些特点的二手房比较好。

(三)二手房购买问题

受访者林女士，林女士现在看上一套二手房，房主开价要6,000元/m²，可是林女士在之前打听到的附近二手房价格是在4,000元/m²。林女士很喜欢该地段住房的户型、楼层及位置，不知如何是好。

对于以上三个关于二手房售价、投资及购买的问题，我们可以感觉到二手房的热度，同时，我们也意识到：制定一个良好的定价模型可为市民在投资、售房及买方决策中提供良好的建议。带着以上三个受访者的问题，本案例小组做了如下关于广州市二手房房价影响因素的相关研究。

## 二、研究目的

本文以广东省广州市二手房市场为例，主要从微观方面着手，详细分析影响二手房房价的多方面因素，本文所考虑的因素主要来自于二手房的环境因素，通过运用定性分析与定量分析工具，结合传统统计与现代统计的方法，选取有代表性的因素作为二手房价格的度量因素，以期达到以下目的：

1. 判断所选的变量对二手房房价是否有影响，然后通过进一步分析，得出各种因素对二手房房价的影响程度。

2. 从广州市的实际情况出发，分析出广州市特有的二手房房价影响机制，寻找通过所构建的模型，运用案例数据进行相应的估价，在此基础上为受访者提出相应的建议。

3. 通过对变量的重要性进行排序，找出影响二手房房价比较重要的因素，为购房者、售房者和投资者做出决策提出有用的建议。

4. 通过该研究，一方面为购房者的购买决策和售房者的定价决策提供依据，让他们能够理智定价或讨价还价，增加居民与政府的共识；另一方面为开发商的投资决策及地方政府的政策制定提供建议及参考依据。[2]

## 三、数据来源

本文的研究总体为广州市的二手房源，考虑到样本数据的代表性、准确性以及抽样过程的现实性，本文以分层抽样为抽样方法，通过在搜房网进行网络搜索，累计获得2,416个样本，每个样本各有19个指标。

本文采用的分层抽样方法如下：参照搜房网的地区细分，将广州市11个行政区域细分为

151 个小区，对每一个小区按照等距抽样的方法各抽取 16 个样本，即顺数每隔 5 个房源抽取一个样本，合计共获得 2,416 个样本。广州市 11 个行政区域的样本量如图 1 所示。

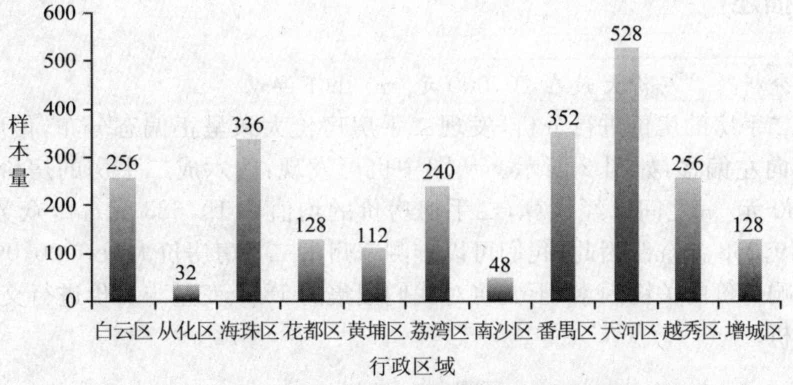


**图 1　广州市 11 个行政区域所抽取的样本量**

## 四、指标选取

影响二手房房价的因素有很多，本案例小组在参考了大量文献的基础上，结合对从事房地产工作的专业人士的咨询材料，我们选取以下指标作为解释变量：

1. 区域（离散型变量）：广州市共 11 个行政区域：天河区，白云区，番禺区，海珠区，荔湾区，越秀区，从化区，南沙区，花都区，黄浦区，增城区。

2. 位置（离散型变量）：每个大区根据街道细分为 2 个到 31 个不等的小区域。

3. 楼龄（连续型变量）：自房屋竣工验收合格交付使用之日起到 2014 年 4 月 1 日为止的间隔年限。

4. 户型（离散型变量）：包括单间，一室一厅，两室一厅，两室两厅等共 17 种户型。

5. 朝向（离散型变量）：东，西，南，北，东南，东北，西南，西北共 8 个朝向。

6. 建筑面积（连续型变量）：二手房的建筑面积。

7. 楼层数（连续型变量）：二手房所在楼房的楼层总数。

8. 所在楼层数（连续型变量）：二手房所在楼层。

9. 是否有电梯（离散型变量）：二手房是否有电梯。

10. 装修程度（离散型变量）：分为简装修和精装修，精装修为是，反之为否。

11. 是否临近地铁（离散型变量）：离小区 500 米范围内有地铁口则为是，反之为否。

12. 是否学位房（离散型变量）：二手房拥有所在地段相对应学校的学位，并且该学位可以提供给新买主使用则为是，反之则为否。

13. 采光效果（离散型变量）：通过实景地图对住宅进行了 360 度全方位观测，对二手房的采光效果做出判断，遮光为是，反之为否。

14. 证书年限（离散型变量）：房产证书过五年为是，反之为否。

15. 业主房产唯一性（离散型变量）：房产为业主唯一房产为是，反之为否。

16. 是否有车位/车库（离散型变量）：是否有提供车位或车库供买房者购买。

17. 是否临江（离散型变量）：小区门口离珠江 500 米为是，反之为否。

18. 小区绿化率（连续型变量）：小区的绿化程度。

19. 小区物业费(连续型变量):二手房每月每平米的物业费。[4]

## 五、统计描述

(一)房价分析——房价大致在 20,000 元/m² 上下浮动

对广州市二手房的房价进行分析,发现二手房房价大致呈正偏态分布,偏度约为 0.58,频率分布的高峰向左偏移,如图 2 所示。从图中也可发现:约六成二手房的房价均处于 10,000 元/m²至 25,000 元/m²之间。经计算,二手房房价的均值为 19,683 元/m²,众数为 20,000 元/m²,中位数为 19,258 元/m²,因此,我们可以推测广州市二手房房价大致在 20,000 元/m²上下浮动。为探究影响房价的关键因素,下文将对我们搜集的 18 个变量与房价进行交叉分析、协方差分析等统计分析。

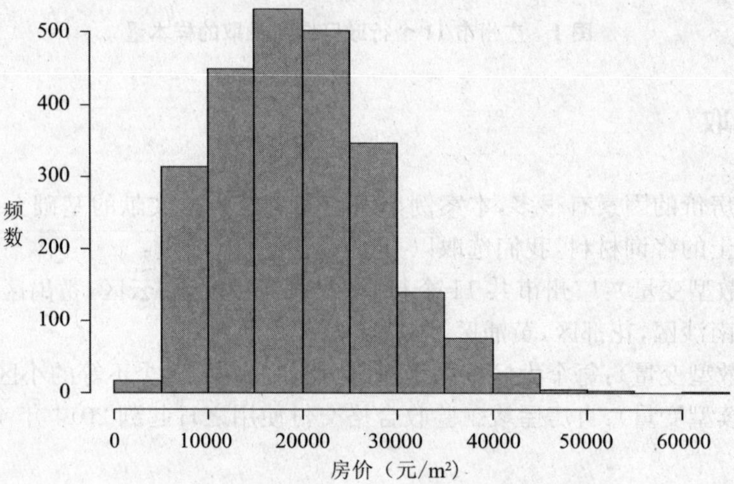


**图 2　广州市二手房房价的分布直方图**

(二)行政区域对房价的影响分析——“老城区”平均房价高于“新四区”

广州市共划分为十一个行政区域,包括白云区、从化区、番禺区、海珠区、花都区、黄浦区、荔湾区、南沙区、天河区、越秀区及增城区。其中:

“老城区”包括:越秀区、海珠区及荔湾区;

“老七区”包括:白云区、海珠区、黄浦区、荔湾区、南沙区、天河区及越秀区;“新四区”包括:番禺区、从化区、花都区及增城区。

从图 3 的箱线图可比较发现:在这十一个行政区中,越秀区的二手房价格总体水平最高,二手房价格水平排名前四的分别是越秀区、天河区、海珠区及荔湾区,二手房价格水平排名倒数前四的分别是从化区、花都区、南沙区及增城区,可见,总的来看,广州市“老城区”的房价水平高于“新四区”的房价水平。产生这种结果的原因可能是“老城区”的二手房所在地段比较好,装修比较精致等。

同时,从箱线图中也可看出:不同的行政区域内,房价的变化幅度也有所不同,但可总结出这样一个规律:“老七区”的变化幅度大于“新四区”的变化幅度,本文推测:产生该现象的原因可能是由于“老七区”的二手房源较多,受到二手房的房龄、朝向、地理位置等因素的影响,房价也会随之变化,于是,下文中分析其他因素对房价的影响便显得更为重要。

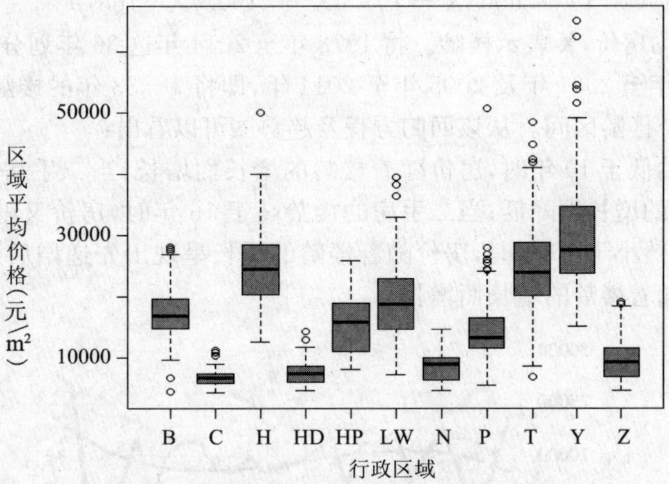


**图 3　广州市各行政区域所对应的房价箱线图**

注：B 表示白云区，C 表示从化区，HD 表示花都区，HP 表示黄埔区，LW 表示荔湾区，N 表示南沙区，P 表示番禺区，T 表示天河区，Y 表示越秀区，Z 表示增城区。

（三）楼龄对房价的影响分析——楼龄与房价之间存在着三项式依存关系

1. 商品房在二手房市场中占了比较大的比重

本文所抽取的二手房源样本，楼龄的高低不一，低至 1 年，高至 33 年。由图 4 中二手房的楼龄分布直方图可发现：广州市二手房的楼龄大致呈正偏态分布，楼龄为 8 年至 16 年的二手房产约占半数，从中可看出广州市二手房大都建于 1998 到 2006 年间。这可能与我国取消“福利分房”的政策有关，自我国于 1998 年取消“福利分房”以来，我国住房开始走向了商品化道路，因此，大部分的住房可能都是始建于 1998 年，商品房在二手房市场中占了比较大的比重。

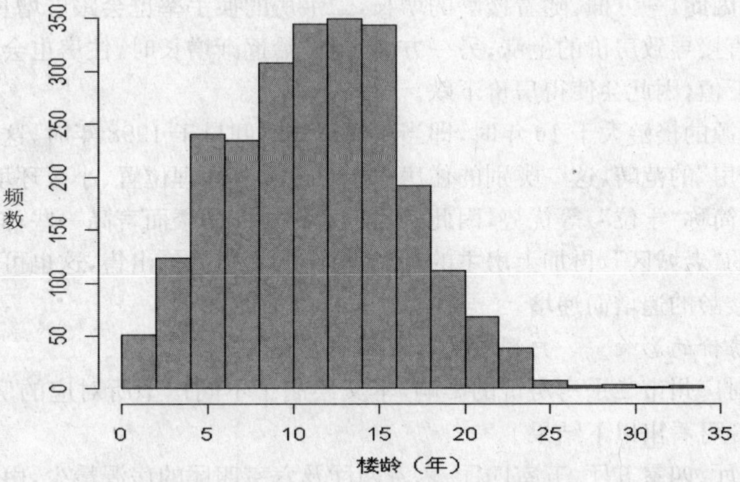


**图 4　广州市二手房楼龄的分布直方图**

2. 平均房价与楼龄间存在着三项式依存关系

根据 33 个不同的楼龄，将研究样本划分为 33 个层，计算各楼龄层对应的房价均值。绘制不同楼龄与其对应的房价均值的折线图，并添加拟合的三项式回归方程，如图 5 所示。拟合方程为：

$$Y = 2.6003X^3 - 108.6X^2 + 1190.7X + 16879 \quad (1)$$

其中Y表示平均房价，X表示楼龄。将1978年至2014年这36年划分为三个时间段：1978年至1997年、1998年至2004年及2005年至2014年，即将1—33年的楼龄划分为(1—9)、(10—16)、(17—33)三个楼龄区间。从该回归方程及趋势图可以看出：

当二手房的楼龄低于10年时，房价随着楼龄的增长而增长；当二手房的楼龄处于10—16年时，房价随着楼龄的增长而降低；当二手房的楼龄高于16年时，房价又随着楼龄的增长而增长。可总结为：当楼龄小于16年时，房价随着楼龄的增长呈现出先递增后递减的趋势；当楼龄大于16年时，房价随着楼龄的增长而增长。

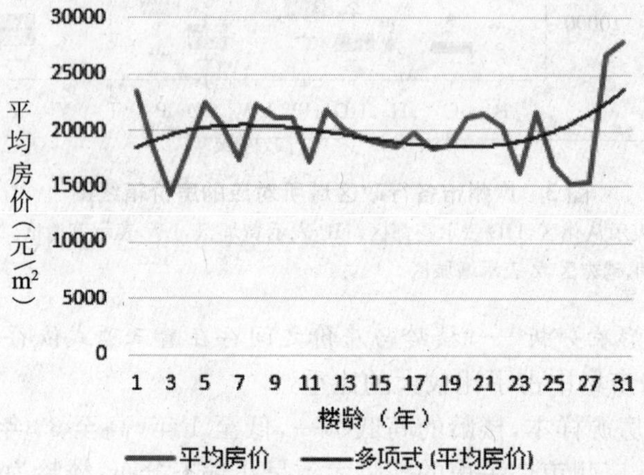


图5　广州市二手房楼龄与房价之间的折线图及其关系拟合

本文推测：造成房价与楼龄间存在着这种三项式依存关系的原因在于：

第一，如果房源的楼龄小于16年时，即当房源建筑时间晚于1998年时，这一类别的二手房一般属于商品房，因此，一方面，随着楼龄的增长，二手房的换手率也会跟着增长，而二手房被换手的次数越多则直接导致房价的上涨；另一方面，当楼龄逐渐增长时，住房也会由于装修落后等原因导致住房的贬值，因此会使得房价下跌。

第二，如果房源的楼龄大于16年时，即当房源建筑时间早于1998年时，这一类别的二手房基本属于“福利分房”的范畴，这一类别的住房由于一般具有地理位置、小区环境、带有好学校学区名额(本文以下简称“学位”)等优势，因此其房价会相对商品楼而言高一些；同时，这一类住房通常位于广州市的“老城区”，再加上房主的“恋家情结”，不想低价出售，这也可能促使该类二手房的房价会随着楼龄的递增而递增。

(四)户型对房价的影响——户型对房价的影响不太明显

为研究户型对广州市二手房房价的影响，本文绘制了不同户型所对应的房价的箱线图，如图6所示。由图6可看出以下结果。

第一，三室三厅、四室五厅、五室四厅、六室两厅及六室四厅的房源最少，由于这些类型的住房均各只有一套，因此其箱线图显示为一条直线。同时，这些住房基本上都为复式住宅，因此，可将这五类住房视为离群点处理。

第二，在剩余类型的二手房中，单间、一室一厅及四室三厅的二手房房价明显高于所有二手房的房价均值19,683元/m²。这可能是由于单间及一室一厅的二手房基本上都是应新时代下的单身男女的需求而建造的，由于住房比较新，装修比较豪华等因素，使得这一类房价会远远高于其他户型的住宅。

第三，一室两厅户型的二手房房价明显低于二手房的房价均值19,683元/m²。统计发现：该类户型的二手房大部分位于花都区等房价比较低的区域，因此，区域这一因素应该就是导致这一类户型房价较低的原因。

第四，就各户型间房价的差异而言，四室三厅户型的房价差异幅度最大，最高价与最低价之间相差约30,000元/m²。本案例组通过查找样本数据后发现：四室三厅的二手房只有两套，其中一套位于越秀区的房价为40,442元/m²，而另一套位于增城区的房价为11,213元/m²。因此，正是由于这两套房所在的区域不同导致这一类户型的房价之间差异较高。

总的来看，除去一些特殊的离群点之外，其余户型的平均房价差异度不太明显，因此，无法认为户型对房价的影响显著，我们还需要做进一步的统计分析。

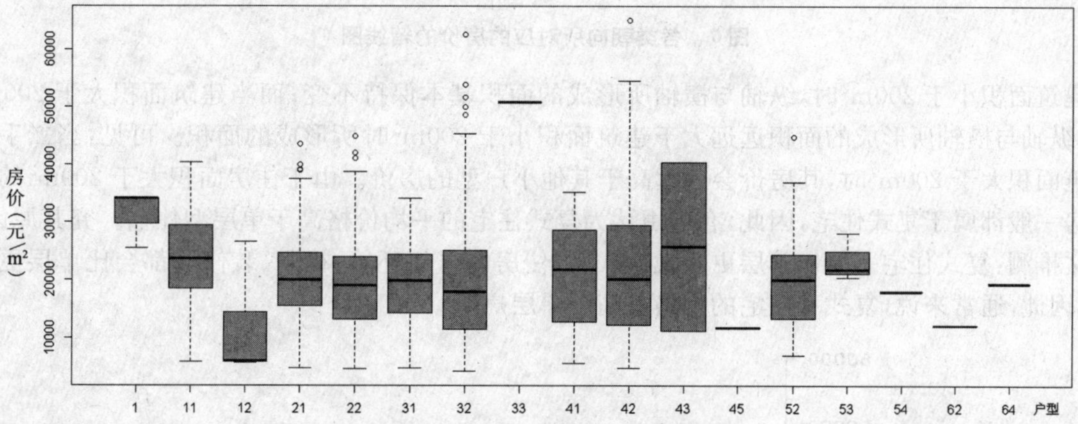


**图6　各类户型所对应的房价的箱线图**

注：1表示单间，11表示一室一厅，12表示一室两厅，与此类似，横坐标上的两位数中，前一位表示室的数，后一位表示厅的数。

（五）朝向对房价的影响——朝南户型最多，朝向对房价有些许影响

对样本数据的朝向进行描述性统计，统计数据如表1所示。由表1可知，所有朝向的户型中，朝南户型的二手房占得比例最多，次之是东南朝向的户型，而占比例最少的则为朝西户型，该分析结果显然与我国的这样一个建宅传统有关：自古以来，人们均喜欢坐北朝南的住宅。

**表1　朝向统计表**

| 朝向 | 东 | 南 | 西 | 北 | 东南 | 东北 | 西南 | 西北 |
|---|---|---|---|---|---|---|---|---|
| 合计 | 165 | 1110 | 20 | 277 | 494 | 157 | 142 | 51 |

另一方面，绘制不同朝向所对应的房价的箱线图如图7所示。朝向对房价的有些许影响，但是各种朝向户型的二手房房价均在20,000元/m²上下波动。值得一提的是，朝南户型的价格波动最大，其主要原因可能与朝南户型的房源量最多有关。由于朝向对房价的影响不是特别明显，因此，对于朝向因素，我们还需做进一步的统计分析。

（六）住房面积对房价的影响——复式型住宅的房价高于单层户型

经统计，结果显示：广州市二手房的平均面积约为93平方米，样本中最小户型为17平方米，最大户型为367平方米。其中，80－100平方米的户型最多，60－80平方米的户型次之。

为研究住房面积对房价的影响，绘制住房面积与房价之间关系的面积图如图8，在图8中，

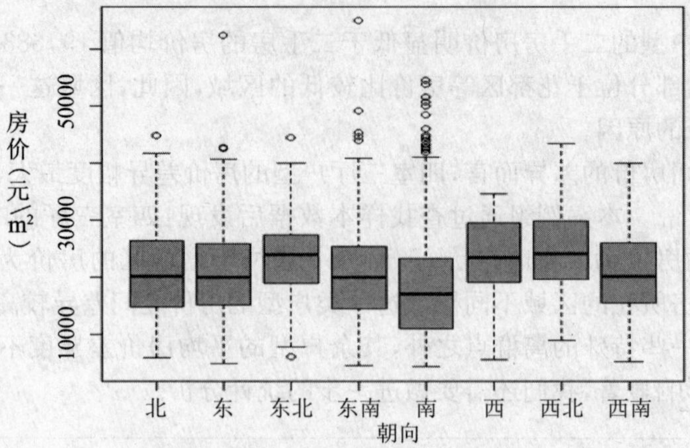


**图 7　各类朝向所对应的房价的箱线图**

当建筑面积小于 200m²时，纵轴与横轴所形成的面积基本保持不变；而当建筑面积大于 200m²时，纵轴与横轴所形成的面积远远大于建筑面积小于 200m²时所形成的面积。可见：当二手房建筑面积大于 200m²时，其房价会远远高于其他小户型的房价。由于住房面积大于 200m²的大户房一般都属于复式住宅，因此，有理由认为复式住宅的平均价格高于单层型住宅。究其原因，本文推测：复式住宅一般比单层更受大众欢迎，住房的居住环境、视野、装修等都会比单层更高档，因此，通常来说，复式型住宅的价格要高于单层户型。

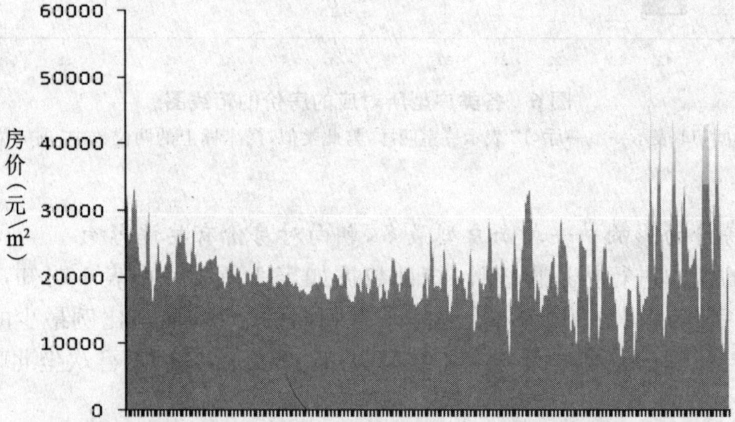


**图 8　二手房不同建筑面积所对应的房价的面积图**

（七）楼层对房价的影响——楼层因素对房价有较为显著的影响

如图 9 所示，左图为楼层数的分布直方图，右图为二手房所在楼层的分布直方图。从图中可发现：广州市二手房房源中，5—10 层高的楼源最多，基本占了所有二手房源的一半；同时，位于 1—5 层的二手房源最多，次之为位于 5—10 层的二手房源，位于第 10 层以上的二手房源则相对较少。由此可知：大部分的二手房都位于 10 层以下。同时，我们也可推断得出：大部分的二手房都是有一定楼龄的旧楼房，这也与前文研究楼龄时的结论相一致。

为研究楼高及所在楼层分别对房价的影响，如图 10（左），绘制二手房楼层数与房价之间的折线图及其多项式趋势线；如图 10（右），绘制二手房所在楼层与房价之间的折线图及其指数趋

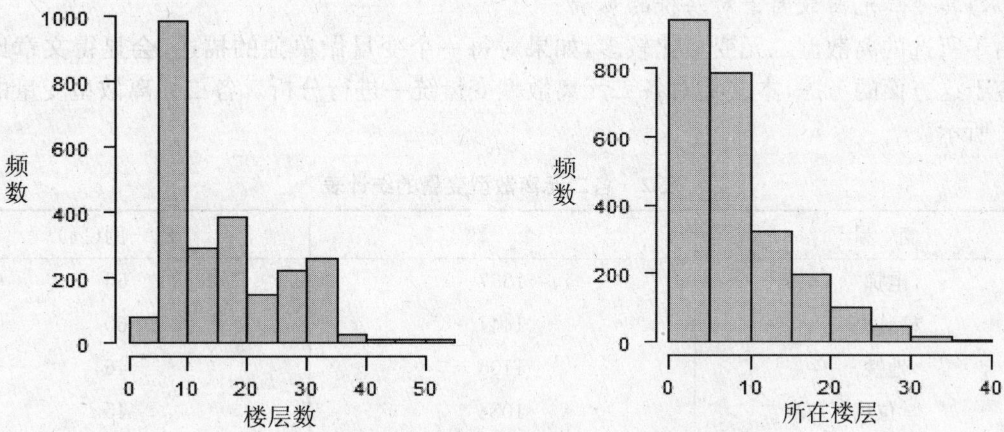


**图 9　分布直方图(左为楼层数,右为二手房所在楼层)**

势线。从图中可发现:

第一,楼高与房价间存在三项式依存的关系,依存关系式如下:

$$Y=-1.233X^3+85.11X^2-1308X+22347 \tag{2}$$

其中 Y 表示房价,X 表示楼高。从公式(2)及图 10(左)中可看出:楼越高房价也会越高,但当楼层高于 36 层时,房价又会随着楼层数增加而下跌。造成这种现象的原因可能是:一方面,一般矮楼都属于不太繁荣的区域,拥有越多矮楼的区域,相应的位于该区域的房价也会比较低;另一方面,当楼层数较高时,处于这一类区域的楼房一般都属于豪华的高楼大厦型住宅,其房价相应的会比较高,但是考虑到等电梯麻烦、高层噪音大等因素,当楼层数高于一定程度时(统计得知:高于 36 层时),相应的其房价反而会随着楼层数的增加而下降。

第二,所在楼层与房价之间存在较强的指数关系,其所对应的的关系式如下:

$$Y=17647e^{0.014X} \tag{3}$$

从公式(3)及图 10(右)中可看出:房价随着所在楼层的增加而呈指数型增长的趋势。造成这种现象的原因可能是:处于 5 层以下的较矮层时,住房的视野、采光等一般会不及高楼层,考虑到这些因素的影响,人们一般比较喜欢处于中等及以上楼层的楼房。

总而言之,我们可得出这样的结论:楼层数与所在楼层的高低都对房价有较为显著的影响。

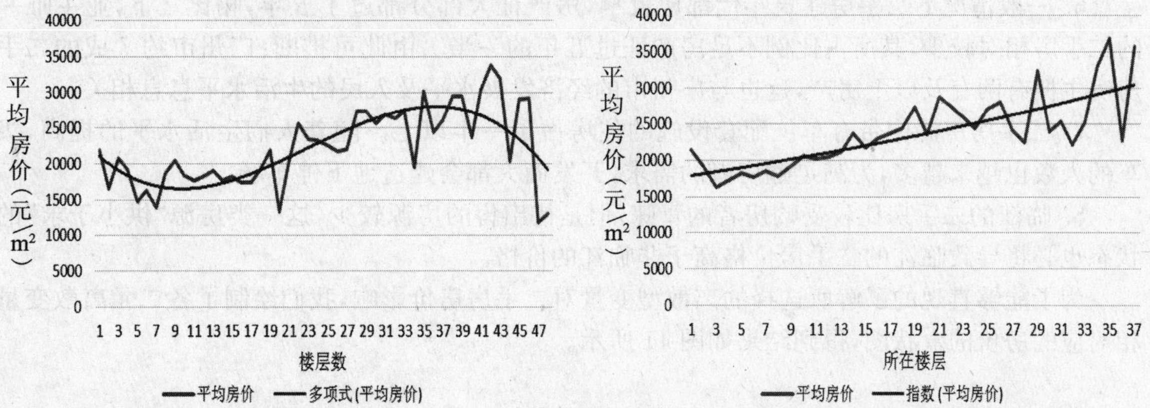


**图 10　二手房所在楼层与房价之间的折线图及其趋势(左为多项式拟合,右为指数拟合)**

（八）其他二元离散因素对房价的影响

由于所选的离散型二元变量比较多，如果对每一个变量做单独的描述，会显得文章比较繁琐。鉴于这方面的考虑，本文将对各二元离散型变量统一进行分析。各二元离散型变量的统计如表2所示。

**表2　各二元离散型变量的统计表**

| 变　量 | 个　数 | 比　例(%) |
|---|---|---|
| 电梯 | 1597 | 66 |
| 精装修 | 1447 | 60 |
| 地铁 | 1105 | 46 |
| 学位房 | 1084 | 45 |
| 遮阳 | 341 | 14 |
| 房产证过五年 | 1601 | 66 |
| 业主唯一房产 | 719 | 30 |
| 车位 | 1313 | 54 |
| 临江 | 401 | 17 |

由表2可得以下分析结果：

1. 有电梯的二手房所占的比例约占二手房源的70%，说明在广州，电梯房越来越普及。

2. 带精装修的二手房所占的比例约为二手房源的60%，这样一个大的比例估计与广州市市民的生活水平有关，生活水平提高了，市民们都追求高质量的生活，过半的二手房房主都会对住宅进行精装修。

3. 临近地铁的二手房约占二手房源的一半，说明广州市地铁覆盖率比较广。

4. 带学位的二手房所占的比例约占二手房源的一半，说明带学位的二手房供给还不至于很紧张。但是，近年来，广州市带有学位的二手房一直都很抢手，房产中介称“带学位的二手房经常是多人抢一套”，因此，我们可推断：大部分买主都想要购买学位房，广州市带学位的二手房目前处于供小于求的状态，这就将导致学位房价格逐年上涨。

5. 房产商开发房地产建造住房时会充分考虑到住房的采光效果，因此遮阳的二手房比较少。

6. 一般情况下二手房建筑年代都比较早，房产证大部分都过了五年，相比之下，业主唯一的二手房相对较少，其所占比例不足房产证过五年的一半。由此可推断：广州市约7成的二手房房主拥有两套及以上房产，这也与广州市的经济发展水平及人民的生活水平息息相关。

7. 二手房房源中带有车位配套设施的住房占了一半以上。随着人们生活水平的提高，买车的人数也越来越多，为满足购房者的需求，开发商大都会建造地下停车场。

8. 临江的二手房比较受购房者的青睐，但是待出售的房源较少，这一类房源“供小于求”的状态也必将导致临江的二手房价格高于非临江的价格。

为了能够直观的了解所选择的离散型变量对二手房房价影响，我们绘制了各二元离散变量相对应的房价的盒状图，得到结果如图11所示。

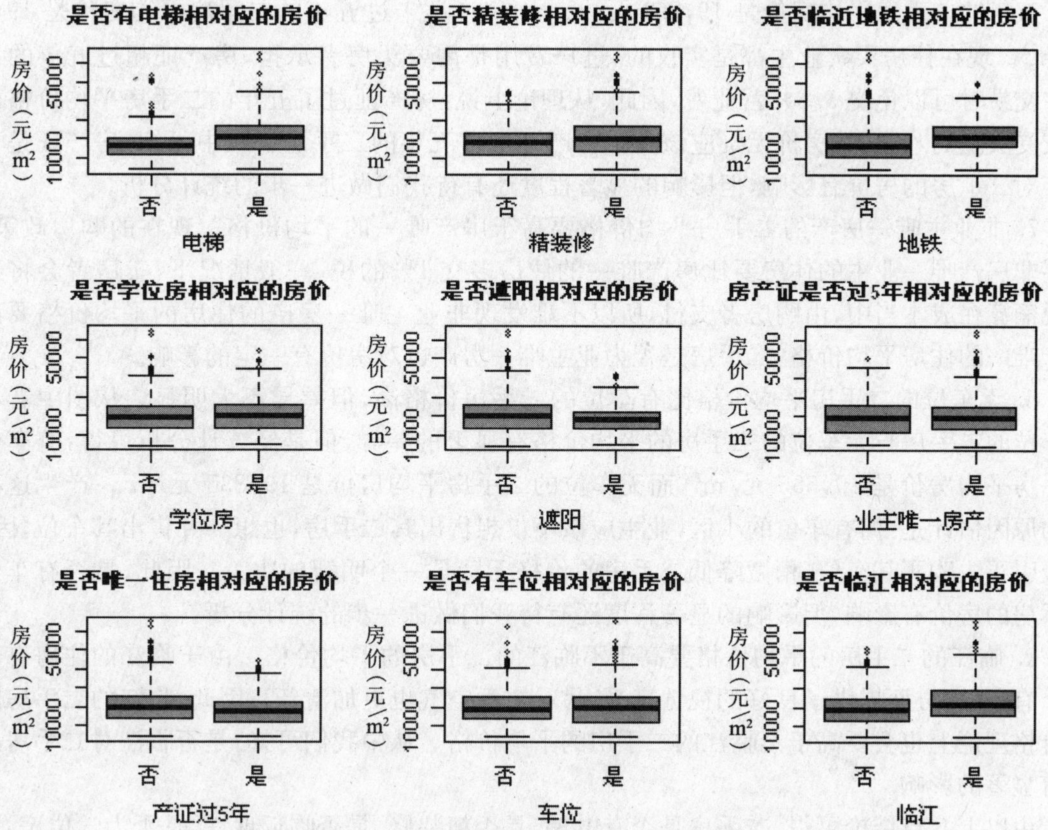


**图 11　各二元离散变量相对应的房价的盒状图**

根据图 11，我们初步得到以下结论：

1. 有电梯的二手房房价要明显高于无电梯的房价。从现实的层面去考虑这个问题，这种现象很容易得到解释。对于住房的供给方，装修电梯以及电梯后期的维护都需要一定的费用，使得供给方的成本增加，这必然导致有电梯的住房会比没电梯的住房价格要高。

2. 从图中我们也可以看出精装修二手房的平均价格要高于未精装修二手房的平均价格。住房装修程度不同相应的费用也不一样，房屋装修的越精致，其相应的成本也越高，说明是否精装修对二手房的房价有影响。

3. 临近地铁的二手房的平均价格要高于远离地铁的二手房平均价格。众所周知，地铁的开通给居民的出行的确带来了很大的便利，从中我们可得出结论：是否临近地铁对二手房的房价有影响。

4. 是否带有学位对二手房房价有些许影响，但是影响不是特别显著。经统计，广州市二手学位房的平均价格为 20,261 元/m²，而非学位二手房的平均价格为 19,212 元/m²。这一结论与前文对学位房的分析结论相一致，因此，我们有理由认为二手房是否有学位将对其房价产生一定的影响，但影响的显著程度还需要我们进一步做统计分析。

5. 遮阳的二手房平均价格低于不遮阳的二手房平均价格。由此可知，一套住房的采光好坏也可以影响住房价格的高低，采光越好的二手房其房价也会相应越高。

6. 房产证过了五年的二手房平均价格高于房产证未过五年的二手房，但差异不大明显。从图中可以看出，房产证是否过五年的二手房的平均价格无明显差别，但是经统计分析，房产证过了五年的二手房平均房价是 19,791 元/$m^2$，而房产证未过五年的二手房平均房价是 19,470 元/$m^2$。现在住房买卖业主都是实收的，过户费用是需要买房者承担，房产证超过五年的二手房在交易时可以免交 5.6%营业费，因此，从理论上说：房产证过了五年的二手房平均价格确实比较受买主的欢迎，其房价无疑应该高于房产证未过五年的二手房。从中可知：房产证是否过五年对二手房的房价有影响，但影响的显著程度还有待我们做进一步的统计分析。

7. 非业主唯一房产的二手房平均价格要高于房产唯一的平均价格。现在的购房政策中，购买非房产唯一业主的住房要比房产唯一的住房多交 1%的税，一般情况下，卖房者会将这部分税额算在成本当中，由购房者支付，所以不难发现非业主唯一房产的住房的平均价格要高于房产唯一的住房平均价格，二手房是否为业主唯一房产也对房价有一定的影响。

8. 无车位的二手房平均价格比有车位的二手房价格高，但差异不大明显。从图中看不出有车位的二手房与无车位的二手房的平均价格有显著的差异，但是经统计分析可得：有车位的二手房平均房价是 19,555 元/$m^2$，而无车位的二手房平均房价是 19,835 元/$m^2$。产生这种结果的原因估计是：拥有车位的小区，业主应该不仅想售出其二手房，也想一并售出其车位，因此，为吸引买主购买其车位，稍微降低二手房的价格无疑是一个明智的决策。因此，是否有车位对二手房的房价有影响，但影响的显著程度还有待我们做进一步的统计分析。

9. 临江的二手房的平均价格要高于不临江的二手房的平均价格。由于临江的住房有以下两个有点：一方面提供了良好的视觉享受，另一方面空气也更加清新。因此，临江的二手房的平均价格理论上也会要高于不临江的二手房的平均价格。从中我们可知：是否临江对二手房的房价有显著的影响。

由以上 9 点结论可得：二手房是否有电梯、是否精装修、是否临近地铁、是否为学位房、是否遮阳、房产证是否过五年、是否为业主唯一住房、是否有车位、是否临江这 9 九个因素均对房价有影响，下文将进一步对这些因素进行分析。

（九）小区绿化率对房价的影响——小区绿化率越高，楼龄越高，房价则较低

绘制广州市二手房所在小区的绿化率分布直方图，如图 12 所示，大部分小区的绿化率在 20%至 40%，只有少数小区绿化率高于 60%或者低于 10%。

通过绘制二手房不同绿化率所对应的平均楼龄的折线图，如图 13 所示，我们可以发现这样一个总体趋势：随着绿化率的增加，二手房所对应的的平均楼龄反而越低，即高绿化率小区的二手房一般都会属于较新建的二手房，结合上文的研究结论“较新的二手房其房价会相对较便宜”，因此，我们可以认为：二手房所在的小区绿化率越高，其房价反而会越低。这种结果可以这

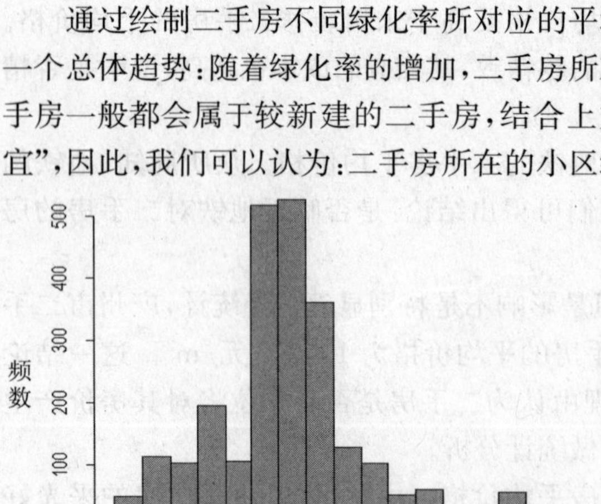


图 12　小区绿化率直方图

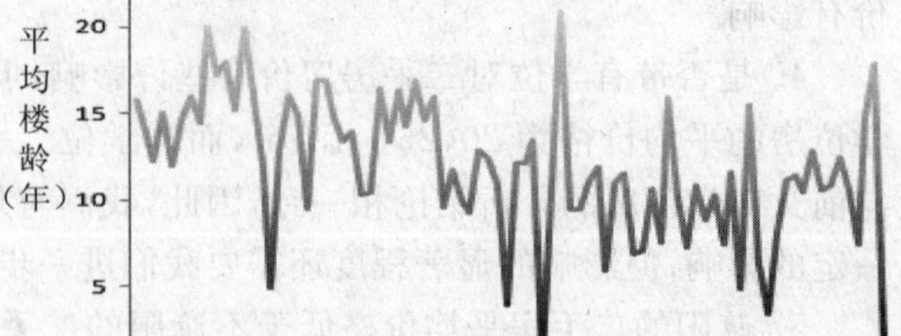


图 13　不同绿化率所对应的平均楼龄折线图

样解释：一般比较对于繁荣的并且房价较高的商圈来说，其绿化率相应的会较低，而处于偏远地理位置的区域，虽然其绿化率较高，但由于人口流动少、覆盖的商圈也少等因素，便使得这绿化率较高的区域其房价反而会较低。

（十）小区物业管理费对房价影响分析——物业管理费越高，房价也越高

通过绘制二手房所在小区的物业管理费的分布直方图，如图 14 所示，我们可以看出：绝大部分小区的物业管理费低于每月 5 元/$m^2$，大于每月 5 元/$m^2$的观测只有 22 个。

通过绘制二手房所在小区的每月物业管理费所对应的房价的面积图，如图 15 所示，可以发现，小区物业管理费和房价成正相关关系，即物业管理费越高，房价也越高。在物业管理费超过 5 元/$m^2$的这 22 个观测中，房价均价为 33,6215 元/$m^2$，且绝大部分分布在天河和越秀区，本文推测这些高物业管理费高房价的二手房基本上都属于繁荣的商圈或高级小区。产生该结论的原因可以这么解释：处于高级小区或者处于繁荣商圈的二手房，受其周边地理环境好、物业管理成本高、装修精致豪华等因素的影响，无疑会使得高物业管理费的二手房房价较高。

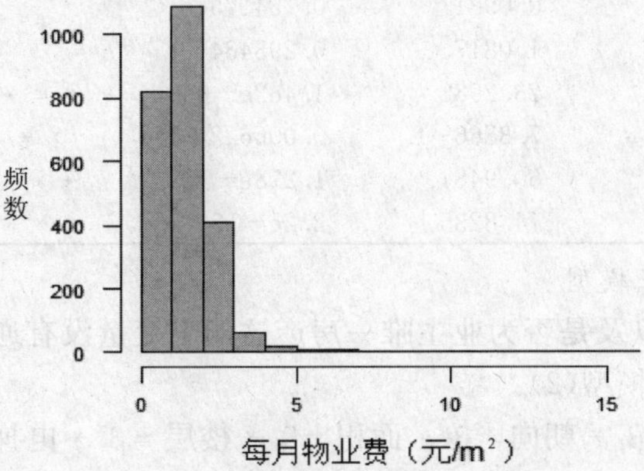


**图 14　物业管理费的分布直方图**

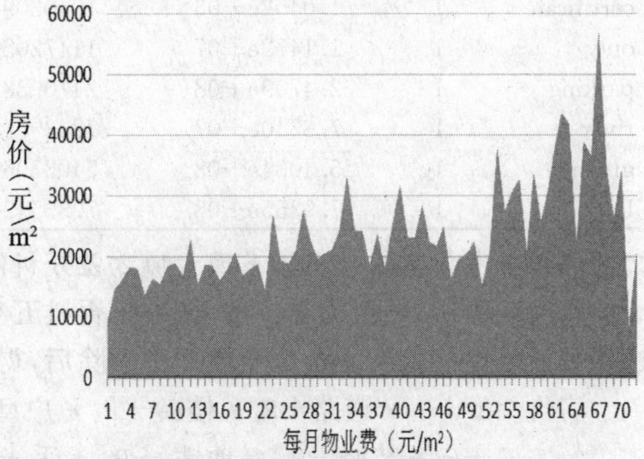


**图 15　不同物业管理费所对应平均房价面积图**

## 六、统计建模——构建二手房估价模型

通过上文的描述性分析，我们可以得知：以上 18 个因素确实与与二手房房价存在相关性。考虑到这 18 个因素中有 12 个是离散型变量，本案例小组将建立多因素协方差分析模型进行分析。下面分别建立多因素协方差分析全模型和有交互作用的多因素协方差全模型。[7]

（一）不考虑交互作用的多因素协方差分析模型

将上文分析的 18 个自变量引入回归模型中，构建协方差分析全模型如下：

$$房价=\beta_0+\beta_1*道路+\beta_2*楼龄+\beta_3*户型+\beta_4*朝向+\beta_5*面积+\beta_6*楼层+\beta_7*所在楼层+\beta_8*电梯+\beta_9*装修+\beta_{10}*地铁+\beta_{11}*学位房+\beta_{12}*采光+\beta_{13}*证书年限+\beta_{14}*业主唯一房产+\beta_{15}*车位+\beta_{16}*临江+\beta_{17}*小区绿化率+\beta_{18}*小区物业管理费+\varepsilon$$

——模型(1)

通过 R 统计软件对模型进行协方差分析，分析结果如表 3 所示。

通过此表我们可以发现，所在楼层、是否为学位房、证书是否过五年以及是否为业主唯一房产这四个变量没有通过参数显著性检验，我们把上述四个变量从模型中剔除。

表 3　模型(1)协方差分析结果

| | Df | Sum Sq | Mean Sq | F value | Pr | |
|---|---|---|---|---|---|---|
| road | 150 | 1.4137e+11 | 942452513 | 88.8629 | 2.2e−16 | *** |
| years | 1 | 5.8507e+09 | 5850671528 | 551.6541 | 2.2e−16 | *** |
| style | 19 | 2.0319e+09 | 106942342 | 10.0835 | 2.2e−16 | *** |
| direction | 7 | 1.5515e+08 | 22164760 | 2.0899 | 0.041516 | * |
| area | 1 | 9.5341e+07 | 95341335 | 8.9896 | 0.002745 | ** |
| floor | 1 | 1.3039e+09 | 1303855859 | 122.9393 | 2.2e−16 | *** |
| stairs | 1 | 8.2170e+06 | 8217042 | 0.7748 | 0.378838 | |
| elevator | 1 | 4.5804e+08 | 458039200 | 43.1881 | 6.174e−11 | *** |
| fitment | 1 | 1.1247e+08 | 112469663 | 10.6047 | 0.001145 | ** |
| subway | 1 | 3.3452e+07 | 33452293 | 3.1542 | 0.075869 | . |
| degree | 1 | 5.5647e+05 | 556474 | 0.0525 | 0.818842 | |
| sunshade | 1 | 1.6276e+08 | 162755883 | 15.3461 | 9.221e−05 | *** |
| certificate | 1 | 1.0402e+06 | 1040209 | 0.0981 | 0.754175 | |
| only | 1 | 1.1472e+07 | 11472029 | 1.0817 | 0.298434 | |
| parking | 1 | 2.4709e+08 | 247093882 | 23.2982 | 1.482e−06 | *** |
| river | 1 | 7.8340e+07 | 78339548 | 7.3866 | 0.006622 | ** |
| green | 1 | 5.4034e+08 | 540339664 | 50.9481 | 1.278e−12 | *** |
| Fee | 1 | 7.9355e+08 | 793554940 | 74.8235 | 2.2e−16 | *** |

(二)不考虑交互作用的多因素协方差分析修正模型

将所在楼层、是否为学位房、证书是否过五年以及是否为业主唯一房产这四个变量没有通过参数显著性检验的变量从全模型中剔除后，得到模型(2)：

房价$=\beta_0+\beta_1*$道路$+\beta_2*$楼龄$+\beta_3*$户型$+\beta_4*$朝向$+\beta_5*$面积$+\beta_6*$楼层$+\beta_8*$电梯$+\beta_9*$装修$+\beta_{10}*$地铁 $+\beta_{12}*$采光$+\beta_{15}*$车位 $+\beta_{16}*$临江 $+\beta_{17}*$小区绿化率$+\beta_{18}*$小区物业管理费$+\varepsilon$　　——模型(2)

通过 R 统计软件对模型进行协方差分析，分析结果如表 4 所示。

表 4　模型(2)协方差分析结果

| | Df | Sum Sq | Mean Sq | F value | Pr | |
|---|---|---|---|---|---|---|
| Road | 150 | 1.41E+11 | 942452513 | 88.8602 | 2.20E−16 | *** |
| Years | 1 | 5.85E+09 | 5.851E+09 | 551.6372 | 2.20E−16 | *** |
| Style | 19 | 2.03E+09 | 106942342 | 10.0832 | 2.20E−16 | *** |
| Direction | 7 | 1.55E+08 | 22164760 | 2.0898 | 0.0415216 | * |
| Area | 1 | 9.53E+07 | 95341335 | 8.9894 | 0.0027456 | ** |
| Floor | 1 | 1.30E+09 | 1.304E+09 | 122.9355 | 2.20E−16 | *** |
| Elevator | 1 | 4.53E+08 | 452965689 | 42.7084 | 7.85E−11 | *** |
| Fitment | 1 | 1.10E+08 | 110144302 | 10.3851 | 0.0012887 | ** |
| Subway | 1 | 3.34E+07 | 33396408 | 3.1488 | 0.0761185 | . |
| Sunshade | 1 | 1.50E+08 | 150056567 | 14.1483 | 0.0001733 | *** |
| Parking | 1 | 2.63E+08 | 262515048 | 24.7515 | 7.02E−07 | *** |
| River | 1 | 7.72E+07 | 77248544 | 7.2835 | 0.0070117 | ** |
| Green | 1 | 5.32E+08 | 531709597 | 50.1328 | 1.92E−12 | *** |
| Fee | 1 | 7.86E+08 | 786149479 | 74.123 | 2.20E−16 | *** |
| Multiple R−squared: 0.8664, Adjusted R−squared: 0.8552 | | | | | | |

结果显示，在剔除模型(1)中的不显著变量并对模型(2)进行协方差分析后，模型(2)中的变量均通过了显著性检验。且可决系数 $R^2=0.8664$，调整后的 $R^2=0.8552$，可见，模型的拟合优度较好。下面对模型(2)中的参数进行估计，得到结果如表5所示。

**表5 模型(2)参数估计**

| | Estimate | Std. Error | t value | Pr |
|---|---|---|---|---|
| (Intercept) | 21777.975 | 2178.002 | 9.999 | 2e−16 |
| Years | −194.516 | 19.425 | −10.013 | 2e−16 |
| 两室两厅 | −6904.605 | 1963.796 | −3.516 | 0.000447 |
| 两室一厅 | −7218.402 | 1961.774 | −3.680 | 0.000239 |
| 六室两厅 | −7243.367 | 4054.993 | −1.786 | 0.074189 |
| 六室四厅 | −16882.662 | 4046.555 | −4.172 | 3.13e−05 |
| 三室两厅 | −6530.615 | 1973.440 | −3.309 | 0.000950 |
| 三室两厅 | −17461.952 | 3944.590 | −4.427 | 1.00e−05 |
| 三室三厅 | 27519.182 | 4033.765 | 6.822 | 1.15e−11 |
| 三室一厅 | −7140.271 | 1980.843 | −3.605 | 0.000319 |
| 四室二厅 | −5168.890 | 3066.337 | −1.686 | 0.091996 |
| 四室两厅 | −5573.848 | 2028.839 | −2.747 | 0.006057 |
| 四室三厅 | −1299.274 | 3111.470 | −0.418 | 0.676298 |
| 四室五厅 | −7473.769 | 3928.744 | −1.902 | 0.057257 |
| 四室一厅 | −6919.811 | 2219.748 | −3.117 | 0.001848 |
| 五室二厅 | −7553.205 | 3908.110 | −1.933 | 0.053400 |
| 五室两厅 | −4153.082 | 2232.767 | −1.860 | 0.063009 |
| 五室三厅 | −1104.206 | 2854.365 | −0.387 | 0.698906 |
| 五室四厅 | −8005.263 | 3963.507 | −2.020 | 0.043530 |
| 一室两厅 | −8155.290 | 2503.988 | −3.257 | 0.001143 |
| 一室一厅 | −6377.866 | 1973.358 | −3.232 | 0.001247 |
| direction 东 | −751.258 | 339.587 | −2.212 | 0.027049 |
| direction 东北 | −161.698 | 350.964 | −0.461 | 0.645040 |
| direction 东南 | −422.719 | 268.862 | −1.572 | 0.116034 |
| direction 南 | −312.998 | 246.531 | −1.270 | 0.204357 |
| direction 西 | 8.638 | 792.104 | 0.011 | 0.991300 |
| direction 西北 | 211.101 | 533.979 | 0.395 | 0.692633 |
| direction 西南 | −534.801 | 359.873 | −1.486 | 0.137399 |
| Area | −1.341 | 4.064 | −0.330 | 0.741507 |
| Floor | 45.741 | 11.345 | 4.032 | 5.72e−05 |
| elevator1 | 1329.935 | 211.966 | 6.274 | 4.21e−10 |
| fitment1 | 436.235 | 153.992 | 2.833 | 0.004655 |
| subway1 | 390.945 | 179.599 | 2.177 | 0.029603 |
| sunshade1 | −811.046 | 219.004 | −3.703 | 0.000218 |
| parking1 | −749.392 | 153.309 | −4.888 | 1.09e−06 |
| river1 | 558.952 | 263.679 | 2.120 | 0.034132 |
| Green | 43.659 | 6.968 | 6.265 | 4.45e−10 |
| Fee | 902.886 | 104.871 | 8.609 | 2e−16 |

(由于共有151个小区,参数估计会占大部分篇章,小区的参数估计请见附录二)

根据在模型(2)的协方差分析和参数估计,得出房价的定价方程如下:

房价＝21777.975＋$\beta_1$＊道路－194.516＊楼龄＋$\beta_3$＊户型＋$\beta_4$＊朝向－1.341＊面积＋45.741＊楼层＋1329.935＊电梯＋436.235＊装修＋390.945＊地铁－811.046＊采光－749.392＊车位＋558.952＊临江 ＋43.659＊小区绿化率＋902.886＊小区物业管理费 (4)

通过公式(4)我们可以得出如下结论:

1)楼龄对房价会有负影响,即在其他因素不变的情况下,楼龄越长,房价越低,这和直观的感觉也是一样的,楼龄越长,代表着房屋的折旧越高,同时,楼龄越长,剩余可使用年限也就越短。

2)建筑面积和房价呈负相关关系,即在其他因素不变的情况下,面积越大,房价会相应越低,但关联程度并不是很大,当其他因素都不变的时候,面积每增加1平方米,房价只会降低1.34元/$m^2$。

3)楼层和房价正相关,即在其他因素不变的情况下,楼层越高,房价越高,高楼层不仅采光较好,各种噪音也会较低楼层少很多,且楼层每提高一层,房价会提高大约45元/$m^2$。

4)是否有电梯和房价正相关,即在其他因素相同的情况下,有电梯的住房会比没有电梯的住房房价高出1,329.935元/$m^2$。

5)是否精装修和房价正相关,即在其他因素相同的情况下,精装修的住房的房价较普通装修及简装修的住房的房价高出436.235元/$m^2$。

6)是否临近地铁和房价正相关,在其他因素相同的条件下,临近地铁的住房会比不临近地铁的住房高390.945元/$m^2$。

7)遮阳的房价会影响房价,在其他因素相同的情况下,遮阳的住房会比不遮阳的住房便宜811.046元/$m^2$。

8)住房周边是否有空余车位或车库和房价呈负相关,没有车位的住房会比有车位的住房贵749.392元/$m^2$。对此,我们进行了很多细致的分析。研究发现:一方面,很多提供车位的二手房,大部分都是在老城区,而这些老城区的各种配套设施已经较为完善,在小区附近会有很多停车场,而这些停车场基本都是每月300－500元,除非是名车车主,多数在老城区购买二手房的人,并不把带车位房源作为首选。另一方面,拥有车位的小区,业主应该不仅想售出其二手房,也想一并售出其车位,因此,为吸引买主购买其车位,稍微降低二手房的价格无疑是一个明智的决策。

9)临江的住房价格在其他条件相同的条件下,会比不临江的住房贵558.952元/$m^2$。江边的住房不仅在环境,视野,采光,通风等方面有优势,在广州珠江边,也会有很多的娱乐健身设施,因此,临江的住房房价偏高。

10)小区绿化率每提升1%,房价会涨43.659元/$m^2$,同时小区物业管理费每提升1元,房价会涨902.886元/$m^2$,这两个都是反映小区环境和服务质量的,所以和房价呈正相关。

(三)考虑交互作用的多因素协方差分析模型

在上述多因素协方差分析模型的建模过程中,我们发现有些因素对房价影响是不显著的,但并不能以此说明这些因素对目标变量无影响。因为这些不显著的因素可能与其他因素存在交互作用,进而对房价产生影响。因此将不显著因素直接删除,然后进行回归,所得到的模型可能不是最优的。为优化模型,接下来将会考虑自变量间的交互作用对目标变量的影响,将其引入模型后再进行建模。

通过参考文献以及以往学者对房价的研究并结合实际,本文提出了变量间可能存在的四种交互作用：

第一，“楼龄”与“产证是否过五年”有交互作用。本案例组认为：当业主房产证过五年时，其楼龄可能会较高；当业主房产证没有过五年时，其楼龄可能会较低，因此将这两者结合起来可进一步细分楼龄这一变量，以研究两者对房价的影响。

第二，“楼龄”与“是否为唯一住房”有交互作用。本案例组认为：当二手房是业主唯一房产时，其楼龄可能会较低；当二手房不是业主唯一房产时，其楼龄可能会较高，因此将这两者结合起来可进一步细分楼龄这一变量，以研究两者对房价的影响。

第三，“所在楼层”与“是否有电梯”有交互作用。本案例组认为：当二手房有电梯时，其所在楼层可能会较高；当二手房没有电梯时，其所在楼层则可能会较低，因此将这两者结合起来可进一步细分所在楼层这一变量，以研究两者对房价的影响。

第四，“楼龄”与“是否为学位房”有交互作用。本案例组认为：当二手房为学位房时，其楼龄可能会较低，因为新楼的学位可能较少被业主使用；当二手房为非学位房时，其楼龄则可能会较低，因此将这两者结合起来可进一步细分楼龄这一变量，以研究楼龄对房价的影响。

为验证上述假设是否成立，本文将四种可能存在的交互作用引入模型进行回归。首先进行全模型回归，将所有变量代入模型进行回归，模型(3)如下：

房价$=\beta_0+\beta_1*$区域$+\beta_2*$楼龄$+\beta_3*$户型$+\beta_4*$朝向$+\beta_5*$面积$+\beta_6*$楼层$+\beta_7*$所在楼层$+\beta_8*$电梯$+\beta_9*$装修$+\beta_{10}*$地铁$+\beta_{11}*$学位房$+\beta_{12}*$采光$+\beta_{13}*$证书年限$+\beta_{14}*$业主唯一房产$+\beta_{15}*$车位$+\beta_{16}*$临江$+\beta_{17}*$小区绿化率$+\beta_{18}*$小区物业管理费$+\beta_{19}*$楼龄$*$证书年限$+\beta_{20}*$楼龄$*$业主唯一住房$+\beta_{21}*$电梯$*$所在楼层$+\beta_{22}*$楼龄$*$学位房$+\varepsilon$ ——模型(3)

对数据处理后，在 R 中得到协方差分析结果，如表 6 所示。

**表 6 模型(3) 协方差分析结果**

| | Df | Sum Sq | Mean Sq | Fvalue | Pr(>F) | |
|---|---|---|---|---|---|---|
| road | 150 | 1.41e+11 | 9.42e+08 | 89.98 | <2e-16 | *** |
| Years | 1 | 5.85e+09 | 5.85e+09 | 558.59 | <2e-16 | *** |
| style | 19 | 2.03e+09 | 1.07e+08 | 10.21 | 2e-16 | *** |
| direction | 7 | 1.55e+08 | 2.22e+07 | 2.12 | 0.0389 | * |
| Area | 1 | 9.53e+07 | 9.53e+07 | 9.10 | 0.0026 | ** |
| Floor | 1 | 1.30e+09 | 1.30e+09 | 124.49 | <2e-16 | *** |
| Stairs | 1 | 8.22e+06 | 8.22e+06 | 0.78 | 0.3759 | |
| elevator | 1 | 4.58e+08 | 4.58e+08 | 43.73 | 4.7e-11 | *** |
| fitment | 1 | 1.12e+08 | 1.12e+08 | 10.74 | 0.0011 | ** |
| subway | 1 | 3.35e+07 | 3.35e+07 | 3.19 | 0.0741 | . |
| degree | 1 | 5.56e+05 | 5.56e+05 | 0.05 | 0.8177 | |
| sunshade | 1 | 1.63e+08 | 1.63e+08 | 15.54 | 8.3e-05 | *** |
| certificate | 1 | 1.04e+06 | 1.04e+06 | 0.10 | 0.7527 | |
| only | 1 | 1.15e+07 | 1.15e+07 | 1.10 | 0.2954 | |
| parking | 1 | 2.47e+08 | 2.47e+08 | 23.59 | 1.3e-06 | *** |
| river | 1 | 7.83e+07 | 7.83e+07 | 7.48 | 0.0063 | ** |
| Green | 1 | 5.40e+08 | 5.40e+08 | 51.59 | 9.3e-13 | *** |
| Fee | 1 | 7.94e+08 | 7.94e+08 | 75.76 | <2e-16 | *** |
| only | 1 | 4.15e+03 | 4.15e+03 | 0.00 | 0.9841 | |
| Years * certificate | 1 | 3.13e+06 | 3.13e+06 | 0.30 | 0.5848 | |
| Stairs * elevator | 1 | 3.26e+08 | 3.26e+08 | 31.14 | 2.7e-08 | *** |
| Year * degree | 1 | 5.54e+06 | 5.54e+06 | 0.53 | 0.4673 | |

结果显示考虑交互作用后，变量是否为学位房，产证是否过五年，是否为业主唯一房产以及它们分别与楼龄的交互作用对目标变量(房价)仍无显著影响，但原先对房价无显著影响的所在楼层，在模型中加入楼层数与电梯的交互作用后，协方差分析的结果显示交互作用对房价有显著影响，同时也说明所在楼层这个变量不应该被剔除。

(四)考虑交互作用的多因素协方差分析修正模型

将未通过显著性检验的变量从模型中剔除并加入交互影响因素后，得到回归模型如下：

房价$=\beta_0+\beta_1*$区域$+\beta_2*$楼龄$+\beta_3*$朝向$+\beta_4*$面积$+\beta_5*$楼层$+\beta_6*$所在楼层$+\beta_7*$电梯$+\beta_8*$装修$+\beta_9*$地铁$+\beta_{10}*$采光$+\beta_{11}*$车位$+\beta_{12}*$临江$+\beta_{13}*$小区绿化率$+\beta_{14}*$小区物业管理费$+\beta_{15}*$电梯$*$所在楼层$+\varepsilon$ ——模型(4)

在 R 中得到协方差分析结果，如表 7 所示：

表 7 模型(4) 协方差分析结果

| | Df | Sum Sq | Mean Sq | F value | Pr(>F) | |
|---|---|---|---|---|---|---|
| Road | 150 | 1.41e+11 | 9.42e+08 | 90.15 | <2e−16 | *** |
| Years | 1 | 5.85e+09 | 5.85e+09 | 559.64 | <2e−16 | *** |
| Style | 19 | 2.03e+09 | 1.07e+08 | 10.23 | <2e−16 | *** |
| Direction | 7 | 1.55e+08 | 2.22e+07 | 2.12 | 0.0385 | * |
| Area | 1 | 9.53e+07 | 9.53e+07 | 9.12 | 0.0026 | ** |
| Floor | 1 | 1.30e+09 | 1.30e+09 | 124.72 | <2e−16 | *** |
| Stairs | 1 | 8.22e+06 | 8.22e+06 | 0.79 | 0.3754 | |
| Elevator | 1 | 4.58e+08 | 4.58e+08 | 43.81 | 4.5e−11 | *** |
| Fitment | 1 | 1.12e+08 | 1.12e+08 | 10.76 | 0.0011 | ** |
| Subway | 1 | 3.35e+07 | 3.35e+07 | 3.20 | 0.0738 | . |
| Sunshade | 1 | 1.63e+08 | 1.63e+08 | 15.58 | 8.2e−05 | *** |
| Parking | 1 | 2.52e+08 | 2.52e+08 | 24.12 | 9.7e−07 | *** |
| River | 1 | 7.79e+07 | 7.79e+07 | 7.45 | 0.0064 | ** |
| Green | 1 | 5.40e+08 | 5.40e+08 | 51.68 | 8.9e−13 | *** |
| Fee | 1 | 7.94e+08 | 7.94e+08 | 75.92 | <2e−16 | *** |
| Elevator | 1 | 3.24e+08 | 3.24e+08 | 30.97 | 2.9e−08 | *** |

通过表 7 我们可以看出，各变量均通过了显著性检验，即每个变量对房价都具有显著影响。结合回归分析结果，得到以下结论：

1. 变量是否临江、是否临近地铁、是否精装修对房价的影响是正向的，即临江的二手房房价要高于不临江的二手房，临近地铁的二手房房价要高于离地铁较远的二手房，精装修的二手房房价要高于不是精装修的二手房，所得到的结果与前文的分析结果一致。

2. 变量楼层数、绿化率、物业管理费与房价正相关，即楼层数越多二手房房价越高，二手房周围绿化率越高房价越高，二手房所属物业的物业管理费越高房价越高。

3. 带有车位的二手房房价要低于不带车位的二手房，遮阳的二手房房价要低于不遮阳的二手房。

本文所构建的模型(4)即为二手房房价的估价模型。

## 七、基于 Lasso 方法的房价影响因素选择

（一）Lasso 介绍

Tibshirani(1996)提出了 Lasso(The Least Absolute Shrinkage and Selectionator operator)算法。Lasso 是一种能够实现指标集合精简的估计方法。Lasso 这种方法通过把系数的绝对值控制在一个常数范围内使得变量的残差平方和最小，由于这种压缩方法的特点，将会使得一些估计系数变为 0，因此而得出有解释力的模型。Robert Tibshirani 在《Regression Shrinkage and Selection via the Lasso》的研究中证明：将 Lasso 的方法运用于在子集选择和岭回归中将更有优势。[8]

Robert Tibshirani(1996)提出的这种基于系数压缩方法的全新的变量选择方法，其具体形式为：

$$\min_{\beta}\{(y-x\beta)^2+\sum_{j}\lambda(|\beta_j|)\} \tag{5}$$

其中，$(y-x\beta)^2$ 为平方损失函数，$\sum_{j}\lambda(|\beta_j|)$ 为对系数向量 $\beta$ 的惩罚，由于对每个 $|\beta_j|$ 的惩罚比例都是$\lambda$，因此上述形式其实是：

$$\min_{\beta}\{(y-x\beta)^2+\lambda\sum_{j}|\beta_j|\} \tag{6}$$

因此，该方法则是相对于每一个 $\lambda\in(0,\infty)$，计算向量 $\beta$ 使得上述函数最小化。其原理如下：当 $\lambda=\infty$ 时，使得上述函数最小化的向量 $\beta=0$，即对于每一元素 $\beta_j=0$；当 $\lambda=0$ 时，上述式子变为最小二乘 OLS，因此这时的向量 $\beta$ 就是真实的估计。而当调节参数 $\lambda$ 从$\infty$趋向于 0 时，将会有越来越多的向量 $\beta$ 的元素从 0 变为非 0，而比较重要的有影响的元素会首先变为非 0。系数变为非 0，也就是说对应的解释变量对因变量具有比较重要的解释作用，于是这也就达到了变量选择的目的了。

在传统的线性回归模型中，最小二乘估计(OLS)通过最小化残差平方和而得到。虽然最小二乘估计法有很多的优点，但仍然不能满足许多情况下的数据分析要求。

首先是预测精度问题，最小二乘法虽然是无偏估计，但它的方差在自变量线性相关程度高时通常较大，Lasso 是通过压缩某些系数到 0 来改进了这个预测精度，这样，我们就以一定的有偏为代价来降低预测值的方差，以改进模型的预测精度。Lasso 这种方法则是通过构造一个惩罚函数获得一个精炼的模型；通过最终确定一些指标的系数为零，Lasso 方法实现了指标集合精简的目的。这是一种处理具有复共线性数据的有偏估计。Lasso 的基本思想是在回归系数的绝对值之和小于一个常数的约束条件下，使残差平方和最小化，从而能够产生某些严格等于 0 的回归系数，得到解释力较强的模型。

其次，最小二乘估计虽然能够筛选出对因变量存在影响的变量，但是不能对各变量的重要性作出判断，而 Lasso 方法很好地解决了这个问题。Lasso 方法通过选取不同的 $\lambda$ 值得到不同变量系数的组合，将其反应到图形中，即得到解路径，从而看出变量进入活动特征变量的先后顺序，并以此为依据对变量的重要性做出判断。

基于对以上最小二乘估计不足之处的考虑，为了让我们的房价定价模型更优，下文将采用 Lasso 方法建立 Lasso 回归模型。[9]

（二）数据处理

由于 Lasso 回归模型中只能对数值型变量进行回归分析，而区域和朝向这两个非 0－1 型变量不为数值型。考虑到朝南的住房朝向最好，朝东，西，北次之，再结合我们咨询房地产专业从业人员所获得的信息，我们把区域和朝向的数据进行转化，数据处理方法如表 8 所示。

**表 8 区域和朝向的数据处理方法**

| 变 量 | 对应编码 | 变 量 | 对应编码 |
|---|---|---|---|
| 从化区 | 1 | 海珠区 | 9 |
| 花都区 | 2 | 天河区 | 10 |
| 南沙区 | 3 | 越秀区 | 11 |
| 增城区 | 4 | 南 | 4 |
| 番禺区 | 5 | 东 | 3 |
| 黄埔区 | 6 | 西 | 2 |
| 白云区 | 7 | 北 | 1 |
| 荔湾区 | 8 | | |

（三）变量选择

根据前面我们构建的协方差分析模型的结果，我们使用 Lasso 的方法对房价可能存在影响的显著性变量进行选择排序，使用 R 软件，引入相关的编程。输出的结果将得到 Lasso 方法的解路径（未对数据进行标准化）。解路径如图 16 所示。[10]

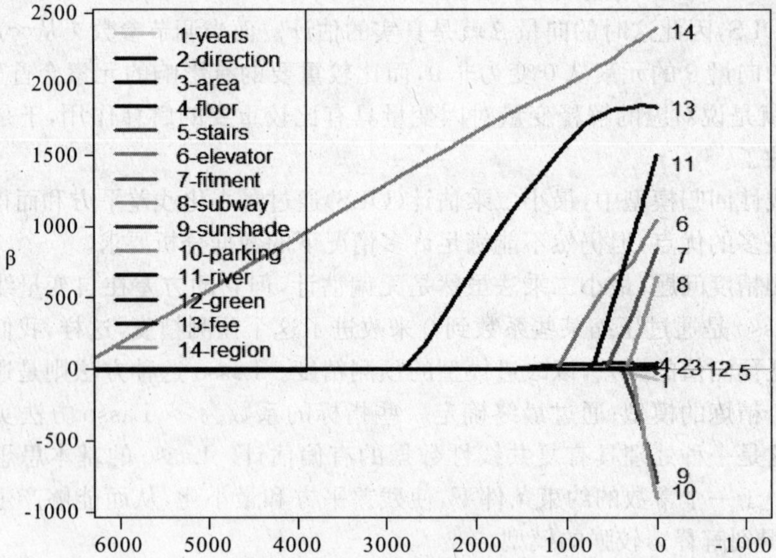


**图 16 Lasso 方法的解路径图**

由图 16 可以看出，影响房价的因素中，按影响程度大小排序如下：区域，小区物业费，楼层总数，电梯，临江，精装修，采光效果，楼龄，车位或车库，地铁。而朝向，面积，所在楼层和小区绿化率对房价影响程度的大小没有显著性差异。[11]

(四)参数估计与解释

我们对以上变量通过 Lasso 回归进行参数估计,得到估计结果如表 9 所示。

**表 9 Lasso 回归参数估计结果**

| Variables | Estimate | Variables | Estimate |
|---|---|---|---|
| Intercept | −4415.47536 | Subway | 629.90075 |
| Years | −68.55466 | Sunshade | −774.20311 |
| Direction | 45.87419 | Parking | −887.16404 |
| Area | 20.03523① | River | 1486.09147 |
| Floor | 42.04760 | Green | 12.27427 |
| Stairs | −23.28576 | Fee | 1839.95071 |
| Elevator | 1039.39001 | Region | 2387.84255 |
| Fitment | 834.33207 | | |

通过表 9 可以看出,参数估计都为非零常数,根据 Lasso 回归,这些系数都是对房价有影响的。从中我们可以得出以下结论:

1)二手房楼龄和房价成反比,楼龄每提高一年,房价会降低 68 元/$m^2$。

2)朝南的二手房依次比朝东、朝西、朝北的二手房贵 45 元/$m^2$,90 元/$m^2$,135 元/$m^2$。

3)房屋面积和房价正相关,根据回归结果显示,面积每提高 1 平方米,房价会增长 20 元/$m^2$。

4)楼层总数和所在楼层数与房价分别为正相关和负相关关系,即在其他条件不变的情况下,总楼层每增加一层,房价涨 42 元/$m^2$,所在楼层每降低一层,房价涨 23 元/$m^2$。

5)有电梯的二手房在同等条件下,比没有电梯的二手房房价高 1,039 元/$m^2$。

6)精装修的二手房在同等条件下,比没有装修的二手房房价贵 834 元/$m^2$。

7)临近地铁的二手房在同等条件下,比不临近地铁的二手房贵 629 元/$m^2$。

8)遮阳的二手房比不遮阳的二手房在同等条件下,房价便宜 774 元/$m^2$。

9)有车位的二手房在同等条件下,会比无车位的二手房便宜 887 元/$m^2$。

10)临江的二手房在同等条件下会比不临江的二手房贵 1,486 元/$m^2$。

11)绿化率每提升 1%,房价会上涨 12 元/$m^2$。

12)小区物业费每提高 1 元/$m^2$,房价会上涨 1,839 元/$m^2$。[12]

## 八、研究结论与实际问题应用

(一)研究结论

1. 影响二手房房价的显著因素

通过前文的描述性统计和模型构建,我们得知广州市二手房的房价大致在 20,000 元/$m^2$ 上下浮动,影响二手房房价的显著因素包括如下 16 个:

1)区域:不同的区域房价会不一样,就广州市而言,"老城区"的平均房价高于"新四区"的平

① 由于 Lasso 估计的参数为有偏参数,故与前文的协方差分析模型所得的参数负号不一致。本文在做描述分析时将采用无偏参数。

均房价。

2)楼龄:楼龄对房价呈反比关系,即在其他因素不变的情况下,楼龄越长,房价越低。

3)户型:单间、一室一厅及四室三厅的二手房房价较其他户型的高。

4)朝向:朝南户型最多,朝南的二手房比朝东、朝西、朝北的二手房都贵。

5)建筑面积:复式型住宅的房价高于单层户型;对于单层户型来说,建筑面积和房价呈负相关关系,即在其他因素不变的情况下,面积越大,房价会相应越低。

6)楼层数:楼层数和房价正相关,即在其他因素不变的情况下,总楼层越高,房价也会越高。

7)所在楼层:所在楼层和房价正相关,即在其他因素不变的情况下,楼层越高,房价也会越高。

8)电梯:在其他因素相同的情况下,有电梯的住房的房价会比没有电梯的住房高。

9)精装修:在其他因素相同的情况下,精装修的住房的房价会较普通装修的住房房价高。

10)地铁:在其他因素相同的条件下,临近地铁的住房的房价会比不临近地铁的住房的房价高。

11)遮阳:在其他因素相同的情况下,遮阳的住房会比不遮阳的住房便宜。

12)车位:在其他因素相同的情况下,没有车位的住房会比有车位的住房贵。

13)临江:在其他因素相同的情况下,临江的住房会比不临江的住房贵。

14)绿化率:在其他因素相同的情况下,小区绿化率较高的住房其房价也会相应较高。

15)物业管理费:在其他因素相同的情况下,物业管理费较高的住房其房价也会相应较高。

16)楼层+电梯:对于较高楼层的住房来说,有电梯的住房会较无电梯的住房贵。

2. 二手房的估价模型

本案例组构建的二手房估价模型如模型(4)所示:

$$\text{房价}=\beta_0+\beta_1*\text{区域}+\beta_2*\text{楼龄}+\beta_3*\text{朝向}+\beta_4*\text{面积}+\beta_5*\text{楼层}+\beta_6*\text{所在楼层}+\beta_7*\text{电梯}+\beta_8*\text{装修}+\beta_9*\text{地铁}+\beta_{10}*\text{采光}+\beta_{11}*\text{车位}+\beta_{12}*\text{临江}+\beta_{13}*\text{小区绿化率}+\beta_{14}*\text{小区物业管理费}+\beta_{15}*\text{电梯}*\text{所在楼层}+\varepsilon \quad \text{——模型(4)}$$

根据模型(4)的估计结果,我们可以代入相关二手房的指标数据估算其二手房的价格。模型(4)的估计结果详见附录三。

3. 二手房房价影响因素的重要性排序

对二手房房价影响最大的三个因素分别是行政区域、小区物业费和楼层数。对房价有影响的因素按照其重要性排序,依次如表10所示。

**表10 对房价有影响的因素的重要性排序**

| 影响因素 | 重要性排名 | 影响因素 | 重要性排名 |
|---|---|---|---|
| 行政区域 | 1 | 楼龄 | 9 |
| 小区物业费 | 2 | 车位 | 10 |
| 楼层数 | 3 | 是否有地铁 | 11 |
| 是否有电梯 | 4 | 朝向 | 12 |
| 是否有电梯 | 5 | 面积 | 12 |
| 是否临江 | 6 | 所在楼层 | 12 |
| 是否精装修 | 7 | 小区绿化率 | 12① |
| 采光效果 | 8 | | |

① 朝向、面积、所在楼层和小区绿化率对房价影响程度的大小没有显著性差异,因此它们的排名一样。

(二)实际问题应用

1. 给三位受访者的建议

案例中,与三位受访者相关的二手房数据如表11所示。根据三位受访者提供的二手房数据,我们套用二手房估价模型——模型(4)对三套住房进行估价,估价结果如表11所示。本案例组估算的房价均为均值的点估计。

**表11 与受访者相关的二手房数据**

| 受访者 | 张先生 | 陈先生 | 林女士 |
|---|---|---|---|
| 二手房估价(元/$m^2$) | 15644 | 26325 | 3916 |
| Region | 海珠区 | 天河区 | 花都区 |
| Road | 客村 | 石牌桥 | 建设北 |
| Old | 是 | 是 | 否 |
| years | 13 | 14 | 19 |
| style | 三室两厅 | 两室两厅 | 三室两厅 |
| direction | 北 | 东南 | 南 |
| area | 75 | 99 | 91 |
| floor | 9 | 18 | 8 |
| stairs | 2 | 3 | 5 |
| elevator | 是 | 是 | 否 |
| fitment | 是 | 否 | 是 |
| subway | 否 | 是 | 否 |
| degree | 否 | 是 | 是 |
| sunshade | 否 | 否 | 是 |
| certificate | 是 | 是 | 否 |
| only | 否 | 否 | 是 |
| parking | 是 | 否 | 是 |
| river | 否 | 否 | 否 |
| green | 62 | 35 | 18 |
| Fee | 0.6 | 2 | 1 |

据此,我们分别为三位受访者提供了如下建议:

(1)业主张先生:

张先生现在打算出售自己的另外一套房产,根据本案例组制定的定价模型,他名下的这套住房可以定价15644元/$m^2$。由于张先生也不是急着出售该房产,因此,他可以在该价格的基础之上适当的抬高一些售价,以为自己争取最大的利益。

(2)投资者陈先生:

陈先生现打算投资到房地产行业中去,打算投资二手房。根据我们的研究结果,二手房中,比较影响价格的三个关键因素是行政区域、小区物业管理费和楼层数,在首要参考这三个因素的同时,也要参考其他的因素。具体投资建议如下:

1)关于行政区域方面:“老城区”的二手房比“新四区”的二手房值钱,因此,投资越秀区、海珠区及荔湾区的二手房比较好。

2)关于物业管理费方面:物业管理费较高的二手房比其他二手房值钱。由于物业管理费较高的二手房一般处于高档小区,因此,建议投资者陈先生投资高档小区的二手房。

3)关于楼层数方面:楼越高,二手房也会越值钱。建议投资高楼户型。

4)关于楼龄方面:楼龄越长,二手房越不值钱。因此,不建议投资者投资楼龄较高的住房,因为会含有较大的折旧。

5)关于户型方面:在当前,单间、一室一厅及四室三厅的二手房较其他户型的二手房售价高。投资者可对该类户型多加留意。

6)关于朝向方面:朝南的二手房比朝东、朝西、朝北的二手房都值钱。因此,建议投资者选择朝南户型。

7)关于建筑面积方面:复式型二手房明显比单层户型值钱;对于单层户型来说,大户型反而价格比较便宜。因此,建议投资者投资于复式型二手房或者中小户型二手房。

8)关于所在楼层方面:除楼顶之外,位于越高楼层的二手房,房价也会越高。因此,建议投资者投资于高层户型。

9)关于电梯方面:有电梯的二手房会比没有电梯的二手房值钱。建议投资者不要投资于没有电梯的二手房。

10)关于精装修方面:精装修的住房会较普通装修、简装修的住房值钱。建议投资者投资于精装修或豪华装修的二手房。

11)关于地铁方面:临近地铁的二手房会比不临近地铁的二手房值钱。因此,建议投资者多加考虑临近地铁的二手房。

12)关于采光方面:遮阳的二手房卖价不高,不建议投资者投资于遮阳的二手房。

13)关于临江方面:临江的二手房会比不临江的值钱。建议投资者多加考虑临江的二手房。

14)关于绿化率方面:小区绿化率较高的二手房比较值钱,投资者也可以对这些户型多加留意。

同时,尽管二手房投资被越来越多的置业者、投资者所看好,但任何投资都需要承担一定的风险。有些人投资二手房是为了转手出售,靠差价赚取利润,而有的人投资二手房是为了获得较高的出租回报。相关专家也认为:由于二手房的房价比较成熟,不可能在短期内大幅上涨,想要通过买卖二手房,迅速赚取高额差价,不大现实。相反,由于二手房相对于同地段的周边新房,价格水分要少很多,因此,对于打算买房出租的人来说,二手房是最好的选择。尤其是在广州这样一个大城市中,房屋租赁需求越来越大,因此,买二手房用于出租就会很划算。

最后,细看合同条款,挑选值得信任的房产中介。二手房的投资过程中,专业中介是必不可少的。专业的投资中介会详细提供专业投资的服务,资深的中介也会协助处理投资过程中出现的各种小问题,对于投资者确实能提供不少便利。但是,在中介的帮助下,投资者对整个过程需要了解什么,注意什么也应该心里有数,并结合我们的估算价格做辅助衡量标准,避免投资风险加大。[13]

(3)买主林女士:

林女士看上的二手房位于广州市花都区建设北,经过我们的模型(4)的估价,该套二手房的价格应该在3916元/$m^2$左右。因此,对于二手房业主提出的6,000元/$m^2$来说,该业主的叫价过高,林女士可适当的与其进行砍价。

## 九、给购房者、售房者及政府的建议

（一）给购房者的建议

购房者该如何才能挑到自己满意的二手房呢？购房者如何才能使得自己所购的住房更为划算呢？本案例组结合所研究结论、参考文献资料并经实际问题应用，建议如下。

购房前买主应该实地考察一番，甚至是多带朋友或者亲戚多考察几次，以免因为买下有缺陷的住房而遗憾。同时，购房时建议参考以下原则。

第一，注重二手房所处环境，不管住房有多少优点，安全必须放到第一位。

第二，建议不要选路边的楼房或者楼顶的住房。无论是自住还是出租，房子的是否舒适很重要。路边太过吵杂，楼顶的住房在夏天的话也会很热，楼顶的住房一方面会受到噪声影响，另一方面，没有电梯的高楼也太难爬上去。因此，这两种住房，无论是对于买来住的还是买来投资的购买者来说都是不值得购买的。

第三，由于变电站旁边、高压线附近的二手房辐射的危害比较大，因此，这一类的二手房不能要。[14]

第四，细看合同条款，挑选值得信任的房产中介，专业的房产中介会详细提供专业投资的服务，资深的中介也会协助处理投资过程中出现的各种小问题，对于购房者确实能提供不少便利。但是，在中介的帮助下，购房者对整个过程需要了解什么，注意什么也应该心里有数，并结合我们的估算价格做辅助衡量标准，避免被中介误导。

第五，如果购房者不够放心、或对所选中介机构不太熟悉，则可以考查其营业执照、房地产经纪机构（或分支机构）备案证书、房地产经纪从业人员资格证书等。

（二）给售房者的建议

售房者如何让自己的二手房即能卖出去又能卖个好价钱呢？本案例组建议如下。

第一，细看合同条款，挑选值得信任的房产中介，专业的房产中介会详细提供专业投资的服务，资深的中介也会协助处理投资过程中出现的各种小问题，对于售房者确实能提供不少便利。但是，在中介的帮助下，购房者对整个过程需要了解什么，注意什么也应该心里有数，并结合我们的估算价格做辅助衡量标准，避免被中介误导。

第二，如果售房者不够放心、或对所选中介机构不太熟悉，则可以考查其营业执照、房地产经纪机构（或分支机构）备案证书、房地产经纪从业人员资格证书等。

（三）给投资者的建议

投资者如何才能挑选到自己满意的二手房呢？如何才能让自己的投资风险最小，而最大利润呢？本案例组给出具体投资建议与给投资者张先生的建议相一致。

1）关于行政区域方面的建议："老城区"的二手房比"新四区"的二手房值钱，因此，投资越秀区、海珠区及荔湾区的二手房比较好。

2）关于物业管理费方面的建议：物业管理费较高的二手房比其他二手房值钱。因此，建议投资者投资高档小区的二手房。

3）关于楼层数方面的建议：楼越高，二手房也会越值钱。建议投资高楼户型。

4）关于楼龄方面的建议：楼龄越长，二手房越不值钱。因此，不建议投资者投资楼龄较高的住房。

5）关于户型方面的建议：在当前，单间、一室一厅及四室三厅的二手房较其他户型的二手房售价高。投资者可对该类户型多加留意。

6)关于朝向方面的建议:朝南的二手房比朝东、朝西、朝北的二手房都值钱。因此,建议投资者选择朝南户型。

7)关于建筑面积方面的建议:复式型二手房明显比单层户型值钱;对于单层户型来说,大户型反而价格比较便宜。因此,建议投资者投资于复式型二手房或者中小户型二手房。

8)关于所在楼层方面的建议:除楼顶之外,位于越高楼层的二手房,房价也会越高。因此,建议投资者投资于高层户型。

9)关于电梯方面的建议:有电梯的二手房会比没有电梯的二手房值钱。建议投资者不要投资于没有电梯的二手房。

10)关于精装修方面的建议:精装修的住房会较普通装修、简装修的住房值钱。建议投资者投资于精装修或豪华装修的二手房。

11)关于地铁方面的建议:临近地铁的二手房会比不临近地铁的二手房值钱。因此,建议投资者多加考虑临近地铁的二手房。

12)关于采光方面的建议:遮阳的二手房卖家不高,不建议投资者投资于遮阳的二手房。

13)关于临江方面的建议:临江的二手房会比不临江的值钱。建议投资者多加考虑临江的二手房。

14)关于绿化率方面的建议:小区绿化率较高的二手房比较值钱,投资者也可以对这些户型多加留意。

(四)给政府部门的建议

二手房被越来越多的置业者、投资者看好,二手房产业的前景被很多人看好。那么,如何进一步发展好这一具有前景的产业呢?本案例组结合我们的研究成果及参考资料为政府部门提供建议如下。

1. 平衡二手房的供求矛盾

广州的外来人口很多,周边省份的大量人才聚集广州,对住房的需求较大,二手房市场整体没有达到饱和。对此,政府要采取措施来弱化供给和需求中存在的问题,从总量上调整,使增量房屋和存量房屋市场保持在一个适当的比例上。

2. 建立严格的监督管理机制

广州市目前对于二手房的监督管理机制力度还很薄弱,二手房质量,产权问题依然严重,给交易带来很多麻烦,还降低了二手房交易的信誉,影响了市场的健康发展。在国外,不但有一套完善的法律体系保证卖方在出售房屋以前提供房产全部信息,而且还建立了个人信用制度,对市场主体进行内在的约束,我们应该积极学习国外成熟的二手房交易经验,在结合中国国情,建立我国的监督管理机制,保证二手房交易顺利进行。

3. 规范中介

中介是二手房市场的推动器,是连接卖方和买方的纽带,也是房产信息的主要来源,在二手房市场中发挥着重要作用,随着二手房市场的发展,市场对中介的依赖性就会越来越强烈。有序的行业管理,诚信的经营理念,健全的中介管理都是规范房产中介行业,保障市场有序发展的不可缺少的手段。政府部门应积极培育中介市场,严格规范行业,提高中介从业人员的素质,树立行业道德意识,加强对行业的监督管理,引导中介机构健康发展。

4. 建立灵活的金融体系

促进优惠政策,为个人住房抵押贷款提供有利条件,积极开创各种贷款方式,包括二手房的公积金贷款，对贷款年限，贷款自由资金，贷款利率等条件实行多样化组合。金融支持是二手房市场发展的保障。同时也可以继续出台相应的政策和法规，从宏观的角度控制二手房市场的规则。[15]

## 参考文献


[1] 吴小晶.二手房存在的问题与对策分析[J].决策与信息，2013，(9)：13－14.

[2] 崔春艳.我国房价上涨影响因素分析[J].价格理论与实践，2009，(4)：37－39.

[3] 罗玉波.房价影响因素分析——分位数回归方法[J].统计与决策，2011，(6)：157－159.

[4] 漆渝航.商品房价格的影响因素分析——以广东省为例[J].社会发展，2010，(1)：68－69.

[5] 王汉生.应用商务统计分析[M].北京：北京大学出版社，2008：56－83.

[6] 古扎拉蒂（Gujarati，Damodar N.），波特（Porter，Dawn C.）.计量经济学[M].北京：中国人民大学出版社，2011：276－277，282－283.

[7] 王松桂，史建红，尹素菊，等.线性模型引论[M].北京：科学出版社，2004：241－253.

[8] Breheny，P.，Huang，J..Coordinate descent algorithms for nonconvex penalized regression，with applications to biological feature selection[J].Ann.Appl.Statist.，2012，5：232－253.

[9] Huang J.，Breheny，P.，Ma，S.A..Selective review of group selection in high dimensional models[J].Statistical Science，2012，27：481－499.

[10] Robert Tibshirani.Regression shrinkage and Selection via the Lasso[J].Journal of the Royal Statistical Society.Series B (Methodological)，1996，58(1)：267－288.

[11] 刘睿智，杜溦.基于 lasso 变量选择方法的投资组合构建及实证分析[J].经济问题，2012，(9)：103－107.

[12] Stamey，T.，et al.Prostate specific antigen in the diagnosis and treatment of adenocarcinoma of the prostate. II.Radical prostatectomy treated patients[J].Journal of Urology，1996，16：1076－1083.

[13] 赵新江.如何淘到满意的二手房[J].理财，2014，(2)：83.

[14] 曾胜华.二手房何以令投资者眼热，专家建议理性对待.http://sz.focus.cn/ news/2006－07－26/225301.html，2014.

[15] 徐桂振.郑州二手房市场管理现状分析及相关建议[J].商品与质量，2012，(1)：163－164.

## 附录一：本案例所使用的 R 软件程序命令

```
# # # # # 一、实际问题描述 # # # # #
# 制作含有标题和坐标轴名称的折线图
rm(list=ls())
data1=read. table("C:/Users/HP/Desktop/统计案例汇总/房地产行业数据 . txt",header=T)
house=data1[,1]
year=data1[,2]
plot(year,house,xlab="年份(年)",type="l",col="black",
main=list("1978 至 2012 年我国房地产行业总产值占 GDP 比值的折线图",cex=1,font=2),ylab="房地产行业总产值占 GDP 的比重(% )")

# # # # # 五、统计描述 # # # # #

d ata2=read. csv("C:/Users/HP/Desktop/统计案例汇总/data1. csv",header=T)
attach(data2)
picture1=hist(price,main=list("广州市二手房房价的分布直方图"),cex. main=1,col="light green",xlab="房价(元/m2)",ylab="频数")
picture2=boxplot(price~region,main=list("广州市各行政区域所对应的房价箱线图"),
        cex. main=1,col="light green",xlab="行政区域",ylab="区域平均价格(元/m2)")
                # 行政区域对房价的影响
hist(years,col="light green",main=list("广州市二手房楼龄的分布直方图"),cex. main=1,xlab="楼龄(年)",ylab="频数")

m p=mean(price)
plot(years,mp,xlab="楼龄(年)",type="l",col="black",main=list("广州市二手房不同楼龄间平均房价的折线图"),cex. main=1,font. main=2,ylab="不同楼龄所对应的的平均房价(元/m2)")
boxplot(price~style,main=list("各类户型所对应的房价的箱线图"),cex. main=1,col="light green",xlab="户型",ylab="房价(元/m2)")
boxplot(price~direction,main=list("各类朝向所对应的房价的箱线图"),cex. main=1,col="light green",xlab="朝向",ylab="房价(元/m2)")
par(mfcol=c(1,2))
hist(floor,main=list("楼层数的分布直方图"),cex. main=1,col="light green",xlab="楼层数",ylab="频数")
hist(stairs,main=list("所在楼层的分布直方图"),cex. main=1,col="light green",xlab="所在楼层",ylab="频数")

p ar(mfrow=c(3,3))
boxplot(price~elevator,main=list("是否有电梯相对应的房价"),cex. main=1,col="light green",xlab
```

```
="电梯",ylab="房价(元/m²)")
    boxplot(price~fitment,main=list("是否精装修相对应的房价"),cex. main=1,col="light green",xlab="精装修",ylab="房价(元/m²)")
    boxplot(price~subway,main=list("是否临近地铁相对应的房价"),cex. main=1,col="light green",xlab="地铁",ylab="房价(元/m²)")
    boxplot(price~degree,main=list("是否学位房相对应的房价"),cex. main=1,col="light green",xlab="学位房",ylab="房价(元/m²)")
    boxplot(price~sunshade,main=list("是否遮阳相对应的房价"),cex. main=1,col="light green",xlab="遮阳",ylab="房价(元/m²)")
    boxplot(price~certificate,main=list("房产证是否过5年相对应的房价"),cex. main=1,col="light green",xlab="业主唯一房产",ylab="房价(元/m²)")
    boxplot(price~only,main=list("是否唯一住房相对应的房价"),cex. main=1,col="light green",xlab="产证过5年",ylab="房价(元/m²)")
    boxplot(price~parking,main=list("是否有车位相对应的房价"),cex. main=1,col="light green",xlab="车位",ylab="房价(元/m²)")
    boxplot(price~river,main=list("是否临江相对应的房价"),cex. main=1,col="light green",xlab="临江",ylab="房价(元/m²)")

    p ar(mfrow=c(1,1))
    hist(green,main=list("广州市二手房所在小区的绿化率分布直方图"),cex. main=1,col="light green",xlab="绿化率(%)",ylab="频数")
    hist(fee,main=list("广州市二手房所在小区的物业费的分布直方图"),cex. main=1,col="light green",xlab="每月物业费(元/m²)",ylab="频数")

    p lot(direction)
    boxplot(price~direction,main="朝向对房价的影响",col="light green")
    summary(plot(direction))
    summary(direction)
    lines(area,price)
    summary(area)
    hist(area)

    # # # # # 六、统计建模# # # # #

    # # # #(一)协方差分析 # # # #

    # # #  1. 不考虑交互作用协方差分析 # # #

    r m(list=ls())
    library(car)
```

```
data3=read. csv("C:/Users/HP/Desktop/统计案例汇总/data2. csv",header=T)
attach(data3)
lm1=lm(price~as. factor(road)+years+as. factor(style)+as. factor(direction)+area+floor+
stairs+as. factor(elevator)+as. factor(fitment)+as. factor(subway)+as. factor(degree)+as. factor
(sunshade)+
as. factor(certificate)+as. factor(only)+as. factor(parking)+as. factor(river)+green+fee,data=data3)
anova(lm1)

l m2=lm(price~as. factor(road)+years+as. factor(direction)+area+floor
+as. factor(elevator)+as. factor(fitment)+as. factor(subway)+as. factor(sunshade)+as. factor(park-
ing)
+as. factor(river)+green+fee,data=data3)
anova(lm2)
summary(lm2)
```

### # # 2. 考虑交互作用协方差分析 # # #

```
l m3=lm(price~as. factor(road)+years+as. factor(style)+as. factor(direction)+
area+floor+stairs+as. factor(elevator)+as. factor(fitment)+as. factor(subway)
+as. factor(degree)+as. factor(sunshade)+as. factor(certificate)+as. factor(only)+as. factor(parking)
+as. factor(river)+green+fee+as. factor(only)* years+as. factor(certificate)* years
+as. factor(elevator)* stairs+as. factor(degree)* years,data=data3)
anova(lm3)

l m4=lm(price~as. factor(road)+years+as. factor(direction)+
area+floor+stairs+as. factor(elevator)+as. factor(fitment)+as. factor(subway)
+as. factor(sunshade)+as. factor(parking)+as. factor(river)+green+fee+as. factor(elevator)* stairs,
data=data3)
anova(lm4)
summary(lm4)
```

### # # # 七、Lasso 程序 # # # #

```
d ata4=read. csv("C:/Users/HP/Desktop/统计案例汇总/data3. csv",header=T)
attach(data4)
library(grpreg)
library(ncvreg)
X=as. matrix(data4[,c(2:15)])
y=data4$ price
group <-c(1:14)
```

```
lcol=c('yellow1','tomato3','red',"violetred",
"tan3","steelblue2","springgreen","slategray3","seagreen4",
"pink2","blue","darkviolet",'black',"cyan1"  )
fit <-grpreg(X,y,group,penalty="grLasso")
labs=c("1-years","2-direction","3-area","4-floor","5-stairs",
"6-elevator","7-fitment","8-subway","9-sunshade",
"10-parking","11-river","12-green","13-fee","14-region")
plot(fit,legend. loc="topleft",lwd=3,alpha=0. 0002,legend=labs,col=lcol,xlim=c(6000,-1000))
cvfit <-cv. ncvreg(X,y,penalty="lasso")
fit <-cvfit$ fit
beta <-fit$ beta[,cvfit$ min]
beta
text(-100,-66. 78885,"1")
text(-300,36. 81246,"2")
text(-450,19. 72479,"3")
text(-100,38. 62028,"4")
text(-1000,-15. 04620,"5")
text(-300,1025. 31955,"6")
text(-300,810. 81458,"7")
text(-300,601. 57785,"8")
text(-300,-736. 41805,"9")
text(-300,-849. 57336,"10")
text(-300,1456. 66018,"11")
text(-700,11. 29531,"12")
text(-300,1841. 43529,"13")
text(-300,2382. 01185,"14")
```

# 附录二：模型(2)参数检验结果

| | Estimate | Std. Error | t value | Pr(>\|t\|) |
|---|---|---|---|---|
| (Intercept) | 14338. 701 | 1009. 763 | 14. 200 | <2e-16 |
| as. factor(road)白云区广花路 | -3927. 297 | 1199. 036 | -3. 275 | 0. 001071 |
| as. factor(road)白云区广园路 | 2578. 564 | 1213. 017 | 2. 126 | 0. 033633 |
| as. factor(road)白云区广州大道北 | 1745. 368 | 1195. 970 | 1. 459 | 0. 144602 |
| as. factor(road)白云区桂花岗 | 4574. 572 | 1206. 919 | 3. 790 | 0. 000154 |
| as. factor(road)白云区黄石 | 2004. 680 | 1196. 968 | 1. 675 | 0. 094113 |
| as. factor(road)白云区机场路 | 1276. 986 | 1203. 838 | 1. 061 | 0. 288912 |
| as. factor(road)白云区嘉禾望岗 | 109. 050 | 1201. 717 | 0. 091 | 0. 927703 |
| as. factor(road)白云区金沙洲 | -2400. 215 | 1202. 598 | -1. 996 | 0. 046070 |
| as. factor(road)白云区京溪 | 2158. 034 | 1196. 910 | 1. 803 | 0. 071521 |
| as. factor(road)白云区罗冲围 | -499. 055 | 1230. 448 | -0. 406 | 0. 685084 |
| as. factor(road)白云区梅花园 | 5594. 382 | 1201. 266 | 4. 657 | 3. 39e-06 |
| as. factor(road)白云区南湖 | 47. 679 | 1214. 913 | 0. 039 | 0. 968699 |
| as. factor(road)白云区三元里 | -1410. 170 | 1205. 028 | -1. 170 | 0. 242029 |
| as. factor(road)白云区同德围 | -313. 941 | 1213. 869 | -0. 259 | 0. 795946 |
| as. factor(road)白云区新市 | -763. 681 | 1204. 114 | -0. 634 | 0. 525997 |
| as. factor(road)从化郊区 | -13520. 733 | 1204. 466 | -11. 226 | <2e-16 |
| as. factor(road)从化街口中心区 | -9341. 727 | 1198. 637 | -7. 794 | 9. 88e-15 |
| as. factor(road)番禺区碧桂园 | -7809. 993 | 1202. 864 | -6. 493 | 1. 03e-10 |
| as. factor(road)番禺区大石 | -2704. 262 | 1206. 383 | -2. 242 | 0. 025083 |
| as. factor(road)番禺区大学城 | -1925. 944 | 1204. 289 | -1. 599 | 0. 109908 |
| as. factor(road)番禺区广州雅居乐 | 1949. 123 | 1215. 777 | 1. 603 | 0. 109033 |
| as. factor(road)番禺区华南 | 1320. 273 | 1208. 107 | 1. 093 | 0. 274580 |
| as. factor(road)番禺区华南碧桂园 | -132. 812 | 1214. 176 | -0. 109 | 0. 912908 |
| as. factor(road)番禺区金山谷 | -4220. 766 | 1216. 435 | -3. 470 | 0. 000531 |
| as. factor(road)番禺区洛溪 | 1976. 704 | 1208. 031 | 1. 636 | 0. 101916 |
| as. factor(road)番禺区南浦 | 1205. 985 | 1209. 929 | 0. 997 | 0. 318998 |
| as. factor(road)番禺区祈福 | -5393. 112 | 1232. 118 | -4. 377 | 1. 26e-05 |
| as. factor(road)番禺区祈福新区 | -5846. 996 | 1215. 029 | -4. 812 | 1. 59e-06 |
| as. factor(road)番禺区祈福中区 | -3781. 356 | 1218. 205 | -3. 104 | 0. 001933 |
| as. factor(road)番禺区沙湾 | -4838. 679 | 1205. 288 | -4. 015 | 6. 15e-05 |
| as. factor(road)番禺区石基 | -4201. 478 | 1201. 094 | -3. 498 | 0. 000478 |
| as. factor(road)番禺区石楼 | -10017. 487 | 1205. 727 | -8. 308 | <2e-16 |
| as. factor(road)番禺区市桥北 | -3295. 174 | 1211. 785 | -2. 719 | 0. 006593 |
| as. factor(road)番禺区市桥东 | -3989. 253 | 1207. 422 | -3. 304 | 0. 000968 |
| as. factor(road)番禺区市桥南 | -3619. 344 | 1201. 644 | -3. 012 | 0. 002624 |
| as. factor(road)番禺区市桥西 | -3502. 703 | 1214. 542 | -2. 884 | 0. 003964 |
| as. factor(road)番禺区星河湾 | 1362. 237 | 1232. 965 | 1. 105 | 0. 269344 |
| as. factor(road)番禺区亚运城 | -9258. 687 | 1199. 513 | -7. 719 | 1. 76e-14 |
| as. factor(road)番禺区钟村 | -2288. 046 | 1206. 021 | -1. 897 | 0. 057932 |
| as. factor(road)海珠区宝岗 | 8318. 228 | 1208. 982 | 6. 880 | 7. 71e-12 |
| as. factor(road)海珠区滨江东 | 10570. 006 | 1241. 443 | 8. 514 | <2e-16 |

续表

| | Estimate | Std. Error | t value | Pr(>\|t\|) |
|---|---|---|---|---|
| as. factor(road)海珠区滨江西 | 7797. 118 | 1234. 789 | 6. 315 | 3. 26e-10 |
| as. factor(road)海珠区滨江中 | 10426. 906 | 1205. 909 | 8. 647 | <2e-16 |
| as. factor(road)海珠区昌岗路 | 8670. 672 | 1209. 583 | 7. 168 | 1. 03e-12 |
| as. factor(road)海珠区赤岗 | 8236. 214 | 1206. 686 | 6. 825 | 1. 12e-11 |
| as. factor(road)海珠区东晓南 | 5405. 766 | 1205. 773 | 4. 483 | 7. 72e-06 |
| as. factor(road)海珠区工业大道北 | 10339. 978 | 1224. 255 | 8. 446 | <2e-16 |
| as. factor(road)海珠区工业大道南 | 6458. 300 | 1205. 426 | 5. 358 | 9. 29e-08 |
| as. factor(road)海珠区广州大道南 | 6042. 857 | 1201. 097 | 5. 031 | 5. 26e-07 |
| as. factor(road)海珠区江南大道 | 7350. 445 | 1212. 634 | 6. 062 | 1. 58e-09 |
| as. factor(road)海珠区江南西 | 7499. 466 | 1216. 704 | 6. 164 | 8. 40e-10 |
| as. factor(road)海珠区江燕路 | 7393. 598 | 1208. 457 | 6. 118 | 1. 11e-09 |
| as. factor(road)海珠区客村 | 9132. 078 | 1205. 526 | 7. 575 | 5. 21e-14 |
| as. factor(road)海珠区沥滘 | 3284. 506 | 1202. 594 | 2. 731 | 0. 006360 |
| as. factor(road)海珠区南洲 | 5103. 316 | 1203. 470 | 4. 240 | 2. 32e-05 |
| as. factor(road)海珠区琶洲 | 5360. 031 | 1201. 682 | 4. 460 | 8. 58e-06 |
| as. factor(road)海珠区前进路 | 8135. 719 | 1207. 733 | 6. 736 | 2. 06e-11 |
| as. factor(road)海珠区下渡路 | 5418. 551 | 1222. 918 | 4. 431 | 9. 84e-06 |
| as. factor(road)海珠区新港西 | 7918. 229 | 1201. 839 | 6. 588 | 5. 52e-11 |
| as. factor(road)海珠区中大 | 13731. 064 | 1218. 307 | 11. 271 | <2e-16 |
| as. factor(road)花都区花东 | -10020. 585 | 1199. 649 | -8. 353 | <2e-16 |
| as. factor(road)花都区建设北 | -7890. 339 | 1213. 899 | -6. 500 | 9. 86e-11 |
| as. factor(road)花都区镜湖大道 | -8766. 248 | 1202. 139 | -7. 292 | 4. 20e-13 |
| as. factor(road)花都区旧区 | -6651. 132 | 1217. 835 | -5. 461 | 5. 24e-08 |
| as. factor(road)花都区美林湖 | -11733. 328 | 1199. 960 | -9. 778 | <2e-16 |
| as. factor(road)花都区山前大道 | -13459. 446 | 1229. 394 | -10. 948 | <2e-16 |
| as. factor(road)花都区铁路西 | -8356. 418 | 1208. 529 | -6. 915 | 6. 10e-12 |
| as. factor(road)花都区新区 | -6694. 602 | 1209. 288 | -5. 536 | 3. 46e-08 |
| as. factor(road)黄埔区丰乐路 | 3201. 473 | 1202. 996 | 2. 661 | 0. 007841 |
| as. factor(road)黄浦区大沙地 | 2202. 067 | 1205. 888 | 1. 826 | 0. 067968 |
| as. factor(road)黄浦区开创大道 | -3945. 480 | 1198. 750 | -3. 291 | 0. 001013 |
| as. factor(road)黄浦区开发区东 | -7967. 295 | 1198. 694 | -6. 647 | 3. 75e-11 |
| as. factor(road)黄浦区开发区西 | -4740. 176 | 1213. 872 | -3. 905 | 9. 70e-05 |
| as. factor(road)黄浦区萝岗 | -1160. 595 | 1195. 425 | -0. 971 | 0. 331721 |
| as. factor(road)黄浦区文冲 | 863. 998 | 1204. 729 | 0. 717 | 0. 473343 |
| as. factor(road)荔湾区陈家祠 | 10067. 988 | 1212. 976 | 8. 300 | <2e-16 |
| as. factor(road)荔湾区东风西 | 7263. 686 | 1205. 753 | 6. 024 | 1. 98e-09 |
| as. factor(road)荔湾区芳村 | -5. 046 | 1200. 203 | -0. 004 | 0. 996646 |
| as. factor(road)荔湾区花地湾 | 2433. 685 | 1214. 080 | 2. 005 | 0. 045131 |
| as. factor(road)荔湾区环市西 | 3611. 388 | 1210. 326 | 2. 984 | 0. 002877 |
| as. factor(road)荔湾区黄岐 | -5385. 699 | 1226. 662 | -4. 391 | 1. 18e-05 |
| as. factor(road)荔湾区黄沙 | 4218. 163 | 1237. 824 | 3. 408 | 0. 000667 |
| as. factor(road)荔湾区窖口 | 13. 934 | 1229. 154 | 0. 011 | 0. 990956 |

续表

| | Estimate | Std. Error | t value | Pr(>\|t\|) |
|---|---|---|---|---|
| as. factor(road)荔湾区坑口 | 811. 131 | 1209. 884 | 0. 670 | 0. 502658 |
| as. factor(road)荔湾区流花 | 3745. 695 | 1209. 303 | 3. 097 | 0. 001976 |
| as. factor(road)荔湾区南岸路 | 4919. 525 | 1214. 684 | 4. 050 | 5. 29e-05 |
| as. factor(road)荔湾区西村 | 7112. 164 | 1205. 352 | 5. 900 | 4. 17e-09 |
| as. factor(road)荔湾区西关 | 8169. 277 | 1215. 060 | 6. 723 | 2. 24e-11 |
| as. factor(road)荔湾区盐步 | -7157. 687 | 1203. 465 | -5. 948 | 3. 15e-09 |
| as. factor(road)荔湾区中山八路 | 4289. 381 | 1211. 228 | 3. 541 | 0. 000406 |
| as. factor(road)南沙区大岗 | -10412. 385 | 1202. 510 | -8. 659 | <2e-16 |
| as. factor(road)南沙区金洲 | -8074. 705 | 1197. 193 | -6. 745 | 1. 94e-11 |
| as. factor(road)南沙区旧镇 | -9422. 446 | 1210. 184 | -7. 786 | 1. 05e-14 |
| as. factor(road)天河区车陂 | 3406. 537 | 1209. 058 | 2. 818 | 0. 004882 |
| as. factor(road)天河区东莞庄 | 9148. 910 | 1206. 667 | 7. 582 | 4. 95e-14 |
| as. factor(road)天河区东圃 | 2845. 975 | 1204. 598 | 2. 363 | 0. 018232 |
| as. factor(road)天河区东站 | 6732. 844 | 1219. 835 | 5. 519 | 3. 79e-08 |
| as. factor(road)天河区岗顶 | 5953. 043 | 1207. 916 | 4. 928 | 8. 90e-07 |
| as. factor(road)天河区华景新城 | 8725. 574 | 1212. 395 | 7. 197 | 8. 35e-13 |
| as. factor(road)天河区汇景新城 | 14258. 911 | 1244. 857 | 11. 454 | <2e-16 |
| as. factor(road)天河区龙洞 | 3600. 864 | 1201. 904 | 2. 996 | 0. 002766 |
| as. factor(road)天河区龙口东 | 8826. 917 | 1221. 409 | 7. 227 | 6. 74e-13 |
| as. factor(road)天河区龙口西 | 8350. 697 | 1215. 545 | 6. 870 | 8. 29e-12 |
| as. factor(road)天河区沙河 | 4216. 053 | 1219. 173 | 3. 458 | 0. 000554 |
| as. factor(road)天河区沙太南 | 2226. 517 | 1204. 344 | 1. 849 | 0. 064627 |
| as. factor(road)天河区上社 | 7197. 252 | 1199. 074 | 6. 002 | 2. 26e-09 |
| as. factor(road)天河区石牌桥 | 8593. 199 | 1213. 180 | 7. 083 | 1. 88e-12 |
| as. factor(road)天河区棠下 | 4685. 150 | 1197. 005 | 3. 914 | 9. 35e-05 |
| as. factor(road)天河区体育西 | 6070. 951 | 1226. 295 | 4. 951 | 7. 95e-07 |
| as. factor(road)天河区体育中心 | 8838. 524 | 1206. 181 | 7. 328 | 3. 25e-13 |
| as. factor(road)天河区天河北 | 8501. 321 | 1209. 911 | 7. 026 | 2. 80e-12 |
| as. factor(road)天河区天河公园 | 12126. 877 | 1205. 032 | 10. 064 | <2e-16 |
| as. factor(road)天河区天河客运站 | 5077. 695 | 1225. 811 | 4. 142 | 3. 57e-05 |
| as. factor(road)天河区天河南 | 7564. 814 | 1213. 665 | 6. 233 | 5. 45e-10 |
| as. factor(road)天河区天润路 | 6853. 718 | 1225. 103 | 5. 594 | 2. 48e-08 |
| as. factor(road)天河区五山 | 13139. 850 | 1211. 532 | 10. 846 | <2e-16 |
| as. factor(road)天河区五山路口 | 7532. 662 | 1220. 017 | 6. 174 | 7. 87e-10 |
| as. factor(road)天河区燕塘 | 5964. 132 | 1206. 757 | 4. 942 | 8. 29e-07 |
| as. factor(road)天河区员村 | 5653. 496 | 1205. 172 | 4. 691 | 2. 88e-06 |
| as. factor(road)天河区员村二横路 | 10266. 257 | 1206. 438 | 8. 510 | <2e-16 |
| as. factor(road)天河区员村四横路 | 9092. 351 | 1207. 082 | 7. 533 | 7. 17e-14 |
| as. factor(road)天河区粤垦 | 5750. 537 | 1213. 252 | 4. 740 | 2. 27e-06 |
| as. factor(road)天河区长湴 | 4449. 183 | 1203. 632 | 3. 696 | 0. 000224 |
| as. factor(road)天河区珠江新城东 | 13232. 760 | 1214. 970 | 10. 891 | <2e-16 |
| as. factor(road)天河区珠江新城西 | 13991. 175 | 1220. 493 | 11. 464 | <2e-16 |

续表

| | Estimate | Std. Error | t value | Pr(>\|t\|) |
|---|---|---|---|---|
| as. factor(road)天河区珠江新城中 | 17229.244 | 1228.412 | 14.026 | <2e-16 |
| as. factor(road)越秀区北京路 | 11580.346 | 1231.487 | 9.404 | <2e-16 |
| as. factor(road)越秀区大沙头 | 12538.027 | 1243.428 | 10.083 | <2e-16 |
| as. factor(road)越秀区东川路 | 14056.474 | 1211.323 | 11.604 | <2e-16 |
| as. factor(road)越秀区东风东 | 19367.533 | 1210.338 | 16.002 | <2e-16 |
| as. factor(road)越秀区二沙岛 | 26879.215 | 1330.335 | 20.205 | <2e-16 |
| as. factor(road)越秀区海珠广场 | 8783.869 | 1234.582 | 7.115 | 1.50e-12 |
| as. factor(road)越秀区环市东 | 11887.039 | 1211.788 | 9.810 | <2e-16 |
| as. factor(road)越秀区建设路 | 14448.834 | 1207.412 | 11.967 | <2e-16 |
| as. factor(road)越秀区农讲所 | 13769.240 | 1211.122 | 11.369 | <2e-16 |
| as. factor(road)越秀区盘福路 | 11537.530 | 1214.649 | 9.499 | <2e-16 |
| as. factor(road)越秀区水荫路 | 11248.444 | 1216.088 | 9.250 | <2e-16 |
| as. factor(road)越秀区淘金路 | 12217.726 | 1204.562 | 10.143 | <2e-16 |
| as. factor(road)越秀区五羊新城 | 11608.245 | 1209.938 | 9.594 | <2e-16 |
| as. factor(road)越秀区西门口 | 8421.712 | 1216.339 | 6.924 | 5.72e-12 |
| as. factor(road)越秀区小北 | 12325.539 | 1206.383 | 10.217 | <2e-16 |
| as. factor(road)越秀区杨箕 | 17866.214 | 1206.144 | 14.813 | <2e-16 |
| as. factor(road)增城凤凰城 | -7340.129 | 1217.880 | -6.027 | 1.95e-09 |
| as. factor(road)增城凤凰城东 | -5614.980 | 1208.776 | -4.645 | 3.59e-06 |
| as. factor(road)增城凤凰城南 | -6793.895 | 1225.753 | -5.543 | 3.33e-08 |
| as. factor(road)增城广园东 | -8552.728 | 1205.761 | -7.093 | 1.75e-12 |
| as. factor(road)增城荔城大道北 | -7858.592 | 1220.776 | -6.437 | 1.48e-10 |
| as. factor(road)增城荔城大道南 | -7464.597 | 1216.638 | -6.135 | 1.00e-09 |
| as. factor(road)增城新塘北 | -7903.814 | 1203.027 | -6.570 | 6.24e-11 |
| as. factor(road)增城新塘南 | -9277.852 | 1196.115 | -7.757 | 1.31e-14 |
| years | -200.179 | 19.994 | -10.012 | <2e-16 |
| as. factor(direction)东 | -780.174 | 349.573 | -2.232 | 0.025727 |
| as. factor(direction)东北 | -237.780 | 361.561 | -0.658 | 0.510832 |
| as. factor(direction)东南 | -479.524 | 276.406 | -1.735 | 0.082905 |
| as. factor(direction)南 | -317.162 | 253.417 | -1.252 | 0.210866 |
| as. factor(direction)西 | 50.236 | 815.136 | 0.062 | 0.950863 |
| as. factor(direction)西北 | 26.091 | 546.027 | 0.048 | 0.961893 |
| as. factor(direction)西南 | -649.679 | 370.137 | -1.755 | 0.079355 |
| area | 8.137 | 2.564 | 3.174 | 0.001524 |
| floor | 38.688 | 11.554 | 3.349 | 0.000826 |
| as. factor(elevator)1 | 1231.726 | 217.549 | 5.662 | 1.69e-08 |
| as. factor(fitment)1 | 403.322 | 158.644 | 2.542 | 0.011079 |
| as. factor(subway)1 | 436.963 | 184.461 | 2.369 | 0.017927 |
| as. factor(sunshade)1 | -791.147 | 225.450 | -3.509 | 0.000458 |
| as. factor(parking)1 | -746.023 | 157.433 | -4.739 | 2.29e-06 |
| as. factor(river)1 | 548.277 | 271.433 | 2.020 | 0.043509 |
| green | 45.382 | 7.173 | 6.327 | 3.01e-10 |
| fee | 949.942 | 107.697 | 8.821 | <2e-16 |

# 附录三：模型(4)参数检验结果

| | Estimate | Std. Error | t value | Pr(>\|t\|) |
|---|---|---|---|---|
| (Intercept) | 15743. 657 | 1029. 376 | 15. 294 | <2e-16 |
| as. factor(road)白云区广花路 | -3748. 117 | 1189. 054 | -3. 152 | 0. 001642 |
| as. factor(road)白云区广园路 | 2810. 991 | 1203. 416 | 2. 336 | 0. 019587 |
| as. factor(road)白云区广州大道北 | 1884. 581 | 1186. 202 | 1. 589 | 0. 112257 |
| as. factor(road)白云区桂花岗 | 4690. 349 | 1196. 955 | 3. 919 | 9. 17e-05 |
| as. factor(road)白云区黄石 | 1902. 662 | 1186. 890 | 1. 603 | 0. 109061 |
| as. factor(road)白云区机场路 | 1331. 772 | 1193. 832 | 1. 116 | 0. 264737 |
| as. factor(road)白云区嘉禾望岗 | 291. 434 | 1191. 794 | 0. 245 | 0. 806840 |
| as. factor(road)白云区金沙洲 | -2289. 346 | 1192. 364 | -1. 920 | 0. 054984 |
| as. factor(road)白云区京溪 | 2248. 719 | 1186. 910 | 1. 895 | 0. 058274 |
| as. factor(road)白云区罗冲围 | -640. 262 | 1220. 763 | -0. 524 | 0. 599999 |
| as. factor(road)白云区梅花园 | 5682. 361 | 1190. 987 | 4. 771 | 1. 95e-06 |
| as. factor(road)白云区南湖 | -64. 372 | 1204. 584 | -0. 053 | 0. 957387 |
| as. factor(road)白云区三元里 | -1456. 976 | 1194. 991 | -1. 219 | 0. 222883 |
| as. factor(road)白云区同德围 | -434. 100 | 1204. 070 | -0. 361 | 0. 718487 |
| as. factor(road)白云区新市 | -782. 697 | 1193. 736 | -0. 656 | 0. 512104 |
| as. factor(road)从化郊区 | -13406. 586 | 1194. 983 | -11. 219 | <2e-16 |
| as. factor(road)从化街口中心区 | -9160. 059 | 1188. 635 | -7. 706 | 1. 93e-14 |
| as. factor(road)番禺区碧桂园 | -8200. 298 | 1194. 048 | -6. 868 | 8. 42e-12 |
| as. factor(road)番禺区大石 | -2635. 568 | 1196. 411 | -2. 203 | 0. 027703 |
| as. factor(road)番禺区大学城 | -2018. 528 | 1194. 267 | -1. 690 | 0. 091132 |
| as. factor(road)番禺区广州雅居乐 | 1880. 159 | 1205. 337 | 1. 560 | 0. 118933 |
| as. factor(road)番禺区华南 | 1037. 760 | 1198. 511 | 0. 866 | 0. 386652 |
| as. factor(road)番禺区华南碧桂园 | -702. 495 | 1207. 159 | -0. 582 | 0. 560665 |
| as. factor(road)番禺区金山谷 | -4648. 262 | 1208. 094 | -3. 848 | 0. 000123 |
| as. factor(road)番禺区洛溪 | 1643. 579 | 1199. 739 | 1. 370 | 0. 170841 |
| as. factor(road)番禺区南浦 | 987. 108 | 1200. 067 | 0. 823 | 0. 410855 |
| as. factor(road)番禺区祈福 | -5969. 175 | 1224. 855 | -4. 873 | 1. 17e-06 |
| as. factor(road)番禺区祈福新区 | -5957. 393 | 1206. 054 | -4. 940 | 8. 41e-07 |
| as. factor(road)番禺区祈福中区 | -4355. 166 | 1211. 125 | -3. 596 | 0. 000330 |
| as. factor(road)番禺区沙湾 | -4997. 519 | 1195. 475 | -4. 180 | 3. 02e-05 |
| as. factor(road)番禺区石基 | -4366. 280 | 1191. 143 | -3. 666 | 0. 000252 |
| as. factor(road)番禺区石楼 | -10227. 307 | 1195. 920 | -8. 552 | <2e-16 |
| as. factor(road)番禺区市桥北 | -3392. 348 | 1201. 429 | -2. 824 | 0. 004791 |
| as. factor(road)番禺区市桥东 | -4033. 690 | 1197. 224 | -3. 369 | 0. 000767 |
| as. factor(road)番禺区市桥南 | -3737. 043 | 1191. 732 | -3. 136 | 0. 001736 |
| as. factor(road)番禺区市桥西 | -3682. 487 | 1204. 469 | -3. 057 | 0. 002259 |
| as. factor(road)番禺区星河湾 | 1032. 927 | 1223. 767 | 0. 844 | 0. 398729 |
| as. factor(road)番禺区亚运城 | -9379. 446 | 1189. 803 | -7. 883 | 4. 93e-15 |
| as. factor(road)番禺区钟村 | -2700. 948 | 1197. 587 | -2. 255 | 0. 024209 |
| as. factor(road)海珠区宝岗 | 8362. 758 | 1200. 165 | 6. 968 | 4. 21e-12 |
| as. factor(road)海珠区滨江东 | 10606. 514 | 1231. 983 | 8. 609 | <2e-16 |

续表

| | Estimate | Std. Error | t value | Pr(＞\|t\|) |
|---|---|---|---|---|
| as. factor(road)海珠区滨江西 | 8173. 364 | 1227. 846 | 6. 657 | 3. 51e-11 |
| as. factor(road)海珠区滨江中 | 10402. 804 | 1195. 700 | 8. 700 | ＜2e-16 |
| as. factor(road)海珠区昌岗路 | 8868. 512 | 1199. 609 | 7. 393 | 2. 02e-13 |
| as. factor(road)海珠区赤岗 | 8631. 678 | 1197. 904 | 7. 206 | 7. 85e-13 |
| as. factor(road)海珠区东晓南 | 5398. 190 | 1195. 376 | 4. 516 | 6. 63e-06 |
| as. factor(road)海珠区工业大道北 | 10229. 817 | 1213. 865 | 8. 427 | ＜2e-16 |
| as. factor(road)海珠区工业大道南 | 6726. 550 | 1196. 504 | 5. 622 | 2. 12e-08 |
| as. factor(road)海珠区广州大道南 | 5900. 712 | 1190. 960 | 4. 955 | 7. 79e-07 |
| as. factor(road)海珠区江南大道 | 7477. 028 | 1203. 108 | 6. 215 | 6. 11e-10 |
| as. factor(road)海珠区江南西 | 7615. 832 | 1206. 431 | 6. 313 | 3. 29e-10 |
| as. factor(road)海珠区江燕路 | 7424. 887 | 1198. 452 | 6. 195 | 6. 90e-10 |
| as. factor(road)海珠区客村 | 8996. 195 | 1195. 322 | 7. 526 | 7. 52e-14 |
| as. factor(road)海珠区沥滘 | 3280. 194 | 1192. 361 | 2. 751 | 0. 005989 |
| as. factor(road)海珠区南洲 | 5383. 772 | 1194. 174 | 4. 508 | 6. 87e-06 |
| as. factor(road)海珠区琶洲 | 5387. 363 | 1191. 332 | 4. 522 | 6. 44e-06 |
| as. factor(road)海珠区前进路 | 8099. 752 | 1197. 902 | 6. 762 | 1. 73e-11 |
| as. factor(road)海珠区下渡路 | 5189. 515 | 1212. 928 | 4. 279 | 1. 96e-05 |
| as. factor(road)海珠区新港西 | 7910. 474 | 1191. 925 | 6. 637 | 4. 01e-11 |
| as. factor(road)海珠区中大 | 13551. 717 | 1209. 109 | 11. 208 | ＜2e-16 |
| as. factor(road)花都区花东 | -10024. 564 | 1189. 898 | -8. 425 | ＜2e-16 |
| as. factor(road)花都区建设北 | -7721. 336 | 1203. 918 | -6. 414 | 1. 73e-10 |
| as. factor(road)花都区镜湖大道 | -8792. 248 | 1191. 778 | -7. 377 | 2. 26e-13 |
| as. factor(road)花都区旧区 | -6644. 321 | 1207. 428 | -5. 503 | 4. 16e-08 |
| as. factor(road)花都区美林湖 | -11731. 585 | 1189. 942 | -9. 859 | ＜2e-16 |
| as. factor(road)花都区山前大道 | -13550. 396 | 1218. 894 | -11. 117 | ＜2e-16 |
| as. factor(road)花都区铁路西 | -8271. 026 | 1198. 176 | -6. 903 | 6. 60e-12 |
| as. factor(road)花都区新区 | -6735. 488 | 1198. 871 | -5. 618 | 2. 17e-08 |
| as. factor(road)黄埔区丰乐路 | 3314. 944 | 1192. 749 | 2. 779 | 0. 005494 |
| as. factor(road)黄浦区大沙地 | 2380. 460 | 1195. 808 | 1. 991 | 0. 046638 |
| as. factor(road)黄浦区开创大道 | -4011. 451 | 1188. 484 | -3. 375 | 0. 000750 |
| as. factor(road)黄浦区开发区东 | -7858. 944 | 1188. 540 | -6. 612 | 4. 71e-11 |
| as. factor(road)黄浦区开发区西 | -4810. 409 | 1203. 459 | -3. 997 | 6. 62e-05 |
| as. factor(road)黄浦区萝岗 | -1334. 946 | 1185. 950 | -1. 126 | 0. 260441 |
| as. factor(road)黄浦区文冲 | 1135. 154 | 1195. 118 | 0. 950 | 0. 342303 |
| as. factor(road)荔湾区陈家祠 | 10147. 882 | 1203. 002 | 8. 435 | ＜2e-16 |
| as. factor(road)荔湾区东风西 | 6914. 828 | 1196. 757 | 5. 778 | 8. 61e-09 |
| as. factor(road)荔湾区芳村 | -27. 443 | 1189. 982 | -0. 023 | 0. 981603 |
| as. factor(road)荔湾区花地湾 | 2357. 801 | 1203. 676 | 1. 959 | 0. 050256 |
| as. factor(road)荔湾区环市西 | 3317. 609 | 1200. 875 | 2. 763 | 0. 005780 |
| as. factor(road)荔湾区黄岐 | -5372. 743 | 1216. 283 | -4. 417 | 1. 05e-05 |
| as. factor(road)荔湾区黄沙 | 4115. 858 | 1229. 836 | 3. 347 | 0. 000831 |
| as. factor(road)荔湾区窖口 | -148. 726 | 1218. 832 | -0. 122 | 0. 902891 |
| as. factor(road)荔湾区坑口 | 895. 550 | 1199. 518 | 0. 747 | 0. 455388 |
| as. factor(road)荔湾区流花 | 3750. 142 | 1198. 969 | 3. 128 | 0. 001784 |

续表

| | Estimate | Std. Error | t value | Pr(>\|t\|) |
|---|---|---|---|---|
| as. factor(road)荔湾区南岸路 | 4992. 794 | 1204. 430 | 4. 145 | 3. 52e-05 |
| as. factor(road)荔湾区西村 | 7257. 559 | 1195. 168 | 6. 072 | 1. 48e-09 |
| as. factor(road)荔湾区西关 | 8090. 160 | 1206. 283 | 6. 707 | 2. 51e-11 |
| as. factor(road)荔湾区盐步 | -7053. 281 | 1193. 290 | -5. 911 | 3. 92e-09 |
| as. factor(road)荔湾区中山八路 | 4197. 655 | 1201. 010 | 3. 495 | 0. 000483 |
| as. factor(road)南沙区大岗 | -10342. 265 | 1192. 185 | -8. 675 | <2e-16 |
| as. factor(road)南沙区金洲 | -8175. 651 | 1187. 060 | -6. 887 | 7. 36e-12 |
| as. factor(road)南沙区旧镇 | -9522. 295 | 1199. 845 | -7. 936 | 3. 26e-15 |
| as. factor(road)天河区车陂 | 3399. 876 | 1198. 867 | 2. 836 | 0. 004611 |
| as. factor(road)天河区东莞庄 | 8977. 589 | 1196. 831 | 7. 501 | 9. 06e-14 |
| as. factor(road)天河区东圃 | 2794. 907 | 1194. 271 | 2. 340 | 0. 019357 |
| as. factor(road)天河区东站 | 6622. 724 | 1210. 607 | 5. 471 | 4. 98e-08 |
| as. factor(road)天河区岗顶 | 5941. 667 | 1197. 861 | 4. 960 | 7. 57e-07 |
| as. factor(road)天河区华景新城 | 8690. 719 | 1202. 004 | 7. 230 | 6. 58e-13 |
| as. factor(road)天河区汇景新城 | 14140. 520 | 1235. 829 | 11. 442 | <2e-16 |
| as. factor(road)天河区龙洞 | 3544. 761 | 1191. 569 | 2. 975 | 0. 002962 |
| as. factor(road)天河区龙口东 | 8674. 143 | 1212. 060 | 7. 157 | 1. 12e-12 |
| as. factor(road)天河区龙口西 | 8269. 118 | 1207. 384 | 6. 849 | 9. 58e-12 |
| as. factor(road)天河区沙河 | 4061. 173 | 1209. 048 | 3. 359 | 0. 000795 |
| as. factor(road)天河区沙太南 | 2228. 816 | 1193. 967 | 1. 867 | 0. 062069 |
| as. factor(road)天河区上社 | 7172. 473 | 1189. 175 | 6. 031 | 1. 89e-09 |
| as. factor(road)天河区石牌桥 | 8521. 411 | 1203. 056 | 7. 083 | 1. 88e-12 |
| as. factor(road)天河区棠下 | 4626. 118 | 1186. 715 | 3. 898 | 9. 97e-05 |
| as. factor(road)天河区体育西 | 5867. 548 | 1216. 936 | 4. 822 | 1. 52e-06 |
| as. factor(road)天河区体育中心 | 8749. 301 | 1195. 886 | 7. 316 | 3. 53e-13 |
| as. factor(road)天河区天河北 | 8340. 418 | 1199. 733 | 6. 952 | 4. 71e-12 |
| as. factor(road)天河区天河公园 | 12124. 492 | 1194. 812 | 10. 148 | <2e-16 |
| as. factor(road)天河区天河客运站 | 5041. 264 | 1215. 657 | 4. 147 | 3. 49e-05 |
| as. factor(road)天河区天河南 | 7453. 431 | 1203. 552 | 6. 193 | 7. 01e-10 |
| as. factor(road)天河区天润路 | 6727. 107 | 1214. 734 | 5. 538 | 3. 42e-08 |
| as. factor(road)天河区五山 | 13088. 889 | 1201. 396 | 10. 895 | <2e-16 |
| as. factor(road)天河区五山路口 | 7401. 423 | 1210. 820 | 6. 113 | 1. 15e-09 |
| as. factor(road)天河区燕塘 | 5843. 665 | 1196. 532 | 4. 884 | 1. 11e-06 |
| as. factor(road)天河区员村 | 5594. 389 | 1195. 290 | 4. 680 | 3. 03e-06 |
| as. factor(road)天河区员村二横路 | 10171. 567 | 1196. 156 | 8. 504 | <2e-16 |
| as. factor(road)天河区员村四横路 | 9029. 428 | 1197. 325 | 7. 541 | 6. 71e-14 |
| as. factor(road)天河区粤垦 | 5739. 714 | 1203. 422 | 4. 769 | 1. 97e-06 |
| as. factor(road)天河区长湴 | 4565. 173 | 1193. 554 | 3. 825 | 0. 000134 |
| as. factor(road)天河区珠江新城东 | 13151. 901 | 1205. 238 | 10. 912 | <2e-16 |
| as. factor(road)天河区珠江新城西 | 13839. 893 | 1210. 460 | 11. 434 | <2e-16 |
| as. factor(road)天河区珠江新城中 | 17076. 007 | 1218. 367 | 14. 015 | <2e-16 |
| as. factor(road)越秀区北京路 | 11457. 604 | 1222. 301 | 9. 374 | <2e-16 |
| as. factor(road)越秀区大沙头 | 12307. 110 | 1233. 249 | 9. 979 | <2e-16 |
| as. factor(road)越秀区东川路 | 14010. 933 | 1201. 053 | 11. 666 | <2e-16 |

续表

| | Estimate | Std. Error | t value | Pr(＞\|t\|) |
|---|---|---|---|---|
| as. factor(road)越秀区东风东 | 19067. 594 | 1200. 850 | 15. 878 | ＜2e-16 |
| as. factor(road)越秀区二沙岛 | 26769. 255 | 1319. 613 | 20. 286 | ＜2e-16 |
| as. factor(road)越秀区海珠广场 | 8758. 867 | 1228. 293 | 7. 131 | ＜2e-16 |
| as. factor(road)越秀区环市东 | 11796. 650 | 1201. 506 | 9. 818 | ＜2e-16 |
| as. factor(road)越秀区建设路 | 14342. 574 | 1197. 816 | 11. 974 | ＜2e-16 |
| as. factor(road)越秀区农讲所 | 13699. 059 | 1201. 558 | 11. 401 | ＜2e-16 |
| as. factor(road)越秀区盘福路 | 11555. 898 | 1204. 385 | 9. 595 | ＜2e-16 |
| as. factor(road)越秀区水荫路 | 11227. 955 | 1206. 274 | 9. 308 | ＜2e-16 |
| as. factor(road)越秀区淘金路 | 12221. 915 | 1194. 331 | 10. 233 | ＜2e-16 |
| as. factor(road)越秀区五羊新城 | 11708. 170 | 1199. 779 | 9. 759 | ＜2e-16 |
| as. factor(road)越秀区西门口 | 8493. 948 | 1206. 153 | 7. 042 | 2. 51e-12 |
| as. factor(road)越秀区小北 | 12193. 862 | 1196. 236 | 10. 194 | ＜2e-16 |
| as. factor(road)越秀区杨箕 | 17790. 157 | 1196. 227 | 14. 872 | ＜2e-16 |
| as. factor(road)增城凤凰城 | -7492. 421 | 1207. 649 | -6. 204 | 6. 53e-10 |
| as. factor(road)增城凤凰城东 | -5835. 378 | 1198. 858 | -4. 867 | 1. 21e-06 |
| as. factor(road)增城凤凰城南 | -7015. 890 | 1215. 683 | -5. 771 | 8. 96e-09 |
| as. factor(road)增城广园东 | -8577. 713 | 1195. 520 | -7. 175 | 9. 79e-13 |
| as. factor(road)增城荔城大道北 | -8108. 758 | 1211. 023 | -6. 696 | 2. 70e-11 |
| as. factor(road)增城荔城大道南 | -7519. 525 | 1206. 198 | -6. 234 | 5. 41e-10 |
| as. factor(road)增城新塘北 | -7906. 322 | 1192. 651 | -6. 629 | 4. 21e-11 |
| as. factor(road)增城新塘南 | -9259. 777 | 1185. 840 | -7. 809 | 8. 80e-15 |
| years | -195. 489 | 19. 836 | -9. 855 | ＜2e-16 |
| as. factor(direction)东 | -785. 109 | 346. 594 | -2. 265 | 0. 023595 |
| as. factor(direction)东北 | -194. 743 | 358. 582 | -0. 543 | 0. 587121 |
| as. factor(direction)东南 | -507. 845 | 274. 357 | -1. 851 | 0. 064296 |
| as. factor(direction)南 | -359. 264 | 251. 407 | -1. 429 | 0. 153139 |
| as. factor(direction)西 | 133. 871 | 808. 213 | 0. 166 | 0. 868456 |
| as. factor(direction)西北 | -5. 007 | 541. 929 | -0. 009 | 0. 992629 |
| as. factor(direction)西南 | -701. 227 | 367. 050 | -1. 910 | 0. 056204 |
| area | 7. 646 | 2. 544 | 3. 005 | 0. 002682 |
| floor | 50. 220 | 13. 773 | 3. 646 | 0. 000272 |
| stairs | -306. 486 | 47. 727 | -6. 422 | 1. 64e-10 |
| as. factor(elevator)1 | -286. 146 | 330. 641 | -0. 865 | 0. 386897 |
| as. factor(fitment)1 | 362. 738 | 157. 439 | 2. 304 | 0. 021314 |
| as. factor(subway)1 | 455. 548 | 182. 893 | 2. 491 | 0. 012818 |
| as. factor(sunshade)1 | -1008. 830 | 226. 588 | -4. 452 | 8. 91e-06 |
| as. factor(parking)1 | -716. 458 | 156. 438 | -4. 580 | 4. 91e-06 |
| as. factor(river)1 | 576. 749 | 269. 129 | 2. 143 | 0. 032218 |
| green | 47. 094 | 7. 118 | 6. 616 | 4. 60e-11 |
| fee | 962. 000 | 106. 802 | 9. 007 | ＜2e-16 |
| stairs:as. factor(elevator)1 | 295. 277 | 48. 522 | 6. 085 | 1. 36e-09 |

（审稿人：岳荣先　张鸣芳　常　宁）

# 打车软件用户满意度研究报告

## ——以湖北省武汉市出租车乘客为例

刘　芳　许逸翰　郑文芳

（指导教师：张海波）

中南财经政法大学

## 一、问题的背景

“快的打车”“滴滴打车”等打车软件兴起已有一段时间，通过在智能手机上安装一个手机APP，在线呼叫司机和发送订单，然后软件基于地理位置进行推送，附近的司机抢单，用户就可以及时享受打车服务，用手机直接进行支付还能获得返利优惠。打车软件在2011年就已诞生，但当时一般以预约叫车功能为主，用户比较少，近两年随着补贴措施的出现，打车软件迅速向全国推广，人们的打车方式从传统的“马路扬车”转变为“指尖打车”，真正实现了“各取所需，互利多赢”。

从2013年7月份开始，经过市场整合，原先40多款打车软件的百花齐放演变成目前滴滴、快的双雄争霸的局面，市场竞争趋于白热化。2014年，滴滴打车和快的打车及各自背后的投资方腾讯、阿里巴巴已围绕移动支付展开一场激烈角逐、烧钱大战。“打车”市场之争，如今已硝烟弥漫，但快的、滴滴两家打车软件的市场老大之争仍将持续。同时，打车软件的迅速成长带来了一系列问题，多个城市相继出台政策，对打车软件亮起了“红灯”。先是深圳全面叫停了打车软件的使用，要求出租车司机删除软件。随后一些城市的交管部门也表示，将严格禁止出租司机接受打车软件叫车。如何看待打车软件，引起了不少关于其便捷性、安全性、公平性等方面的争议。针对打车软件在出租车行业内的快速发展和竞争乱象，国家发改委综合交通运输研究所表示，打车软件的出现是科技以及市场经济发展的必然产物，为交通运输领域注入了新的活力。但面对打车软件这一互联网和交通运输领域的新生事物，政府如何监管以及与传统电召平台如何配合成为亟待解决的问题。

## 二、问题的提出

出租车司机与打车者之间时常存在着信息不对称的现象，这导致了出租车在非高峰时段空载，而在高峰期和恶劣天气下司机却时常拒载等情况的发生，手机打车软件的兴起提高了双方信息的对称度，提高了打车成功率，实现了司机和打车者双赢。对乘客而言，使用打车软件叫车确实更方便快捷，可以使招车的范围变大，用移动支付有现金返回，在急需用车时还可以加价；对司机而言，可以得到加价，还可以降低空驶率，实现收入最大化。目前，打车软件的地位已然树立起来，消费者变得更倾向于使用打车软件招车，司机也更多地利用打车软件接单。不过，打车软件的快速发展带来的诸如安全性、公平性等一系列问题同样引人深思。

有专家认为，出租车市场的商业性质决定了其容易受到市场供需关系波动的影响，在乘车高峰、供需矛盾比较突出的时段，价格的适当浮动应该被理解，而政府部门叫停打车软件或者“收编”打车软件都不利于打车软件行业和出租车行业的发展。因此，某些省市要求打车软件接入行业统一的电召服务平台的行为，多了一层将行政管理这双大手伸向市场化运营领域的意思[1]。打车软件的本意是利用海量的网络信息实现资源的最佳配置，政府的干预和管理可能会带来价格无差异、缺乏竞争性，将打车软件纳入统一的电召平台是否有违设计打车软件的初衷亟待验证。

各个利益群体都会站在自己的角度思考问题，打车软件确实存在诸多问题，但这并不能否定其为消费者与司机带来的好处。打车软件到底好不好，软件用户尤其是广大乘客最有话语权，所以应该了解他们对打车软件是否满意。顾客满意是顾客重复性购买和顾客忠诚的重要决定要素，它能为企业带来较强的市场竞争优势和更高的市场占有率，最终提高企业的利润率[2]。本案例以武汉地区出租车乘客为例，深入研究人们对打车软件的满意度，建立满意度模型，并研究人们对政府干预和监管措施所持态度等，最后提出打车软件的发展建议。

## 三、满意度模型回顾

### (一)顾客满意的含义

Howard 和 Sheth(1969)认为，顾客满意是购买者对其所做的付出与所得到的收益是否合理进行评判的心理状态。Hempel(1977)认为，顾客满意取决于顾客对所预期利益的实现程度，即反应预期及实际结果的一致性程度。Oliver(1981)认为顾客满意是一种基于特定产品或服务交易的情感反应。顾客满意度取决于所预期的产品或服务利益的实现程度。Churchill 和 Surprenant(1982)认为，顾客满意是顾客对购买产品或服务所付出的成本(时间、金钱、精力)与使用产品所获得收益相比较的结果。Engle(1993)认为，顾客满意是顾客消费产品及接受服务后的一种评估。Kotler(1997)认为，顾客满意是个人所感觉的程度，源自顾客对产品功能特性及结果的感知及产品期望的比较。Oliver(1997)认为，顾客满意是顾客的需要得到满足之后的心理状态，是顾客对产品和服务满足自己需要程度的判断。Woodruff(1997)认为，顾客满意比较标准应该基于顾客所向往的价值，这些价值来源于产品的属性、性能及其使用结果。Carbarino 和 Johnson(1999)把整体顾客满意度看做中间变量，研究证明整体满意度对信任、承诺和未来购买意愿具有正向影响[3]。

顾客满意度与顾客满意并无本质差异，它是对顾客满意水平的量化。纵观以上学者对顾客满意的阐述，本案例给出打车软件用户满意度的定义：用户在使用打车软件后，将对打车软件的感知效果与事先预期相比较后所形成的愉悦或失望的感觉状态。用户在使用打车软件之前，都会对打车软件有所期待，这种事先预期客观存在。用户使用打车软件后，会对实际获得产生评价。用户满意与否实际上取决于用户的实现预期与实际获得之间的比较，其差距程度就是顾客满意度。打车软件越高于用户的需求，用户的满意度就越高。

### (二)满意度测评模型

#### 1. 瑞典顾客满意度指数(SCSB)模型

20 世纪 90 年代以来，国内外学者构建了不同的顾客满意度测量模型。1989 年，瑞典率先推出了全国性的顾客满意度指数模型(图 1)。该模型共有五个潜变量:顾客期望、价值感知、顾客满意度、顾客抱怨与顾客忠诚。顾客期望由总体期望测量;价值感知有两个显变量:给定价格下对质量的感知和给定质量下对价格的感知;顾客满意度表现为总体满意度、对预期的满足和与理想的差距;顾客抱怨指对个人的抱怨和对管理层的抱怨;顾客忠诚主要指对价格的承受能力和重新购买的意愿。其中顾客期望是外生变量,其他为内生变量。满意度的前导变量是顾客期望和感知质量,结果变量为顾客抱怨和顾客忠诚。

SCSB 模型将顾客抱怨作为顾客满意的结果。当顾客对产品或服务不满意时,他们会选择两种渠道来表达:一是停止购买或不再使用,二是投诉表达自己的抱怨或不满,以获得赔偿。顾客满意度的提高会直接减少顾客的抱怨行为。模型的最终变量是顾客忠诚,在此可理解为顾客重复购买或使用某一特定产品和服务的心理趋势。

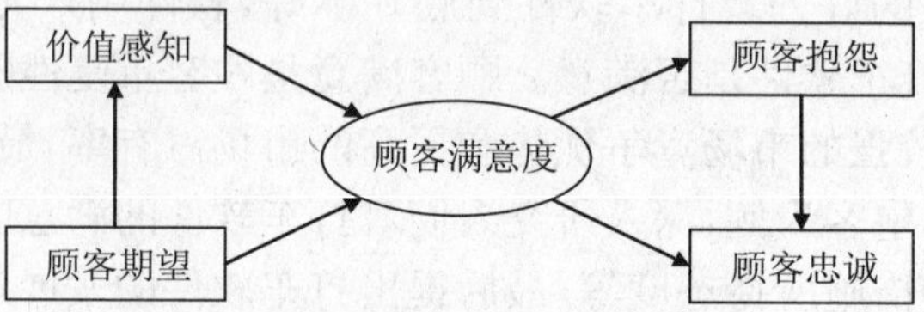


**图 1　瑞典顾客满意度指数模型**

2. 美国顾客满意度指数(ACSI)模型

1996 年,Fornell 等人在 SCSB 的基础上建立了美国顾客满意度指数模型(图 2),主要创新在于增加了感知质量。感知质量侧重于单纯的质量评判,而感知价值偏重于价格方面的评判,通过比较它们对顾客满意的影响,可以比较明确地分辨出顾客满意的来源,是质量制胜还是成本领先。模型中对顾客期望的测量主要是指质量期望,由总体质量期望、对可靠性的期望和对满足需求的预期这三个显变量测量;感知质量有三个观测变量:总体质量、可靠性质量和满足需求的能力;感知价值、顾客满意度和顾客忠诚的测量变量与 SCSB 模型一致;顾客抱怨是指正式或非正式的投诉。

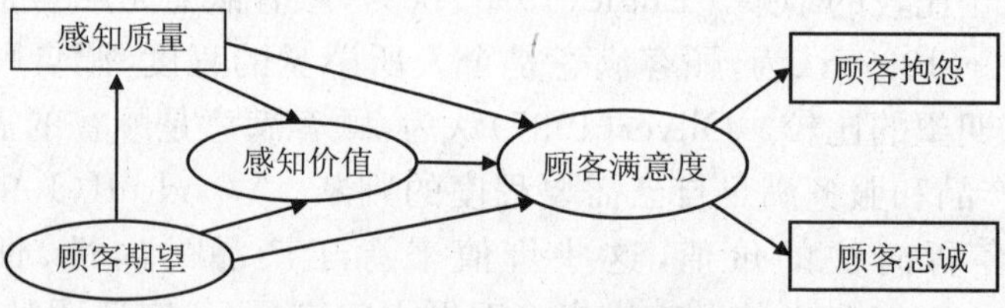


**图 2　美国顾客满意度指数模型**

3. 欧洲顾客满意度指数(ECSI)模型

1996 年,Gronholdt 等人结合欧洲情况,在 ACSI 的基础上建立了欧洲顾客满意度指数模型(图 3),二者的不同主要在于:ECSI 模型加入了"形象"这一变量,去掉了 ACSI 中顾客抱怨这一潜在变量;同时又把感知质量分为感知硬件质量和感知人员价值。公司形象由顾客对公司的商业实践、商业道德、社会责任感和总体形象的看法加以测度;顾客期望主要是指质量期望,由对产品或服务的总体期望和顾客对公司沟通的期望测量;感知硬件质量主要是指产品或服务的质量,表现为产品或服务满足顾客需求的程度、与其他竞争品牌比较的感受和整体质量,感知软件质量主要是指顾客与公司沟通的质量,包括沟通达到需求的程度、与其他竞争公司比较的感受和对整体沟通效果的评价;感知价值由以货币衡量的价值和与竞争者比较所衡量的价值来测量；顾客满意度同 SCSB 和 ACSI 相同；顾客忠诚主要表现为顾客重新购买的意愿、顾客交叉购买的意愿和推荐他人的意愿。

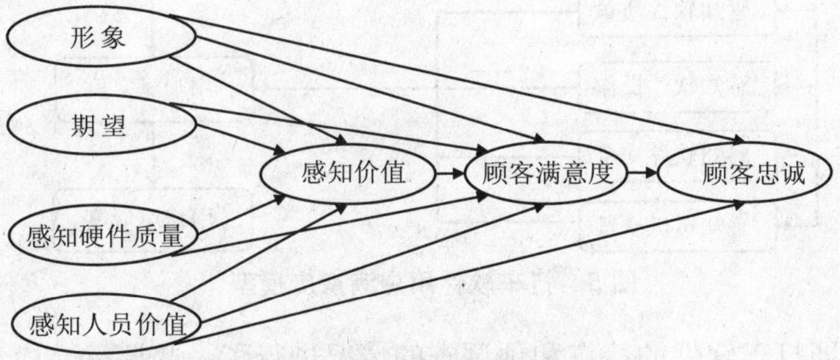


**图 3　欧洲顾客满意度指数模型**

4. 中国顾客满意度指数(CCSI)模型

1995 年，清华大学赵平教授将顾客满意度指数的概念引入我国。2000 年，国家质量监督检验检疫总局和清华大学中国企业研究中心共同承担了“中国用户满意度指数构建研究”，为我国建立国家级用户满意度指数奠定了基础。中国顾客满意度指数模型由品牌形象、预期质量、感知质量、感知价值、用户满意和用户忠诚六个潜变量组成(图 4)。品牌形象有两个测量指标：品牌总体形象和品牌特征显著度；预期质量的四个测量变量是总体预期质量、顾客化预期质量、可靠性预期质量和服务预期质量；感知质量的测量变量是总体感知质量、顾客化感知质量、可靠性感知质量和服务感知质量；感知价值的两个测量变量与 ACSI 模型中的完全一样；顾客满意度的测量指标在 ACSI 模型的基础上增加了一个同其他品牌比较这一指标；用户忠诚采用重复购买可能性与保留价格这两个测量指标。

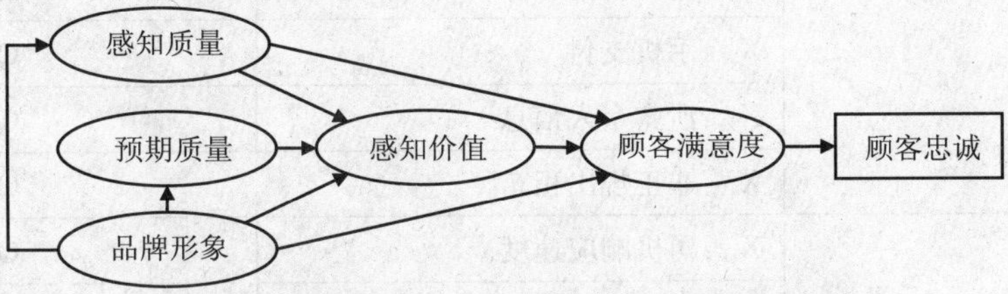


**图 4　我国学者提出的顾客满意度指数模型**

## 四、打车软件用户满意度模型的构建

(一)用户满意度模型

在上述满意度模型的基础上，本案例结合打车软件的特点及实际情况，构建了打车软件用户满意度测评模型(见图 5)。该模型继承了已有模型的一些核心概念和架构，如感知质量、顾客满意、顾客忠诚等，由于软件的使用是免费的，因此去掉了感知价值这个变量，并且出于对打车软件操作的便捷性、安全性、司机对乘客使用软件的影响等方面的考虑，增加了软件操作、软件安全、司机质量等变量。本模型包括 7 个结构变量，17 个观测变量。

(二)修正模型的变量设计

变量量表设计是研究过程中最重要的环节之一，本案例借鉴了文献中相关量表的设计，根据具体应用范围和文化适应性进行了调整改进。问卷包括了 7 个分量表，所有量表均根据本案

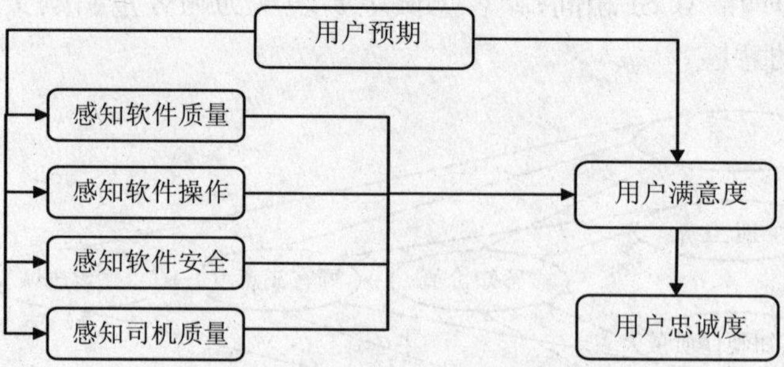


**图 5　打车软件用户满意度模型**

例具体应用的范围，即打车软件的特点和预调查的情况进行了一些调整。模型中的所有变量设置见表 1。

**表 1　打车软件用户满意度模型量表**

| 结构变量 | 观测变量 | 问卷序号 |
| --- | --- | --- |
| $Y_0$：用户预期 | X01：成功打车的把握 | Q7 |
| $Y_1$：感知软件质量 | $X_{11}$：容易联系附近车辆 | Q8 |
| | $X_{12}$：减少等车时间 | Q 9 |
| $Y_2$：感知软件操作 | $X_{21}$：容易学会 | Q 10 |
| | $X_{22}$：支付方便 | Q 11 |
| | $X_{23}$：呼叫方便 | Q 12 |
| $Y_3$：感知软件安全 | $X_{31}$：驾车使用 | Q13 |
| | $X_{32}$：手机支付 | Q14 |
| | $X_{33}$：泄露个人信息 | Q15 |
| | $X_{34}$：非正规出租车 | Q16 |
| $Y_4$：感知司机质量 | $X_{41}$：司机响应速度 | Q17 |
| | $X_{42}$：司机诚信 | Q18 |
| | $X_{43}$：与司机发生矛盾 | Q19 |
| $Y_5$：用户满意度 | X51：整体满意度 | Q23 |
| $Y_6$：用户忠诚度 | $X_{61}$：取消补贴 | Q20 |
| | $X_{62}$：软件收费 | Q21 |
| | $X_{63}$：推荐 | Q22 |

(三)打车软件满意度模型的假设

1. 假定前提

假定 1：用户在对事先预期和实际获得进行评判时，与情感状态无关。

用户满意具有极强的主观性和差异性。不同用户对同一打车软件可能会做出不同的满意判别，同一用户对同一打车软件，也会因不同时间、不同环境和不同情感而做出不同的满意评价。当用户处于良好的情绪状态时，实际获得小于事先预期，用户也不一定不满意；相反，当用户处于不好的情绪状态时，即使实际获得大于事先预期，用户也未必一定产生满意。为了更好地阐述乘客满意度，本研究假设认为，用户在对事先预期和实际获得进行评判时，与情感状态无关。

假定2：用户都能公正评判自身对打车软件的满意程度。

打车软件的用户对软件的质量、功能等拥有不完全信息，但根据问卷中各种提示信息进行推断之后，都能公正地评判自己对打车软件的满意度。

假定3：从问卷中得到的数据能够很好地代表用户对这些指标的感知。

2. 理论假设

假设1：打车软件的用户预期对质量感知有正向的影响作用。

假设2：打车软件的用户预期对操作感知有正向的影响作用。

假设3：打车软件的用户预期对安全感知有正向的影响作用。

假设4：打车软件的用户预期对司机感知有正向的影响作用。

假设5：打车软件的用户预期对用户满意有反向的影响作用。

假设6：打车软件的质量感知对用户满意有正向的影响作用。

假设7：打车软件的操作感知对用户满意有正向的影响作用。

假设8：打车软件的安全感知对用户满意有正向的影响作用。

假设9：对司机的满意能提高打车软件的用户满意度。

假设10：用户满意对用户忠诚度有正向的影响作用。

## 五、调研方案设计

（一）调查目的

1. 了解武汉地区打车软件使用情况及用户对打车软件的满意度；

2. 确定影响用户满意度的关键因素；

3. 从用户的意见和建议中寻找解决用户不满的办法，为政府制定相关政策以及企业对软件的改进提供建议。

（二）调查方案

1. 预调查

(1)调查对象：武汉地区使用过打车软件的人群；

(2)调查方法：问卷调查；

(3)调查地点：中南财经政法大学；

(4)调查时间：2014年4月10日；

(5)调查过程：为了检验问卷的信度和效度，在正式调查之前抽取小样本进行预调查，该阶段共发放60份问卷，有效问卷为53份。

2. 正式调查

(1)调查对象：武汉市使用过打车软件的人群；

(2)调查方法：问卷调查、访谈法；

(3)调查地点：武昌火车站、武汉火车站、汉口火车站；

(4)调查时间：2014年4月13日至4月18日；

(5)调查表：“打车软件乘客满意度调查问卷”，见附录；

(6)调查过程:每份问卷调查开始前,调查员首先表明身份,强调这是一次非商业性的学术调查;询问其是否使用过打车软件,对使用过打车软件的被调查者让其填写问卷,待其填写完毕后表示感谢。正式调查阶段共回收问卷 209 份,有效问卷为 200 份。

(三)问卷设计

1. 问卷内容

问卷内容分为 4 个部分,见附录。其中第一部分(问题 1—5)涉及的是被调查者的个人信息,主要包括性别、年龄、职业、文化程度、收入等,通过此部分信息可以详细了解用户的身份细节。第二部分(问题 Q1—Q6)采集的是打车软件的使用情况,可以了解被调查者打车频率、使用打车软件的原因、使用哪款打车软件以及选择该款打车软件的原因,通过这部分可以对被调查者使用打车软件的原因进行分析。第三部分(问题 Q7—Q26)是根据 ACSI 模型设计的,用以测评用户对打车软件的满意度,考虑了 4 个要素,即软件质量、软件操作、软件安全以及司机质量,这些要素都对用户的满意度产生重要影响。第四部分(问题 Q26—Q27)是开放性问题,主要了解被调查者对于政府干预的态度以及软件改进的建议等。

其中第三部分,用户满意度测量的本质是一个定量分析的过程,即用数字去反映用户对测量对象的属性的态度,因此需要对测量指标进行量化,也就是说,要有测量量表。测量量表是就某一项指标让被调查者进行评分、打分的尺度。在用户满意度测量中,实际采用的测量量表有很多的刻度方法,本案例采用的是常用的李克特 5 级量表,以使分析的结果具有最大程度的有效性和准确性。

2. 问卷检验

在用户满意度问卷调查中,我们有必要对测评得到的用户满意度得分进行信度和效度评价。信度是指量表的稳定性和可靠性,它代表了反复测量结果的接近程度,而效度是指一个测量工具能够恰当地测量出所欲测量概念的程度。

(1)信度分析

为了验证问卷设计的合理性以及问题答案稳定性,保证问题直接是同质、方向一致并且能具备测量的可靠性的回答,我们对预调查数据进行信度分析。在这里,我们用 Cronbach $\alpha$ 系数来测量问卷的信度。

将预调查数据导入到 SPSS 中,得到总量表的信度系数为 0.742,代表整个问卷的信度相当好。为进一步提高信度系数,我们对其他 5 个潜变量中项目内容加以修改。

(2)效度分析

为了检验问卷设计的合理性,要对每一项测评指标的用户评价结果的影响程度进行检验,同时,也要对问卷中测评指标分类的合理性进行检验,采用因子分析的方法对以上两方面的合理性进行检验。我们根据测评指标的共同度检验每一项测评指标对顾客评价结果的影响程度。共同度越大,表示该指标对公因子的共同依赖程度越大,即用这些公因子来解释该测评指标就越有效。一般来说,当共同度大于 0.4 时,公因子就能很好地解释测评指标了,共同度相对较小的,根据经验可以删除。因子分析可借助 SPSS 软件来完成,采用预调查数据进行分析,分析结果如下。

表 2 是用户满意度调查问卷有关 KMO 测度和 Bartlett 球体检验结果。KMO 是 Kaiser—Meyer—Olkin 的取样适当性量数,当 KMO 值越大时,表示变量间的共同因素越多,越适合进行因子分析。一般认为 KMO 如小于 0.5,则不适合进行因子分析。该表结果显示,KMO 值为 0.601,适合作因子分析。表中的 Bartlett 球体检验的 $\chi^2$ 统计值的显著性概率是 0.000,小于 1%,同样说明数据具有相关性,是适合作因子分析的。

**表 2　KMO 和 Bartlett 的检验**

| | | |
|---|---|---|
| 取样足够度的 Kaiser—Meyer—Olkin 度量 | | 0.601 |
| Bartlett 的球形度检验 | 近似卡方 | 388.779 |
| | df | 190 |
| | Sig. | 0.000 |

从表 3 可看出，问卷的各项测评指标因子的共同度都大于 0.4，说明问卷中设置的测评指标对用户满意度的影响是显著的，每一指标的设置是有必要的。

**表 3　方差最大旋转后的因子载荷表**

| | 共同因子 | | | | | | | 共同度 |
|---|---|---|---|---|---|---|---|---|
| | 1 | 2 | 3 | 4 | 5 | 6 | 7 | |
| 容易联系附近车辆 | 0.868 | 0.130 | 0.093 | 0.038 | −0.131 | 0.064 | 0.069 | 0.807 |
| 减少等车时间 | 0.743 | 0.389 | 0.115 | 0.098 | −0.222 | −0.055 | 0.176 | 0.810 |
| 准点预约 | 0.690 | 0.206 | 0.207 | 0.144 | −0.124 | 0.071 | 0.390 | 0.754 |
| 容易学会 | 0.202 | −0.074 | 0.274 | −0.306 | 0.421 | −0.147 | 0.602 | 0.776 |
| 支付方便 | 0.114 | 0.024 | 0.729 | 0.007 | −0.102 | 0.105 | 0.045 | 0.568 |
| 呼叫方便 | 0.387 | 0.249 | 0.514 | 0.114 | 0.435 | 0.181 | −0.168 | 0.740 |
| 司机响应速度 | 0.822 | −0.225 | −0.062 | −0.126 | 0.140 | −0.125 | −0.017 | 0.781 |
| 司机诚信 | 0.134 | 0.118 | −0.010 | 0.192 | −0.173 | 0.084 | 0.781 | 0.717 |
| 驾车使用 | 0.161 | −0.456 | 0.018 | 0.056 | 0.298 | 0.633 | 0.006 | 0.727 |
| 手机支付 | 0.132 | 0.244 | −0.269 | −0.160 | −0.267 | 0.370 | 0.095 | 0.423 |
| 泄露个人信息 | −0.169 | 0.153 | −0.129 | 0.009 | 0.811 | −0.056 | −0.038 | 0.730 |
| 非正规出租车 | −0.310 | 0.028 | 0.158 | 0.565 | 0.422 | −0.007 | −0.127 | 0.635 |
| 取消补贴 | 0.138 | 0.714 | 0.090 | −0.164 | 0.118 | −0.205 | 0.098 | 0.629 |
| 软件收费 | 0.074 | 0.837 | 0.220 | −0.144 | 0.043 | 0.047 | −0.014 | 0.779 |
| 推荐 | 0.205 | 0.204 | 0.695 | 0.191 | 0.075 | −0.283 | 0.187 | 0.724 |
| 投诉情况 | 0.270 | −0.084 | 0.157 | 0.712 | −0.124 | −0.025 | 0.023 | 0.628 |
| 与司机发生矛盾 | −0.016 | −0.123 | −0.053 | 0.682 | 0.044 | −0.110 | 0.118 | 0.512 |
| 司机高峰期使用 | 0.217 | 0.558 | −0.421 | 0.195 | 0.168 | 0.173 | 0.095 | 0.641 |
| 扰乱交通秩序 | −0.300 | 0.018 | 0.025 | −0.145 | −0.137 | 0.811 | 0.010 | 0.789 |
| 整体满意度 | 0.713 | 0.216 | 0.417 | 0.063 | −0.013 | −0.290 | 0.062 | 0.821 |

## 六、数据处理

### (一)数据编码

数据的编码就是给每一个问答题的每一个可能答案分配一个代号，通常是一个数字。编码是信息资料处理的重要环节，可以提高数据处理的效率和精度。根据所设计的问卷，进行编码如表 4。

**表 4　编码表**

| 变量序号 | 变量名称 | 变量说明 | 问卷位置 | 编码位置 | 编码意义 |
|---|---|---|---|---|---|
| 1 | B1 | 性别 | 1 | 1 | 1. 男　2. 女 |
| 2 | B2 | 年龄 | 2 | 2 | 1. 16—25 岁　2. 26—25 岁　3. 36—45 岁<br>4. 46—55 岁　5. 55 岁以上 |
| 3 | B3 | 职业 | 3 | 3 | 1. 机关单位　2. 企业　3. 教师<br>4. 学生　5. 其他 |
| 4 | B4 | 文化程度 | 4 | 4 | 1. 高中及以下　2. 大专　3. 本科<br>4. 硕士　5. 博士 |
| 5 | B5 | 可支配收入 | 5 | 5 | 1. 2000 元以下　2. 2000—4000 元<br>3. 4000—6000 元　4. 6000—8000 元<br>5. 8000 元以上 |
| 6 | Q1 | 出行方式 | Q1 | 6 | 1. 步行、自行车　2. 电动车、摩托车　3. 公共交通　4. 出租车　5. 私家车 |
| 7 | Q2 | 打车频率 | Q2 | 7 | 1. 0 次　2. 1—2 次　3. 3—5 次<br>4. 6—8 次　5. 8 次以上 |
| 8 | Q31 | 打车时段—8 点之前 | Q3 | 8 | 1. 是　0. 否 |
| 9 | Q32 | 打车时段—8 点到 12 点 | Q3 | 9 | 1. 是　0. 否 |
| 10 | Q33 | 打车时段—12 点到 16 点 | Q3 | 10 | 1. 是　0. 否 |
| 11 | Q34 | 打车时段—16 点到 20 点 | Q3 | 11 | 1. 是　0. 否 |
| 12 | Q35 | 打车时段—20 以后 | Q3 | 12 | 1. 是　0. 否 |
| 13 | Q41 | 使用原因—路边拦车司机拒载 | Q4 | 13 | 1. 是　0. 否 |
| 14 | Q42 | 使用原因—周围人都在用 | Q4 | 14 | 1. 是　0. 否 |
| 15 | Q43 | 使用原因—返利优惠 | Q4 | 15 | 1. 是　0. 否 |
| 16 | Q44 | 使用原因—软件打车更便捷 | Q4 | 16 | 1. 是　0. 否 |
| 17 | Q45 | 使用原因—其他 | Q4 | 17 | 1. 是　0. 否 |
| 18 | Q51 | 软件选择—嘀嘀打车 | Q5 | 18 | 1. 是　0. 否 |
| 19 | Q52 | 软件选择—快的打车 | Q5 | 19 | 1. 是　0. 否 |
| 20 | Q53 | 软件选择—摇摇招车 | Q5 | 20 | 1. 是　0. 否 |
| 21 | Q54 | 软件选择—大黄蜂打车 | Q5 | 21 | 1. 是　0. 否 |
| 22 | Q55 | 软件选择—其他 | Q5 | 22 | 1. 是　0. 否 |
| 23 | Q61 | 选择原因—名气更高 | Q6 | 23 | 1. 是　0. 否 |
| 24 | Q62 | 选择原因—优惠更多 | Q6 | 24 | 1. 是　0. 否 |
| 25 | Q63 | 选择原因—质量更好 | Q6 | 25 | 1. 是　0. 否 |
| 26 | Q64 | 选择原因—支付更方便 | Q6 | 26 | 1. 是　0. 否 |

续表

| 变量序号 | 变量名称 | 变量说明 | 问卷位置 | 编码位置 | 编码意义 |
|---|---|---|---|---|---|
| 27 | Q65 | 选择原因一其他 | Q6 | 27 | 1. 是　　0. 否 |
| 28 | X01 | 用户预期 | Q7 | 28 | 1.0—20%　2.20%—40%　3.40—60%<br>4.60%—80%　5.80%—100% |
| 29 | X11 | 容易联系附近车辆 | Q8 | 29 | 1. 很不同意　2. 不同意　3. 一般<br>4. 同意　5. 很同意 |
| 30 | X12 | 减少等车时间 | Q9 | 29 | 1. 很不同意　2. 不同意　3. 一般<br>4. 同意　5. 很同意 |
| 31 | X21 | 容易学会 | Q10 | 31 | 1. 很不容易　2. 不容易　3. 一般<br>4. 容易　5. 很容易 |
| 32 | X22 | 支付方便 | Q11 | 32 | 1. 很不方便　2. 不方便　3. 一般<br>4. 方便　5. 很方便 |
| 33 | X23 | 呼叫方便 | Q12 | 33 | 1. 很不方便　2. 不方便　3. 一般<br>4. 方便　5. 很方便 |
| 34 | X31 | 驾车使用 | Q13 | 34 | 1. 很不安全　2. 不安全　3. 无所谓<br>4. 安全　5. 很安全 |
| 35 | X32 | 手机支付 | Q14 | 35 | 1. 很不安全　2. 不安全　3. 无所谓<br>4. 安全　5. 很安全 |
| 36 | X33 | 泄露个人信息 | Q15 | 36 | 1. 很不安全　2. 不安全　3. 无所谓<br>4. 安全　5. 很安全 |
| 37 | X34 | 非正规出租车 | Q16 | 37 | 1. 很不安全　2. 不安全　3. 无所谓<br>4. 安全　5. 很安全 |
| 38 | X41 | 司机响应速度 | Q17 | 38 | 1. 很不满意　2. 不满意　3. 一般<br>4. 满意　5. 很满意 |
| 39 | X42 | 司机诚信 | Q18 | 39 | 1. 很不同意　2. 不同意　3. 一般<br>4. 同意　5. 很同意 |
| 40 | X43 | 与司机发生矛盾 | Q19 | 40 | 1. 经常发生　2. 偶尔发生　3. 一般<br>4. 基本不发生　5. 从不发生 |
| 41 | X61 | 取消补贴 | Q20 | 41 | 1. 很影响　2. 影响　3. 一般<br>4. 不影响　5. 完全不影响 |
| 42 | X62 | 软件收费 | Q21 | 42 | 1. 很影响　2. 影响　3. 一般<br>4. 不影响　5. 完全不影响 |
| 43 | X63 | 推荐 | Q22 | 43 | 1. 肯定不会　2. 基本不会　3. 一般<br>4. 基本上会　5. 肯定会 |
| 44 | X51 | 整体满意度 | Q23 | 44 | 1. 很不满意　2. 不满意　3. 一般<br>4. 满意　5. 很满意 |
| 45 | Q7 | 投诉情况 | Q24 | 45 | 1. 经常发生　2. 偶尔发生　3. 一般<br>4. 基本不发生　5. 从不发生 |

(二)数据录入

根据编码表,我们将问卷调查得到的数据按照每一项目对应的代码输入到 SPSS 中。

(三)数据净化

数据的净化主要是尽可能地处理错误的或者不合理的数据,并进行一致性检查。一致性检查的主要内容包括变量的取值是否超出合理范围、有无逻辑错误以及有无极端值,这些检查都可以通过 SPSS 软件来实现,它可以很方便地寻找超出范围、有极端值或逻辑上不一致的数据。

(四)缺失数据处理

由于此次抽样的样本量比较大,如果缺失值少、变量之间不是高度相关的,我们将有缺失值的个案保留,仅在相应的分析中作必要的排除。但如果单份问卷中缺失数据比较多,则将该个案删除。

## 七、基本统计分析

(一)描述性分析

1. 被调查者的个人信息

由表 5 可知,被调查者,有 55%为男性,44%为女性。从年龄分布上可以看到,被调查者处于 16—25 岁之间的人数居多,占总人数的 57.5%,其次是 26—35 岁的被调查者占 35%,这两个年龄层的人数占被调查者总数的 92.5%,说明年轻人是打车软件的主要用户群。另外,被调查者中,有 42.5%的人为企业职工,所占比重最大;其次为学生,占总人数的 30.5%,这可能是武汉地区高校密集以及学生本身的调查范围局限所致。此外,被调查者中有 58.5%的人拥有大学文凭,占大多数,还有 20.5%的人为大专学历,16.5%为研究生及以上学历,仅有 4.5%为高中及以下学历。从收入分布来看,28.5%的被调查者收入在 2000 以下,这可能是学生群体所占比重较大所致;其次是收入在 2000—4000 以及 4000—6000 所占比重较大,分别为 27.5%和 19.0%。

**表 5　个人信息频数分布表**

| 性别 | | | 年龄 | | | 职业 | | | 文化程度 | | | 可支配收入 | | |
|---|---|---|---|---|---|---|---|---|---|---|---|---|---|---|
| 取值 | 频数 | 百分比(%) | 取值 | 频数 | 百分比(%) | 取值 | 频数 | 百分比(%) | 取值 | 频数 | 百分比(%) | 取值 | 频数 | 百分比(%) |
| 男 | 110 | 55.0 | 16—25 | 115 | 57.5 | 机关单位 | 20 | 10.0 | 高中及以下 | 9 | 4.5 | 2000 以下 | 57 | 28.5 |
| | | | 26—35 | 70 | 35.0 | 企业 | 85 | 42.5 | 大专 | 41 | 20.5 | 2000—4000 | 55 | 27.5 |
| 女 | 88 | 44.0 | 36—45 | 11 | 5.5 | 教师 | 4 | 2.0 | 本科 | 117 | 58.5 | 4000—6000 | 38 | 19.0 |
| | | | 46—55 | 3 | 1.5 | 学生 | 61 | 30.5 | 硕士 | 30 | 15.0 | 6000—8000 | 18 | 9.0 |
| | | | 55 以上 | 0 | 0.0 | 其他 | 30 | 15.0 | 博士 | 3 | 1.5 | 8000 以上 | 27 | 13.5 |

从被调查者的个人信息频数分布表可以看出,本次调查中各个年龄阶层、职业、文化程度、

收入阶层都有涉及到，样本具有代表性。

2. 打车软件使用情况

由图 6 可知，大部分被调查者选择公共交通作为日常交通工具，如公交、地铁等，占到总人数的 54.5%，19%的用户选择私家车出行，只有 14.5%的用户选择出租车作为常用交通工具。可见，目前大众仍倾向于选择公共交通出行，但打车软件的出现是否会改变人们的出行方式还有待继续观察。

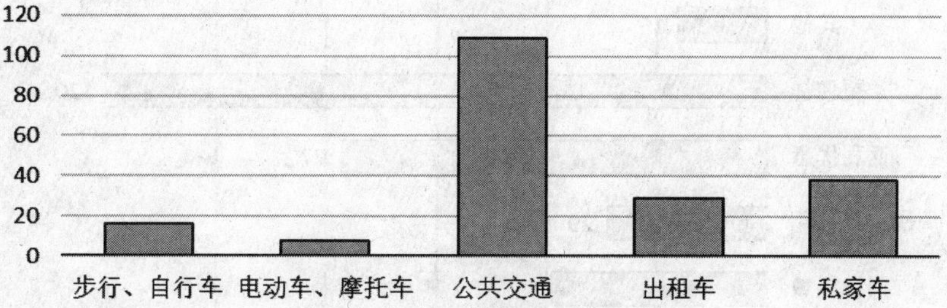


图 6　平时出行方式分布图

由图 7 可知，47%的被调查者平均一周打车 1－2 次，22.5%的人平均一周打车 3－5 次，平均一周打车次数为 6－8 次或者 8 次以上的分别占 9%和 9.5%。另外，还有 12%的人基本上不打车或很少打车，但这部分用户却在使用打车软件，说明打车软件的盛行吸引了部分平时不打车的人来打车，滴滴、快的打车花巨资“请全国人民打车”的举措已经在全国范围内掀起了一股“打车热”。

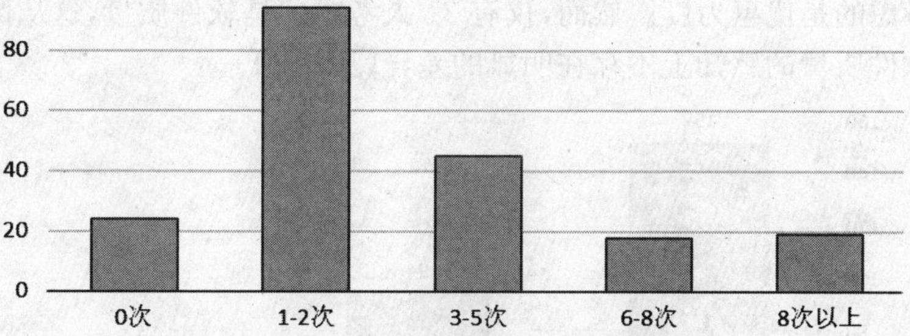


图 7　平均一周打车次数分布图

从打车时段来看（见图 8），选择在 20 点以后打车的人居多，其次是 16 点－20 点、8 点－12 点。可见，除了上下班高峰期打车人比较多以外，随着城市居民夜生活越来越丰富，夜间打车的人也越来越多。

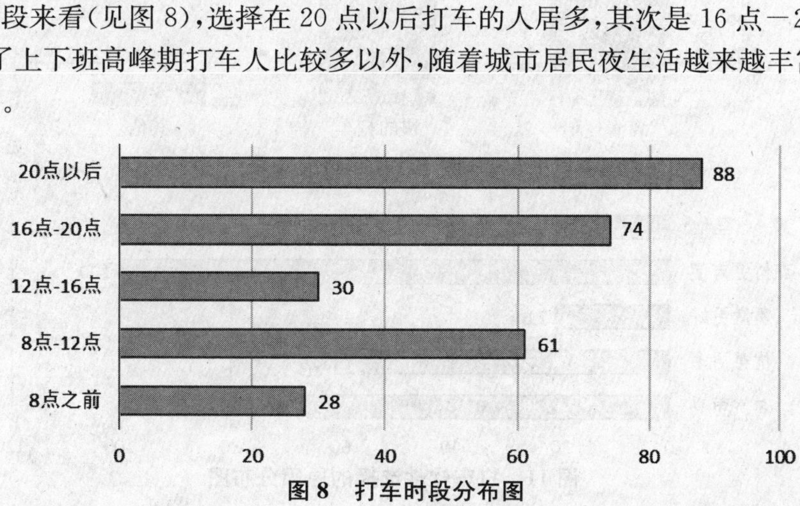


图 8　打车时段分布图

由图 9 可知，有 120 人使用打车软件是因为使用软件打车更加便捷，有 77 个人是因为使用打车软件打车会有返利优惠，还有 29 个人是因为周围人都在用而使用打车软件。另外，我们注意到被调查者有 39 人是由于路边拦车司机拒载，不使用打车软件打不到车。随着打车软件不断深入生活，也产生了一些问题。不少市民反映在街上很难拦到出租车，只能通过打车软件加价后才能订到车。打车软件反而导致了打车更加困难。打车软件在给我们生活带来便利的同时也扰乱了我们正常的交通秩序。

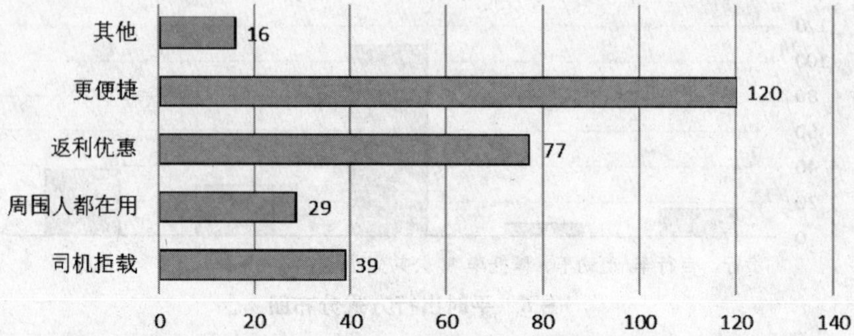


图 9　用户使用打车软件的原因

由图 10 可知，在 200 名被调查者中，有 152 人在使用滴滴打车，94 人在使用快的打车，其中 46 人在同时使用这两款打车软件。滴滴、快的之间的竞争，背后实质上是腾讯和阿里巴巴之间的竞争，这两款打车软件在支付方式、优惠方式力度上存在差异。在本次调查中，有 100 个人选择滴滴或者快的打车是因为其支付更方便，有 66 人选择打车软件的时候考虑更多的是软件名气，有 61 人考虑的是优惠力度。然而，仅有 21 人考虑的是软件质量，这从侧面说明了用户在对这两款打车软件质量的感知上不存在明显的差异（见图 11）。

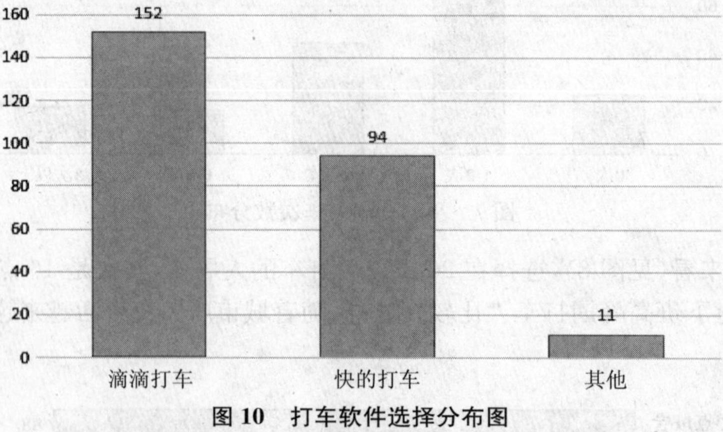


图 10　打车软件选择分布图

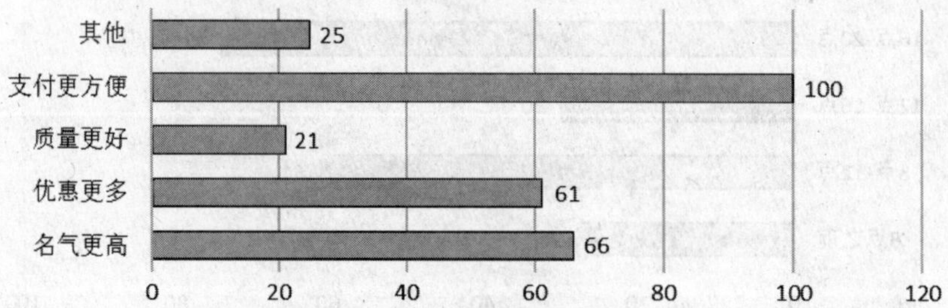


图 11　打车软件选择的原因分布图

由图 12 知，被调查者中有 88 个人基本没有发生过投诉事件，仅有 27 人从不发生投诉事件，然而我们也要看到，仍然有 57 人偶尔发生过投诉事件，占到总人数的 28.5%，应引起我们的注意。近段时间，关于打车软件的投诉事件很多，比如由于打车软件审批不规范导致乘客招来黑车、打车软件叫车越来越难、司机拒载、额外加价影响叫车成功率、软件信号不好等，这些引起用户抱怨和不满的因素会影响用户满意度，造成用户流失，而打车软件要想长远发展，应解决用户投诉抱怨中反映的问题，提升用户忠诚度。

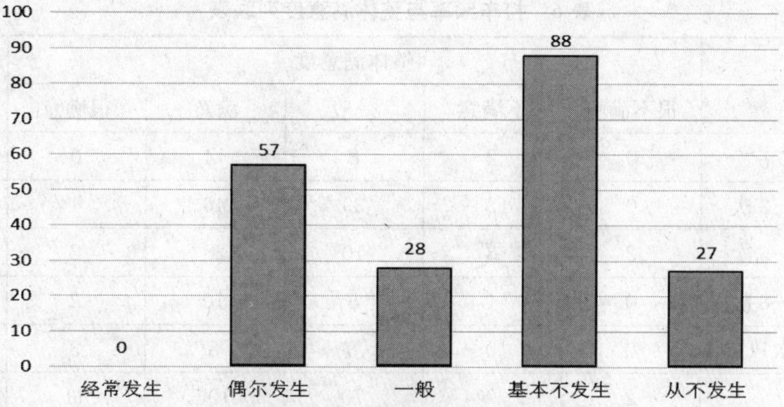


**图 12　打车软件投诉情况分布图**

由图 13 知，在 200 名被调查者中，有 106 人对打车软件感到满意，占总人数的 53%，有 70 人认为一般，占总人数的 35%，有 11 人认为很满意，仅有 11 人不满意，占总人数的 5.5%。可见，大部分用户对打车软件是比较认同和满意的。虽然打车软件的盛行也带来了一些问题，但其方便快捷的打车方式仍然备受年轻人的青睐。

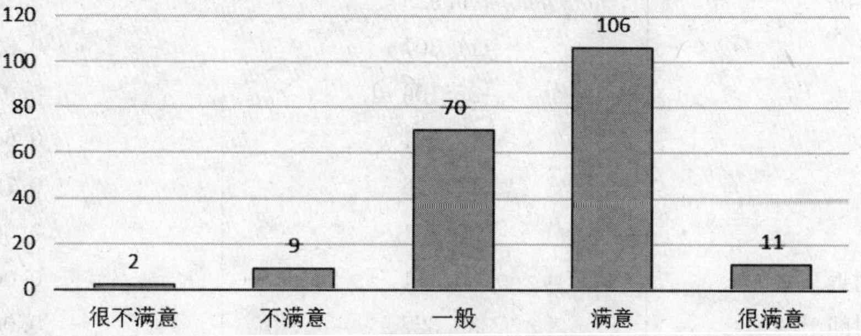


**图 13　用户整体满意度分布图**

(二)列联表分析

列联表分析又称交叉列表分析，是同时将两个或两个以上具有有限类目数和确定值的变量，按照一定顺序对应排列在一张表上，从中分析变量之间的相关关系，得出科学结论的技术。其中，变量之间的分项必须交叉对应，从而是交叉表中每个结点的值反映不同变量的某一特征。

列联表分析的基本思想与假设检验的基本思想是一样的，首先是建立一个无效假设，即认为两个事物之间是独立的，没有关联。在假设成立的前提下，建立一个 $\chi^2$ 统计量，并计算它发生的概率，根据小概率事件在一次试验中不可能发生的原则，判断建立的无效假设是否成立。若拒绝无效假设，则做出两个事物之间存在关联的判断。因此列联表的独立性检验也称为列联表的 $\chi^2$ 检验。

为了寻找影响打车软件用户满意度的因素，本案例采用列联表独立性检验来初步探索各变量与用户满意度之间是否存在关联。以打车频率、整体满意度这两个变量为例，分析打车频率与整体满意度之间是否有关联。

表 6 为不同打车频率与不同满意度的列联表，由于许多单元格的频数少于 5，所以采用 Fisher 精确检验。由 SPSS 输出结果可知，Fisher 精确检验值为 18.547，P 值为 0.165，大于 0.05，因此认为打车频率与整体满意度之间没有显著关系。

**表 6　打车频率与整体满意度列联表**

| | | 整体满意度 | | | | | 合计 |
|---|---|---|---|---|---|---|---|
| | | 很不满意 | 不满意 | 一般 | 满意 | 很满意 | |
| 打车频率 | 0 次 | 0 | 2 | 8 | 14 | 0 | 24 |
| | 1—2 次 | 0 | 3 | 39 | 46 | 4 | 92 |
| | 3—5 次 | 2 | 3 | 10 | 28 | 2 | 45 |
| | 6—8 次 | 0 | 1 | 5 | 10 | 2 | 18 |
| | 8 次以上 | 0 | 0 | 8 | 8 | 3 | 19 |
| 合计 | | 2 | 9 | 70 | 106 | 11 | 198 |

将问卷中其他相关变量与整体满意度进行列联表独立性检验，得到结果如表 7 所示。

**表 7　各变量与整体满意度之间的列联表独立性检验**

| 变量 | Fisher 精确检验值 | P 值 |
|---|---|---|
| 性别 | 2.949 | 0.640 |
| 年龄 | 9.929 | 0.730 |
| 职业 | 11.307 | 0.830 |
| 文化程度 | 22.106 | 0.075 |
| 可支配收入 | 12.621 | 0.630 |
| 出行方式 | 11.816 | 0.780 |
| 用户预期 | 28.641 | 0.007 |
| 容易联系附近车辆 | 30.911 | 0.000 |
| 减少等车时间 | 30.327 | 0.000 |
| 容易学会 | 36.435 | 0.000 |
| 支付方便 | 39.094 | 0.000 |
| 呼叫方便 | 36.686 | 0.000 |
| 驾车使用 | 50.949 | 0.000 |
| 手机支付 | 29.444 | 0.000 |
| 泄露个人信息 | 24.624 | 0.045 |
| 非正规出租车 | 18.460 | 0.230 |
| 司机响应速度 | 76.248 | 0.000 |
| 司机诚信 | 37.741 | 0.000 |
| 与司机发生矛盾 | 41.916 | 0.000 |

从表 7 可以看到，性别、年龄、职业、文化程度、可支配收入、出行方式与整体满意度之间没有显著关联。而用户预期、感知软件质量(包括容易联系附近车辆、减少等车时间等观测变量)、感知软件操作(包括容易学会、支付方便、呼叫方便等观测变量)、感知软件安全(包括驾车使用、手机支付、泄漏个人信息等观测变量)、感知司机质量(包括司机响应速度、司机诚信、与司机发生矛盾等观测变量)与整体满意度之间存在强烈的相关关系。这些因素对用户满意度的影响及影响强弱可由下面的 PLS 方法进一步验证。

## 八、PLS 路径模型分析

偏最小二乘路径模型(PLS 路径模型)是常用的顾客满意度数据分析方法。PLS 路径模型比基于协方差的结构方程模型更为简单，该模型采用的是一系列一元或多元回归的迭代求解。在实际应用中其优点是无需对观测变量做特定的概率分布假设，也不存在所谓的模型不可识别问题，对样本容量大小的要求十分宽松。基于以上原因，本次调查采用 PLS 路径模型分析顾客满意度。

### (一)模型建立与修正

图 5 为本研究建立的初始模型。指标与潜变量的关系采用构成方式，即每个显变量都与唯一的潜变量相关联，每个潜变量可表示为对应显变量的线性组合。该模式需要满足两个假定：(1)每一潜变量的区组指标是单维度的，即每组显变量所反映的潜变量是唯一的；(2)假定潜变量与其所有区组指标之间高度相关，相关载荷大于 0.5。计算结果见表 8。

**表 8 单一维度检验**

| 结构变量 | 观测变量 | 因子载荷 | 第一特征值 | 第二特征值 |
|---|---|---|---|---|
| Y0:用户预期 | X01:成功打车的把握 | —— | —— | —— |
| Y1:感知软件质量 | X11:容易联系附近车辆 | 0.895 | 1.603 | 0.397 |
| | X12:减少等车时间 | 0.895 | | |
| Y2:感知软件操作 | X21:容易学会 | 0.847 | 1.949 | 0.635 |
| | X22:支付方便 | 0.829 | | |
| | X23:呼叫方便 | 0.738 | | |
| Y3:感知软件安全 | X31:驾车使用 | 0.668 | 1.966 | 0.936 |
| | X32:手机支付 | 0.721 | | |
| | X33:泄露个人信息 | 0.806 | | |
| | X34:非正规出租车 | 0.592 | | |
| Y4:感知司机质量 | X41:司机响应速度 | 0.785 | 1.504 | 0.855 |
| | X42:司机诚信 | 0.726 | | |
| | X43:与司机发生矛盾 | 0.602 | | |
| Y5:用户满意度 | X51:整体满意度 | —— | —— | —— |
| Y6:用户忠诚度 | X61:取消补贴 | 0.817 | 1.616 | 0.941 |
| | X62:软件收费 | 0.870 | | |
| | X63:推荐 | 0.532 | | |

对五个变量组分别做因子分析，求得的第一公因子特征值大于1，第二公因子特征值小于1，且因子载荷都大于0.5，表明显变量与潜变量间有足够线性关系，满足上述假定。从整体上看，本次调研的数据符合PLS路径模型的要求。

（二）模型检验

PLS路径模型一般通过聚合度（Convergent Reliability）和区别效度（Discriminant Validity）进行考察。SmartPLS软件计算出模型相关质量指标。

聚合信度包括合成信度（Composite Reliability；CR）和平均变异萃取量（Average variance extracted；AVE）。CR用于衡量显变量指标的内部一致性，越高表示内部一致性越高。AVE表示显变量指标对潜变量的变异量的平均解释能力，越高表示指标能够解释的变异成分越多，信度越高。一般的标准是合成信度CR的临界值大于0.7，平均变异萃取量AVE的临界值大于0.5能得到更好的模型结果。

从表9可以看出，“感知软件质量”“感知软件操作”“感知软件安全”“感知司机质量”“用户满意度”的合成信度CR都大于0.7，平均变异萃取量AVE都大于或者很接近0.5。虽然“用户忠诚度”的合成信度临界值和平均变异萃取量的临界值偏小，但总体上仍有较高的聚合信度。

**表9　PLS路径模型质量指标**

| | AVE | CR | R Square | Alpha | Communality | Redundancy |
|---|---|---|---|---|---|---|
| 用户预期 | 1 | 1 | | 1 | 1 | |
| 感知软件质量 | 0.801566 | 0.889855 | 0.083595 | 0.752445 | 0.801566 | 0.066997 |
| 感知软件操作 | 0.647831 | 0.846374 | 0.050081 | 0.728403 | 0.647831 | 0.031882 |
| 感知软件安全 | 0.483743 | 0.786292 | 0.11638 | 0.649122 | 0.483743 | 0.054435 |
| 感知司机质量 | 0.492246 | 0.736708 | 0.099063 | 0.497452 | 0.492246 | 0.046455 |
| 用户满意度 | 1 | 1 | 0.283059 | 1 | 1 | 0.00501 |
| 用户预期 | 0.38346 | 0.561184 | 0.119984 | 0.53871 | 0.38346 | 0.040467 |

区别效度包括潜变量测定系数（R Square）和冗余度（Redundancy）。测定系数为潜变量与其相关联的解释潜变量之间因子负荷和相关系数的乘积之和，表示解释潜变量对其潜变量的解释程度，若所有测定系数都大于0，表示模型可以接受。冗余度用于度量外生潜变量预测内生显变量的能力。表9表明，模型具有良好的区别效度。

（三）潜变量路径分析

使用SmartPLS2.0软件运行PLS算法得到路径图（图14）。路径系数用来衡量变量间的影响程度或变量效应的大小，从原因变量到结果变量的标准化路径系数等于原因变量对结果变量的直接效应，结果见表10。

**表10　路径系数表**

| | 感知软件质量 | 感知软件操作 | 感知软件安全 | 感知司机质量 | 用户满意度 | 用户忠诚度 |
|---|---|---|---|---|---|---|
| 用户预期 | 0.289128 * | 0.223787 * | 0.341145 * | 0.314742 * | −0.012024 | |
| 感知软件质量 | | | | | 0.007720 | |
| 感知软件操作 | | | | | 0.127391 * | |
| 感知软件安全 | | | | | 0.234592 * | |
| 感知司机质量 | | | | | 0.328986 * | |
| 用户满意度 | | | | | | 0.346388 * |

注：* 表示在5%的显著性水平下是显著的。

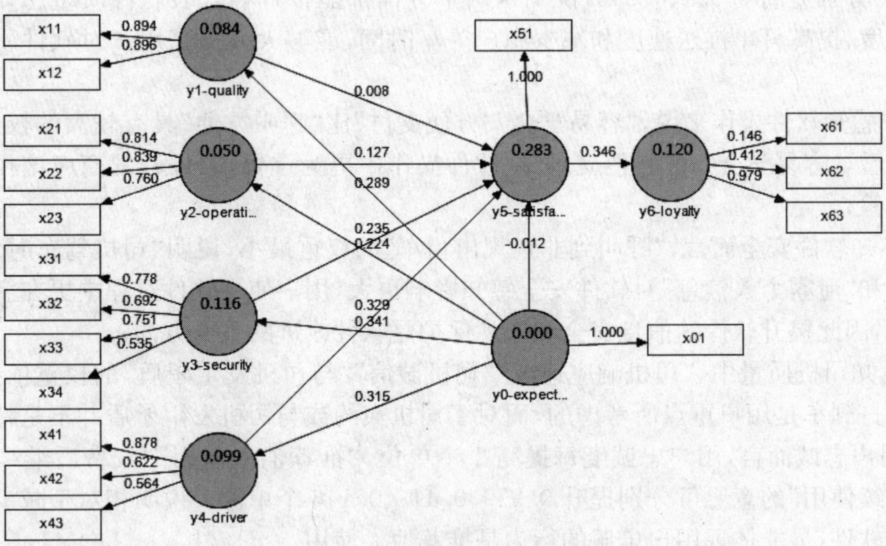


**图 14　PLS 路径模型**

由表 10 知，除假设 5 和假设 6 外，对模型所作的其他假设均成立：(1)用户预期对感知软件质量、感知软件操作、感知软件安全、感知司机质量有正向直接效应；(2)感知软件操作对用户满意度有正向直接影响；(3)感知软件安全对用户满意度有正向直接影响；(4)感知司机质量对用户满意度有正向直接影响；(5)用户满意度对用户忠诚度有正向直接影响。

根据 PLS 路径模型和路径系数表，对潜变量如下建立方程组：

$$\begin{cases} y_1 = 0.289y_0 + u_1 \\ y_2 = 0.224y_0 + u_2 \\ y_3 = 0.341y_0 + u_3 \\ y_4 = 0.315y_0 + u_4 \\ y_5 = 0.127y_2 + 0.235y_3 + 0.329y_4 + u_5 \\ y_6 = 0.346y_5 + u_6 \end{cases}$$

其中，$\mu_i$ 表示各潜变量的测量误差。

(四)测量模型分析

根据 SmartPLS2.0 软件的输出结果可得到 PLS 路径模型中测量模型的表达式，反映的是潜变量与显变量之间的相关关系。测量模型的表达式为：

$x_{01} = y_0 + \varepsilon_{01}$

$x_{11} = 0.894y_1 + \varepsilon_{11}$，$x_{12} = 0.896y_1 + \varepsilon_{12}$

$x_{21} = 0.814y_2 + \varepsilon_{21}$，$x_{22} = 0.839y_2 + \varepsilon_{22}$，$x_{23} = 0.76y_2 + \varepsilon_{23}$

$x_{31} = 0.778y_3 + \varepsilon_{31}$，$x_{32} = 0.692y_3 + \varepsilon_{32}$，$x_{33} = 0.751y_3 + \varepsilon_{33}$，$x_{34} = 0.535y_3 + \varepsilon_{34}$

$x_{41} = 0.878y_4 + \varepsilon_{41}$，$x_{42} = 0.622y_4 + \varepsilon_{42}$，$x_{43} = 0.564y_4 + \varepsilon_{43}$

$x_{51} = y_5 + \varepsilon_{51}$

$x_{61} = 0.146y_6 + \varepsilon_{61}$，$x_{62} = 0.412y_6 + \varepsilon_{62}$，$x_{63} = 0.979y_6 + \varepsilon_{63}$

其中，$\varepsilon_{ij}$ 表示显变量 $x_{ij}$ 的测量误差。

1. 对于感知软件质量来说，当软件质量感知每提高 1 个单位，“容易联系附近车辆”和“减少等车时间”分别提高 0.894、0.896，说明这两个方面都能很好的代表软件质量感知。可见提高定位准确度，提高订单推送速度和减少用户等车时间，能够大大提高用户对软件质量的认可程度；

2. 对于感知软件操作来说，“容易学会”“方便支付”比“呼叫方便”具有较大的权重，说明在用户的角度看，“容易学会”和“方便支付”在软件操作中更为重要，软件开发商应该在这两方面提高用户体验；

3. 就感知软件安全而言，“呼叫到非正规出租车”的权重最小，说明“司机驾车时使用软件”“手机支付”和“泄露个人信息”对软件安全感知影响更大，用户使用软件过程中更在意信息安全等“软安全”，因此提升软件的信息安全和隐私保护是软件改进的重要方向；

4. 在感知司机质量中，“司机响应速度”“司机诚信”“与司机发生矛盾”的权重依次递减，表明能够快速打到车是用户重点所考虑的，而对于司机爽约或与司机发生矛盾并不是特别在意；

5. 对用户忠诚而言，用户忠诚度每提高 1 个单位，“推荐他人使用”“收费后继续使用”“取消补贴后继续使用”的意愿可分别提升 0.979、0.412、0.146 个单位。说明相对于减少补贴或收费后仍使用软件，最能体现用户忠诚的行为是推荐他人使用。

(五)影响因素分析

在潜变量路径分析和测量模型分析的基础上，分别测度原因变量对结果变量的直接效应(路径系数)和间接效应(路径系数乘积之和)，并进行影响因素分析。

1. 用户预期对感知软件质量、感知软件操作、感知软件安全、感知司机质量的直接效应分别是 0.289、0.224、0.341、0.315，作用都非常显著。

2. 用户预期对用户满意度的直接效应为负，这一点与假设相符，事先预期越高，实绩与预期的差距越大，满意度则越低，但是实际上这种直接作用很微弱(路径系数为−0.012，不显著)，间接效应为 0.212(＝0.224×0.127＋0.341×0.235＋0.315×0.329)却十分显著。由此可见，用户预期对用户满意度的直接作用很微弱，间接作用相对强烈一些。用户预期每提高 1 个单位，会通过感知软件操作、感知软件安全和感知司机质量间接导致用户满意度增加 0.212 个单位。

3. 影响用户满意度高低的因素主要有感知软件操作、感知软件安全和感知司机质量，直接效应分别为 0.127、0.235、0.329，感知软件质量对用户满意度的作用并不明显。

4. 用户满意度对用户忠诚度的直接效应为 0.346，意味着用户满意度每提高一个单位，忠诚度将提高 0.346 个单位。感知软件操作、感知软件安全和感知司机质量也是用户忠诚度的影响因素，间接效应分别为 0.044、0.081、0.114。

## 九、结论与建议

本小组采用实地调查法，在真实的环境中搜集数据，对打车软件的用户预期、质量感知、用户满意、用户忠诚等因素之间的关系进行实证研究。结果表明：打车软件的用户预期对质量感知、操作感知、安全感知、司机感知有正向的影响作用；打车软件的操作感知、安全感知和对司机的满意能提高打车软件的用户满意度；用户满意对用户忠诚度有正向的影响作用。根据以上结论，提出以下建议：

(一)政府适当干预，顺应市场需求

调查结果表明，人们普遍对打车软件持包容的态度。年轻人认为打车软件方便了市民出行，上下班打车更方便，政府应该支持打车软件的发展；了解打车软件的老年人虽然很少使用打车软件，但也承认打车软件确实给人们带来了很多方便。

打车软件的客观存在，是现代信息技术在人们日常生活中的具体应用。对打车软件不能简单禁止，因为新生事物往往代表着社会经济发展的新趋势，应顺应市场需求，支持、鼓励、引导、规范为主；但也不能放任自流，管理者应当扬其长处，避其短处。政府应引导、规范、完善打车软件的发展，引导其良性发展，避免恶性竞争，但不可过度干预，要保证其活力和竞争力。同时，出租车行业应加强行业自律，规范打车环境及出租车运作体系。

（二）改进打车软件，提高用户满意度

问卷调查和访谈结果表明，人们对打车软件的整体满意度较高。由 PLS 路经模型的结果可知，打车软件的可操作性、安全性、司机的服务质量等因素都对打车软件的用户满意度有正向的影响关系。虽然感知软件质量对满意度并不显著，但这可能是由于显变量指标的选取造成的，根据实际认识和调查结果，软件质量对用户满意度也是有正向的影响关系的。提高打车软件的满意度，必须关注这些方面，进一步改进和规范打车软件。

1. 提高打车软件的质量

打车软件理应让人们更容易地联系到附近出租车，但很多乘客反映，使用打车软件，等待司机接单的时间过长，所以打车软件应在有效减少等车时间方面做出改进。同时，出租车司机挑客现象严重，短途乘客打车困难。打车软件应该提高定位准确度，如缩小响应范围、提高订单推送的精确度等。

2. 提高司机综合素质和打车软件的安全性

规范打车软件司机端的使用，拥有职业资格证书的正规司机才可以下载安装打车软件司机端，避免“黑车”进入。同时，应提高司机综合素质，营造出租车准点、守时、诚信、文明的服务环境。为减小驾车安全隐患，禁止司机在行车的同时使用打车软件接单。

3. 改进打车软件的支付功能，开发更多附加功能

实际使用过程中打车软件可能存在司机重复收费现象，如乘客实际已支付，司机却未收到；研究结果也表明目前打车软件的便捷性有待提高，尤其是其手机支付功能需要改善。同时，打车软件可以开发更多的功能，如距离预测、估价功能、评价功能等。

（三）降低用户抱怨，提高用户忠诚

在被调查者中，基本不发生和从不发生打车软件投诉事件的比例共为 57.5%，这说明较大比例的用户对打车软件会产生抱怨，及时建立与打车软件配套的纠纷和投诉处理机制是极为必要的。通过建立良好的抱怨处理系统，降低用户抱怨，将不满的顾客转化为忠诚顾客，避免顾客流失。PLS 路径模型表明，用户满意对用户忠诚有正向的影响作用，所以打车软件要想长远发展，应促使用户形成对打车软件的忠诚。

（四）以人为本，实现公平

政府应立足人民群众的根本利益，对打车软件带来的资源分配不公、社会服务缺位等问题予以正视，尽可能照顾到那些难以使用打车软件的群体。打车软件在为年轻人带来方便的同时，应该为不使用打车软件的群体创造配套的服务，避免老年人、孕妇等特殊群体打不到车。如在大型居民居住区、车站码头机场医院等公共区域科学规划设置出租车候车点，尽可能地实现公平与效率的和谐统一。

## 参考文献


[1] 陈启杰.《市场调研与预测》习题与实例[M].上海:上海财经大学出版社,2009.

[2] 霍映宝.顾客满意度测评理论与应用研究[M].南京:东南大学出版社,2010.

[3] 胡荣华.农村居民生活满意度的影响因素分析[J].统计研究,2012,29(5):79—83.

[4] 柯惠新.市场调查与分析[M].北京:中国统计出版社,2000.

[5] 梁燕.顾客满意度模型的样本量研究[J].统计研究,2007,24(7):68—74.

[6] 廖颖林.顾客满意度指数测评方法及其应用研究[M].上海:上海财经大学出版社,2008.

[7] 卢纹岱.SPSS统计分析[M].北京:电子工业出版社,2010.

[8] 孙继红,等.我国高等教育发展统计特征的PLS通径模型分析[J].数理统计与管理,2013,29(2):363—371.

[9] 唐雯.顾客满意度测评中的问卷检验[J].数理统计与管理,2005,24(1):58—61.

[10] 徐映梅.市场分析方法[M].北京:中国财政经济出版社,2006.

[11] 叶峰涛.打车软件穷则思变[J].新商务周刊,2013,(14):67—69.

[12] 张言彩.顾客忠诚度研究[M].北京:中国社会科学出版社,2009.

[13] 赵富强,等.PLS算法的顾客满意度指数模型[J].北京理工大学学报,2012,14(1):57—65.

[14] Fornell.C..A National Customer Satisfaction Barometer:The Swedish Experience[J].The Journal of Marketing,1992,56(1):6—21.

[15] Fornell.C..The Science of Satisfaction[J].Harvard Business Review,2001,79(3):120—121.

[16] Fornell.C..The effect of customer satisfaction on consumer spending growth[J].Journal of Marketing Research,2010,47(1):28—35.

# 附录：打车软件乘客满意度调查问卷

您好！我们是中南财经政法大学的学生，此次开展打车软件乘客满意度调查。请您抽出宝贵的时间填写这份问卷，您的回答将成为我们研究的重要依据，我们承诺对您的个人信息保密，谢谢您的合作！

填写说明：选择题请直接在您认为合适的答案序号上划√，除特别注明外，请只选择一个答案；填空题请直接将答案填写在空白处。若您未使用过打车软件，则不用填写此问卷。

**基本信息**

1. 您的性别： 1. 男　　2. 女

2. 您的年龄：

 1. 16—25 岁　2. 26—35 岁　3. 36—45 岁　4. 46—55 岁　5. 55 岁以上

3. 您的职业：

 1. 机关单位　2. 企业　3. 教师　4. 学生　5. 其他

4. 文化程度：

 1. 高中及以下　2. 大专　3. 本科　4. 硕士　5. 博士

5. 您每月的个人可支配收入：

 1. 2000 元以下　2. 2000—4000 元　3. 4000—6000 元　4. 6000—8000 元　5. 8000 元以上

一、软件使用（除特别注明外，请只选择一个答案）

Q1. 您平时出门一般使用什么交通工具：

 1. 步行、自行车　2. 电动车、摩托车　3. 公共交通　4. 出租车　5. 私家车

Q2. 您平均一周打几次车：

 1. 0 次　2. 1—2 次　3. 3—5 次　4. 6—8 次　5. 8 次以上

Q3. 您一般在什么时段打车(可多选)：

 1. 8 点之前　2. 8 点—12 点　3. 12 点—16 点　4. 16 点—20 点　5. 20 点以后

Q4. 您使用打车软件的原因(可多选)：

 1. 路边拦车司机拒载　2. 周围人都在用　3. 返利优惠

 4. 软件打车更便捷　5. 其他

Q5. 您一般使用什么打车软件(可多选)：

 1. 滴滴打车　2. 快的打车　3. 摇摇招车　4. 大黄蜂打车　5. 其他

Q6. 您选择该款打车软件的原因是(可多选)：

 1. 名气更高　2. 优惠更多　3. 质量更好　4. 支付更方便　5. 其他

Q7. 您预期通过打车软件成功打到车的把握有多大：

 1. 0—20%　2. 20%—40%　3. 40%—60%　4. 60%—80%　5. 80%以上

二、软件质量

Q8. 我认为使用打车软件可以很容易地联系到附近的车辆，对此您的看法是：

 1. 很不同意　2. 不同意　3. 一般　4. 同意　5. 很同意

Q9. 有人认为打车软件可以有效减少等车时间，对此您的看法是：

 1. 很不同意　2. 不同意　3. 一般　4. 同意　5. 很同意

三、软件操作

Q10. 您觉得打车软件容易学会使用吗?

1. 很不容易　2. 不容易　3. 一般　4. 容易　5. 很容易

Q11. 您觉得打车软件通过手机支付方便吗?

1. 很不方便　2. 不方便　3. 一般　4. 方便　5. 很方便

Q12. 您觉得打车软件语音呼叫功能方便吗?

1. 很不方便　2. 不方便　3. 一般　4. 方便　5. 很方便

四、软件安全

Q13. 您觉得司机驾车过程中使用打车软件安全吗?

1. 很不安全　2. 不安全　3. 无所谓　4. 安全　5. 很安全

Q14. 您觉得使用手机直接支付安全吗?

1. 很不安全　2. 不安全　3. 无所谓　4. 安全　5. 很安全

Q15. 打车软件需要GPS定位和提供个人联系方式,容易泄露个人信息,对此您的看法是:

1. 很不安全　2. 不安全　3. 无所谓　4. 安全　5. 很安全

Q16. 通过打车软件叫来的车有可能不是正规出租车,对此您的看法是:

1. 很不安全　2. 不安全　3. 无所谓　4. 安全　5. 很安全

五、司机质量

Q17. 您对司机响应订单的速度满意吗?

1. 很不满意　2. 不满意　3. 一般　4. 满意　5. 很满意

Q18. 有人觉得出租车司机很诚信,不存在爽约的情况,对此您的看法是:

1. 很不同意　2. 不同意　3. 一般　4. 同意　5. 很同意

Q19. 您使用打车软件与司机发生过矛盾吗?

1. 经常发生　2. 偶尔发生　3. 一般　4. 基本不发生　5. 从不发生

六、用户忠诚

Q20. 若今后打车软件减少甚至取消补贴,会影响您继续使用打车软件吗?

1. 很影响　2. 影响　3. 一般　4. 不影响　5. 完全不影响

Q21. 若今后打车软件需要收费,会影响您继续使用打车软件吗?

1. 很影响　2. 影响　3. 一般　4. 不影响　5. 完全不影响

Q22. 您会推荐身边的人使用打车软件吗?

1. 肯定不会　2. 基本不会　3. 一般　4. 基本上会　5. 肯定会

七、用户满意

Q23. 您对打车软件整体的满意度如何?

1. 很不满意　2. 不满意　3. 一般　4. 满意　5. 很满意

Q24. 在您或您的身边发生过打车软件投诉事件吗?

1. 经常发生　2. 偶尔发生　3. 一般　4. 基本不发生　5. 从不发生

Q25. 您对政府干预打车软件的相关政策有何看法?

Q26. 您对打车软件的改进有何建议?

(审稿人:纪　宏　李金昌　陈耀辉　阮　敬)

# 行业股票收益率联动性分析

## ——以中国地产行业为例

赵丽娟　刘聪聪　赵　蕾

（指导教师：杨国孝）

北京理工大学

## 一、案例背景概述

在股票市场上，股票价格的变化与国家的宏观经济的发展与变化，法律与法规的修订与改变，公司的运营状况，股民信心的变化，乃至国际金融市场的变化等都有关联，因此，要准确预测股票将来的价格是相当困难的。但对影响股票价格波动的各种经济、政治因素，投资者心理和交易技术等的综合分析可以得到股票价格变化的有价值的信息[1]。

一般而言，分析一只股票的价格变化情况及相关影响因素，要从宏观——国家经济、中观——所属产业，微观——公司或企业三个层次进行分析，本文将重点从股票所属产业或行业的角度对股票的收益率之间的联动性进行分析，为股票组合性投资的收益和风险分析提供参考，也为股票市场监管提供定量分析方法[2]。

本文选择了地产行业的部分股票作为样本来进行分析，具体地：我们选择了一段时间内招商地产和其他20只房地产行业股票的日连续收益率数据，分析了这些股票收益率之间的联动特征及相关性。

## 二、数据来源及研究问题

本文选择的是招商地产（x000024）和其他20只房地产行业股票，包括万科A（x000002）、深振业A（x000006）、深深房A（x000029）、金融街（x000402）、万泽股份（x000534）、亿城股份（x000616）、苏宁环球（x000718）、福星股份（x000926）、世荣兆业（x002016）、荣盛发展（x002146）、招商局B（x200024）、保利地产（x600048）、浙江东日（x600113）、天津松江（x600225）、华发股份（x600325）、首开股份（x600376）、金地集团（x600383）、栖霞建设（x600533）、世茂股份（x600823）、北辰实业（x601588），从2011年1月4日至2011年7月26日每日连续收益率数据，原始数据见：数据包\finance. csv，部分数据展示如下页表1所示（NA表示缺失值）。

本文要研究的问题是：

（1）这些股票收益率之间的相关性和联动特征；

（2）以招商地产的收益率作为被解释变量（因变量）Y，其他股票的收益率作为解释变量（自变量）X，通过变（向）量选择方法，确定X中哪些变量对Y有较强的解释作用；

**表 1　部分原始数据展示**

| | A | B | C | D | E | F | G |
|---|---|---|---|---|---|---|---|
| 1 | x000024 | x000002 | x000006 | x000029 | x000402 | x000534 | x000616 |
| 2 | 0.355525 | 0.506716 | 0.465684 | 0.548682 | 0.455688 | 0.54152 | 0.217437 |
| 3 | 3.102101 | 4.097126 | 1.39517 | 1.082289 | 2.475473 | 1.18976 | 1.508247 |
| 4 | 0.137847 | 0.196684 | -0.12477 | -0.08636 | 0.17594 | -1.13429 | -0.14157 |
| 5 | 0.563051 | 0.059916 | 0.183252 | 0.144257 | 0.347172 | 0.471519 | 0.070594 |
| 6 | 1.230027 | 0.331371 | 1.342557 | 0.74965 | 1.107561 | -0.19532 | 0.773202 |
| 7 | -1.73032 | -1.03286 | -1.10866 | -0.92222 | -1.70437 | -0.9252 | -0.49044 |
| 8 | 1.988687 | 1.957223 | 3.094834 | 1.202694 | 1.542223 | 0.084936 | 0.701166 |
| 9 | 0.710356 | 0.257896 | -0.06833 | 0.213504 | 0.171787 | 0.2522 | 0.140008 |
| 10 | -1.48117 | -0.8775 | -0.14901 | -0.60694 | -0.50394 | -0.53477 | -0.06836 |
| 11 | -0.4414 | 0.728109 | -0.51616 | -0.38781 | 0.510371 | -0.25501 | 0.070594 |
| 12 | -3.75457 | -4.35285 | -2.7238 | -1.9613 | -3.19531 | -1.30017 | -2.22569 |
| 13 | -0.30649 | -0.51091 | 0.184726 | -0.08968 | 0.357394 | -0.08477 | -0.90396 |
| 14 | 1.215262 | 1.346507 | 0.667064 | 0.627734 | 0.70532 | 0.091458 | 0.896853 |
| 15 | -1.71732 | -2.89667 | NA | -1.05046 | -2.94786 | -1.1556 | -1.13734 |
| 16 | 1.477328 | 1.741395 | NA | 0.714361 | 0.913011 | 0.03584 | -0.47036 |
| 17 | 0.088409 | 0.492641 | -0.43104 | -0.16907 | -0.17764 | -0.99955 | 0.070594 |
| 18 | -0.32883 | 0.276119 | 0.358909 | -0.16976 | 0.003214 | -0.64529 | 0.070594 |

(3)是否还可以选择其他股票的收益率作为被解释变量 Y,剩余的股票作为解释变量 X,使得 X 对 Y 有较好的预测。

## 三、数据清洗和整理

在原始数据中共 155 行数据,即 155 个元组,其中 64 个元组中数据有缺失,因此需要对缺失数据做预处理。

处理缺失数据的方法一般有三种[3]:

第一种是删除元组。本文的数据有多于三分之一的元组有数据缺失,删除元组对原始数据的信息损失较大,因此不适合采用删除元组的方法;

第二种是不处理。若不处理缺失数据,会导致无法进行相关分析,因此对缺失数据不能不处理;

第三种是数据填充。考虑到每只股票的 155 个观测值中都有不超过 10 个缺失值,有足够的数据可以用于对缺失数据的模拟填充,故本文采用数据填充的方法处理缺失数据。

### (一)原始数据 Hermite 插值

对金融时间序列的缺失值的处理方法一般是移动平均和插值,由于移动平均是一次线性平均,拟合效果相对于插值较差,因此本文采用拟合度较高的逐段光滑的 3 次 Hermite 多项式法进行插值[4]。

Hermite 插值法是利用未知函数在插值节点上的函数值及导数值来构造插值多项式,其基本思想是利用 lagrange 插值函数(即 n 次多项式插值)的构造方法,先设定函数形式,再利用插值条件求出插值函数,使用 MATLAB 软件做 Hermite 插值(所使用的程序代码见附录),运行结果见:数据包\finance21. xls。

由于 Hermite 插值需要同时用到前后的数据,因此用这种方法填充了大部分数据,但无法用此种方法对苏宁环球末尾的三个空值进行插值模拟,考虑到这组数据是随时间的变化而改变的,本文采用时间序列中的自回归移动平均(ARMA)模型拟合的方法来填充这三个缺失数据。

### (二)ARMA 模型填充缺失数据

对于苏宁环球的最后 3 个数据不适合用上述方法,我们采用 Eviews 软件对数据进行处理

（下同）。

首先我们选取第 88 到 153 行共 66 个真实数据，用其做一个序列，得到波动图如图 1 所示。

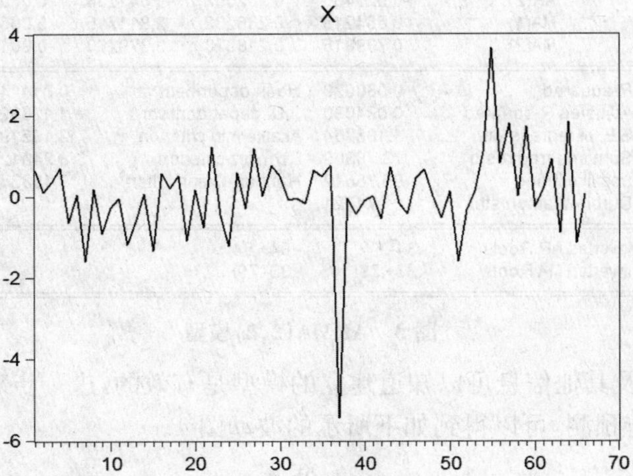


**图 1　波动图**

其自相关和偏相关图如图 2 所示。

Date: 05/04/13　Time: 16:12
Sample: 1 70
Included observations: 70

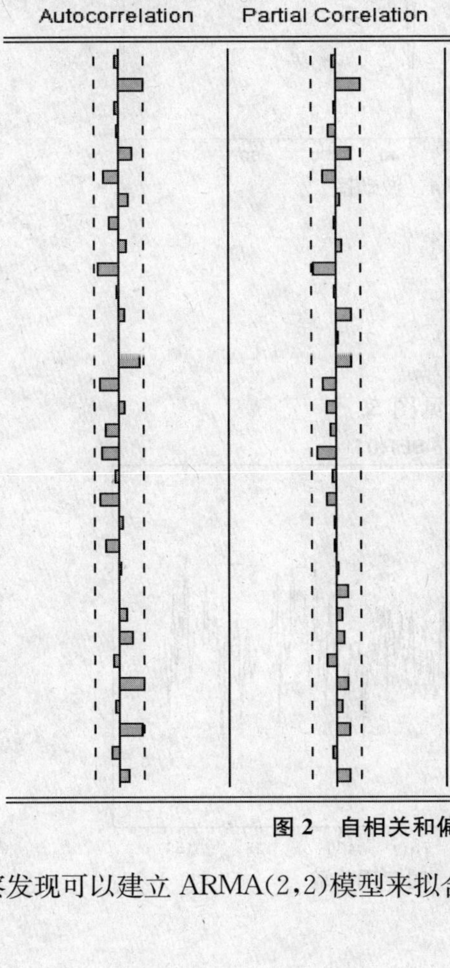


| | AC | PAC | Q-Stat | Prob |
|---|---|---|---|---|
| 1 | -0.034 | -0.034 | 0.0843 | 0.772 |
| 2 | 0.227 | 0.226 | 3.8995 | 0.142 |
| 3 | -0.029 | -0.016 | 3.9615 | 0.266 |
| 4 | -0.020 | -0.076 | 3.9914 | 0.407 |
| 5 | 0.120 | 0.136 | 5.1084 | 0.403 |
| 6 | -0.141 | -0.124 | 6.6731 | 0.352 |
| 7 | 0.087 | 0.025 | 7.2829 | 0.400 |
| 8 | -0.086 | -0.017 | 7.8833 | 0.445 |
| 9 | 0.078 | 0.054 | 8.3871 | 0.496 |
| 10 | -0.198 | -0.214 | 11.693 | 0.306 |
| 11 | -0.016 | -0.009 | 11.714 | 0.386 |
| 12 | 0.053 | 0.132 | 11.956 | 0.449 |
| 13 | -0.008 | 0.009 | 11.962 | 0.531 |
| 14 | 0.204 | 0.139 | 15.720 | 0.331 |
| 15 | -0.176 | -0.124 | 18.545 | 0.235 |
| 16 | 0.050 | -0.085 | 18.777 | 0.280 |
| 17 | -0.128 | -0.063 | 20.328 | 0.258 |
| 18 | -0.167 | -0.183 | 23.046 | 0.189 |
| 19 | -0.041 | -0.033 | 23.213 | 0.228 |
| 20 | -0.178 | -0.085 | 26.421 | 0.152 |
| 21 | 0.040 | -0.017 | 26.587 | 0.185 |
| 22 | -0.117 | -0.014 | 28.015 | 0.175 |
| 23 | 0.015 | 0.011 | 28.039 | 0.214 |
| 24 | 0.002 | 0.102 | 28.039 | 0.258 |
| 25 | 0.070 | 0.050 | 28.592 | 0.281 |
| 26 | 0.122 | 0.066 | 30.287 | 0.256 |
| 27 | -0.065 | -0.097 | 30.775 | 0.280 |
| 28 | 0.227 | 0.108 | 36.933 | 0.120 |
| 29 | -0.040 | 0.046 | 37.130 | 0.143 |
| 30 | 0.214 | 0.121 | 42.927 | 0.059 |
| 31 | -0.080 | -0.042 | 43.762 | 0.064 |
| 32 | 0.090 | 0.117 | 44.841 | 0.065 |

**图 2　自相关和偏相关结果**

通过观察发现可以建立 ARMA(2,2)模型来拟合这组数据，拟合的实际检验效果如图 3 所示。

| Variable | Coefficient | Std. Error | t-Statistic | Prob. |
|---|---|---|---|---|
| AR(1) | -0.676590 | 0.297298 | -2.275797 | 0.0264 |
| AR(2) | -0.520466 | 0.282657 | -1.841334 | 0.0705 |
| MA(1) | 0.664218 | 0.236232 | 2.811715 | 0.0066 |
| MA(2) | 0.739815 | 0.218928 | 3.379260 | 0.0013 |

| | | | |
|---|---|---|---|
| R-squared | 0.080029 | Mean dependent var | 0.014141 |
| Adjusted R-squared | 0.034030 | S.D. dependent var | 1.128329 |
| S.E. of regression | 1.108964 | Akaike info criterion | 3.105191 |
| Sum squared resid | 73.78809 | Schwarz criterion | 3.240122 |
| Log likelihood | -95.36612 | Hannan-Quinn criter. | 3.158347 |
| Durbin-Watson stat | 1.974721 | | |

| | | |
|---|---|---|
| Inverted AR Roots | -.34-.64i | -.34+.64i |
| Inverted MA Roots | -.33+.79i | -.33-.79i |

**图 3　ARMA(2,2)模型**

从表中的 p 值以及其他信息可以知道建立的模型是有效的，进一步对缺失值利用所建立的 ARMA(2,2)模型进行预测，可以得到如下所示的波动图 4。

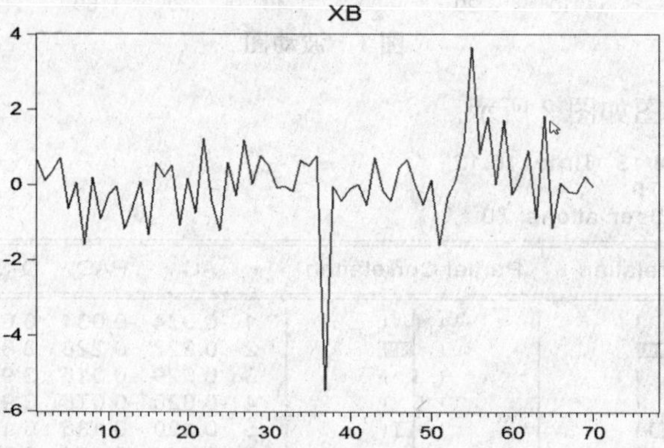


**图 4　波动图**

且缺失值的 3 个预测值为：

| | |
|---|---|
| 67 | -0.174202 |
| 68 | -0.212321 |
| 69 | 0.234320 |

（三）数据平稳性检验

1. 平稳性的图检验法（以招商地产为例）

（1）时序图检验（SER01 代表招商地产）见图 5。

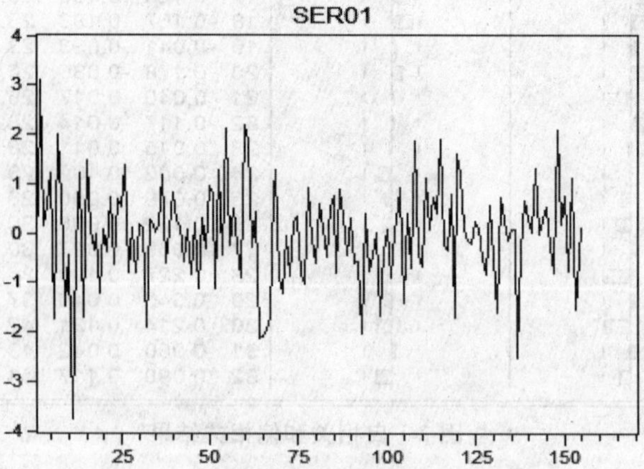


**图 5　时序图检验**

时序图显示出招商地产在此时间段的收益率数据没有明显的趋势或波动，直观上可以认为招商地产的时序图是平稳序列。

(2)自相关图检验

平稳序列通常具有短期相关性，即随着延迟期数的增加，其自相关系数会很快的衰减到零，或者是自相关系数在零附近波动，但是如果序列非平稳，那么自相关系数衰减于零的速度通常比较慢，这就是利用自相关图进行平稳性检验的标准。招商地产的自相关图如图 6 所示。

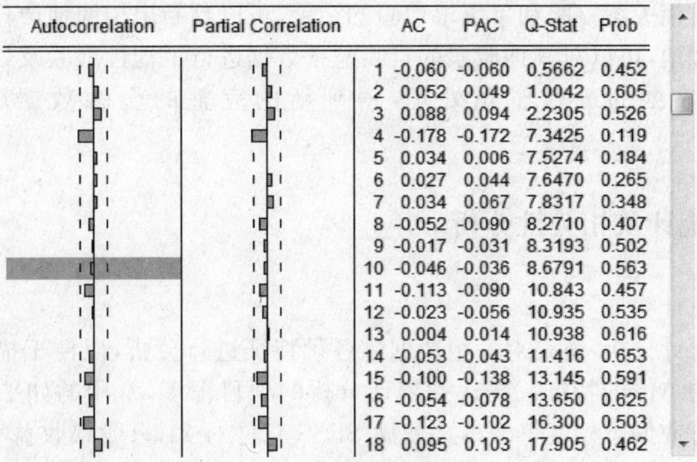

| Autocorrelation | Partial Correlation | | AC | PAC | Q-Stat | Prob |
|---|---|---|---|---|---|---|
| | | 1 | -0.060 | -0.060 | 0.5662 | 0.452 |
| | | 2 | 0.052 | 0.049 | 1.0042 | 0.605 |
| | | 3 | 0.088 | 0.094 | 2.2305 | 0.526 |
| | | 4 | -0.178 | -0.172 | 7.3425 | 0.119 |
| | | 5 | 0.034 | 0.006 | 7.5274 | 0.184 |
| | | 6 | 0.027 | 0.044 | 7.6470 | 0.265 |
| | | 7 | 0.034 | 0.067 | 7.8317 | 0.348 |
| | | 8 | -0.052 | -0.090 | 8.2710 | 0.407 |
| | | 9 | -0.017 | -0.031 | 8.3193 | 0.502 |
| | | 10 | -0.046 | -0.036 | 8.6791 | 0.563 |
| | | 11 | -0.113 | -0.090 | 10.843 | 0.457 |
| | | 12 | -0.023 | -0.056 | 10.935 | 0.535 |
| | | 13 | 0.004 | 0.014 | 10.938 | 0.616 |
| | | 14 | -0.053 | -0.043 | 11.416 | 0.653 |
| | | 15 | -0.100 | -0.138 | 13.145 | 0.591 |
| | | 16 | -0.054 | -0.078 | 13.650 | 0.625 |
| | | 17 | -0.123 | -0.102 | 16.300 | 0.503 |
| | | 18 | 0.095 | 0.103 | 17.905 | 0.462 |

**图 6　自相关图检验**

从图 6 可以看出，序列的自相关系数始终在零附近波动，因此可以认为招商地产的日收益率序列是平稳序列。

| Null Hypothesis: SER01 has a unit root | | | | |
|---|---|---|---|---|
| Exogenous: Constant | | | | |
| Lag Length: 0 (Automatic based on SIC. MAXLAG=13) | | | | |
| | | | t-Statistic | Prob.* |
| Augmented Dickey-Fuller test statistic | | | -13.09525 | 0.0000 |
| Text critical values | 1% level | | -3.473096 | |
| | 5% level | | -2.880211 | |
| | 10% level | | -2.576805 | |
| *Mackinnon (1996) one-sided p-values | | | | |
| Augmented Dickey-Fuller Test Equation | | | | |
| Dependent Variable: D(SER01) | | | | |
| Method: Least Squares | | | | |
| Date: 06/05/10 time: 21:13 | | | | |
| Sample (adjusted): 2-155 | | | | |
| Included observations: 154 after adjustments | | | | |
| Variable | Coefficient | Std. Error | t-Statistic | Prob.* |
| SER01(-1) | -1.059871 | 0.080935 | -13.09525 | 0.0000 |
| C | -0.030154 | 0.082533 | -0.365355 | 0.7154 |
| R-squared | 0.530118 | Mean dependent var | | -0.001365 |
| Adjusted R-squared | 0.527027 | S.D. dependent var | | 1.488732 |
| S.E. of regression | 1.023846 | Akaike info criterion | | 2.897912 |
| Sum squared resid | 159.3357 | Schwarz criterion | | 2.937352 |
| Log likelihood | -221.1392 | Hannan-Quinn criter | | 2.913932 |
| F-statistic | 171.4856 | Durbin-Watson stat | | 1.946822 |
| Prob(F-statistic) | 0.000000 | | | |

**图 7　单位根检验结果**

2. 单位根检验法

所谓单位根检验法就是指检验序列中是否存在单位根，若存在单位根，时间序列就是非平稳的时间序列，招商地产的日收益率数据的单位根检验法检验结果如图 7 所示。

由图 7 可知，单位根统计量 ADF＝－13.095 都小于 Eviews 软件给出的显著性水平 1%、5%、10%的 ADF 临界值－3.5、－2.9、－2.6，所以应该拒绝原假设，认为此时间序列没有单位根，即该序列是平稳的。

综合以上的自相关图检验和单位根检验的结果，可以判断出招商地产日收益率序列是平稳的时间序列。类似地，可以对其他股票的日收益率数据进行平稳性检验及处理。

至此我们对数据的进行了预处理，得到新的完整的金融数据序列（见：数据包\finance3xy.csv）。

## 四、描述性统计及相关性分析

### （一）描述性统计

所谓描述性统计分析，就是对一组数据的各种特征进行分析，以便于描述测量样本的各种特征及其所代表的总体的特征。描述性统计分析的项目很多，常用的如平均数、标准差、中位数、频数分布、正态或偏态程度等。本文使用 SPSS 软件对 21 只股票收益率的 21 组数据进行描述性统计分析，所得结果如表 2 所示。

表 2　描述性统计

| 股票名称 | 极小值 | 极大值 | 均值 | 方差 | 偏度 | 峰度 | JB统计量 |
|---|---|---|---|---|---|---|---|
| 招商地产 | -3.754573994 | 3.102101291 | -0.026049924 | 1.039 | -0.194 | 1.029 | 26.06186 |
| 万科A | -4.352847778 | 4.097126458 | 0.015611117 | 0.985 | -0.128 | 3.567 | 2.499536 |
| 深振业A | -8.103721171 | 3.094834437 | -0.009185024 | 0.985 | -3.443 | 28.518 | 4511.697 |
| 深深房A | -3.928217619 | 3.568993045 | -0.002694241 | 0.988 | -0.052 | 4.529 | 15.16841 |
| 金融街 | -3.195306456 | 2.475472875 | 0.012144826 | 0.981 | -0.568 | 1.036 | 33.245616 |
| 万泽股份 | -3.782771402 | 3.277592085 | 0.085603296 | 1.186 | 0.567 | 2.82 | 8.514383 |
| 亿城股份 | -8.723688499 | 2.634669747 | -7.62833E-05 | 0.98 | -4.471 | 38.731 | 8761.787 |
| 苏宁环球 | -5.457655431 | 3.672447998 | 0.003854712 | 0.97 | -0.906 | 7.214 | 135.8907 |
| 福星股份 | -3.592781727 | 3.022028745 | -0.024384678 | 0.981 | -0.195 | 1.771 | 10.73724 |
| 世荣兆业 | -3.378901756 | 6.131671628 | 0.022562029 | 1.254 | 0.816 | 6.315 | 88.17336 |
| 荣盛发展 | -7.53990939 | 2.629087856 | -0.009235724 | 0.94 | -3.088 | 23.656 | 3001.919 |
| 招商局B | -3.164897643 | 2.896748775 | -0.016911263 | 1.009 | -0.379 | 0.824 | 34.29078 |
| 保利地产 | -8.352001377 | 2.929867882 | -0.006062975 | 0.971 | -3.915 | 33.282 | 6318.242 |
| 浙江东日 | -8.2399115 | 2.69192325 | 0.005253783 | 0.981 | -3.713 | 30.779 | 5339.868 |
| 天津松江 | -3.616309516 | 3.366222212 | -0.004089064 | 0.979 | -0.668 | 2.555 | 12.80636 |
| 华发股份 | -3.500406692 | 4.323634389 | -0.018729881 | 0.972 | 0.427 | 2.517 | 6.216824 |
| 首开股份 | -7.741856376 | 2.823906697 | 0.017368236 | 1.001 | -2.888 | 23.008 | 2800.864 |
| 金地集团 | -3.875613032 | 4.321593855 | -0.006862474 | 0.991 | 0.557 | 4.059 | 15.25766 |
| 栖霞建设 | -3.285746722 | 2.693350654 | -0.003207958 | 0.972 | -0.308 | 1.097 | 25.83892 |
| 世茂股份 | -4.433187719 | 3.990486634 | -0.008609352 | 1.004 | -0.209 | 3.259 | 1.561657 |
| 北辰实业 | -4.272190947 | 2.063712784 | 0.01293868 | 1 | -0.665 | 1.337 | 29.28511 |

其中 JB 统计量，即 Jarque—Bera 统计量是用来检验一组样本是否来自正态总体的一种方法。它依据 OLS 残差，对大样本进行检验（或称为渐进检验）。其中 $JB=\frac{n}{6}\left[S^2+\frac{(K-3)^2}{4}\right]$，S 是偏度系数，K 是峰度系数，n 是样本容量。在正态分布的假设下，JB 统计量渐进地服从自由度为 2 的卡方分布，即 $JBasy\sim\chi^2(2)$。

若变量服从正态分布，则 S 为 0，K 为 3，因而 JB 统计量的值为 0；如果变量不是正态变量，则 JB 统计量将为一个逐渐增大值。

如果 JB 统计量值较大，比如为 11，则可以计算出卡方值大于 11 的概率为 0.004，这个概率过小，因此不能认为样本来自正态分布。反之，认为样本来自正态分布。

由表 2 可以看出，万科 A、华发股份和世茂股份的收益率的 JB 统计量较小，可以认为它们近似服从正态分布；其他股票收益率的 JB 统计量都较大，这说明大部分地产行业的股票收益率不服从正态分布，存在着明显的"尖峰厚尾"特征。这与通常的对股票收益率的计量经济学分析所得出的结论相一致。同时，可以看出，这 21 支股票收益率的标准差没有显著差异，说明这些股票的收益率的波动性相差不大。

（二）相关性分析

相关系数，是衡量两个随机变量之间线性相关程度的指标。它由卡尔·皮尔森（Karl Pearson）在 1880 年代提出，现已广泛地应用于科学的各个领域。相关系数的计算公式是：

$$r_{XY}=\frac{\sum_{i=1}^{N}(X_i-\bar{X})(Y_i-\bar{Y})}{\sqrt{\sum_{i=1}^{N}(X_i-\bar{X})^2}\sqrt{\sum_{i=1}^{N}(Y_i-\bar{Y})^2}}$$

其取值范围是$[-1,1]$，常用 $r$ 来表示。

在股票市场中，对于相关系数 $r$ 通常有如下解释：

若$|r|<0.3$，则表明两只股的票收益率时间序列是微弱相关；

若 $0.3<|r|<0.5$，则表明两只股的票收益率时间序列是低度相关；

若 $0.5<|r|<0.8$，则表明两只股的票收益率时间序列是显著相关；

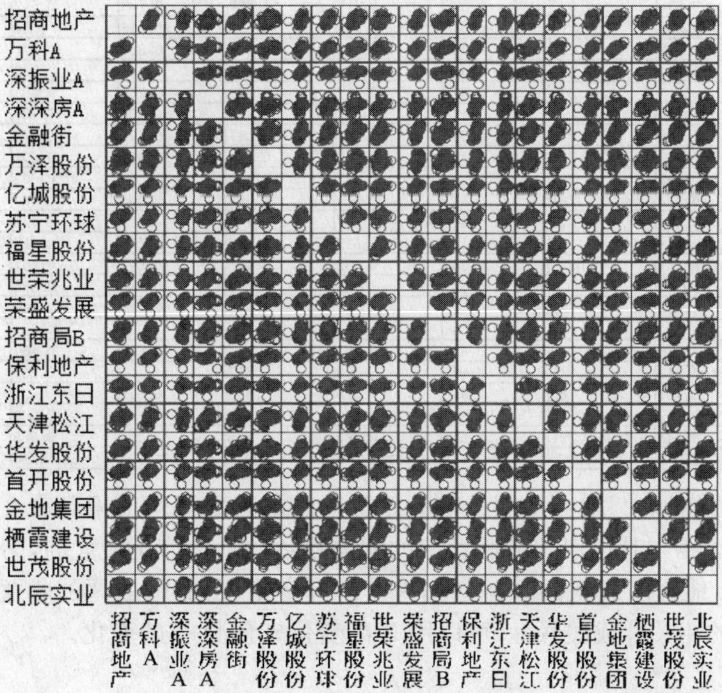


**图 8　各股票的矩阵散点图（行所表示的股票顺序与列相同）**

若 0.8<|$r$|≤1.0，则表明两只股的票收益率时间序列是高度相关；

若|$r$|=0，表明两只股的票收益率时间序列无线性关系，但可能有其他关系；

若|$r$|=1.0，表明两股指收益率时间数列有完全线性关系也既函数关系。

运用 SPSS 软件可以本文的 21 只股票的收益率之间的相关系数进行计算和图形化展示，所得的矩阵散点图，如图 8 所示。

通过图 8 我们可以粗略的看出，各种股票的收益率相互之间存在一定的相关性，而且均是正相关。

所得的相关系数矩阵如表 3、表 4 所示。

**表 3　相关系数矩阵 1**

| | 招商地产 | 万科A | 深振业A | 深深房A | 金融街 | 万泽股份 | 亿城股份 | 苏宁环球 | 福星股份 | 世荣兆业 | 荣盛发展 |
|---|---|---|---|---|---|---|---|---|---|---|---|
| 招商地产 | 1 | 0.769 | 0.395 | 0.451 | 0.697 | 0.387 | 0.473 | 0.641 | 0.663 | 0.439 | 0.568 |
| 万科A | 0.769 | 1 | 0.327 | 0.487 | 0.765 | 0.397 | 0.568 | 0.576 | 0.654 | 0.455 | 0.569 |
| 深振业A | 0.395 | 0.327 | 1 | 0.404 | 0.37 | 0.13 | 0.35 | 0.299 | 0.334 | 0.316 | 0.145 |
| 深深房A | 0.451 | 0.487 | 0.404 | 1 | 0.476 | 0.368 | 0.364 | 0.278 | 0.394 | 0.504 | 0.301 |
| 金融街 | 0.697 | 0.765 | 0.37 | 0.476 | 1 | 0.329 | 0.55 | 0.647 | 0.61 | 0.494 | 0.479 |
| 万泽股份 | 0.387 | 0.397 | 0.13 | 0.368 | 0.329 | 1 | 0.341 | 0.308 | 0.365 | 0.274 | 0.347 |
| 亿城股份 | 0.473 | 0.568 | 0.35 | 0.364 | 0.55 | 0.341 | 1 | 0.405 | 0.437 | 0.391 | 0.366 |
| 苏宁环球 | 0.641 | 0.576 | 0.299 | 0.278 | 0.647 | 0.308 | 0.405 | 1 | 0.477 | 0.377 | 0.467 |
| 福星股份 | 0.663 | 0.654 | 0.334 | 0.394 | 0.61 | 0.365 | 0.437 | 0.477 | 1 | 0.518 | 0.471 |
| 世荣兆业 | 0.439 | 0.455 | 0.316 | 0.504 | 0.494 | 0.274 | 0.391 | 0.377 | 0.518 | 1 | 0.297 |
| 荣盛发展 | 0.568 | 0.569 | 0.145 | 0.301 | 0.479 | 0.347 | 0.366 | 0.467 | 0.471 | 0.297 | 1 |
| 招商局B | 0.695 | 0.649 | 0.323 | 0.517 | 0.616 | 0.212 | 0.423 | 0.436 | 0.549 | 0.487 | 0.4 |
| 保利地产 | 0.599 | 0.599 | 0.227 | 0.126 | 0.5 | 0.341 | 0.324 | 0.437 | 0.548 | 0.334 | 0.454 |
| 浙江东日 | 0.299 | 0.315 | 0.258 | 0.352 | 0.339 | 0.26 | 0.327 | 0.167 | 0.261 | 0.364 | 0.127 |
| 天津松江 | 0.538 | 0.547 | 0.291 | 0.588 | 0.512 | 0.428 | 0.353 | 0.432 | 0.47 | 0.365 | 0.406 |
| 华发股份 | 0.711 | 0.698 | 0.415 | 0.485 | 0.718 | 0.366 | 0.486 | 0.555 | 0.632 | 0.614 | 0.467 |
| 首开股份 | 0.597 | 0.626 | 0.308 | 0.356 | 0.606 | 0.312 | 0.41 | 0.508 | 0.568 | 0.302 | 0.472 |
| 金地集团 | 0.793 | 0.866 | 0.308 | 0.51 | 0.759 | 0.386 | 0.476 | 0.633 | 0.678 | 0.503 | 0.576 |
| 栖霞建设 | 0.649 | 0.64 | 0.371 | 0.533 | 0.694 | 0.325 | 0.473 | 0.501 | 0.602 | 0.567 | 0.425 |
| 世茂股份 | 0.595 | 0.679 | 0.32 | 0.418 | 0.602 | 0.34 | 0.411 | 0.438 | 0.554 | 0.49 | 0.421 |
| 北辰实业 | 0.512 | 0.528 | 0.411 | 0.483 | 0.642 | 0.338 | 0.46 | 0.436 | 0.539 | 0.531 | 0.363 |
| 均值 | 0.593857143 | 0.605428571 | 0.347714286 | 0.447380952 | 0.590714286 | 0.359714286 | 0.447047619 | 0.477047619 | 0.539238095 | 0.458190476 | 0.434333333 |

**表 4　相关系数矩阵 2(以行与矩阵 1 相连)**

| | 招商局B | 保利地产 | 浙江东日 | 天津松江 | 华发股份 | 首开股份 | 金地集团 | 栖霞建设 | 世茂股份 | 北辰实业 |
|---|---|---|---|---|---|---|---|---|---|---|
| 招商地产 | 0.695 | 0.599 | 0.299 | 0.538 | 0.711 | 0.597 | 0.793 | 0.649 | 0.595 | 0.512 |
| 万科A | 0.649 | 0.599 | 0.315 | 0.547 | 0.698 | 0.626 | 0.866 | 0.64 | 0.679 | 0.528 |
| 深振业A | 0.323 | 0.227 | 0.258 | 0.291 | 0.415 | 0.308 | 0.308 | 0.371 | 0.32 | 0.411 |
| 深深房A | 0.517 | 0.126 | 0.352 | 0.588 | 0.485 | 0.356 | 0.51 | 0.533 | 0.418 | 0.483 |
| 金融街 | 0.616 | 0.5 | 0.339 | 0.512 | 0.718 | 0.606 | 0.759 | 0.694 | 0.602 | 0.642 |
| 万泽股份 | 0.212 | 0.341 | 0.26 | 0.428 | 0.366 | 0.312 | 0.386 | 0.325 | 0.34 | 0.338 |
| 亿城股份 | 0.423 | 0.324 | 0.327 | 0.353 | 0.486 | 0.41 | 0.476 | 0.473 | 0.411 | 0.46 |
| 苏宁环球 | 0.436 | 0.437 | 0.167 | 0.432 | 0.555 | 0.508 | 0.633 | 0.501 | 0.438 | 0.436 |
| 福星股份 | 0.549 | 0.548 | 0.261 | 0.47 | 0.632 | 0.568 | 0.678 | 0.602 | 0.554 | 0.539 |
| 世荣兆业 | 0.487 | 0.334 | 0.364 | 0.365 | 0.614 | 0.302 | 0.503 | 0.567 | 0.49 | 0.531 |
| 荣盛发展 | 0.4 | 0.454 | 0.127 | 0.406 | 0.467 | 0.472 | 0.576 | 0.425 | 0.421 | 0.363 |
| 招商局B | 1 | 0.376 | 0.221 | 0.463 | 0.612 | 0.443 | 0.644 | 0.617 | 0.559 | 0.532 |
| 保利地产 | 0.376 | 1 | 0.23 | 0.368 | 0.532 | 0.465 | 0.641 | 0.431 | 0.419 | 0.445 |
| 浙江东日 | 0.221 | 0.23 | 1 | 0.321 | 0.3 | 0.148 | 0.341 | 0.388 | 0.306 | 0.391 |
| 天津松江 | 0.463 | 0.368 | 0.321 | 1 | 0.48 | 0.432 | 0.527 | 0.566 | 0.543 | 0.522 |
| 华发股份 | 0.612 | 0.532 | 0.3 | 0.48 | 1 | 0.551 | 0.73 | 0.629 | 0.671 | 0.562 |
| 首开股份 | 0.443 | 0.465 | 0.148 | 0.432 | 0.551 | 1 | 0.622 | 0.464 | 0.437 | 0.376 |
| 金地集团 | 0.644 | 0.641 | 0.341 | 0.527 | 0.73 | 0.622 | 1 | 0.665 | 0.674 | 0.558 |
| 栖霞建设 | 0.617 | 0.431 | 0.388 | 0.566 | 0.629 | 0.464 | 0.665 | 1 | 0.609 | 0.668 |
| 世茂股份 | 0.559 | 0.419 | 0.306 | 0.543 | 0.671 | 0.437 | 0.674 | 0.609 | 1 | 0.504 |
| 北辰实业 | 0.532 | 0.445 | 0.391 | 0.522 | 0.562 | 0.376 | 0.558 | 0.668 | 0.504 | 1 |
| 均值 | 0.513047619 | 0.447428571 | 0.319761905 | 0.483428571 | 0.581619048 | 0.476333333 | 0.613809524 | 0.562714286 | 0.523333333 | 0.514333333 |

对每只股票与其他各只股票的收益率的相关系数求算数平均值得到表 3 和表 4 的最后一行，可以看出金地集团与其他股票的收益率的相关系数的平均值是最大的，为 0.613809524，因此可以考虑选取金地集团股票的收益率作为被解释变量 Y，其他股票的收益率作为解释变量 X，Y 与 X 有较高的相关性或关联性，可以用 X 的变化来预测 Y 的变化。

## 五、关联规则、联动建模与结论分析

(一)关联规则

1. 关联规则定义

关联规则是一种重要的数据挖掘方法,它通过特定的规则算法对数据库进行分析,挖掘出数据库中不同数据项集之间隐藏的且有价值的关联关系,从而给出数据集的关联特征描述。其目的是帮助决策者分析历史数据以及当前数据的特征和规律,以便建立预测性模型[5]。

2. 关联规则有效性的测度指标

(1)支持度

支持度(Support)测度了关联规则的普遍性,表示项目 A 和项目 B 同时出现的概率,其数学表示为 $S_{A\to B}=\frac{|T(A\cap B)|}{|T|}$

其中,$|T(A\cap B)|$ 表示同时包含项目 A 和项目 B 的事务数,$|T|$表示总事务数,支持度太低,说明规则不具有一般性。

(2)置信度

置信度(Confidence)是对关联规则准确度的测量,近似地描述了包含项目 A 的事务中同时也包含项目 B 的概率,反映在 A 出现的条件下 B 出现的可能性,其数学表示为 $C_{A\to B}=\frac{|T(A\cap B)|}{|T(A)|}$

其中,$|T(A)|$表示包含项目 A 的事务数,如果置信度高则说明 A 出现时,则 B 出现的可能性高,近似地反映的是在给定 A 情况下 B 的条件概率。

(3)提升度

提升度(Lift)是置信度与后项支持度的比,其数学表示为

$$L_{A\to B}=\frac{C_{A\to B}}{S_B}=\frac{|T(A\cap B)|}{|T(A)|}\bigg/\frac{|T(B)|}{|T|}$$

提升度反映了项目 A 的出现对项目 B 出现的影响程度,一般大于 1 才有意义,意味着 A 的出现对 B 的出现有促进作用,规则提升度越大越好。

3. Apriori 算法

本文采用关联规则挖掘的基本算法——Apriori 算法来实现建模分析。该算法利用上次循环产生的大项集构造新的候选项集,然后扫描数据库,计算候选项集的支持数,扫描结束时得到大项集。

Apriori 算法是一种最有影响的挖掘布尔关联规则频繁项集的算法,Apriori 算法包括两大部分:第一,产生频繁项集;第二,依据频繁项集产生关联规则。

具体地说,在第一次循环时,通过扫描数据库得到阶大项集,在之后的第 k(k >1)次循环中,对第 k－1 次循环产生的 k－1 项大项集 Lk－1 实施 Apriori—gen 运算生成 k 候选项集 Ck,再次扫描数据库,得到 Ck 的支持数,从而得到 Ck 中支持数不小于最小支持数的 k 阶大项集 Lk,重复以上步骤,直到某一阶的大项集为空时算法停止。

(二)联动建模分析

1. 数据再次整理

在进行关联规则挖掘之前，必须对前面整理后的数据在进行一次处理，根据每种股票当天连续收益率较前天的涨跌情况转化为二项数值（对数收益率为正表示上涨，负值代表下跌），“1”代表上涨，“0”代表下跌。表5为经过数据再次整理后得到的包含153条记录的布尔关系表数据片断（数据再次处理后的所有数据见：数据包\finance1. xls）：

**表5　21种股票连续收益率布尔关系表数据片段**

| 日期 | 招商地产 | 万科A | 深振业A | 深深房A | 金融街 | 万泽股份 | 亿城股份 | …… |
|---|---|---|---|---|---|---|---|---|
| 1 | 1 | 1 | 1 | 1 | 1 | 1 | 1 | |
| 2 | 1 | 1 | 1 | 1 | 1 | 1 | 1 | |
| 3 | 1 | 1 | 0 | 0 | 1 | 0 | 0 | |
| 4 | 1 | 1 | 1 | 1 | 1 | 1 | 1 | |
| | … | | | | | | | |
| | … | | | | | | | |

数据再次处理后，根据股票板块指数“涨”“跌”情况这两种属性，采用二值型关联规则算法进行挖掘。本文使用SPSS Clementine软件中的Apriori节点来实现招商地产与金地集团股票收益率与其他地产股票收益率的关联分析。

2. 招商地产股票收益率的联动分析

(1)模型的建立

导入数据，建立如图9所示的模型，进行关联分析。

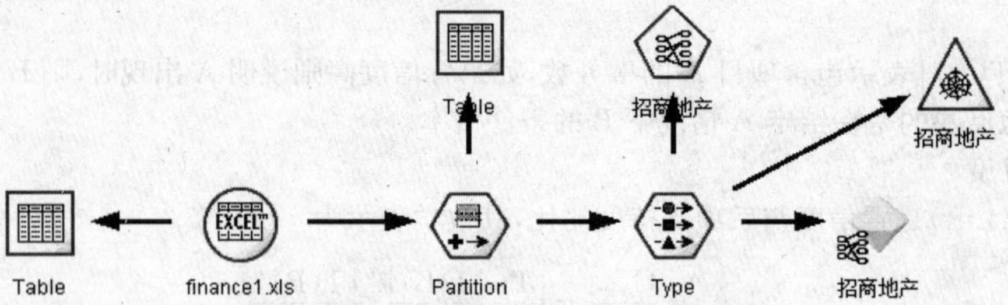


**图9　SPSS Clementine中Apriori节点截图**

(2)关联结果及其分析

将招商地产作为被解释变量，取最低条件支持度为36%，最小规则置信度为90%，得到关联规则见表6所示。

**表6　招商地产为因变量的股市联动分析**

| Consequent | Antecedent | Instances | Support % | Confidence % | Lift |
|---|---|---|---|---|---|
| 招商地产 | 保利地产 | 63 | 40.645 | 90.476 | 1.67 |
| 招商地产 | 首开股份<br>金地集团<br>保利地产 | 62 | 40.0 | 90.323 | 1.667 |
| 招商地产 | 保利地产<br>荣盛发展 | 61 | 39.355 | 91.803 | 1.694 |
| 招商地产 | 保利地产<br>福星股份 | 60 | 38.71 | 91.667 | 1.691 |
| 招商地产 | 金地集团<br>首开股份 | 59 | 38.065 | 91.525 | 1.689 |
| 招商地产 | 金地集团<br>保利地产<br>万科A | 56 | 36.129 | 91.071 | 1.68 |

当最低条件支持度(support)为36%,最小规则置信度为90%时,可以从模型中找到6条有意义的强关联规则,如表6所示。

第一条(行)规则表明,当保利地产、首开股份两只股票上涨时,90.476%的情况下,招商地产也在上涨。而且规则的支持度为40.645%,说明该规则具有一般性;规则的提升度为1.67,远远大于1,说明规则的实际意义也很好。所以可以用保利地产、首开股份两只股票来初步预测招商地产的股票涨跌情况。

第二条(行)规则表明金地集团、保利地产两只股票与招商地产之间也有较强的联动关系。支持度、置信度和提升度都略小于第一条规则,说明该规则也具有较高的应用价值。

从第一、二条规则可见,综合考虑支持度、置信度和提升度,招商地产与保利地产、金地集团、首开股份三只股票有非常紧密的联动关系。而其余的几条规则,也表明其他股票与招商地产间也有一定的联动关系。未在模型中出现的股票则跟招商地产的联动关系较弱。

这六条规则表明招商地产与金地集团、保利地产、首开股份、荣盛发展、福星股份、万科A这6只股票都有较强的联动关系,招商地产会随着这6只股票的涨跌而随之有相同的涨跌波动。

(3)Web节点分析与可视化结果

对模型进行可视化描述对于理解数据和验证关联规则的正确与否都是相当有效的。在SPSS Clementine软件中还可以对关联规则挖掘进行Web节点的可视化操作。

Web节点能够显示两个或两个以上符号型字段之间关系的强弱程度。这种图像通过使用各种不同粗细的线条将节点联系起来,节点关联程度越大,图中对应的线条就越粗。图10反映了21种主要股票板块指数的联动关系,每个节点代表一种股票,连线的粗细与股票联动关系强弱成正比,而代表每根连线的联动关系强弱的频数都与图底部的刻度对应。

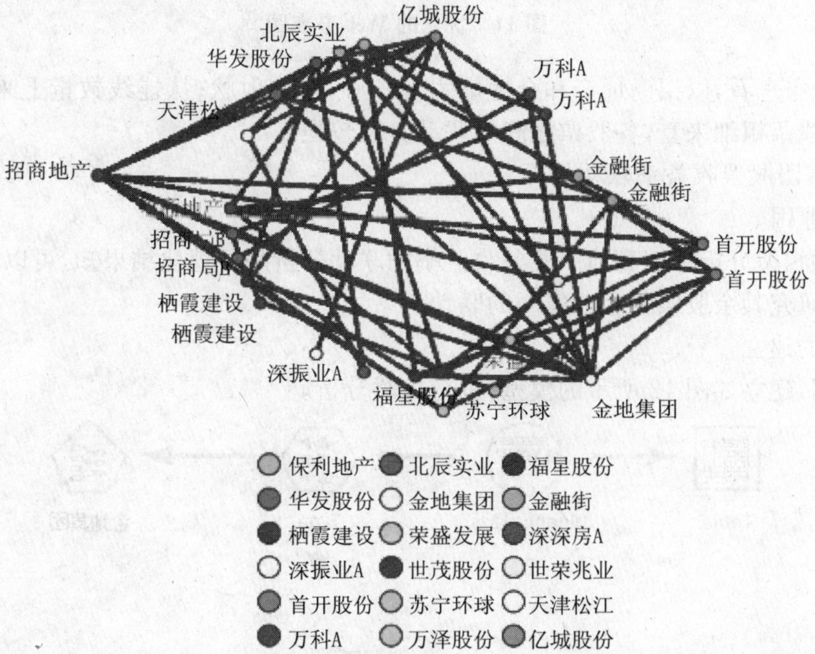


**图10 主要股票的Web节点图**

观察图中的每个节点，容易发现招商地产和金地集团的连线很密集，深振业A和亿城股份相连，说明招商地产和金地集团与其他股票关联性较强，而深振业A与其他股票关联性很弱。其中关联程度频数小于76的股票未进入模型中。

由于图10的线条太多，整个网络图相当庞大复杂，为了进一步研究它们之间的联动关系，可以提高Web节点图底部的频数刻度进行优化，删除了频数小于80的连线后，得到图11。

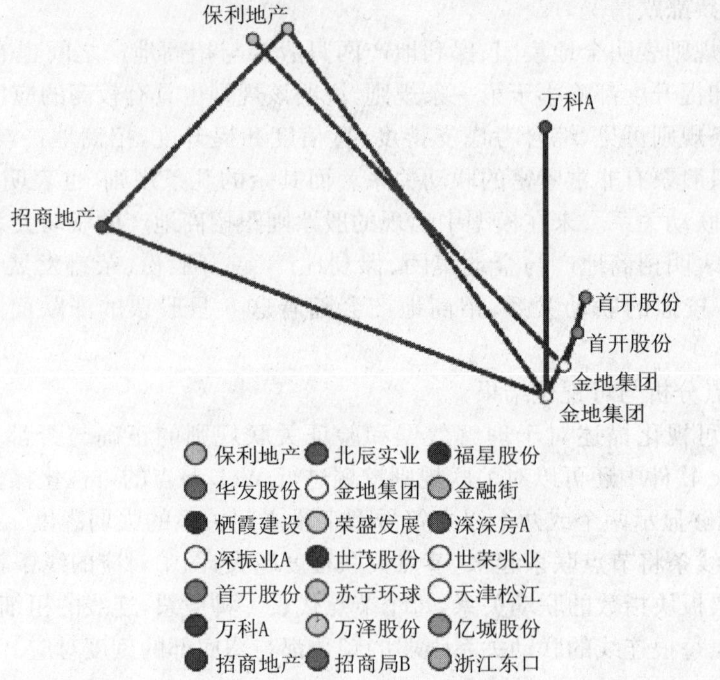


**图11 优化的Web节点图**

从图形分布来看，以招商地产和金地集团为核心，呈辐射状；从连线数量上来看，以金地集团的最多；从线条粗细来看，各股票之间的联动关系较强。

3. 金地集团股票收益率联动分析

(1)建模原因

由前面的相关分析和招商地产股票收益率的联动分析的可视化结果知，可以以金地集团为被解释变量，研究其余股票与金地集团的联动关系。

(2)模型的建立

导入数据，建立如图12所示的模型，进行关联分析。

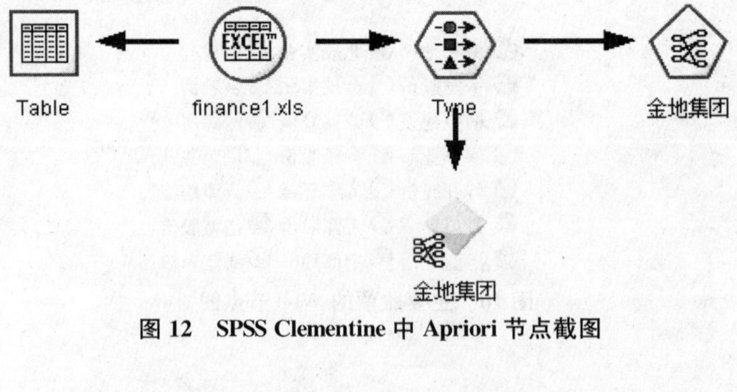


**图12 SPSS Clementine中Apriori节点截图**

(3)关联结果及其分析

将金地集团作为被解释变量，取最低条件支持度为 35%，最小规则置信度为 90%。按照置信度降序排序，得到关联规则见表 7。

**表 7　金地集团为因变量的股市联动分析**

| Consequent | Antecedent | Instances | Support % | Confidence % | Lift |
|---|---|---|---|---|---|
| 金地集团 | 保利地产<br>万科A<br>福星股份 | 54 | 34.839 | 92.593 | 2.021 |
| 金地集团 | 首开股份<br>万科A<br>招商地产 | 54 | 34.839 | 92.593 | 2.021 |
| 金地集团 | 万科A<br>福星股份<br>招商地产 | 53 | 34.194 | 92.453 | 2.018 |

当最低条件支持度(support)为 35%，最小规则置信度为 90%时，可以从模型中找到 3 条有意义的强关联规则。

第一条规则(行)表明，当保利地产、万科 A、福星股份三只股票上涨时，92.593%的情况下，金地集团也在上涨。而且规则的支持度为 34.839%，说明该规则具有一般性；规则的提升度为 2.021，远远大于 1，说明规则的实际意义也很好。所以可以用保利地产、万科 A、福星股份三只股票来初步预测金地集团的股票涨跌情况。综合考虑置信度、支持度和提升度。

第二条规则和第一条的效果一致，即也可用招商地产、万科 A、首开股份三只股票来初步预测金地集团的股票涨跌情况。

这三条规则表明金地集团与招商地产、保利地产、首开股份、福星股份、万科 A 这 5 只股票都有较强的联动关系，招商地产会随着这 5 只股票的涨跌而随之有相同的涨跌波动。

(三)联动建模结论分析

综合招商地产和金地集团的联动分析结果来看，招商地产、金地集团、首开股份、保利地产、万科 A、福星股份这六只股票之间有较强的关系，为找到它们背后的联系，对六只股票进行背景分析。

招商局地产控股股份有限公司(简称“招商地产”)于 1984 年在深圳成立，是香港招商局集团三大核心产业之一的地产业旗舰公司，也是中国最早的房地产公司之一。经过 26 年的发展，招商地产已成为一家集开发、物业管理有机配合、物业品种齐全的房地产业集团，形成了以深圳为核心，以珠三角、长三角和环渤海经济带为重点经营区域的市场格局。

金地集团初创于 1988 年，1993 年开始正式经营房地产。2001 年 4 月，金地(集团)股份有限公司在上海证券交易所正式挂牌上市，已跻身中国上市房地产公司综合实力前三强。金地集团已经建立以上海、深圳、北京为中心的华东、华南、华北的区域扩张战略格局，并已成功进入武汉、西安、沈阳等市场。

首开股份，即北京首都开发股份有限公司，是北京首都开发控股(集团)有限公司控股的大型房地产开发经营企业，具有国家一级房地产开发资质，于 2001 年 3 月 12 日在上海证交所挂牌上市。2008 年 6 月，北京首都开发股份有限公司荣获“2008 沪深房地产上市公司综合实力 TOP10”。

保利房地产股份有限公司是中国保利集团控股的大型国有房地产企业，是中国保利集团房地产业务的运作平台,国家一级房地产开发资质企业 。总部设在上海,2010 保利地产被评为最具扩张能量的领军企业。

万科企业股份有限公司成立于 1984 年,是目前中国最大的专业住宅开发企业,也是股市里的代表性地产蓝筹股。总部设在广东深圳,万科 1991 年成为深圳证券交易所第二家上市公司,至 2009 年,已在 20 多个城市设立分公司。

福星科技股份有限公司是国家大型企业、国家高新技术企业和湖北省"巨人工程"企业,A 股上市公司,并于 1999 年在深圳证券交易所挂牌交易。

从上面的介绍可以看出,招商地产、金地集团、首开股份、保利地产、万科 A、福星股份这六只股票在地域上联系紧密,大部分以深圳为各自的核心和重点发展区域,且这六只股票在房地产业地位都举足轻重,在此基础上,分析它们之间的联动关系,是合理的,也是符合实际情况的。

## 六、逐步回归建模与结论分析

(一)逐步回归分析方法

1. 基本思想

逐步回归法是建立最优回归方程的一种统计方法,其特点有两个:首先,对引入的因子进行检验,显著者引入,不显著者剔除;其次,每引入一个新因子,要对前面引入的因子进行检验,显著者保留,不显著者剔除。这样反复做下去,直到进入方程的因子都显著,未进入方程的因子都不显著为止[6],就得到了最优回归方程。因此使用逐步回归分析方法求相关变量间的关系既可以帮助我们较合理地选择因子,又可以减少计算量[7]。

2. 逐步回归三种方法

(1)前进法

自变量个数由少到多,直到所有未引入方程的自变量均不显著为止。

缺点:只考虑引进,不考虑剔除。

(2)后退法

先将所有自变量引入方程,再由多到少逐步删除,直到方程中所剩余的自变量均显著为止。

缺点:一旦剔除一棍子打死,不再引进。

(3)混合法(有进有出)

能弥补前进法和后退法的不足,尤其当自变量存在多重共线性[8]时,可以避免相关性大的变量同时引入方程。具体做法是将变量一个一个引入,当每引入一个自变量后,对已选入的变量要进行逐个检验,当原引入的变量由于后面变量的引入而变得不再显著时,要将其剔除。引入一个变量或从回归方程中剔除一个变量,为逐步回归的一步,每一步都要进行 F 检验,以确保每次引入新的变量之前回归方程中只包含显著的变量。此过程反复进行,直到即无显著的自变量选入回归方程,也无不显著自变量从方程中剔除为止。

优点:引入一个自变量后,对已选入的自变量逐个检查,保证每次引入前方程只包含显著变量;引入自变量的显著性水平低于剔除自变量的显著性水平 $\alpha_{进} \leqslant \alpha_{出}$;避免死循环。

3. 自变量选择衡量标准

(1)AIC、BIC 准则

我们在建立回归模型确定回归自变量时,如果遗漏了某些重要的变量,回归方程的效果肯定不会好;如果考虑过多的自变量,在这些变量中,某些变量可能和其他变量有很大程度的重叠，会增大计算量，回归方程稳定性也很差，并且直接影响回归方程的应用。而 AIC 准则和 BIC 准则，可以使选择的自变量尽量多解释因变量的变化，又可以限制自变量个数，其公式为：

$$AIC = n\ln\left(\frac{RSS_q}{n}\right) + 2q$$

$$BIC = n\ln\left(\frac{RSS_q}{n}\right) + q\ln(n)$$

AIC 值和 BIC 值越小，模型自变量的选择越成功。

(2)显著性检验概率

$\alpha$ 提供设置显著性 F 检验的概率。如果一个变量的 F 检验概率小于或等于进入“Entry”栏里设置的值，那么这个变量将被选入回归方程中；当回归方程中变量的 F 值检验概率大于剔除“Removal”栏里设置的值，则该变量将从回归方程中被剔除。由此可见，设置 F 检验概率时，应使进入值(本文采用 0.05)小于剔除值(本文采用 0.10)。

本文选择招商地产股票的收益率作为被解释变量，其他的股票的收益率作为解释变量，使用 JMP 软件对 21 只股票收益率的 21 组数据分别应用前进法、后退法及混合法进行了回归建模分析。

(二)数据分析结果

1. 前进法

选用 BIC 值最小准则，其分析结果如图 13 所示。

**响应“招商地产”**

**拟合汇总**

| | |
|---|---|
| R 方 | 0.730662 |
| 调整 R 方 | 0.723479 |
| 均方根误差 | 0.536092 |
| 响应均值 | -0.02605 |
| 观测数(或权重和) | 155 |

**方差分析**

| 源 | 自由度 | 平方和 | 均方 | F 比率 |
|---|---|---|---|---|
| 模型 | 4 | 116.94666 | 29.2367 | 101.7301 |
| 误差 | 150 | 43.10916 | 0.2874 | 概率>F |
| 校正合计 | 154 | 160.05582 | | <.0001* |

**参数估计值**

| 项 | 估计值 | 标准误差 | t 比率 | 概率>\|t\| |
|---|---|---|---|---|
| 截距 | -0.017967 | 0.04307 | -0.42 | 0.6772 |
| 苏宁环球 | 0.2158711 | 0.056778 | 3.80 | 0.0002* |
| 招商局B | 0.3199476 | 0.056397 | 5.67 | <.0001* |
| 保利地产 | 0.1681426 | 0.057326 | 2.93 | 0.0039* |
| 金地集团 | 0.3621499 | 0.075568 | 4.79 | <.0001* |

**图 13 前进法结果**

2. 后退法

选用 AIC 值最小准则，其结果见图 14。

3. 混合法(即有进有出)

采用 P 值为阈值方法，取进入概率为 0.05，剔除概率为 0.1，结果见图 15。

响应"招商地产"

拟合汇总

| | |
|---|---|
| R 方 | 0.761735 |
| 调整 R 方 | 0.746946 |
| 均方根误差 | 0.51284 |
| 响应均值 | -0.02605 |
| 观测数(或权重和) | 155 |

方差分析

| 源 | 自由度 | 平方和 | 均方 | F 比率 |
|---|---|---|---|---|
| 模型 | 9 | 121.92007 | 13.5467 | 51.5073 |
| 误差 | 145 | 38.13575 | 0.2630 | 概率>F |
| 校正合计 | 154 | 160.05582 | | <.0001* |

参数估计值

| 项 | 估计值 | 标准误差 | t 比率 | 概率>\|t\| |
|---|---|---|---|---|
| 截距 | -0.010392 | 0.041263 | -0.25 | 0.8015 |
| 深振业A | 0.090347 | 0.04671 | 1.93 | 0.0550 |
| 苏宁环球 | 0.1682538 | 0.056003 | 3.00 | 0.0031* |
| 福星股份 | 0.1086275 | 0.062211 | 1.75 | 0.0829 |
| 世荣兆业 | -0.099266 | 0.048484 | -2.05 | 0.0424* |
| 荣盛发展 | 0.103986 | 0.053876 | 1.93 | 0.0555 |
| 招商局B | 0.271954 | 0.057519 | 4.73 | <.0001* |
| 保利地产 | 0.1142452 | 0.056825 | 2.01 | 0.0462* |
| 华发股份 | 0.1383517 | 0.072186 | 1.92 | 0.0573 |
| 金地集团 | 0.2543105 | 0.080731 | 3.15 | 0.0020* |

图 14 后退法结果

响应"招商地产"

响应"招商地产"

拟合汇总

| | |
|---|---|
| R 方 | 0.747461 |
| 调整 R 方 | 0.737223 |
| 均方根误差 | 0.5226 |
| 响应均值 | -0.02605 |
| 观测数(或权重和) | 155 |

方差分析

| 源 | 自由度 | 平方和 | 均方 | F 比率 |
|---|---|---|---|---|
| 模型 | 6 | 119.63546 | 19.9392 | 73.0080 |
| 误差 | 148 | 40.42036 | 0.2731 | 概率>F |
| 校正合计 | 154 | 160.05582 | | <.0001* |

参数估计值

| 项 | 估计值 | 标准误差 | t 比率 | 概率>\|t\| |
|---|---|---|---|---|
| 截距 | -0.016631 | 0.041988 | -0.40 | 0.6926 |
| 深振业A | 0.1100266 | 0.045885 | 2.40 | 0.0177* |
| 苏宁环球 | 0.1787572 | 0.056615 | 3.16 | 0.0019* |
| 荣盛发展 | 0.1204898 | 0.054521 | 2.21 | 0.0286* |
| 招商局B | 0.2912844 | 0.05589 | 5.21 | <.0001* |
| 保利地产 | 0.1455482 | 0.056462 | 2.58 | 0.0109* |
| 金地集团 | 0.317108 | 0.076038 | 4.17 | <.0001* |

图 15 混合法结果

（三）回归建模结果分析

由以上三种方法所得结果知：前进法选择 4 只股票的收益率来解释招商地产股票的收益率的波动情况，$R^2$ 值为 73.1％；后退法选用 9 只股票，$R^2$ 值 76.2％；而混合法选用 6 只股票，$R^2$ 值为 74.7％。

可以看出选择混合法既可以使其他股票尽量多的解释招商地产股票收益率的变化，又避免过多的股票选入自变量，是较为合适的模型拟合结果，进一步地，我们对模型进行了检验。

（四）混合逐步回归模型检验

混合法确定的模型表达式为

$$招商地产 = -0.0166 + 0.3171\,金地集团 + 0.2913\,招商局B + 0.1788\,苏宁环球 + 0.1455\,保利地产 + 0.1205\,荣盛发展 + 0.11\,深振业A$$

模型拟合结果如图 16 所示。

“预测值-实际值”图

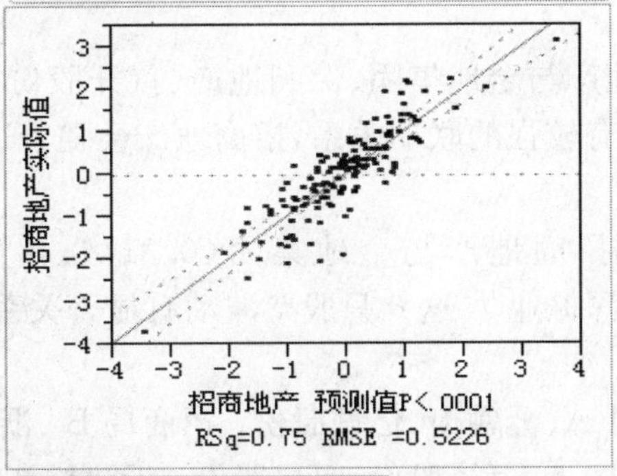


拟合汇总

| | |
|---|---|
| R 方 | 0.747461 |
| 调整 R 方 | 0.737223 |
| 均方根误差 | 0.5226 |
| 响应均值 | -0.02605 |
| 观测数（或权重和） | 155 |

| AICc | BIC |
|---|---|
| 248.5231 | 271.8842 |

方差分析

| 源 | 自由度 | 平方和 | 均方 | F 比率 |
|---|---|---|---|---|
| 模型 | 6 | 119.63546 | 19.9392 | 73.0080 |
| 误差 | 148 | 40.42036 | 0.2731 | 概率>F |
| 校正合计 | 154 | 160.05582 | | <.0001* |

图 16　检验结果

由图 16 可知：

(1)此模型 $R^2$ 值为 0.747461，即深振业 A、苏宁环球、荣盛发展、招商局 B、保利地产和金地

Durbin-Watson

| Durbin-Watson | 观测数 | 自相关性 |
|---|---|---|
| 1.9594331 | 155 | 0.0060 |

估计值的相关性

相关性

| | 截距 | 深振业A | 苏宁环球 | 荣盛发展 | 招商局B | 保利地产 | 金地集团 |
|---|---|---|---|---|---|---|---|
| 截距 | 1.0000 | 0.0069 | -0.0136 | 0.0081 | 0.0152 | 0.0025 | -0.0028 |
| 深振业A | 0.0069 | 1.0000 | -0.1443 | 0.0804 | -0.1734 | -0.0561 | -0.0407 |
| 苏宁环球 | -0.0136 | -0.1443 | 1.0000 | -0.1640 | -0.0174 | -0.0252 | -0.3532 |
| 荣盛发展 | 0.0081 | 0.0804 | -0.1640 | 1.0000 | -0.0617 | -0.1353 | -0.2470 |
| 招商局B | 0.0152 | -0.1734 | -0.0174 | -0.0617 | 1.0000 | 0.0803 | -0.4504 |
| 保利地产 | 0.0025 | -0.0561 | -0.0252 | -0.1353 | 0.0803 | 1.0000 | -0.4332 |
| 金地集团 | -0.0028 | -0.0407 | -0.3532 | -0.2470 | -0.4504 | -0.4332 | 1.0000 |

图 17　独立性检验

集团对招商地产的解释达到 74.7%,能解释招商地产股票大部分的变化;

(2)此模型检验 p 值<0.001,通过模型检验,因此认为此模型合理。

(3)由图 17 的独立性检验结果知,D－W 检验结果值为 1.9 在[0,4]的区间范围内,以及解释变量的相关性矩阵可以看出,解释变量之间并没有很高的相关性,可以认为是独立的。

## 七、综合结论分析

### (一)联动分析与逐步回归分析综合对比

1. 两者结果对比

联动分析结果表明:招商地产与金地集团、保利地产、首开股份、荣盛发展、福星股份、万科 A 这 6 只股票的收益率之间都有较强的联动关系,招商地产会随着这 6 只股票的涨跌而随之有相同的涨跌波动;

逐步回归分析结果表明:招商地产与金地集团(0.317)、招商局 B(0.291)、苏宁环球(0.179)、保利地产、荣盛发展、深振业 A 这 6 只股票波动有显著关系。

2. 股票的行业分类:

基础设施投资与建设:万科 A、金融街、亿城股份、招商局 B 、浙江东日;

建筑材料:深振业 A、深深房 A、万泽股份、福星股份 、天津松江、栖霞建设 、世茂股份;

房地产开发:苏宁环球、世荣兆业、荣盛发展、保利地产、华发股份、首开股份、金地集团、北辰实业 。

3. 结合以上两条,得出如下结论

(1)两种分析结果都表明招商地产与金地集团有较强关联;

(2)逐步回归删除了在联动分析结果中较显著的首开股份,是由于其与金地集团同属于房地产开发行业,故而被删除;

(3)在逐步回归分析结果中招商局 B 和苏宁环球对招商地产回归系数较大,且加入这两只股票后可以引入行业因素,即不同行业的兴衰对招商地产股票波动的影响;而保利地产、荣盛发展、深振业 A 对招商地产回归系数较小,故而删除;

(4)福星股份在联动分析中对招商地产的影响较为显著,因此选择将影响较为显著的福星股份加入逐步回归的模型;万科 A 在联动分析中对招商地产的影响不大,故而删除。

4. 综合选择变量做回归分析

综合所有分析结果,我们决定将金地集团、苏宁环球、招商局 B 和福星股份选入自变量,重新对因变量招商地产做逐步回归,得出如图 18 所示结果。

由上可以看出模型通过检验,且选取自变量 D－W 值为 1.9<4,其两两间相关系数均<0.5,即自变量间无显著共线性,故模型最终表达式为:

招商地产＝－0.016＋0.388 金地集团＋0.279 招商局 B＋0.213 苏宁环球＋0.161 福星股份

### (二)综合回归建模结果分析

招商地产于 1984 年在深圳成立,是香港招商局集团三大核心产业之一的地产业旗舰公司,也是中国最早的房地产公司之一。招商地产已成为一家集开发、物业管理有机配合、物业品种齐全的房地产业集团,形成了以深圳为核心,以珠三角、长三角和环渤海经济带为重点经营区域的市场格局。

**拟合组合**

**响应“招商地产”**

**拟合汇总**

| | |
|---|---|
| R 方 | 0.727878 |
| 调整 R 方 | 0.720622 |
| 均方根误差 | 0.538855 |
| 响应均值 | -0.02605 |
| 观测数（或权重和） | 155 |

**方差分析**

| 源 | 自由度 | 平方和 | 均方 | F 比率 |
|---|---|---|---|---|
| 模型 | 4 | 116.50118 | 29.1253 | 100.3061 |
| 误差 | 150 | 43.55464 | 0.2904 | 概率>F |
| 校正合计 | 154 | 160.05582 | | <.0001* |

**参数估计值**

| 项 | 估计值 | 标准误差 | t 比率 | 概率>\|t\| |
|---|---|---|---|---|
| 截距 | -0.015558 | 0.043305 | -0.36 | 0.7199 |
| 苏宁环球 | 0.2134399 | 0.057153 | 3.73 | 0.0003* |
| 福星股份 | 0.1612427 | 0.061028 | 2.64 | 0.0091* |
| 招商局B | 0.2789914 | 0.057695 | 4.84 | <.0001* |
| 金地集团 | 0.3883088 | 0.073205 | 5.30 | <.0001* |

**Durbin-Watson**

| Durbin-Watson | 观测数 | 自相关性 |
|---|---|---|
| 1.9306279 | 155 | 0.0249 |

**估计值的相关性**

相关性

| | 截距 | 苏宁环球 | 福星股份 | 招商局B | 金地集团 |
|---|---|---|---|---|---|
| 截距 | 1.0000 | -0.0134 | 0.0254 | 0.0114 | -0.0095 |
| 苏宁环球 | -0.0134 | 1.0000 | -0.0770 | -0.0320 | -0.4290 |
| 福星股份 | 0.0254 | -0.0770 | 1.0000 | -0.1970 | -0.4235 |
| 招商局B | 0.0114 | -0.0320 | -0.1970 | 1.0000 | -0.3857 |
| 金地集团 | -0.0095 | -0.4290 | -0.4235 | -0.3857 | 1.0000 |

**图 18　最终拟合模型结果**

金地集团初创于 1988 年，1993 年开始正式经营房地产，已跻身中国上市房地产公司综合实力前三强，建立了以上海、深圳、北京为中心的华东、华南、华北的区域扩张战略格局，并且已成功进入武汉、西安、沈阳等市场。

招商局 B 是由原中外合资的蛇口招商港务有限公司经改制后于 1993 年成立的公众股份公司，注册地在深圳上市，是深圳地区最早的大型港口企业，港口总吞吐量在深圳各个港口中处于领先地位，主要从事大宗散杂货和集装箱的港口作业。下属公司的主要业务包括客运、货运代理、仓储、船务、贸易等，成为以港口服务为主并包括综合基础设施功能的工业园区性质的企业。

苏宁环球股份有限公司，是一家在深圳证券交易所主板上市的以房地产开发为主营业务的企业，主要从事房地产开发行业、投资建设城市基础设施、地处吉林，在做好地产的同时还积极谋求多元化发展。

福星股份有限公司现已成为全国最大的钢丝绳、钢丝系列金属制品生产企业之一，经营范围有：金属丝、绳及其制品的制造、销售和出口业务、商品房销售以及高新技术的开发与投资等。

由上介绍可以看出以下几点：

第一：招商地产与金地集团同处深圳且从事业务相仿，故二者股票有相似的波动；

第二：招商局 B 与招商地产主承销商同为招商银行，因此也有很大关联；

第三：苏宁环球地处吉林，地处渤海一带，与招商地产拓展环渤海经济带的市场经营有一定关联，因此也会对招商地产有一定影响；

第四：福星股份是全国最大的钢丝绳、钢丝系列金属制品生产企业之一，与招商地产有一定业务往来，对其股票波动有一定关系。

综合以上信息，我们认为一只股票的波动与其他股票的关联程度，可以从其所处的行业、城市、有业务往来的公司及其未来的发展范围看出部分信息，从而对其涨跌做出相应的预测并获取最大的利润！

## 参考文献


[1] 李传峰.沪深 300 股指期货期现套利模型及实证分析[J].广东金融学院学报，2011.

[2] 薛毅，等.统计建模与 R 软件[M].北京：清华大学出版社，2007.4.

[3] 刘星毅，曾春华，等，缺失数据的处理和挑战[J].钦州学院学报，2008.12.

[4] 谢进，檀结庆，等.有理三次 hemite 插值样条及其逼近性质[J].工程数学学报，2011.6.

[5] 叶银龙.基于关联规则挖掘的股票板块指数联动分析[J].统计教育，2008.9.

[6] 李玲玲，张军舰.高维线性模型的变量选择[D].南宁：广西师范大学，2010.

[7] 陶靖轩.多元分析中的变量选择问题研究[J].中国计量学院学报，2001.6.

[8] 满敬銮，杨薇.基于多重共线性的处理方法[J].数学理论与应用，2010.

## 附录：MATLAB 软件做 Hermite 插值的程序命令

% finance2.csv 与 finance.csv 相比做如下处理：把 NA 替换成 NaN，因为 MATLAB 中 NaN 才是缺失数据。

```
format long
data= csvread('G:\finance2.csv',1,0);
data2= data;
[m,n]= size(data);
pp= 0;
for i= 1:n
    temp= data(:,i);
    temp2= isnan(temp);
    ind1= find(temp2= = 1);
    ind0= find(temp2= = 0);

    ind2= ind1< max(ind0);
    ind3= ind1(ind2);
    tempy= interp1(ind0,temp(ind0),ind3,'pchip');
    data2(ind3,i)= tempy;

end
```

（审稿人：林金官　张宝学　陈　敏　黄性芳）

# 陕西省西安市 PM2.5 相关因素分析及预测①

郑国义　牛彩云　田　学
（指导教师：朱恩文）
长沙理工大学

## 一、案例背景

党的十八大报告首次提出"美丽中国"的概念，并指出："把生态文明建设放在突出地位，融入经济建设、政治建设、文化建设、社会建设各方面和全过程"。近年来，全国大范围的"十面霾伏"警醒国人，并影响人们的身体健康及出行，引起社会的广泛关注。空气质量问题是政府、环境保护部门和全国人民关注的热点问题，国家和地方政府对空气质量监测、预报和控制等均制定了相应政策、法规和管理办法，我国环境保护部门最新修订的《环境空气质量标准》（GB3095—2012）和《环境空气质量指数（AQI）技术规定（试行）》（HJ633—2012）中，增设了颗粒物 PM2.5（粒径小于等于 2.5$\mu m$）浓度限值，正式将 PM2.5 纳入监测指标[1][2]。

由于细颗粒物 PM2.5 进入公众视线的时间比较短，尤其是对细颗粒物 PM2.5 及相关因素的统计数据还很少，对细颗粒物 PM2.5 的客观规律了解不够。西安作为典型的北方城市，被联合国开发计划署选列为大气颗粒物污染研究的示范性城市。由于西安其特殊的地理位置，被称为"污染天井"，因此大部分学者在空气质量研究时，都会考虑将西安市作为研究对象，例如黄国健等[3]针对西安市 13 个检测点建立时空分布模型进行分析，划分出重度污染和可能安全区域，但是由于 PM2.5 受到地理坐标的环境因子的影响，不适合在不同地区进行推广；吴正佳等[4]建立西安市 PM2.5 的有风高斯点源扩散数学模型，来分析污染源的具体位置；刘文军等[5]建立了西安市 PM2.5 的多元回归分析模型，对影响西安市 PM2.5 的因素进行了系统分析。

然而，上述文献没有系统地对西安市的 PM2.5 的相关因素进行分析，并没有对 PM2.5 的预测模型等问题进行系统的研究。因此，为了给西安市环境污染预防和治理提供有效的建议，本文将对西安市的 PM2.5 的相关因素分析和预测建立系统的模型，进而为预防和治理环境污染提供科学的参考建议。

## 二、PM2.5 的相关因素多元回归分析模型

### （一）问题描述

有研究认为，AQI 监测指标中的二氧化硫、二氧化氮和一氧化碳是形成 PM2.5 的主要气态物质。本案例收集了西安市 2013 年全年的环境质量监测数据，利用适当的统计学方法，对 AQI 指标和温度等 9 项指标的相关性进行定量分析，尤其研究了 AQI 指标中 PM2.5 含量与其

① 本文受国家级大学生创新创业训练试计划项目（201410536011），湖南省研究生科研创新项目资助。

余 8 项指标的数量关系。

（二）数据预处理

1. 数据来源及指标选择

本案例数据来源于西安市环境监测站官网以及中国天气网。通过西安市环保监测站查找了 2013 年 1 月 1 日～2013 年 12 月 31 日的 AQI 监测数据，温度数据来源于天气后报网的西安市天气历史数据。

本案例选取了 9 个指标，分别是 PM2.5、$SO_2$、$NO_2$、CO、O3－1、O3－8、PM10、T_Max、T_Min，其具体含义见表 1。

**表 1　变量含义描述**

| 指标名 | 含　义 |
|---|---|
| PM2.5 | PM2.5 日平均浓度值，单位 $\mu g/m^3$ |
| $SO_2$ | $SO_2$ 日平均浓度值，单位 $\mu g/m^3$ |
| $NO_2$ | $NO_2$ 日平均浓度值，单位 $\mu g/m^3$ |
| CO | CO 日平均浓度值，单位 $\mu g/m^3$ |
| O3－1 | 臭氧 1 个小时平均浓度值，单位 $\mu g/m^3$ |
| O3－8 | 臭氧 8 个小时平均浓度值，单位 $\mu g/m^3$ |
| PM10 | 可吸入颗粒物 PM10 日平均浓度值，单位 $\mu g/m^3$ |
| T_Max | 日温度最高值，单位℃ |
| T_Min | 日温度最低值，单位℃ |

数据结果见：数据包\数据 1 XAAQIT_原始数据 . xls。

2. 数据缺失值填补

为了保证数据的完整性，需要对数据进行缺失值查找和填补，利用 SPSS 21.0 统计软件[6][7][8]对各个变量进行变量的基本统计分析，发现 2013 年 3 月 25 日 O3－8 指标缺失，因此本案例采用回归的方式对该数据进行填补，保证了数据的完整性。

数据结果见：数据包\数据 2 XAAQIT_回归缺失值填补完整数据 . xls。

3. 数据规范化

为了消除数据变量在数量级和量纲上的不同，使数据具有可比性，保证主成分分析的合理性，再将填补缺失值后的完整数据进行标准化处理。直接运用 SPSS 21.0 软件进行数据标准化处理，本案例采用的是 Z 标准化，即将数据处理成均值为 0，方差为 1。

数据结果见：数据包\数据 3 XAAQIT_完整_Z 标准化 . xls。

（三）PM2.5 与其他指标的多元回归分析

对 AQI 的 7 个基本监测指标及每日最高温度、最低温度的相关性进行定量分析，尤其是对 PM2.5 含量与其他 8 项分指标数量的相关性及其数量关系进行分析，可以从两个方面进行考虑：第一，PM2.5 与其他 8 项指标之间的相关性；第二，PM2.5 与其他指标间存在什么数量关系。

1. PM2.5 相关因素相关性分析

复相关分析法能够反映各要素的综合影响，几个要素与某一个要素之间的复相关程度，用复相关系数来测定。复相关系数可以利用单相关系数和偏相关系数求得，其假设检验与多元回归的方差分析结果一致，因而表示回归贡献的百分比值。复相关系数的取值介于－1～＋1 之间，用其绝对值的大小来判断相关的密切程度。

本案例利用复相关分析方法对数据包中的数据 3 进行统计分析，并利用 MATLAB[9] 及 SPSS 21.0 软件进行数据分析。具体步骤如下：

(1)利用 SPSS 软件对 $SO_2$、$NO_2$、PM10、CO、O3－1、O3－8、T_Max、T_Min 和 PM2.5 这 9 个指标进行相关分析，采用 Pearson 相关分析法得到表 2 的数据。数据结果显示 PM2.5 与 $SO_2$、$NO_2$、PM10、CO、O3 都是相关的，并且存在较高的相关系数，尤其与 PM10 的相关性最大。

**表 2　Pearson 相关分析**

| | $SO_2$ | $NO_2$ | PM10 | CO | O3_1 | O3_8 | PM2.5 | T_Max | T_Min |
|---|---|---|---|---|---|---|---|---|---|
| $SO_2$ | 1 | .717** | .617** | .826** | −.468** | −.518** | .718** | −.785** | −.845** |
| $NO_2$ | .717** | 1 | .623** | .697** | −.223** | −.290** | .692** | −.452** | −.595** |
| PM10 | .617** | .623** | 1 | .657** | −.233** | −.263** | .887** | −.438** | −.451** |
| CO | .826** | .697** | .657** | 1 | −.437** | −.479** | .821** | −.725** | −.756** |
| $O_{3\_1}$ | −.468** | −.223** | −.233** | −.437** | 1 | .959** | −.235** | .701** | .659** |
| $O_{3\_8}$ | −.518** | −.290** | −.263** | −.479** | .959** | 1 | −.274** | .751** | .713** |
| PM2.5 | .718** | .692** | .887** | .821** | −.235** | −.274** | 1 | −.530** | −.523** |
| T_Max | −.785** | −.452** | −.438** | −.725** | .701** | .751** | −.530** | 1 | .939** |
| T_Min | −.845** | −.595** | −.451** | −.756** | .659** | .713** | −.523** | .939** | 1 |

注：** Correlation is significant at the 0.01 level (2－tailed).

因此，变量两两之间存在较强的相关性。

(2)利用 SPSS 21.0 软件先固定 PM2.5，再对其余指标进行偏相关分析，得到表 3。

**表 3　PM2.5 的偏相关分析**

| Control Variables | | $SO_2$ | $NO_2$ | PM10 | CO | O3_1 | O3_8 | T_Max | T_Min |
|---|---|---|---|---|---|---|---|---|---|
| PM2.5 | $SO_2$ | 1.000 | .438** | −.062 | .597** | −.442** | −.481** | −.685** | −.792** |
| | $NO_2$ | .438** | 1.000 | .028 | .313** | −.087 | −.144** | −.139** | −.379** |
| | PM10 | −.062 | .028 | 1.000 | −.271** | −.056 | −.045 | .084 | .033 |
| | CO | .597** | .313** | −.271** | 1.000 | −.440** | −.463** | −.598** | −.672** |
| | $O_{3\_1}$ | −.442** | −.087 | −.056 | −.440** | 1.000 | .957** | .700** | .647** |
| | $O_{3\_8}$ | −.481** | −.144** | −.045 | −.463** | .957** | 1.000 | .743** | .695** |
| | T_Max | −.685** | −.139** | .084 | −.598** | .700** | .743** | 1.000 | .915** |
| | T_Min | −.792** | −.379** | .033 | −.672** | .647** | .695** | .915** | 1.000 |

注：** Correlation is significant at the 0.01 level (2－tailed).

(3)求复相关系数。通过 MATLAB 7.0 软件求解，计算出复相关系数 $R^2=0.9960$。

具体程序见附录：程序包\程序 1 复相关系数.txt。

通过以上分析，可以得到以下结论，PM2.5 与 PM10 的相关系数最高，相关系数为 0.887，说明 PM10 对于 PM2.5 的影响最大；其次 PM2.5 与 CO 的相关系数为 0.821，也说明了它们相关性较高；再次 $NO_2$、$SO_2$ 与 PM2.5 的相关系数也是比较大的，说明已有的研究结论是合理的，即二氧化硫（$SO_2$），二氧化氮（$NO_2$），一氧化碳（CO）是在一定环境条件下形成 PM2.5 的主要气态物质；但是 O3－1 与 PM2.5 的相关系数为－0.235，O3－8 与 PM2.5 的相关系数为－0.274，T_Max 与 PM2.5 的相关系数为－0.530，T_Min 与 PM2.5 的相关系数为－0.523，呈现负相关，说明 O3 与温度对 PM2.5 可能有一定的抑制作用，因此保护大气中的臭氧层对于 PM2.5 的减少有着重要意义。

2. PM2.5 与其他指标的多元回归分析

多元回归分析是一种处理一个因变量与多个自变量关系的方法，通过多元回归分析，能够得到因变量与自变量的数量关系。根据表 2（Pearson 相关分析），可以发现这 9 项指标存在不同程度的相关性，其中 PM10 与 PM2.5，CO 与 PM2.5，$SO_2$ 与 PM2.5，$SO_2$ 与 $NO_2$，$NO_2$ 与 PM10，$NO_2$ 与 PM2.5 之间都具有较大的相关性，但是建立多元回归模型需要保证指标间的独立性，本案例采用主成分分析法对 9 个指标进行分析，然后再建立 PM2.5 与主成分之间的多元回归模型。对 $SO_2$、CO 等指标进行主成分分析结果如表 4。

**表 4　总方差解释**

| 成份 | 初始特征值 | | | 提取平方和载入 | | |
|---|---|---|---|---|---|---|
| | 合计 | 方差的 % | 累积 % | 合计 | 方差的 % | 累积 % |
| 1 | 5.282 | 66.022 | 66.022 | 5.282 | 66.022 | 66.022 |
| 2 | 1.459 | 18.233 | 84.255 | 1.459 | 18.233 | 84.255 |
| 3 | .495 | 6.189 | 90.444 | | | |
| 4 | .356 | 4.449 | 94.893 | | | |
| 5 | .200 | 2.505 | 97.397 | | | |
| 6 | .132 | 1.645 | 99.043 | | | |
| 7 | .042 | .528 | 99.571 | | | |
| 8 | .034 | .429 | 100.000 | | | |

提取方法：主成分分析。

由表 4 可以得到，第一个主成分的贡献率为 66.022%，前两个主成分的累计贡献率达到 84.255%，超过 80%，表明前两个主成分包含的信息很充分。

**表 5　主成分载荷矩阵**

| | 成份 | | | 成份 | |
|---|---|---|---|---|---|
| | 1 | 2 | | 1 | 2 |
| Zscore($SO_2$) | －.901 | .237 | Zscore(O3_1) | .723 | .620 |
| Zscore($NO_2$) | －.701 | .527 | Zscore(O3_8) | .770 | .578 |
| Zscore(PM10) | －.643 | .518 | Zscore(T_Max) | .910 | .206 |
| Zscore(CO) | －.866 | .294 | Zscore(T_Min) | .935 | .096 |

由表 5 的主成分载荷矩阵可以表明，主成分 $F_1$ 在 O3－1、O3－8、T_Max 和 T_Min 上的载荷值都较大，主成分 $F_2$ 在 $NO_2$、$SO_2$、PM10、CO 上的载荷有较大的载荷。故主成分跟变量的关系可以表示如下形式：

$$F_1 = 0.9723O_{3-1} + 0.770O_{3-8} + 0.910T\_Max + 0.935T\_Min \quad (1)$$

$$F_2 = 0.237SO_2 + 0.527NO_2 + 0.518PM10 + 0.294CO \quad (2)$$

通过主成分分析，两个变量 $F_1$ 和 $F_2$ 之间已经独立，因此利用 SPSS 21.0 软件对 PM2.5 与这两个主成分做多元回归分析，得到回归分析结果如表 6。

**表 6　多元回归分析模型综述表**

| 模型 | R | R 方 | 调整 R 方 | 标准估计的误差 | 更改统计量 | | | | |
|---|---|---|---|---|---|---|---|---|---|
| | | | | | R 方更改 | F 更改 | df1 | df2 | Sig. F 更改 |
| 1 | .888a | .789 | .787 | .46109907 | .789 | 675.018 | 2 | 362 | .000 |

a. 预测变量：(常量)，REGR factor score 2 for analysis 1，REGR factor score 1 for analysis 1.

由表 6 的模型综述表可以看出，多元回归模型的拟合优度 $R=0.888$，调整的拟合优度 $R^2=0.789$，表明模型拟合效果很好。

由表 7 方差分析表可以看出 $Sig<0.05$，表明多元回归模型通过了显著性检验，适合 PM2.5 与主成分之间多元回归关系的探讨。

**表 7　方差分析表**

| 模型 | | 平方和 | df | 均方 | F | Sig. |
|---|---|---|---|---|---|---|
| 1 | 回归 | 287.034 | 2 | 143.517 | 675.018 | .000 |
| | 残差 | 76.966 | 362 | .213 | | |
| | 总计 | 364.000 | 364 | | | |

由表 8 参数估计表可以发现，$F_1$ 和 $F_2$ 的系数都通过了显著性检验，表明模型拟合效果很好。因此，多元回归方程为

$$PM2.5 = -0.713F_1 + 0.530F_2 \quad (3)$$

**表 8　多元回归分析模型参数估计表**

| 模型 | | 非标准化系数 | | 标准系数 | t | Sig. | B 的 95.0% 置信区间 | |
|---|---|---|---|---|---|---|---|---|
| | | B | 标准误差 | 试用版 | | | 下限 | 上限 |
| 1 | (常量) | −1.007E−013 | .024 | | .000 | 1.000 | −.047 | .047 |
| | REGR factor score 1 for analysis 1 | −.713 | .024 | −.713 | −29.485 | .000 | −.760 | −.665 |
| | REGR factor score 2 for analysis 1 | .530 | .024 | .530 | 21.925 | .000 | .482 | .577 |

通过回归方程(3)以及图 1，表明 PM2.5 与 $F_1$ 和 $F_2$ 之间的关系，当主成分 $F_2$ 不变时，主成分 $F_1$ 每增加或减少一个单位，PM2.5 减少或增加 0.713 个单位；这从侧面也反映了 $SO_2$ 与 PM2.5 成正相关，这与 PM2.5 和 $SO_2$ 相关性很高相一致。当主成分 $F_1$ 不变时，主成分 $F_2$ 每增加或减少一个单位，PM2.5 增加或减少 0.530 个单位，这从侧面也反映了 O3 与 PM2.5 成负

相关。

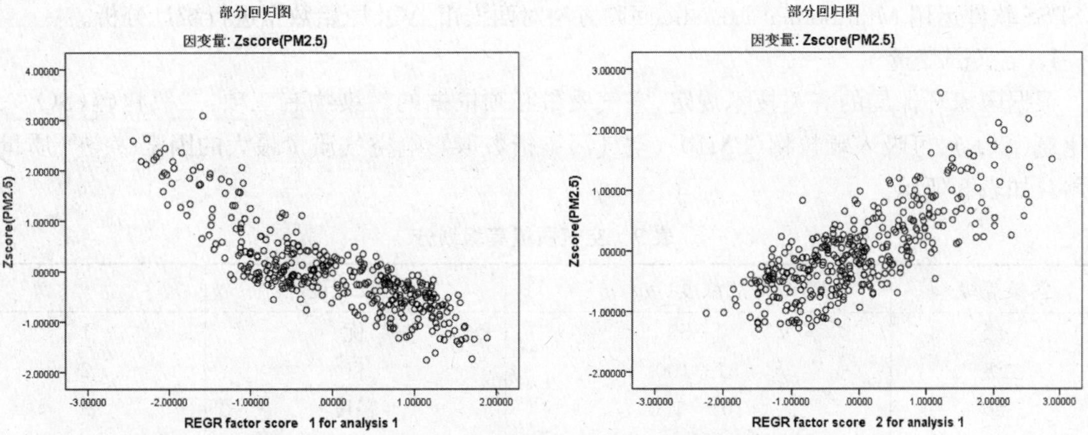


**图 1 西安市 PM2.5 浓度数据标准化后的部分回归图**

3. 多元回归模型检验

为了对拟合模型进行检验，对西安市 PM2.5 数据进行标准化残差正态概率图（见图 2），检验残差的正态性，结果较好。

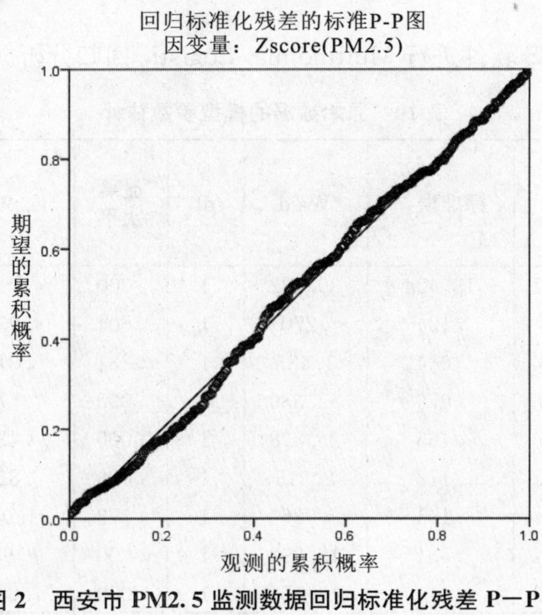


**图 2 西安市 PM2.5 监测数据回归标准化残差 P—P 图**

## 三、PM2.5 相关因素的 Logistic 回归分析

随着大气污染越来越严重，人们对当今的空气污染程度也越来越关注。PM2.5 作为灰霾天气的元凶，吸引了越来越多的人的关注。但是人们对 PM2.5 的浓度高低没有直观感觉，所以需要根据 PM2.5 的浓度把污染情况划分为六个级别，分别称为优、良、轻度污染、中度污染、重度污染和严重污染。气象局只需报告 PM2.5 污染的级别，人们就很容易明白当天的 PM2.5 污染状况。

（一）PM2.5 *原始相关数据* Logistic *回归*

一般情况下，人们更多的关注 PM2.5 级别，因此建立合适的模型分析 PM2.5 的等级非常具有现实意义，所以建立 Logistic 回归模型，分析西安市 PM2.5 的具体等级。本案例利用 MATLAB 及 SPSS 软件运用 Multinomial Logistic 回归方法对西安市 AQI 原始数据进行统计分析。

1. 定义因变量

根据国家环保局的有关技术规定，空气质量必须依据的污染物有三项：二氧化硫（$SO_2$）、二氧化氮（$NO_2$）、可吸入颗粒物（PM10），空气污染指数取影响空气质量最大的因素。空气质量等级划分如表 9 所示。

**表 9　空气质量等级划分**

| 污染等级 | PM2.5 的浓度（$\mu g/m^3$） | 污染程度 | y |
|---|---|---|---|
| 一级 | 0—50 | 优 | 1 |
| 二级 | 51—100 | 良 | 2 |
| 三级 | 101—150 | 轻度 | 3 |
| 四级 | 151—200 | 中度 | 4 |
| 五级 | 201—300 | 重度 | 5 |
| 六级 | 超过 300 | 严重 | 6 |

数据包中的 X1—X8 分别代表 $SO_2$、$NO_2$、PM10、CO、O3_1、O3_8、T_Max、T_Min。

2. Logistic 回归模型

对该数据先利用 SPSS 软件进行 Multinomial Logistic 回归分析。

**表 10　原始数据的模型参数估计**

| PM2.5[a] | | B | 标准误差 | Wald | df | 显著水平 | Exp(B) | Exp(B)的置信区间 95% | |
|---|---|---|---|---|---|---|---|---|---|
| | | | | | | | | 下限 | 上限 |
| 1 | 截距 | 111.192 | 18.424 | 36.422 | 1 | .000 | | | |
| | $SO_2$ | −.065 | .124 | .270 | 1 | .604 | .938 | .735 | 1.196 |
| | $NO_2$ | −.088 | .074 | 1.435 | 1 | .231 | .916 | .792 | 1.058 |
| | PM10 | −.553 | .076 | 52.330 | 1 | .000 | .575 | .495 | .668 |
| | CO | −.839 | .165 | 25.878 | 1 | .000 | .432 | .313 | .597 |
| | O3_1 | −.202 | .118 | 2.915 | 1 | .088 | .817 | .649 | 1.030 |
| | O3_8 | .016 | .101 | .026 | 1 | .873 | 1.016 | .834 | 1.238 |
| | T_Max | 1.944 | .531 | 13.393 | 1 | .000 | 6.988 | 2.467 | 19.796 |
| | T_Min | −2.379 | .611 | 15.168 | 1 | .000 | .093 | .028 | .307 |
| 2 | 截距 | 89.685 | 17.664 | 25.779 | 1 | .000 | | | |
| | $SO_2$ | −.247 | .102 | 5.853 | 1 | .016 | .781 | .639 | .954 |
| | $NO_2$ | −.142 | .065 | 4.777 | 1 | .029 | .867 | .763 | .985 |
| | PM10 | −.220 | .031 | 52.176 | 1 | .000 | .802 | .756 | .852 |
| | CO | −.539 | .132 | 16.562 | 1 | .000 | .583 | .450 | .756 |
| | O3_1 | −.218 | .115 | 3.589 | 1 | .058 | .804 | .642 | 1.008 |
| | O3_8 | .040 | .096 | .171 | 1 | .679 | 1.041 | .862 | 1.256 |
| | T_Max | 1.872 | .517 | 13.102 | 1 | .000 | 6.502 | 2.359 | 17.919 |
| | T_Min | −2.447 | .593 | 17.021 | 1 | .000 | .087 | .027 | .277 |

a. 参考类别是：6.

表 10 中，Wald 值是检验 Logistic 回归系数得到检验统计量，根据统计量的 p 值，可知 O3_8 的回归系数最不显著。鉴于此，接下来删除变量 O3_8，按照上面的步骤重新进行 Logistic 回归分析，得到下表 11 所示的拟合效果。

**表 11　Nagelkerke R Square**

| Step | Cox 和 Snell | Nagelkerke | McFadden |
|---|---|---|---|
| 1 | .90 | .924 | .669 |

表 11 给出的是模型拟合效果的一些统计量，其中 Nagelkerke R Square 的值为 0.924，说明模型的拟合效果非常好。为了估计模型参数，需要对模型中参数进行误差检验，部分结果见表 12。

**表 12　除去 O3_8 后的模型参数估计**

| PM2.5[a] | | B | 标准误差 | Wald | df | 显著水平 | Exp(B) | Exp(B)的置信区间 95% | |
|---|---|---|---|---|---|---|---|---|---|
| | | | | | | | | 下限 | 上限 |
| 1 | 截距 | 110.672 | 18.582 | 35.472 | 1 | .000 | | | |
| | $SO_2$ | −.045 | .118 | .144 | 1 | .704 | .956 | .759 | 1.205 |
| | $NO_2$ | −.087 | .070 | 1.531 | 1 | .216 | .917 | .799 | 1.052 |
| | PM10 | −.557 | .076 | 54.263 | 1 | .000 | .573 | .494 | .664 |
| | CO | −.831 | .164 | 25.622 | 1 | .000 | .436 | .316 | .601 |
| | O3_1 | −.180 | .072 | 6.244 | 1 | .012 | .835 | .725 | .962 |
| | T_Max | 1.871 | .530 | 12.459 | 1 | .000 | 6.493 | 2.298 | 18.347 |
| | T_Min | −2.277 | .588 | 14.976 | 1 | .000 | .103 | .032 | .325 |
| 2 | 截距 | 89.367 | 17.866 | 25.021 | 1 | .000 | | | |
| | $SO_2$ | −.235 | .095 | 6.085 | 1 | .014 | .791 | .656 | .953 |
| | $NO_2$ | −.142 | .061 | 5.356 | 1 | .021 | .867 | .769 | .978 |
| | PM10 | −.221 | .031 | 51.675 | 1 | .000 | .802 | .755 | .852 |
| | CO | −.538 | .133 | 16.277 | 1 | .000 | .584 | .449 | .758 |
| | O3_1 | −.179 | .071 | 6.402 | 1 | .011 | .836 | .728 | .960 |
| | T_Max | 1.839 | .519 | 12.562 | 1 | .000 | 6.289 | 2.275 | 17.386 |
| | T_Min | −2.378 | .571 | 17.314 | 1 | .000 | .093 | .030 | .284 |

a. 参考类别是：6.

从表 12 可以看出，在 0.05 的显著性水平下，$SO_2$、$NO_2$、PM10、CO、O3_1、T_Max、T_Min 都是显著的，所以都应保留在模型里。正相关系数表明，预测变量值的增加会加大污染程度的概率。同理，负相关系数表明，预测变量值的增加会减少污染程度的概率。从表 12 可以发现所有的相关系数都是正的，说明西安市环境监测站检测的数据对 PM2.5 的影响都正相关的，并且模型检验效果比较好。根据此表，可以写出 Logistic 回归方程。

根据表 12 得到五组估计逻辑函数 $\hat{g}(x)$：

$$\hat{g}_1(x)=110.672-0.045x_1-0.087x_2-0.557x_3-0.831x_4-0.18x_5+1.871x_7-2.277x_8$$
$$\hat{g}_2(x)=89.367-0.235x_1-0.142x_2-0.221x_3-0.538x_4-0.179x_5+1.839x_7-2.378x_8$$
$$\hat{g}_3(x)=73.507-0.186x_1-0.118x_2-0.104x_3-0.472x_4-0.180x_5+1.426x_7-1.801x_8$$
$$\hat{g}_4(x)=64.086-0.159x_1-0.085x_2-0.080x_3-0.421x_4-0.170x_5+1.191x_7-1.490x_8$$
$$\hat{g}_5(x)=42.777-0.137x_1-0.049x_3-0.299x_4-0.137x_5+0.887x_7-1.068x_8$$

根据上面的逻辑函数可以写出 Logistic 回归方程

$$\begin{cases}\ln\dfrac{p_1}{1-p_1}=\hat{g}_1(x)\\ \ln\dfrac{p_1+p_2}{1-(p_1+p_2)}=\hat{g}_2(x)\\ \ln\dfrac{p_1+p_2+p_3}{1-(p_1+p_2+p_3)}=\hat{g}_3(x)\\ \ln\dfrac{p_1+p_2+p_3+p_4}{1-(p_1+p_2+p_3+p_4)}=\hat{g}_4(x)\\ \ln\dfrac{p_1+p_2+p_3+p_4+p_5}{1-(p_1+p_2+p_3+p_4+p_5)}=\hat{g}_5(x)\end{cases}$$

将上面的式子转化成概率的形式

$$p_1=\frac{\exp[\hat{g}_1(x)]}{1+\exp[\hat{g}_1(x)]} \tag{4}$$

$$p_2=\frac{\exp[\hat{g}_2(x)](1-p_1)-p_1}{1+\exp[\hat{g}_2(x)]} \tag{5}$$

$$p_3=\frac{\exp[\hat{g}_3(x)](1-p_1-p_2)-p_1-p_2}{1+\exp[\hat{g}_3(x)]} \tag{6}$$

$$p_4=\frac{\exp[\hat{g}_4(x)](1-p_1-p_2-p_3)-p_1-p_2-p_3}{1+\exp[\hat{g}_4(x)]} \tag{7}$$

$$p_5=\frac{\exp[\hat{g}_5(x)](1-p_1-p_2-p_3-p_4)-p_1-p_2-p_3-p_4}{1+\exp[\hat{g}_5(x)]} \tag{8}$$

**表 13　除去 O3_8 后的分类表**

| 观察值 | 1 | 2 | 3 | 4 | 5 | 6 | 百分比校正(%) |
|---|---|---|---|---|---|---|---|
| 1 | 45 | 7 | 0 | 0 | 0 | 0 | 86.5 |
| 2 | 5 | 111 | 9 | 0 | 0 | 0 | 88.8 |
| 3 | 0 | 15 | 62 | 7 | 2 | 0 | 72.1 |
| 4 | 0 | 0 | 21 | 12 | 5 | 0 | 31.6 |
| 5 | 0 | 0 | 0 | 6 | 26 | 1 | 78.8 |
| 6 | 0 | 0 | 0 | 0 | 2 | 29 | 93.5 |
| 总百分比(%) | 13.7 | 36.4 | 25.2 | 6.8 | 9.6 | 8.2 | 78.1 |

由表 13 可知，y＝1 到 y＝6 的百分比校正分别为 86.5%、88.8%、72.1%、31.6%、、78.8%、93.5%且总百分比校正为 78.1%，说明模型拟合效果较好。

3. 利用 Logistic 回归进行预测

我们利用建立的回归方程预测 2014 年 1 月前 10 天的大气污染程度。将已有数据的 X 值代入 Logistic 回归方程(4)－(8)中，利用 MATLAB 软件得到以下结果，如表 14 所示。

**表 14　2014 年前 10 天 PM2.5 预测表**

| | P1 | P2 | P3 | P4 | P5 |
|---|---|---|---|---|---|
| 1 | 1.4928e－008 | 0.9993 | 2.3135e－006 | 7.7666e－006 | 1.5962e－005 |
| 1－2 | 4.8544e－005 | 0.9992 | 3.4865e－009 | 3.0243e－008 | 4.4242e－007 |
| 1－3 | 0.9999 | 1.0779e－012 | 1.0274e－012 | 2.6596e－011 | 6.3131e－009 |
| 1－4 | 0.0117 | 0.8089 | 2.9893e－008 | 2.0345e－007 | 2.0246e－006 |
| 1－5 | 7.6641e－030 | 1.0019e－010 | 5.6676e－004 | 0.0036 | 0.2641 |
| 1－6 | 9.7034e－035 | 9.9380e－016 | 1.2997e－007 | 3.3318e－006 | 0.0020 |
| 1－7 | 7.2111e－004 | 0.9911 | 1.0340e－007 | 4.8729e－007 | 1.2045e－005 |
| 1－8 | 1.0000 | 1.9830e－013 | 5.8921e－013 | 1.8523e－011 | 1.7137e－008 |
| 1－9 | 0.6427 | 2.4669e－005 | 0.6941e－006 | 1.0852e－005 | 9.7297e－005 |
| 10 | 6.2310e－018 | 9.9751e－007 | 0.2839 | 0.3885 | 0.0939 |

具体程序见附录:程序包\程序 2 解回归方程 1.txt。

2014 年 1 月 1 日的 P2 是这些概率里面最大的一个且大于 0.05，所以可以推断出该天的大气污染程度为二级，即 PM2.5 的浓度在 51—100$\mu g/m^3$ 之间，以此类推，可以预测出其余 9 天的污染级数，如表 15 所示。

**表 15　2014 年前 10 天预测污染等级**

| 日　期 | 污染等级 | 污染程度 |
|---|---|---|
| 2014－1 | 二级 | 良 |
| 2014－1－2 | 二级 | 良 |
| 2014－1－3 | 一级 | 优 |
| 2014－1－4 | 二级 | 良 |
| 2014－1－5 | 五级 | 重度 |
| 2014－1－6 | 六级 | 严重 |
| 2014－1－7 | 二级 | 良 |
| 2014－1－8 | 一级 | 优 |
| 2014－1－9 | 一级 | 优 |
| 2014－10 | 四级 | 中度 |

通过以上预测值与实际数据相比较，1 月 4 日、1 月 5 日、1 月 8 日、1 月 10 日的污染程度与实际情况完全一致，所以预测效果比较好。

（二）缺失 PM2.5 的估计

西安市 PM2.5 数据是从 2013 年 1 月 1 日开始正式公布的，但是在此之前公布的 AQI 监测指标只有 $SO_2$、$NO_2$、PM10。基于此，本案例利用 Logistic 回归分析对过去没有公布的 PM2.5 进行估计。

由于西安市气象监测局在 2013 年 1 月 1 日之前只公布了 $SO_2$、$NO_2$、PM10 等监测指标，所以在对 2013 年的监测指标 $SO_2$、$NO_2$、PM10 和 T_Max、T_Min 与 PM2.5 的拟合分析的基础上，再利用 SPSS 软件对 2012 年的 PM2.5 数据进行估计，得到结果见表 16。

**表 16　Nagelkerke R Square**

| Step | Cox 和 Snell | Nagelkerke | McFadden |
|---|---|---|---|
| 1 | .855 | .888 | .587 |

表 16 给出的一些统计量是反映模型拟合效果的，其中 Nagelkerke R Square 的值为 0.888，说明模型的拟合效果比较好，所以下面建立新的 Logistic 回归模型，参数估计的部分结果见表 17。

**表 17　除去 CO、O3_1、O3_8 后的参数估计**

| PM2.5[a] | | B | 标准误差 | Wald | df | 显著水平 | Exp(B) | Exp(B)的置信区间 95% | |
|---|---|---|---|---|---|---|---|---|---|
| | | | | | | | | 下限 | 上限 |
| 1 | 截距 | 43.089 | 5.493 | 61.540 | 1 | .000 | | | |
| | $SO_2$ | —.065 | .078 | .689 | 1 | .407 | .937 | .803 | 1.093 |
| | $NO_2$ | —.091 | .047 | 3.669 | 1 | .055 | .913 | .832 | 1.002 |
| | PM10 | —.481 | .060 | 64.200 | 1 | .000 | .618 | .550 | .695 |
| | T_Max | 1.400 | .270 | 26.988 | 1 | .000 | 4.057 | 2.392 | 6.881 |
| | T_Min | —1.348 | .345 | 15.293 | 1 | .000 | .260 | .132 | .510 |
| 2 | 截距 | 31.368 | 4.715 | 44.262 | 1 | .000 | | | |
| | $SO_2$ | —.203 | .061 | 11.256 | 1 | .001 | .816 | .725 | .919 |
| | $NO_2$ | —.105 | .040 | 6.947 | 1 | .008 | .900 | .833 | .973 |
| | PM10 | —.179 | .022 | 65.426 | 1 | .000 | .836 | .800 | .873 |
| | T_Max | 1.328 | .254 | 27.334 | 1 | .000 | 3.774 | 2.294 | 6.209 |
| | T_Min | —1.469 | .322 | 20.842 | 1 | .000 | .230 | .123 | .433 |

a. 参考类别是：6.

表 17 中数据显示，在显著性水平为 0.05 的情况下，$SO_2$、$NO_2$、PM10、T_Max、T_Min 都是显著的。根据上表，可以计算出它的 Logistic 回归方程。

首先写出 5 个估计的逻辑函数，如下所示：

$$\hat{g}_1(x)=43.089-0.065x_1-0.091x_2-0.481x_3+1.400x_7-1.348x_8$$

$$\hat{g}_2(x)=31.368-0.203x_1-0.105x_2-0.179x_3+1.328x_7-1.469x_8$$

$$\hat{g}_3(x)=18.748-0.149x_1-0.086x_2-0.059x_3+0.958x_7-1.012x_8$$

$$\hat{g}_4(x)=13.129-0.114x_1-0.061x_2-0.033x_3+0.736x_7-0.744x_8$$

$$\hat{g}_5(x)=5.867-0.095x_1-0.002x_2-0.014x_3+0.484x_7-1.459x_8$$

根据估计的逻辑函数可以写出 Logistic 回归方程

$$\begin{cases}\ln\dfrac{p_1}{1-p_1}=\hat{g}_1(x)\\ \ln\dfrac{p_1+p_2}{1-(p_1+p_2)}=\hat{g}_2(x)\\ \ln\dfrac{p_1+p_2+p_3}{1-(p_1+p_2+p_3)}=\hat{g}_3(x)\\ \ln\dfrac{p_1+p_2+p_3+p_4}{1-(p_1+p_2+p_3+p_4)}=\hat{g}_4(x)\\ \ln\dfrac{p_1+p_2+p_3+p_4+p_5}{1-(p_1+p_2+p_3+p_4+p_5)}=\hat{g}_5(x)\end{cases}$$

现在将上式改写成概率的形式

$$p_1=\frac{\exp[\hat{g}_1(x)]}{1+\exp[\hat{g}_1(x)]} \tag{9}$$

$$p_2=\frac{\exp[\hat{g}_2(x)](1-p_1)-p_1}{1+\exp[\hat{g}_2(x)]} \tag{10}$$

$$p_3=\frac{\exp[\hat{g}_3(x)](1-p_1-p_2)-p_1-p_2}{1+\exp[\hat{g}_3(x)]} \tag{11}$$

$$p_4=\frac{\exp[\hat{g}_4(x)](1-p_1-p_2-p_3)-p_1-p_2-p_3}{1+\exp[\hat{g}_4(x)]} \tag{12}$$

$$p_5=\frac{\exp[\hat{g}_5(x)](1-p_1-p_2-p_3-p_4)-p_1-p_2-p_3-p_4}{1+\exp[\hat{g}_5(x)]} \tag{13}$$

**表 18　除去 CO、O3_1、O3_8 后的分类表**

| 观测值 | 1 | 2 | 3 | 4 | 5 | 6 | 百分比校正(%) |
|---|---|---|---|---|---|---|---|
| 1 | 40 | 12 | 0 | 0 | 0 | 0 | 76.9 |
| 2 | 10 | 104 | 11 | 0 | 0 | 0 | 83.2 |
| 3 | 0 | 19 | 63 | 1 | 3 | 0 | 73.3 |
| 4 | 0 | 0 | 26 | 3 | 9 | 0 | 7.9 |
| 5 | 0 | 0 | 3 | 4 | 20 | 6 | 60.6 |
| 6 | 0 | 0 | 0 | 2 | 2 | 27 | 87.1 |
| 总百分比(%) | 13.7 | 37.0 | 28.2 | 2.7 | 9.3 | 9.0 | 70.4 |

表 18 显示模型的拟合效果比较好。基于模型，结合已知数据对西安市 2012 年最后 4 天的 PM2.5 等级进行估计。

将 2012 年最后 4 天的数据代入根据公式(9)－(13)的 MATLAB 程序中得到表 19。

**表 19　2012 年 PM2.5 的估计**

| 日　期 | $p_1$ | $p_2$ | $p_3$ | $p_4$ | $p_5$ |
|---|---|---|---|---|---|
| 2012－12－28 | 1.8615e－028 | 1.1244e－009 | 0.0120 | 0.1412 | 0.1098 |
| 2012－12－29 | 0.7910 | 5.6651e－004 | 8.4096e－004 | 0.0039 | 0.1699 |
| 2012－12－30 | 1.0000 | 2.2495e－008 | 1.1659e－006 | 3.2898e－005 | 0.0362 |
| 2012－12－31 | 0.9997 | 5.8434e－008 | 7.9645e－007 | 1.7331e－005 | 0.0492 |

具体程序见附录：程序包\程序 3 解回归方程 2.txt。

利用 Logistic 回归模型对 2012 年最后四天 PM2.5 进行分析可以得到表 19，可以看出 2012 年 12 月 28 日的 p 值都小于 0.05，所以该天的 PM2.5 等级为四级，中度污染。由此类推可以得到表 20。

**表 20　2012 年的估计污染等级**

| 日　期 | 污染等级 | 污染程度 |
|---|---|---|
| 2012－12－28 | 四级 | 中度 |
| 2012－12－29 | 一级 | 优 |
| 2012－12－30 | 一级 | 优 |
| 2012－12－31 | 一级 | 优 |

表 20 为 2012 年最后四天的 PM2.5 估计表，所以依照此种方法可以把过去只监测 $SO_2$、$NO_2$、PM10、T_Max、T_Min 等指标的 PM2.5 估计出来。

（三）结论

通过分析可知影响 PM2.5 主要因素是：$SO_2$、$NO_2$、PM10、CO、O3_1、T_Max、T_Min。其中 PM10 的相关性最大，可见 PM10 与 PM2.5 几乎会同时出现。二氧化硫，二氧化氮这二种气体，影响相对较大，所以可以利用它们的重要性对未来的 PM2.5 值进行预测。从 Logistic 回归的预测可以看出它的拟合效果是非常好的，我们可以通过已给的因变量来预测未来的 PM2.5，同时也可利用没测 PM2.5 的时间段的该值进行估计，所以 Logistic 回归很适合于 PM2.5 的判断。

综上所述，Logistic 回归是研究 PM2.5 不可或缺的方法，它对分析影响 PM2.5 因素重要性有很大的帮助，并且对数据拟合效果很好，同时可对 PM2.5 进行预测与估计。所以 Logistic 回归对 PM2.5 的研究意义重大。

## 四、基于 ARIMA 的西安市 PM2.5 预测模型

（一）ARIMA(p,d,q)模型预备知识

ARIMA 是自回归移动平均结合（Auto Regressive Integrated Moving Average）模型的简写形式，用于平稳序列或通过差分而平稳的序列分析[10]。

ARMA(p,q)模型是建立在 AR(p)和 MA(q)的模型基础上的。对于平稳可逆的模型来说,它事实上是无限阶的 AR 模型或 MA 模型的等价形式,因此有效地 ARMA 模型可以弥补单纯用 AR 模型或 MA 模型导致的参数过多问题,从理论上来讲能够较大地提高估计的精度并且节省计算量。ARMA 其一般形式为:

$$y_t - \varphi_1 y_{t-1} - \varphi_2 y_{t-2} - \cdots - \varphi_p y_{t-p} = e_t + \theta_1 e_{t-1} + \theta_2 e_{t-2} + \cdots + \theta_q e_{t-q}$$

其中等式的左边是模型的自回归部分,非负整数 $p$ 称为自回归阶数,$\varphi_1,\varphi_2,\cdots,\varphi_p$ 称为自回归系数;等式右边是模型的移动平均部分,非负整数 $q$ 称为移动平均阶数,$\theta_1,\theta_2,\cdots,\theta_q$ 称为移动平均系数。$p$ 和 $q$ 分别是偏自相关函数值和自相关函数值显著不为零的最高阶数。可以看出,当 $p=0$ 时,模型为纯移动平均模型,记为 MA(q);当 $q=0$ 时,模型为纯自回归模型,记为 AR(p)。ARMA(p,q)模型可用较少的参数对序列进行较好的拟合,其自相关和偏相关函数均呈现拖尾性。

表 21 是上述模型的相关图特征列表。通过观察相关图并结合该表可以大胆识别出 ARMA 模型的阶数。

**表 21 模型的相关图特征列表**

| 模型方程 | AR(p) | MA(q) | ARMA(p,q) |
|---|---|---|---|
| 自相关函数 | 拖尾 | $q$ 步滞后截尾 | 拖尾 |
| 偏自相关函数 | $p$ 步滞后截尾 | 拖尾 | 拖尾 |

ARMA 模型只适合于对平稳序列的分析。实际应用中的时间序列并非平稳序列,不能直接采用 ARMA 模型。但通常这些序列可通过变换处理后变为平稳序列。对它们的分析一般采用自回归移动平均结合 ARIMA 模型。ARIMA(p,d,q)模型建模步骤[10]:

(1)序列平稳化

ARIMA 模型是建立在平稳性假设基础上的,因此,在建立模型之前,要检验该数据序列的平稳性。本案例采用观察自相关图、偏自相关图和单位根(ADF)检验相结合的方法来判断序列是否平稳的。若平稳,则建立 ARMA(p,q)模型;若非平稳,则需对数据序列进行差分,直到平稳为止。然后建立 ARIMA(p,d,q)模型,其中 $d$ 代表差分次数。

(2)模型的识别

Box—Jenkins 的模型识别方法是根据样本自相关、偏自相关函数的截尾、拖尾性初步判断序列所适合的模型类型。

①若平稳时间序列的偏自相关函数在 $p$ 步截尾,而自相关函数是拖尾的,则可判断此序列是 AR(p)序列。

②若平稳时间序列的自相关函数在 $p$ 步截尾,偏自相关函数是拖尾的,则可判断此序列是 MA(q)序列。

③若平稳时间序列的自相关函数、偏自相关函数均是拖尾的,则此序列很可能是 ARMA 序列。

(3)模型的定阶

根据时间序列模型的定阶准则,建立相应的模型。可以根据上面提到的自相关和偏自相关函数性质确定模型的阶数,也可以根据最佳准则函数定阶法。本案例采用自相关和偏自相关函数性质确定模型的阶数。

(4)模型的检验及预测

模型检验阶段的任务就是残差的随机性检验,即检验残差项是否为白噪声过程。如果模型通过检验,则可以进行预测。

(二)数据来源

本案例数据来源于西安市环境监测站官网。通过西安市环保监测站查找了2013年1月1日~2013年12月31日的PM2.5的监测数据。

数据结果见:数据包\数据4XAPM25_时间序列原始数据.xls。

(三)模型建立

由于时间序列分析模型能进行精度较高的短期预测,因此本案例将针对西安市PM2.5的监测数据进行时间序列分析,首先对2013年1月~12月全年的数据利用Eviews软件得到时序图,见图3。

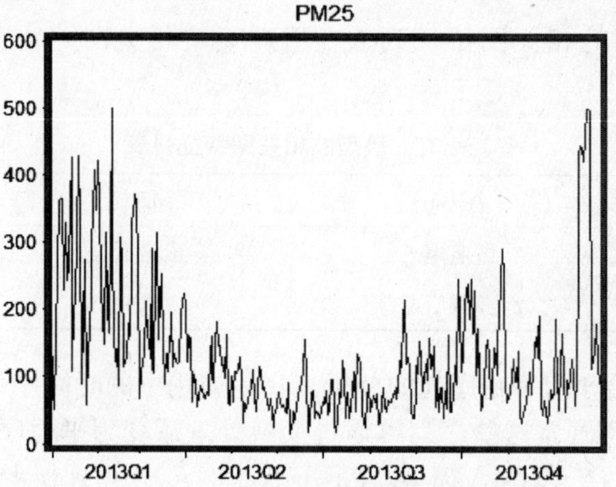


图3 2013年西安市PM2.5时序图

1. 序列平稳化检验

根据图3可以看到,2013年1月~12月西安市PM2.5的历史数据序列呈现出较平稳趋势,因此采用Eviews软件对原始序列进行单位根检验,以此检验序列的平稳性,结果见表22。

表22 单位根检验

**Augmented Dickey-Fuller Unit Root Test on PM25**

Null Hypothesis: PM25 has a unit root
Exogenous: Constant
Lag Length: 0 (Automatic based on SIC, MAXLAG=16)

| | | t-Statistic | Prob.* |
|---|---|---|---|
| Augmented Dickey-Fuller test statistic | | -6.615658 | 0.0000 |
| Test critical values: | 1% level | -3.448111 | |
| | 5% level | -2.869263 | |
| | 10% level | -2.570952 | |

*MacKinnon (1996) one-sided p-values.

从表22可以看出 $p_2$,表明原序列为平稳序列。然后作原序列的自相关图和偏自相关图,见图4。

2. 模型识别及定阶

由图 4 可以看出，根据模型的定阶准则以及 BIC 准则，对模型进行定阶，最终判定 p=3，q=2，即模型为 ARMA(3,2)。

**Correlogram of PM25**

Date: 04/18/14 Time: 21:11
Sample: 1/01/2013 12/31/2013
Included observations: 365

| Autocorrelation | Partial Correlation | | AC | PAC | Q-Stat | Prob |
|---|---|---|---|---|---|---|
| | | 1 | 0.784 | 0.784 | 225.97 | 0.000 |
| | | 2 | 0.609 | -0.013 | 362.79 | 0.000 |
| | | 3 | 0.536 | 0.164 | 469.21 | 0.000 |
| | | 4 | 0.479 | 0.030 | 554.47 | 0.000 |
| | | 5 | 0.403 | -0.029 | 614.82 | 0.000 |
| | | 6 | 0.383 | 0.123 | 669.60 | 0.000 |
| | | 7 | 0.346 | -0.042 | 714.48 | 0.000 |
| | | 8 | 0.288 | -0.026 | 745.59 | 0.000 |
| | | 9 | 0.291 | 0.128 | 777.47 | 0.000 |
| | | 10 | 0.313 | 0.054 | 814.54 | 0.000 |
| | | 11 | 0.292 | -0.015 | 846.70 | 0.000 |
| | | 12 | 0.268 | 0.018 | 874.02 | 0.000 |

图 4 原序列的自相关图和偏自相关图

3. 模型参数估计及拟合

利用 Eviews 软件对原始序列进行建模，得到时间序列 ARMA(3,2)模型参数估计值，具体拟合结果见表 23。

表 23 PM2.5 原始序列模型拟合参数估计值

Dependent Variable: PM25
Method: Least Squares
Date: 04/18/14 Time: 21:19
Sample (adjusted): 1/04/2013 12/31/2013
Included observations: 362 after adjustments
Convergence achieved after 13 iterations
MA Backcast: 1/02/2013 1/03/2013

| Variable | Coefficient | Std. Error | t-Statistic | Prob. |
|---|---|---|---|---|
| C | 132.9856 | 15.03084 | 8.847512 | 0.0000 |
| AR(1) | -0.178610 | 0.034905 | -5.117104 | 0.0000 |
| AR(2) | -0.185038 | 0.034229 | -5.405902 | 0.0000 |
| AR(3) | 0.741952 | 0.034111 | 21.75117 | 0.0000 |
| MA(1) | 1.044317 | 0.006364 | 164.1070 | 0.0000 |
| MA(2) | 0.986083 | 0.005414 | 182.1382 | 0.0000 |

| | | | |
|---|---|---|---|
| R-squared | 0.650605 | Mean dependent var | 133.3867 |
| Adjusted R-squared | 0.645698 | S.D. dependent var | 98.57873 |
| S.E. of regression | 58.67733 | Akaike info criterion | 10.99842 |
| Sum squared resid | 1225718. | Schwarz criterion | 11.06292 |
| Log likelihood | -1984.714 | Hannan-Quinn criter. | 11.02406 |
| F-statistic | 132.5807 | Durbin-Watson stat | 2.041906 |
| Prob(F-statistic) | 0.000000 | | |

计算得到拟合优度 $p_5$，说明该模型拟合程度较好，能大致反映西安市 PM2.5 污染程度。此外还得到原序列的拟合及残差图见图 5。

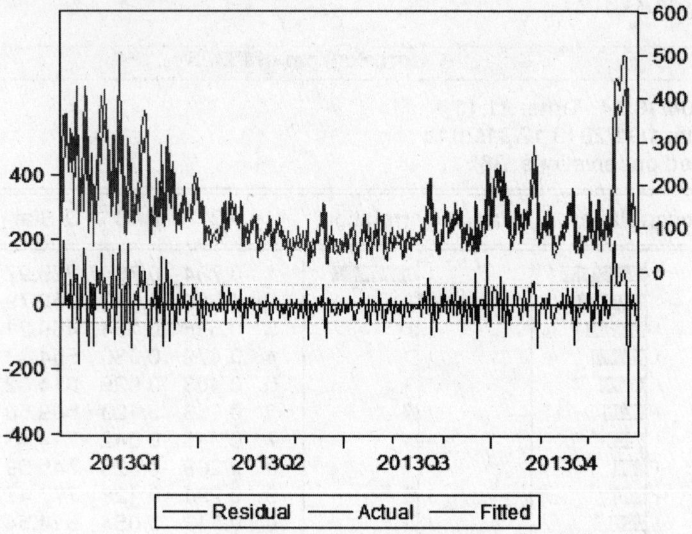


图 5　原序列的拟合及残差图

4. 模型残差检验及预测

首先作出残差序列的自相关和偏自相关图，如图 6。

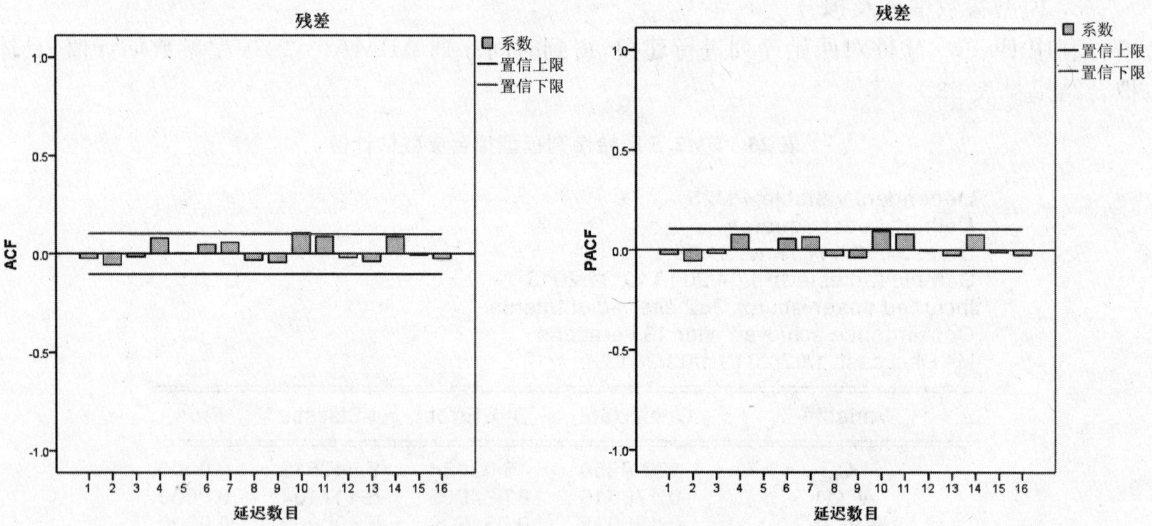


图 6　残差序列的自相关和偏自相关图

从图 6 中可以看出模型的残差序列的自相关和偏自相关函数值都在两倍的标准差内，并且呈现出随机性，说明模型的残差序列为独立白噪声序列。故模型拟合合理，可以利用该模型预测 2014 年初的第一周的 PM2.5 的值。预测结果见表 24。

（四）总结

基于西安市 2013 年全年 PM2.5 监测数据建立时间序列 ARMA(3,2)模型，从对原始数据的的拟合预测结果来看，ARMA(3,2)模型能较好的拟合原序列，但在预测方面，ARMA(3,2)模型的短期预测效果优于长期预测。原因在于其模型是基于过去时间序列数据建立的，并没有

表 24 预测结果

| 日　期 | 01/01 | 02/01 | 03/01 | 04/01 | 05/01 | 06/01 | 07/01 |
|---|---|---|---|---|---|---|---|
| 实际值 | 117 | 119 | 70 | 100 | 208 | 210 | 103 |
| 预测值 | 155 | 119 | 138 | 151 | 118 | 136 | 148 |
| 相对误差 | −0.331 | −0.004 | −0.984 | −0.512 | 0.429 | 0.349 | −0.442 |

考虑预测期相应时间内外界环境变化的随机性和波动性以及政府采取的措施等因素，随着预测期的增长，预测效果自然会变差。故利用 ARIMA 模型对原序列预测时更适合进行短期预测。

## 五、西安市 13 个空气质量监测点的聚类分析

（一）预备知识

聚类分析（Cluster Analysis）又称群分析，是根据"物以类聚"的道理，对样品或指标进行分类的一种多元统计分析方法，要求能合理地按各自的特性来进行合理的分类。

系统聚类分析（Hierarchical Cluster），也称为分层聚类法，是聚类分析中应用最广泛的方法。它的思想是：开始将样品或指标各视为一类，根据类与类之间的距离或相似程度将最相似的类加以合并，这样每合并一次就减少一类，不断继续这一过程，直到所有样品（或指标）合并为一类为止。

系统聚类分析一般包含以下几个步骤：

（1）构造 $n$ 个类，每个类只包含一个样品；

（2）计算 $n$ 个类两两之间的距离，并得出最初的距离矩阵；

（3）将距离最近的两类合并为一个新类；

（4）计算新类与剩下各类两两之间的距离，若类的个数等于 1，转到步骤（5），否则回到步骤（3）；

（5）画聚类图；

（6）决定类的个数和类。

由于类与类之间距离的计算方法不同，从而形成了不同的系统聚类方法。在 SPSS 聚类运算过程中，有以下几种计算方法：

（1）最短距离法（Nearest Neighbor）：以两类中距离最近的两个样品之间的距离作为类间距离；

（2）最长距离法（Furthest Neighbor）：以两类中距离最远的两个样品之间的距离作为类间距离；

（3）类间平均连接距离（Between－group linkage）：以两类样品两两之间距离的平均数作为类间距离；

（4）类内平均连接距离（Within－group linkage）：将两类样品合并为一类后，以合并后类中所有样品之间的平均距离作为类间距离；

（5）重心法（Centroid Clustering）：以两类变量均值之间的距离作为类间距离；

（6）离差平方和法（Ward method）：该方法是 Ward 提出来的，所以又称为 Ward 法。具体做法是先将 $n$ 个样品各自归成一类，然后每次减少一类，随着类与类的不断聚合，类间的离差平方和必然不断增大，选择使离差平方和增加最小的两类合并，直到所有的样品归为一类为止。

本案例针对西安市 13 个监测点全年的 PM2.5 含量数据进行聚类分析，将 PM2.5 污染情况进行分类，并结合实际情况对不同的分类地区进行解释说明，然后制定出相关的 PM2.5 治理

措施。

（二）数据来源及预处理

1. 数据来源及指标选择

本案例数据来源于西安市环境监测站官网。通过西安市环保监测站查找了 2013 年 1 月 1 日～2013 年 12 月 31 日的西安市 13 个监测点的 PM2.5 监测数据，其中 13 个监测点分别是纺织城（FZC）、高压开关厂（GYKGC）、临潼区（LTQ）、曲江文化集团（QJWHJT）、小寨（XZ）、草滩（CT）、高新西区（GXXQ）、广运潭（GYT）、经开区（JKQ）、市人民体育场（SRMTYC）、兴庆小区（XQXQ）、阎良区（YLQ）、长安区（CAQ）。

数据结果见：数据包\数据 5 聚类一原始 . xls。

2. 数据缺失值填补

为了保证数据的完整性，需要对数据进行缺失值查找和填补，利用 SPSS 21.0 统计软件对各个变量进行变量的基本统计分析，结果见表 25。

**表 25　描述统计量**

| | N | 均值 | 标准差 | 方差 | 偏度 | | 峰度 | |
|---|---|---|---|---|---|---|---|---|
| | | | | | 统计量 | 标准误差 | 统计量 | 标准误差 |
| FZC | 328 | 129.70 | 94.87 | 9001.70 | 1.435 | .135 | 1.584 | .268 |
| GYKGC | 318 | 144.75 | 107.07 | 11464.86 | 1.508 | .137 | 1.741 | .273 |
| LTQ | 315 | 136.41 | 102.55 | 10518.30 | 1.550 | .137 | 2.266 | .274 |
| QJWHJT | 338 | 114.52 | 94.72 | 8971.89 | 1.862 | .133 | 3.415 | .265 |
| XZ | 349 | 126.32 | 99.10 | 9822.63 | 1.782 | .131 | 3.251 | .260 |
| CT | 356 | 163.71 | 107.57 | 11572.36 | 1.192 | .129 | .925 | .258 |
| GXXQ | 321 | 142.11 | 106.45 | 11332.21 | 1.506 | .136 | 1.888 | .271 |
| GYT | 327 | 140.36 | 102.28 | 10461.10 | 1.475 | .135 | 1.731 | .269 |
| JKQ | 331 | 131.98 | 96.90 | 9390.05 | 1.714 | .134 | 2.563 | .267 |
| SRMTYC | 234 | 152.91 | 109.55 | 12002.15 | 1.363 | .159 | 1.365 | .317 |
| XQXQ | 323 | 134.83 | 105.78 | 11190.40 | 1.690 | .136 | 2.577 | .271 |
| YLQ | 350 | 127.73 | 92.06 | 8476.71 | 1.467 | .130 | 1.701 | .260 |
| CAQ | 346 | 122.82 | 98.07 | 9617.75 | 1.888 | .131 | 3.672 | .261 |

2013 年全年西安市 13 个监测点的数据有部分缺失，然而为了对 13 个地区进行评价和分类，需要对数据 41 进行填补，对于缺失数据利用 EM 算法进行填补，得到完整的数据。

EM 算法是一种迭代方法，主要用来求后验分布的众数（即极大似然估计），它的每一次迭代由两步组成：

(1)E 步（求期望）。根据原始序列的均值估计第一个缺失值。

(2)M 步（极大化）。计算原始数据的标准差与估计后的标准差，将期望的极大值求出。

本案例利用 SPSS 21.0 软件，采用 EM 算法进行数据的填补，保证数据的完整性。EM 算法对缺失数据的填补值见数据结果。

数据结果见：数据包\数据 6 聚类一EM. xls。

利用 EM 算法得到缺失数据的填补值与原始数据进行对比，可知原始序列与经过 EM 算法填补之后的数据的均值与标准差是非常接近的，因此，保持了原始数据的分布特征。EM 算法与原始序列的均值和标准差比较见表 26 和表 27。

表 26　EM 算法与原始序列估计均值摘要

| | FZC | GYKGC | LTQ | QJWHJT | XZ | CT | GXXQ |
|---|---|---|---|---|---|---|---|
| 所有值 | 129.70 | 144.75 | 136.41 | 114.52 | 126.32 | 163.71 | 142.11 |
| EM | 129.53 | 142.41 | 135.57 | 118.37 | 125.61 | 162.45 | 140.85 |
| | GYT | JKQ | SRMTQC | XQXQ | YLQ | CAQ | |
| 所有值 | 140.36 | 131.98 | 152.91 | 134.83 | 127.73 | 122.82 | |
| EM | 137.82 | 133.97 | 145.80 | 137.97 | 127.25 | 123.60 | |

表 27　EM 算法与原始序列估计标准差摘要

| | FZC | GYKGC | LTQ | QJWHJT | XZ | CT | GXXQ |
|---|---|---|---|---|---|---|---|
| 所有值 | 94.877 | 107.074 | 102.559 | 94.720 | 99.109 | 107.575 | 106.453 |
| EM | 92.172 | 104.852 | 101.805 | 99.573 | 98.458 | 106.793 | 107.355 |
| | GYT | JKQ | SRMTQC | XQXQ | YLQ | CAQ | |
| 所有值 | 102.280 | 96.902 | 109.554 | 105.785 | 92.069 | 98.070 | |
| EM | 98.576 | 98.541 | 102.252 | 108.882 | 90.723 | 98.262 | |

（三）西安市 13 个监测点的聚类分析

针对西安市 13 个环境质量监测点 PM2.5 数据，通过系统聚类分析法对它们的污染情况进行分类。在得出各监测点污染类别的基础上，进一步探讨造成 PM2.5 污染较大的原因，有针对性地对不同的境况采取不同的防治措施。在系统聚类分析过程中，本案例采用 Ward 法进行分类处理，得到凝聚状态表 28 和冰柱图 7。

表 28　系统聚类分析中的类成员

| 案　例 | 4 群集 | 3 群集 | 2 群集 |
|---|---|---|---|
| 1：纺织城 | 1 | 1 | 1 |
| 2：高压开关 | 2 | 2 | 1 |
| 3：临潼区 | 1 | 1 | 1 |
| 4：曲江文化集团 | 3 | 1 | 1 |
| 5：小寨 | 3 | 1 | 1 |
| 6：草滩 | 4 | 3 | 2 |
| 7：高新西区 | 2 | 2 | 1 |
| 8：广运潭 | 1 | 1 | 1 |
| 9：经开区 | 1 | 1 | 1 |
| 10：市人民体育场 | 2 | 2 | 1 |
| 11：兴庆小区 | 2 | 2 | 1 |
| 12：阎良区 | 1 | 1 | 1 |
| 13：长安区 | 3 | 1 | 1 |

结论：临潼区由于地理位置的原因，可借助风力将大气中的颗粒物吹散，再加上临潼区的旅游景点比较多环保措施得当，故临潼区的 PM2.5 污染状况最轻；草滩监测站周边以农田为主，同时存在大面积的建设工地，裸露面积过大造成大气中 PM2.5 含量过高，污染比较严重；草滩、

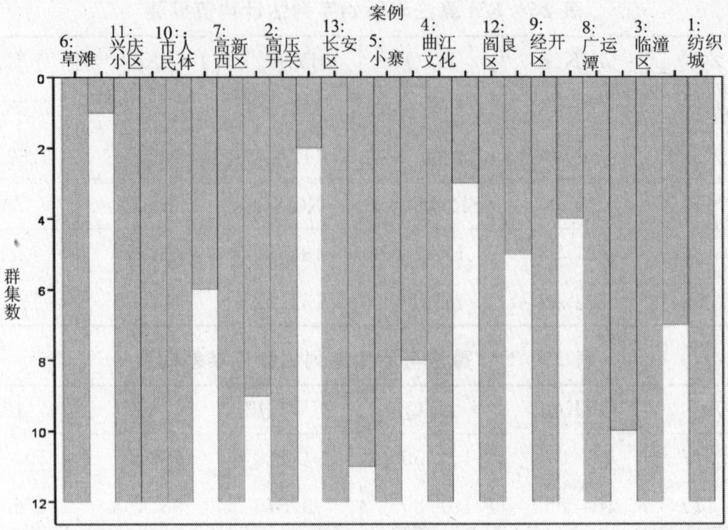


图 7 系统聚类分析的冰柱图

高压开关厂、高新西区 PM2.5 浓度高的原因大多来自于建筑粉尘和耕地尘土。

(四)西安市大气污染防治措施

本案例研究的是西安市 PM2.5 的污染问题,结合 13 个监测点的污染情况及原因,下面提出了几点针对西安市大气污染防治条例

1. 加大对建筑工地扬尘工作的管理力度

建筑粉尘污染是形成 PM2.5 的一大因素。对各个施工单位严格监督,力争做到文明施工、环保施工。具体措施有围挡建设、绿网建设、样板工地建设等。另外,试点推进新建建筑工地扬尘和 PM2.5 污染在线监控系统,并继续加强对旧改等拆房工地中的扬尘工作的管理工作。

2. 加强对企业污染的管理力度

工业带动了经济的疾速发展,随之带来的环境问题也是不容忽视的。对于燃煤的企业,应严格控制有害气体的排放,对燃煤锅炉安装高效的除尘器并进行脱硫处理。对其他企业也要加强执法力度,不能追求高资而忽视了环境问题。

3. 加大城市建设管理力度

城市建设的道路尘土也是一大污染源。在城市规划中,要特别注意在建设中的污染防治工作。在道路建设的设计阶段,就应把通信、电力、城市上下水、天然气以及国防等基础建设形成一个系统,进行统一管理,预留好相当数量的管道容量,避免“拉链路”的现象,并对占道施工进行严格审批,尽量减少扬尘的产生。另外,继续加大市容保洁能力建设,通过增加机械化保洁设备、改进道路保洁作业方式、扩大机扫率及冲洗率等方式提高市容道路保洁能力。

4. 加强城市绿化,增加植被覆盖

绿色植被可以吸收大气中的有害颗粒物,减少环境污染。城市绿化的根本目的是建设生态城市。实践证明在调节城市温度湿度、制造氧气、消音隔尘等方面,草坪远不如树木。由此提高城市植被覆盖率,提高总体绿化率,就需要形成一个草坪、树木合理布局的城市景观结构。

5. 加强城市环境治理各部门的协调工作

城市建设应该是城建局、规划局和环保部门等共同创建绿色、健康的生活环境。在城市绿化过程中,既要重视城市景观的种植面积,又要重视自然生态植物的保护工作。为人们休闲提供绿地草坪等园林的同时,还要考虑到野生动、植物的环境保护工作,达到人与自然和谐相处。

6. 从自身做起，从小事做起

宣传 PM2.5 的危害，加强环保意识。将 PM2.5 的知识普及到与之相关的人民大众，大家联手创造“天更蓝、树更绿、水更清、城更美”的美好生活。

## 六、总结

本案例利用主成分分析法、多元回归分析法、聚类分析法等对西安市 PM2.5 的相关因素进行了统计分析，同时利用 Logistic 回归分析法和时间序列分析法对西安市 PM2.5 进行了统计预报。此案例分析的目的是使同学们能体会统计学理论在实际生活中的作用。

第一部分主要讨论了统计学基本问题的提出，数据收集及预处理等一系列基本理论。根据统计数据建立合适的多元回归模型时，需要对各变量的相关性以及独立性进行分析，因此，本案例采用了复相关分析理论进行讨论；由于变量间存在较强的相关性，需要对各个变量采用主成分分析理论消除变量间的相关性，最后建立了完善的多元回归模型。利用建立的多元回归模型对西安地区 PM2.5 的相关因素进行了统计分析。

第二部分考虑人们不是非常关注 PM2.5 的具体值，而只关注当天空气质量的等级，因此利用 Logistic 模型对 2013 年的监测数据进行统计分析，得到了判定空气质量等级的方法。而西安市 2013 年才开始公布 PM2.5 的监测数据，但 PM2.5 并非是 2013 年才开始出现的，本案例利用 Logistic 模型对西安市 2012 年公布的 AQI 数据进行统计分析，近似的估计出了西安市 2012 年最后一周 PM2.5 的等级。

第三部分考虑人们关注未来 PM2.5 的情况，有针对性的安排出行，因此本案例进行了 PM2.5 的预测。采用经典的时间序列分析方法，建立 ARIMA 模型，这主要是由于该序列存在时序性，适用于短期预测。

第四部分对西安市 13 个监测点 2013 年全年的 PM2.5 数据进行聚类分析，依据分析结果对各监测点污染程度做出评估。对于污染严重的地区找出“病因”，以便对症下药。而对于大气状况良好的地区，再接再厉大力推广防治 PM2.5 的有效办法。

通过本案例的分析，明确了西安市的 PM2.5 污染状况，哪些指标起主导作用和哪些地方污染严重，过去的 PM2.5 的情况以及未来 PM2.5 发展趋势。因此，对西安市 PM2.5 进行统计分析具有重要的现实意义。

### 参考文献

[1] 环境空气质量标准.中华人民共和国国家标准，GB 3095—2012.
[2] 环境空气质量指数(AQI)技术规定(试行).中华人民共和国国家环境保护标准，HJ633—2012.
[3] 黄国健，陈永当，陈博敏，等．西安市 PM2.5 时空分布模型研究[J].环境科学与管理，2014，09：64—66.
[4] 吴正佳，刘碧波．西安市 PM2.5 污染源位置确定的模型应用研究[J].环境科学与管理，2014，04：132—136.
[5] 刘文军，郑国义，田学，等．西安市 PM2.5 相关因素多元回归分析模型[J].经济数学，2015，32(1)：85—88.
[6] 汪冬华．多元统计分析与 SPSS 应用[M].华东理工大学出版社，2010.
[7] 王斌会．多元统计分析及 R 语言建模[M].暨南大学出版社，2010.
[8] 薛薇．统计分析与 SPSS 的应用[M].2 版.中国人民大学出版社，2008.
[9] 王岩，隋思涟，王爱青．数理统计与 MATLAB 工程数据分析[M].清华大学出版社，2006.
[10] Cryer J D，Chan K S. Time series analysis：with applications in R[M].Springer，2008.

# 附录：本案例所使用的 MATLAB 软件程序命令（部分）

1. 复相关系数

```
s=[0.718 0.692 0.887 0.821 -0.235 -0.274 -0.530 -0.523];
n=1;
m=0;
for i=1:8
    m=1-s(i)^2;
    n=m*n;
    m=0;
end
R2=sqrt(1-n);
R2
```

2. 解回归方程 1（部分）

```
x1=64;
x2=94;
x3=115;
x4=87;
x5=23;
x6=11;
x7=-1;
p1=exp(110.672-0.045*x1-0.087*x2-0.557*x3-0.831*x4-0.18*x5+1.871*x6-2.277*x7)/(1+exp(110.672-0.045*x1-0.087*x2-0.557*x3-0.831*x4-0.18*x5+1.871*x6-2.277*x7))
p2=exp((89.367-0.235*x1-0.142*x2-0.221*x3-0.538*x4-0.179*x5+1.839*x6-2.378*x7)* (1-p1)-p1)/(1+exp(89.367-0.235*x1-0.142*x2-0.221*x3-0.538*x4-0.179*x5+1.839*x6-2.378*x7))
p3=exp((73.507-0.168*x1-0.118*x2-0.104*x3-0.472*x4-0.180*x5+1.426*x6-1.801*x7)* (1-p1-p2)-p1-p2)/(1+exp(73.507-0.168*x1-0.118*x2-0.104*x3-0.472*x4-0.180*x5+1.426*x6-1.801*x7))
p4=exp((64.086-0.159*x1-0.085*x2-0.080*x3-0.421*x4-0.170*x5+1.191*x6-1.490*x7)* (1-p1-p2-p3)-p1-p2-p3)/(1+exp(64.086-0.159*x1-0.085*x2-0.080*x3-0.421*x4-0.170*x5+1.191*x6-1.490*x7))
p5=exp((42.777-0.137*x1-0.049*x3-0.299*x4-0.137*x5+0.887*x6-1.086*x7)* (1-p1-p2-p3-p4)-p1-p2-p3-p4)/(1+exp(42.777-0.137*x1-0.049*x3-0.299*x4-0.137*x5+0.887*x6-1.086*x7))
……
```

3. 解回归方程 2（部分）

```
x1=82;
x2=58;
x3=220;
x7=1;
```

```
x8=-6;
p1=exp(43.089-0.065*x1-0.091*x2-0.481*x3+1.400*x7-1.348*x8)/(1+exp(43.089-0.065*x1-0.091*x2-0.481*x3+1.400*x7-1.348*x8))
p2=exp((31.368-0.203*x1-0.105*x2-0.179*x3+1.328*x7-1.469*x8)* (1-p1)-p1)/(1+exp(31.368-0.203*x1-0.105*x2-0.179*x3+1.328*x7-1.469*x8))
p3=exp((18.748-0.149*x1-0.086*x2-0.059*x3+0.958*x7-1.012*x8)* (1-p1-p2)-p1-p2)/(1+exp(18.748-0.149*x1-0.086*x2-0.059*x3+0.958*x7-1.012*x8))
p4=exp((13.129-0.114*x1-0.061*x2-0.033*x3+0.736*x7-0.744*x8)* (1-p1-p2-p3)-p1-p2-p3)/(1+exp(13.129-0.114*x1-0.061*x2-0.033*x3+0.736*x7-0.744*x8))
p5=exp((5.867-0.095*x1-0.002*x2-0.014*x3+0.048*x7-0.459*x8)* (1-p1-p2-p3-p4)-p1-p2-p3-p4)/(1+exp(5.867-0.095*x1-0.002*x2-0.014*x3+0.048*x7-0.459*x8))
……
```

（审稿人：孙六全　崔恒建　吴耀华　夏万军）

# 比特币的统计分析

靳爱慧　潘明阳　梁程远

（指导教师：刘民千）

南开大学

## 一、案例背景概述

（一）比特币的由来

二十世纪初期，诺贝尔经济学得主哈耶克，在他的《货币的非国家化》一书中第一次提到了去国家化的非主权货币的思想，废除中央银行制度，允许私人发行货币并自由竞争，以发现最好的货币。只是当时计算机发展不足，互联网尚未出现，不能提供足够的技术支持，直至互联网出现这一问题才得到有效的解决。20世纪90年代，密码破译组织"密码朋克"致力于创建电子货币，同时期的密码破译者大卫·乔姆也致力于建立以"电子货币"命名的匿名系统，同样无功而返。之后形形色色的电子货币的建立均以失败告终。2008年11月11日，一位自称中本聪（Satoshi Nakamoto）的人在一个隐秘的密码学讨论组上贴出了一篇研究报告，阐述了对电子货币的新构想，比特币由此产生。

比特币是一种基于网络的、开源的、点对点的匿名电子货币，其发行和支付没有中央控制中心，货币转账是由网络节点进行集体管理，建议双方可以匿名。比特币是世界上第一个分布式的匿名货币。

作为一种新兴的市场货币，比特币对大多数人来说还略显神秘。通俗地讲，比特币就是在现实社会中流通的通过网络进行支付的虚拟货币。

（二）比特币的运行原理

1. 比特币的产出设计

比特币的产出是一个网络开源程序，通过完成一个特定数学问题的计算来产出比特币。系统运行内建的机制会在平均大约每10分钟确认一个区块。在最初的21万个区块中每个区块的币值是50BTC[①]，在之后的21万区块中每区块25BTC，然后是12.5BTC、6.25BTC，以此类推。区块的总数乘以每个区块的比特币值就是现存的比特币总数。所以在最初的四年里会有共1050万比特币被制造出来，这个数值每四年减半，在第二个四年中会有525万比特币被制造。同时，参与比特币产出活动的人数变动，也会影响其产出的难度。但人数的变动并不影响比特币的产出总量。因此比特币产出的难度与一定时间内全网投入制作工作的平均运算能力相关。单一个体"发现"新区块的可能性是建立在其计算能力与全网计算能力的综合比较之上的。

① BTC：数字货币比特币（BitCoin）的单位。

2. 比特币的交易设计

重复支付问题一直是设计电子货币面临的核心挑战之一。传统解决方案是利用一个中央票据交换所，通过将所有交易汇总成实时总账，防止电子货币的重复使用。但是实现这一目的的前提是必须要有有信誉的第三方机构进行管理。比特币通过公开分布总账突破了第三方机构的制约，即中本聪所谓的“数据块链”(block chain)。比特币的交易数据被打包到一个“数据块”(block)中后，交易就算初步确认了。当下一个数据块链接在前一个数据块之后，交易会得到进一步的确认。在连续得到6个确认之后，这笔交易基本上就算是不可逆转地得到确认了。比特币网络将所有的交易历史都储存在“数据块链”中。数据块链在持续延长，而且数据块一旦加入到数据块中，就不会再被移走。数据块链实际上是一个分散的、并由所有参与者组成的数据库，是对所有比特币交易历史的记录。中本聪预计，当数据量增大之后，用户会希望这些数据并不是全部储存在本地。为了实现这一目标，就需要采用引入 Merkle tree 机制。在该机制下，用户的本地客户端将能够主动剔除掉那些自己永远用不到的部分，比方说极为早期的一些比特币交易记录。确认一项交易的过程是由解决一系列计算难题的工作量证明机制来实现的。工作量证明机制要求计算机在计算能力为某个有限值的情况下，需要运算一定的时间才能解决，这就使得攻击者无法重写交易历史，除非他能够拥有比比特币系统更强大的计算能力，从而能以更快地速度产生数据块链。参与处理交易块的终端可以得到一定量新发行的比特币以及相关的交易手续费。为了得到这些新产生的比特币，参与处理交易块的终端需要付出大量的时间和计算力，这个过程非常类似于挖矿，因此中本聪将交易处理者命名为“矿工”，将交易处理活动称之为挖矿。这些新产生出来的比特币可以报偿系统中的交易处理者，是他们的计算工作保障了比特币交易网络的运作。通过挖矿，比特币系统向经济中注入货币。

3. 获得比特币的方法

(1)计算机算法生成，简称计算机“挖掘”，即用自己的电脑生成比特币。

(2)用实际货币在 Mtgox. com 等比特币交易中心购买，其汇率由市场决定。也可以去交易所炒币。

4. 消费比特币的途径

购买网络服务、游戏充值、购买实物和用于捐赠。

(三)比特币的特点

1. 比特币异于贵金属货币的特点

比特币在货币意义上完全等同于金银等贵金属货币，但相比于贵金属货币，比特币具有如下特点：

(1)可以任意分割；

(2)保管成本几乎为0；

(3)比特币难以伪造；

(4)不易出现损耗；

(5)去中心化：避免了人为控制通胀，不受中央政策影响；

(6)匿名性：为洗钱、赌博等非法交易提供支付途径，且交易无痕，使比特币财产更容易丢失；

(7)交易无中介，没有手续费，没有税金；

(8)对主权货币造成威胁，形成更好的货币。

2. 比特币异于普通虚拟货币的特点

(1)其去中心化特性保证了其异于传统电子货币的优势,其发行量不依赖于任何发行者,而仅仅依赖于算法本身,从根本上排除了人为控制发行量制造通胀的风险;

(2)比特币本身是一种独立的货币,而信用卡,网上银行等,只是法定货币的一种支付方式而非独立货币;

(3)比特币的价值不依赖于与法定货币的兑换率,而是充当一般等价物,其价值基础源于使用者对其的认可。

在金融市场上,电子货币的发展已经不可小觑,其典型代表比特币的交易已经实现国际化、市场化,各国均有机构投资者和中小投资者投资于此。针对于比特币,各国态度不同,对世界单位内的比特币价格变化起到不同程度的影响。因此,如何客观地对比特币受各国政策冲击的影响进行统计分析,对投资者和各国政策制定者来说非常重要。

## 二、数据来源

本文所使用的比特币价格来源于 bitcoincharts. com 网站①,以美元计价。利用 2012 年 1 月 1 日到 2014 年 4 月 15 日的每日收盘价原始数据,以收盘价作为主要研究对象,研究比特币价格和收益率随时间的变化。本文从两个方面研究比特币,更加全面地考量了比特币的变动趋势和所受政策冲击的影响,为投资者提供了投资分析的参考依据。同时,本文列出特币在所研究的时间内所经历的主要政策,与时间序列对应,以明确各个政策的作用效果。本文选择每日收盘价为研究价格的指标。本文使用 Eviews 软件进行相关的数据分析。

## 三、探索性初步分析

通过收盘价的时间序列图来获取比特币价格变动的直观印象,如图 1 所示。

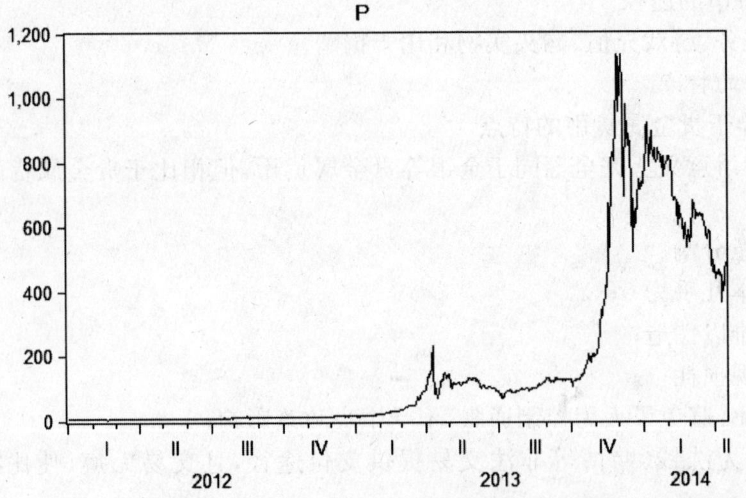


**图 1 2012 年 1 月 1 日—2014 年 4 月 15 日比特币每日收盘价的时间序列图**

① http://bitcoincharts. com/charts/bitstampUSD.

图1是2012年1月1日至2014年4月15日的比特币收盘价 $P_t$，从图中我们可以看到，2012年内比特币价格没有明显的变化，2013年第二季度比特币价格有了明显的上升，2013年末至2014年初比特币的价格有了极大幅度的上升，紧接着慢慢下降，其上升的幅度较2013年第二季度的上升更加明显。该图也明确告诉我们，收盘价是非平稳的时间序列，对其直接进行的统计分析缺乏预测能力，只有基于平稳的时间序列数据的统计模型才具有良好的预测能力。

接下来，我们选择收益率作为研究比特币的第二个指标，图2是该期间的对数收益率的时间序列图，对数化收益率的实质如下：

$$r_t = \ln(P_t) - \ln(P_{t-1}) \tag{1}$$

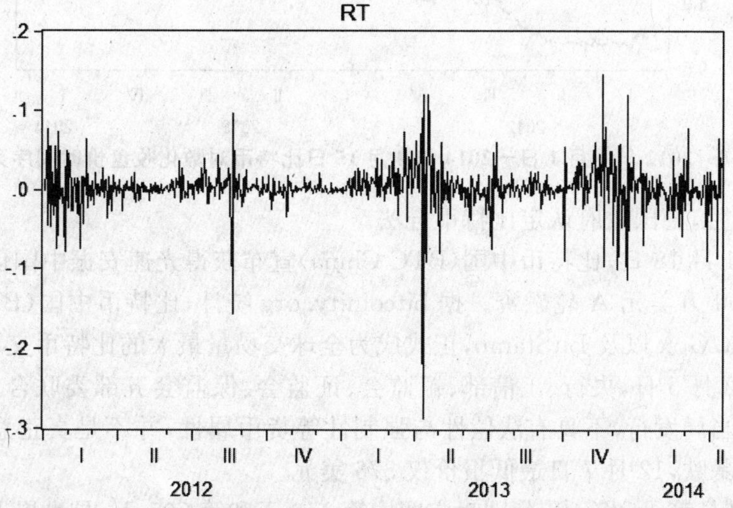


**图2　2012年1月1日—2014年4月15日比特币对数收益率的时间序列图**

考虑到金融数据普遍具有异方差性，大幅度的波动紧接着另一大幅度的波动，小幅度的波动紧接着小幅度的波动，这一现象被称为波动率凝聚现象。为解决异方差性，RobertF. Engle1982年创造性地提出了ARCH（AutoRegressive Conditional Heteroskedasticity，自回归条件异方差）模型，之后该模型被进一步推广到GARCH（Generalized AutoRegressive Conditional Heteroskedasticity，广义自回归条件异方差）模型。因此，选取基于GARCH模型的收益率作为研究的第二个指标。

本文利用比特币对数化收盘价和建立在GARCH型上的收益率两个指标，建立合理的统计模型，并根据分析结果提出合理的建议。

## 四、数据整理

本文对比特币的价格做对数变换后考虑其变动趋势。

图3显示了对数变换后的价格LP时间变化趋势，横坐标从2012年1月1日起以天计数。除周期性特征外，总体明显呈现先增长后下降的总形态。

经查阅相关文献资料可知，自2013年至今，有如下重大事件对比特币的价格波动产生了较大影响：

①2013年3月18日，美国财政部金融犯罪执法系统FinCEN发布了虚拟货币个人管理条例，首次阐明了虚拟货币，此时比特币价格为47.8美元。

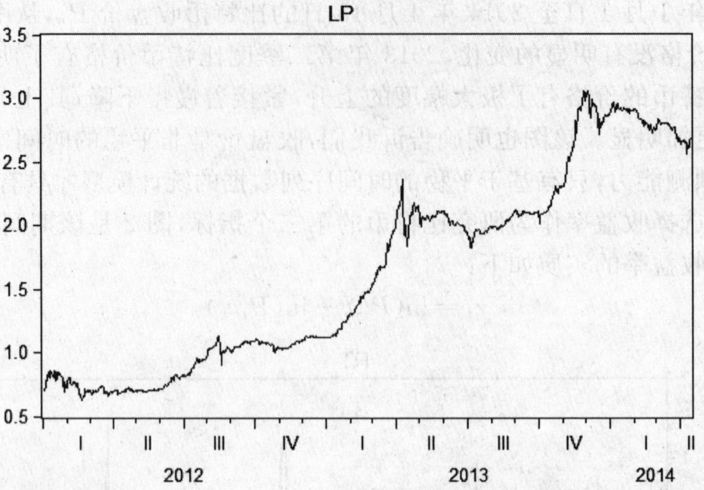


**图3　2012 年 1 月 1 日—2014 年 4 月 15 日比特币对数化收盘价时间序列图**

②2013 年 8 月，德国政府认定比特币合法。

③2013 年 11 月 18 日，比特币中国(BTC China)宣布获得光速安振中国创业投资和美国光速创业投资的 500 万美元 A 轮融资。据 bitcoinity. org 统计，比特币中国(BTC China)的交易量已经超过了 Mt. Gox 以及 BitStamp，正式成为全球交易量最大的比特币交易平台。

④2013 年 12 月 5 日，央行、工信部、银监会、证监会、保监会五部委联合发布通知，认为比特币不是由货币当局发行，不具有法偿性与强制性等货币属性，并不是真正意义的货币。随后比特币迎来三天暴跌，12 月 7 日最低报价仅 576 美元。

注意到，特别是第①和第④，分别对应图中第 443 天和第 705 天，是世界上两大经济体对于比特币发表的性质的定义。可以看到，在这两个时间点前后，LP 的变化趋势差异显著。

作为一个新出现的金融产品，一个全新的概念，上述两个事件对于投资者产生了巨大的影响。事件①将比特币认定为虚拟货币，而比特币固有的发行方式注定了它将在未来产生通缩的局面从而预期价格将不断走高。在这一消息的刺激下，比特币的价格更加激烈地走高。而事件④代表了中国对比特币的否定。市场开始重新界定比特币的性质。当日比特币暴跌并从此开始，价格呈现不断下滑的趋势。

由此看来，单一的时间趋势不足以描述其价格变动的走势。本文将 2012 年 1 月 1 日至 2014 年 4 月 5 日分成三个时间段，即：

$$I_1 = I_{\{0<t<443\}} \tag{2}$$

$$I_2 = I_{\{443\leqslant t<704\}} \tag{3}$$

$$I_3 = I_{\{t\geqslant 704\}} \tag{4}$$

在每个时间段，使用从 1 开始连续的正整数序列顺次标记每个交易日。

## 五、统计建模与估计

### (一)价格变化的时间趋势分析

1. 分段线性模型

由于将所研究的期间分成三个时间段，不宜用单一的线性模型描述其特征，而适合采用分

段线性模型。形如

$$\begin{pmatrix} Y_1 \\ Y_2 \\ Y_3 \end{pmatrix} = \begin{pmatrix} 1 & X_1 & 0 & 0 & 0 & 0 \\ 0 & 0 & 1 & X_2 & 0 & 0 \\ 0 & 0 & 0 & 0 & 1 & X_3 \end{pmatrix} \begin{pmatrix} c_1 \\ \beta_1 \\ c_2 \\ \beta_2 \\ c_3 \\ \beta_3 \end{pmatrix} + \varepsilon \tag{5}$$

的线性模型是本文中所用的分段线性模型，其中 $Y_i$、$X_i$ 、1、$\varepsilon$ 均为列向量。上述模型也可以写成如下函数形式：

$$Y = I_1(X_1\beta_1 + c_1) + I_2(X_2\beta_2 + c_2) + I_3(X_3\beta_3 + c_3) \tag{6}$$

其中 $I_j$ 为示性函数。

之所以用这种形式而不是分成三组数据做线性回归，主要是为了统一的进行残差分析，尤其是残差的自相关问题。

对这三个时间段分别做线性回归模型得到如下结果：

$$\begin{aligned} L\hat{P} = &(0.004062t_1 + 1.328197)\mathrm{I}_1 + (0.005052t_2 + 4.246192)\mathrm{I}_2 \\ &+ (-0.004536t_3 + 6.795272)\mathrm{I}_3 \end{aligned} \tag{7}$$

其中 $t_i$ 分别是各个时期以天为单位的变量，即在每个时期都是从 1 递增的正整数。

从表 1 可以看出，每个系数都通过 t 检验，都非常显著，拟合优度检验效果也非常好，由 DW 检验看出该模型还是存在很大的一阶自相关，这在金融市场中非常常见。拟合效果如图 4。

**表 1　模型(4.4)显著性检验和拟合优度检验**

| 变量名 | t一统计量 | P 值 |
| --- | --- | --- |
| $t_1 I_1$ | 34.06658 | <0.0001 |
| $c_1 I_1$ | 43.76457 | <0.0001 |
| $t_2 I_2$ | 19.30636 | <0.0001 |
| $c_2 I_2$ | 107.5160 | <0.0001 |
| $t_3 I_3$ | −4.766280 | <0.0001 |
| $c_3 I_3$ | 116.6482 | <0.0001 |
| $R^2=0.967501$ | DW=0.066688 | |

2. 自相关模型的建立

接下来对式(3)残差做分析，建立 AR(1)模型，结果如式(8)。

$$\hat{r}_t = 0.966444 r_{t-1} \tag{8}$$

可以看出，残差项，即 LP 偏离时间趋势的离差符合一个 AR(1)过程，可以近似的看成一个随机游走。

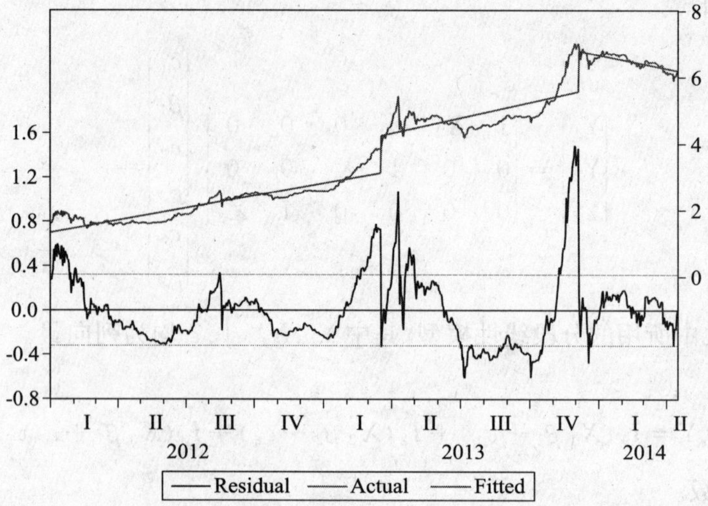


**图 4　分为三个时间段的比特币对数化收盘价的拟合效果图**

接下来考虑消除自相关的方法。

应用回归式(3)的残差做一阶滞后项 r(-1)加入到新的回归方程中,且该方法对原模型的影响最小。结果如式(9)。

$$L\hat{P}=(0.04092t_1+1.32242)\mathrm{I}_1+(0.05237t_2+4.224519)\mathrm{I}_2+(-0.004054t_3+6.752529)\mathrm{I}_3+0.964895r(-1) \tag{9}$$

从表 2 可以看出系数都非常显著,拟合优度检验效果较(7)更好,由 DW 检验看出该模型已经消除了一阶自相关。而且(9)式各项的系数和(7)式的系数差距很小,表明(7)中总体趋势的预测仍合理的。r(-1)项的系数和(8)式中的系数十分接近。拟合效果如图 5 所示。

**表 2　模型(4.6)显著性检验和拟合优度检验**

| 变量名 | t—统计量 | P 值 |
|---|---|---|
| $t_1I_1$ | 134.8739 | <0.0001 |
| $c_1I_1$ | 171.0744 | <0.0001 |
| $t_2I_2$ | 78.98359 | <0.0001 |
| $c_2I_2$ | 421.7261 | <0.0001 |
| $t_3I_3$ | −16.42123 | <0.0001 |
| $c_3I_3$ | 465.8894 | <0.0001 |
| $r(-1)$ | 109.1943 | <0.0001 |
| $R^2=0.997912$ | DW=1.839478 | |

由图 5 可以看出,除了个别点,预测和实际拟合的都非常好。

Lp 可以看做是比特币收益率,由此可以看出,收益率在各个时期都有各自不同的时间趋势,在剔除时间趋势之后的波动近似服从一个随机游走。

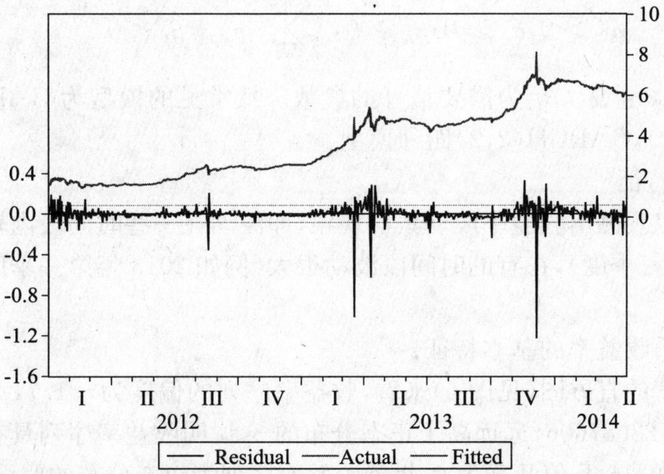


**图 5　加入一阶滞后项的三阶段比特币对数化收盘价拟合效果图**

3. 分段线性模型的总结

由上述讨论可以看出，比特币的价格走势受国际政策和国内政策影响，在三个阶段呈现不同的走势：阶段一的增长率呈较缓慢的线性增长；阶段二由于受美国方面的利好政策影响，将比特币认定为电子货币，其增长率呈现快速的增长；阶段三由于受我国政策影响，不承认比特币作为货币的地位，比特币的增长率随时间呈下降趋势。我们认为，如果在当前政策维持稳定的条件下，阶段三的下降趋势仍将继续。

同时，基于对残差的分析，当日的价格相对于总体趋势的偏离程度受上一日的价格偏离总体趋势大小的显著影响，这反映了一个黏性的波动特性，在金融市场中，这样的价格变化特性是很常见的。

（二）基于 GARCH 模型的收益率趋势分析

1. GARCH 模型介绍

对于收益率的时间序列$\{r_t\}$有

$$r_t = \mu_t + \varepsilon_t \tag{10}$$

其中

$$\mu_t = E[r_t \mid F_{t-1}] \tag{11}$$

我们考虑关于收益率的条件方差

$$\sigma_t^2 = Var(r_t \mid F_{t-1}) = Var(\varepsilon_t \mid F_{t-1}) \tag{12}$$

来作为波动率的估计，并建立与之相关的模型。其中

$$F_{t-1} = \sigma(r_1, r_2, \cdots, r_{t-1}) \tag{13}$$

GARCH 模型是由 Bollerslev 在 1986 年提出，GARCH(m,n)模型的具体形式如下：

$$\varepsilon_t = \sigma_t e_t$$

$$\sigma_t^2 = \alpha_0 + \sum_{i=1}^{m} \alpha_i \varepsilon_{t-i}^2 + \sum_{j=1}^{n} \beta_j \sigma_{t-j}^2$$

$$\alpha_0 > 0, \alpha_i \geqslant 0, \beta_j \geqslant 0, \quad \sum_{i=1}^{\max(m,n)} \alpha_i + \beta_i < 1 \tag{14}$$

其中,$e_t$ 独立同分布,$\alpha_0$、$\alpha_i$、$\beta_j$ 为需要估计的参数。最常见的模型为 GARCH(1,1),GARCH(2,1),GARCH(1,2),GARCH(2,2)四种模型。

2. 序列的基本特征

从上文图 2 可以观测出收益率波动集群现象,即波动在一些时间段内较小(例如 2012 年第四季度和 2013 年第三季度),在有的时间段波动很大(例如 2013 年第一季度末到第二季度初和 2013 年第四季度)。

下面分析比特币收益率的基本特征:

从比特币收益率的直方图(见图 6)来看,收益率序列的偏度为$-1.712147<0$,说明序列分布是左偏的,峰度为 23.87606,远远高于正态分布的 3,说明收益率序列具有尖峰,厚尾的特征。J—B 统计量为 15589.16,P 值几乎为 0,拒绝收益率序列为正态分布的假设。

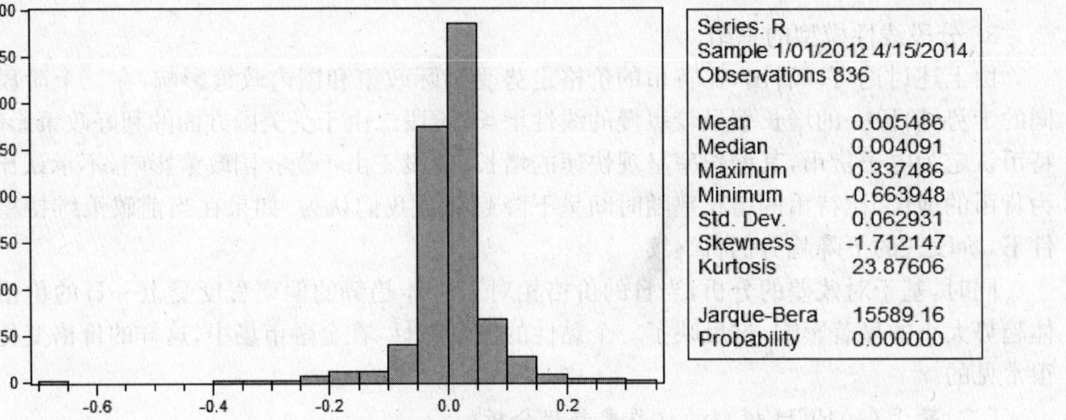


**图 6 比特币收益率直方图**

下面考察序列平稳性。对收益率序列做 ADF 检验,结果如表 3 所示。

**表 3 ADF 检验结果**

| level | T 统计量 | P 值 |
|---|---|---|
| ADF 检验统计量 | $-30.17615$ | 0.0000 |
| 1% | $-3.438$ | |
| 5% | $-2.865$ | |
| 10% | $-2.569$ | |

t—统计量值为$-30.17615$,p 值几乎为 0,表明收益率序列是平稳的。

下面对收益率序列做自相关和偏自相关检验,结果如图 7。从图 7 可以看出,收益率序列存在 5 阶自相关,所以初步建立模型为

$$r_t = c_1 + c_2 \times r_{t-5} + \varepsilon_t \tag{15}$$

接下来对残差进行 LM 检验,来确定是否存在 ARCH 效应,结果如表 4。

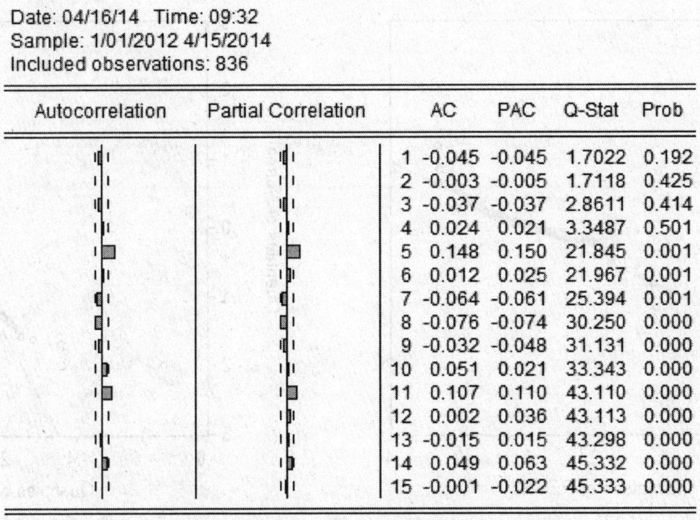


**图 7　比特币收益率的自相关和偏自相关检验结果**

**表 4　LM 检验结果**

| F—统计量 | P 值 |
|---|---|
| —2.569 | 0.0065 |

由 LM 检验可以得到，F—统计量为 2.156236，p 值为 0.0065，说明存在高阶 ARCH 效应，可以用 GARCH 模型去拟合。

经过依次检验，GARCH(1,2)模型和 GARCH(2,2)模型中有些系数是不显著的，而 GARCH(2,1)模型中有系数小于零，所以最终考虑选用 GARCH(1,1)模型。此时再对模型残差进行 ARCH 效应检验，结果见表 5。

**表 5　LM 检验结果**

| F—统计量 | P 值 |
|---|---|
| 0.705035 | 0.7810 |

此时的 F—统计量的值为 0.705035，相应的 P 值为 0.7810，证明此时已不存在 ARCH 效应。

前面建立的模型全是基于残差是正态分布的基础上进行的，而 GARCH 模型并不一定要求残差服从正态分布，于是接下来对残差的分布进行分析，残差的 QQ 图如图 8 所示，可以看出残差更近似于 t—分布而非正态分布，因此建立残差为 t—分布的 GARCH(1,1)模型。

3. 模型的建立

(1)残差为 t—分布的 GARCH(1,1)模型

当选用残差是 t—分布 GARCH(1,1)模型时，可以看出 AIC 和 SC 都有所下降，说明模型拟合效果更好。

综上所述，建立的模型为

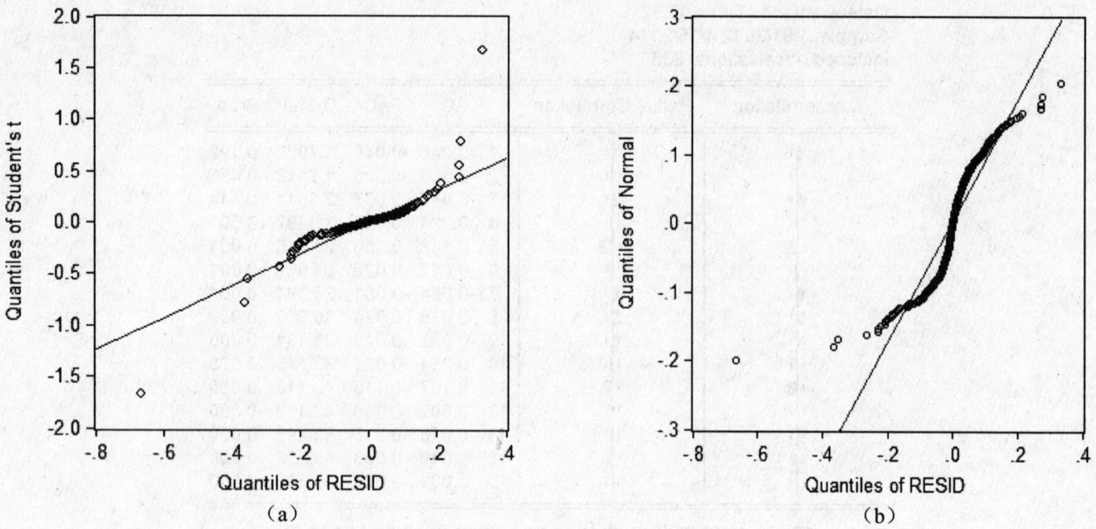


**图 8　分别用 t 分布和正态分布拟合残差分布的 QQ 图**

$$
\begin{aligned}
r_t &= 0.002739 + 0.03174 \times r_{t-5} + \varepsilon_t \\
\varepsilon_t &= \sigma_t e_t \\
\sigma_t^2 &= 0.00006069 + 0.6012\varepsilon_{t-1}^2 + 0.7219\sigma_{t-1}^2
\end{aligned} \tag{16}
$$

其中，$e_t$ 独立同分布于 t—分布。

(2)IGARCH(1,1)模型

由于 ARCH 项系数与 GARCH 项系数之和大于 1，此时模型的稳定性很差。所以考虑 IGARCH(1,1)模型，具体形式如式(17)。

$$
\begin{aligned}
\varepsilon_t &= \sigma_t e_t \\
\sigma_t^2 &= \alpha_0 + \alpha_1 \varepsilon_{t-1}^2 + (1 - \alpha_1)\sigma_{t-1}^2
\end{aligned} \tag{17}
$$

其余同 GARCH 模型。其结果如下：

$$
\begin{aligned}
r_t &= 0.002356 + 0.044631 r_{t-5} + \varepsilon_t \\
\varepsilon_t &= \sigma_t e_t \\
\sigma_t^2 &= 0.1604\varepsilon_{t-1}^2 + 0.8396\sigma_{t-1}^2
\end{aligned} \tag{18}
$$

其中 AIC 和 SC 都有所上升，这是由于增加了限制条件的缘故。

输出结果表明 r(—5)项的系数是不显著的，为了使模型更加简化，故考虑去掉 r(—5)项的 IGARCH 模型。

由结果可以看出，AIC 和 SC 上升的不是很大，而且各项系数都是显著的。所以建立的最终模型如下：

$$
\begin{aligned}
r_t &= 0.002466 + \varepsilon_t \\
\varepsilon_t &= \sigma_t e_t \\
\sigma_t^2 &= 0.1625\varepsilon_{t-1}^2 + 0.8375\sigma_{t-1}^2
\end{aligned} \tag{19}
$$

其中，$e_t$ 独立同分布于 t—分布。

4. 结论

通过 GARCH 模型拟合比特币收益率，得到以下结论：

(1)比特币收益率存在波动集群的现象和尖峰厚尾的特征，不服从正态分布，并且存在高阶自相关现象；

(2)通过 IGARCH(1,1)模型来拟合，模型是不稳定的，GARCH 项系数较大，说明外界信息的冲击对波动率的影响是持久的；

(3)通过检验 GARCH 模型的残差，发现更近似服从于 t—分布，从而能够提高拟合精度。

## 六、结论分析和投资建议

从上面的分析结果我们看到，收盘价对数变化率可以通过一个分为三个时间段的一阶自回归模型来拟合，并具有较好的预测能力。基于 GARCH 模型上收益率所建立的模型可以对收益率做出较好的预测。

收盘价分析中，三个时间段的划分，体现了在划分时间点之前的政府政策的冲击效果。IGARCH(1,1)模型的不稳定性体现了政策冲击效果的持久性，由于比特币自身的匿名性、对非法交易的间接保护使其本身很难被政府接受。这种不受管控的货币流通势必会对本国金融环境造成冲击，同时其自身的风险性也会对社会经济秩序造成威胁。因此，面对这种不可控的货币，各国政府很难展现鼓励与支持的态度。政府态度的体现即为政府政策。本文的分析结果可知，对比特币价格的变动的政策冲击是持久的，进一步肯定了政府态度关乎比特币的长期发展，因此建议投资者重点关注各国态度。

本文建立的统计模型，为比特币投资者预测价格变动提供了依据，比特币投资者可以根据本报告中建立的模型对比特币的价格变动做出适当预测，进而制定合理的投资策略。本文的模型也为相似金融产品的分析提供了有价值的参考。

需要特别指出的是，本文对比特币的分析，只是通过对数化收盘价和 GARCH 模型来研究比特币价格变化趋势和收益率的波动性，还存在许多问题尚未研究，例如收益率或波动率是否存在周期性，对于不平稳的模型如何来预测等，通过此类问题的研究分析可以建立更加完善的统计模型，其实际意义重大。

### 参考文献

[1] 张超．新型虚拟货币比特币的发展现状及其对现实经济和金融影响的研究[J].时代金融，2013，14：291—294.

[2] 李笑来，周恒星．比特币是一场社会实验[J].中国企业家，2013，10：82—85.

[3] 于江．新型货币“比特币”：产生、原理与发展[J].吉林金融研究，2013，05：17—23.

[4] 李帅杰．去中心化的尝试——比特币的崛起[J].东方企业化，2013，18：225—227.

[5] http://bitcoincharts.com/charts/bitstampUSD.

[6] 谢衷洁.应用概率统计研究实例选讲[M].北京大学出版社，2011，8.

[7] Bollerslev，T．. Generalized Autoregressive Conditional Heteroskedasticity [J].Journal of Econometrics，1986，31：307—327.

# 附录:GARCH 模型输出结果

## 1. GARCH(1,1)模型输出结果

Dependent Variable: R
Method: ML - ARCH (Marquardt) - Normal distribution
Date: 04/16/14 Time: 10:20
Sample (adjusted): 1/06/2012 4/15/2014
Included observations: 831 after adjustments
Convergence achieved after 78 iterations
Presample variance: backcast (parameter = 0.7)
GARCH = C(3) + C(4)*RESID(-1)^2 + C(5)*GARCH(-1)

| Variable | Coefficient | Std. Error | z-Statistic | Prob. |
|---|---|---|---|---|
| R(-5) | 0.024287 | 0.040897 | 0.593867 | 0.5526 |
| C | 0.003256 | 0.001629 | 1.998763 | 0.0456 |
| Variance Equation | | | | |
| C | 0.000148 | 1.02E-05 | 14.57637 | 0.0000 |
| RESID(-1)^2 | 0.299892 | 0.021841 | 13.73097 | 0.0000 |
| GARCH(-1) | 0.705908 | 0.015593 | 45.27198 | 0.0000 |

| | | | |
|---|---|---|---|
| R-squared | 0.005861 | Mean dependent var | 0.005176 |
| Adjusted R-squared | 0.004662 | S.D. dependent var | 0.062792 |
| S.E. of regression | 0.062645 | Akaike info criterion | -3.368262 |
| Sum squared resid | 3.253359 | Schwarz criterion | -3.339847 |
| Log likelihood | 1404.513 | Hannan-Quinn criter. | -3.357366 |
| Durbin-Watson stat | 2.081385 | | |

## 2. GARCH(2,1)模型输出结果

Dependent Variable: R
Method: ML - ARCH (Marquardt) - Normal distribution
Date: 04/16/14 Time: 10:20
Sample (adjusted): 1/06/2012 4/15/2014
Included observations: 831 after adjustments
Convergence achieved after 78 iterations
Presample variance: backcast (parameter = 0.7)
GARCH = C(3) + C(4)*RESID(-1)^2 + C(5)*GARCH(-1)

| Variable | Coefficient | Std. Error | z-Statistic | Prob. |
|---|---|---|---|---|
| R(-5) | 0.024287 | 0.040897 | 0.593867 | 0.5526 |
| C | 0.003256 | 0.001629 | 1.998763 | 0.0456 |
| Variance Equation | | | | |
| C | 0.000148 | 1.02E-05 | 14.57637 | 0.0000 |
| RESID(-1)^2 | 0.299892 | 0.021841 | 13.73097 | 0.0000 |
| GARCH(-1) | 0.705908 | 0.015593 | 45.27198 | 0.0000 |

| | | | |
|---|---|---|---|
| R-squared | 0.005861 | Mean dependent var | 0.005176 |
| Adjusted R-squared | 0.004662 | S.D. dependent var | 0.062792 |
| S.E. of regression | 0.062645 | Akaike info criterion | -3.368262 |
| Sum squared resid | 3.253359 | Schwarz criterion | -3.339847 |
| Log likelihood | 1404.513 | Hannan-Quinn criter. | -3.357366 |
| Durbin-Watson stat | 2.081385 | | |

3. GARCH(1,2)模型输出结果

Dependent Variable: R
Method: ML - ARCH (Marquardt) - Normal distribution
Date: 04/16/14 Time: 10:24
Sample (adjusted): 1/06/2012 4/15/2014
Included observations: 831 after adjustments
Convergence achieved after 98 iterations
Presample variance: backcast (parameter = 0.7)
GARCH = C(3) + C(4)*RESID(-1)^2 + C(5)*GARCH(-1) + C(6)*GARCH(-2)

| Variable | Coefficient | Std. Error | z-Statistic | Prob. |
|---|---|---|---|---|
| R(-5) | 0.027949 | 0.041312 | 0.676538 | 0.4987 |
| C | 0.003232 | 0.001625 | 1.988163 | 0.0468 |
| Variance Equation | | | | |
| C | 0.000157 | 2.03E-05 | 7.734248 | 0.0000 |
| RESID(-1)^2 | 0.313480 | 0.036661 | 8.550754 | 0.0000 |
| GARCH(-1) | 0.600709 | 0.153399 | 3.915992 | 0.0001 |
| GARCH(-2) | 0.088359 | 0.120069 | 0.735898 | 0.4618 |

| | | | |
|---|---|---|---|
| R-squared | 0.006761 | Mean dependent var | 0.005176 |
| Adjusted R-squared | 0.005563 | S.D. dependent var | 0.062792 |
| S.E. of regression | 0.062617 | Akaike info criterion | -3.366346 |
| Sum squared resid | 3.250416 | Schwarz criterion | -3.332248 |
| Log likelihood | 1404.717 | Hannan-Quinn criter. | -3.353271 |

4. GARCH(2,2)模型输出结果

Dependent Variable: R
Method: ML - ARCH (Marquardt) - Normal distribution
Date: 04/16/14 Time: 10:26
Sample (adjusted): 1/06/2012 4/15/2014
Included observations: 831 after adjustments
Convergence achieved after 113 iterations
Presample variance: backcast (parameter = 0.7)
GARCH = C(3) + C(4)*RESID(-1)^2 + C(5)*RESID(-2)^2 + C(6)*GARCH(-1)
+ C(7)*GARCH(-2)

| Variable | Coefficient | Std. Error | z-Statistic | Prob. |
|---|---|---|---|---|
| R(-5) | 0.023988 | 0.041969 | 0.571572 | 0.5676 |
| C | 0.003183 | 0.001634 | 1.948464 | 0.0514 |
| Variance Equation | | | | |
| C | 0.000254 | 3.77E-05 | 6.743737 | 0.0000 |
| RESID(-1)^2 | 0.316310 | 0.033984 | 9.307594 | 0.0000 |
| RESID(-2)^2 | 0.202458 | 0.099355 | 2.037712 | 0.0416 |
| GARCH(-1) | -0.036726 | 0.254093 | -0.144536 | 0.8851 |
| GARCH(-2) | 0.529203 | 0.184503 | 2.868253 | 0.0041 |

| | | | |
|---|---|---|---|
| R-squared | 0.005717 | Mean dependent var | 0.005176 |
| Adjusted R-squared | 0.004518 | S.D. dependent var | 0.062792 |
| S.E. of regression | 0.062650 | Akaike info criterion | -3.363811 |

5. 残差为 t-分布的 GARCH(1,1)模型输出结果

Dependent Variable: R
Method: ML - ARCH (Marquardt) - Student's t distribution
Date: 04/16/14 Time: 10:44
Sample (adjusted): 1/06/2012 4/15/2014
Included observations: 831 after adjustments
Convergence achieved after 17 iterations
Presample variance: backcast (parameter = 0.7)
GARCH = C(3) + C(4)*RESID(-1)^2 + C(5)*GARCH(-1)

| Variable | Coefficient | Std. Error | z-Statistic | Prob. |
|---|---|---|---|---|
| R(-5) | 0.031738 | 0.030358 | 1.045453 | 0.2958 |
| C | 0.002739 | 0.000755 | 3.627976 | 0.0003 |
| | | Variance Equation | | |
| C | 6.07E-05 | 3.09E-05 | 1.966815 | 0.0492 |
| RESID(-1)^2 | 0.601245 | 0.253953 | 2.367546 | 0.0179 |
| GARCH(-1) | 0.721925 | 0.034069 | 21.19004 | 0.0000 |
| T-DIST. DOF | 2.524144 | 0.282766 | 8.926612 | 0.0000 |

| | | | |
|---|---|---|---|
| R-squared | 0.007179 | Mean dependent var | 0.005176 |
| Adjusted R-squared | 0.005982 | S.D. dependent var | 0.062792 |
| S.E. of regression | 0.062604 | Akaike info criterion | -3.734442 |
| Sum squared resid | 3.249047 | Schwarz criterion | -3.700343 |

6. IGARCH(1,1)模型输出结果

Dependent Variable: R
Method: ML - ARCH (Marquardt) - Student's t distribution
Date: 04/16/14 Time: 11:33
Sample (adjusted): 1/06/2012 4/15/2014
Included observations: 831 after adjustments
Convergence achieved after 17 iterations
Presample variance: backcast (parameter = 0.7)
GARCH = C(3)*RESID(-1)^2 + (1 - C(3))*GARCH(-1)

| Variable | Coefficient | Std. Error | z-Statistic | Prob. |
|---|---|---|---|---|
| R(-5) | 0.044631 | 0.029561 | 1.509790 | 0.1311 |
| C | 0.002356 | 0.000576 | 4.087928 | 0.0000 |
| | | Variance Equation | | |
| RESID(-1)^2 | 0.160356 | 0.013043 | 12.29403 | 0.0000 |
| GARCH(-1) | 0.839644 | 0.013043 | 64.37295 | 0.0000 |
| T-DIST. DOF | 3.709685 | 0.255229 | 14.53475 | 0.0000 |

| | | | |
|---|---|---|---|
| R-squared | 0.009662 | Mean dependent var | 0.005176 |
| Adjusted R-squared | 0.008468 | S.D. dependent var | 0.062792 |
| S.E. of regression | 0.062525 | Akaike info criterion | -3.689267 |
| Sum squared resid | 3.240920 | Schwarz criterion | -3.666535 |
| Log likelihood | 1536.891 | Hannan-Quinn criter. | -3.680550 |

7. 去掉 R(-5)项的 IGARCH(1,1)模型输出结果

Dependent Variable: R
Method: ML - ARCH (Marquardt) - Student's t distribution
Date: 04/23/14 Time: 10:16
Sample: 1/01/2012 4/15/2014
Included observations: 836
Convergence achieved after 17 iterations
Presample variance: backcast (parameter = 0.7)
GARCH = C(2)*RESID(-1)^2 + (1 - C(2))*GARCH(-1)

| Variable | Coefficient | Std. Error | z-Statistic | Prob. |
|---|---|---|---|---|
| C | 0.002466 | 0.000567 | 4.349698 | 0.0000 |
| | | Variance Equation | | |
| RESID(-1)^2 | 0.162496 | 0.013072 | 12.43045 | 0.0000 |
| GARCH(-1) | 0.837504 | 0.013072 | 64.06627 | 0.0000 |
| T-DIST. DOF | 3.712993 | 0.253958 | 14.62051 | 0.0000 |

| | | | |
|---|---|---|---|
| R-squared | -0.002306 | Mean dependent var | 0.005486 |
| Adjusted R-squared | -0.002306 | S.D. dependent var | 0.062931 |
| S.E. of regression | 0.063004 | Akaike info criterion | -3.677190 |
| Sum squared resid | 3.314515 | Schwarz criterion | -3.660221 |
| Log likelihood | 1540.065 | Hannan-Quinn criter. | -3.670685 |
| Durbin-Watson stat | 2.084082 | | |

（审稿人：陈耀辉　纪　宏　李金昌　阮　敬）

# 我国商业银行利率风险 VaR 度量

## ——基于 SHIBOR 的实证研究

沈　华　李　黎　柯　婧

（指导老师：陈耀辉）

南京财经大学

## 一、案例背景概述

利率是重要的经济杠杆，在经济中扮演着举足轻重的角色，因此它一直是各国政府严加管制的对象，包括一些发达国家的金融管理当局都曾制定过严格的法律和经济政策来控制利率水平。如今，经济的不断发展要求市场化程度的不断提高，利率作为资本价格，也必然需要市场化，以提高经济的运行效益。我国自 1992 年开始尝试利率市场化，随着 2013 年 9 月 29 日上海自由贸易试验区正式挂牌，2014 年 2 月中国人民银行宣布，自 3 月 1 日起放开自由贸易区小额外币存款利率上限。这也成为中国历史上第一次在本国金融体系内取消对一类货币的利率管制，也被认为是中国最终走向全面利率市场化的重要步骤。

由于我国长期实行的是利率管制政策，利率的制定由中国人民银行决定，各商业银行只能被动接受，从而长时间缺乏对利率风险管理的经验；同时，我国商业银行长期依赖业务结构单一，主要集中于传统的存贷款业务，存贷利差收益成为商业银行利息收入、甚至商业银行整个收益的主要来源。在利率管制的条件下，利率水平的变动比较平稳且易于预测，随着我国利率市场化的展开，利率将更多的受到市场力量的影响，利率水平的波动将更加频繁和难以预测。对于利率敏感性资产和负债来说，利率风险陡然加大。另外，利率的市场化必然会造成存贷款利差收益的缩小，将给我国商业银行造成极大的损失。因此，当务之急是要找到一种行之有效的量化我国商业银行利率风险的方法。

（一）利率风险的概念

利率风险是指市场利率变动的不确定性给商业银行造成损失的可能性。巴塞尔委员会在 1997 年发布的《利率风险管理原则》中将利率风险定义为："利率变化使商业银行的实际收益与预期收益或实际成本与预期成本发生背离，使其实际收益低于预期收益，或实际成本高于预期成本，从而使商业银行遭受损失的可能性。"

按照巴塞尔协议规定，银行通常所面临的利率风险的主要形式，包括重新定价风险、收益率曲线风险、基准风险和期权性风险（见图 1）。重新定价风险是指金融机构资产、负债和表外业务到期日或重新定价时间差异给金融机构带来的风险；收益曲线风险是指当金融机构收益曲线的斜率与形态发生意外变化时，银行资产方收益可能与负债方支出发生方向相反的变化，从而影响银行收益的风险；基准点风险指一般利率水平变化引起重新定价特征相似的金融工具利率发生程度不等的变化，从而影响金融机构收益的风险。同时，我国商业银行又具有期权风险，主要指银行活期存款随时提前支取和银行个人住房贷款提前偿付而带来的利率风险。

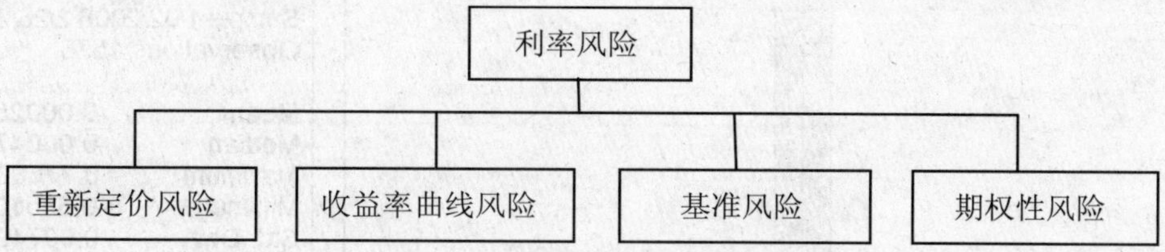


**图 1　利率风险的主要形式**

（二）研究现状

VaR 方法是国际金融市场风险管理的主流方法，并且 VaR 理论和应用也得到了迅速的发展和完善。虽然我国的金融市场发展较晚，但是随着我国于 1996 年加入了《巴塞尔协议》，推进了我国学者对 VaR 理论方法的研究和实践应用的探索。

总体来看，国内外对金融市场风险度量问题在某些问题已有了较为深入的研究，甚至取得了较大的研究成果。在国内对 VaR 的研究是将国外已有的理论直接用于我国金融市场，改进 VaR 的方法研究不多见；其次，对 VaR 的研究集中于股票市场，将 VaR 用于商业银行的利率风险测度的较少。随着全球各国的金融市场的逐步发展，新的风险问题将不断涌现，这些问题都是需要从不同的角度对其进行细致深入的探索。

## 二、数据来源及处理

在中国利率体系中，银行间同业拆借利率是我国货币市场最早市场化的利率，也是直接的市场利率，不仅能密切反映资金供求情况，也是中央银行货币政策调控的重要参考指标之一。其中，2006 年 10 月建立的上海银行间同业拆放利率（Shanghai Interbank Offered Rate，SHIBOR）要比中国银行间同业拆借利率（China Interbank Offered Rate，CHIBOR）更为市场化。目前，对社会公布的 SHIBOR 品种包括隔夜（O/N）、1 周（1W）、2 周（2W）、1 个月（1M）等品种，其中以隔夜拆借利率数据最为频繁。

本文选择 SHIBOR 数据中的隔夜拆借利率数据对中国市场下利率风险进行实证分析。SHIBOR 本文数据时间范围为 2008 年 1 月 2 日至 2014 年 2 月 26 日，共 1537 个 SHIBOR 数据。

数据来源为全国银行间同业拆借中心，将使用的统计软件有 Eviews 7.2 以及 EXCEL。

为了消除数据的非平稳性，先对原始数据进行对数化处理：

$$r_t = \ln SHIBOR_t - \ln SHIBOR_{t-1} \tag{1}$$

## 三、探索性初步分析

（一）正态性检验

在 VaR 模型的设定过程中，对收益率分布的正态性检验是评价模型有效性非常重要的方法。对 1536 个隔夜拆借利率的对数收益率数据进行描述性统计分析，结果如图 2 所示。

可以看出，观测样本偏度为 0.5841＞0，说明 SHIBOR 隔夜拆借率的时间序列是正偏（或右偏）的，从图形上来看说明尾部的分布比正态分布更长；峰度为 17.6083＞3，说明 SHIBOR 隔夜

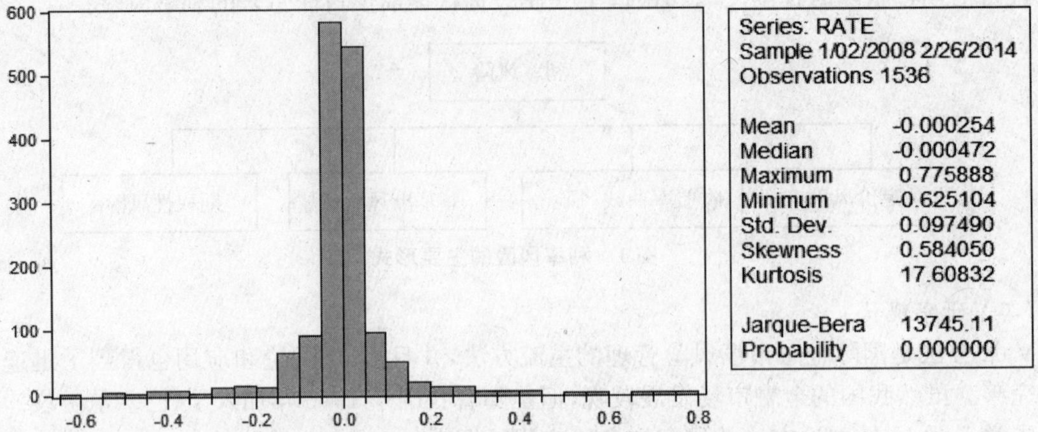


**图 2　SHIBOR 隔夜拆借率的对数收益率直方图**

拆借率的时间序列呈现出尖峰的特征。因此,从偏度和峰度的检验说明观测样本不服从正态分布,呈现出明显的"尖峰厚尾"的特征,这正是与时间序列"尖峰厚尾"的特征相吻合。

同时,Jarque－Bera 统计量为 13745.11,其 P 值概率为 0.0000,这也可以说明观测样本不服从正态分布,并且呈现出明显的"尖峰厚尾"的特征。

(二)平稳性检验

在对 SHIBOR 隔夜拆借率的对数收益率进行正态检验后,还需要对其进行平稳性检验,由此确定该观测样本是否是平稳的时间序列,结果如图 3 所示。

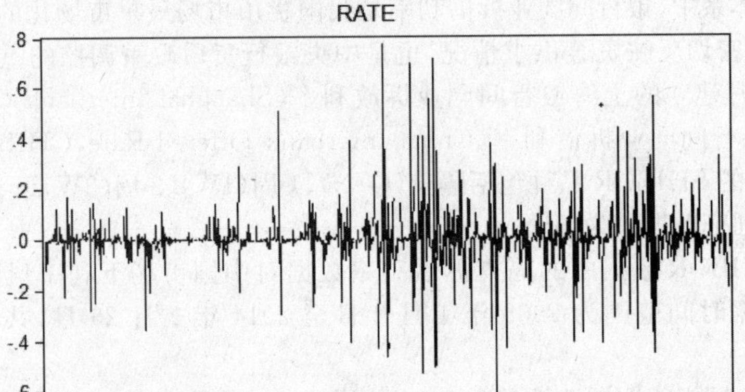


**图 3　SHIBOR 隔夜拆借率的对数收益率走势**

由对数收益率曲线可以看出,SHIBOR 隔夜拆借率的对数收益率时间序列在 0%附件波动,因此可以初步认定该观测样本是随机数据。对观测样本进行单位根检验,本文选择最常用的 ADF 检验,结果显示如图 4 所示。

可以看出,从不含截距和趋势情况下,ADF 值均小于检验值,同时对应 P 值概率均为 0.0000。因此,可以拒绝原假设,说明该观测样本是平稳的时间序列。

Null Hypothesis: RATE has a unit root
Exogenous: None
Lag Length: 0 (Automatic - based on SIC, maxlag=23)

| | | t-Statistic | Prob.* |
|---|---|---|---|
| Augmented Dickey-Fuller test statistic | | -35.90852 | 0.0000 |
| Test critical values: | 1% level | -2.566469 | |
| | 5% level | -1.941030 | |
| | 10% level | -1.616561 | |

*MacKinnon (1996) one-sided p-values.

**图 4　SHIBOR 隔夜拆借率的对数收益率单位根检验结果**

（三）自相关检验

对隔夜拆借率的对数收益率进行自相关检验，本文使用自相关系数、偏自相关系数和 Q—Stat 统计量，部分检验结果如图 5 所示。

Date: 04/20/14　Time: 15:56
Sample: 1/02/2008 2/26/2014
Included observations: 1536

| Autocorrelation | Partial Correlation | | AC | PAC | Q-Stat | Prob |
|---|---|---|---|---|---|---|
| | | 1 | 0.087 | 0.087 | 11.670 | 0.001 |
| | | 2 | -0.040 | -0.048 | 14.080 | 0.001 |
| | | 3 | 0.010 | 0.018 | 14.224 | 0.003 |
| | | 4 | -0.036 | -0.041 | 16.212 | 0.003 |
| | | 5 | -0.052 | -0.044 | 20.390 | 0.001 |
| | | 6 | -0.030 | -0.025 | 21.780 | 0.001 |
| | | 7 | -0.027 | -0.025 | 22.867 | 0.002 |
| | | 8 | -0.092 | -0.091 | 35.878 | 0.000 |
| | | 9 | -0.076 | -0.066 | 44.736 | 0.000 |
| | | 10 | -0.080 | -0.083 | 54.743 | 0.000 |

Date: 04/20/14　Time: 15:56
Sample: 1/02/2008 2/26/2014
Included observations: 1535

| Autocorrelation | Partial Correlation | | AC | PAC | Q-Stat | Prob |
|---|---|---|---|---|---|---|
| | | 1 | -0.430 | -0.430 | 284.84 | 0.000 |
| | | 2 | -0.096 | -0.346 | 299.13 | 0.000 |
| | | 3 | 0.052 | -0.213 | 303.24 | 0.000 |
| | | 4 | -0.016 | -0.174 | 303.64 | 0.000 |
| | | 5 | -0.021 | -0.165 | 304.30 | 0.000 |
| | | 6 | 0.010 | -0.142 | 304.46 | 0.000 |
| | | 7 | 0.038 | -0.068 | 306.64 | 0.000 |
| | | 8 | -0.045 | -0.092 | 309.70 | 0.000 |
| | | 9 | 0.011 | -0.074 | 309.90 | 0.000 |
| | | 10 | -0.044 | -0.144 | 312.91 | 0.000 |

**图 5　SHIBOR 隔夜拆借率的对数收益率自相关检验**

从上图部分检验结果可以看出，观测数据的一阶自相关系数和偏自相关系数等于 0.087，呈现出一阶自相关性。观测数据的一阶差分序列，由相关系数可以看出存在这较弱的序列相关性。从 Q—Stat 统计量可以看出，该观测样本及其一阶差分序列均存在自相关性。

（四）条件异方差检验

为了进一步研究，对观测样本的一阶自回归的残差序列进行 ARCH—LM 的滞后一阶检验，结果如图 6 所示。

Heteroskedasticity Test: ARCH

| | | | |
|---|---|---|---|
| F-statistic | 173.6642 | Prob. F(1,1531) | 0.0000 |
| Obs*R-squared | 156.1758 | Prob. Chi-Square(1) | 0.0000 |

**图 6　一阶自回归 ARCH—LM 的滞后一阶检验结果**

可以看出，F 统计量和 LM 的 Obs ∗ R—squared 在 99%的置信水平下是显著的，说明观测样本的残差序列是存在明显的 ARCH 效应。

## 四、统计建模

(一)利率风险度量的 VaR 相关计算模型

1. VaR 模型

VaR(Value at Risk),即“风险价值”,是一种利用统计方法计量风险价值的度量方法。其含义为:在一定置信区间内,受到正常的波动因素影响下,金融资产的损失可能存在的最大值,即收益率密度曲线的一个分位点。

VaR 方法的数学公式为:

$$\mathrm{Prob}(\Delta P_t \leqslant VaR)=1-\alpha \tag{2}$$

式中,$\Delta P_t$ 为某金融资产在一定时期$t$ 内的损失,为期末价值与期初价值之差;$\alpha$ 为显著性水平;VaR 为 $(1-\alpha)\%$ 下的风险价值,即以 $1-\alpha$ 的概率保证该投资组合的损失不超过 VaR。

VaR 的一般形式可以分为绝对 VaR 和相对 VaR。假设初试投资金额为 $W_0$,投资期内的投资报酬率为 $R$,$R$ 的均值为$\mu$,标准差为$\sigma$,则在$1-\alpha$ 的置信水平下$R'$ 为投资期内最小投资报酬率,$W'$ 为投资期内最小投资报酬。因此,绝对 VaR 和相对 VaR 形式如下:

$$\text{绝对 } VaR=W_0-W'=-W_0R' \tag{3}$$

$$\text{相对 } VaR=E(W)-W'=W_0\mu-W_0R'=-W_0(R'-\mu) \tag{4}$$

只要能找到规定的置信水平,投资期内资产组合的最小价值 $W'$ 或是最低收益率 $R'$ 两个未知量,即可以求出 VaR。

如果资产报酬价值组合的分布属于参数分布,其概率分布函数为 $f(w)$,在 $1-\alpha$ 的置信水平下,资产报酬价值高于 $W'$ 可以用一下的公式表示:

$$1-\alpha=\int_{W'}^{+\infty}f(w)\,dw=\mathrm{Prob}(\Delta P_t \leqslant VaR) \tag{5}$$

那么相对应的来说,资产报酬价值低于 $W'$ 可以表示为:

$$\alpha=\int_{-\infty}^{W'}f(w)dw=\mathrm{Prob}(\Delta P_t \geqslant VaR) \tag{6}$$

假设 $f(w)$ 为正态分布,则可以将 $R'$ 进行标准化处理得到:

$$Z_\alpha=\frac{R'-\mu}{\sigma} \tag{7}$$

则公式(5)可以表示为:

$$1-\alpha=\int_{W'}^{+\infty}f(w)\,dw=\int_{Z_\alpha}^{+\infty}Z(\varepsilon)d\varepsilon \tag{8}$$

其中,$\varepsilon \sim N(0,1)$,因此可求得:

$$R'=\mu-Z_\alpha\sigma \tag{9}$$

若令投资期为 $\Delta t$,则在服从参数分布的假设下:

$$绝对\ VaR = -W_0R' = W_0(-Z_\alpha\sigma\sqrt{\Delta t} - \mu\Delta t) \tag{10}$$

$$相对\ VaR = -W_0(R' - \mu) = W_0 Z_\alpha\sigma\sqrt{\Delta t} \tag{11}$$

在给定置信水平和投资期限的前提下，就可以根据正态分布函数值查到 $Z_\alpha$，然后再根据公式求得绝对和相对 VaR 值。

2. GARCH 族模型的定义

大量实证研究说明，金融时间序列的分布具有"尖峰厚尾"性和波动聚集性，即不符合正态分布和无条件方差的假设，同时也存在着异方差性、自相关等特性。采用 GARCH 族模型，其包括：GARCH 模型、EGARCH 模型和 TGARCH 模型，这都是由 ARCH 模型发展而来，用于估计存在自回归条件异方差的时间序列（见图 7）。

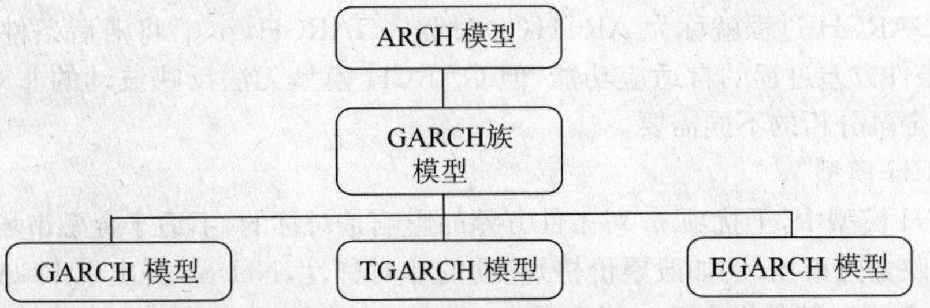


**图 7　GARCH 族模型**

(1)ARCH 模型

Engle(1982)引入条件方差的概念来分析方差变化的原因，并提出了 ARCH 模型，AHCH(q)模型表达式如下：

$$\begin{cases} y_t = X_t{}'b + \varepsilon_t \\ \varepsilon_t \mid I_{t-1} \sim N(0, \sigma_t^2) \\ \sigma_t^2 = \omega + \alpha_1\varepsilon_{t-1}^2 + \alpha_2\varepsilon_{t-2}^2 + \cdots + \alpha_q\varepsilon_{t-q}^2 \end{cases} \tag{12}$$

式中，$y_t$ 是 $t$ 期的被解释变量，由 $X' = (x_{1t}, x_{2t}, \cdots, x_{kt})'$ 来解释；$\varepsilon_t$ 是 $t$ 期的扰动项，它是独立的同分布的白噪声过程，表示偶发因素的作用；$I_t$ 是时间 $t$ 的信息集合；$\sigma_t^2$ 为条件方差，$\omega > 0, \alpha_i \geqslant 0 (i = 1, 2, \cdots, q)$，保证条件方差严格为正。

其中，$\varepsilon_t$ 的条件方差由 $\varepsilon_{t-1}^2, \varepsilon_{t-2}^2, \cdots, \varepsilon_{t-q}^2$ 所决定，当 $\varepsilon_{t-1}$ 很大时，$\varepsilon_t$ 的方差也一定很大，即过去的回归扰动项（$\varepsilon_{t-1}$）对市场的未来波动有着正项而减缓的影响，q 值的大小决定了随机变量的某一跳跃所持续的影响时间。因此，模型能反映出金融市场的变量变化的特点，即"大幅波动往往集中在某些时段上，而小幅波动集中在另外一些时段上"。

(2)GARCH 族波动模型

GARCH 模型族主要包括两个方程，一个是均值方程，另一个是条件异方差方程。均值方程的公式如下：

$$r_t = \mu + \varepsilon_t \tag{13}$$

由于条件异方差方程存在差异，采用 GARCH 族模型中的 GARCH 模型、TGARCH 模型、EGARCH 模型来估计自回归条件异方差的时间序列。

①GARCH 模型

由于 ARCH 模型不能反映实际数据中的长期记忆性质，在估计整个不受约束的滞后分布时将经常导致参数非负约束的破坏。GARCH 模型的意义在于，所有的 ARCH 过程都可以扩展到 GARCH 过程，AECH 过程仅仅是 GARCH 过程的特例。GARCH 过程可以表示为一个与 ARMA 过程相类似的结构。

Bollerselv(1986)给出的 GARCH(p,q)模型可以表示为

$$\begin{cases} y_t = X'b + \varepsilon_t, \varepsilon_t \mid I_{t-1} \sim N(0, \sigma_t^2) \\ \varepsilon_t = \sigma_t \eta_t, \eta_t \sim i.i.d.N(0,1) \\ \sigma_t^2 = \omega + \sum_{i=1}^{q} \alpha_i \varepsilon_{t-i}^2 + \sum_{i=1}^{q} \beta_i \sigma_{t-i}^2 = \omega + A(L)\varepsilon_t^2 + B(L)\sigma_t^2 \end{cases} \tag{14}$$

式中，$p \geqslant 0, q > 0; \omega > 0, \alpha_i \geqslant 0, i = 1,2,\cdots,q; \beta_i \geqslant 0, i = 1,2,\cdots,p$。

当 p=0，GARCH 过程就称为 ARCH(q)过程。GARCH(p,q)将滞后条件方差也考虑了进来，增加了条件方差过程的自适应功能，但 GARCH 模型无法反映波动的非对称性，同样需要改进以适应金融分析的不同需要。

②EGARCH 模型

在 GARCH 模型中，干扰项 $\eta_t$ 对条件方差的影响是对称的，不适于金融市场波动的非对称影响。为了反映金融市场(例如股票价格)波动的非对称性，Nelson 提出了 EGARCH 模型(即指数 GARCH 模型)，其条件方差一般表示为：

$$\begin{cases} \varepsilon_t = \sigma_t \eta_t \\ ln(\sigma_t^2) = \omega + \sum_{i=1}^{q} \alpha_i (\eta_{t-i}) + \sum_{j=1}^{p} \beta_j ln(\sigma_{t-j}^2) \\ g(\eta_t) = \theta \eta_t + \gamma[|\eta_t| - E(|\eta_t|)] \end{cases} \tag{15}$$

式中，$\{\alpha_i\}, i = 1,2,\cdots,q$，$\{\beta_j\}, j = 1,2,\cdots,p$，是非随机实属标量序列；$g(.)$ 满足 $E_{t-1}(g(\eta_t)) = 0$。可以看出，的那个 $\theta > 0$ 时，在波动大小想通的情况下，条件方差在负波动下的增幅大于正波动下的增幅，体现了不对称性。在实际应用中，一般将上述式子简化为

$$\ln(\sigma_t^2) = \omega + \sum_{i=1}^{q} (\vartheta_i \left| \frac{\varepsilon_{t-i}}{\sigma_{t-i}} \right| + \gamma_i \frac{\varepsilon_{t-i}}{\sigma_{t-i}}) + \sum_{j=1}^{p} \beta_j \ln(\sigma_{t-j}^2) \tag{16}$$

特别在 EGARCH(1,1)模型中，条件方差方程为

$$\ln(\sigma_t^2) = \omega + \vartheta_1 \left| \frac{\varepsilon_{t-1}}{\sigma_{t-1}} \right| + \gamma_1 \frac{\varepsilon_{t-1}}{\sigma_{t-1}} + \beta_1 \ln(\sigma_{t-1}^2) \tag{17}$$

EGACH(1,1)模型常用于讨论股票市场中价格的非对称影响。在上述的条件方差一般模型中，$\gamma \neq 0$ 时，说明干扰对股价的影响是非对称的，当 $\gamma < 0$ 时，说明金融产品价格波动受负外部冲击的影响大于受正外部冲击的影响。而此时的 $\gamma$ 被称为杠杆效应。

③TGARCH 模型

另一种反映金融市场波动非对称性的模型是 TGARCH 模型(即门限 GARCH 模型)，其条件方差一般表示为：

$$\sigma_t^2 = \omega + \sum_{i=1}^{q} \alpha_i \varepsilon_{t-i}^2 + \gamma \varepsilon_{t-1}^2 D_{t-1} + \sum_{j=1}^{q} \beta_j \sigma_{t-j}^2 \tag{18}$$

式中，$D_{t-1}$ 是一个名义变量

$$D_{t-1}=\begin{cases}1,\varepsilon_{t-1}<0\\0,\varepsilon_{t-1}\geqslant 0\end{cases}$$

其中，$\varepsilon_t<0$ 代表外部的负冲击，$\varepsilon_t>0$ 代表外部的正冲击；$\gamma\neq 0$ 反映了正负外部冲击对波动影响的程度和差异，当 $\gamma>0$ 时，称市场波动存在杠杆效应。一种常用的特殊情况是 TGARCH(1,1)模型，其条件方差为

$$\sigma_t^2=\omega+\alpha_1\varepsilon_{t-1}^2+\gamma\varepsilon_{t-1}^2D_{t-1}+\beta_1\sigma_{t-1}^2 \tag{19}$$

在该模型中，当 $\gamma>0$ 时表示金融产品价格受负外部冲击影响大于受正外部冲击的影响。GARCH 族模型优缺点的比较如表 1 所示。

**表 1　GARCH 族模型比较**

| | GARCH 模型 | TGARCH 模型 | EGARCH 模型 |
|---|---|---|---|
| 优点 | 考虑了滞后条件方差，增加了条件方差过程的自适应功能 | 可以反映金融市场波动的非对称性 | 可以反映金融市场波动的非对称性，参数没有大于零的约束 |
| 缺点 | 无法反映波动的非对称性 | 一般不考虑其缺点 | 一般不考虑其缺点 |

（二）基于 GARCH 族模型的实证分析

1. 均值方程的确定

采用 GARCH 族模型对 SHIBOR 隔夜拆借利率进行利率风险度量，首先要确定模型的均值方程，即确定观测样本的自回归移动平均模型（ARMA），通过 EVIEWS 7.2 分别给出的 AR(1)、AR(2)、AR(3)、ARMA(1,1)这四中均值方程的检验统计量。其中，赤池信息准则（AIC）和施瓦茨信息准则（SC）常常作为 VaR 模型滞后期的选择以及判断模型拟合程度的标准之一。此时，采用 AIC 或 SC 最小原则，即观测不同阶数的 VaR 模型的 AIC 值和 SC 值，AIC 和 SC 值越小，则代表模型拟合度越好。

均值方程模型拟合效果如表 2 所示。

**表 2　均值方程拟合效果**

| 均值方程类型 | AIC | SC |
|---|---|---|
| AR(1) | −1.825388 | −1.821912 |
| AR(2) | −1.825701 | −1.818745 |
| AR(3) | −1.824073 | −1.813633 |
| ARMA(1,1) | −1.876316 | −1.866624 |

对观测样本进行一阶自回归时，AIC 值和 SC 值分别为−1.825388 和−1.821912；进行二阶自回归时，AIC 值变小，而 SC 值变大，同时，AR(2)系数的 T 统计量为−1.862597，对应的 P 值为 0.0627，明显不显著；再进行三阶自回归时，AIC 值和 SC 值都变大，且 AR(3)系数不显著；最后，进行一阶的自回归移动平均过程时，虽然 AIC 值和 SC 值都明显变小，但是由于考虑了移动平均过程，使得 AR(1)系数的 T 统计量为−2.240834，对应的 P 值为 0.0252，在 95%的置信水平下不显著。

因此，选择 AR(1)作为样本序列的均值方程，参数估计结果如图 8 所示。

| Variable | Coefficient | Std. Error | t-Statistic | Prob. |
|---|---|---|---|---|
| AR(1) | 0.087084 | 0.025423 | 3.425352 | 0.0006 |

| | | | |
|---|---|---|---|
| R-squared | 0.007587 | Mean dependent var | -0.000178 |
| Adjusted R-squared | 0.007587 | S.D. dependent var | 0.097476 |
| S.E. of regression | 0.097105 | Akaike info criterion | -1.825388 |
| Sum squared resid | 14.46479 | Schwarz criterion | -1.821912 |
| Log likelihood | 1401.986 | Hannan-Quinn criter. | -1.824095 |
| Durbin-Watson stat | 1.991528 | | |

| | |
|---|---|
| Inverted AR Roots | .09 |

**图 8　AR(1)的参数估计结果**

可以看出，AR(1)模型的 DW 值为 1.991528，接近 2，所以可以认为 SHIBOR 隔夜拆借利率的对数收益率的残差序列不存在序列相关。同时，模型滞后项的倒数根为 0.09，落在单位圆内，因此可以认为该模型基本满足平稳性的要求。因此，是可以选择 AR(1)模型作为观测样本的均值方程来估计 VaR 风险价值。

2. GARCH 模型的确定

(1)GARCH 族模型的方差设定及分布假定

由探索性初步分析可知观测样本存在自相关、条件异方差等特性。GARCH 族模型中的 GARCH 模型、TGARCH 模型、EGARCH 模型都是由 ARCH 模型发展而来，适用于估计存在自回归条件异方差的时间序列。

GARCH 族模型一般将收益率假定服从正态(高斯)分布，但是由于金融时间序列的实际数据具有“尖峰厚尾”的统计特征，为了获得更好的拟合效果，采用其他相似的分布假设来代替正态分布进行拟合，一般采用学生 t 分布和广义误差分布(GED)，其优点如表 3 所示。

**表 3　学生 t 分布和广义误差分布的优点**

| 分布 | 学生 t 分布 | 广义误差分布 |
|---|---|---|
| 优点 | 更厚的尾部，对尾部的特性描述更加贴切 | 根据变化分布函数来获得不同尾部厚薄程度的需求，对尾部的处理更加灵活 |

因此，本文将使用 GARCH 模型、TGARCH 模型、EGARCH 模型三种模型，且采用正态分布、学生 t 分布以及广义误差分布来进行拟合，从而选择效果最优的模型来计算 VaR 值。

(2)模型选取

本文选取了 GARCH、TGARCH、EGARCH 模型分别在正态分布、学生 t 分布以及 GED 下的 21 种 GARCH 模型，运用 EVIEWS 7.2 分析各模型的 AIC 和 SC 值以及各模型的残差序列的 ARCH－LM 检验对比。

**表 4 观测样本波动率模型拟合结果**

| 模型 | AIC | SC | Prob. F(1,1532) |
|---|---|---|---|
| GARCH(1,1)－N | －2.180292 | －2.166387 | 0.6179 |
| GARCH(1,2)－N | －2.204142 | －2.18676 | 0.9912 * |
| GARCH(2,1)－N | －2.274561 | －2.257179 | 0.673 |
| GARCH(1,1)－T | －3.484613 | －3.467231 | 0.8662 |
| GARCH(1,2)－T | －3.502748 | －3.481889 | 0.8372 |
| GARCH(2,1)－T | －3.506225 | －3.485366 | 0.9053 * |
| GARCH(1,1)－G | －3.595294 | －3.577912 | 0.8731 * |
| GARCH(1,2)－G | －3.606282 | －3.585423 | 0.8523 |
| GARCH(2,1)－G | －3.621278 | －3.600419 | 0.9164 * |
| TGARCH(1,1)－N | －2.254287 | －2.236905 | 0.6659 |
| TGARCH(1,2)－N | －2.296143 | －2.275284 | 0.9321 * |
| TGARCH(1,1)－T | －3.517663 | －3.496804 | — |
| TGARCH(1,2)－T | — | — | — |
| TGARCH(1,1)－G | －3.61937 | －3.598512 | 0.858 * |
| TGARCH(1,2)－G | －3.638192 | －3.613857 | 0.8167 |
| EGARCH(1,1)－N | －2.316744 | －2.299362 | 0.0116 |
| EGARCH(1,2)－N | －2.343856 | －2.322998 | 0.3514 |
| EGARCH(1,1)－T | －3.397111 | －3.376253 | 0.9477 * |
| EGARCH(1,2)－T | －3.414434 | －3.390099 | 0.8699 * |
| EGARCH(1,1)－G | －3.57887 | －3.558011 | 0.9182 * |
| EGARCH(1,2)－G | －3.600523 | －3.576188 | 0.8476 |

注：* 表示模型的 ARCH－LM 检验效果较好，且模型的 AIC 和 SC 值较小。

可以看出，大部分的 GARCH 族模型通过了残差序列的 ARCH－LM 检验。其中，部分模型的 ARCH－LM 检验效果较好，且模型的 AIC 和 SC 值较小，说明了正态分布对于残差序列的分布描述存在了一定的偏差，此处学生 t 分布和广义误差分布的效果也较好，比较符合实际的残差序列的分布。

然后，选择其中检验效果较好的模型进行参数估计，并进行参数显著性检验（见表 5），进而选择最优的 GARCH 族模型用于计算 VaR 值。

**表 5 GARCH 族模型系数显著性检验**

| 模型 | 各系数是否显著 |
|---|---|
| GARCH(1,2)－N | 显著 |
| GARCH(2,1)－T | 不显著 |
| GARCH(1,1)－G | 显著 |
| GARCH(2,1)－G | 显著 |
| TGARCH(1,2)－N | 显著 |
| TGARCH(1,1)－G | 显著 |
| EGARCH(1,1)－T | 显著 |
| EGARCH(1,2)－T | 显著 |
| EGARCH(1,1)－G | 显著 |

可以看出，只有 GARCH(2,1)－T 模型的参数估计值不显著，其余模型参数估计值都显著。对上述系数显著的 GARCH 族模型进行参数估计，参数估计值详见表 6(各模型详细估计值见附录)。

**表 6　GARCH 族模型参数估计值结果**

| 模　型 | AR(1) | C | RESID(－1)2 | RESID(－2)2 | GRACH(－1) | GRACH(－2) | γ |
|---|---|---|---|---|---|---|---|
| GARCH(1,2)－N | 0.1721<br>(0.0000) | 0.0011<br>(0.0000) | 0.3693<br>(0.0000) | — | 0.0496<br>(0.0001) | 0.5410<br>(0.0000) | — |
| GARCH(1,1)－G | 0.0830<br>(0.0000) | 5.65E－5<br>(0.0010) | 1.4289<br>(0.0000) | — | 0.6017<br>(0.0000) | — | — |
| GARCH(2,1)－G | 0.0515<br>(0.0000) | 2.48E－5<br>(0.0081) | 2.1193<br>(0.0000) | －1.1805<br>(0.0000) | 0.7301<br>(0.0000) | — | — |
| TGARCH(1,2)－N | 0.1332<br>(0.0000) | 0.0007<br>(0.0000) | 0.7396<br>(0.0000) | — | 0.0401<br>(0.0000) | 0.6117<br>(0.0000) | －0.7191<br>(0.0000) |
| TGARCH(1,1)－G | 0.1173<br>(0.0000) | 4.28E－5<br>(0.0014) | 2.1408<br>(0.0000) | — | 0.6358<br>(0.0000) | — | －1.7691<br>(0.0000) |
| 模　型 | AR(1) | C(2) | C(3) | C(4) | C(5) | C(6) | |
| EGARCH(1,1)－T | 0.1177<br>(0.0000) | －0.1499<br>(0.0000) | 0.7732<br>(0.0050) | 0.52846<br>(0.0035) | 0.9931<br>(0.0000) | — | |
| EGARCH(1,2)－T | 0.1304<br>(0.0000) | －0.2626<br>(0.0000) | 1.5700<br>(0.0139) | 0.8027<br>(0.0137) | 0.4011<br>(0.0000) | 0.5845<br>(0.0000) | |
| EGARCH(1,1)－G | 0.1172<br>(0.0000) | －0.3731<br>(0.0000) | 0.3388<br>(0.0000) | 0.1560<br>(0.0000) | 0.9631<br>(0.0000) | — | |

从参数的估计值和系数显著程度来看，并同时考虑 GARCH 模型中系数非负的约束，以及比较各模型的 AIC 和 SC 值以及各模型的残差序列的 ARCH－LM 检验，可以得出 EGARCH(1,1)－G 的系数较为显著，模型拟合效果较优。

因此，最终确定 EGARCH(1,1)－G 作为观测样本的条件异方差模型进行 VaR 值的测算。

(3)VaR 值的计算

SHIBOR 隔夜拆借利率的对数收益率的 VaR 值计算公式可以表示为：

$$VaR_{t-1}=w_t\,Z_\alpha\,\sigma_{t-1} \tag{20}$$

其中，$w_t$ 为资产价值，$Z_\alpha$ 为置信水平 $1-\alpha$ 下的分位数，$\sigma_{t-1}$ 是 t 时刻下预测的同一天的收益率波动值。对于隔夜拆借利率的对数收益率观测样本来说，令 $w_t$ 为 1，将 EGARCH(1,1)－G 模型条件异方差的预测值带入公式，在 90%、95%、99%三种置信水平下，计算出每日的动态 VaR 值。

EGARCH(1,1)－G 模型在 90%、95%、99%三种置信水平下的 VaR 的最大值、最小值、均值以及标准差，结果如表 7 所示。

**表 7　SHIBOR 隔夜拆借利率的对数收益率 VaR 计算结果**

| 模型 | α | 最大值 | 最小值 | 均值 | 标准差 |
|---|---|---|---|---|---|
| EGARCH(1,1)－G | 0.1 | －0.00206 | －0.06163 | －0.05967 | 0.00845 |
| | 0.05 | －0.00319 | －0.09519 | －0.09218 | 0.01305 |
| | 0.01 | －0.00617 | －0.18419 | －0.17835 | 0.02524 |

(4)回测检验

为了让 VaR 模型在度量风险中能发挥出有效的作用,需要验证该模型的有效性。目前常用的 VaR 准确性检验方法是 Kupiec 在 1995 年提出的失败频率检验法。失败频率检验法包含以下基本思想:把实际损失超过 VaR 值算作模型估计的一次“失败”,反之把实际损失低于 VaR 值算作模型估计的一次“成功”,实际天数设为 T,失败天数记为 N,可以算得失败频率 P=N/T。原假设 P=α,构造服从自由度为 1 的 $\chi^2$ 分布的似然比检验,公式如下:

$$LR=-2\ln[(1-\alpha)^{T-N}\alpha^{T}]+2\ln\left[\left(1-\frac{N}{T}\right)^{T-N}\left(\frac{N}{T}\right)^{N}\right]\sim\chi^2(1) \tag{21}$$

在 95%的置信水平下,$\chi^2$ 分布的临界值是 3.84。若算得 LR 值大于 3.84,则拒绝原假设,即认为实际失败的比率和估计的失败比率不相等。

将 SHIBOR 隔夜拆借利率的对数收益率观测样本与当期 VaR 值进行对比,期望失败天数就是观测样本 1536 乘以 0.05 后取整获得,由于隔夜拆借利率都是取正值,其利率波动具有对称性,因而得到的实际失败天数都除以 2 修正。然后在此基础上通过回测检验公式来计算 LR 值进行检验,结果如表 8 所示。

**表 8 SHIBOR 隔夜拆借利率 VaR 模型估计的 Kupiec 检验**

| 模型 | α | 期望失败天数 | 实际失败天数 | 实际失败率 | LR 统计量 |
|---|---|---|---|---|---|
| EGARCH(1,1)-G | 0.05 | 77 | 63 | 4.10% | 2.77 |

可以看出,EGARCH(1,1)-G 模型的回测检验值较小,所测算的实际失败天数与期望天数较为接近,并且在 95%的置信水平下拟合效果较好,从一定程度上能刻画 SHIBOR 隔夜拆借利率的“尖峰厚尾”的特征。

## 五、结论分析

通过上面的实证分析,可以得到以下结论:

1. 本文通过使用 GARCH 模型、TGARCH 模型、EGARCH 模型三种模型,且采用正态分布、学生 t 分布以及广义误差分布来进行拟合,从而选择效果最优的模型来计算 VaR 值。从参数的估计值和系数显著程度来看,并同时考虑 GARCH 模型中系数非负的约束,以及比较各模型的 AIC 和 SC 值以及各模型的残差序列的 ARCH-LM 检验,可以得出 EGARCH(1,1)-G 的系数较为显著,模型拟合效果较优,因此作为观测样本的条件异方差模型进行 VaR 值的测算。在回测检验中,模型的 LR 值较小,所测算的实际失败天数与期望天数较为接近,并且在 95%的置信水平下拟合效果较好,从一定程度上能刻画 SHIBOR 隔夜拆借利率的“尖峰后尾”的特征,适合作为我国商业银行利率风险的度量模型。

2. SHIBOR 隔夜拆借利率具有杠杆效应。通过非对称的 GARCH 模型,我们发现中国商业银行隔夜拆借利率存在杠杆效应,利率波动受到负外部冲击的影响要大于受到正外部冲击的影响,也说明我国商业银行还未能建立其利率完全由市场决定的利率体制下应该具备的风险管理意识,缺乏科学合理的风险管理策略。鉴于这种情况,可以用非对称性的 GARCH 模型来拟合 SHIBOR 隔夜拆借利率收益率来计算 VaR 值,此时的 VaR 估计中就包含了信息效益,可能会提高对利率风险估计的准确性。

3. 虽然我国目前市场利率还没有完全市场化，但是就同业拆借市场利率来看，利率的波动非常频繁，波动的强度也很大，这给我国商业银行提出巨大的挑战。

## 参考文献


[1] ENGLE R. Autoregressive Conditional Heteroskedasticity with Estimates of the VaR of United Kingdom Inflation[J]. Journal of Finance, 1982(50).

[2] Bollerslew T. Generalized Autoregressive Conditional Heteroskedasticity[J]. Journal of Econometrics, 1986(31).

[3] Kupiec Paul. Techniques for Verifying the Accuracy of Risk Meanuement Models[J]. Journal of Derivatives, 1995(2).

[4] Chew, Lillian. Managing derivative risks[M]. New York: John ffiley&Sons, 2002(7).

[5] Duffle, Pan D.J. An Overview of Value at Risk [J]. The Journal of Derivatives, 2005(9).

[6] Jorion P. Value at Risk: The New Benchmark for Controlling Market Risk[M]. McGraw－Hill, New York, 1997.

[7] 牛昂. Value at Risk：银行风险管理的新方法[J]. 国际金融研究，1999(4).

[8] 姚刚. 风险值测定法浅析[J]. 经济科学，1998(1).

[9] 郑文通. 金融风险管理的 VaR 方法及其应用[J]. 国际金融研究，1997(9)：58－62.

[10] 刘宇飞. VaR 模型及其在金融监管中的应用[J]. 经济科学，1999(1).

[11] 叶青. 基于 GARCH 和半参数法的 VaR 模型及其在中国股市风险分析中的应用[J]. 统计研究，2000(12).

[12] 田新时，刘汉中，李耀. 沪深股市一般误差分布(GED)下的 VaR 计算[J]. 管理工程学报，2003(1).

[13] 陈收，曹雪平. 基于 EGARCH 和 C－F 扩展的 VaR 模型及应用[J]. 系统工程，2004(10).

[14] 马国校，李成. VaR 模型在我国银行同业拆借市场中的应用[J]. 金融研究，2007(5).

[15] 王春峰，李刚. 基于分布拟合法的 VaR 估计[J]. 管理工程学报，2002(4).

[16] 陈守东，王鲁非. 上证综合指数 VaR 的度量[J]. 数量经济技术经济研究，2002(4).

[17] 邹建军，张宗益，秦拯. GARCH 模型在计算我国股市风险价值中的应用研究[J]. 系统工程理论与实践，2003(5).

[18] 戴国强，徐龙炳，陆蓉. VaR 方法对我国金融风险管理的借鉴及应用[J]. 金融研究，2000(7).

[19] 辛俚. 我国商业银行间同业拆借市场利率风险 VaR 度量实证研究[D]. 硕士论文，西南财经大学，2012.

[20] 杨守龙. 我国商业银行市场利率风险的 VaR 度量实证研究[J]. 现代经济信息，2013(18).

# 附录：实证分析 GARCH 族模型参数估计结果

1. GARCH(1,2)-N 模型

| Variable | Coefficient | Std. Error | z-Statistic | Prob. |
|---|---|---|---|---|
| AR(1) | 0. 172112 | 0. 027817 | 6. 187177 | 0. 0000 |
| | | Variance Equation | | |
| C | 0. 001125 | 3. 97E-05 | 28. 35839 | 0. 0000 |
| RESID(-1)^2 | 0. 369300 | 0. 023764 | 15. 54027 | 0. 0000 |
| GARCH(-1) | 0. 049571 | 0. 012921 | 3. 836367 | 0. 0001 |
| GARCH(-2) | 0. 540976 | 0. 016632 | 32. 52634 | 0. 0000 |
| R-squared | 0. 000351 | Mean dependent var | | -0. 000178 |
| Adjusted R-squared | 0. 000351 | S. D. dependent var | | 0. 097476 |
| S. E. of regression | 0. 097459 | Akaike info criterion | | -2. 204142 |
| Sum squared resid | 14. 57026 | Schwarz criterion | | -2. 186760 |
| Log likelihood | 1696. 679 | Hannan-Quinn criter. | | -2. 197674 |
| Durbin-Watson stat | 2. 151105 | | | |
| Inverted AR Roots | . 17 | | | |

2. GARCH(1,1)-G 模型

| Variable | Coefficient | Std. Error | z-Statistic | Prob. |
|---|---|---|---|---|
| AR(1) | 0. 083011 | 0. 005239 | 15. 84627 | 0. 0000 |
| | | Variance Equation | | |
| C | 5. 65E-05 | 1. 72E-05 | 3. 277133 | 0. 0010 |
| RESID(-1)^2 | 1. 428894 | 0. 263493 | 5. 422881 | 0. 0000 |
| GARCH(-1) | 0. 601712 | 0. 026564 | 22. 65146 | 0. 0000 |
| GED PARAMETER | 0. 402161 | 0. 013834 | 29. 07109 | 0. 0000 |
| R-squared | 0. 007571 | Mean dependent var | | -0. 000178 |
| Adjusted R-squared | 0. 007571 | S. D. dependent var | | 0. 097476 |
| S. E. of regression | 0. 097106 | Akaike info criterion | | -3. 602982 |
| Sum squared resid | 14. 46503 | Schwarz criterion | | -3. 585600 |
| Log likelihood | 2770. 289 | Hannan-Quinn criter. | | -3. 596514 |
| Durbin-Watson stat | 1. 983767 | | | |
| Inverted AR Roots | . 08 | | | |

3. GARCH(2,1)-G 模型

| Variable | Coefficient | Std. Error | z-Statistic | Prob. |
|---|---|---|---|---|
| AR(1) | 0. 051533 | 0. 000568 | 90. 80178 | 0. 0000 |
| | | Variance Equation | | |
| C | 2. 78E-05 | 1. 00E-05 | 2. 769665 | 0. 0056 |
| RESID(-1)^2 | 2. 154746 | 0. 368915 | 5. 840768 | 0. 0000 |
| RESID(-2)^2 | -1. 201392 | 0. 229490 | -5. 235060 | 0. 0000 |
| GARCH(-1) | 0. 726787 | 0. 025549 | 28. 44717 | 0. 0000 |
| GED PARAMETER | 0. 402640 | 0. 013306 | 30. 25912 | 0. 0000 |
| R-squared | 0. 006322 | Mean dependent var | | -0. 000178 |
| Adjusted R-squared | 0. 006322 | S. D. dependent var | | 0. 097476 |
| S. E. of regression | 0. 097167 | Akaike info criterion | | -3. 621208 |
| Sum squared resid | 14. 48323 | Schwarz criterion | | -3. 600350 |
| Log likelihood | 2785. 277 | Hannan-Quinn criter. | | -3. 613447 |
| Durbin-Watson stat | 1. 923687 | | | |
| Inverted AR Roots | . 05 | | | |

4. TGARCH(1,2)-N 模型

| Variable | Coefficient | Std. Error | z-Statistic | Prob. |
|---|---|---|---|---|
| AR(1) | 0. 133230 | 0. 028050 | 4. 749745 | 0. 0000 |
| | | Variance Equation | | |
| C | 0. 000742 | 2. 67E-05 | 27. 73652 | 0. 0000 |
| RESID(-1)^2 | 0. 739590 | 0. 048833 | 15. 14530 | 0. 0000 |
| RESID(-1)^2* (RESID(-1)<0) | -0. 719078 | 0. 047751 | -15. 05883 | 0. 0000 |
| GARCH(-1) | 0. 040083 | 0. 005527 | 7. 252160 | 0. 0000 |
| GARCH(-2) | 0. 611669 | 0. 013744 | 44. 50567 | 0. 0000 |
| R-squared | 0. 005456 | Mean dependent var | -0. 000178 | |
| Adjusted R-squared | 0. 005456 | S. D. dependent var | | 0. 097476 |
| S. E. of regression | 0. 097210 | Akaike info criterion | | -2. 296143 |
| Sum squared resid | 14. 49585 | Schwarz criterion | | -2. 275284 |
| Log likelihood | 1768. 290 | Hannan-Quinn criter. | | -2. 288381 |
| Durbin-Watson stat | 2. 078879 | | | |
| Inverted AR Roots | . 13 | | | |

5. TGARCH(1,1)-G 模型

| Variable | Coefficient | Std. Error | z-Statistic | Prob. |
|---|---|---|---|---|
| AR(1) | 0. 117277 | 0. 001658 | 70. 75337 | 0. 0000 |
| | | Variance Equation | | |
| C | 3. 90E-05 | 1. 25E-05 | 3. 117371 | 0. 0018 |
| RESID(-1)^2 | 2. 077338 | 0. 364642 | 5. 696924 | 0. 0000 |
| RESID(-1)^2* (RESID(-1)<0) | -1. 717341 | 0. 347318 | -4. 944574 | 0. 0000 |
| GARCH(-1) | 0. 642166 | 0. 023047 | 27. 86369 | 0. 0000 |
| GED PARAMETER | 0. 419493 | 0. 014273 | 29. 39140 | 0. 0000 |
| R-squared | 0. 006675 | Mean dependent var | | -0. 000178 |
| Adjusted R-squared | 0. 006675 | S. D. dependent var | | 0. 097476 |
| S. E. of regression | 0. 097150 | Akaike info criterion | | -3. 619418 |
| Sum squared resid | 14. 47809 | Schwarz criterion | | -3. 598559 |
| Log likelihood | 2783. 903 | Hannan-Quinn criter. | | -3. 611656 |
| Durbin-Watson stat | 2. 048832 | | | |
| Inverted AR Roots | . 12 | | | |

6. EGARCH(1,1)-T 模型

| Variable | Coefficient | Std. Error | z-Statistic | Prob. |
|---|---|---|---|---|
| AR(1) | 0. 117727 | 0. 013171 | 8. 938574 | 0. 0000 |
| | | Variance Equation | | |
| C(2) | -0. 149945 | 0. 010207 | -14. 69104 | 0. 0000 |
| C(3) | 0. 773163 | 0. 275208 | 2. 809375 | 0. 0050 |
| C(4) | 0. 528456 | 0. 181249 | 2. 915634 | 0. 0035 |
| C(5) | 0. 993061 | 0. 002277 | 436. 1288 | 0. 0000 |
| T-DIST. DOF | 2. 015461 | 0. 010752 | 187. 4461 | 0. 0000 |
| R-squared | 0. 006647 | Mean dependent var | | -0. 000178 |
| Adjusted R-squared | 0. 006647 | S. D. dependent var | | 0. 097476 |
| S. E. of regression | 0. 097151 | Akaike info criterion | | -3. 397111 |
| Sum squared resid | 14. 47849 | Schwarz criterion | | -3. 376253 |
| Log likelihood | 2613. 283 | Hannan-Quinn criter. | | -3. 389350 |
| Durbin-Watson stat | 2. 049682 | | | |
| Inverted AR Roots | . 12 | | | |

7. EGARCH(1,2)-T 模型

| Variable | Coefficient | Std. Error | z-Statistic | Prob. |
|---|---|---|---|---|
| AR(1) | 0. 130375 | 0. 014374 | 9. 070528 | 0. 0000 |
| | | Variance Equation | | |
| C(2) | -0. 262641 | 0. 020431 | -12. 85480 | 0. 0000 |
| C(3) | 1. 570033 | 0. 638582 | 2. 458625 | 0. 0139 |
| C(4) | 0. 802688 | 0. 325613 | 2. 465157 | 0. 0137 |
| C(5) | 0. 401104 | 0. 064394 | 6. 228899 | 0. 0000 |
| C(6) | 0. 584477 | 0. 064246 | 9. 097535 | 0. 0000 |
| T-DIST. DOF | 2. 011804 | 0. 009478 | 212. 2605 | 0. 0000 |
| R-squared | 0. 005711 | Mean dependent var | | -0. 000178 |
| Adjusted R-squared | 0. 005711 | S. D. dependent var | | 0. 097476 |
| S. E. of regression | 0. 097197 | Akaike info criterion | | -3. 414434 |
| Sum squared resid | 14. 49213 | Schwarz criterion | | -3. 390099 |
| Log likelihood | 2627. 578 | Hannan-Quinn criter. | | -3. 405379 |
| Durbin-Watson stat | 2. 073517 | | | |
| Inverted AR Roots | . 13 | | | |

8. EGARCH(1,1)-G 模型

| Variable | Coefficient | Std. Error | z-Statistic | Prob. |
|---|---|---|---|---|
| AR(1) | 0. 117204 | 0. 001496 | 78. 32342 | 0. 0000 |
| | | Variance Equation | | |
| C(2) | -0. 373061 | 0. 051951 | -7. 181053 | 0. 0000 |
| C(3) | 0. 338845 | 0. 042777 | 7. 921151 | 0. 0000 |
| C(4) | 0. 156018 | 0. 035404 | 4. 406737 | 0. 0000 |
| C(5) | 0. 963134 | 0. 007379 | 130. 5276 | 0. 0000 |
| GED PARAMETER | 0. 417877 | 0. 016521 | 25. 29403 | 0. 0000 |
| R-squared | 0. 006679 | Mean dependent var | | -0. 000178 |
| Adjusted R-squared | 0. 006679 | S. D. dependent var | | 0. 097476 |
| S. E. of regression | 0. 097150 | Akaike info criterion | | -3. 578870 |
| Sum squared resid | 14. 47802 | Schwarz criterion | | -3. 558011 |
| Log likelihood | 2752. 783 | Hannan-Quinn criter. | | -3. 571108 |
| Durbin-Watson stat | 2. 048693 | | | |
| Inverted AR Roots | . 12 | | | |

(审稿人：岳荣先　张鸣芳　常　宁)

# 函数型数据分析方法在蛱蝶分类识别中的应用

詹　静　郭文雯　王玲玲

（指导老师：崔恒建）

首都师范大学

## 一、案例背景概述

昆虫是所有生物中种类及数量最多的类群，是世界上最繁盛的动物。它分布广，适应性强，遍布人类所能到达的每一个地方，与人类的生活密切相关。昆虫与人类关系如此息息相关使得昆虫的分类变得尤为重要。昆虫分类是研究昆虫科学的基础，是认识昆虫的一种基本方法。如何更好更准确地对昆虫进行分类，有助于帮助人类更好地利用昆虫资源，便于人类进一步对昆虫进行研究，利用益虫和控制害虫，造福于人类。昆虫种类之多造成昆虫分类的复杂性和多样性。人类研究昆虫历史已久，最基本的昆虫分类是根据昆虫形态构造的特点来对昆虫进行划分的。但随着科学技术的发展，许多新的技术也逐渐应用到昆虫分类工作中。随着计算机科学的快速发展及广泛应用，以计算机视觉技术为手段，对昆虫图像的处理越来越成熟，基于昆虫形态特征的分类受到越来越多的关注。

近年来昆虫分类的研究取得了一定的成果尤其是利用计算机视觉技术进行的昆虫分类研究，计算机信息技术在昆虫的分类工作上做了很多的贡献。国外关于利用计算机信息处理技术来对昆虫识别已做了很多的工作，创建了很多关于昆虫翅膀半自动以及自动识别系统。国内自20世纪90年代开始，逐渐有学者开始在这领域的研究，主要是对CAT技术在昆虫的鉴定方向的研究。并且数学越来越在其他交叉学科上得到广泛应用，中国农业大学沈佐锐教授提出了昆虫形态学这门学科，结合图像处理中的数学形态学方法在昆虫图像采集、识别、利用等方面获得了一系列的成果。以往的研究实验表明，利用昆虫的翅膀进行分类可以达到很好的效果。

王慧在《蛱蝶的计算机分类识别中》提到可以利用去曲率尺度和颜色特征作为蛱蝶的两个识别特征。并且以这两个特征对蛱蝶进行分类识别具有较高的准确率和稳健性，同时还有计算量小、方便应用的优点。卢珂在《泛函主成分分析在蛱蝶分类中的应用》一文中也利用了蛱蝶的曲率为识别特征，结果显示远远优于主成分分析。

综上可以发现提取蛱蝶轮廓来对蛱蝶进行识别分类是一种可行的方法，蛱蝶的轮廓图形是一种闭合的封闭曲线，在统计学上是一种函数型数据。而且蛱蝶的分类和识别属于一种昆虫分类，是人们所关心的问题。本文选取蛱蝶的分类识别作为统计分析案例是可行的、有意义的。

## 二、数据来源及采集方式

数据采用的是四类蛱蝶（包括大紫蛱蝶、丽蛱蝶、枯叶蛱蝶和银钩蛱蝶）的图像，并且均以jpg的格式进行存储，每类蛱蝶包含四种图像，因此本案例的原始数据是图像数据。图像数据的采集方式主要是网上资源获取得到。

图1是四类蛱蝶图像原始数据展示。

图1　四类蛱蝶图像原始数据

## 三、相关方法简介

(一)函数型数据处理方法简介

近年来,函数型数据的分析和介绍受到越来越多的人关注,函数型数据分析(functional data analysis,简称为FDA)方法自1990年代成为学者们研究的热门问题并成为了统计学中的一个重要分支。函数型数据的概念起源于1982年加拿大学者J. O. Ramsay《When The Data Are Functions》一文中。函数型数据的概念正式被J. O. Ramsay和Dalzcll提出是在1991年,他们发表了文章《Some Tools for Functions Data Analysis》,提出了一些函数型数据分析方法和工具,并进行了实证研究。在一般统计分析中,数据的类型通常包括时间序列数据或横截面数据,分析研究的是个体样本的观测值。而在实际问题中,遇到的一些明显具有函数型特征的数据(比如气象数据)被称为函数型数据,是从一个线段、面或体的一部分来获得一部分观测值,其表现形式为光滑的曲线或连续的函数。函数型数据分析区别于传统的数据分析的根本在于它将观测得到的数据(曲线)看做一个整体,而不是一串离散的数据。

目前,J. O. Ramsay和B. W. Silverman等国外知名的统计学者,就函数型数据做了很多的研究,实证分析也取得了很多有价值的成果,比如在心理测量、生物统计、海洋研究等方面。同时在另一方面还把函数型数据分析方法成功的应用于考古学挖掘的骨块的形状分析、手写时笔尖的运动轨迹、温度的变化、人体身高的变化等。近年来,国内外更多学者加入此研究,函数型数据分析方法在很多领域有着越来越广泛的应用,尤其在生物和医学上。

函数型数据分析的主要研究目的包括以下几个方面:通过对数据的变化来对数据进行更深层次的分析;突出展现数据的特点;研究数据间模式和变异之间的重要来源;通过输入变量或者自变量的信息来解释结果或因变量的变化原因。

函数型变量的回归和函数型数据的因子分析以及函数曲线的聚类等方法是函数型数据分析常用的方法。其中主成分分析、方差分析、典型相关分析和聚类分析等是数型数据的因子分析中主要分析方法。这篇文章则主要用到了函数型主成分分析(functional principal component analysis,FPCA),将数据看作关于变量的函数形式,再做关于曲线的函数型聚类分析。

(二)函数型主成分分析方法介绍

1. 一元函数型主成分分析方法介绍

函数型数据分析的首要是将观测得到的离散数据值转化为函数型,即将多元统计背景下的观测值 $x_{i,j}$ 看作成关于自变量 $s$ 的函数 $x_i(s)$。将离散化的数据转化为函数时,需要对数据进行光滑处理(smoothing),就需要选择合适的基函数,达到相对误差较小的目的,一般用的是最小二乘准则。

关于基函数的选取有很多,常用到的主要有傅里叶标准正交基、三次多项式基函数、B-样条基函数。傅里叶标准正交基函数适应于具有周期性的函数,假如数据的周期为 $\omega$,那么基函数为 $1,\sin(\pi t/\omega),\cos(\pi t/\omega)$。非周期性的数据则一般选用多项式基函数或者 B-样条基函数。当选用多项式基函数时,则取 $1,t,t^2,\cdots$ 作为基函数。本文则主要采用的是 B-样条基函数。

首先我们将离散的数据表示成函数型数据,$x_i(s),i=1,2,\cdots,N$,并做标准化处理,即在泛函背景下将 $x_i(s)$ 减去平均数,则就使得样本间的平均函数 $\frac{1}{N}\sum_i x_i(s)=0$。其中 $s$ 代表时间的变量,$s\in[a,b]$,N 表示曲线组的个数。

不妨设选定的基函数为 $\varphi_k(s),k=1,2,\cdots,N$,并令 $\Phi(s)=(\varphi_1(s),\varphi_2(s),\cdots,\varphi_K(s))'$ 表示基函数组成的矩阵,$C_i=(c_{i1},c_{i2},\cdots,c_{iK})$ 表示第 $i$ 条曲线对应的系数,则曲线 $x(s)=(x_1(s),x_2(s),\cdots,x_N(s))'$ 可表示成:$x(s)=C\Phi(s)$,其中 $C=(C_1,C_2,\cdots,C_N)'$。

那么定义如下的线性组合:

$$f_i=\int_a^b \xi(s)x_i(s)ds=(\xi,x_i)$$

其中 $\xi(s)$ 为权重函数,即函数型主成分的特征函数,$\xi(s)=(\xi_1(s),\xi_2(s),\cdots,\xi_q(s))$($q$ 表示主成分的个数,由具体情况而定)。并且 $\xi_\alpha(s)$ 是标准正交的,$\alpha\in[1,2,\cdots,q]$ 与主成分分析类似的是问题化为求解约束条件下的最大化问题,即

$$\max_{\xi'\xi=1} N^{-1}\xi'X'X\xi$$

协方差函数表示如下:

$$v(s,t)=\frac{1}{N}\sum_{i=1}^{N}x_i(s)x_i(t)=\frac{1}{N}x'(s)x(t)$$

$V$ 表示协方差算子,满足 $V\xi_\alpha(s)=\int_a^b v(s,t)\xi_\alpha(t)dt$,则函数型主成分分析中的特征方程即为:

$$V\xi_\alpha(s)=\rho_\alpha\xi_\alpha(s)$$

$\rho_\alpha$ 为最大特征值,当把特征函数表示成 $\Phi(s)$ 为基的形式时,即 $\xi(s)=\Phi(s)'\cdot b$,并令 $W=\int_a^b \xi(s)\xi(s)'ds$,表示 $K\times K$ 的矩阵,带入到特征方程即得:

$$\frac{1}{N}C'CWb=\rho b$$

其中 $\rho$ 是对应于 $\xi(s)$ 的特征值。我们由 $||\xi||=1$，得到 $b'Wb=1$，定义 $\mu=W^{1/2}b$，特征方程则变为：

$$N^{-1}W^{1/2}C'CW^{1/2}\mu=\rho\mu$$

这样只需要解得 $Q=N^{-1}W^{1/2}C'CW^{1/2}$ 的特征值以及对应的特征向量即可。利用 $b=W^{1/2}\mu$ 求解 $b$，可得函数型主成分为 $\xi(s)=\Phi(s)'b$。主成分得分即为 $F=x\xi=CWb=CW^{1/2}\mu$。

2. 二元函数型主成分分析方法介绍

在这里我们引入一个二维数据：臀角度数据（Hip）和膝角度数据（Knee）来讨论二元函数型主成分分析的方法。首先定义 $Hip_i$ 曲线的协方差函数为：

$$v_{HH}(s,t)=\frac{1}{n}Hip(s)'Hip(t)$$

同理，$Knee_i$ 曲线的协方差函数为：

$$v_{KK}(s,t)=\frac{1}{n}Knee(s)'Knee(t)$$

并且定义 $Hip_i$ 曲线和 $Knee_i$ 曲线的交叉协方差函数为：

$$v_{HK}(s,t)=\frac{1}{n}Hip(s)'Knee(t)$$

则有 $v_{HK}(s,t)=v_{KH}(s,t)$。

定义二维向量 $\xi=(\xi^H,\xi^K)'$ 为权重函数。其中 $\xi^H$ 代表 Hip 曲线的函数型主成分，$\xi^K$ 代表 Knee 曲线的泛函主成分。同时定义了如下的向量内积：

$$(\xi_1,\xi_2)=(\xi_1^H,\xi_2^H)+(\xi_1^K,\xi_2^K)=\int\xi_1^H\cdot\xi_2^H+\int\xi_1^K\cdot\xi_2^K$$

同一元函数型主成分分析一样，我们先定义向量 $Angles_i=(Hip_i,Knee_i)$，则权重的线性组合则变为：

$$f_i=<\xi,Angles_i>=\int\xi^H Hip_i+\int\xi^K Knee_i$$

令 $V=\begin{pmatrix}v_{HH} & v_{HK}\\ v_{KH} & v_{KK}\end{pmatrix}$，那么特征方程 $V\xi=\rho\xi$ 则变为了如下形式：

$$\int v_{HH}(s,t)\xi^H(t)dt+\int v_{HK}(s,t)\xi^K(t)dt=\rho\xi^H(s)$$
$$\int v_{KH}(s,t)\xi^H(t)dt+\int v_{KK}(s,t)\xi^K(t)dt=\rho\xi^K(s)$$

然后再对 $Hip_i(s)$，$Knee_i(s)$ 分别选定基函数 $\Phi(s)$，$\Psi(s)$，则可表示为：

$$Hip_i(s)=C\Phi(s)$$
$$Knee_i(s)=D\Psi(s)$$

特征函数也展开成基函数表示为：

$$\xi^H = \Phi(s)'b$$
$$\xi^K = \Psi(s)'p$$

带入到特征方程整理可得：

$$N^{-1}\left[\int C'C\Phi(t)\Phi(t)'bdt + \int C'D\Psi(t)\Psi(t)'\rho dt\right] = \rho b$$
$$N^{-1}\left[\int D'C\Phi(t)\Phi(t)'bdt + \int D'D\Psi(t)\Psi(t)'\rho dt\right] = \rho p$$

定义 $W = \int \Phi(t)\Phi(t)'dt, M = \int \Psi(t)\Psi(t)'dt$ 则有：

$$\begin{pmatrix} N^{-1}C'CW & N^{-1}C'DM \\ N^{-1}D'CW & N^{-1}D'DM \end{pmatrix}\begin{pmatrix} b \\ p \end{pmatrix} = \rho\begin{pmatrix} b \\ p \end{pmatrix}$$

只需要求解上面的特征方程即可，这样就求出了特征函数 $\xi^H(s), \xi^K(s)$）。

3. 函数型聚类分析

在函数型聚类分析中，最重要的是要确定聚类对象间的相似性指标，一般常用的是用欧氏距离来作为衡量函数相似性的度量指标，给定两个函数 $x_i(t), x_j(t)$，定义两函数之间的欧式距离如下：

$$D_{i,j} = \int_0^T (x_i(t) - x_j(t))^2 dt$$

由函数型数据定义，将函数用相同的 K 维基函数展开 $x_i(t) = C_i\Phi(t), x_j(t) = C_j\Phi(t)$，带入上式，则有：

$$D_{i,j} = (C_i\text{-}C_j)\int_0^T (\Phi_i(t) - \Phi_j(t))^2 dt\ (C_i\text{-}C_j)^T$$

并且定义方阵 $W = \int \Phi(t)\Phi(t)'$，即有：

$$D_{i,j} = (C_i\ C_j)W(C_i\text{-}C_j)^T$$

当选择的基函数为正交基时，满足

$$<\varphi_i(t), \varphi_j(t)> = \begin{cases} 1, i = j \\ 0, i \neq j \end{cases}$$

那么当选择正交基时矩阵 $W$ 就退化成了单位矩阵，这时函数之间的距离就转化为了系数向量之间的距离，那么就可以利用系数向量之间的欧式距离来代替原函数之间的距离，二者距离是一致的。当选择非正交基时，那么系数向量之间的欧式距离就是一种加权欧式距离，其中权重就是是基函数的协方差矩阵。一般情况下，选取基函数时维数都不是很大，那么运算速度不会影响太多。最终函数型聚类就降维到系数的聚类分析了。

## 四、探索性初步分析

根据蛱蝶分类的研究成果，可以利用蛱蝶的形态特征来进行分类，因此采用蛱蝶图像的轮廓数据来将蛱蝶分类识别。但由于原始数据是图像数据，并且图像是闭合图像，数字化后的边缘图像可看成是函数型数据，因此初步确定采用函数型数据处理的方法来达到对图像进行分类识别的目的。

这样问题解决初步分为以下两大方向：

1. 数字图像的处理，将图像数据转化为数字图像，选取边缘图像的数据，保留蛱蝶图像的轮廓数据；

2. 函数型数据处理方法处理数据，主要包括函数型主成分分析和函数型聚类分析方法对图像进行分类识别。

## 五、数据的清洗与整理

本案例是利用蛱蝶图像的轮廓数据，在得到原始的蛱蝶图像后，需要经过数据整理得到蛱蝶的轮廓数据。

原始数据是图像数据，因此数据的初步处理就是将图像数字化，主要是通过 MATLAB 来实现。最后只保留蛱蝶的轮廓数据，轮廓数据又反映着其本身的特征，因此可以用此数据来对问题中的四类蛱蝶进行分类识别。

图 2 展示的就是数据的转化过程。

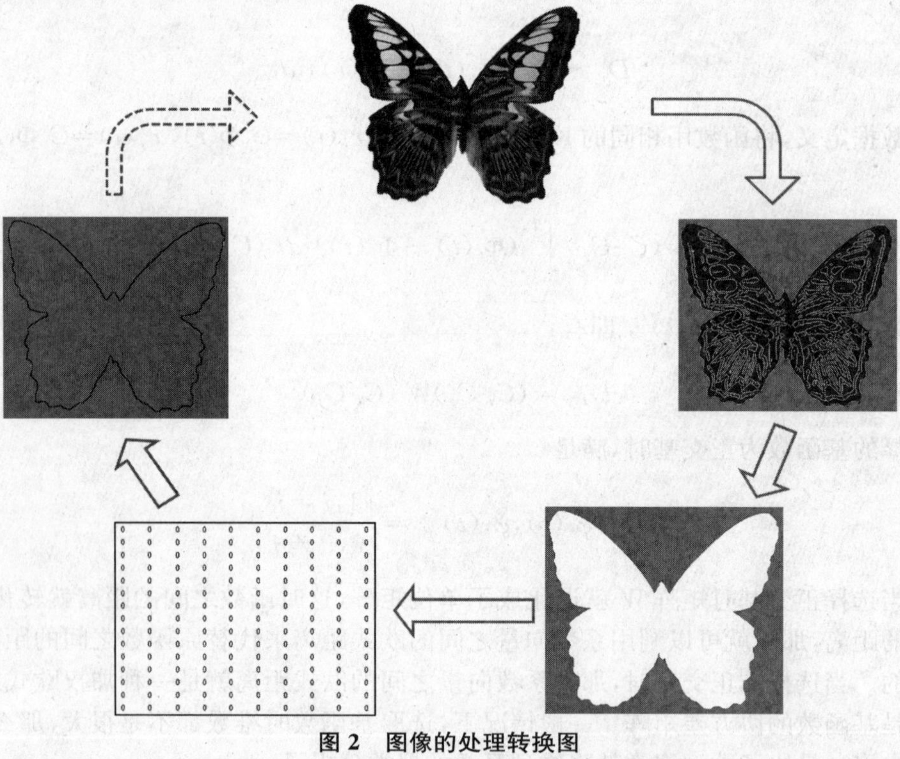

**图 2　图像的处理转换图**

为获取蛱蝶的轮廓数据，初步图像的处理包括以下两个方面：

(一)图像的预处理

在获得蛱蝶的图像后，为了提高处理数据的速度，需对图像进行预处理，主要包括以下几个部分：

1. 修复图像：有的蛱蝶图像存在损坏、残缺的现象，根据蛱蝶左右翅膀是对称的，可以使用图像处理软件如 PS 来进行修复，使图像完整；

2. 调整分辨率：统一调整图像的分辨率为 388 × 388，这样既保留了图像中的原始信息又去除了图形中的杂质，提高了图像处理的速度；

3. 图像转换：原始获得的蛱蝶图像都是彩色的 RGB 图像，利用 MATLAB 工具箱中的 rgb2gray 函数转化为灰度图像，级能最大化的表现目标图像，又方便后面的处理。

（二）利用 MATLAB 实现图像的数字化处理

图形预处理之后进行图像的数字化处理，MATALAB 软件具有强大的处理图像的功能，因此主要利用 MATALAB 图像处理工具箱的函数命令来实现图像的数字化操作，达到获取图像轮廓特征点的目的。其中主要的步骤如下：

1. 读取图像，获得数字数据：MATALAB 对图像处理的第一步就是要读取图像信息，利用的是 MATALAB 图像处理工具箱中的 imread 命令函数来实现原始 jpg 格式的图形图像的读取，并且是以数字矩阵的形式进行存储的；

2. 增强图像，转换灰度图像：MATALAB 读取的原始的 RGB 图像，为了更好的对图像的边缘特征进行提取，首先利用 MATALAB 图像处理工具箱中的 squeeze 命令函数对原始图像进行蓝色颜色分量的提取来达到增强图像的目的，然后再利用工具箱中的 rgb2gray 命令函数将图像转化成灰度图像以便更好的对图像边缘进行处理。原始 RGB 图像与灰度图像的对比如图 3 与图 4。

**图 3　原始图像**

**图 4　增强后的图像**

3. 图像去噪：去除图像中的噪声，利用了 MATALAB 图像处理工具箱中的 medfilt2 命令函数，这是中值滤波函数有消除噪声的作用；

4. 图像边缘提取：图像边缘的提取利用的是 MATALAB 图像处理工具箱中的 edge 命令函数，其中选择的是 canny 算子方法。canny 算子方法的优点是不易受噪声干扰，能够真正的检测到边界边缘。最突出的是使用两种不同的阀值分别检测强边缘和弱边缘，并且当强边缘和弱边缘联通时，才将弱边缘包含在输出图像中。提取的图像如图 5。

**图 5　使用 canny 算子提取的图像的边缘**

**图 6　填充腐蚀后的图像**

5. 图像的膨胀和腐蚀：图像形态的运算包括了对图像进行膨胀和腐蚀，膨胀前先定义结构元素为平面钻石结构元素 sed，大小为 2。然后使用 MATLAB 中的 imdilate 命令来进行图像的膨胀操作，膨胀操作其实是为了给图像的边界添加像素。然后再利用 imfill 命令对图像的空洞进行填充，最后使用工具箱中的 imerode 命令来进行图像的腐蚀以此来删除边界的某些像素。这样最后得到的图像就恢复到了原来的图像。填充和腐蚀后的图像如图 6 所示。

6. 最后使用 bwperim 命令：对二进制的图像边缘重新提取，然后选定了身体部分为指定区域，令其灰度值为 1，来去除掉身体部分，这样最后得到的就是原始图像的轮廓部分，图形如图 7。

**图 7　提取的轮廓部分图像**

## 六、统计建模与估计

(一)图像边缘特征点的获取与处理

图像的初步处理以后得到了图像的轮廓部分，在此基础上进行特征点的提取。王慧的论文《蛱蝶的计算机分类识别》中提到可以把蛱蝶的轮廓曲率作为尺度特征来进行分类识别。因此对于每一幅边缘图像，得到了图像边缘轮廓的数字矩阵，通过 MATLAB 拟合曲线上每个点的曲率，并通过排序，找到曲率较大的点作为轮廓曲线的特征点。返回曲率较大的前 300 个点坐标。对每一幅图都是这样处理就就得到了 $300 \times 16$ 阶的二维数据，并以坐标点 $(x, y, k)$ 进行存储的，其中 $(x, y)$ 对应的是蛱蝶轮廓的坐标点，$k$ 对应的点的曲率。

得到了曲率较大的点坐标以后，继而要做的处理是将数据进行标准化处理：即将矩阵中的每列数据减去列平均值，然后再除以所在列的方差即可。

对数据的标准化处理，几何意义上相当于对数据进行了平移和伸缩，消除了量纲的影响，数据之间更容易比较，减小误差。

(二)基于一元的极坐标变换处理分析结果

得到标准化后的蛱蝶的图像边缘特征点之后，首先尝试利用极坐标的变换来对数据进行处理，并将数据标准化处理。

对数据进行极坐标变换：

$$z_{i,j} = \sqrt{{x_{i,j}}^2 + {y_{i,j}}^2}, \theta_{i,j} = \arctan \frac{y_{i,j}}{x_{i,j}}$$

图形转化对比图见图 8 与图 9。

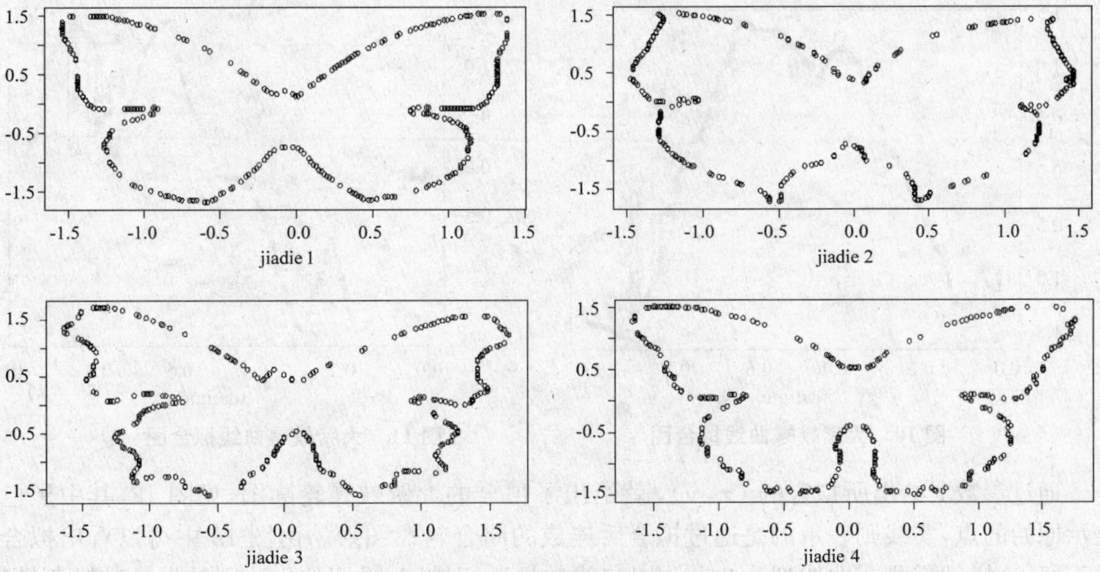


**图 8　数字化蛱蝶图像轮廓点图**

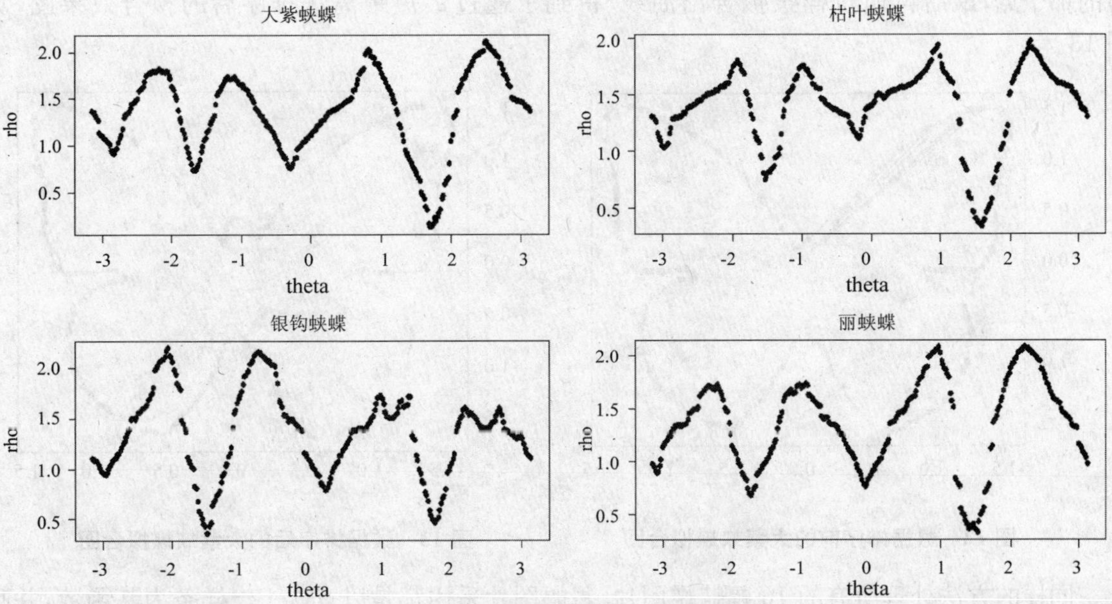


**图 9　蛱蝶图像轮廓点图的极坐标形式**

然后将数据看成是轴长关于幅角的函数，继而进行曲线拟合，选择合适的基函数，本文采用的是三次样条基函数来对曲线进行拟合，然后进行函数型主成分分析以及函数型聚类分析。

（三）二维数据的建模与处理

得到了曲率较大的点坐标即特征点以后，首先利用 R 软件分别对 $x$，$y$，进行标准化处理，然后对每一幅图的 300 个点进行样条拟合，分别将对应的 $x$，$y$ 表示成关于变量 $t$ 在[0,1]区间上的函数形式。以大紫蛱蝶为例，提取出 $x$ 所有的点，并进行三次 B—样条拟合，表示成 $x=C\cdot\Phi(t)$ 的形式，对 $y$ 点做相同处理，$y=D\cdot\Phi(t)$。图 10 与图 11 为拟合效果图，其中黑点表示原数据点，线表示拟合后的曲线图。

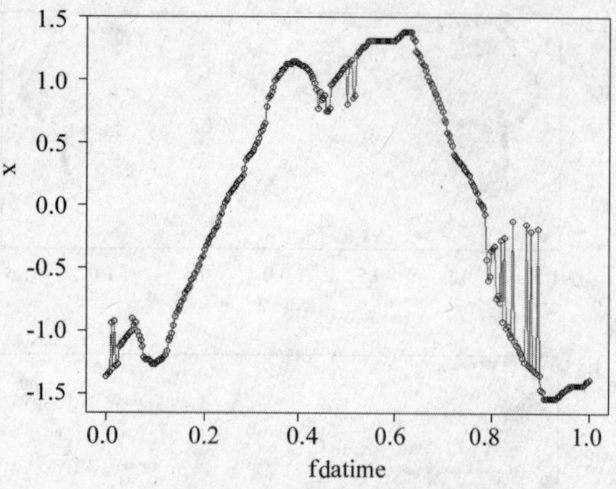


图 10 大紫蛱蝶曲线拟合图

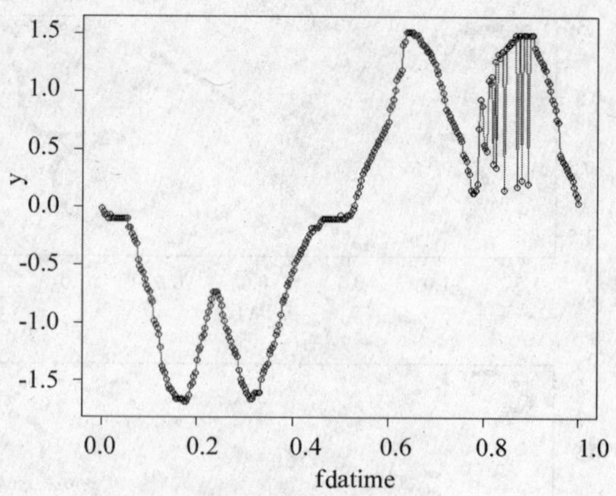


图 11 大紫蛱蝶曲线拟合图

通过参数 $t$ 给出所拟合的 $(\hat{x},\hat{y})$，就给出了拟合的大紫蛱蝶轮廓图，见图 12，其中黑色圈表示原始的点，实线则表示的是通过拟合后连成的闭合轮廓图形。由图 12 中可以看出拟合效果不好，这样就需要在曲线拟合之前先对二维数据进行排序，采用的方法则是先通过幅角排序，然后再通过点与点之间的最短距离法来进行排序，即确定一个点后，下一个点即是和它距离最短的那个点，最后再通过样条拟合出曲线，得到了通过最短距离法排序后的拟合效果图，见图 13。

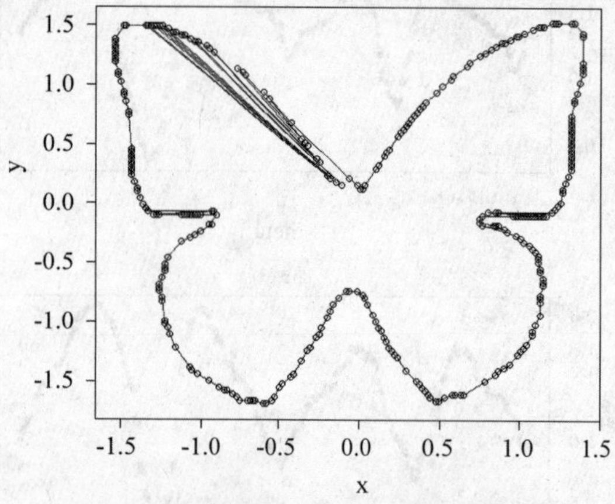


图 12 数据排序前的大紫蛱蝶拟合图

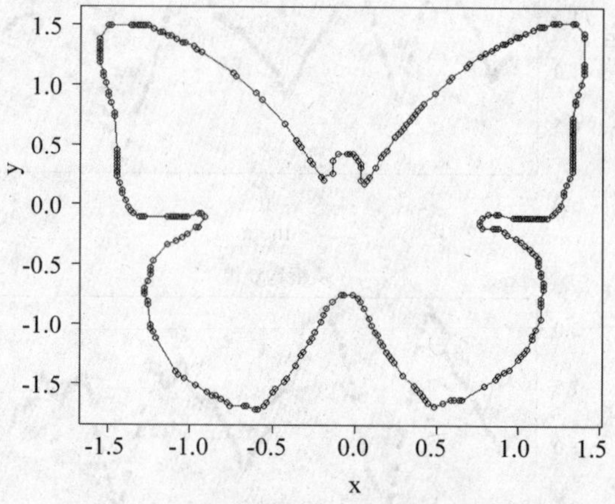


图 13 数据排序后的大紫蛱蝶拟合图

同样的方法处理所有的 16 幅蛱蝶图片，每幅图片采用都是以三次 B—样条为基函数，并且选取基函数的个数都为 9 个，次序为 3 次的，这样每幅图片的数据表示成函数数据后都有自己相对应的系数，最后再进行泛函主成分分析即可。

## 七、结论分析

### （一）图像识别结果分析

1. 四类蛱蝶的函数型主成分分析结果

（1）一元主成分分析结果

首先对极坐标形式的数据进行了一元函数型主成分分析，如下得到的是分析结果图，图中可见函数分解为 4 个主成分，每个主成分的均值函数曲线和贡献率如图 14 所示。

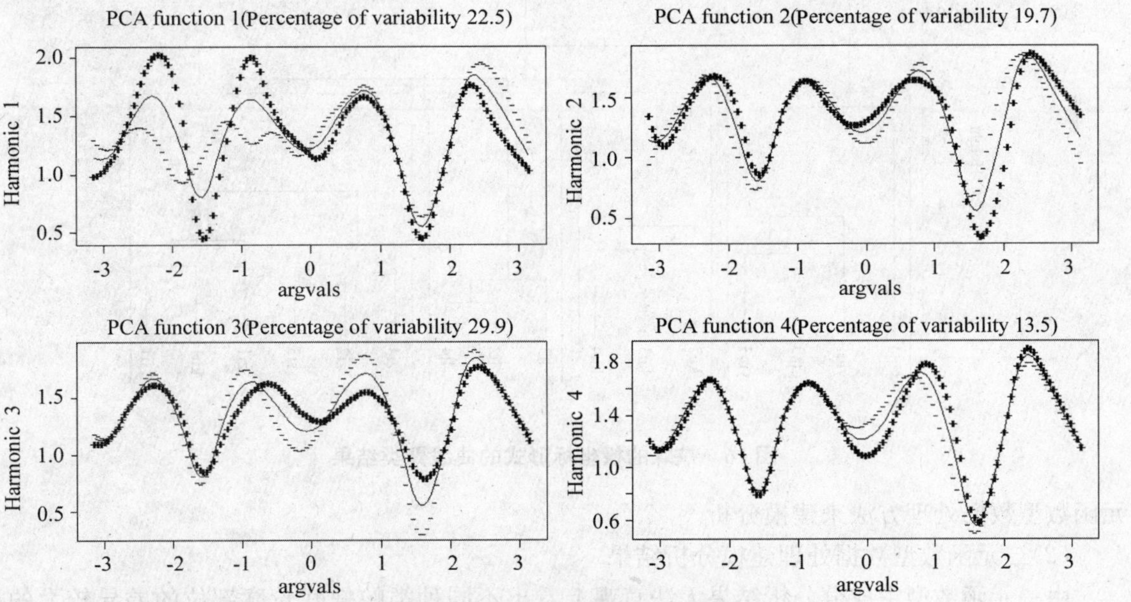


**图 14　四类蛱蝶极坐标形式的函数型主成分图**

图 14 中加号曲线表示的均值函数曲线添加了主成分函数影响后的曲线，相应的减号曲线则表示减去主成分函数后的曲线，之间的距离越大表示的是在此位置差异越大。由主成分分析的意义，当总的贡献率超过 85%的时候可以认为主成分分析过程较为满意，因此四种蛱蝶主成分分析的结果是四种主成分，且这四种主成分的总的贡献率为 85.6%。并且可以大致判断在某些幅角范围差异较大，但是无法直观上看出不同种类蛱蝶间轮廓部位的差异较大的位置。

蛱蝶的极坐标数据的函数型主成分结果特征函数曲线图 15。

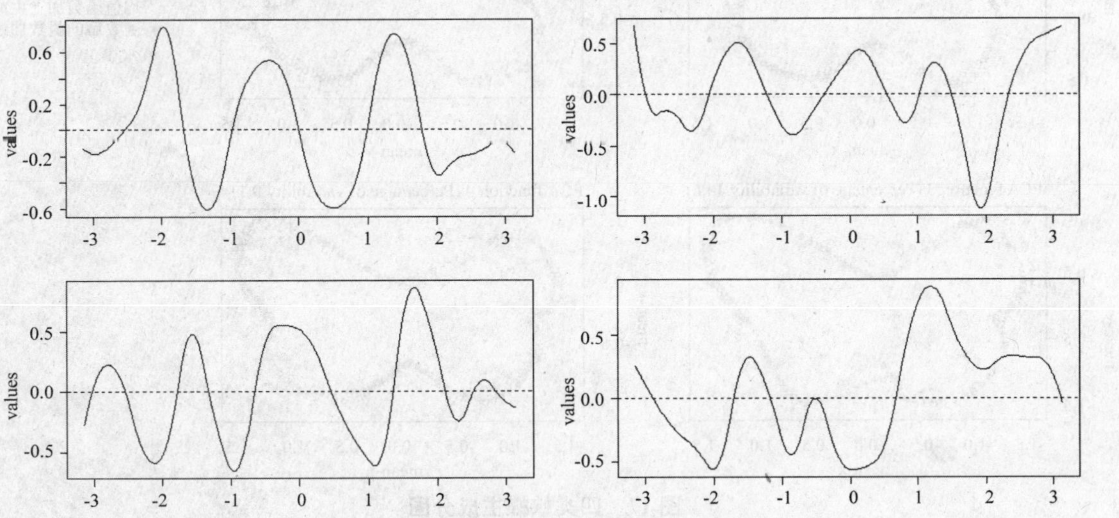


**图 15　蛱蝶的极坐标形式的特征函数曲线**

蛱蝶的极坐标数据的函数型聚类结果如图 16 所示。

分析结果看出效果并不是特别理想，分析原因，这是因为极坐标化后的数据是按幅角所对应的点来排序，这就出现了同一幅角对应多个点的情况，这样就会出现较大误差，因此再尝试二

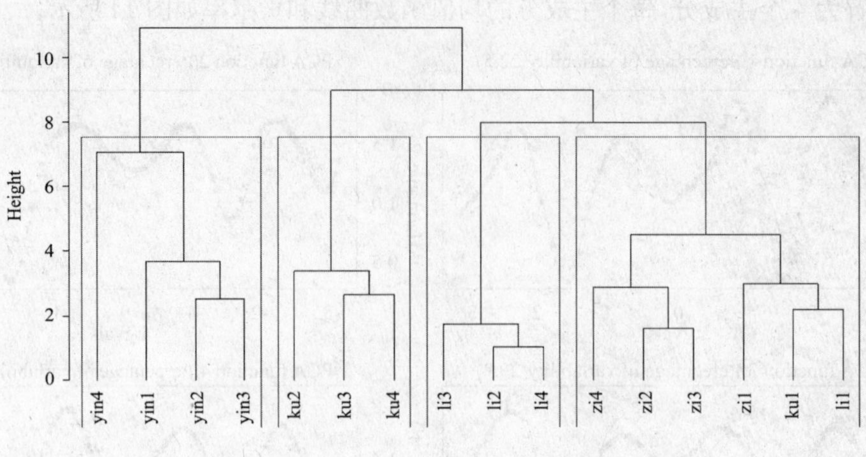


**图 16　蛱蝶的极坐标形式的曲线聚类结果**

元函数型数据处理方法来建模分析。

(2)二元函数型数据处理建模分析结果

由一元函数型主成分分析结果无法直观上看出不同种类蛱蝶间轮廓部位的差异较大的位置,所以为了更加直观的感知差异位置下面对蛱蝶图像进行二元函数型主成分分析。对四种蛱蝶(大紫蛱蝶、枯叶蛱蝶、丽蛱蝶和银钩蛱蝶)共 16 幅图片的轮廓数据进行二元函数型主成分分析,得到二元函数型主成分的分析图(图 17)。

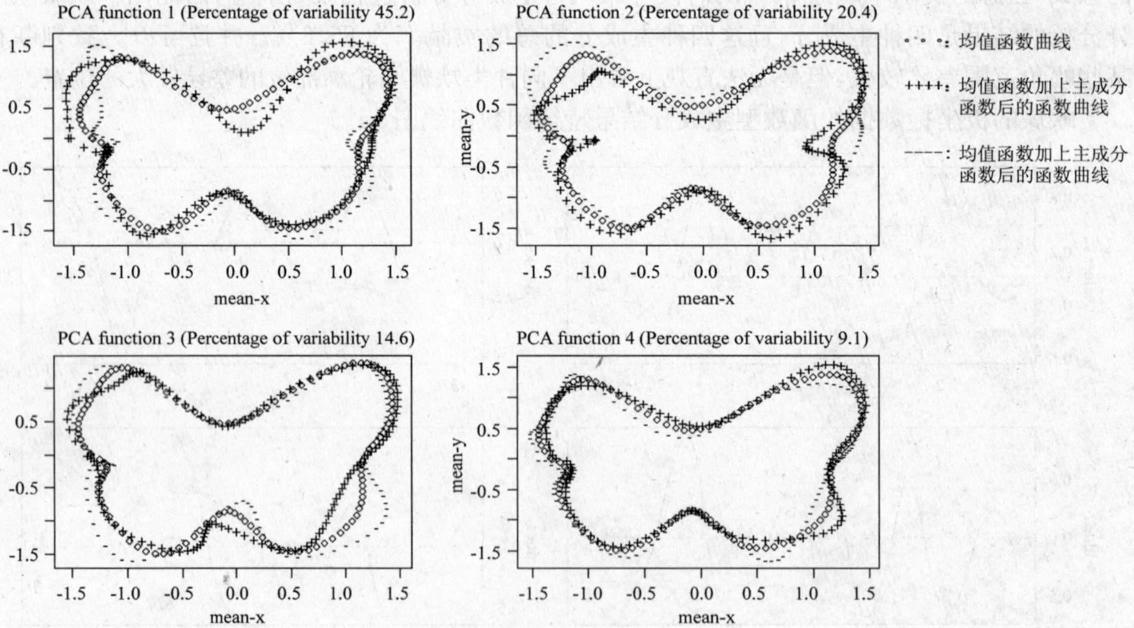


**图 17　四类蛱蝶主成分图**

由主成分分析的意义,四种蛱蝶主成分分析的结果是四种主成分,且这四种主成分的总的贡献率为 89.30%。从图 17 可以看出四种主成分的贡献率分别为 45.2%,20.4%,14.6%,9.1%,可以看出函数型主成分把蛱蝶数据识别成了四类的效果是很成功的,说明这四类蛱蝶的主要差异有四个部分，然后再具体分析其差异部分。

观察图17，分析各主成分函数图形，由第一主成分函数图形可以看出，在右上部分减号部分的突起较为明显，可以认为是轮廓在这个部分向外深化突起，也就是这个地方差异比较大，差异较大的部分还包括右下角，左上角部分，也就是说蛱蝶类别之间的差异主要是外部轮廓的四个翅膀的突起部分。同样从第二主成分的方差影响可以看出，图像的左上部分，右上部分凸起更加严重，这说明了蛱蝶的上翅膀的轮廓被主成分影响扩大和深化了，也就意味着蛱蝶之间的差异在上翅膀有所表现。注意到左边中间部分第二主成分的差异也较大，说明蛱蝶种类的区分在上翅膀与下翅膀中间的过渡段也有很大的差异。

同样分析其他几个主成分图，可以总结得出，对于蛱蝶的分类识别上，种类间的差异主要在于蛱蝶翅膀轮廓前翅角部分以及后翅臀角以及上翅膀与下翅膀的连接处。综上可以看出，泛函主成分分析的方法应用到蛱蝶的分类识别上效果是很好的。

再两类蛱蝶互相做函数型数据的主成分分析，首先是对大紫蛱蝶与枯叶蛱蝶做泛函主成分分析，发现得到主成分的影响效果图（图18）。

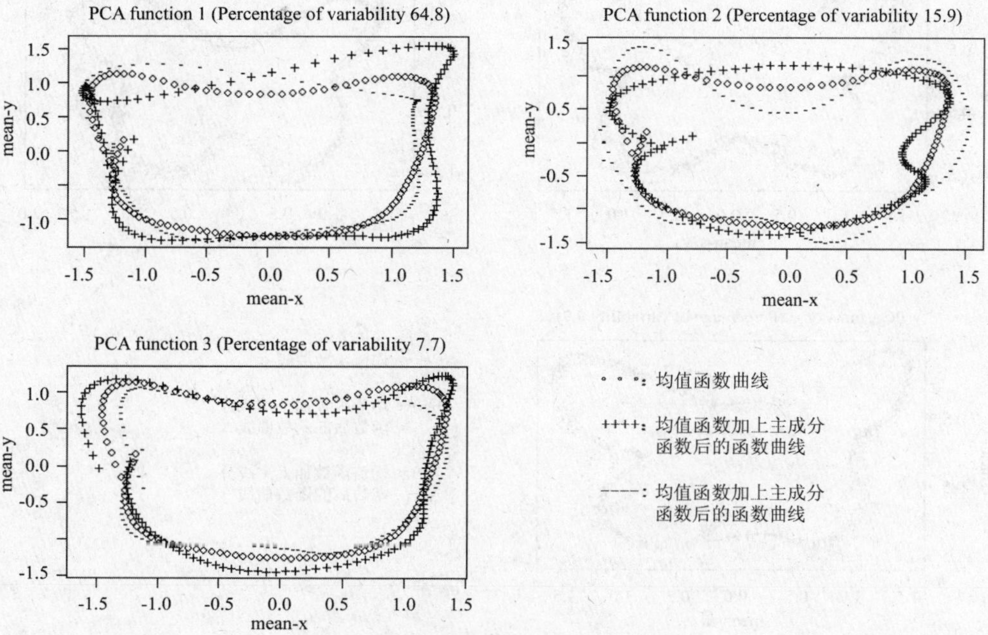


**图18　大紫蛱蝶与枯叶蛱蝶主成分图**

从图中可以看出当只有大紫蛱蝶与枯叶蛱蝶的图像时，这时总共有8幅图片，三种主成分总的贡献率为88.4%，也就是意味着大紫蛱蝶和枯叶蛱蝶有明显的三种方向的差异。分析第一主成分的函数图形，与总体四幅图片的主成分函数图有共同的地方是在右上部分加号部分的突起较为明显，同时右下部分、左下部分差异也较大。也就是说大紫蛱蝶与枯叶蛱蝶差异与总的蛱蝶差异相同，均在于蛱蝶翅膀的突起部分。但是观察到第二主成分的函数图可以看到大紫蛱蝶和枯叶蛱蝶主成分与总体泛函主成分在第二主成分函数图形上有明显的区别。第二主成分图形中展现的差异大的地方是上下翅链接处。第三主成分图差异较大的主要表现在下面翅膀的凸起部分，即蛱蝶的翅尖部分，这就是意味着大紫蛱蝶与枯叶蛱蝶主要的区别在翅膀的四个翅角部分以及前后翅衔接处。这正是与实际情况一致的。

图 19 与图 20 所示的大紫蛱蝶与枯叶蛱蝶的对比图。

**图 19　大紫蛱蝶**

**图 20　枯叶蛱蝶**

然后再做出丽蛱蝶与银钩蛱蝶的函数型主成分分析图，如图 21。

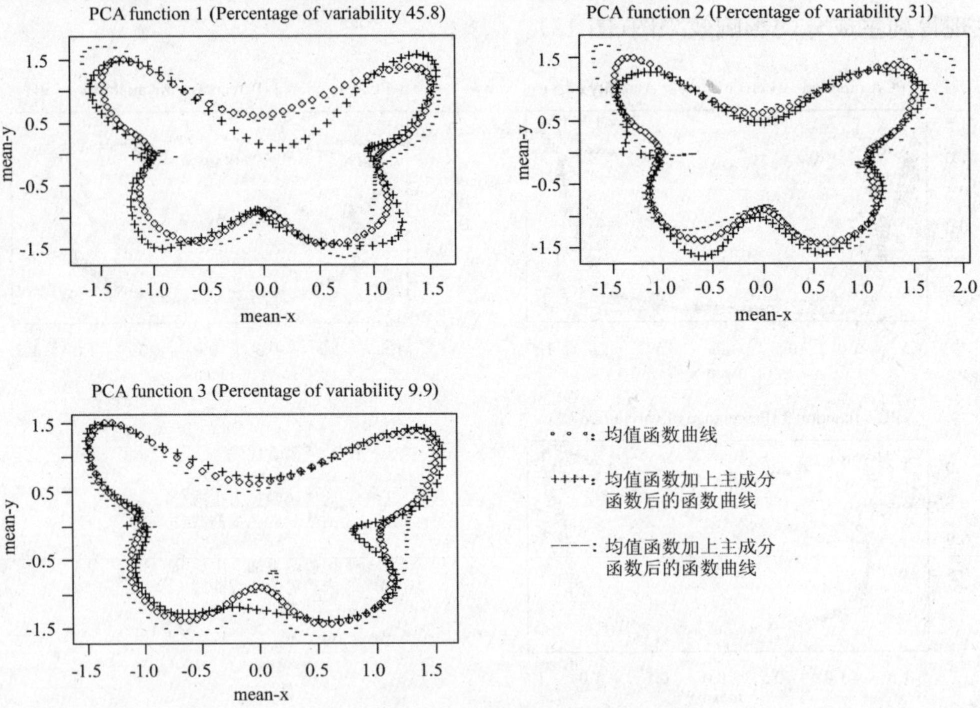


**图 21　丽蛱蝶与银钩蛱蝶主成分图**

可见，对于丽蛱蝶与银钩蛱蝶的函数型主成分分析，主成分总的贡献率为 86.70%，也就是说丽蛱蝶与银钩蛱蝶有三个方面的差异。具体分析，第一主成分的贡献率为 45.8%，第二主成分的贡献率为 31%，第三主成分贡献率为 9.9%。明显看到丽蛱蝶与银钩蛱蝶上翅膀比较狭长，这是外观的差异。同时观察第一主成分函数图，看出与总体泛函主成分图的区别在于右上部与左上部的差异较大，也就是说丽蛱蝶与银钩蛱蝶主要在上面两侧的翅膀部分区别较大。这与实际情况是相一致的。蛱蝶图像如图 22 与图 23 所示。

综上分析，蛱蝶之间的差异主要是在两对翅膀的翅尖突起部分以及上翅与下翅之间的连接处。但是具体到每种蛱蝶时又有不同的情况，例如大紫蛱蝶与枯叶蛱蝶差异主要在于下面两侧的翅膀，而丽蛱蝶与银钩蛱蝶的差异主要在于下面两侧的翅膀。具体情况要不同分析，但总的来说，函数型主成分分析在蛱蝶的特征识别上的应用是很成功的，可以成功的对蛱蝶的特征差

图 22　丽蛱蝶

图 23　银钩蛱蝶

异进行分析。

2. 图像的聚类分析

在对蛱蝶的特征差异分析之后，继续进行蛱蝶的分类识别工作。首先我们的工作是利用曲率作为识别特征，将曲率较大的点直接进行多元方法上的简单聚类分析，继而再基于函数型主成分分析方法之后得到的特征点进行聚类分析，最后进行的工作是基于函数型聚类分析，并进行对比分析，最后得到较好的结果。

(1)曲率较大的点做多元聚类分析

在得到了每幅蛱蝶图像曲率较大的前 300 个点坐标之后，直接利用多元统计上的聚类分析方法进行分类，得到聚类结果(图 24)。

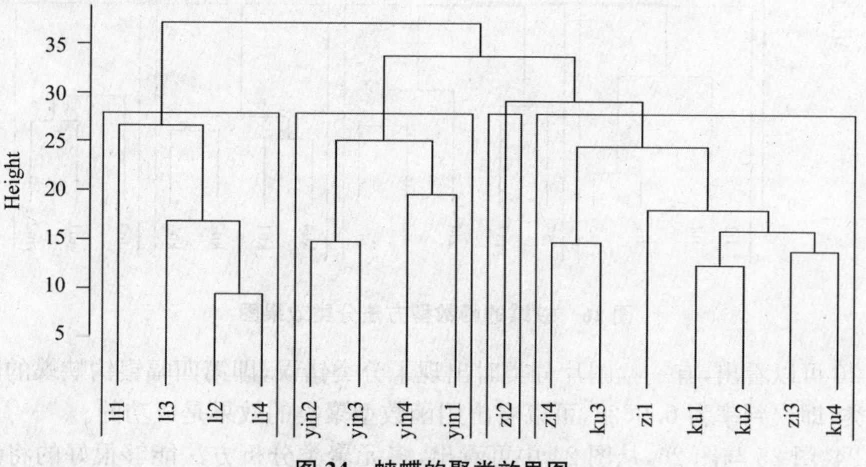


图 24　蛱蝶的聚类效果图

从图 24 中可看出，多元聚类分析方法能够很好的将银钩蛱蝶与丽蛱蝶识别出来，但对于大紫蛱蝶与枯叶蛱蝶的识别度较差。

(2)特征部位分类效果

由之前的函数型主成分分析可以得到蛱蝶特征部位在四个翅尖位置，因此选取翅尖位置的点作为样本值点，用多元分析中的聚类分析得到了聚类效果(图 25)。

观察图 25，可以看出只对一幅蛱蝶图像的识别度低，分类效果比直接利用 300 个曲率较大的点进行聚类效果好很多。

(3)函数型聚类分析

在对蛱蝶图像进行了函数型主成分分析之后可以得知蛱蝶不同类别之间的差异特征主要

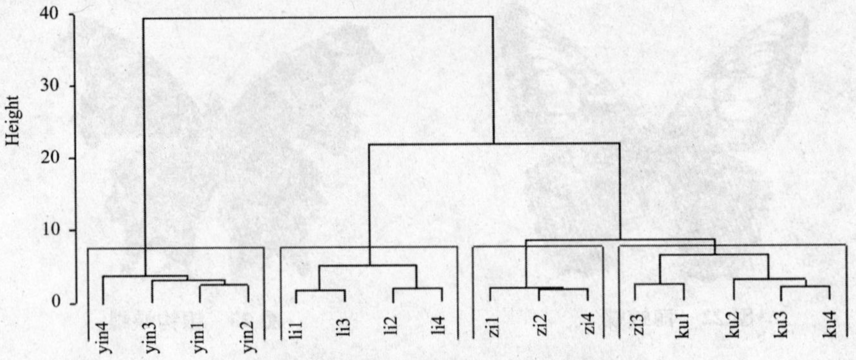


**图 25　蛱蝶特征部位的分类效果图**

在翅尖部位，这样每幅蛱蝶图片的轮廓数据都进过了相同基函数的展开后，得到对应的系数，对蛱蝶进行分类由函数的聚类分析可以得知可通过对相应的系数进行聚类达到相同的效果，那么利用 R 软件进行系数聚类，得到分类结果（图 26）。

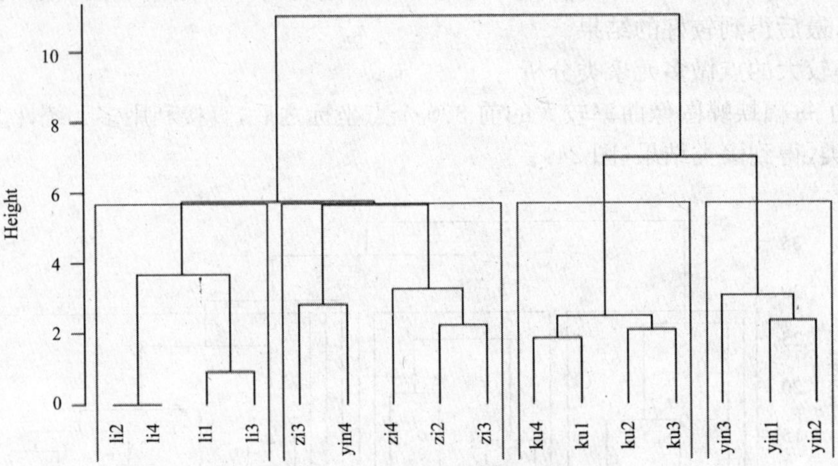


**图 26　蛱蝶的函数型方法分类效果图**

分析图 26 可以看出，有一幅图片分类时出现了分类错误，即第四幅银钩蛱蝶的图片被分到了大紫蛱蝶类，即误判率为 0.0625，可以看出用函数型聚类的效果是成功的。

对比图 24、图 25 与图 26，从图 24 中可看出，多元聚类分析方法能够很好的将银钩蛱蝶与丽蛱蝶识别出来，但对于大紫蛱蝶与枯叶蛱蝶的识别度较差。观察图 25 即基于函数型主成分分析基础上提取特征点以后的聚类效果只有一幅图像没有识别出来，继续观察图 26 利用函数型数据处理方法即利用函数拟合后的系数进行聚类效果较好，只有一幅图片识别错误。通过对比结果发现利用函数型主成分分析方法与聚类分析方法对蛱蝶的识别结果比直接利用曲率特征点进行的聚类分析结果要好的多，因此利用函数型主成分分析方法与函数型聚类分析方法在蛱蝶的识别分类上的应用是成功的。

(4)两类蛱蝶分类识别结果

最后对大紫蛱蝶与银钩蛱蝶两类蛱蝶的识别，采用的是函数型聚类分析方法，分类效果见图 27，可以从结果中看到识别效果很成功。

分析结果表示在进行蛱蝶的分类识别采用函数型主成分分析以及聚类分析达到了较为满

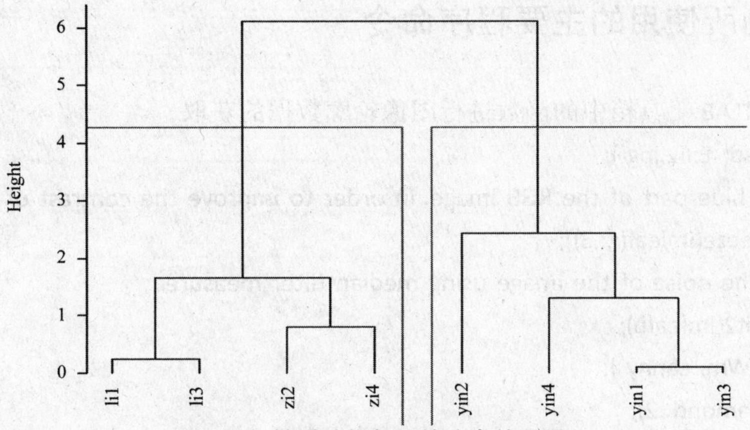


**图 27　蛱蝶特征部位的分类效果图**

意的结果，但尽管如此，还是有些部分工作不是很完善，聚类时出现了误判现象，可以分析原因下一步工作可以通过其他基函数拟合来达到更为精确的结果，同时仅仅只是进行了分类还没有能够明确给出不同蛱蝶的特征点，这是下一步工作的重点。

（二）问题解决方案

本文就关于蛱蝶的分类识别工作采用的是利用蛱蝶的图形轮廓作为识别征，基于计算机图像处理技术的手段，结合统计学中的函数型数据处理方法的理论知识，来展开对蛱蝶的分类识别工作。

总结问题的解决方案，可大致分为以下几个部分：

1. 利用 MATALAB 软件进行蛱蝶图像数据与数字图像的转化过程；

2. 以蛱蝶翅膀为生物形态特征提取边缘特征点的过程（以曲率为尺度特征）；

3. 以函数型数据处理方法为手段对蛱蝶进行分类识别的过程（函数型主成分分析与函数型聚类分析过程）。

## 参考文献

[1] J.O.Ramsay, B.W.Sliverman.Functional Data Ana lysis[M].Springer, 2005.

[2] J.O.Ramsay, B.W.Sliverman.Applied Functional Data Analysis: Methods and Cases Studies[M].Springer, 1997.

[3] J.O.Ramsay, Giles Hooker, Spencer Graves.Functional Data Analysis with R and MATLAB[M].Springer, 2009.

[4] 张兆礼，赵春晖，梅晓丹.现代图像处理技术及 MATLAB 实现[M].人民邮电出版社，2001.

[5] 薛毅，陆立萍.统计建模与 R 软件[M].清华大学出版社，2007.

[6] 赵汗青.数学形态特征在昆虫分类学上的应用研究[D].中国农业大学博士学位论文，2002.

[7] 王慧.蛱蝶的计算机分类识别[D].北京师范大学硕士学位论文，2004.

[8] 卢珂.泛函主成分分析在蛱蝶分类中的应用[D].北京师范大学硕士学位论文，2006.

[9] 胡宇.函数型数据分析方及其应用[D].东北师范大学博士论文，2011.

[10] 黄恒君.基于 B—样条基底展开的曲线聚类方法[J].统计与信息论坛，2013.

[11] 冈萨雷斯.数字图像处理[M].电子工业出版社，2003.

# 附录:本案例所使用的主要程序命令

1. 利用 MATLAB 工具箱中的函数进行图像轮廓数据的获取

```
imleaf=imread(′E:li2.jpg′);
% distill the blue part of the RGB image. in order to improve the contrast of the figure.
imleafb=squeeze(imleaf(:,:,3));
% wipe off the noise of the image using median filter measure.
BWm=medfilt2(imleafb);
BWs=edge(BWm,′canny′);
sed=strel(′diamond′,2);
BWsdil=imdilate(BWs,sed);
BWdfill=imfill(BWsdil,′holes′);
sed=strel(′diamond′,2);
BWfinal=imerode(BWdfill,sed);
BWoutline=bwperim(BWfinal);
segout=imleafb;
segout(BWoutline)=255;
imshow(BWoutline)
all=find(BWoutline==1);
s=size(all);
[y,x]=ind 2 sub(s,all);
y=y(1:3:end);
x=x(1:3:end);
$ [m,n]$ =size (y);
x=x′;
y=y′;
h=abs(diff([1,0]));
yapp1=gradient(y,h);
yapp2=2*  2*  del2(y,h); % matlab 数值近似
k=abs(yapp2). /(1+yapp1. ^2). ^(3/2);
A=[x′,y′,k′];
f=fopen(′I:li1. txt′,′w′);
fprintf(f,′% g\t′,A);
fclose(f);
```

2. 利用 R 软件进行函数型主成分分析以及聚类分析

(1)选取每幅图片的曲率较大点以及进行最短距离排序

```
x-all<-y-all<-NULL
zi1<-scan("zi1. txt")文件读点
```

```
n<-length(zi1)/3
zi1<-scan("zi1. txt")文件读点
n<-length(zi1)/3
zi1-y<-zi1[1:n]
zi1-x<-zi1[(n+1):(2* n)]
k<-zi1[(2* n+1):length(zi1)]
zi1-y<-(zi1-y-mean(zi1-y))/sd(zi1-y)
zi1-x<-(zi1-x-mean(zi1-x))/sd(zi1-x)
x<-zi1-x[order(k)]
y<-zi1-y[order(k)]
k<-k[order(k)]
par(mfrow=c(2,2))
m=300
/* 把曲率大的点留下* /
zi1-x<-x[1:m]
zi1-y<-y[1:m]
n<-m
/* 对数据按照逆时针顺序排序* /
theta<-atan2(zi1-y,zi1-x)
y<-zi1-y[order(theta)]
x<-zi1-x[order(theta)]
plot(zi1-x,zi1-y)
lines(zi1-x,zi1-y)
/* 对数据进行最短距离排序* /
for(i in 1:300){
  r<-NULL
  for (j in 1:(300-i)){
r[j]<-(x[i]-x[i+j])^2+(y[i]-y[i+j])^2}
rm<-min(r)
k=which(r==rm)
if(i<300){
a0<-x[i+k]
a1<-x[i+1]
x[i+1]<-a0
x[i+k]<-a1
b0<-y[i+k]
b1<-y[i+1]
y[i+1]<-b0
y[i+k]<-b1}
  else {
```

```
a0<-x[1]
a1<-x[i+1]
x[i+1]<-$ a0
x[i+k]<-$ a1
b0<-y[1]
b1<-y[i+1]
y[i+1]<-$ b0
y[i+k]<-$ b1}}
plot(x,y)
lines(x,y,col=2)
x-all<-c(x-all,x)
y-all<-c(y-all,y)
```

(2)函数型数据分析方法处理程序

```
library(fda)
par(mfrow=c(2,2))
fdarange=c(0,1)
fdabasis1=create. bspline. basis(fdarange,9,3)
fdabasis2=create. bspline. basis(fdarange,9,3)
fdatime=seq(0,1,len=n)
fdafd1=smooth. basis(fdatime,x,fdabasis1)
fdafd2=smooth. basis(fdatime,y,fdabasis2)
fdafd3=smooth. basis(fdatime,zi1-x,fdabasis1)
fdafd4=smooth. basis(fdatime,zi1-y,fdabasis2)
par(mfrow=c(1,2))
plot(fdatime,x,main="幅角排序 x 拟合图")
lines(fdatime,fdafd1$ y,col=2)
plot(fdatime,y,main="幅角排序 y 拟合图")
lines(fdatime,fdafd2$ y,col=2)
plot(fdatime,zi1-x,main="最短距离排序 y 拟合图")
lines(fdatime,fdafd3$ y,col=2)
plot(fdatime,zi1-y,main="最短距离排序 y 拟合图")
lines(fdatime,fdafd4$ y,col=2)
par(mfrow=c(1,2))
plot(x,y,main="幅角排序拟合图")
lines(fdafd1$ y,fdafd2$ y,col=2)
plot(zi1_x,zi1_y,main="最短距离法排序后拟合图")
lines(fdafd3$ y,fdafd4$ y,col=2)
/* 大紫蛱蝶与银钩蛱蝶泛函主成分分析* /
fdarange=c(0,1)
fdabasis=create. bspline. basis(fdarange,15,3)
```

```
fdatime=seq(0,1,len=m)
data1=jiadie2[,13:16,]
data2=jiadie2[,1:4,]
data<-rep(0,16* m)
dim(data)<-c(m,8,2)
for(i in 1:4){
data[,i,]<-data1[,i,]}
for(i in 5:8){
data[,i,]<-data2[,i-4,]}
fdafd=smooth. basis(fdatime,data,fdabasis)$ fd
fdafd$ fdnames[[1]]="Milliseconds"
fdafd$ fdnames[[2]]="Replications"
fdafd$ fdnames[[3]]=list("X","Y")
nharm=3
par(mfrow=c(2,2))
fdapcaList=pca. fd(fdafd,nharm)
plot. pca. fd(fdapcaList,cycle=TRUE,ylab="mean-y",xlab="mean-x")
sum(fdapcaList$ varprop)
fdaei<-fdapcaList$ values
/* 大紫蛱蝶与枯叶蛱蝶泛函主成分分析* /
fdarange=c(0,1)
fdabasis=create. bspline. basis(fdarange,12,3)
fdatime=seq(0,1,len=m)
fdafd=smooth. basis(fdatime,jiadie2[,1:8,],fdabasis)$ fd
fdafd$ fdnames[[1]]="Milliseconds"
fdafd$ fdnames[[2]]="Replications"
fdafd$ fdnames[[3]]=list("X","Y")
nharm=3
par(mfrow=c(2,2))
fdapcaList=pca. fd(fdafd,nharm)
plot. pca. fd(fdapcaList,cycle=TRUE,ylab="mean-y",xlab="mean-x")
sum(fdapcaList$ varprop)
fdaeig<-fdapcaList$ values
/* 泛函主成分分析* /
fdarange=c(0,1)
fdabasis=create. bspline. basis(fdarange,15,3)
fdatime=seq(0,1,len=m)
fdafd=smooth. basis(fdatime,jiadie2,fdabasis)$ fd
fdafd$ fdnames[[1]]="Milliseconds"
fdafd$ fdnames[[2]]="Replications"
```

```
fdafd$ fdnames[[3]]=list("X","Y")
nharm=2
par(mfrow=c(2,2))
fdapcaList=pca. fd(fdafd,nharm)
plot. pca. fd(fdapcaList,cycle=TRUE,ylab="mean-y",xlab="mean-x")
sum(fdapcaList$ varprop)
fdaeig<-fdapcaList$ values
/* 聚类* /
a1<-fdafd$ coefs
a<-a1[,,1],b<-a1[,,2]
X<-data. frame(
x1<-c(a[1,]),x2<-c(b[2,]),
x3<-c(b[3,]),x4<-c(b[4,]),
x5<-c(b[5,]),x6<-c(b[6,]),
x7<-c(b[7,]),x8<-c(b[8,]),
x9<-c(b[9,]),y1<-c(b[1,]),
y2<-c(b[2,]),y3<-c(b[3,]),
y4<-c(b[4,]),y5<-c(b[5,]),
y6<-c(b[6,]),y7<-c(b[7,]),
y8<-c(b[8,]),y9<-c(b[9,]),
y10<-c(b[10,]),y11<-c(b[11,]),
y12<-c(b[12,]),y13<-c(b[13,]),
y14<-c(b[14,]),y15<-c(b[15,]),
row. names=c("zi1","zi2","zi3","zi4","ku1","ku2","ku3","ku4","yin1","yin2","yin3","yin4","li1","li2","li3","li4"))
d<-dist(scale(X))
hc<-hclust(d,"ward");
plclust(hc,hang=-1);
re4<-rect. hclust(hc,k=4,border="red")
```

（审稿人：张宝学　林金官　陈　敏）

# 环境约束下东北老工业基地绿色全要素生产率的估算与分析

曹 政 杨 琪 刘 捷

（指导教师：马树才）

辽宁大学

## 一、案例背景概述

### （一）研究背景

东北老工业基地主要由辽宁省、吉林省和黑龙江省的重化工企业组成，在新中国成立初期，东北地区凭借自身丰富的自然资源、完整的重工业体系和发达的交通运输条件等，为我国建立独立完整的工业体系、国民经济体系以及现代化建设作出了重要的历史贡献，从而获得了“新中国工业的摇篮”的美誉。

然而，长期以来东北地区主要依靠高能耗、高污染、低效益的粗放式发展模式，在推动经济增长的同时，也付出了自然资源面临枯竭、生态环境遭到破坏的沉重代价。以至于到了20世纪末期，东北老工业基地由于体制老、机制老、结构老、技术老等多重老化问题，让这位在改革开放初期工业增加值占全国比重五分之一的“东北硬汉”，没落成为现在工业增加值占全国比重不到10%的“问题老人”。面对这些亟须解决的难题，2002年党中央在十六大报告中明确提出“支持东北地区等老工业基地加快调整和改造，支持以资源开采为主的城市和地区发展接续产业”。之后，在2003年中共中央、国务院都明确提出了实施振兴东北老工业基地战略的指导思想、方针任务和政策措施。

振兴东北老工业基地战略的实施，无疑像一剂强心针为东北地区的经济发展注入了新的活力。从2003年到2011年，东北地区经济发展迅猛，生产总值增加了168.7%，年均增幅达到13.15%，对我国GDP的贡献率也呈现出上升趋势。然而，这一期间东北老工业基地的能源消耗总量从22209.3万吨标准煤，上涨到40510.9万吨标准煤，增长了82.4%；同时二氧化碳的排放量从2003年的56536.9万吨，上涨到2011年的100475.6万吨，增长了77.7%。由于高碳经济运行模式仍起着主导作用，东北地区的经济发展再次落入高能耗、高污染、低效益的窠臼，从而导致东北成为全国碳排放的重灾区。较长时期以来，东北地区一直想通过依赖增加生产要素的投入来改善工业发展的现状，但这并不能从根本上解决问题，而且日益严峻的能源问题制约了该地区的全面、协调、可持续发展。尽管有振兴东北老工业基地国家级战略的支持，但目前东北老工业基地依旧寻着不可持续发展的老路往前走。如果不彻底改变高能耗、高污染、低效益的经济发展模式，那么东北老工业基地也必将走进一条死胡同。

因此，地区经济发展必须坚持科学发展观，走可持续发展道路。目前，理论界对可持续发展的定义有各种版本，其中较多是从经济、环境、技术和社会等维度来进行定义，并使用不同的计量模型来度量可持续性，这也涉及到资源配置、技术进步、节能减排、公平与效率等众多指标。著名学者林毅夫(2007)认为技术进步是判断经济增长是否可持续的核心指标，而全要素生产率又是度量技术进步的重要指标，所以，通过测算一个地区经济发展的全要素生产率可以判断该地区经济发展是否具有可持续性。同时，我们不要忘记，可持续发展的概念是由对能源和环境问题的担忧而催生的这样一个事实。因此，在测算一个地区全要素生产率时，充分考虑能源排放，把能源与环境因素纳入其中，形成绿色全要素生产率，从而更好地评价该地区经济发展是否具有可持续性。

(二)研究意义

经济学理论认为经济增长的源泉主要有两种：一是增加投入，如加大基础设施建设投入、增加雇员等；二是提高效率，如改进更新技术、管理创新等。新古典经济学家认为，单纯依靠增加投入来推动经济增长的方式，由于边际生产率递减而难以持续，只有依靠效率改进的经济增长才是可持续的。因此，效率成为研究长期经济增长的核心内容，而全要素生产率又是衡量效率改进的主要指标。

全要素生产率(Total Factor Productivity)通常称为"技术进步率"，是衡量经济增长源泉的重要工具，也是政府制定长期可持续增长政策的重要依据。首先，估算全要素生产率有助于进行经济增长源泉分析，即分析各种要素(投入要素增长、技术进步和能力实现等)对经济增长的贡献，识别经济是投入型增长还是效率型增长。其次，估算全要素生产率是制定和评价长期可持续增长政策的基础。因此，估算一个地区的全要素生产率对分析经济发展模式，制定长期经济发展政策都具有重要的参考意义。

在经济发展向资源节约型和环境友好型转变的宏观背景下，本文试图将能源和环境维度引入到可持续发展分析中，通过把能源消耗和二氧化碳排放作为要素投入引入生产函数中，结合计量模型对面板数据进行分析，进而估算出东北老工业基地绿色技术进步率。本文将这种绿色技术进步率命名为绿色全要素生产率，它也能更好地衡量该地区经济发展是否具有可持续性。总之，通过估算绿色全要素生产率来进行宏观经济运行分析和宏观经济政策选择，必将更加科学地评价东北老工业基地经济发展的可持续性问题，同时极大地提高东北地区宏观经济决策水平，从而促进东北老工业基地经济又好又快地发展。

(三)研究内容

本文研究内容概括起来，就是以绿色全要素生产率估算为出发点，将能源与环境维度引入到绿色增长核算中来，使用数据包络模型分析面板数据，遵循"提出问题—选择模型—实证分析—政策建议"的研究思路，对东北老工业基地绿色全要素生产率进行估算与分析。本文主要回答的问题是：东北老工业基地的经济增长模式是否发生了转变？影响绿色全要素生产率增长的因素又是什么？东北老工业基地要走可持续发展道路需要进行哪些政策的调整？具体来说，从以下四个方面依次展开：

第一，分析东北老工业基地投入要素，特别是能源消耗和二氧化碳排放从纵向时间维度和横向省际维度来看是如何变动的。

第二，利用构建的数据包络模型分析搜集到的面板数据，估算出东北老工业基地的传统全要素生产率和绿色全要素生产率，然后通过 Malmquist 指数法将全要素生产率进一步分解为技术进步指数和技术效率指数，并对二者进行静态比较分析，从而研究引起绿色全要素生产率变动的模式及省际间的变动差异。

第三，利用面板数据固定效益模型来检验东北老工业基地绿色全要素生产率的估算值是否具有收敛性，从而判断该地区经济发展模式是否具有可持续性。

第四，在估算和分析东北老工业基地绿色全要素生产率变动的基础上，进一步寻找影响绿色全要素生产率的因素，从而扬长避短，促进经济效率的增长。

第五，根据实证分析得到研究结论，发现目前东北老工业基地经济发展过程中存在的问题，并进一步提出针对性的政策建议。

### (四)研究方法

本文在吸取国内外最新研究成果的基础上，采用定量分析与定性分析相结合的研究方法，应用宏观经济学、宏观经济统计学与宏观经济计量学等学科综合分析东北老工业基地的绿色全要素生产率以及经济可持续性发展问题，并提出相应的政策建议。

具体来说，本文使用 DEA 数据包络模型和 Malmquist 指数估算东北老工业基地绿色全要素生产率，然后对绿色全要素生产率进行分解，研究其变动的整体规律和地区间的差异性，最后运用面板数据固定效应模型来检验绿色全要素生产率的收敛性。在分析东北老工业基地绿色全要素生产率变动规律和影响因素的过程中，还将使用描述统计中的各种展示方法，并且结合宏观经济学理论对现象进行合理地解释，从而提出科学、合理、富有针对性的政策建议。

## 二、数据来源及清洗

本文研究的是东北老工业基地绿色全要素生产率的估算和经济可持续性发展问题，因此涉及的省份主要有辽宁省、吉林省和黑龙江省。同时，为了进行横向比较分析，本文还引入了全国的总量数据。估算绿色全要素生产率主要涉及的指标有投入指标，包括劳动力投入(L)、资本投入(K)、能源投入(E)、二氧化碳排放量(C)，和产出指标地区生产总值(GDP)。考虑到数据的可得性和可比性，样本观察区间设定为 1990—2011 年。本文使用的数据主要来源于《中国统计年鉴(2012)》《辽宁统计年鉴(2012)》《吉林统计年鉴(2012)》《黑龙江统计年鉴(2012)》以及《中国能源统计年鉴(2012)》。文中使用的变量定义如下：

(1)劳动力投入(L)：以"年末从业人口数"表示，数据来源于各省份统计年鉴。

(2)资本投入(K)：由于资本存量数据无法从统计年鉴中直接获取，需要进行估计，因此本文采取永续盘存法估算各省份 1990—2011 年的实际资本存量，计算公式为：

$$K_{it}=I_{it}+(1-\delta_i)K_{it-1} \tag{1}$$

其中，$K_{it}$ 是 i 地区第 t 年的资本存量，$I_{it}$ 是 i 地区第 t 年的以 1990 年为基期计算的不变价全社会固定资产投资额，$\delta_i$ 是 i 地区第 t 年的固定资产折旧率，本文选择绝大多数学者研究所使用的折旧率 $\delta_t=5\%$。同时基期固定资本存量 $K_{1990}$ 的确定是根据 Harberger 等提出的方法，即假定在稳定状态下，资本存量增长率与产出增长率相等，那么基期资本存量等于期初投资额比上基期折旧率及基期之前某给定的期间的资本增长率的和。Reinsdorf and Cover(2005)在几何永续盘存法基础上提出了估算初始资本存量的简单模型，其计算公式为：

$$K_0=I_0\,\frac{g+1}{g+\delta} \tag{2}$$

其中，$I_0$ 为基期固定资产投资额，$\delta$ 为折旧率，g 表示在基期邻近时期的平均投资增长率或产出增长率。若用跨年的平均增长率来计算 g，假设给定时间内的资本存量和生产总值具有相同的平均增长率，则邻近时期的资本存量平均增长率为：

$$g=\sqrt[n]{Y_t/Y_0}-1 \tag{3}$$

其中 $Y_t$ 为基期邻近给定时期的期末生产总值，$Y_0$ 为期初生产总值，n 为给定时间的时期数。

本文了选取 1990—2011 年东三省支出法 GDP 数值来估算固定资本存量增长率，得出相应的增长率，然后利用公式(2)计算出各地区基期资本存量 $K_{1990}$，所涉及的资本存量指标均已剔除价格因素的影响，以 1990 年不变价格计算。最后利用统计年鉴相关数据按照永续盘存法公式(1)进行计算，得出东三省 1990－2011 年资本存量的估计值。

(3)能源投入(E)：以"能源消费总量"表示，数据来源于各省份的统计年鉴，它是将各地区一次能源(煤炭、石油、天然气)的消费量按发电煤耗法折算成标准煤计算得到。

(4)二氧化碳排放(C)：根据《中国能源统计年鉴》中各省份三大一次性能源煤、石油、天然气的消费量与二氧化碳信息分析中心(CDIAC)的各类能源排放系数(见表 1)相乘得到碳排放量，转换成二氧化碳还需乘以 44/12，从而计算得出各省份 1990—2011 年的二氧化碳排放量。

**表 1　各种一次能源碳排放系数**

| 项　目 | 煤炭 | 石油 | 天然气 |
|---|---|---|---|
| Fi(吨碳/吨标准煤) | 0.7476 | 0.5825 | 0.4435 |

注：资料来源于国家发展和改革委员会能源研究所。

(5)地区生产总值(GDP)：以"地区生产总值"表示，数据来源于各省份统计年鉴，以 1990 年不变价计算，以 1990 年当年价格的各地 GDP 分别乘以 1990—2011 年按可比价计算的地区生产总值指数(上年＝100)指数得到。

上述变量的统计描述如下表 2 所示。

**表 2　变量的描述性统计**

| 变量 | N | T | 均值 | 标准差 | 最大值 | 最小值 | 单位 |
|---|---|---|---|---|---|---|---|
| L | 3 | 22 | 1656.0 | 367.8 | 2364.9 | 1120.0 | 万人 |
| K | 3 | 22 | 5456.1 | 5505.5 | 25446.3 | 469.2 | 亿元 |
| E | 3 | 22 | 7877.1 | 3945.6 | 21431.8 | 3523.4 | 万吨 |
| C | 3 | 22 | 19516.8 | 10270.8 | 52436.4 | 6745.8 | 万吨 |
| Y | 3 | 22 | 2427.9 | 1953.2 | 9591.8 | 425.3 | 亿元 |

## 三、统计建模与估算分析

### (一)模型简介与方法选择

#### 1. DEA 数据包络模型

数据包络分析(Data Envelopment Analysis，简称 DEA)是数学、运筹学、管理科学和计算机科学的一个交叉研究领域，它由 A. Charnes，W. W. Cooperhe 和 E. Rhodes 为研究根据多个输入和输出数据来评价决策单元优劣而提出的一种系统分析方法。该方法的主要思路是使用数学规划(包括线性规划，多目标规划，半元限规划，随机规划等)建立评价模型，根据各决策单元(DMU)的输入数据和输出数据判断是否为 DEA 有效，其本质就是判断该决策单元是否位于生产可能集的"生产前沿面"上。生产前沿面是由投入最小和产出最大为目标的帕累托最优解构成的面。DEA 分析方法的优点是不需要设定具体的生产函数形式，是一种非参数研究方法；

同时可以对全要素生产率(TFP)进行分解,从而研究其增长的源泉。DEA 方法的经典模型有许多种,本文使用最为成熟和最基本的带非阿基米德无穷小量的 $C^2R$ 模型。模型具体内容如下:

设有 n 个决策单元 $DMU_j$ (j=1,2,…,n),每个 DMU 有 m 种输入和 n 种输出,$DMU_j$ 的输入、输出向量分别为:

$$x_j=(x_{1j},x_{2j},\cdots,x_{mj})^T>0,\ y_j=(y_{1j},y_{2j},\cdots,y_{nj})^T>0,j=1,2,\cdots,n$$

设 $DMU_{j0}$ 的输入、输出为 $(x_{j0},y_{j0})$,这里简记为 $(x_0,y_0)$,评价 $DMU_{j0}$ 相对有效性的 $C^2R$ 模型为:

$$\begin{aligned}&\max \frac{u^T y_0}{v^T x_0}\\&\text{s.t.}\ \frac{u^T y_j}{v^T x_j}\leqslant 1\\&u\geqslant 0,v\geqslant 0\end{aligned}\tag{4}$$

其中 $v=(v_1,v_2,\cdots,v_m)^T$, $u=(u_1,u_2,\cdots,u_n)^T$ 分别为 m 种输入和 n 种输出的权系数,利用 Charnes 和 Cooper 关于分式规划的 Charnes-Cooper 变换:

$$t=\frac{1}{v^T x_0},\ w=tv,\ \mu=tu$$

可将分式规划模型化为等价的线性规划模型:

$$(P_{C^2R})\begin{cases}\max \mu^T y_0=h_0\\ \text{s.t.}\ w^T x_j-\mu^T y_j\geqslant 0,j=1,2,\cdots,n\\ w^T x_0=1\\ w\geqslant 0,\mu\geqslant 0\end{cases}\tag{5}$$

$$(D_{C^2R})\begin{cases}\min\theta\\ \text{s.t.}\ \sum_{j=1}^{n}\lambda_j x_j+s^-=\theta x_0\\ \sum_{j=1}^{n}\lambda_j y_j-s^+=y_0\\ \lambda_j\geqslant 0,j=1,2,\cdots,n,\ \theta\in E_1^+\end{cases}\tag{6}$$

模型(5)的对偶模型为(6)。

结论:若 $(P_{C^2R})$ 的最优解 $w_0,\mu_0$ 满足 $\mu^T y_0=1$,则称 $DMU_{j0}$ 为弱 DEA 有效;若 $(D_{C^2R})$ 的最优解 $w_0,\mu_0$ 满足 $\mu^T y_0=1$,且 $w_0>0,\mu_0>0$,则称 $DMU_{j0}$ 为 DEA 有效;若 $(D_{C^2R})$ 的最优值 $\theta_0=1$,且每一个最优解 $s^-,s^+,\theta_0,\lambda_{0j}$, j=1,2,…,n 都满足 $s^{0+}=0$, $s^{0-}=0$,则称 $DMU_{j0}$ 为 DEA 有效。

对于模型 $D_{C^2R}$,Charnes 和 Cooper 给出了相应的具有非 Archimedes 无穷小量 ε 的模型:

$$
(D^{\varepsilon}_{C^2R})\begin{cases}\min\left[\theta-\varepsilon(\hat{e}^T s^- + e^T s^+)\right]\\ \text{s. t. } \sum_{j=1}^{n}\lambda_j x_j + s^- = \theta x_0\\ \sum_{j=1}^{n}\lambda_j y_j - s^+ = y_0\\ \lambda_j \geqslant 0, j=1,2,\cdots,n,\ \theta\in E_1^+, s^- \geqslant 0,\ s^+ \geqslant 0\end{cases} \tag{7}
$$

其中，$\hat{e}=(1,1,\cdots,1)^T\in E_m^+$，$e=(1,1,\cdots,1)^T\in E_s^+$。

若($D^{\varepsilon}_{C^2R}$)的最优解 $\theta_0,\lambda_{0j}$，$j=1,2,\cdots,n$，$s^-,s^+$ 满足 $\theta_0=1$，$s^-=0$，$s^+=0$，则称 $DMU_{j0}$ 为 DEA 有效。

上述内容就是数据包络模型中最基本的 $C^2R$ 模型，即规模收益不变模型。当引入 $\sum\lambda_j=1$ 的约束条件后，就可以得到 $BC^2$ 模型，即规模收益可变模型。由 $C^2R$ 模型求得的效率即为技术效率，而由 $BC^2$ 求得的效率即为纯技术效率，它是在规模收益可变的条件下，决策单元与生产前沿面之间的距离。同时由等量关系：技术效率＝纯技术效率×规模效率，可以推导出规模效率，它用于度量当规模收益不变时生产前沿面与规模收益可变时生产前沿面之间的距离。

2. Malmquist 指数

Malmquist 指数首先由瑞典经济学家和统计学家 Malmquist 于 1953 年提出，用来分析不同时期的消费变化。1982 年，Caves 等人首度将它用作生产率指数。此后与 Charnes 等建立的 DEA 理论相结合，逐渐演化出基于成本、规模效率和不变规模收益的 Malmquist 指数模型，在生产率测算中的应用也日益广泛。

本文使用 Fare 等构建的基于 DEA 的 Malmquist 指数，来测算我国东北老工业基地的绿色全要素生产率，该方法是基于距离函数定义 Malmquist 生产率指数，利用线性优化方法给出每个决策单元的边界生产函数的估算。本文中基本决策单元(DMU)为东北老工业基地 3 个省份；当研究东北老工业基地绿色全要素生产率动态变化情况时，可以将绿色 TFP 进一步分解为绿色技术进步指数(绿色 TECH)和绿色技术效率指数(绿色 EFFCH)，从而研究引起绿色 TFP 变动的原因以及区域间的变动差异。

本文通过产出角度来研究绿色全要素生产率的变化，假定在时期 $t=1,2,\cdots,T$ 范围内，生产技术 $L_t$ 将要素投入 $x_t$ 转换为产出 $y_t$，$\theta$ 为达到生产前沿面时产出要素的增长率。其中 $x_t$ 表示 t 时期的投入向量，它包括劳动力投入、资本投入、能源消耗和二氧化碳排放。鉴于二氧化碳排放是一种非期望产出，其值越低越好，采用陈诗一(2009)的研究思路，将二氧化碳排放作为投入要素处理。这种处理方式是考虑到通过线性规划得到距离函数，计算原理是在投入给定的条件下追求产出最大化或者在产出给定的条件下追求投入最小化，那么将二氧化碳排放作为投入要素处理，可以使基于产出求得的距离函数能够更加凸显环境约束条件下产出效用最大化的内涵。

根据上述假定，可以定义产出距离函数为：

$$
D_0^t(x^t,y^t)=\inf\{\theta:(x^t,y^t/\theta)\in L^t\} \tag{8}
$$

为避免由于时期选择而导致的差异性，本文采用 Malmquist 生产率指数的几何平均数来衡量生产率在一定时期的变动情况，并在规模报酬不变的条件下，经其进一步分解为绿色技术进步指数(TECH)与绿色技术效率指数(EFFCH)的乘积，具体如下：

$$M_{ST}=\sqrt{\frac{D_i{}^t(x^{t+1},y^{t+1})}{D_i{}^t(x^t,y^t)}\times\frac{D_i{}^{t+1}(x^{t+1},y^{t+1})}{D_i{}^{t+1}(x^t,y^t)}}$$
$$=\frac{D_i{}^{t+1}(x^{t+1},y^{t+1})}{D_i{}^t(x^t,y^t)}\times\sqrt{\frac{D_i{}^t(x^{t+1},y^{t+1})}{D_i{}^{t+1}(x^{t+1},y^{t+1})}\times\frac{D_i{}^t(x^t,y^t)}{D_i{}^{t+1}(x^t,y^t)}}$$
$$=EFFCH\times TECH \quad (9)$$

其中：$EFFCH=\frac{D_i{}^{t+1}(x^{t+1},y^{t+1})}{D_i{}^t(x^t,y^t)}$ 表示从 t 期到 t+1 期效率的变化；

$TECH=\sqrt{\frac{D_i{}^t(x^{t+1},y^{t+1})}{D_i{}^{t+1}(x^{t+1},y^{t+1})}\times\frac{D_i{}^t(x^t,y^t)}{D_i{}^{t+1}(x^t,y^t)}}$ 表示从 t 期到 t+1 期技术的变化。

当 $M_{ST}>1$ 时，表示 TFP 进步；当 $M_{ST}<1$ 时，表示 TFP 退步；当 $M_{ST}=1$ 时，TFP 保持不变。当 EFFCH>1 时，表示决策单元靠近最前沿面，效率得到改善；而当 EFFCH<1 时，表示决策单元远离最前沿面，效率在退步。当 TECH>1 时，表示生产可能性边界在向外移动，即技术进步了；当 TECH<1 时，表示生产可能性边界向内移动，即技术退步了。根据 EFFCH 和 TECH 是否大于 1，可以判断 TFP 增长的真正源泉。由于现有的 DEA P2.1 软件包可以直接计算 Malmquist 指数，在此不再赘述。

（二）估算结果与分析

1. 东北老工业基地绿色全要素生产率的多角度分析

根据非参数 DEA－Malmquist 指数模型，本文运用 DEAP2.1 软件包，测算出环境约束下东北老工业基地的绿色全要素生产率，并从 1990—2011 年东北老工业基地绿色全要素生产率变动的总体情况、构成情况和地区差异性等三个角度进行了详细地分析。

(1)绿色全要素生产率变动的总体分析

根据 DEA－Malmquist 指数的测算方法，对我国东北老工业基地 3 个省份的 Malmquist 全要素生产率、技术效率指数与技术进步率指数，分别加入环境约束因素（绿色指数）和不加入环境约束因素（传统指数）进行测算，结果如表 3 和图 1 所示。

**表 3　1990－2011 年东北老工业基地绿色 Malmquist 指数的估算结果**

| 时　期 | 绿色 TFP | 传统 TFP | 绿色 EFFCH | 传统 EFFCH | 绿色 TECH | 传统 TECH |
|---|---|---|---|---|---|---|
| 1990－1991 | 0.983 | 0.972 | 1.000 | 1.000 | 0.983 | 0.972 |
| 1991－1992 | 1.020 | 1.009 | 0.995 | 0.995 | 1.025 | 1.014 |
| 1992－1993 | 0.988 | 0.982 | 0.972 | 0.972 | 1.016 | 1.009 |
| 1993－1994 | 1.020 | 1.002 | 0.990 | 0.987 | 1.030 | 1.016 |
| 1994－1995 | 1.034 | 1.021 | 1.008 | 1.009 | 1.026 | 1.012 |
| 1995－1996 | 1.068 | 1.059 | 1.005 | 1.006 | 1.063 | 1.053 |
| 1996－1997 | 1.050 | 1.042 | 0.980 | 0.977 | 1.071 | 1.067 |
| 1997－1998 | 1.089 | 1.067 | 0.977 | 0.982 | 1.114 | 1.086 |
| 1998－1999 | 1.066 | 1.062 | 1.016 | 1.016 | 1.049 | 1.045 |
| 1999－2000 | 1.095 | 1.094 | 1.042 | 1.042 | 1.051 | 1.050 |
| 2000－2001 | 1.046 | 1.043 | 1.006 | 1.006 | 1.040 | 1.037 |
| 2001－2002 | 1.033 | 1.032 | 1.007 | 1.007 | 1.026 | 1.025 |
| 2002－2003 | 1.014 | 1.053 | 1.003 | 1.003 | 1.011 | 1.050 |
| 2003－2004 | 1.005 | 1.008 | 0.986 | 0.980 | 1.019 | 1.028 |

续表

| 时 期 | 绿色 TFP | 传统 TFP | 绿色 EFFCH | 传统 EFFCH | 绿色 TECH | 传统 TECH |
|---|---|---|---|---|---|---|
| 2004—2005 | 1.048 | 1.045 | 1.012 | 1.018 | 1.036 | 1.027 |
| 2005—2006 | 1.046 | 1.046 | 0.997 | 0.998 | 1.049 | 1.049 |
| 2006—2007 | 1.037 | 1.038 | 1.000 | 1.000 | 1.038 | 1.038 |
| 2007—2008 | 1.032 | 1.033 | 0.996 | 0.996 | 1.036 | 1.037 |
| 2008—2009 | 1.033 | 1.032 | 0.995 | 0.995 | 1.038 | 1.036 |
| 2009—2010 | 1.017 | 1.016 | 1.006 | 1.006 | 1.011 | 1.009 |
| 2010—2011 | 1.036 | 1.036 | 0.996 | 0.996 | 1.041 | 1.041 |
| 平均值 | 1.036 | 1.032 | 0.999 | 0.999 | 1.036 | 1.033 |

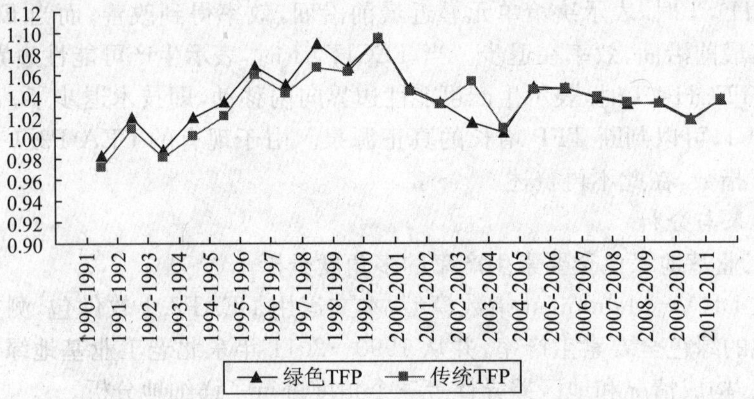


**图 1　东北老工业基地绿色 TFP 和传统 TFP 的趋势比较**

表 3 显示，1990—2011 年东北老工业基地的绿色全要素生产率的平均增长率为 3.6%，明显高于传统全要素生产率的 3.2%。由于绿色全要素生产率在估算过程中纳入了环境约束条件，而后者并没有包含环境因素，所以考虑环境因素后，东北老工业基地的全要素生产率总体上高于传统全要素生产率，这一研究成果与江涛涛(2011)、孙传旺(2010)等类似。从图 1 中可以发现在 1990—2000 年，东北老工业基地的绿色全要素生产率要高出传统全要素生产率 2 个百分点，而 2000 年以后二者基本持平，尤其是 2004 年以来二者基本相等。导致绿色全要素生产率下降的原因是在 2003 年下半年以来，新一轮的经济增长导致了东北老工业基地钢铁、水泥、电解铝等重污染行业的过度发展，致使经济局部过热，从而加重了污染物的排放，使得环境约束下的全要素生产率增长出现了显著的下降。

从表中还可以看出，东北老工业基地的全要素生产率一直大于 1，只有两个年份小于 1，可以看出东北老工业基地在 1990—2011 年这一时期技术效率一直在增长，而差异主要体现在全要素生产率的增长幅度上，图 1 就清晰地展示了全要素生产率增长的变化。

根据全要素生产率的增长变化趋势，可以将我国东北老工业基地的经济增长大致分为四个阶段。第一阶段(1990—2000 年)绿色全要素生产率呈现逐步上升的趋势，并在 2000 年达到最大值 1.095；第二阶段(2000—2004 年)呈现急剧下降的趋势，而到了第三阶段(2004—2006 年)绿色全要素生产率又有了小幅回升，第四阶段(2006 年以后)绿色全要素生产率又开始缓慢回落，直到 2011 年绿色全要素生产率开始转向回升。东北老工业基地绿色全要素生产率的变动模式与其经济发展的动态变化极其吻合，在第一阶段(2000 年以前)东北老工业基地凭借其重工业的资源、技术、规模等众多优势，使得它在全国的工业总产值中占据重要份额，引领着我国经济的增长，因而东北老工业基地的全要素生产率也稳步提升。然而，到了 2000 年以后，由于我国经济社会的深刻变革，经济发展开始由粗放型向集约型过渡，国家开始淘汰一大批高污染、高能耗的产业，东北老工业基地首当其冲。同时，东北老工业基地由于自身发展模式的僵化、管理制度的落后、生产技术的停滞不前等原因，使得其经济增长缓慢，甚至倒退。因此，这就解释了第二阶段(2000—2004 年)东北老工业基地全要素生产率的急剧下降。到了 2003 年底党中央提出了"振兴东北老工业基地"的国家级战略，这无疑给东北地区的经济发展注入了一剂强心针。东北老工业基地有了国家的政策、资金、技术等方面的支持，开始小幅回升，但已经达不到 2000 年前的水平。然而好景不长，第四阶段(2004 年以后)东北老工业基地的绿色全要素生产率又开始逐步下降，可以看出东北老工业基地在实施"振兴东北老工业基地"战略以后，也未能走出高污染、高能耗、低产出的窠臼。

(2)绿色全要素生产率变动的构成分析

在分析了东北老工业基地绿色全要素生产率和传统全要素生产率总体变动情况的基础上，重点研究绿色全要素生产率。根据 Malmquist 指数分解的方法，将相对于不变规模报酬生产技术的技术效率指数，进一步分解为相对于可变规模报酬生产技术的纯技术效率指数和规模效率指数，其估算结果如下表 4 和图 2 所示。

**表 4　东北老工业基地 Malmquist 指数的分解**

| 时　期 | 绿色 TFP 变动 | 技术进步变动 | 技术效率变动 | 纯技术效率变动 | 规模效率变动 |
|---|---|---|---|---|---|
| 1990—1991 | 0.983 | 0.983 | 1.000 | 1.000 | 1.000 |
| 1991—1992 | 1.020 | 1.025 | 0.995 | 1.000 | 0.995 |
| 1992—1993 | 0.988 | 1.016 | 0.972 | 1.000 | 0.972 |
| 1993—1994 | 1.020 | 1.030 | 0.990 | 0.991 | 0.999 |
| 1994—1995 | 1.034 | 1.026 | 1.008 | 1.000 | 1.008 |
| 1995—1996 | 1.068 | 1.063 | 1.005 | 0.990 | 1.015 |
| 1996—1997 | 1.050 | 1.071 | 0.980 | 0.974 | 1.006 |
| 1997—1998 | 1.089 | 1.114 | 0.977 | 0.974 | 1.003 |
| 1998—1999 | 1.066 | 1.049 | 1.016 | 1.015 | 1.001 |
| 1999—2000 | 1.095 | 1.051 | 1.042 | 1.053 | 0.990 |
| 2000—2001 | 1.046 | 1.040 | 1.006 | 1.006 | 1.000 |
| 2001—2002 | 1.033 | 1.026 | 1.007 | 0.999 | 1.008 |
| 2002—2003 | 1.014 | 1.011 | 1.003 | 1.001 | 1.002 |
| 2003—2004 | 1.005 | 1.019 | 0.986 | 0.994 | 0.993 |
| 2004—2005 | 1.048 | 1.036 | 1.012 | 1.006 | 1.005 |
| 2005—2006 | 1.046 | 1.049 | 0.997 | 1.000 | 0.997 |
| 2006—2007 | 1.037 | 1.038 | 1.000 | 1.000 | 1.000 |
| 2007—2008 | 1.032 | 1.036 | 0.996 | 1.000 | 0.996 |
| 2008—2009 | 1.033 | 1.038 | 0.995 | 1.000 | 0.995 |
| 2009—2010 | 1.017 | 1.011 | 1.006 | 1.000 | 1.006 |
| 2010—2011 | 1.036 | 1.041 | 0.996 | 1.000 | 0.996 |
| 平均值 | 1.036 | 1.036 | 0.999 | 1.000 | 0.999 |

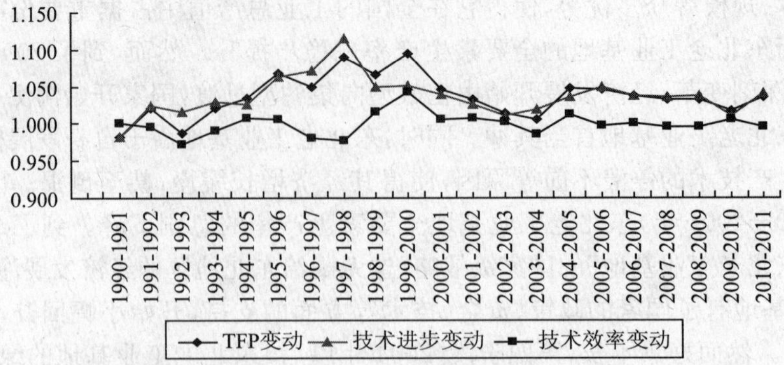


**图 2　绿色全要素生产率的分解:技术进步变动与技术效率变动**

根据表 4 和图 2,我们主要得出以下四点结论:

第一,从 1990 年以来,我国东北老工业基地的技术效率无明显改善。从图 4 可以看出,东北老工业基地的技术效率指数一直在 1 附近徘徊,甚至有一半的年份小于 1,说明决策单元远离最前沿面,效率在退步。这一时期,技术效率指数整体表现非常低迷,处于较低水平,积弱不振,未能形成东北老工业基地绿色全要素生产率增长的主导动力。

第二,东北老工业基地技术进步的变动与技术效率的变动之间存在着明显的负向关系。这在某些时期是容易解释的,例如在第一阶段(1990－2011 年),东北老工业基地的绿色全要素生产率增长较快,在 1990 年最初是由技术效率的改善起着主导作用,其后是技术进步起着主导作用。这是因为 20 世纪 90 年代以来随着改革开放的不断发展,我国经济开始稳步上升,国家对于经济发展制定的政策、制度在技术水平不变的情况下,有效地解放了生产力,而这个效应是一次性的,很快就消失了。此后,由于社会资本对东北老工业基地投资不断加大,推动了技术进步,使得全要素生产率得以继续增长。

第三,从 1990－2011 年这一时期,技术进步一直主导东北老工业基地全要素生产率的增长。20 世纪 90 年代以来,东北老工业基地的全要素生产率主要由技术进步推动的,而技术效率的下滑导致全要素生产率从 2000 年的高点滑落。而且这一时期技术进步的增长支撑了全要素生产率 90%以上的增长,从平均值来看,全要素生产率平均增长 3.6%,技术进步平均增长 3.6%,技术效率的改进为－0.1%,技术进步对全要素生产率增长的贡献更是达到了惊人的 100%。

第四,2000 年以后,技术进步率也呈现缓慢下降的态势,尤其是近年来变化很不明显。这一现象说明东北老工业基地借鉴和引进国外先进技术来发展经济的增长模式表现出后劲不足,绿色技术进步率也出现滑落的趋势,意味着东北老工业基地高投入、高能耗、高污染、低产出的生产方式未能得到彻底的改善。同时,加上振兴东北老工业基地战略的实施,大量的工业园区和基础设施建设,东北老工业基地的经济增长方式也未能真正地转入低碳环保的正轨上来。如果在今后的基础设施建设中仍然不注重低碳、节能、环保技术的开发与利用,仍然沿用粗放型的生产模式,那么在未来的几十年里,东北老工业基地的绿色全要素生产率仍将被低位锁定。

在规模报酬可变条件下,对东北老工业基地的绿色技术效率指数进行进一步的分解(见图 3),由此来探讨技术效率指数积弱不振的原因。

从图 3 我们可以清晰地看出,技术效率的变动主要受纯技术效率变动的影响,2000 年以后它的下降主导着技术效率的下滑。2000 年以前纯技术效率变动比较大,1997－2000 年有一个

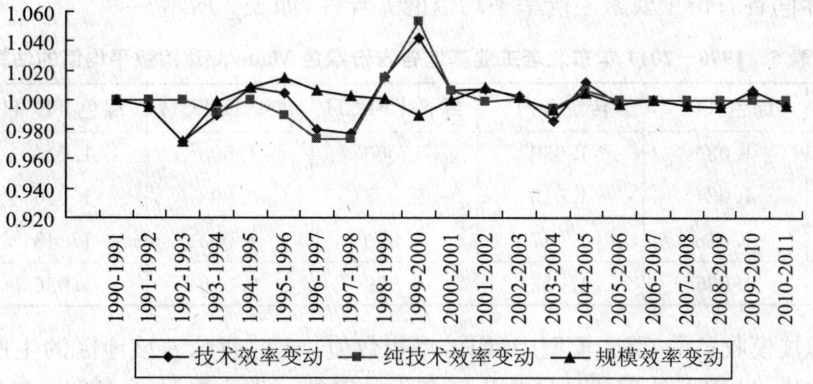


**图 3　技术效率变动的分解:纯技术效率变动与规模效率变动**

明显的拉升过程,2000—2004 年出现显著的下降,到了 2004 年以后开始企稳,并且变化较小,这大致呈现出一个倒 U 型变动路径。而规模效率的变动一直处于比较尴尬的地位,在大多数年份都小于 1,且变化不大,在 1 附近上下 2 个百分点波动。这表明东北老工业基地的企业长期未能在最优规模的基础上组织生产,从侧面折射出市场竞争不够充分,企业由于受到诸多制约因素的影响,未能按效率调整自己的生产规模。

(3)绿色全要素生产率变动的地区差异性分析

在分析了东北老工业基地整体绿色全要素生产率变动的基础上,根据 Malmquist 指数进一步估算出辽宁省、吉林省和黑龙江省的绿色全要素生产率,从而分析比较地区间的差异。

从图 4 可以明显地看出,黑龙江省绿色全要素生产率逐年增长率波动最为剧烈,增长率有正有负,在 1992—2000 年间有一个明显的上涨过程,在 2000 年增长率甚至达到了 20%,远远高于其他省份的增长率。2000—2004 年绿色 TFP 的增长率又出现了急剧的下滑,2004 年以后开始企稳,维持 5%左右的年增长率。黑龙江省绿色 TFP 增长率大致呈现出一个倒 U 型路径。

其次,吉林省绿色 TFP 增长率波动也较大,绝大多数年份保持 5%以内的年增长率,1998 年绿色 TFP 增长率达到了最大值 12.9%,2003 年增长率出现了最小值−8.1%。只有辽宁省的绿色 TFP 逐年增长率波动很小,表现最为稳定。尽管逐年增长率的数值并不大,维持在 2%至 6%的区间内,但它一直保持着正向增长。这表明辽宁省的经济增长一直较为有效,在经济发展过程中注重环境保护,低碳经济发展较好。

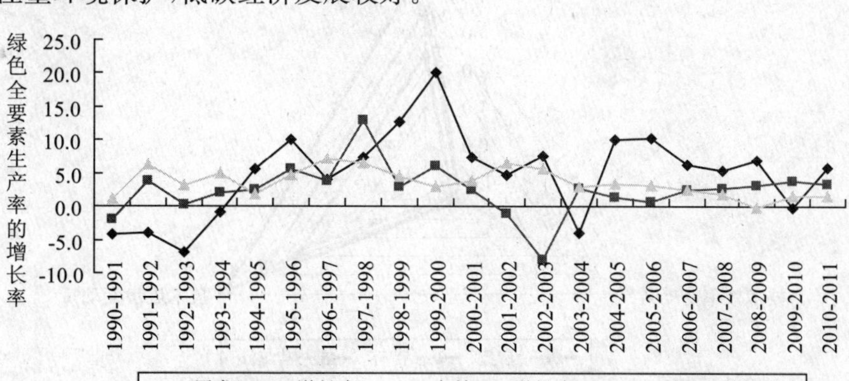


**图 4　东北老工业基地各省份绿色全要素生产率逐年增长率**

分析完东北老工业基地各省份绿色全要素生产率逐年增长率以后,我们该从整体来分析

1990－2011 年间各省份全要素生产率平均值的差异性，如表 5 所示。

表 5　1990—2011 年东北老工业基地各省份绿色 Malmquist 指数平均值的估算

| 地　区 | 绿色 TFP | 传统 TFP | 绿色 EFFCH | 传统 EFFCH | 绿色 TECH | 传统 TECH |
|---|---|---|---|---|---|---|
| 辽　宁 | 1.036 | 1.036 | 1.000 | 1.000 | 1.036 | 1.036 |
| 吉　林 | 1.024 | 1.015 | 0.998 | 0.998 | 1.026 | 1.017 |
| 黑龙江 | 1.048 | 1.047 | 1.000 | 1.000 | 1.048 | 1.047 |
| 平均值 | 1.036 | 1.032 | 0.999 | 0.999 | 1.036 | 1.033 |

在不考虑规模收益的 $C^2R$ 模型中，当效率指数值＞1 时意味着该地区的生产是有效率的，而当效率指数值＜1 时意味着该地区的生产是无效率的。表 5 展示了 1990－2011 年东北老工业基地各省份绿色全要素生产率和传统全要素生产率平均值的估算值，不难发现：第一，在这一时期东三省的全要素生产率都大于 1，表现为增长，表明三个省份的生产是有效率的。第二，传统全要素生产率增长最快的是黑龙江省，平均增长 4.7%；辽宁省平均增长 3.6%，最低的是吉林省，平均增长 1.5%。加入环境约束后，绿色全要素生产率增长率由高到低依次为黑龙江省、辽宁省和吉林省，平均增长率分别为 4.8%、3.6%和 2.4%。加入环境约束条件以后，吉林省和黑龙江省的绿色全要素生产率比传统全要素生产率要高，但是变化非常小，不到 1 个百分点，辽宁省未发生变化。这说明东三省作为重工业基地，经济发展很大程度上还是以高能耗、高污染为代价，低碳经济发展方面表现不尽人意。

根据 Malmquist 指数对绿色全要素生产率进行分解，雷达图图 5 清晰地展示了东三省绿色全要素生产率分解以后的地区间差异。可以看出东三省的绿色全要素生产率的增长都有技术进步的增长主导，技术进步率平均增长最高的是黑龙江省为 4.8%，其次为辽宁省 3.6%，最低是吉林省 2.6%。但它们都表现为增长，说明这些省份都吸收引进了先进的生产技术，使技术前沿面外移，促使技术进步。而技术效率增长对绿色全要素生产率的增长没有起到任何作用，吉林省甚至表现为－0.2%，阻碍了效率的提高。正是由于东三省都保持着低水平甚至负的技术效率增长，才导致前文分析的整个东北老工业基地技术效率积弱不振。

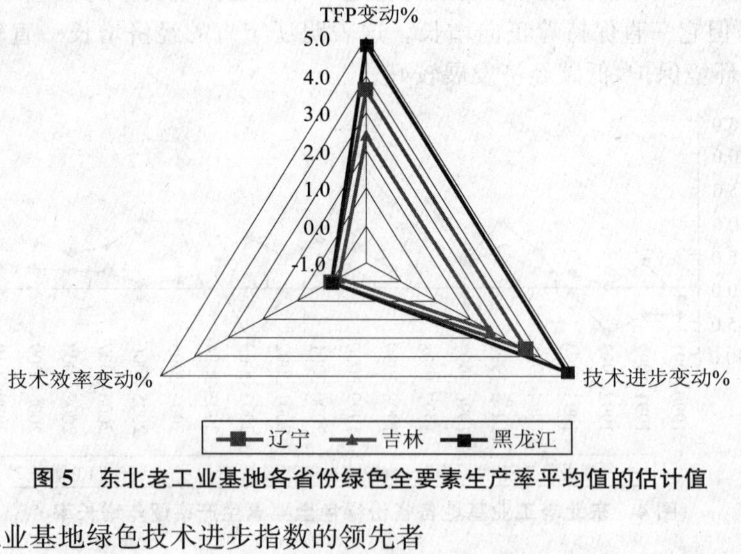


图 5　东北老工业基地各省份绿色全要素生产率平均值的估计值

2. 东北老工业基地绿色技术进步指数的领先者

分析完东北老工业基地绿色全要素生产率变动模式和地区间差异性以后，引人注意的问题是谁在引领环境技术的创新与进步，即到底是哪个地区在推动着生产可能性边界外移呢？

Fare 等(1994)将技术进步指数的领先者定义为“环境技术创新者”，

$$\begin{cases} TECH_t^{t+1} > 1 \\ \overrightarrow{D_0^t}(x^{t+1}, y^{t+1}) < 0 \\ \overrightarrow{D_0^{t+1}}(x^{t+1}, y^{t+1}) = 0 \end{cases} \tag{10}$$

这三个条件反映了“环境技术创新者”的三个方面：第一个条件要求决策单元的生产可能性边界要沿着方向向量向外部扩张，即在同等的投入下，第 t+1 期相对于第 t 期有着更多的期望产出和更少的非期望产出；第二个条件意味着第 t+1 期的生产要发生在第 t 期的生产可能性边界之外；而第三个条件则表明“环境技术创新者”的生产必须在生产可能性边界之上。当决策单元同时满足这三个条件时，它就能推动生产可能性边界向外移动，从而推动经济有效增长。

根据 DEAP2.1 软件的输出结果，本文将 1990—2011 年在环境约束下，东三省推动生产可能性边界外移的情况汇总到表 6。

**表 6　1990—2011 年东三省环境技术创新者的省份**

| 年　份 | 环境技术创新者 | 年份 | 环境技术创新者 |
|---|---|---|---|
| 1990—1991 | 无 | 2001—2002 | 黑龙江省 |
| 1991—1992 | 无 | 2002—2003 | 辽宁省 |
| 1992—1993 | 无 | 2003—2004 | 辽宁省、黑龙江省 |
| 1993—1994 | 无 | 2004—2005 | 辽宁省、黑龙江省 |
| 1994—1995 | 无 | 2005—2006 | 吉林省、黑龙江省 |
| 1995—1996 | 辽宁省 | 2006—2007 | 吉林省、黑龙江省 |
| 1996—1997 | 辽宁省 | 2007—2008 | 吉林省、黑龙江省 |
| 1997—1998 | 辽宁省 | 2008—2009 | 吉林省、黑龙江省 |
| 1998—1999 | 辽宁省、黑龙江省 | 2009—2010 | 吉林省、黑龙江省 |
| 1999—2000 | 黑龙江省 | 2010—2011 | 无 |
| 2000—2001 | 辽宁省、黑龙江省 | | |

由表 6 可以看出，根据前文对东北老工业基地全要素生产率增长阶段的划分，在第一阶段(1990—2000 年)环境技术创新者主要是辽宁省，当然在 1990—1995 年期间没有出现环境技术创新者，说明在这一时期东北老工业基地的经济发展主要是以资源的高消耗和污染的高排放为主，没有考虑环境的代价。第二阶段(2000—2004 年)环境技术创新者主要是辽宁省和黑龙江省，在发展经济的同时开始注重控制污染物的排放和保护环境。而第三阶段(2004—2006 年)和第四阶段(2006—2011 年)环境技术创新者主要是黑龙江省和吉林省，由于吉林省在 2004 年以前都没有推动过生产可能性曲线向外移动，到了振兴东北老工业基地战略实施以后，开始表现出“后发优势”，成为环境技术创新者的主力。

总体来看，从 1990 至 2011 年间，辽宁省、吉林省和黑龙江省推动生产可能性曲线向外移动的次数分别为 8 次、5 次和 11 次，黑龙江省和辽宁省表现较好，而吉林省的后劲很足。

3. 东北老工业基地绿色全要素生产率的收敛性分析

前文中图 2 反映了东北老工业基地绿色全要素生产率随时间的变动趋势，起伏较大，那么东北老工业基地绿色全要素生产率的波动是否会随着时间的推移而缩小呢？东北老工业基地各个省份的绿色全要素生产率的收敛模式又会是如何呢？为此，本文对三省的绿色全要素生产率增长进行收敛性分析。经济文献中涉及的收敛性分析主要包括三种类型：$\sigma_{收}$ 敛、绝对 $\beta$ 收敛和条件 $\beta$ 收敛（Sala－I－Martin，1996）。

（1）$\sigma$ 收敛性检验

$\sigma$ 收敛是通过分析整个区域的经济体绿色全要素生产率随时间推移而变动的情况。如果标准差逐渐变小，则表明绿色全要素生产率的离散程度在缩小，趋于收敛。$\sigma$ 收敛的检验方程形式为：

$$\sigma_t=\sqrt{\frac{1}{t-1}\sum_{i=1}^{n}(TFP_{i,t}-\overline{TFP})^2} \tag{11}$$

其中，$TFP_{i,t}$ 表示第 i 个地区在 t 时期的绿色全要素生产率，而 $\overline{TFP}$ 是第 t 时期东北老工业基地三个省份全要素生产率的平均值。当 $\sigma_{t+1}<\sigma_t$ 时，表明绿色全要素生产率的标准差在缩小，存在 $\sigma$ 收敛。

图 6 反映了东北老工业基地绿色全要素生产率标准差随时间的变动情况，从图上可以看出，1992－1997 年标准差有一个下降的过程，说明省份之间离散程度在缩小；到了 1997－2000 年标准差又出现了急剧的上升，一直大幅变动到 2004 年，这一阶段的标准差很不稳定，起伏较大，说明省份之间的绿色全要素生产率差距时而拉大时而缩小。直到 2006 年以后，标准差才开始企稳，缓慢回落。折线图反映的波动起伏很大，但从标准差的绝对值来看还是非常的小，表明省份之间绿色全要素生产率的差距不是非常大，可以近似认为东北老工业基地绿色全要素生产率存在 $\sigma$ 收敛，即东三省绿色全要素生产率的差距在缩小。

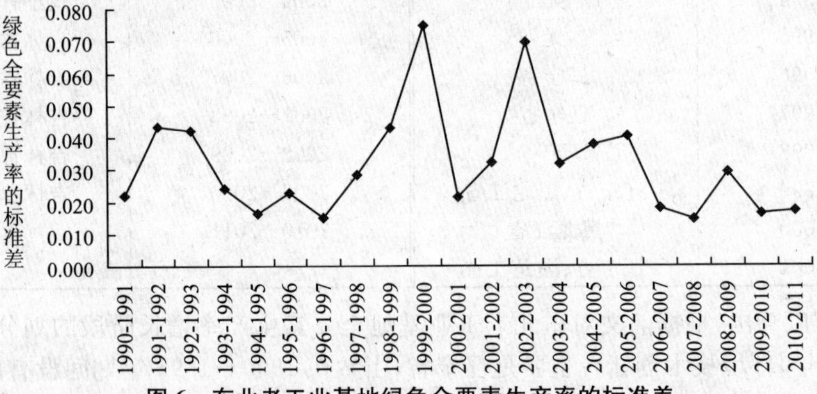


**图 6　东北老工业基地绿色全要素生产率的标准差**

（2）绝对 $\beta$ 收敛性检验

绝对 $\beta$ 收敛与 $\sigma$ 收敛都属于绝对收敛（Quah，1996），它主要研究的是每个地区的绿色全要素生产率是否趋向相同的稳定值，即研究绿色全要素生产率较低的地区是否存在着追赶绿色全要素生产率较高地区的趋势。绝对 $\beta$ 收敛的检验方程形式是一个回归方程式：

$$\frac{\ln(TFP_{i,t})-\ln(TFP_{i,0})}{t}=\alpha+\beta\ln(TFP_{i,0})+\varepsilon \tag{12}$$

其中，$[\ln(TFP_{i,t})-\ln(TFP_{i,0})]/t$ 表示第 i 地区从第 0 时期到第 t 时期的年均绿色全要素生产率的值；$\alpha$ 为常数项，$\beta$ 为回归系数，$\ln(TFP_{i,0})$ 是第 i 个地区 0 时期绿色全要素生产率初始值的对数值。如果回归系数 $\beta$ 显著为负，那么存在绝对 $\beta$ 收敛，意味着存在落后的地区追赶效率较高地区的趋势。

由于需要将东三省的数据作为一个地区总体进行回归估计，因此只能估计出东北老工业基地绿色全要素生产率绝对 $\beta$ 收敛检验的回归方程。为了能够进行比较，本文采用江涛涛等(2011)关于我国东部、中部和西部低碳全要素生产率绝对 $\beta$ 收敛检验的研究成果，从而将东北老工业基地的数据与其研究成果进行对比分析。

表7显示出东北老工业基地、东部、中部和全国的 $\beta$ 值都通过了置信水平为95%的显著性检验，说明东北老工业基地、东部、中部和全国范围内的收敛性显著，而西部地区收敛性显著性较低。因此，可以认为东北老工业基地、东部和西部地区的绿色全要素生产率明显趋同于某一稳定的水平。结合前面 $\sigma$ 收敛性的检验结果，可以认为东北老工业基地绿色全要素生产率存在俱乐部收敛现象。

**表7　绿色全要素生产率绝对 $\beta$ 收敛检验结果(OLS回归)**

| | 东北老工业基地 | 东部 | 中部 | 西部 | 全国 |
|---|---|---|---|---|---|
| 常数项 | 0.001<br>(0.099) | 0.122<br>(0.034) | 0.139<br>(0.010) | 0.075<br>(0.036) | −0.004<br>(0.001) |
| $\beta$ | −0.083<br>(0.046) | −0.121<br>(0.033) | −0.145<br>(0.009) | −0.080<br>(0.037) | −0.137<br>(0.011) |
| R | 0.997 | 0.556 | 0.974 | 0.372 | 0.849 |
| F | 194.717 | 13.51 | 261 | 4.73 | 158.13 |

注：东部、中部、西部和全国的数据来自江涛涛，郑宝华．低碳经济下中国区域全要素生产率的收敛性研究[J]，经济问题，2011,(12):34.

(3)条件 $\beta$ 收敛性检验

与绝对 $\beta$ 收敛假定不同的地区都具有相同的稳定水平所不同的是，条件 $\beta$ 收敛承认了不同地区之间绿色全要素生产率存在着差异，那么在各自特征的条件下，检验每个地区的绿色全要素生产率的值是否收敛于各自的稳定水平。本文采用面板数据(Panel Data)固定效应模型来检验各地区是否存在条件 $\beta$ 收敛，回归方程式为：

$$\ln(TFP_{i,t})-\ln(TFP_{i,t-1})=\alpha+\beta\ln(TFP_{i,t-1})+\varepsilon \tag{13}$$

其中，$\alpha$ 为Panel Data固定效应项，对应不同的地区各自稳定的条件，$\beta$ 为回归系数。如果回归系数 $\beta$ 显著为负，那么表明存在条件 $\beta$ 收敛，意味着第i个地区能够收敛于自身的稳定水平。

由表8可以看出，在1%的显著性水平下，东北老工业基地和其他三个地区的回归系数 $\beta$ 都为负值，说明东北老工业基地和其他三个地区范围内的绿色全要素生产率都存在着条件 $\beta$ 收敛，这也意味着各个地区不仅具有自身的稳定水平，并且都稳定收敛于自身的稳定水平。

**表8　绿色全要素生产率条件 $\beta$ 收敛检验结果(Panel Data固定效益模型)**

| | 东北老工业基地 | 东部 | 中部 | 西部 | 全国 |
|---|---|---|---|---|---|
| 常数项 | −0.021<br>( 0.035) | 0.002<br>(0.008) | −0.070 (0.150) | −0.012<br>(0.004) | −0.029<br>(0.005) |
| $\beta$ | −0.794<br>( 0.093) | −0.881<br>(0.114) | −1.409<br>(0.108) | −0.249<br>(0.081) | −0.160<br>(0.065) |
| R | 0.718 | 0.492 | 0.786 | 0.185 | 0.692 |
| F | 13.46 | 7.71 | 26.33 | 2.57 | 16.65 |

注：东部、中部、西部和全国的数据来自江涛涛，郑宝华．低碳经济下中国区域全要素生产率的收敛性研究[J]，经济问题，2011,(12):34.

### (三)东北老工业基地绿色全要素生产率的影响因素分析

1. 变量选取与数据说明

考虑到东北老工业基地产业结构的现实背景，数据的可得性以及国内外文献相关的研究成果，本文选取了以下6个指标，对影响东北老工业基地绿色全要素生产率的因素进行实证检验分析，具体指标如下：

(1)外商直接投资水平($X_1$)：随着经济全球化的不断发展，我国外商直接投资FDI规模不断扩大，大量外资的涌入对我国经济发展产生了重大的影响，东北老工业基地也不例外。众多学者对外商直接投资对我国技术溢出效应进行了研究，然而由于模型方法、变量选取、数据处理等不同造成了他们的研究结论往往截然不同。本文选取外商直接投资FDI占工业总产值的比重($X_1$)来反映外商直接投资水平。

(2)所有制结构($X_2$)：东北老工业基地自新中国成立以来就是我国工业生产的重要组成部分，由于长期受到计划经济体制的支配，使得市场化水平不高，造成东北老工业基地的工业企业所有制形式有着自己的特殊性。很多工业生产企业都是归国家所有，其资源配置存在诸多不合理现象，从而深刻影响着东北老工业基地生产率的提高。本文选取国有及国有控股企业的工业生产总值占全部工业生产总值的比重($X_2$)来反映东北老工业基地的所有制结构。

(3)规模结构($X_3$)：规模经济是经济活动的空间特征之一，由于产业集聚效应的存在，一个地区会因为技术、资源等因素的同质性，形成一些大规模的生产企业。这些大规模的生产企业能够更加有效的配置资源，安排生产，形成规模效应，从而影响该地区的生产效率。本文选取大中型工业总产值占全部工业总产值的比重($X_3$)来反映东北老工业基地的规模结构。

(4)研发投入水平($X_4$)：研发是一国科学技术水平进步的根基，我国是发展中国家，近年来不断加大对研发R&D的投入。尤其在建设资源节约型和环境友好型社会的过程中，企业更加注重环保研发的投入，希望通过研发来改进技术和提高技术效率，进而影响绿色全要素生产率。本文选取工业企业研发支出占工业总产值的比重($X_4$)来衡量研发投入水平。

(5)能源消费结构($X_5$)：由于生产过程中所消耗的能源的污染物排放系数各不相同，清洁能源污染物的排放相对较少，而煤炭等化石能源污染物排放较多，对环境的破坏较大。因此，能源消费结构能够直接影响污染物的排放，从而间接影响绿色全要素生产率的大小。本文则选取煤炭消费量占能源消费总量的比重($X_5$)，来反映东北老工业基地的能源消费结构。

(6)城市化进程($X_6$)：20世纪90年代以来，我国城市化进程不断加快，大量农民工涌入城市，这也使得劳动力从效率较低的农业转向效率较高的非农产业，进而改善了资源配置效率。本文选取城镇人口数占总人口数的比重($X_6$)来衡量东北老工业基地的城市化进程。

以上6个指标就是研究东北老工业基地绿色全要素生产率影响因素的自变量，其数据均来自《辽宁统计年鉴(2012)》《吉林统计年鉴(2012)》《黑龙江统计年鉴(2012)》和《中国统计年鉴(2012)》，而研究的因变量即为前文所估算的东北老工业基地绿色全要素生产率。为了保证因变量(绿色TFP)和自变量($X_1-X_6$)之间的线性关系，先对它们进行对数化处理。

2. 实证分析

考虑到本文要处理的是面板数据，故选用EVIEWS6.0软件中的Balanced Panel模型。在进行回归估计之前，首先进行Hausman检验，结果显示应该采用固定效益模型进行参数估计。同时为了避免解释变量之间可能出现多重共线性问题，本文采用逐步回归法对影响东北老工业基地绿色全要素生产率的因素进行了估计，回归结果如表9所示。

**表 9　东北老工业基地绿色全要素生产率影响因素的计量回归结果**

| | 模型Ⅰ | 模型Ⅱ | 模型Ⅲ | 模型Ⅳ | 模型Ⅴ | 模型Ⅵ |
|---|---|---|---|---|---|---|
| | ln(TFP) | ln(TFP) | ln(TFP) | ln(TFP) | ln(TFP) | ln(TFP) |
| C | 0.186** (3.479) | 0.327 (1.43) | 0.492* (3.58) | 0.228** (2.05) | 0.367* (1.61) | 0.231 (0.954) |
| $\ln(X_1)$ | −3.762** (−3.383) | −2.976** (−2.821) | −2.814** (−2.647) | −2.725** (−2.536) | −2.738* (−2.479) | −2.849* (−2.548) |
| $\ln(X_2)$ | | −0.834*** (−2.367) | −1.041*** (−2.748) | −0.996** (−2.508) | −0.902** (−2.201) | −0.973** (−2.347) |
| $\ln(X_3)$ | | | | 0.082* (1.579) | 0.074* (1.384) | 0.079* (1.445) |
| $\ln(X_4)$ | | | 0.105* (2.478) | 0.135** (2.590) | 0.141** (2.762) | 0.146** (2.804) |
| $\ln(X_5)$ | | | | | −0.127* (−1.835) | −0.152* (−1.960) |
| $\ln(X_6)$ | | | | | | 0.068* (1.342) |
| R2 | 0.712 | 0.735 | 0.751 | 0.764 | 0.779 | 0.782 |
| F | 7.84 | 7.952 | 8.613 | 8.795 | 9.217 | 8.946 |
| OBS | 252 | 252 | 252 | 252 | 252 | 252 |

注：括号内为 t 值，显著性水平 $\alpha$：* 表示 $\alpha$ =0.1，** 表示 $\alpha$ =0.05，*** 表示 $\alpha$ =0.001。

从逐步回归的过程来看，不难发现外商直接投资投资水平（$X_1$）在各个模型中都很稳定，它对东北老工业基地绿色全要素生产率的影响显著为负。这一结论与李玲、陶锋（2011）和涂正革（2009）的研究结论基本一致，也许“污染天堂假说”可以解释这一结果。因为发达国家的环境规制水平要明显高于发展中国家，他们对污染型产品的生产要求相当苛刻，这使得发展中国家的污染密集型产品具有了相对比较优势，从而导致大量的外商直接投资流入发展中国家的污染密集型产业，我们国家也不例外。发达国家将高能耗、高污染、低产出的污染密集型产业向东北老工业基地转移，在考虑环境约束以后，外商直接投资的增加不仅不能提升该地区全要素生产率的提高，反而抑制了东北老工业基地绿色全要素生产率的增长。从回归结果来看，在其他条件不变的情况下，外商直接投资每增长 1%，就会导致东北老工业基地绿色全要素生产率降低 2.275%—3.762%。

所有制结构（$X_2$）对东北老工业基地绿色全要素生产率的影响也显著为负，这与肖耿（2005）、涂正革、刘小玄（2005）等学者关于产业国有化和效率问题的研究结论相似。目前，东北老工业基地 70%以上的工业总产值是由国有及国有控股企业所创造，在较为僵化的管理体制下，国有企业组织生产仍然存在着巨大的能源浪费、资源配置不合理，以及严重的污染排放。同时在只看总量增长，不顾环境效益的绩效考核下，国有企业的领导者更加片面地追求高增加值，而不考虑生产对环境造成的污染和破坏。因此，所有制结构（$X_2$）抑制了东北老工业基地绿色全要素生产率的增长。

规模结构($X_3$)对东北老工业基地的绿色全要素生产率起到了正向的促进作用，在其他条件不变的情况下，规模结构($X_3$)每增加1%，绿色全要素生产率将增加0.074%－0.082%。自21世纪初以来，在振兴东北老工业基地战略的指导下，东北地区开始关闭和淘汰一大批高能耗、高污染的小型化工厂、小型煤矿、小型水电厂等生产技术落后、生产效率低下的小型企业，促使资源配置逐步向效率更高的大型企业集中，无序低效的生产方式得以有效遏制。目前，东北老工业基地的工业增加值，70%都是由大型工业企业创造。企业的联合重组形成了产业规模，释放出规模经济效益，从而有效地促进了绿色全要素生产率的提高。

研发投入水平($X_4$)对东北老工业基地绿色全要素生产率产生了积极的影响，在其他条件不变的情况下，研发投入水平($X_4$)每增加1%，绿色全要素生产率将提高0.125%－0.146%。事实证明，近年来在振兴东北老工业基地战略的支持下，从中央到地方都加大了对R&D经费的投入，鼓励企业自主创新，不断提升技术水平，有效促进了东北老工业基地绿色全要素生产率的增长。

能源消费结构($X_5$)对东北老工业基地绿色全要素生产率影响为负，在其他条件不变的情况下，能源消费结构($X_5$)每增长1%，绿色全要素生产率将下降0.127%－0.152%。由于煤炭的碳排放系数远远高于石油、天然气以及其他清洁能源，因此，在能源消费机构中，煤炭所占的比重越高，那么二氧化碳的排放会越多，势必会影响绿色全要素生产率的增长。东北老工业基地能源消费结构中，煤炭占能源消耗总量的比重从2000年的67.1%，上升至2011年的69.3%，这期间比重一直在65%－75%之间波动。煤炭消耗所占的比重不仅没有下降，反而出现上升，这无疑抑制了东北老工业基地绿色全要素生产率的增长。

城市化进程($X_6$)对东北老工业基地绿色全要素生产率也有积极的作用，当其他条件不变时，城市化进程($X_6$)每增加1%，绿色全要素生产率将增加0.068%。随着目前城市化进程的不断加大，大量农村劳动力开始转移到城市中来，改善了东北老工业基地人力资源在不同产业间的配置效率，同时也改善了生产要素的配置效率，因而对绿色全要素生产率形成正面的效应。

综上所述，根据回归结果我们可以发现，规模结构、研发水平和城市化进程这三个因素都促进了东北老工业基地绿色全要素生产率的提高，而外商直接投资、所有制结构和能源消费结构这三个因素对绿色全要素生产率都有负面抑制作用。因此，在今后的发展过程中，政策制定者们必须扬长避短，努力提高东北老工业基地的绿色全要素生产率。

## 四、研究结论与问题解决方案

### (一)研究结论

本文将能源消耗和二氧化碳排放同资本、劳动力以及地区生产总值一起纳入投入产出效率核算中来，使用数据包络模型DEA－Malmquist指数来估算环境约束下1990－2011年东北老工业基地绿色全要素生产率。同时，对东北老工业基地绿色全要素生产率估计值的变动情况进行整体和地区差异性分析，并且进行收敛性分析。最后，通过面板数据固定效应模型来探究影响绿色全要素生产率的因素。本文的主要研究结论如下：

第一，从总体来看，东北老工业基地绿色全要素生产率在1990－2011年间的年均增长率为3.6%，说明20世纪90年代以来东北老工业基地保持着较低效率的有效增长。同时，根据绿色全要素生产率的变动情况，可以将东北老工业基地的经济增长大致分为四个阶段：第一阶段是1990－2000年，以绿色全要素生产率持续上涨为特征；第二阶段是2000－2004年，绿色全要素生产率急剧下降；第三阶段是2004—2006年，以绿色全要素生产率的反弹为特征；第四阶段是2006—至今，绿色全要素生产率开始企稳，并稳步提升。但绿色全要素生产率的值还比较低，对经济增长的贡献还比较小，需要进一步提高。

第二，从绿色全要素生产率的分解来看，东北老工业基地绿色全要素生产率的增长由绿色技术进步主导，然而2000年以后，绿色技术进步率也呈现出缓慢下降的态势，导致东北老工业基地绿色全要素生产率也出现下降。而绿色技术效率一直积弱不振，发挥的作用微乎其微。同时，对绿色技术效率进行分解，发现纯技术效率的下降主导着技术效率的下滑，而规模效率波动很小。这表明东北老工业基地未能在最有规模的基础上组织生产，从侧面折射出市场竞争还不够充分。

第三，从东三省的地区差异性来看，黑龙江省和吉林省的绿色全要素生产率波动很剧烈，大致呈现出一个倒U型路径。而辽宁省一直保持2%—6%的增长率，表现最为稳定，意味着辽宁在发展经济过程中对环境保护重视程度最高，政策制定较为合理有效。但三个省份的绿色全要素生产率还比较低，说明以高能耗、高污染为代价的经济发展方式还没有得到彻底地转变。

第四，从环境技术创新者来看，在1990—2011年间，辽宁省、吉林省和黑龙江省推动生产可能性曲线向外移动的次数分别为8次、5次和11次，黑龙江省和辽宁省表现较好，但吉林省具有后发优势，表现出强有力的后劲。

第五，从收敛性来看，东北老工业基地的绿色全要素生产率存在“俱乐部收敛”现象。同时还存在条件收敛，表明各个省份都存在并且收敛于自身的稳定水平。这意味着目前东北老工业基地制定的经济政策和经济结构都有利于缩小地区间的差异，在今后的发展过程中还需进一步加强和完善。

第六，从影响因素来看，规模结构、研发水平和城市化进程对东北老工业基地绿色全要素生产率有积极的促进作用，而外商直接投资、所有制结构和能源消费结构对绿色全要素生产率都消极的抑制作用。

（二）问题解决方案

根据对东北老工业基地绿色全要素生产率的估算与分析，我们了解了绿色全要素生产率的变动规律，也掌握了影响绿色全要素生产率增长的因素。为此，我们提出以下4点建议，希望能提高东北老工业基地的绿色全要素生产率，促进经济又好又快地发展，走上可持续发展的道路。

1. 进一步提升绿色全要素生产率，将提升生产率的重心向技术效率倾斜，为绿色全要素生产率的增长提供新的动力。

自20世纪90年代以来，东北老工业基地的绿色全要素生产率一直由技术进步主导，而技术效率发挥的作用微乎其微。这表明东北老工业基地主要依靠学习先进的生产技术来发挥“后发优势”，而不是依靠管理制度的创新和企业文化的培育。随着生产技术水平差距的逐渐缩小，今后提高全要素生产率的重心更应该向技术效率倾斜，不断引进先进的管理方法和竞争机制，鼓励管理制度创新，促进东北老工业基地绿色全要素生产率的提升。

2. 进一步加快产业结构调整，继续推动经济走可持续发展道路，为绿色全要素生产率的增长提供制度保障。

优化产业结构是东北老工业基地可持续发展的根本途径，需坚持比较优势原则、系统性原则、技术创新原则等等。2003年底实施振兴东北老工业基地战略以来，东北地区开始淘汰和关闭一大批能耗高、污染大、效率低的工业生产企业，这对东北老工业基地的经济发展和环境保护都起到了极大的促进作用。

随着改革的不断深化,深层次矛盾开始凸显,在"十二五"期间,东北老工业基地进行产业结构调整可以遵循以下三个重点:第一,用先进技术和自主创新改造传统装备制造业,提高国产化水平。第二,积极推动国企改革和工业结构优化升级,改变现有的较为僵化的所有制结构,盘活资产存量,提高生产要素的流动性,真正有效地提高企业资源配置效率。第三,协调发展生产性服务业,尤其是低碳环保的现代服务业,构建市场化、社会化的服务业产业链,形成新的经济增长点。

3. 进一步加快能源结构调整步伐,全方位大力扶持新能源开发,为绿色全要素生产率的增长提供物质基础。

目前,东北老工业基地的能源结构还存在很多不合理因素:如原煤、原油等化石能源消耗所占比重较大,能源消费弹性也持续下降,能源利用效率也不高等等。这些不合理因素都抑制了东北老工业基地绿色全要素生产率的增长,给经济可持续发展形成了阻碍。因此,进一步加快能源结构调整步伐的意义不言而喻,而基本途径如下:第一,构建能源可持续发展的政策保障体系,推动区域间的合作,实现优势互补。第二,全方位大力扶持新能源开发,通过研发和引进新能源技术、建设产业园区、提高税收、金融等支持、推广新能源应用等等一系列措施支持新能源发展。第三,打造东北地区环境权益交易平台,培育东北碳交易市场,切实提高环境规制水平,为绿色增长保驾护航。

4. 进一步加大科技研发投入,致力于提升企业的自主创新能力和研发水平,为绿色全要素生产率的增长提供智力支持。

研究表明研发投入对东北老工业基地绿色全要素生产率的增长有积极的促进作用,因此要实现未来经济的可持续发展,仍然要始终坚持科学技术是第一生产力的指导方针。为此,在今后的发展过程中,首先要优先发展单位增加值能耗低、环境友好的高新技术产业;其次要加大对企业的研发投入,提供相应的财政、金融支持,鼓励企业自主创新;最后,用高新技术改造传统的重工业,以科学发展观为指导,真正走出一条新型工业化道路。

## 参考文献

[1] Fare.Accounting for Air Pollution Emissions in Measures of State Manufacturing Productivity Growth[J]. Journal of Political Economy, 2001, (3): 236－253.

[2] Charnes A., Cooper W.W., Rhode E..Measuring the Efficiency of Decision Making Units[J].European Journal of Operational Research, 1978, (2): 429－444.

[3] Banker R.D., Cooper W.W..Some Models for Estimating Technical and Scale Inefficiencies in Data Envelopment Analysis[J].Management Science, 1984, 30(9): 1078－1092.

[4] Fare, Roll, Shawna, ect. Productivity Growth, Technical Progress and Efficiency Change in Industrialized Countries [J].American Economic Review, 1994, 84(1): 66－83.

[5] Chow G, Lin.Accounting for Economic Growth in Taiwan and Mainland China A Comparative Analysis [J]. Journal of Comparative Economic, 2002, (30): 507－530.

[6] Mohtadi H.Environment, Growth and Optimal Policy Design [J].Journal of Public Economics, 1996, (63): 119－140.

[7] Prescott, E.A Theory of Total Factor Productivity[J].International Economic Review, 1998, 39(3): 525－551.

[8] 胡鞍钢,等.考虑环境因素的省级技术效率排名[J].经济学季刊,2008,(3):933－960.

[9] 涂正革,肖耿.环境约束下中国工业增长模式的转变[J].世界经济,2009,(11):41－54.

[10] 王兵,吴延瑞,颜鹏飞.中国区域环境效率与环境全要素生产率增长[J].经济研究,2010,(5):95—109.
[11] 陈诗一.节能减排、结构调整与工业发展方式转变研究[M].北京:北京大学出版社,2010.
[12] 李玲,陶锋.污染密集型产业的绿色全要素生产率及影响因素[J].经济学家,2011,(12):32—39.
[13] 林毅夫,苏剑.论我国经济增长方式的转换[J].管理世界,2007,(11):26—34.
[14] 江涛涛,郑宝华.低碳经济下中国区域全要素生产率的收敛性研究[J].经济问题,2011,(12):31—35.
[15] 吴军.环境约束下中国地区工业全要素生产率增长及收敛分析[J].数量经济技术经济研究,2009,(11):18—27.
[16] 周五七,聂鸣.低碳转型视角的中国工业全要素生产率增长——基于1998—2010年行业数据的实证分析[J].财经科学,2012,(10):73—83.
[17] 傅勇,白龙.中国改革开放以来的全要素生产率变得及其分解(1978～2006年)[J].金融研究,2009,(7):38—51.
[18] 陈诗一.能源消耗、二氧化碳排放与中国工业的可持续发展[J].经济研究,2009,(4):41—55.
[19] 李小平,朱钟棣.国际贸易、R&D溢出和生产率增长[J].经济研究,2006,(2):24—41.
[20] 何元庆.对外开放与TFP增长[J].经济下季刊,2007,4(6):57—68.
[21] 张虹,韩云虹,等.东北老工业基地经济与社会可持续发展研究[M].北京:经济科学出版社,2011.
[22] 马树才.宏观经济计量分析方法与模型[M].北京:经济科学出版社,2005.

# 附录:本案例所使用的DEAP软件程序命令与操作步骤

1. 估算东北老工业基地传统全要素生产率的程序

Step1:建立数据文件“ctdblgy. txt”,导入原始数据;

Step2:建立运行文件“Eg1-ins. txt”,设置参数

```
“ctdblgy. txt                DATA FILE NAME
ctdblgy-out. txt          OUTPUT FILE NAME
3          NUMBER OF FIRMS
22                    NUMBER OF TIME PERIODS
1       NUMBER OF OUTPUTS
3        NUMBER OF INPUTS
1       0=INPUT AND 1=OUTPUT ORIENTATED
0              0=CRS AND 1=VRS
2              0=DEA(MULTI-STAGE),1=COST-DEA,2=MALMQUIST-DEA,3=DEA(1-STAGE),4=DEA(2
-STAGE)”
```

Step3:打开DEAP2. 1软件,输入“eg1-ins. txt”;

Step4:打开输出结果文件“ctdblgy-out. txt”,进行分析。

2. 估算东北老工业基地绿色全要素生产率的程序

Step1:建立数据文件“lsdblgy. txt”,导入原始数据;

Step2:建立运行文件“Eg2-ins. txt”,设置参数

```
“ lsdblgy. txt               DATA FILE NAME
lsdblgy-out. txt          OUTPUT FILE NAME
3          NUMBER OF FIRMS
22                    NUMBER OF TIME PERIODS
1       NUMBER OF OUTPUTS
4                         NUMBER OF INPUTS
1       0=INPUT AND 1=OUTPUT ORIENTATED
0                 0=CRS AND 1=VRS
2              0=DEA(MULTI-STAGE),1=COST-DEA,2=MALMQUIST-DEA,3=DEA(1-STAGE),4=DEA(2
-STAGE)       ”
```

Step3:打开DEAP2. 1软件,输入“eg2-ins. txt”;

Step4:打开输出结果文件“lsdblgy-out. txt”,进行分析。

(审稿人:陈耀辉　纪　宏　李金昌　阮　敬)

# 基于投入产出模型的主导产业选择方法及其应用研究

## ——以上海市为例

俞　萍　刘　亚　丁　昊

（指导教师：常　宁）

上海财经大学

## 一、案例背景概述

作为长三角地区发展的龙头，上海经济发展在我国国民经济发展中占有重要地位，其经济发展模式与结构极大地影响着我国整体经济的发展格局。因此，科学地界定上海经济的主导产业、重视上海特色经济的发展，既是提高上海国际竞争力的现实需求，也是我国整体经济良好发展的必要条件。作为我国经济发展和改革历程的一个缩影，上海目前已进入到了转变经济增长方式的关键时期，上海市"十二五"规划纲要中特别提出："传统发展模式已不可持续，发展转型迫在眉睫"，与此同时，上海市政府也适时提出了"未来3年预计有1000多亿元资金投入重点产业发展"的规划，旨在推动上海的经济增长向功能推动、资本和技术管理双轮驱动模式转换，力争在全国率先实现经济增长方式的根本转变。

经济增长是由不同的产业增长构成的，从区域发展与产业结构的关系来看，产业结构的不同形态影响着区域的主导产业，同时产业作为能源消费的载体，其构成与变化在可持续发展中也扮演着重要的角色。因此，作为一项治本之策，产业结构调整和优化产业布局将成为上海今后一段时期内转变经济增长方式及相应政策制定的主要内容。现实生产中，国民经济是一个复杂的整体，各产业部门间存在着既广泛又密切的技术经济联系，某一个产业部门在生产过程中的任何变化，都将通过产业关联关系对其他产业部门产生一定的波及作用。投入产出分析描述和解释了国民经济中各产业部门的产出水平以及与其他部门之间的技术经济联系，是判定关键部门和分析产业结构不可或缺的基础工具，它有助于理解产业间的关联，进而识别出实现经济增长方式转变的关键产业部门。因此，本案例将基于投入产出模型，结合多元统计分析方法，探索上海经济转型的现实途径，用新的、更符合现实需求的产业关联基准来讨论为实现经济增长方式转变的主导产业选择问题。

### （一）上海产业结构的现状

作为中国重要的经济金融中心，上海无时不刻的体现着国际大都市的魅力，随着上海"四个中心"目标的确立，上海的产业结构也需要做出跟随经济发展节奏的调整。目前上海市的产业结构现状有以下几点：

1. 经济总量：节节攀升，稳步发展

20世纪90年代以来，上海紧紧抓住浦东开发开放的重大战略机遇，实现了经济的平稳较快发展，1992年至2007年连续16年保持了经济的两位数增长，全市经济总量也持续扩大。

2006 年上海市生产总值达到 10572.24 亿元，首次迈上万亿元台阶；2008 年上海经济遭遇国际金融危机冲击，增速回落至两位数以内，但全市实现生产总值 14069.87 亿元；2012 年上海市生产总值达到 20181.72 亿元，首次迈上两万亿元台阶。

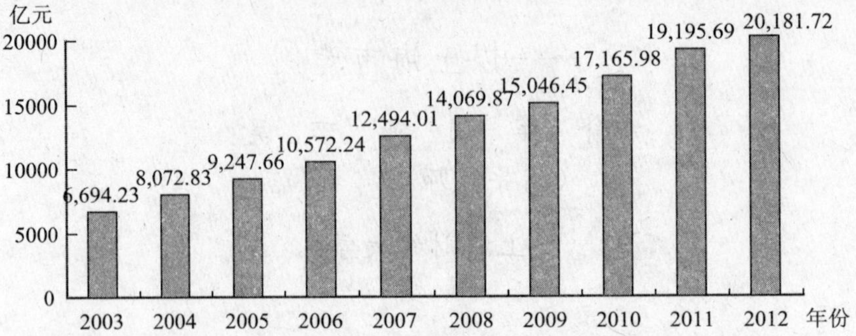


**图 1　2003 年以来上海生产总值变动趋势**

数据来源：中华人民共和国国家统计局编，《中国统计年鉴》，中国统计出版社出版。

随着经济总量的迅速增长，反映地区经济发展水平的人均 GDP 也明显提高。到 2012 年，上海人均 GDP 达到 85373 元/人。

2. 产业结构：结构不断优化，二、三产业并肩增长

2012 年，上海第一产业实现增加值 127.80 亿元；第二产业实现增加值 7,854.77 亿元，其中工业实现增加值 7,097.76 亿元；第三产业实现增加值 12,199.15 亿元。第一、二、三次产业增加值占生产总值的比重也由 2008 年的 1：54：70 调整到 1：62：96，产业结构变化的趋势较为明显。

作为衡量产业结构优化程度的重要指标，继 2008 年的奥运带动作用后，上海 2009 年第三产业增加值占全市生产总值的比重达到 59.36%，创近年来最高。不过受到金融危机的长期影响，三产比重一度回落到 57.28% 和 58.05%，此后又稳步回升，2012 年提高至 60.45%，达到改革开放以来的最高水平。

**图 2　2003 年以来上海第三产业增加值比重**

数据来源：中华人民共和国国家统计局编，《中国统计年鉴》，中国统计出版社出版。

3. 行业发展：工业集中趋势明显，服务业呈波动运行

经过多年的结构调整和发展，上海工业主要集中于少数行业的格局已经初步形成。六个重点发展工业行业中，除生物医药制造业规模较小外，其余行业均已成为上海的支柱工业行业。近年来，随着第三产业占上海经济总量的比重稳步提高，第三产业内部结构也出现了一定的调整。在上海致力于发展现代服务业和加快建设“四个中心”的产业发展政策指导下，部分重点发

展服务业行业比重呈现稳步提高的态势。

(二)上海产业结构的问题

随着上海加快形成以服务经济为主的产业结构和加快推进“四个中心”建设进程的推进,相关行业尤其是一些现代服务业行业在经济发展中的作用越加重要,但是从现实数据来看,这些行业在上海经济发展中所占比重及其贡献率却仍然偏低。以上海市现代服务业的代表性产业部门:交通运输及仓储业、信息传输计算机服务和软件业、租赁和商务服务业这三个行业为例,计算得到其增加值占比和对经济增长的贡献率如表1所示。

表1　2012年部分生产性服务业增加值比重和对经济增长的贡献率

| 行　业 | 增加值占比(%) | 对经济增长的贡献率(%) |
|---|---|---|
| 交通运输及仓储业 | 4.6 | 1.3 |
| 信息传输、计算机服务和软件业 | 4.0 | 1.2 |
| 租赁、商务服务业 | 4.5 | 1.3 |
| 合　计 | 13.1 | 3.8 |

可以看出,2012年这三个行业的增加值合计仅占全市生产总值的13.1%,对经济增长的贡献率只有3.8%。这显然与上海经济转型和特色发展的目标还有较大差距,实现以服务经济为主的产业结构规划的任务相当紧迫。与此同时。当前上海产业结构的变迁中呈现了结构转换趋缓、环境依赖趋强、产业竞争力趋弱、节能降耗趋紧等4个方面的特征[1],这些问题的存在,使得采用新的、更符合现实需求的产业关联基准来讨论为实现经济增长方式转变的主导产业选择问题显得非常重要。

(三)国外与国内研究现状

主导产业的发展最早可以追溯到《国富论》的“绝对优势”原理[2](Adam. Smith,1776),以及《政治经济及赋税原理》的“比较优势原理”[3](David Ricardo,1817),该原理从经济发展的资源禀赋选择主导产业。经济学鼻祖亚当·斯密认为分工程度是一个国家产业、劳动生产力发展水平及国民财富增长状况的标志,在分工理论基础上根据各国的自身条件形成某些商品生产成本的优势,进而对优势产业进行集中生产。在“绝对优势”的基础上,大卫·李嘉图又提出了“比较优势”,认为“两利相权取其重,两弊相权取其轻”贸易便可进行。无论是“绝对优势”还是“比较优势”,都是从成本角度来构建主导产业的。奥地利经济学家熊彼特(J. A. Joseph Alois Schumpeter,1912)提出的“创新理论”[4]从另一种视角阐述了主导产业发展的过程,开设了一种研究主导产业的非均衡动态分析的框架。虽未直接提出主导产业理论,但他的“创新理论”以及运用创新来解释经济波动的思想为主导产业的演变、发展提供了理论指导。后来库兹涅茨(Kuznets,1953)提出“产业结构演进理论”[5]。他认为产业结构由“一、二、三”向“三、二、一”过度,就单个产业而言,不会有一成不变的增长速率,各个产业都会有一个经历波峰到低谷的过程,主导产业会根据经济的情势所改变。在熊彼特的“创新理论”基础上,库兹涅兹为主导产业的研究给出了一个直接佐证。美国经济学家赫希曼(Hirschman,20世纪50年代中期)在《经济发展战略》[6]一书中,提出了发展中国家应首先发展那些产业关联度高的产业,这个观点对日本及其他一些发展小国家主导产业的选择和产业政策的制定产生了明显的影响。主导产业对经济发展和产业结构的引导带动作用，主要通过其关联效应表现出来，主导产业的关联效应有三种形式：一是前向关联效应；二是后向关联效应；三是旁侧关联效应。在中国，通过这三个关联效应选择出来的主导产业分别为食品工业、汽车工业、建筑业和电子工业，可以与后文上海市的主导产业做一下对比。

我国经济学家对主导产业选择标准的认识和研究主要是借鉴国外一些经济学家的观点，王岳平(1999)在其论著《中国工业结构调整与升级的理论、实证和政策》[7]中提出综合考虑高需求收入弹性、高生产率上升、高关联度等原则。关爱萍，王渝(2002)提出了持续发展和环保选择准则[8]，认为区域主导产业的投入要素在较长时期内应具有持续性，这样才能保证主导产业投入供给的持久性。持续发展与环保准则的提出另辟蹊径，不再一味追求经济的过快发展，而是注重持续发展的层面上。不过，由于环保等因素在产业结构中的权重仍旧太小，这样的选择依据或许略有缺陷。国务院宏观研究司司长郭克莎(2007)在其著作《工业化新时期新兴主导产业的选择》[9]中认为，在中国城镇化稳步推进、工业化处于中后期的大背景下，就业是民生之本，因此经济发展也需考虑产业内生性的就业功能。具体而言，郭克莎将就业规模和就业密度的平均值作为衡量产业就业功能的指标，就业准则的提出可谓恰是针对我国基本国情的。可以看出，在现有的基于投入产出模型的研究文献中，大多数都是将改进的影响力系数和感应度系数引入主导产业的选择指标体系中，用以替换原有的计算公式。即采用最终产品价值构成系数来做为权数，来表征各生产部门生产规模的差异化特点实际上，影响力系数和感应度系数的定义在学术界一直存在争议，问题的焦点在于里昂惕夫逆阵。原有系数对分母的计算中，其默认条件为：各单位的生产比例相同。考虑到上海各生产部门的实际情况，这个假设可能是不合理的。因此，本案例将同时采用加权和不加权方法来计算影响力系数和感应度系数，一方面，从里昂惕夫逆阵出发进行主导产业选择的新方法的研究；另一方面，通过实证的方法对加权和不加权计算影响力系数和感应度系数进行对比分析，找出影响力系数和感应度系数的两种计算方法的异同，为相关研究提供参考建议。

## 二、数据来源及分析框架

本案例数据来源于上海市统计局 2013 年修订的《2010 年上海市投入产出延长表》。从投入产出表中，选用了 42 个产业的中间投入，以及劳动者报酬、生产税净额、固定资产折旧和营业盈余等指标数据，据以计算和分析影响力系数、感应度系数、技术系数、经济效益系数、劳动投入系数、产业增加值比重。本案例基于 2010 年上海市投入产出表(延长表)数据，运用 EXCEL 和 SPSS 统计软件展开实证分析。投入产出延长表及相关系数指标详见数据文件。

本案例的研究重点在于主导产业选择中评价指标体系的建立以及基于最新投入产出表的实证分析。首先，通过阅读大量相关文献，准确把握主导产业的定义；然后，从其经济意义出发，基于投入产出模型选择进行主导产业研究的核心指标体系，并采用 2010 年上海市投入产出表数据，计算各部门的相应指标的具体数值；为了进一步客观、定量化分析各产业部门的综合排名，本案例采用主成分分析方法来解决主导产业选择过程中综合评价指标的客观赋权问题。通过构造一个综合评价函数，计算得到每个部门的综合评价分值；最后，根据综合平均函数分值大小进行排序，进而得到上海市排名前十的主导产业。大致的分析框架见下图 3。

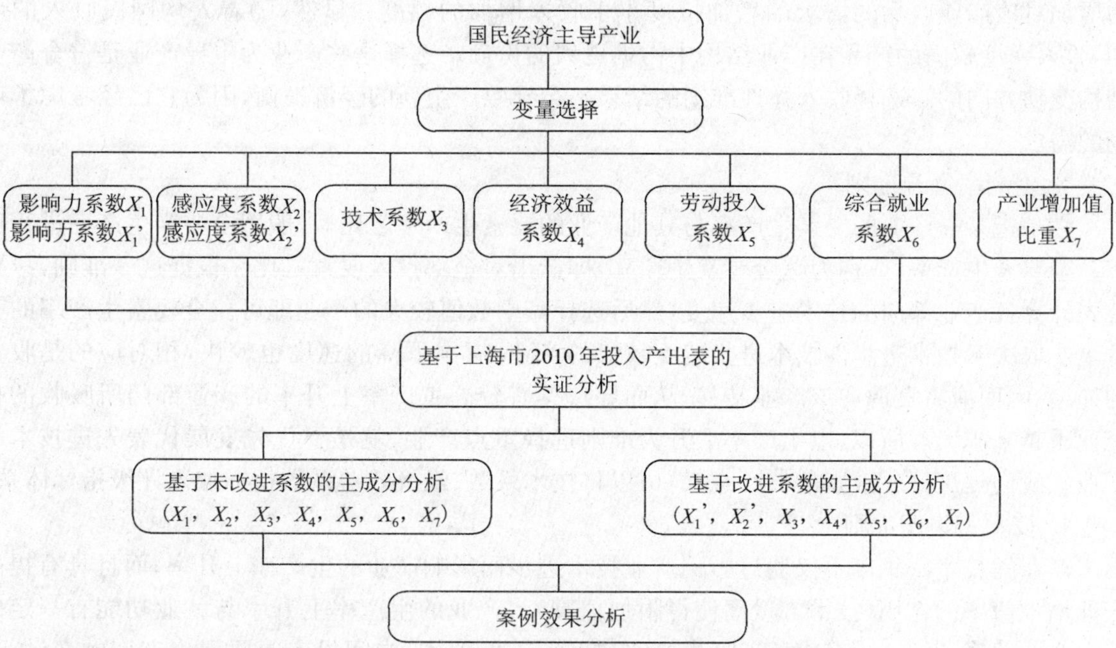


**图3　分析框架图**

## 三、探索性初步分析

(一)指标选择

为构造合适的评价指标体系，首先必须对“主导产业”这一概念有充分的认知。以下是学者们认同的关于主导产业选择的准则，基于这些标准，我们提炼出将要建立的评价指标体系。

1. 产业关联度准则

该准则是由美国经济学家赫希曼在《经济发展战略》一书中提出，赫希曼根据发展中国家的经验指出，在产业关联链中必然存在一个与其前向产业和后向产业在投入和产出关系上关联系数最高的产业，这个产业的发展对其前、后向产业的发展具有较大的促进作用。因此，将这个产业作为主导产业，有利于带动其他产业的同时发展。主导产业对经济发展和产业结构的引导带动作用，主要通过其关联效应表现出来，主导产业的关联效应有三种形式：一是前向关联效应：主导产业广阔的市场前景和持续发展，必然产生对相关设备、技术和原材料等要素的需求，从而带动为其提供这些要素的产业的迅速发展。二是后向关联效应：主导产业关联性强，技术领先，发展快速，能够为其后续产业的发展提供更多的产品和技术，创造更好的条件，促进这些后续产业的发展。三是旁侧关联效应：主导产业的发展，还会引起一系列经济、社会、文化等多方面的变化，对主导产业主要分布地区的市场繁荣、就业面扩大、基础设施建设以及其他产业的形成和壮大产生积极的影响。我们提炼这一准则的核心意义，可以将感应度系数、影响力系数指标加入评级指标体系。

2. 需求收入弹性准则

该准则是日本学者筱原三代平在20世纪50年代中期提出的，收入弹性是在价格不变的前提下，产品需求的增加率与人均国民收入的增加率之比。收入弹性大于1时，说明随着收入的增加对该产业产品的需求的增加幅度超过收入增加的幅度；收入弹性小于1时，说明随着收入的增加对该产业产品的需求的增加幅度小于收入增加的幅度。显然，随着人均国民收入的增加，收入弹性较高的产品在产业结构中占据更大的份额。选择这些产业为主导产业是符合产业结构变动方向的。选择收入弹性准则的结果不会导致产生新的经济失衡，因为它已经考虑了市场的需求。

3. 生产率上升准则

它是指某一产业的要素生产率与其他产业的要素生产率之比，一般用全要素生产率进行比较。全要素生产率(或称为综合要素生产率)即产出对全部投入要素之比。根据这一准则，只要首先计算各产业部门的技术进步速度，然后选择其中数值较大的产业即可。全要素生产率的上升主要取决于技术进步。技术进步速度较快的产业，成本下降的速度也较快，相对应的是收益的递增，因而应将资源向该产业转移，从而导致具有较高生产率上升率的产业部门所吸收的投资比重越来越大。所以，以生产率上升为准则选择重点产业，就是要优先发展代表先进技术的产业。我们提炼这一准则的核心意义，可以将技术系数、经济效益系数指标加入评级指标体系。

4. 技术密集度准则

产业的技术密集度不仅通过影响产业技术进步而影响产业的生产率上升率，而且具有提高产业增加值率的作用(技术含量高使得附加值高)。产业的生产率上升率与就业功能有一定的反向变动关系。综合生产率(TFP)指标，包括了劳动、资本、中间投入等要素生产率的变动，但劳动生产率毕竟是其中的一个重要方面，劳动生产率增长会相对减少就业量；而产业的技术密集度带来的技术进步、生产率上升率和增加值率，不一定影响产业的就业功能。我们提炼这一准则的核心意义，可以将产业增加值比重指标加入评级指标体系。

5. 就业准则

从产业的要素密集度看，劳动密集型产业的就业功能强，资本密集型产业的就业功能弱，技术密集型产业则分为两种情况：劳动—技术密集型产业的就业功能相对较强，资本—技术密集型产业的就业功能相对较弱。但是，各个产业的实际就业功能及其差别，还要取决于产业的发展水平、趋势和特点。从产业的相对就业密度看，一方面是每亿元工业增加值或产品销售收入所对应的就业人数；另一方面，可以从产业的资本与劳动力比率来分析提供一个就业机会所需要的资本量。我们提炼这一准则的核心意义，可以将劳动投入系数、劳动力综合就业系数指标加入评级指标体系。

基于上述5个准则，本案例选定以下统计指标展开主导产业选择的实证分析：

(1)影响力系数

未修正的影响力系数：
$$\alpha_j=\frac{\sum_{i=1}^{n}\bar{b}_{ij}}{\frac{1}{n}\sum_{j=1}^{n}\sum_{i=1}^{n}\bar{b}_{ij}}\quad(j=1,2,\cdots,n)\tag{1}$$

修正的影响力系数：
$$\alpha'_j=\frac{\sum_{i=1}^{n}\bar{b}_{ij}}{\sum_{j=1}^{n}(w_j\sum_{i=1}^{n}\bar{b}_{ij})}\quad(j=1,2,\cdots,n)\tag{2}$$

其中 $w_j=\frac{y_j}{\sum_j y_j}$ $(j=1,2,\cdots,n)$；

$\sum_{i=1}^{n}\bar{b}_{ij}$ :完全消耗系数矩阵第 $j$ 列列和;

$y_j$ :第 $j$ 部门最终产品的价值总量;

$\sum_{j} y_j$ :国民经济最终产品的价值总量;

$w_j$ :第 $j$ 部门最终产品价值量占国民经济最终产品价值总量的比例,即最终产品价值构成系数。

(2)感应度系数

未修正的感应度系数: $$\beta_i=\frac{\sum_{j=1}^{n}\bar{b}_{ij}}{\frac{1}{n}\sum_{i=1}^{n}\sum_{j=1}^{n}\bar{b}_{ij}}\quad(i=1,2,\cdots,n)\tag{3}$$

修正的感应度系数: $$\beta'_i=\frac{\sum_{j=1}^{n}\bar{b}_{ij}}{\sum_{i=1}^{n}(w_j\sum_{j=1}^{n}\bar{b}_{ij})}\quad(i=1,2,\cdots,n)\tag{4}$$

其中 $w_j=\frac{y_j}{\sum_{j} y_j}$ $(j=1,2,\cdots,n)$;

$\sum_{j=1}^{n}\bar{b}_{ij}$ :完全消耗系数矩阵第 $i$ 行行和;

$y_j$ :第 $j$ 部门最终产品的价值总量;

$\sum_{j} y_j$ :国民经济最终产品的价值总量;

$w_j$ :第 $j$ 部门最终产品价值量占国民经济最终产品价值总量的比例,即最终产品价值构成系数。

(3)技术系数:

$$t_j=\frac{m_j+\nu_j}{X_j}\quad(j=1,2,\cdots,n)\tag{5}$$

其中 $m_j$ :投入产出表初始投入中 $j$ 部门的生产税净额和营业盈余;

$\nu_j$ :投入产出表初始投入中 $j$ 部门的劳动者报酬;

$X_j$ :投入产出表中 $j$ 部门的总投入。

技术系数表现的是新创造的价值率,即新创造的价值与总投入的比,其中新创造的价值等于初始投入减去固定资产折旧。

(4)经济效益系数

$$\alpha_j=\frac{m_j+\nu_j+d_j}{\sum_{i=1}^{n}x_{ij}}=\frac{\text{部门}\,j\,\text{的增加值}}{\text{部门}\,j\,\text{的消耗}}\tag{6}$$

(5)劳动投入系数

$$L_j=\frac{\nu_j}{X_j}\tag{7}$$

其中$\nu_j$：投入产出表初始投入中 $j$ 部门的劳动者报酬；

$X_j$：投入产出表中 $j$ 部门总产出。

(6)产业增加值比重

$$r_i = \frac{i\ \text{产业的增加值}}{\text{所有产业的增加值}} \tag{8}$$

其中产业增加值指的是投入产出表中各个产业的增加值。

(二)综合评价函数

主成分分析是指设法将原来指标重新组合成一组新的互相无关的几个综合指标来代替原来指标，同时根据实际需要从中可取几个较少的综合指标尽可能多地反映原来指标的信息。这种将多个指标化为少数互相无关的综合指标的统计方法叫做主成分分析或称主分量分析。现行的关于主成分分析的应用研究中大多集中于数据的简化处理或综合评价上，本案例采用主成分分析方法来解决主导产业选择过程中综合评价指标的客观赋权问题。

通常数学上的处理就是将原来 P 个指标作线性组合，作为新的综合指标。最经典的做法就是用(选取的第一个线性组合，即第一个综合指标)的方差来表达，即越大，表示包含的信息越多。因此在所有的线性组合中选取的应该是方差最大的，故称为第一主成分。如果第一主成分不足以代表原来 P 个指标的信息，再考虑选取只即选第二个线性组合，为了有效地反映原来信息，已有的信息就不需要再出现在中，用数学语言表达就是要求=0，则称为第二主成分，依此类推可以构造出第三、第四，……，第 P 个主成分。

主成分分析数学模型：设有 n 个样品，每个样品观测 P 个指标，将原始数据写成矩阵的形式如下：

$$X = \begin{bmatrix} x_{11} & x_{12} & \cdots & x_{1p} \\ x_{21} & x_{22} & \cdots & x_{2p} \\ \vdots & \vdots & & \vdots \\ x_{n1} & x_{n2} & \cdots & x_{np} \end{bmatrix} = (x_1 \quad x_2 \quad \cdots \quad x_p) \tag{9}$$

1. 将原始数据标准化

$$z_{ij} = \frac{x_{ij} - \bar{x}_j}{s_j} \quad (i = 1,2,\cdots,n; j = 1,2,\cdots,p\ ) \tag{10}$$

其中 $\bar{x}_j = \frac{1}{n}\sum_{i=1}^{n} x_{ij}$ 为第 $j$ 个变量的均值，$s_j = \sqrt{\frac{1}{n}\sum_{i=1}^{n}(x_{ij} - \bar{x}_j)^2}$ 为第 $j$ 个变量的样本标准差。

2. 建立变量的相关系数矩阵

$$R = (r_{ij})_{p \times p} \tag{11}$$

其中 $r_{ij} = \frac{1}{n-1}\sum_{j=1}^{n} z_{ki} z_{kj} (i = 1,2,\cdots,p; j = 1,2,\cdots,p\ )$。

3. 求相关系数矩阵 R 的特征值及特征向量：

$$a_1 = \begin{bmatrix} a_{11} \\ a_{21} \\ \vdots \\ a_{p1} \end{bmatrix}, a_2 = \begin{bmatrix} a_{12} \\ a_{22} \\ \vdots \\ a_{p2} \end{bmatrix}, \cdots, a_p = \begin{bmatrix} a_{1p} \\ a_{2p} \\ \vdots \\ a_{pp} \end{bmatrix} \tag{12}$$

其中 $\lambda_i$ 是主成分 $F_i$ 的方差，它的大小反应了各个主分量在每个样品上所起的作用大小。

4. 主成分构成

主成分为原变量的线性组合

$$F_i = a_{1i}X_1 + a_{2i}X_2 + \cdots + a_{pi}X_p \quad (i = 1, 2, \cdots, m) \tag{13}$$

5. 主成分分析用于系统评估

利用主成分 $F_1, \cdots, F_m$ 做线性组合，并以每个主成分 $F_i$ 的方差贡献率 $w_i$ 作为权数构造一个综合评价函数：

$$y = w_1 F_1 + \cdots + w_m F_m \tag{14}$$

其中 $w_i = \dfrac{\lambda_i}{\sum_{i=1}^{p} \lambda_i}$。

依据对每个样品计算出的 $y$ 值的大小进行排序比较或者分类划分等级。

## 四、评价指标计算

### (一)数据的预处理

第一，我们在研究过程中发现，刘起运教授提出的改进的影响力系数和感应度系数被国内学者广泛认同，即采用最终产品构成系数作为权数进行加权平均比原来的算术平均更有实际意义。因此我们将用投入产出表上各部门的最终产品数据计算权数，进而得到改进后的影响力系数和感应度系数，然后重新建立我们的评价体系，并与原指标体系得到的结果进行对比。

第二，从 2010 年上海市投入产出表（延长表）可以看到，部门 02（煤炭开采和洗选业）、部门 04（金属矿采选业）、部门 05（非金属矿及其他矿采选业）的总产出均为 0，这与上海的实际发展相符合，即上海的经济发展中这三个部门对其他部门产品的消耗以及对其他国民经济部门的供给几乎为 0，因此反映在投入产出表中数据为 0，因此为了便于后面指标值得计算，我们将这 3 个部门删去，只做剩下的 39 个部门的实证研究。

### (二)影响力系数和感应度系数

使用算术平均计算得到的数据（即未改进指标）如表 2 所示（详见附表 1）。

**表 2　原始影响力系数与感应度系数值**

| | 影响力系数 | 感应度系数 |
|---|---|---|
| 农林牧渔业 | 0.8644 | 0.6121 |
| 石油和天然气开采业 | 0.8346 | 1.3744 |
| 食品制造及烟草加工业 | 0.7857 | 0.7932 |
| … | … | … |
| 卫生、社会保障和社会福利业 | 0.9768 | 0.3238 |
| 文化、体育和娱乐业 | 0.8449 | 0.4148 |
| 公共管理和社会组织 | 0.8440 | 0.3222 |

使用加权平均计算得到的数据（即已改进指标）如表 3 所示（详见附表 2）。

表 3　改进影响力系数与感应度系数值

| | 修正后的影响力系数 | 修正后的感应度系数 |
|---|---|---|
| 农林牧渔业 | 0.8072 | 0.4552 |
| 石油和天然气开采业 | 0.7793 | 1.0223 |
| 食品制造及烟草加工业 | 0.7337 | 0.5900 |
| … | … | … |
| 卫生、社会保障和社会福利业 | 0.9121 | 0.2408 |
| 文化、体育和娱乐业 | 0.7889 | 0.3085 |
| 公共管理和社会组织 | 0.7881 | 0.2396 |

（三）其他主要系数

技术系数、经济效益系数等如表 4 所示（详见附表 2）。

表 4　其他主要系数

| | 技术系数 | 经济效益系数 | 劳动投入系数 | 产业增加值比重 |
|---|---|---|---|---|
| 农林牧渔业 | 0.3828 | 0.6629 | 0.3407 | 0.0067 |
| 石油和天然气开采业 | 0.4755 | 0.9166 | 0.0512 | 0.0003 |
| 食品制造及烟草加工业 | 0.4462 | 0.8621 | 0.0665 | 0.0419 |
| … | … | … | … | … |
| 文化、体育和娱乐业 | 0.3136 | 0.8012 | 0.2450 | 0.0055 |
| 公共管理和社会组织 | 0.4304 | 0.9102 | 0.4320 | 0.0213 |

## 五、综合评价函数计算

（一）基于未改进系数的主成分分析

1. 因子解释原有变量总方差的情况

表 5 中，Total 列为各因子对应的特征值，本实例中共有两个因子对应的特征值大于 1，选取两个因子时，总的方差贡献率已达到 82.48%，即前两个因子已经可以解释 82.48%的方差。

表 5　方差贡献率

| Component | InitialEigenvalues | | | Extraction Sums of Squared Loadings | | | Rotation Sums of Squared Loadings | | |
|---|---|---|---|---|---|---|---|---|---|
| | Total | % of Variance | Cumulative % | Total | % of Variance | Cumulative % | Total | % of Variance | Cumulative % |
| 1 | 3.318 | 55.295 | 55.295 | 3.318 | 55.295 | 55.295 | 3.314 | 55.229 | 55.229 |
| 2 | 1.631 | 27.184 | 82.479 | 1.631 | 27.184 | 82.479 | 1.635 | 27.250 | 82.479 |
| 3 | .409 | 6.821 | 89.300 | | | | | | |
| 4 | .385 | 6.413 | 95.714 | | | | | | |
| 5 | .163 | 2.708 | 98.422 | | | | | | |
| 6 | .095 | 1.578 | 100.000 | | | | | | |

从表5我们还可以看到，下面利用第一、二、主成分构造综合评价函数时，两个主成分的权数分别为0.55530，0.2718。

2. 因子载荷矩阵

表6得到的是旋转前的因子载荷矩阵，由此可以计算出主成分矩阵。

**表6　因子载荷矩阵**

| | Component | | | Component | |
|---|---|---|---|---|---|
| | 1 | 2 | | 1 | 2 |
| 影响力系数 | −.888 | −.079 | 经济效益系数 | .949 | .103 |
| 感应度系数 | −.229 | .856 | 劳动投入系数 | .705 | −.492 |
| 技术系数 | .956 | .052 | 产业增机值比重 | .407 | .798 |

3. 主成分分析

根据公式计算出特征向量矩阵见表7。

**表7　特征向量矩阵**

| | $X_1$ | $X_2$ | $X_3$ | $X_4$ | $X_5$ | $X_6$ |
|---|---|---|---|---|---|---|
| Z1 | −0.2676 | −0.069 | 0.2881 | 0.286 | 0.2125 | 0.1227 |
| Z2 | −0.0484 | 0.5248 | 0.0319 | 0.0632 | −0.3017 | 0.4893 |

因此两个主成分的表达式为：

$$F_1 = -0.2676X_1 - 0.069X_2 + 0.2881X_3 + 0.286X_4 + 0.2125X_5 + 0.1227X_6$$

$$F_2 = -0.0484X_1 + 0.5248X_2 + 0.0319X_3 + 0.0632X_4 - 0.3017X_5 + 0.4893X_6$$

综合得分为：$F = 0.5530\ F_1 + 0.2718F_2$

4. 模型结果

各行业两个主成分得分以及综合得分情况见附表3，我们选择排名前10位的来作为主导产业，依次是：金融业，批发和零售业，教育，房地产业，食品制造及烟草加工业，公共管理和社会组织，石油和天然气开采业，信息传输、计算机服务和软件业，农林牧渔业，化学工业。

（二）基于改进系数的主成分分析

1. 因子解释原有变量总方差的情况

**表8　方差贡献率**

| Component | InitialEigenvalues | | | Extraction Sums of Squared Loadings | | | Rotation Sums of Squared Loadings | | |
|---|---|---|---|---|---|---|---|---|---|
| | Total | % of Variance | Cumulative % | Total | % of Variance | Cumulative % | Total | % of Variance | Cumulative % |
| 1 | 3.318 | 55.295 | 55.295 | 3.318 | 55.295 | 55.295 | 3.314 | 55.229 | 55.229 |
| 2 | 1.631 | 27.185 | 82.480 | 1.631 | 27.185 | 82.480 | 1.635 | 27.250 | 82.480 |
| 3 | .409 | 6.821 | 89.301 | | | | | | |
| 4 | .385 | 6.413 | 95.714 | | | | | | |
| 5 | .162 | 2.708 | 98.422 | | | | | | |
| 6 | .095 | 1.578 | 100.000 | | | | | | |

由于只改进了两个变量，其他变量值保持不变，所以我们的因子解释原有变量总方差结果基本没变，于是同样选取两个因子，由上表可以看到，前两个因子已经可以解释 82.48% 的方差。从表 8 我们还可以看到，下面利用第一、二主成分构造综合评价函数时，两个主成分的权数分别为 0.55530，0.2718。

2. 因子载荷矩阵

表 9 得到的是旋转前的因子载荷矩阵，由此可以计算出改进后的主成分矩阵。

**表 9　因子载荷矩阵**

| | Component | | | Component | |
|---|---|---|---|---|---|
| | 1 | 2 | | 1 | 2 |
| 修正后的影响力系数 | −.888 | −.079 | 经济效益系数 | .949 | .103 |
| 修正后的感应度系数 | −.229 | .856 | 劳动投入系数 | .705 | −.492 |
| 技术系数 | .956 | .052 | 产业增加值比重 | .407 | .798 |

3. 主成分

**表 10　特征向量矩阵**

| | $X_1$ | $X_2$ | $X_3$ | $X_4$ | $X_5$ | $X_6$ |
|---|---|---|---|---|---|---|
| Z1 | −0.2676 | −0.069 | 0.2881 | 0.286 | 0.2125 | 0.1227 |
| Z2 | −0.0484 | 0.5248 | 0.0319 | 0.0632 | −0.3017 | 0.4893 |

因此两个主成分的表达式为：

$$F_1 = -0.2676X_1 - 0.069X_2 + 0.2881X_3 + 0.286X_4 + 0.2125X_5 + 0.1227X_6$$

$$F_2 = -0.0484X_1 + 0.5248X_2 + 0.0319X_3 + 0.0632X_4 - 0.3017X_5 + 0.4893X_6$$

综合得分为：$F = 0.5530F_1 + 0.2719F_2$

4. 模型结果

各行业三个主成分得分以及综合得分情况见附表 4，可以看到，综合得分分值发生少许变动，排序未发生变动。值得注意的是，从实证分析的角度可以发现，测度产业部门之间生产关联的影响力系数和感应度系数的加权与不加权公式，对分析结果没有显著影响。排名前 10 位的产业依次是：金融业，批发和零售业，教育，房地产业，食品制造及烟草加工业，公共管理和社会组织，石油和天然气开采业，信息传输、计算机服务和软件业，农林牧渔业，化学工业。我们选择排名前 3 位的金融业，批发和零售业，教育作为上海的主导产业展开重点分析。得益于上海金融都市的地理优势，金融体系日益健全，金融市场规模逐渐增大，上海自贸试验区的成立更加推动了人民币国际化进程，这些都奠定了金融行业作为上海市主导产业的地位；其次，上海市作为长三角经济区中心地带，大量的外来流动人口产生的消费量促进了上海市批发与零售业的蓬勃发展，流通产业的部门与消费市场紧密联系，其发展状况直接影响着消费市场的运行，批发与零售业在上海市主导产业起着不可忽视的作用。最后，教育产业与房地产业、食品制造及烟草加工业、公共管理和社会组织等行业发展与城市常住人口数量存在较大的关联性，作为中国特大城市之一，上海市在这些行业的发展领先于全国平均水平。

## 六、结论与建议

依照本案例所建立的由影响力系数、感应度系数、技术系数、经济效益系数、劳动投入系数和产业增加值比重六个指标所构成的主导产业评价体系，基于2010年上海市投入产出表数据，我们对上海市的主导产业选择问题展开了研究。分析表明：2010年上海经济发展中按影响重要性排名前10位的产业依次是：金融业，批发和零售业，教育，房地产业，食品制造及烟草加工业，公共管理和社会组织，石油和天然气开采业，信息传输、计算机服务和软件业，农林牧渔业，化学工业。本案例选取排名前3位的金融业、批发和零售业及教育作为主导产业，进行深入分析，并进一步提出关于这些产业未来发展的一些政策建议。

(一)金融行业

在20世纪90年代，中央提出将上海打造成为国际金融中心的伟大蓝图。自此，上海先后建立了证券、货币、期货、黄金等金融要素市场，金融体系更是不断健全，金融市场规模也显著提升，金融市场运行机制改革成效显著。2010年，上海金融市场交易总额为386万亿元，较2005年增长近十倍，直接融资总额达到2.39万亿元，同比2005年扩大2.5倍。随着金融市场规模的快速增长，上海的金融市场地位逐步得到国际的认可。“新华道琼斯国际金融中心发展指数(IFCD)(2014)”报告于11月6日在上海发布，2014年度全球十大金融中心排名也同时出炉：纽约、伦敦、东京、新加坡、香港和上海(并列)、巴黎、法兰克福、北京、芝加哥。其中，新加坡、上海、北京等亚洲城市正在不断赶超，实现指数发布5年来最好的成绩，东西方金融中心在数量上首度平分秋色。金融行业的重要性主要有以下几个方面：

首先，金融对区域经济发展有多两方面的促进作用：一是可以增加要素总量，起到要素的集聚效应；二是通过提高要素生产率，比如资本的生产效率，投融资效率等来促进经济发展。金融具有资本积累效应与资本配置效率，后两者对经济发展具有决定性意义。在资本的总量集聚上，金融发展可以为区域经济的发展提供充足的资本积累，在以哈罗德—多马模型、索洛模型等为代表的传统经济增长理论中，资本积累是经济增长的主要源泉。金融能够提高储蓄和资本积累水平，提高投融资水平能力，影响投资的供给效应和需求效应，并通过投资的乘数效应，加速经济发展。金融市场可以通过直接融资和间接融资两种形式起到资本的集聚效应。在资本配置效率上，金融直接决定着投融资的效率。

其次，金融业自身也可以吸纳就业，提供金融服务。从就业结构来看，随着金融的发展，金融部门的从业人员比重在不断上升。而金融业是知识密集型的产业，对人力资本的集聚效应明显。一个例子是随着几十年证券市场的发展，培养和吸引了大批证券从业人员，为推动经济的发展贡献了自己的力量。随着经济不断金融化、金融活动的日益深化，不仅金融从业人员，而且对所有参与经济活动的人而言，都提出了更高的要求。金融直接推动了知识资本化的过程。知识作为一个新的重要生产要素，正发挥其越来越重要的作用，但是，知识又不能单独发挥作用，其必须同资本相结合才能发挥作用。而金融的发展，实现和加速了知识同资本的结合过程。

最后，金融行业能够促进区域经济的产业结构优化和升级，其发展及深化对产业结构影响可从三个方面解释：

1. 金融业的发展直接体现为金融业的产出较大，这在统计核算中不仅表现为GDP总量的扩大，同样表现为第三产业增长加快，第三产业比重增大，产业结构优化。一方面，金融产业本身就是区域经济中的重要组成部分，因此，从这一角度而言，发展金融产业本身同发展经济是一个概念。另一方面，经济发展程度越高，其对金融发展的需求也就越大。随着经济的不断发展，金融产业占 GDP 的比重也会呈现出逐渐提高的趋势。因此，金融发展与区域经济发展之间互为因果，相互促进。

2. 金融业的发展可以促进各产业不同程度的增长，实现产业结构的优化。区域经济结构调整及优化的重要内容之一就是资本在不同产业的流动及通过一定宏观调控方式进行再配置。金融对产业结构的形成和调整起到了重要作用，其主要作用传递机制如下：金融——影响储蓄和投资——影响资金(资本)结构——影响生产要素分配结构——影响产业结构。金融可以通过资本的优化配置，促进产业结构优化、升级。产业结构的失衡及调整的困难成为区域经济发展的制约因素，与此相伴的是金融发展的滞后，两者具有明显的相关性；而金融业得以较快地发展则为产业的优化提供资金及资本支持，为产业结构调整营造良好的资本环境，而加快产业结构优化。

3. 金融可以通过调整信贷方向和结构，集中资金，加大对基础设施、基础产业、支柱产业和高新技术产业的投资力度，促进产业结构升级；也可以通过引导优势企业上市融资，以上市公司发展带动产业结构升级。

但是由于中国金融行业的发展水平还较低，特别是市场经济的基础性制度的不完善，上海市要建成真正意义上的国际金融中心，还需着力解决一些深层次的体制机制问题，如市场法制建设、人民币汇率机制等。

(二)批发与零售行业

经济的历史证明；流通环节在社会再生产中扮演着链接、传送等不可或缺的角色，而我国流通产业包括批发与零售业、外贸业、邮政和仓储业、交通运输业。这些流通产业的部门与消费市场紧密联系，其发展状况直接影响着消费市场的运行。其中，流通业中批发与零售业又是流通产业链中与人民生活最为密切相关的产业，影响着人民生活福利水平的高低。上海市的批发零售业大致体现出以市区中心商业为核心，依托郊区城镇商业形成总体布局模式，也就是说，其商业布局依然是单一中心结构的。具体依托于四街(南京东路、南京西路、淮海路、四川北路)和四城(徐家汇商城、新上海商业城、豫园商城、新客站不夜城)。八大市级商业中心占据全市商业经营面积的三成以上。另外还有十二个区级商业中心：五角场、老西门、曹家渡、中山公园、虹桥、大柏树、提篮桥、打浦桥、上海莘城、武宁新城、彭浦、昌里。

首先，批发与零售行业是典型传统产业，属低等技术水平的产业。将批发与零售行业作为主导产业加以扶持，通过技术更新改造和吸收引进先进技术，不仅可以加速食品工业本身的技术进步，而且易于渗透扩散到其他传统产业，因而可以推动整个传统产业的技术进步，促进低层次技术的提高。

其次，批发与零售行业可安置大量劳动力就业。该行业属劳动密集型产业，它的发展将成为今后一个时期安置新增劳动力和转移农村劳动力的主要场所。另外，批发与零售行业要求的技术水平相对较低，符合中国劳动力素质低的特点，可吸收大量文化层次低的劳动力。

(三)教育业

“十一五”时期，在上海市委市府的正确领导下，上海基础教育积极贯彻科学发展观，坚持事业发展与改革创新同步推进，着力突破瓶颈，突出内涵发展，注重公平均衡，发展水平处于全国领先地位。上海市自从实施“学前教育三年行动计划”，新建、改扩建幼儿园 400 多所，有效应对了入园高峰。义务教育阶段入学率继续保持在 99.9%以上，普及九年制义务教育的各项指标达到或超过国家标准。2010 年，本市小学 766 所，比 2005 年增加 156 所，增长 24.38%；小学在校生规模为70.16万人，比2005年增加16.66万人，增长31.14%。中学755所，比2005年减少52所，减少6.31%。初中在校生规模为42.55万人，比2005年减少3.65万人。高中阶段教育入学率达到98%以上。2010年，全市普通高中生16.89万人，比2005年减少14.07万人，减少45.20%。小学生和初中生的生均公用经费拨款标准2006年为520元、720元，2009年提高到1400元、1600元。2010年全市基础教育总支出为283.29亿元，比2005年增加68.17%，年均增长13.6个百分点，其中幼儿园、小学、初中、高中生均总支出分别为13995元、16018元、20956元、25426元，均比2005年翻了将近一番。

人才对经济增长的重要性使得教育成为主导产业，社会的信息化必将使工业、商业、金融业日益依赖于市场信息和技术信息，信息对于一个企业乃至一个国家和地区将具有生死攸关的意义。社会生产中体力劳动者为主题向脑力劳动者为主体的转变，使知识与专业技能成为人们就业竞争的焦点。

而有关教育产业在国民经济中的地位与作用，目前国家决策层已认定教育是具有战略性的基础产业，这是主要从教育向国民经济其他部门(包括物质生产部门和精神生产部门)提供一般或专业化人力资本的意义上来说无疑是有道理的。因此现代化的教育业与工业、科技业一起，在国民经济中处于主导地位、发挥着战略性的主导作用。教育产业，作为从事传播知识、训练技能、培养人才的人类自身生产部门，它与工业在物质生产领域、科技在精神生产领域一样，在国民经济中处于主导地位、发挥主导作用。

## 参考文献

[1] 杭敬.上海产业结构现状、问题及升级调整路径研究[J].上海：上海统计报告，2010.
[2] 汪康懋.富国论[M].北京：中国金融出版社，2003.
[3] David Ricardo.On the Principles of Political Economy and Taxation[M].伦敦，1817.
[4] J.A.Joseph Alois Schumpeter.经济发展理论[M].北京：北京出版社，2008.
[5] Thijs ten Raa.投入产出分析经济学[M].北京：经济管理出版社，2012.
[6] Hirschman.经济发展战略[M].北京：经济科学出版社，1991.
[7] 王岳平.中国工业结构调整与升级的理论、实证和政策[J].1999.
[8] 周振华.产业政策的经济理论系统分析[J].1989.
[9] 郭克莎.工业化新时期新兴主导产业的选择[J].上海：上海统计报告，2007.

# 附录

附表 1　未改进的主导产业指标体系数据

| 代码 | 部　　门 | 影响力系数 | 感应度系数 | 技术系数 | 经济效益系数 | 劳动投入系数 | 劳动力综合就业系数 | 产业增加值比重 |
|---|---|---|---|---|---|---|---|---|
| 01 | 农林牧渔业 | 0.8644 | 0.6121 | 0.3828 | 0.6629 | 0.3407 | 0.6586 | 0.0067 |
| 03 | 石油和天然气开采业 | 0.8346 | 1.3744 | 0.4755 | 0.9166 | 0.0512 | 0.2221 | 0.0003 |
| 06 | 食品制造及烟草加工业 | 0.7857 | 0.7932 | 0.4462 | 0.8621 | 0.0665 | 0.1665 | 0.0419 |
| 07 | 纺织业 | 1.1196 | 0.8911 | 0.2127 | 0.3077 | 0.1275 | 0.3587 | 0.0064 |
| 08 | 纺织服装鞋帽皮革羽绒及其制品业 | 1.0678 | 0.4192 | 0.2778 | 0.4201 | 0.1427 | 0.1889 | 0.0121 |
| 09 | 木材加工及家具制造业 | 1.1163 | 0.4036 | 0.1991 | 0.2760 | 0.1070 | 0.1363 | 0.0050 |
| 10 | 造纸印刷及文教体育用品制造业 | 1.1121 | 0.8244 | 0.2096 | 0.3262 | 0.1083 | 0.2819 | 0.0103 |
| 11 | 石油加工、炼焦及核燃料加工业 | 0.9774 | 1.4841 | 0.1822 | 0.2604 | 0.0253 | 0.1186 | 0.0115 |
| 12 | 化学工业 | 1.1154 | 3.2005 | 0.1771 | 0.2692 | 0.0639 | 0.6457 | 0.0518 |
| 13 | 非金属矿物制品业 | 0.9953 | 0.814 | 0.1941 | 0.2906 | 0.0925 | 0.2378 | 0.0074 |
| 14 | 金属冶炼及压延加工业 | 1.0629 | 3.058 | 0.1287 | 0.2328 | 0.0368 | 0.3557 | 0.0238 |
| 15 | 金属制品业 | 1.1297 | 0.9862 | 0.1892 | 0.2684 | 0.1028 | 0.3202 | 0.0130 |
| 16 | 通用、专用设备制造业 | 1.1488 | 0.9226 | 0.1924 | 0.2766 | 0.0924 | 0.2693 | 0.0470 |
| 17 | 交通运输设备制造业 | 1.1247 | 0.6749 | 0.2180 | 0.3182 | 0.0614 | 0.1308 | 0.0659 |
| 18 | 电气机械及器材制造业 | 1.1776 | 0.974 | 0.1695 | 0.2308 | 0.0783 | 0.2408 | 0.0230 |
| 19 | 通信设备、计算机及其他电子设备制造业 | 1.4506 | 1.3405 | 0.0648 | 0.0946 | 0.0433 | 0.1835 | 0.0306 |
| 20 | 仪器仪表及文化办公用机械制造业 | 1.1172 | 0.7266 | 0.2508 | 0.3732 | 0.1148 | 0.2634 | 0.0060 |
| 21 | 工艺品及其他制造业 | 1.1723 | 0.3579 | 0.1217 | 0.1554 | 0.0520 | 0.0588 | 0.0021 |
| 22 | 废品废料 | 1.4543 | 1.0654 | 0.0774 | 0.1067 | 0.0332 | 0.1115 | 0.0002 |
| 23 | 电力、热力的生产和供应业 | 0.7274 | 1.3512 | 0.0852 | 0.2499 | 0.0317 | 0.1351 | 0.0177 |
| 24 | 燃气生产和供应业 | 1.1924 | 0.9294 | 0.0668 | 0.1108 | 0.0646 | 0.1895 | 0.0014 |
| 25 | 水的生产和供应业 | 0.8474 | 0.3632 | 0.2465 | 0.8899 | 0.1773 | 0.2033 | 0.0014 |
| 26 | 建筑业 | 1.132 | 0.7482 | 0.1529 | 0.1945 | 0.0785 | 0.1854 | 0.0400 |
| 27 | 交通运输及仓储业 | 1.1651 | 2.1435 | 0.1167 | 0.1824 | 0.0789 | 0.5339 | 0.0457 |
| 28 | 邮政业 | 0.9714 | 0.3576 | 0.2845 | 0.4587 | 0.2786 | 0.3147 | 0.0013 |
| 29 | 信息传输、计算机服务和软件业 | 0.9365 | 2.1942 | 0.3074 | 0.6288 | 0.1426 | 0.9879 | 0.0397 |
| 30 | 批发和零售业 | 0.7075 | 1.7272 | 0.5251 | 1.2110 | 0.1713 | 0.9346 | 0.1521 |
| 31 | 住宿和餐饮业 | 0.9327 | 0.5316 | 0.2479 | 0.4464 | 0.1699 | 0.2852 | 0.0156 |
| 32 | 金融业 | 0.6387 | 1.8265 | 0.6151 | 1.7580 | 0.1817 | 1.0480 | 0.1151 |
| 33 | 房地产业 | 0.6545 | 0.6929 | 0.4217 | 1.7369 | 0.1087 | 0.2379 | 0.0588 |
| 34 | 租赁和商务服务业 | 1.1083 | 2.0415 | 0.1906 | 0.2919 | 0.1460 | 0.9415 | 0.0453 |
| 35 | 研究与试验发展业 | 0.975 | 0.3988 | 0.3082 | 0.5325 | 0.2374 | 0.2990 | 0.0054 |
| 36 | 综合技术服务业 | 0.9804 | 0.6178 | 0.3180 | 0.5278 | 0.1906 | 0.3719 | 0.0175 |
| 37 | 水利、环境和公共设施管理业 | 0.9858 | 0.3502 | 0.2517 | 0.4374 | 0.2317 | 0.2562 | 0.0029 |
| 38 | 居民服务和其他服务业 | 0.9039 | 0.3742 | 0.3562 | 0.7373 | 0.3105 | 0.3670 | 0.0105 |
| 39 | 教育 | 0.6486 | 0.3685 | 0.5710 | 1.9349 | 0.5517 | 0.6421 | 0.0233 |
| 40 | 卫生、社会保障和社会福利业 | 0.9768 | 0.3238 | 0.3426 | 0.5954 | 0.3192 | 0.3265 | 0.0146 |
| 41 | 文化、体育和娱乐业 | 0.8449 | 0.4148 | 0.3136 | 0.8012 | 0.2450 | 0.3209 | 0.0055 |
| 42 | 公共管理和社会组织 | 0.844 | 0.3222 | 0.4304 | 0.9102 | 0.4320 | 0.4395 | 0.0213 |

附表 2 改进的主导产业指标数据

| 代码 | 部门 | 修正的影响力系数 | 修正的感应度系数 | 技术系数 | 经济效益系数 | 劳动投入系数 | 劳动力综合就业系数 | 产业增加值比重 |
|---|---|---|---|---|---|---|---|---|
| 01 | 农林牧渔业 | 0.8072 | 0.4552 | 0.3828 | 0.6629 | 0.3407 | 0.6586 | 0.0067 |
| 03 | 石油和天然气开采业 | 0.7793 | 1.0223 | 0.4755 | 0.9166 | 0.0512 | 0.2221 | 0.0003 |
| 06 | 食品制造及烟草加工业 | 0.7337 | 0.59 | 0.4462 | 0.8621 | 0.0665 | 0.1665 | 0.0419 |
| 07 | 纺织业 | 1.0455 | 0.6628 | 0.2127 | 0.3077 | 0.1275 | 0.3587 | 0.0064 |
| 08 | 纺织服装鞋帽皮革羽绒及其制品业 | 0.9971 | 0.3118 | 0.2778 | 0.4201 | 0.1427 | 0.1889 | 0.0121 |
| 09 | 木材加工及家具制造业 | 1.0423 | 0.3002 | 0.1991 | 0.2760 | 0.1070 | 0.1363 | 0.0050 |
| 10 | 造纸印刷及文教体育用品制造业 | 1.0384 | 0.6132 | 0.2096 | 0.3262 | 0.1083 | 0.2819 | 0.0103 |
| 11 | 石油加工、炼焦及核燃料加工业 | 0.9127 | 1.1039 | 0.1822 | 0.2604 | 0.0253 | 0.1186 | 0.0115 |
| 12 | 化学工业 | 1.0416 | 2.3805 | 0.1771 | 0.2692 | 0.0639 | 0.6457 | 0.0518 |
| 13 | 非金属矿物制品业 | 0.9294 | 0.6055 | 0.1941 | 0.2906 | 0.0925 | 0.2378 | 0.0074 |
| 14 | 金属冶炼及压延加工业 | 0.9925 | 2.2745 | 0.1287 | 0.2328 | 0.0368 | 0.3557 | 0.0238 |
| 15 | 金属制品业 | 1.0549 | 0.7335 | 0.1892 | 0.2684 | 0.1028 | 0.3202 | 0.0130 |
| 16 | 通用、专用设备制造业 | 1.0727 | 0.6862 | 0.1924 | 0.2766 | 0.0924 | 0.2693 | 0.0470 |
| 17 | 交通运输设备制造业 | 1.0502 | 0.502 | 0.2180 | 0.3182 | 0.0614 | 0.1308 | 0.0659 |
| 18 | 电气机械及器材制造业 | 1.0997 | 0.7245 | 0.1695 | 0.2308 | 0.0783 | 0.2408 | 0.0230 |
| 19 | 通信设备、计算机及其他电子设备制造业 | 1.3545 | 0.9971 | 0.0648 | 0.0946 | 0.0433 | 0.1835 | 0.0306 |
| 20 | 仪器仪表及文化办公用机械制造业 | 1.0432 | 0.5404 | 0.2508 | 0.3732 | 0.1148 | 0.2634 | 0.0060 |
| 21 | 工艺品及其他制造业 | 1.0947 | 0.2662 | 0.1217 | 0.1554 | 0.0520 | 0.0588 | 0.0021 |
| 22 | 废品废料 | 1.358 | 0.7924 | 0.0774 | 0.1067 | 0.0332 | 0.1115 | 0.0002 |
| 23 | 电力、热力的生产和供应业 | 0.6793 | 1.005 | 0.0852 | 0.2499 | 0.0317 | 0.1351 | 0.0177 |
| 24 | 燃气生产和供应业 | 1.1134 | 0.6913 | 0.0668 | 0.1108 | 0.0646 | 0.1895 | 0.0014 |
| 25 | 水的生产和供应业 | 0.7913 | 0.2702 | 0.2465 | 0.8899 | 0.1773 | 0.2033 | 0.0014 |
| 26 | 建筑业 | 1.057 | 0.5565 | 0.1529 | 0.1945 | 0.0785 | 0.1854 | 0.0400 |
| 27 | 交通运输及仓储业 | 1.0879 | 1.5943 | 0.1167 | 0.1824 | 0.0789 | 0.5339 | 0.0457 |
| 28 | 邮政业 | 0.9071 | 0.266 | 0.2845 | 0.4587 | 0.2786 | 0.3147 | 0.0013 |
| 29 | 信息传输、计算机服务和软件业 | 0.8745 | 1.632 | 0.3074 | 0.6288 | 0.1426 | 0.9879 | 0.0397 |
| 30 | 批发和零售业 | 0.6606 | 1.2847 | 0.5251 | 1.2110 | 0.1713 | 0.9346 | 0.1521 |
| 31 | 住宿和餐饮业 | 0.8709 | 0.3954 | 0.2479 | 0.4464 | 0.1699 | 0.2852 | 0.0156 |
| 32 | 金融业 | 0.5964 | 1.3586 | 0.6151 | 1.7580 | 0.1817 | 1.0480 | 0.1151 |
| 33 | 房地产业 | 0.6111 | 0.5154 | 0.4217 | 1.7369 | 0.1087 | 0.2379 | 0.0588 |
| 34 | 租赁和商务服务业 | 1.0349 | 1.5184 | 0.1906 | 0.2919 | 0.1460 | 0.9415 | 0.0453 |
| 35 | 研究与试验发展业 | 0.9105 | 0.2966 | 0.3082 | 0.5325 | 0.2374 | 0.2990 | 0.0054 |
| 36 | 综合技术服务业 | 0.9155 | 0.4595 | 0.3180 | 0.5278 | 0.1906 | 0.3719 | 0.0175 |
| 37 | 水利、环境和公共设施管理业 | 0.9205 | 0.2605 | 0.2517 | 0.4374 | 0.2317 | 0.2562 | 0.0029 |
| 38 | 居民服务和其他服务业 | 0.844 | 0.2784 | 0.3562 | 0.7373 | 0.3105 | 0.3670 | 0.0105 |
| 39 | 教育 | 0.6057 | 0.2741 | 0.5710 | 1.9349 | 0.5517 | 0.6421 | 0.0233 |
| 40 | 卫生、社会保障和社会福利业 | 0.9121 | 0.2408 | 0.3426 | 0.5954 | 0.3192 | 0.3265 | 0.0146 |
| 41 | 文化、体育和娱乐业 | 0.7889 | 0.3085 | 0.3136 | 0.8012 | 0.2450 | 0.3209 | 0.0055 |
| 42 | 公共管理和社会组织 | 0.7881 | 0.2396 | 0.4304 | 0.9102 | 0.4320 | 0.4395 | 0.0213 |

附表 3　未改进的各行业主成分得分结果

| 代码 | 部　门 | $F_1$ | $F_2$ | F |
|---|---|---|---|---|
| 32 | 金融业 | 2.317883 | 2.244346 | 1.891776 |
| 30 | 批发和零售业 | 1.827064 | 2.661692 | 1.73383 |
| 39 | 教育 | 2.772286 | −1.16617 | 1.215924 |
| 33 | 房地产业 | 1.635339 | 0.693759 | 1.092853 |
| 6 | 食品制造及烟草加工业 | 0.803243 | 0.461655 | 0.569649 |
| 42 | 公共管理和社会组织 | 1.345526 | −1.14607 | 0.432462 |
| 3 | 石油和天然气开采业 | 0.585968 | 0.271664 | 0.39786 |
| 29 | 信息传输、计算机服务和软件业 | 0.156599 | 1.13191 | 0.39429 |
| 1 | 农林牧渔业 | 0.813362 | −0.983 | 0.182529 |
| 12 | 化学工业 | −0.77823 | 2.116943 | 0.145145 |
| 38 | 居民服务和其他服务业 | 0.732487 | −1.02166 | 0.127301 |
| 41 | 文化、体育和娱乐业 | 0.623896 | −0.88846 | 0.103465 |
| 40 | 卫生、社会保障和社会福利业 | 0.550493 | −1.05713 | 0.017025 |
| 25 | 水的生产和供应业 | 0.402895 | −0.8184 | 0.000306 |
| 34 | 租赁和商务服务业 | −0.49391 | 0.983323 | −0.0058 |
| 36 | 综合技术服务业 | 0.202946 | −0.48638 | −0.02 |
| 17 | 交通运输设备制造业 | −0.38734 | 0.551122 | −0.06436 |
| 14 | 金属冶炼及压延加工业 | −0.97357 | 1.646415 | −0.09077 |
| 35 | 研究与试验发展业 | 0.250732 | −0.95305 | −0.12043 |
| 31 | 住宿和餐饮业 | 0.035105 | −0.54132 | −0.12774 |
| 23 | 电力、热力的生产和供应业 | −0.46058 | 0.41994 | −0.14052 |
| 27 | 交通运输及仓储业 | −0.92472 | 1.189038 | −0.18809 |
| 28 | 邮政业 | 0.222899 | −1.16674 | −0.19392 |
| 16 | 通用、专用设备制造业 | −0.54119 | 0.335777 | −0.20797 |
| 11 | 石油加工、炼焦及核燃料加工业 | −0.64732 | 0.396997 | −0.25002 |
| 37 | 水利、环境和公共设施管理业 | 0.043321 | −1.04019 | −0.25881 |
| 8 | 纺织服装鞋帽皮革羽绒及其制品业 | −0.15902 | −0.63641 | −0.26093 |
| 13 | 非金属矿物制品业 | −0.45983 | −0.31668 | −0.34035 |
| 26 | 建筑业 | −0.68787 | 0.121561 | −0.34731 |
| 20 | 仪器仪表及文化办公用机械制造业 | −0.4161 | −0.46431 | −0.3563 |
| 10 | 造纸印刷及文教体育用品制造业 | −0.52867 | −0.32656 | −0.3811 |
| 7 | 纺织业 | −0.5309 | −0.39196 | −0.40011 |
| 15 | 金属制品业 | −0.64617 | −0.17106 | −0.4038 |
| 18 | 电气机械及器材制造业 | −0.78155 | 0.016595 | −0.42764 |
| 9 | 木材加工及家具制造业 | −0.57118 | −0.7165 | −0.51061 |
| 21 | 工艺品及其他制造业 | −0.99194 | −0.7014 | −0.73916 |
| 19 | 通信设备、计算机及其他电子设备制造业 | −1.53175 | 0.374968 | −0.74505 |
| 24 | 燃气生产和供应业 | −1.19605 | −0.36048 | −0.75935 |
| 22 | 废品废料 | −1.61414 | −0.26377 | −0.96424 |

附表 4　改进的各行业主成分得分结果

| 代码 | 部　门 | $F_1$ | $F_2$ | F |
|---|---|---|---|---|
| 32 | 金融业 | 2.317886 | 2.244411 | 1.891795 |
| 30 | 批发和零售业 | 1.827139 | 2.661727 | 1.733881 |
| 39 | 教育 | 2.772215 | −1.16617 | 1.215884 |
| 33 | 房地产业 | 1.63543 | 0.693797 | 1.092913 |
| 6 | 食品制造及烟草加工业 | 0.8032 | 0.461668 | 0.569629 |
| 42 | 公共管理和社会组织 | 1.345549 | −1.14612 | 0.432461 |
| 3 | 石油和天然气开采业 | 0.586015 | 0.271705 | 0.397897 |
| 29 | 信息传输、计算机服务和软件业 | 0.156575 | 1.131879 | 0.394268 |
| 1 | 农林牧渔业 | 0.81331 | −0.98309 | 0.182477 |
| 12 | 化学工业 | −0.77833 | 2.116926 | 0.145085 |
| 38 | 居民服务和其他服务业 | 0.732541 | −1.02159 | 0.127351 |
| 41 | 文化、体育和娱乐业 | 0.623975 | −0.88848 | 0.103504 |
| 40 | 卫生、社会保障和社会福利业 | 0.550521 | −1.05717 | 0.017029 |
| 25 | 水的生产和供应业 | 0.402867 | −0.81836 | 0.000302 |
| 34 | 租赁和商务服务业 | −0.4939 | 0.983272 | −0.00581 |
| 36 | 综合技术服务业 | 0.202911 | −0.4864 | −0.02002 |
| 17 | 交通运输设备制造业 | −0.38731 | 0.551136 | −0.06434 |
| 14 | 金属冶炼及压延加工业 | −0.97355 | 1.646407 | −0.09077 |
| 35 | 研究与试验发展业 | 0.250635 | −0.9531 | −0.1205 |
| 31 | 住宿和餐饮业 | 0.035156 | −0.54131 | −0.12771 |
| 23 | 电力、热力的生产和供应业 | −0.46068 | 0.419912 | −0.14058 |
| 27 | 交通运输及仓储业 | −0.92465 | 1.189034 | −0.18806 |
| 28 | 邮政业 | 0.222854 | −1.16674 | −0.19394 |
| 16 | 通用、专用设备制造业 | −0.54116 | 0.335756 | −0.20796 |
| 11 | 石油加工、炼焦及核燃料加工业 | −0.64737 | 0.397026 | −0.25004 |
| 37 | 水利、环境和公共设施管理业 | 0.043346 | −1.04017 | −0.25879 |
| 8 | 纺织服装鞋帽皮革羽绒及其制品业 | −0.15904 | −0.63641 | −0.26094 |
| 13 | 非金属矿物制品业 | −0.45986 | −0.31663 | −0.34035 |
| 26 | 建筑业 | −0.68782 | 0.121565 | −0.34728 |
| 20 | 仪器仪表及文化办公用机械制造业 | −0.41607 | −0.46434 | −0.35629 |
| 10 | 造纸印刷及文教体育用品制造业 | −0.5286 | −0.32653 | −0.38105 |
| 7 | 纺织业 | −0.53097 | −0.39197 | −0.40015 |
| 15 | 金属制品业 | −0.64619 | −0.1711 | −0.40382 |
| 18 | 电气机械及器材制造业 | −0.78168 | 0.016614 | −0.42771 |
| 9 | 木材加工及家具制造业 | −0.57107 | −0.71648 | −0.51054 |
| 21 | 工艺品及其他制造业 | −0.99199 | −0.70142 | −0.7392 |
| 19 | 通信设备、计算机及其他电子设备制造业 | −1.53171 | 0.375019 | −0.74502 |
| 24 | 燃气生产和供应业 | −1.196 | −0.36046 | −0.75932 |
| 22 | 废品废料 | −1.61416 | −0.26381 | −0.96426 |

（审稿人：李金昌　纪　宏　陈耀辉　阮　敬）

# 分层广义线性模型与车险索赔强度预测

王　莹
（指导教师：孟生旺）
中国人民大学

## 一、案例背景

近年来，我国非寿险行业持续保持快速发展的态势，2013 年，全国非寿险公司原保险保费收入共计 6481.16 亿元，较 2012 年同比增长了 17.20%（见图 1）。在非寿险的所有业务中，机动车辆险（含交强险）一直占有较大比重。以人民财产保险股份有限公司（以下简称人保财险）为例，2013 年，人保财险原保险保费收入共计 2230.05 亿元，市场份额占全行业非寿险公司原保险保费收入的 34.41%，其中机动车辆险（含交强险）业务比重最大，其保费收入共计 1632.77 亿元，占公司所有业务保费收入的 73.22%（见图 2）。由于车险业务在整个非寿险市场中占有较大比重，所以车险的经营情况对整个非寿险行业有很大影响，同时，车险的发展在很大程度上决定了非寿险行业整体的发展。

**图 1　非寿险公司原保险保费收入**[①]

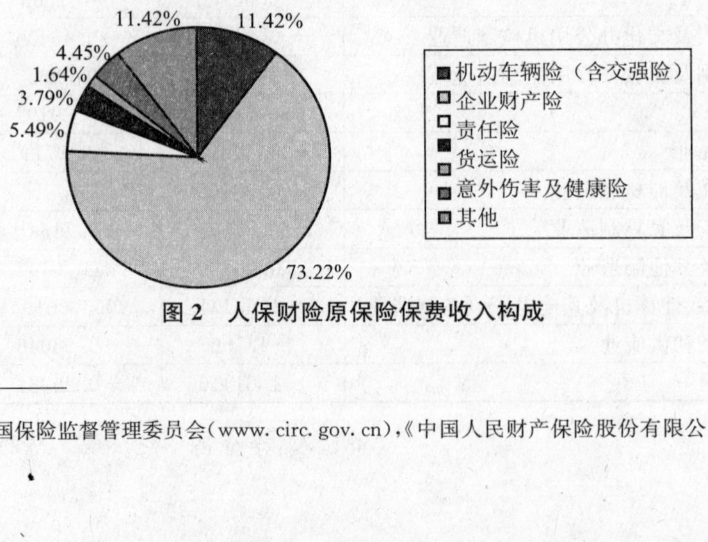


**图 2　人保财险原保险保费收入构成**

① 数据来源于中国保险监督管理委员会（www. circ. gov. cn），《中国人民财产保险股份有限公司二零一三年年度信息披露报告》。

为了提高车险定价的公平性，以便达到防范投保人逆选择风险的目的，通常需要根据风险单位的特征对其进行定价，其中根据风险单位的风险特征，预测索赔强度是非常重要的一部分。影响机动车辆保险索赔强度的风险因素通常包括驾驶员的性别、年龄、驾龄，机动车的车型、车龄、行驶地区、年行驶里程数，业务的来源等。车险费率的厘定通常是对历史索赔数据进行分析，分别预测车险的索赔强度和索赔频率，确定风险纯保费，再进行费用附加，得到最终的费率。

2011 年，我国正式启动商业车险费率改革工作，中国保监会发布了《关于开展完善机动车辆商业保险制度调研工作的通知》，成立了完善商业车险制度调研工作组，制定了《关于开展完善机动车辆商业保险制度调研的工作方案》。2012 年，中国保险行业协会正式发布《机动车商业保险示范条款》，商业车险费率改革工作在稳步推进。截止到目前，我国的车险费率市场化改革进入新阶段，车险定价技术是使非寿险公司在车险费率市场化改革中具有竞争优势的保证。而车险定价技术的重点就在于尽可能准确地预测风险单位的索赔频率和索赔强度。

在我国，机动车辆保险的费率厘定主要采用的模型是广义线性模型。针对车险损失数据，对车险的索赔频率和索赔强度分别分析，建立车险索赔频率和索赔强度的广义线性模型，根据模型的拟合结果，预测索赔频率和索赔强度，得到风险纯保费，再经过费用附加，得到最终的费率。广义线性模型是对传统线性回归模型的扩展，其响应变量的分布不再局限于正态分布，而是扩展到了指数分布族，更适合精算数据的分析。同时，广义线性模型不要求响应变量的均值是解释变量的线性函数，以某一度量是线性的即可，这样使得处理数据时有了更大的灵活性。然而，传统的广义线性模型通常假设观测数据来自独立的随机变量，在精算分析中常见的数据并不能满足这一假设，车险的索赔数据多为纵向数据、重复测量数据，以及集群数据，为了使模型能适用于车险的索赔数据，在广义线性模型的系统部分引入随机效应，可以提高现有模型的拟合效果和预测精度。

对于广义线性模型，在解释变量的线性组合中引入随机效应，可以体现层内数据的相关性和不同层之间的异质性。对应于随机效应的不同假设，模型有多种形式。本文使用的定义如下：如果随机效应服从独立的正态分布，相应的模型称为广义线性混合模型；如果随机效应服从独立的正态分布以外的其他指数族分布，如伽马分布等，相应的模型称为分层广义线性模型；如果随机效应服从不独立的正态分布，相应的模型称为空间分层广义线性模型。

目前，国内外学者已经将广义线性混合模型应用到了车险索赔数据分析当中，进行车险索赔频率和索赔强度的预测，模型的拟合效果优于传统广义线性模型。但是，目前的研究主要针对的是随机效应服从独立正态分布的广义线性混合模型，还没有将分层广义线性模型、空间分层广义线性模型应用到车险索赔数据分析中。本研究利用分层广义线性模型、空间分层广义线性模型对车险索赔数据进行分析，在广义线性模型的系统部分引入随机效应，同时随机效应不再局限于独立的正态分布，而是扩展到其他分布，即分层广义线性模型，或者取消独立性这一限制条件，即空间分层广义线性模型，希望能进一步提高模型的拟合优度，使车险索赔频率和索赔强度的预测更加准确，提高非寿险公司的竞争优势。

## 二、模型简介

### (一)广义线性模型

广义线性模型的结构由随机成分、系统成分和连接函数三部分组成。

随机成分：假设响应变量 $Y_1, \cdots, Y_N$ 独立，且服从相同的指数分布族，这里 $N$ 表示观测值的个数。指数分布族的标准形式如下：

$$f(y_i,\theta_i,\varphi)=\exp\left\{\frac{y_i\theta_i-b(\theta_i)}{a(\varphi)}+c(y_i,\varphi)\right\}$$

其中，$i(1\leqslant i\leqslant N)$表示第 $i$ 个观测值，$a(\cdot),b(\cdot),c(\cdot)$ 均为已知函数，当分布种类确定时，这三个函数的形式就已经确定了，且对所有的观测值具有相同的形式，$\theta_i$ 称作自然参数，$\varphi$ 称作离散参数。常见的二项分布、负二项分布、泊松分布、正态分布，伽马分布和逆伽马分布均可以表示成上式的形式，所以均属于指数分布族。传统线性回归模型假设响应变量服从正态分布，而在广义线性模型中，响应变量的分布不再局限于正态分布，而是扩展到指数分布族。

系统成分：$\eta=X\beta$，这与传统线性回归模型形式一致，$X$ 表示解释变量的观测值，$\beta$ 表示回归系数，其中：

$$X=\begin{bmatrix}x_1^T\\ \vdots\\ x_N^T\end{bmatrix}=\begin{bmatrix}x_{11} & \cdots & x_{1p}\\ \vdots & \ddots & \vdots\\ x_{N1} & \cdots & x_{Np}\end{bmatrix},\beta=\begin{bmatrix}\beta_1\\ \vdots\\ \beta_p\end{bmatrix}$$

连接函数：$g(\mu_i)=\eta_i=x_i^T\beta,\mu_i=E(Y_i)$，其中，$\mu_i$ 表示响应变量第 $i$ 个观测值的期望，连接函数 g(·) 是单调可导的，常见的连接函数有恒等连接，对数连接等。连接函数将广义线性模型中的随机成分与系统成分联系起来。

广义线性模型的参数估计可以采用极大似然估计方法。在广义线性模型中，极大似然估计方法与迭代加权最小二乘方法在参数估计上是等价的。

（二）广义线性混合模型

与传统线性回归模型到线性混合模型的扩展类似，广义线性混合模型是在广义线性模型的系统部分加入随机效应，将广义线性模型扩展为广义线性混合模型。与线性混合模型相比，广义线性混合模型的响应变量的分布不再局限于正态分布，而是扩展到了指数分布族；与广义线性模型相比，广义线性混合模型更适合重复测量数据，纵向数据和集群数据的分析。

类似于广义线性模型，广义线性混合模型也由随机成分，系统成分和连接函数三部分组成。

随机成分：与线性混合模型类似，假设共有 $N$ 个对象，$n_i$ 表示第 $i$ 个对象的观测值个数，$Y_i(1\leqslant i\leqslant N)$ 是一个 $n_i\times 1$ 维的向量，表示第 $i$ 个对象的观测值，记为 $Y_i=(Y_{i1},\cdots,Y_{in_i})^T$，则 $N$ 个对象的观测值共计 $\sum N*n_i$ 个。设第 $i$ 个对象的随机效应为 $u_i$，在随机效应 $u_i$ 给定的条件下，$Y_{i1},\cdots,Y_{in_i}$ 是独立的，且服从相同的指数分布族。

系统成分：$\eta=X\beta+Zu$。系统成分与线性混合模型形式相似，其中，$X$ 表示固定效应的设计矩阵，$\beta$ 表示固定效应，也就是我们感兴趣的解释变量的回归系数，$Z$ 表示随机效应的设计矩阵，$u$ 表示随机效应。

连接函数：$g(\mu\mid u)=X\beta+Zu,\mu=E[Y]$，与广义线性模型一致，连接函数 $g(\cdot)$ 单调可导，常见的有恒等连接、对数连接等，连接函数建立了广义线性混合模型中随机成分与系统成分之间的联系。

在广义线性混合模型中，假设随机效应 $u_i(i=1,2,\cdots,N)$独立，且服从于均值为 0 的正态分布，设其密度函数为 $f(u_i\mid\alpha)$，其中 $\alpha$ 是未知参数，在这里表示正态分布的标准差。在广义线性混合模型中进行参数估计时，要计算响应变量的分布，再应用极大似然估计方法求解。在计算响应变量的分布时，会涉及复杂的数值积分。设 $y=(y_1^T,\cdots,y_N^T)^T$，关于未知参数 $\beta,\alpha$ 和

$\varphi$ 的似然函数为：

$$L(\beta,\alpha,\varphi;y)=\prod_{i=1}^{N}f(y_{ij}\mid u_i,\beta,\varphi)=\prod_{i=1}^{N}\int\prod_{j=1}^{n_i}f(y_{ij}\mid u_i,\beta,\varphi)f(u_i\mid\alpha)du_i$$

其中的积分是关于随机效应 $u_i$ 的 $q$ 维微积分，当响应变量 $y$ 服从正态分布，连接函数选择恒等连接时，模型就是上文中提到的线性混合模型。由于涉及到高维积分，所以需要用近似法、数值积分法或者是贝叶斯方法得到基于似然函数的参数估计。常见的极大似然估计方法包括：Laplace 近似法、Penalized Quasi-Likelihood 和 Gauss－Hermite quadrature。极大似然估计方法对广义线性混合模型进行分析时，计算十分复杂，而贝叶斯推断方法由于计算的灵活性也是目前较为流行的估计方法。

在目前的 R 软件中，有多种可以拟合广义线性混合模型的方法。lme4 程序包中使用的是 Laplace approximation 方法，MASS 程序包中的 glmmPQL 使用的是 PQL 方法。

（三）分层广义线性模型

分层广义线性模型与广义线性混合模型类似，是对广义线性模型和线性混合模型的扩展，其模型形式与广义线性混合模型的模型形式一致，包含随机成分、系统成分和连接函数三部分。

随机成分：假设共有 $N$ 个对象，$n_i$ 表示第 $i$ 个对象的观测值个数，$Y_i(1\leqslant i\leqslant N)$ 是一个 $n_i\times 1$ 维的向量，表示第 $i$ 个对象的观测值，记为 $Y_i=(Y_{i1},\cdots,Y_{in_i})^T$，则 $N$ 个对象的观测值共计 $\sum N*n_i$ 个。设第 $i$ 个对象的随机效应为 $u_i$，在给定 $u_i$ 的条件下，$Y_{i1},\cdots,Y_{in_i}$ 是独立的，且服从相同的指数分布族。

系统成分：$\eta=X\beta+Zv$。其中，$X$ 表示固定效应的设计矩阵，$\beta$ 表示固定效应，也就是我们感兴趣的解释变量的回归系数，$Z$ 表示随机效应的设计矩阵，$v=v(u)$ 表示随机效应。

连接函数：$g(\mu\mid u)=X\beta+Zv$，$\mu=E[Y]$，$v=v(u)$，$g(\cdot)$ 和 $v(\cdot)$ 为连接函数，连接函数均是单调可导的，常见的有恒等连接、对数连接等。在分层广义线性模型中，有两个连接函数，这是与前文中的广义线性模型，广义线性混合模型的区别。连接函数 $g(\cdot)$ 建立了随机成分与系统成分之间的联系，连接函数 $v(\cdot)$ 建立了随机效应与系统成分的联系。

在分层广义线性模型中，假设随机效应 $u_i(i=1,2,\cdots,N)$ 独立，服从参数为 $\alpha$ 的分布，这里随机效应可以服从伽马分布、逆伽马分布等多种指数分布族的分布。随机效应的分布不再局限于正态分布，是分层广义线性模型与广义线性混合模型的不同之处。

对于分层广义线性模型的参数估计，需要引入一个新的概念：分层似然（Hierarchical Likelihood，h－likelihood），记为 $h=l(\theta',\varphi;y\mid u)+l(\alpha;u)$。将随机效应也表示成指数分布族的形式：

$$f(\psi_M,\theta_M,\alpha)=\exp\left\{\frac{\psi_M\theta_M-b(\theta_M)}{\alpha}\right\}$$
$$E[\psi_M]=u=b_M{}'(\theta_M(u))$$
$$\mathrm{var}[\psi_M]=\alpha V_M(u)=\alpha b_M{}''(\theta_M(u))$$

对于分层广义线性模型的极大分层似然估计，可以表示成一个增广的广义线性模型，响应变量为：$(y^t,\psi_M^t)^t$，其中：

$$E[y]=\mu$$
$$E[\psi_M]=u$$
$$\mathrm{var}[y]=\varphi V(\mu)$$
$$\mathrm{var}[\psi_M]=\alpha V_M(u)$$

对于增广的广义线性模型，其线性部分为：

$$\eta_{Ma}=(\eta^t,\eta_M^t)^t=T_M w$$
$$\eta=X\beta+Zv$$
$$\eta_M=g_M(u)=v$$
$$w=(\beta^t,v^t)^t$$
$$T_M=\begin{pmatrix}X & Z\\ 0 & I\end{pmatrix}$$

与标准广义线性模型形式相同，$w=(\beta^t,v^t)^t$ 的估计值可以通过迭代加权最小二乘(IWLS)方法进行估计。在分层广义线性模型中，有一种模型为共轭分层广义线性模型(Conjugate Hierarchical Generalized Linear Models,Conjugate HGLMs)，是分层广义线性模型的一种特殊情况，此时随机效应的估计值有较为简单的形式。

对于分层广义线性模型，随机效应的分布不再局限于正态分布，可是是指数分布族的其他分布，也不局限于共轭的分布，同时连接函数也可以有多种形式。模型的形式有了更大的灵活性，适用范围更加广泛。

（四）空间分层广义线性模型

空间分层广义线性模型与分层广义线性模型类似，是对广义线性模型和线性混合模型的扩展，包含随机成分、系统成分和连接函数三部分。

随机成分：假设共有 $N$ 个对象，$n_i$ 表示第 $i$ 个对象的观测值个数，$Y_i(1\leqslant i\leqslant N)$ 是一个 $n_i\times1$ 维的向量，表示第 $i$ 个对象的观测值，记为 $Y_i=(Y_{i1},\cdots,Y_{in_i})^T$，则 $N$ 个对象的观测值共计 $\sum N*n_i$ 个。设第 $i$ 个对象的随机效应为 $u_i$，在给定 $u_i$ 的条件下，$Y_{i1},\cdots,Y_{in_i}$ 是独立的，且服从相同的指数分布族。

系统成分：$\eta=X\beta+Zu$。其中，$X$ 表示固定效应的设计矩阵，$\beta$ 表示固定效应，也就是我们感兴趣的解释变量的回归系数，$Z$ 表示随机效应的设计矩阵，$u$ 表示随机效应。

连接函数：$g(\mu|u)=X\beta+Zu$，$\mu=E[Y]$，$g(\cdot)$ 为连接函数，单调可导，常见的有恒等连接、对数连接等，与广义线性模型中一致，连接函数建立了系统成分与随机成分的联系。

在空间分层广义线性模型中，随机效应 $u_i(i=1,2,\cdots,N)$ 不独立，具有相关性，服从均值为零的多元联合正态分布：

$$u=(u_1,u_2,\cdots,u_N)^T\sim N(0,\Sigma=\tau(I-\rho D)^{-1})。$$

其中，$i$ 代表一个由坐标确定的空间中的位置，$D$ 代表的是一个矩阵，矩阵中的元素是关于 $i$ 点坐标的函数。通过对矩阵 $D$ 中的元素进行限制，得到一个高斯马尔科夫随机场(Gaussian Markov Random Field,GMRF)。例如，设矩阵 $D$ 的对角线元素均为 0，非对角线元素 $(s,t)$，若位置 $s$ 和位置 $t$ 相邻则为 1，若不相邻，仍为 0，这就构成了一个高斯马尔科夫随机场。对于此高斯马尔科夫随机场的构造标准，不作为此次研究的重点。当 $\rho=0$ 时，则 $\Sigma=\tau I$，表示随机效应之间没有相关性，又由于此时随机效应服从正态分布，所以此时的模型就是我们之前涉及到的广义线性混合模型。

广义线性混合模型与空间分层广义线性模型的主要区别是：在广义线性混合模型中，随机效应是独立的，而在空间相关分层广义线性模型中，随机效应不是独立的。对于两类模型，随机效应都是假设服从正态分布的。对于空间分层广义线性模型的参数估计，我们通过特征分解将其转变为等价的广义线性混合模型。

令 $\omega=\{\omega_i\}_{i=1}^{n}$ 表示矩阵 $D$ 的特征根，矩阵 $V$ 的列向量是相应的标准正交的特征向量，$\Lambda$ 是对角阵，对角线上第 $i$ 个元素是 $\lambda_i=\frac{1-\rho\omega_i}{\tau}$，则有

$$\frac{1}{\tau}(I-\rho D)=V\Lambda V^T$$

根据空间分层广义线性模型的定义：$\eta_i=X_i^T\beta+Z_iu_i$，此式可以变形为：

$$\eta=X\beta+\tilde{Z}u^*$$

其中，$\eta=\{\eta_i\}$，$X=\{X_i\}$，$\tilde{Z}=\{Z_i\}V$，$u^*=V^Tu$，可以得到 $u^*\sim N(0,\Lambda^{-1})$。此模型就转换为随机效应是独立正态分布的广义线性混合模型。此模型的拟合和参数估计都可以在 R 程序包 hglm 中实现。

在线性混合模型、广义线性混合模型中、分层广义线性模型中，均存在随机效应，我们通常假设随机效应是独立的。而在实际数据分析中，我们不难发现，存在具有空间相关性的随机效应，因此，对分层广义线性模型进行扩展，假设随机效应间具有空间相关性，此类空间分层广义线性模型在空间数据分析中具有广泛的应用。

## 三、数据分析

### （一）数据介绍

在保险公司经营的过程中，积累了大量的数据，通过数据分析，可以对索赔强度和索赔频率更准确地预测。

本研究所使用的数据来源于国内某非寿险公司车损险的经营数据，是在车损险产品在经营过程中记录的数据，包含 4 个变量共 9696 条记录，其中每一条记录代表的是一次索赔的信息。变量包含：省份、车龄、载客数、车损赔款。省份有五个水平：北京、吉林、辽宁、内蒙、山东；车龄是从 0.5 年到 8.5 年，间隔为 0.5 年，这里车龄 0.5 年代表车龄不足一年的车辆，以此类推，车龄共有 9 个水平；载客数共有 6 个水平，分别为 4、5、6、7、8、9；车损赔款表示一次索赔的车损险赔款额。

本次研究的重点是从车因素的分析，所以选取了车龄、载客数和省份三个变量。数据结构如表 1 所示。

表 1　数据结构

| 序号 | 省份 | 车龄 | 载客数 | 车损赔款(元) |
|---|---|---|---|---|
| 1 | 山东 | 5.5 | 7 | 306 |
| 2 | 山东 | 3.5 | 7 | 158.1 |
| 3 | 山东 | 3.5 | 5 | 518.5 |
| 4 | 山东 | 1.5 | 5 | 510 |
| 5 | 山东 | 3.5 | 5 | 408 |
| 6 | 山东 | 2.5 | 5 | 136 |
| 7 | 山东 | 2.5 | 5 | 290 |
| 8 | 山东 | 2.5 | 5 | 433.5 |
| 9 | 山东 | 1.5 | 5 | 603.5 |
| 10 | 山东 | 2.5 | 7 | 419.9 |
| ⋮ | ⋮ | ⋮ | ⋮ | ⋮ |
| 9685 | 内蒙 | 1.5 | 7 | 1855 |
| 9686 | 内蒙 | 0.5 | 5 | 52881.05 |
| 9687 | 内蒙 | 0.5 | 8 | 4431 |
| 9688 | 内蒙 | 0.5 | 5 | 24915.2 |
| 9689 | 内蒙 | 0.5 | 5 | 13223.7 |
| 9690 | 内蒙 | 2.5 | 5 | 54434.72 |
| 9691 | 内蒙 | 0.5 | 8 | 2942.8 |
| 9692 | 内蒙 | 0.5 | 5 | 700 |
| 9693 | 内蒙 | 0.5 | 5 | 6450 |
| 9694 | 内蒙 | 3.5 | 5 | 2506 |
| 9695 | 内蒙 | 0.5 | 5 | 2156 |
| 9696 | 内蒙 | 0.5 | 5 | 1160.62 |

## (二)单因素分析

表 2　省份单因素分析

| 省份 | 样本量 | 车损赔款(元) | 平均赔款(元) |
|---|---|---|---|
| 山东 | 3,477 | 3,956,225 | 1,137.83 |
| 吉林 | 2,715 | 4,681,491 | 1,724.31 |
| 内蒙 | 2,303 | 6,757,041 | 2,934.02 |
| 北京 | 625 | 921,190 | 1,473.90 |
| 辽宁 | 576 | 716,614 | 1,244.12 |
| 总计 | 9,696 | 17,032,561 | 1,756.66 |

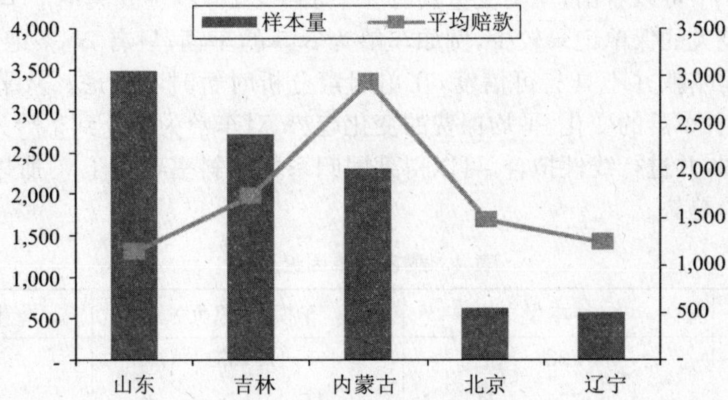


**图 3　省份单因素分析图**

从表 2 和图 3 中不难看出，省份变量共有：山东、吉林、内蒙、北京、辽宁五个水平，样本在各个水平间并非均匀分布，主要集中在山东、吉林和内蒙三个省份，在北京和辽宁的样本较少，同时不同地区的平均赔款之间差异明显，且与在此地区的数据量无关。全国的平均赔款为 1756.66 元，内蒙的平均赔款最高，为 2934.02 元，山东的平均赔款最低，为 1137.83 元，且山东的样本量也是最大的，平均赔款的最高值和最低值相差 1796.19 元。

**表 3　车龄单因素分析**

| 车龄 | 样本量 | 车损赔款(元) | 平均赔款(元) |
|---|---|---|---|
| 0.5 | 4,982 | 8,642,679 | 1,734.78 |
| 1.5 | 1,901 | 3,471,148 | 1,825.96 |
| 2.5 | 1,050 | 1,664,063 | 1,584.82 |
| 3.5 | 718 | 1,191,567 | 1,659.56 |
| 4.5 | 430 | 1,073,435 | 2,496.36 |
| 5.5 | 293 | 426,535 | 1,455.75 |
| 6.5 | 207 | 330,274 | 1,595.53 |
| 7.5 | 95 | 211,758 | 2,229.04 |
| 8.5 | 20 | 21,103 | 1,055.14 |
| 总计 | 9,696 | 17,032,561 | 1,756.66 |

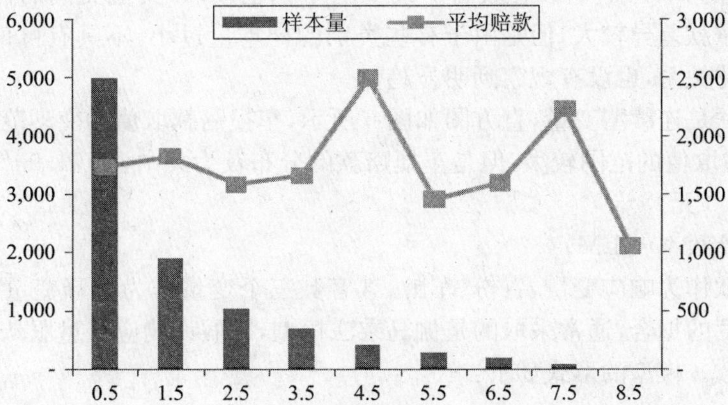


**图 4　车龄单因素分析图**

从表 3 和图 4 中可以看出，车龄变量共有 9 个水平，且样本主要集中于车龄为 0.5 的车辆，新车较多。车龄较大的保单记录较少，例如车龄为 8.5 的车辆，只有 20 条记录，所以对于车龄较大的保单的平均赔款并不具有可信度，在单因素分析时暂时不考虑。从平均赔款的变化来看，并不能得到随着车龄的变化，平均保费的变化趋势，对车龄为 0.5 到车龄为 7.5 的车辆的平均保费绘制散点图，并进行线性拟合，可以得到回归系数的斜率项大于 0，所以，随着车龄增大，平均赔款有增大的趋势。

**表 4　载客数单因素分析**

| 载客数 | 样本量 | 车损赔款(元) | 平均赔款(元) |
|---|---|---|---|
| 4 | 38 | 175,031 | 4,606.09 |
| 5 | 8,776 | 15,305,384 | 1,744.00 |
| 6 | 48 | 45,501 | 947.93 |
| 7 | 439 | 1,098,105 | 2,501.38 |
| 8 | 360 | 372,527 | 1,034.80 |
| 9 | 35 | 36,014 | 1,028.97 |
| 总计 | 9,696 | 17,032,561 | 1,756.66 |

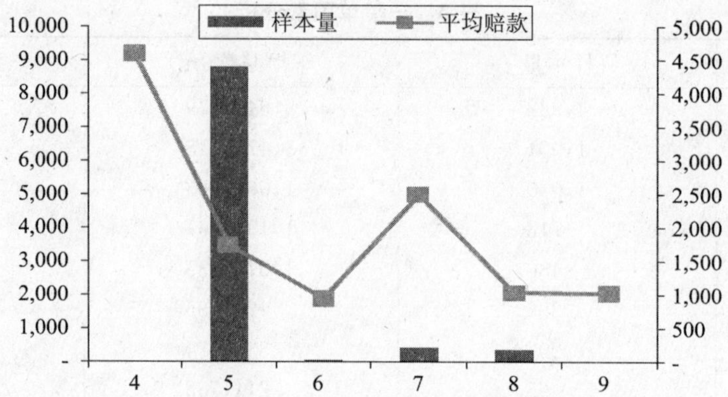


**图 5　载客数单因素分析图**

从表 4 和图 5 中可以看出，载客数变量共有 6 个水平，但是样本主要集中在载客数为 5 的车辆，占所有记录的 90%以上，载客数为 7 或 8 的车辆也较多，其他类别的样本较少。不同载客数的车辆平均赔款差异较大，但是由于有些类别的样本量过小，不具有可信度。对于平均赔款与载客数之间的关系，也没有观察到明显趋势。

变量车损赔款是连续型变量，直方图如图 6 所示，车损赔款取值的变动范围较大，平均值为 1756.66 元。虽然取值的范围较大，但是车损赔款的分布较为集中，有 91.93%的记录的车损赔款小于或等于 3000 元。

（三）广义线性模型(GLM)

选取车损赔款作为响应变量，省份、车龄、载客数三个变量作为解释变量，建立广义线性模型。对于索赔强度的拟合，通常采取的是伽马乘法模型，即假设响应变量服从伽马分布，连接函数为对数连接函数。模型的形式如下：

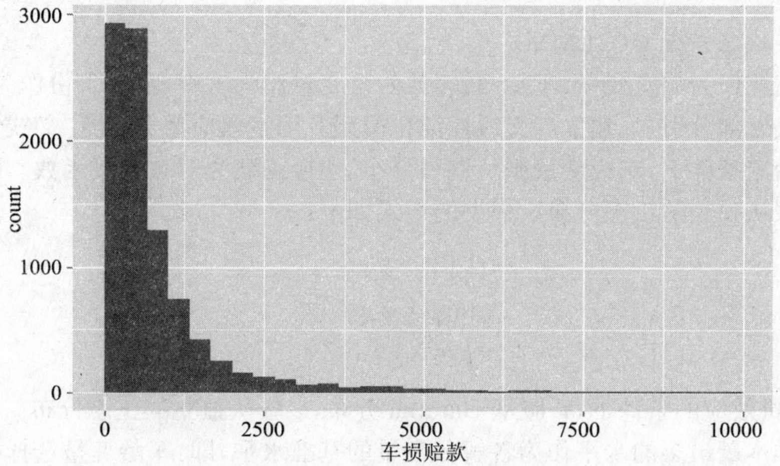


**图 6　车损赔款的直方图**

$$\begin{cases}E[Y]=\mu \\ \ln(\mu)=\eta \\ \eta=X^T\beta\end{cases}$$

其中，Y 服从 Gamma 分布。

分别选取样本量最多的水平作为各解释变量的基准水平，即：省份变量选择“山东”作为基准水平，车龄变量选择“0.5”作为基准水平，载客数选择“5”作为基准水平，建立广义线性模型。对变量进行卡方检验，显示三个解释变量中，只有省份变量通过了显著性检验，车龄和载客数均没有通过显著性检验，TYPE III 检验结果如表 5 所示。

**表 5　广义线性模型 TYPE III 检验**

| 变量 | 卡方值 | 自由度 | p 值 |
|---|---|---|---|
| 省份 | 61.49 | 4 | 1.413e−12 |
| 车龄 | 5.21 | 8 | 0.7353 |
| 载客数 | 6.69 | 5 | 0.2444 |

将车龄和载客数两个变量从解释变量中剔除，模型只包含一个解释变量：省份。省份变量的吉林和内蒙水平均通过了显著性检验，北京与辽宁没有通过显著性检验。参数估计结果如表 6 所示。

**表 6　广义线性模型参数估计**

| 省　份 | Estimate | Std. Error | t value | Pr(>\|t\|) |
|---|---|---|---|---|
| (Intercept) | 7.0369 | 0.0807 | 87.2270 | < 2e−16 |
| 省份北京 | 0.2588 | 0.2067 | 1.2520 | 0.2105 |
| 省份吉林 | 0.4157 | 0.1218 | 3.4120 | 0.0006 |
| 省份辽宁 | 0.0893 | 0.2140 | 0.4170 | 0.6764 |
| 省份内蒙 | 0.9473 | 0.1278 | 7.4120 | 0.0000 |

但从实际意义上来看，车龄与载客数应对车损赔款有显著影响，广义线性模型中，车龄与载客数不能通过显著性检验可能是由于响应变量不独立造成的，因此考虑在广义线性模型中，引

入随机效应。

（四）广义线性混合模型（GLMM）

选取车损赔款作为响应变量，车龄、载客数两个变量作为解释变量，省份作为随机效应在广义线性模型的线性部分引入，建立广义线性混合模型。固定效应部分，与广义线性模型类似，仍假设随机效应给定条件下，响应变量服从伽马分布，连接函数为对数连接函数。随机效应部分，假设随机效应服从独立的正态分布。模型的形式如下：

$$\begin{cases} E[Y \mid u] = \mu \\ \ln(\mu) = \eta \\ \eta = X^T\beta + Zu \end{cases}$$

其中，在给定随机效应的条件下，$Y$ 服从 Gamma 分布，$u$ 服从独立的正态分布。

分别选取样本量最多的水平作为各解释变量的基准水平，即：车龄变量选择“0.5”作为基准水平，载客数选择“5”作为基准水平，建立广义线性混合模型。模型的拟合结果显示车龄与载客数两个解释变量均通过显著性检验，但是车龄和载客数变量只有部分水平的参数估计通过了显著性检验。对于车龄变量，水平为 1.5、2.5、8.5 的参数估计没有通过显著性检验，其余水平均通过显著性检验；对于载客数变量，载客数为 9 的水平的参数估计没有通过显著性检验，其余水平均通过了显著性检验。参数估计的结果如表 7 所示，随机效应的估计结果如表 8 所示。

**表 7　广义线性混合模型参数估计**

| 变量 | Estimate | Std. Error | t－value | Pr(＞\|t\|) |
|---|---|---|---|---|
| (Intercept) | 7.3294 | 0.1714 | 42.7540 | ＜2e－16 |
| 车龄 1.5 | 0.0037 | 0.0380 | 0.0980 | 0.9220 |
| 车龄 2.5 | 0.0478 | 0.0479 | 0.9980 | 0.3185 |
| 车龄 3.5 | 0.1193 | 0.0564 | 2.1170 | 0.0343 |
| 车龄 4.5 | 0.3562 | 0.0709 | 5.0220 | 0.0000 |
| 车龄 5.5 | 0.1410 | 0.0851 | 1.6570 | 0.0975 |
| 车龄 6.5 | 0.2675 | 0.1008 | 2.6530 | 0.0080 |
| 车龄 7.5 | 0.6350 | 0.1470 | 4.3210 | 0.0000 |
| 车龄 8.5 | －0.1989 | 0.3148 | －0.6320 | 0.5274 |
| 载客数 4 | 0.6180 | 0.2285 | 2.7040 | 0.0069 |
| 载客数 6 | －0.5559 | 0.2040 | －2.7250 | 0.0065 |
| 载客数 7 | 0.2207 | 0.0688 | 3.2070 | 0.0014 |
| 载客数 8 | －0.5399 | 0.0761 | －7.0960 | 0.0000 |
| 载客数 9 | －0.3533 | 0.2380 | －1.4840 | 0.1377 |

**表 8　广义线性混合模型随机效应估计**

| 随机效应 | Estimate | Std. Error |
|---|---|---|
| factor(省份)山东 | －0.3570 | 0.1717 |
| factor(省份)北京 | －0.1338 | 0.1764 |
| factor(省份)吉林 | 0.1019 | 0.1720 |
| factor(省份)辽宁 | －0.2156 | 0.1766 |
| factor(省份)内蒙 | 0.6044 | 0.1723 |

模型最终的形式为：

$$\ln(\text{车损赔款}) = 7.3294 + u_{\text{省份}} + \beta_{\text{车龄}} + \beta_{\text{载客数}}$$

上式中随机效应省份、解释变量车龄、解释变量载客数各水平的参数可从表 7、表 8 中获得，若变量的水平为基准水平，则参数估计值为 0。

广义线性混合模型分层似然函数值为 140457.4。对此模型进行似然比检验，检验统计量为：21544.53，p 值小于 2.2e−16，通过了显著性检验，表明加入随机效应的模型比没有随机效应的模型拟合效果要好。

（五）分层广义线性模型（HGLM）

选取车损赔款作为响应变量，车龄、载客数两个变量作为解释变量，省份作为随机效应在广义线性模型的线性部分引入，建立分层广义线性模型。固定效应部分，与广义线性模型类似，仍假设随机效应给定条件下，响应变量服从伽马分布，连接函数为对数连接函数。随机效应部分，假设随机效应服从独立的伽马分布。模型的形式如下：

$$\begin{cases} E[Y \mid u] = \mu \\ \ln(\mu) = \eta \\ \eta = X^T\beta + Zu \end{cases}$$

其中，在给定随机效应的条件下，Y 服从 Gamma 分布，$u$ 服从独立的伽马分布。

分别选取样本量最多的水平作为各解释变量的基准水平，即：车龄变量选择“0.5”作为基准水平，载客数选择“5”作为基准水平，建立分层广义线性模型。模型的拟合结果显示车龄与载客数两个解释变量均通过显著性检验，但是车龄和载客数变量只有部分水平的参数估计通过了显著性检验。对于车龄变量，水平为 1.5、2.5、8.5 的参数估计没有通过显著性检验，其余水平均通过显著性检验；对于载客数变量，载客数为 9 的水平的参数估计没有通过显著性检验，其余水平均通过了显著性检验。参数估计的结果如表 9 所示，随机效应的估计结果如表 10 所示。

**表 9　分层广义线性模型参数估计**

| 变　量 | Estimate | Std. Error | t−value | Pr(>\|t\|) |
|---|---|---|---|---|
| (Intercept) | 6.2418 | 0.1569 | 39.7820 | < 2e−16 |
| 车龄 1.5 | 0.0037 | 0.0380 | 0.0970 | 0.9228 |
| 车龄 2.5 | 0.0478 | 0.0479 | 0.9980 | 0.3184 |
| 车龄 3.5 | 0.1194 | 0.0564 | 2.1180 | 0.0342 |
| 车龄 4.5 | 0.3561 | 0.0709 | 5.0220 | 0.0000 |
| 车龄 5.5 | 0.1413 | 0.0851 | 1.6600 | 0.0969 |
| 车龄 6.5 | 0.2680 | 0.1008 | 2.6580 | 0.0079 |
| 车龄 7.5 | 0.6356 | 0.1470 | 4.3250 | 0.0000 |
| 车龄 8.5 | −0.1983 | 0.3148 | −0.6300 | 0.5287 |
| 载客数 4 | 0.6178 | 0.2285 | 2.7030 | 0.0069 |
| 载客数 6 | −0.5552 | 0.2040 | −2.7220 | 0.0065 |
| 载客数 7 | 0.2206 | 0.0688 | 3.2060 | 0.0014 |
| 载客数 8 | −0.5400 | 0.0761 | −7.0970 | 0.0000 |
| 载客数 9 | −0.3530 | 0.2380 | −1.4830 | 0.1381 |

表 10　分层广义线性模型随机效应估计

| 随机效应 | Estimate | Std. Error |
|---|---|---|
| factor(省份)山东 | 0.7310 | 0.1569 |
| factor(省份)北京 | 0.9521 | 0.1620 |
| factor(省份)吉林 | 1.1891 | 0.1577 |
| factor(省份)辽宁 | 0.8711 | 0.1618 |
| factor(省份)内蒙 | 1.6927 | 0.1582 |

模型最终的形式为：

$$\ln(\text{车损赔款}) = 6.2418 + u_{\text{省份}} + \beta_{\text{车龄}} + \beta_{\text{载客数}}$$

上式中随机效应省份、解释变量车龄、解释变量载客数各水平的参数可从表 9、表 10 中获得，若变量的水平为基准水平，则参数估计值为 0。

分层广义线性模型的分层似然函数值为：140506.4。对此模型进行似然比检验，检验统计量为：21495.49，p 值小于 2.2e−16，通过了显著性检验，表明加入随机效应的模型比没有随机效应的模型拟合效果更好。

（六）空间分层广义线性模型（SHGLM）

选取车损赔款作为响应变量，车龄、载客数两个变量作为解释变量，省份作为随机效应在广义线性模型的线性部分引入，建立分层广义线性模型。固定效应部分，与广义线性模型类似，仍假设随机效应给定条件下，响应变量服从伽马分布，连接函数为对数连接函数。随机效应部分，假设随机效应不独立，具有空间相关性，服从多元正态分布。假设随机效应不独立，而是具有空间相关性，是空间分层广义线性模型与广义线性混合模型的最大区别。构造关于空间坐标的矩阵 DD，这里采取最简单的构造方法，省份包含：山东、北京、吉林、辽宁、内蒙，建立相关矩阵时，假设对角线元素均为 0，若两个省份相邻，元素为 1，不相邻，记为 0，则矩阵为：

$$DD = \begin{bmatrix} 0 & 0 & 0 & 0 & 0 \\ 0 & 0 & 0 & 0 & 0 \\ 0 & 0 & 0 & 1 & 1 \\ 0 & 0 & 1 & 0 & 1 \\ 0 & 0 & 1 & 1 & 0 \end{bmatrix}$$

模型的形式如下：

$$\begin{cases} E[Y \mid u] = \mu \\ \ln(\mu) = \eta \\ \eta = X^T\beta + Zu \end{cases}$$

其中，在给定随机效应的条件下，$Y$ 服从 Gamma 分布，$u$ 服从多元正态分布。

分别选取样本量最多的水平作为各解释变量的基准水平，即：车龄变量选择“0.5”作为基准水平，载客数选择“5”作为基准水平，建立空间分层广义线性模型。模型的拟合结果显示车龄与载客数两个解释变量均通过显著性检验，但是车龄和载客数变量只有部分水平的参数估计通过了显著性检验。对于车龄变量，水平为 1.5、2.5 和 8.5 的参数估计没有通过显著性检验，其余水平均通过显著性检验；对于载客数变量，载客数为 9 的水平的参数估计没有通过显著性检验，其余水平均通过了显著性检验。参数估计的结果如表 11 所示,随机效应的估计结果如表 12 所示。

**表 11　空间分层广义线性模型参数估计**

| 变　量 | Estimate | Std. Error | t－value | Pr(>\|t\|) |
|---|---|---|---|---|
| (Intercept) | 7.3351 | 0.1677 | 43.7440 | < 2e－16 |
| 车龄 1.5 | 0.0037 | 0.0380 | 0.0980 | 0.9223 |
| 车龄 2.5 | 0.0478 | 0.0479 | 0.9970 | 0.3186 |
| 车龄 3.5 | 0.1193 | 0.0564 | 2.1170 | 0.0343 |
| 车龄 4.5 | 0.3561 | 0.0709 | 5.0220 | 0.0000 |
| 车龄 5.5 | 0.1410 | 0.0851 | 1.6570 | 0.0976 |
| 车龄 6.5 | 0.2674 | 0.1008 | 2.6520 | 0.0080 |
| 车龄 7.5 | 0.6349 | 0.1470 | 4.3200 | 0.0000 |
| 车龄 8.5 | －0.1990 | 0.3148 | －0.6320 | 0.5273 |
| 载客数 4 | 0.6180 | 0.2285 | 2.7040 | 0.0069 |
| 载客数 6 | －0.5559 | 0.2040 | －2.7250 | 0.0064 |
| 载客数 7 | 0.2208 | 0.0688 | 3.2070 | 0.0014 |
| 载客数 8 | －0.5399 | 0.0761 | －7.0950 | 0.0000 |
| 载客数 9 | －0.3533 | 0.2380 | －1.4840 | 0.1377 |

**表 12　空间分层广义线性模型随机效应估计**

| 随机效应 | Estimate | Std. Error |
|---|---|---|
| factor(省份)山东 | －0.3626 | 0.2886 |
| factor(省份)北京 | －0.1393 | 0.168 |
| factor(省份)吉林 | 0.0962 | 0.1729 |
| factor(省份)辽宁 | －0.2215 | 0.0345 |
| factor(省份)内蒙 | 0.5988 | 0.0461 |

模型最终的形式为:

$$\ln(\text{车损赔款}) = 7.3351 + u_{\text{省份}} + \beta_{\text{车龄}} + \beta_{\text{载客数}}$$

上式中随机效应省份、解释变量车龄、解释变量载客数各水平的参数可从表 11、表 12 中获得,若变量的水平为基准水平,则参数估计值为 0。

空间分层广义线性模型的分层似然函数值为:140457.3。对此模型进行似然比检验,检验统计量为:21544.58,p 值小于 2.2e－16,通过了显著性检验,表明加入随机效应的模型比没有随机效应的模型拟合效果更好。

(七)模型对比

针对该公司车险的索赔数据,以车损赔款作为响应变量,建立广义线性模型、广义线性混合模型、分层广义线性模型、以及空间分层广义线性模型,拟合索赔强度。通过以上的参数估计结果可以观察到:变量车龄和载客数,在广义线性模型下不能通过显著性检验,但是将省份作为随机效应引入的情况下,变量车龄和载客数都通过了显著性检验,且较多水平通过显著性检验。

通过似然比检验结果可以发现，加入了随机效应的模型的拟合效果要比传统广义线性模型好。加入了随机效应的模型，无论假设随机效应服从独立的正态分布，或者独立的伽马分布，或者联合正态分布，车龄和载客数两个变量的各个水平的估计结果非常相似，模型的拟合效果没有明显差别。为了更加直观，将不同模型的拟合结果与实际值对比，如图7和表13所示。

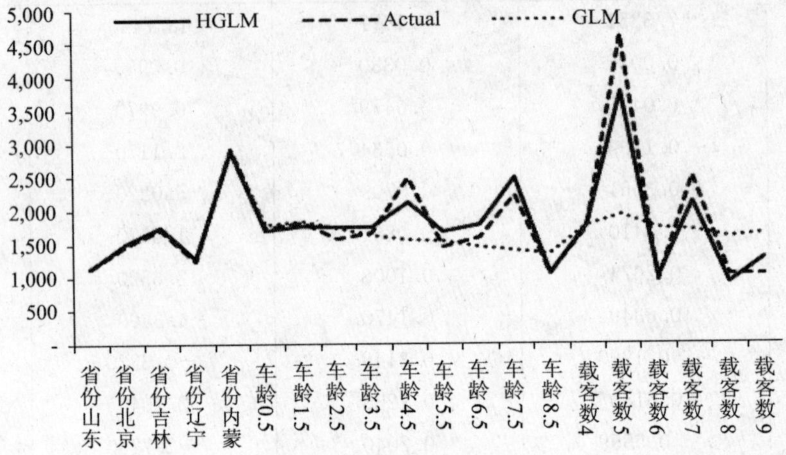


**图7 模型对比图**

**表13 不同模型的拟合值对比**

| 变 量 | 样本量 | GLMM | HGLM | SHGLM | 实际值 |
|---|---|---|---|---|---|
| 省份山东 | 3,477 | 1,132.31 | 1,132.70 | 1,132.35 | 1,137.83 |
| 省份北京 | 625 | 1,511.04 | 1,508.65 | 1,511.27 | 1,473.90 |
| 省份吉林 | 2,715 | 1,746.30 | 1,745.53 | 1,746.24 | 1,724.31 |
| 省份辽宁 | 576 | 1,272.75 | 1,271.63 | 1,272.36 | 1,244.12 |
| 省份内蒙 | 2,303 | 2,879.85 | 2,881.81 | 2,879.91 | 2,934.02 |
| 车龄 0.5 | 4,982 | 1,705.89 | 1,706.07 | 1,705.89 | 1,734.78 |
| 车龄 1.5 | 1,901 | 1,770.42 | 1,770.60 | 1,770.42 | 1,825.96 |
| 车龄 2.5 | 1,050 | 1,748.57 | 1,748.80 | 1,748.57 | 1,584.82 |
| 车龄 3.5 | 718 | 1,758.01 | 1,758.16 | 1,758.01 | 1,659.56 |
| 车龄 4.5 | 430 | 2,110.98 | 2,111.02 | 2,110.98 | 2,496.36 |
| 车龄 5.5 | 293 | 1,673.00 | 1,673.10 | 1,673.00 | 1,455.75 |
| 车龄 6.5 | 207 | 1,787.37 | 1,787.38 | 1,787.36 | 1,595.53 |
| 车龄 7.5 | 95 | 2,488.96 | 2,488.79 | 2,488.96 | 2,229.04 |
| 车龄 8.5 | 20 | 1,058.24 | 1,058.17 | 1,058.24 | 1,055.14 |
| 载客数 5 | 8,776 | 1,765.20 | 1,765.37 | 1,765.20 | 1,744.00 |
| 载客数 4 | 38 | 3,759.55 | 3,759.52 | 3,759.54 | 4,606.09 |
| 载客数 6 | 48 | 1,004.89 | 1,005.09 | 1,004.89 | 947.93 |
| 载客数 7 | 439 | 2,123.48 | 2,123.64 | 2,123.49 | 2,501.38 |
| 载客数 8 | 360 | 912.92 | 912.98 | 912.93 | 1,034.80 |
| 载客数 9 | 35 | 1,278.09 | 1,278.32 | 1,278.10 | 1,028.97 |

在广义线性混合模型中，假设随机效应服从独立的正态分布，在分层广义线性模型中，假设随机效应服从独立的伽马分布，在空间分层广义线性模型中，假设随机效应服从多元正态分布，

对于不同的模型，随机效应的估计值如表 14 所示。

**表 14　不同模型的随机效应估计值对比**

| | GLMM | | HGLM | | SHGLM | |
|---|---|---|---|---|---|---|
| | Estimate | Std. Error | Estimate | Std. Error | Estimate | Std. Error |
| factor(省份)山东 | −0.3570 | 0.1717 | 0.7310 | 0.1569 | −0.3626 | 0.2886 |
| factor(省份)北京 | −0.1338 | 0.1764 | 0.9521 | 0.1620 | −0.1393 | 0.1680 |
| factor(省份)吉林 | 0.1019 | 0.1720 | 1.1891 | 0.1577 | 0.0962 | 0.1729 |
| factor(省份)辽宁 | −0.2156 | 0.1766 | 0.8711 | 0.1618 | −0.2215 | 0.0345 |
| factor(省份)内蒙 | 0.6044 | 0.1723 | 1.6927 | 0.1582 | 0.5988 | 0.0461 |

对于广义线性混合模型与空间分层广义线性模型，随机效应都是假设服从正态分布的，随机效应的估计值接近。对于分层广义线性模型，随机效应假设是服从伽马分布的，随机效应的估计值与其他两种模型的随机效应的估计值差异较大。广义线性混合模型与分层广义线性模型的随机效应均假设是独立的，各个随机效应估计值的误差基本相等，空间分层广义线性模型的随机效应假设是具有相关性的，随机效应估计值的标准误差不等。

对于空间分层广义线性模型，相关系数 $\rho$ 的估计值为：−0.0416，随机效应间的相关性较低，所以利用此模型建模的参数估计结果和拟合结果，与广义线性混合模型的结果接近。

对于引入随机效应的广义线性混合模型、分层广义线性模型、空间分层广义线性模型，分别计算分层似然函数值，结果如表 15 所示，分层广义线性模型的分层似然函数值最大，且三个模型的参数个数相同，所以最终选择的模型为分层广义线性模型。

**表 15　不同模型的似然值对比**

| | GLMM | HGLM | SHGLM |
|---|---|---|---|
| h−likelihood | 140457.4 | 140506.4 | 140457.3 |

## 四、案例总结

随着车险业务的快速发展，车险定价技术已经成为保险公司在市场中取得竞争性优势的重要保障。在一定情况下，广义线性模型已经不能满足保险公司的定价需求，所以需要对广义线性模型进行扩展，使索赔频率和索赔强度的预测更加准确。

在理论方面，本案例主要介绍了广义线性模型、广义线性混合模型、分层广义线性模型、空间分层广义线性模型的基本概念，模型形式、参数估计方法等，为拟合机动车辆保险的索赔强度提供了新的思路，为车险定价提供了新方法。近年来，国内外已经有学者将广义线性混合模型应用到了车险索赔数据分析中，在广义线性混合模型中，随机效应假设是服从正态分布的，但是少有针对随机效应的其他假设进行研究，本案例针对随机效应的假设进行了扩展。

在实证方面，本案例针对国内某非寿险公司的一组车险损失数据进行分析，分别使用广义线性模型，广义线性混合模型、分层广义线性模型和空间分层广义线性模型进行拟合，并将参数估计结果和模型的拟合值，在不同的模型之间进行对比。

在传统的广义线性模型中，假设响应变量是来自于独立的随机变量，此假设在进行保险数据分析时，通常不能满足，加入随机效应的模型可以很好得解决这一问题。通过针对实际数据的分析，将不同模型参数估计和拟合结果的对比，可以发现，对于这组车损险数据，加入随机效应的模型的拟合结果比广义线性模型的拟合结果要好。在广义线性模型中，不能通过显著性检验的解释变量，在加入随机效应之后的模型中，可以通过显著性检验。

对于引入了随机效应的广义线性混合模型、分层广义线性模型、空间分层广义线性模型，三种模型关于随机效应的假设不同，但是实际数据分析的结果差异不大。对于空间分层广义线性模型，计算得到随机效应之间的相关系数估计值比较小，所以针对这组数据，假设随机效应之间独立或有空间相关性，对模型的拟合效果并没有显著影响。但是若随机效应之间存在很大的空间相关性，则使用空间分层广义线性模型的拟合效果应该明显好于普通的分层广义线性模型。在这三种模型中，分层广义线性模型的分层似然函数值稍大于广义线性混合模型和空间分层广义线性模型的分层似然函数值，所以分层广义线性模型的拟合效果更好。

目前我国在车险定价中普遍使用广义线性模型对索赔频率和索赔强度分别建模，本案例在广义线性模型的系统部分，引入了随机效应，扩展了传统的广义线性模型，并且拟合效果由于广义线性模型，为拟合索赔强度提供了新方法，为车险定价提供了新思路。

## 参考文献

[1] Nelder J.A., WedderbumR.W.M..Generalized Linear Models[J].Journal of the Royal Statistical Society Series A,1972,135(3):370—384.

[2] P.McCullach,J.A.Nelder.Generalized Linear Models[M].2nd.London:Chapman and Hall,1989.

[3] Smyth,G.k..Generalized Linear Models with Varying Dispersion[J].J.R.Statistics Society,1989,B,51,47—60.

[4] Simon Wood.Generalized Additive Models:An Introduction with R[M].Chapman & Hall/CRC,2006.

[5] 张尧庭.线性模型与广义线性模型[J].知识讲座，上海财经大学，1995.

[6] 陈希孺.广义线性模型 1～10[J].数理统计与管理，2002.9～2004.3.

[7] 孟生旺.广义线性模型在汽车保险定价的应用[J].数理统计与管理，2007.1:24—29.

[8] 管宇晶.广义线性模型：回顾与推广[D].硕士学位论文，2011.

[9] 王亚娟.基于广义线性模型的车险分类费率厘定研究[D].硕士学位论文，2013.

[10] Frees.E.W., Young,V.R., Luo,Y..A Longitudinal Data Analysis Interpretation of Credibility Models[J].Insurance:Mathematics and Economics,1999,24(3),229—247.

[11] McCulloch C.E., Searle S.R..Generalized Linear and Mixed Models[J].Journal of the Royal Statistical Society,2003,52:242—243.

[12] Katrien Antonio, Jan Beirlant. Actuarial Statistics with Generalized Linear Mixed Models.[J].Insurance:Mathematics and Economics,2007(40):58—76.

[13] James Guszcza.Hierarchical Growth Curve Models for Loss Reserving[J].Casualty Actuarial Society E—Forum,2008.

[14] KlinkerF..Generalized Linear Mixed Models for Ratemaking:A Means of Introducing Credibility into A Generalized Linear Model Setting[J].Casualty Actuarial Society E—Forum,2011,(2):1—25.

[15] Katrien Antonio,Yanwei Zhang.Mixed Models for Predictive Modeling in Actuarial Science[J].Faculty of Economics and Business,2012.

[16]卢志义，刘乐平.广义线性模型在非寿险精算学中的应用及其研究进展[J].统计与信息论坛，2007,22(7):26—31.

[17]贺宝龙.广义线性混合模型在精算分析中的应用[D].硕士学位论文，2008.

[18]贺宝龙,唐湘晋.广义线性混合模型在信度理论中的应用[J].金融经济,2008,(20):86-87.
[19]谢远涛,杨娟.广义 Gamma 分布簇广义线性混合模型的构建[J].统计研究,2010,27(10):75-80.
[20]康萌萌.基于广义线性混合模型的经验费率厘定[J].统计与信息论坛,2010,24(7):51-56.
[21]姬文鸽.基于广义线性混合模型的未决赔款准备金估计方法研究[D].暨南大学,2011.
[22]谢远涛,王稳,等.广义线性混合模型框架下的信度模型分析[J].统计与信息论坛,2012,27(10).
[23]张连增,孙维伟.广义线性混合模型在保险索赔中的应用及 R 实现[J].江西财经大学学报,2013,(4):48-58.
[24]李爽楠.广义线性混合模型在机动车辆保险费率厘定中的方法研究[D].硕士学位论文,2013.
[25] Lee Y,NelderJ.A..Hierarchical Generalized Linear Models[J].Journal of the Royal Statistical Society,Series B,1996,58(4):619-678.
[26] William J.Browne,David Draper.Implementation and Performance Issues in the Bayesian and Likelihood Fitting of Multilevel Models[J].Computational Statistics,2000,15:391-420.
[27] Sophia Rabe-Hesketh.Generalized Multilevel Structural EquationModeling[J].Psychomitrika,2004,69(2):167-190.
[28] David,Andrew.Bayesian Multilevel Estimation with Poststratification:State-Level Estimates from National Polls[J].Political Analysis,2004,12:375-385.
[29] Lee Y,Nelder JA,Pawitan Y.Generalized Linear Models with Random Effects:Unified Analysis Via h-llikelihood[M].Chapman & Hall/CRC Monographs on Statistics & Applied Probability [Hardcover],2006.
[30] Youngjo Lee,John A.Nelder.Double Hierarchical Generalized Linear Models[J].Journal of the Royal Statistical Society.Series C (Applied Statistics),2006,55(2):139-185.
[31] William J.Browne,David Draper.A Comparison of Bayesian and Likelihood-based Methods for Fitting Multilevel Models[Z].Bayesian Analysis 1 2006,3:473-514.
[32] Youngjo Lee,John A.Nelder.H-likelihood:Problems and Solutions[J].Stat Comput,2007,17:49-55.
[33] Gelman A,Hill J.Data Analysis Using Regression and Multilevel/Hierarchical Models[M].Cambridge University Press,2007.
[34] Ronnegard,L,Shen,X,Alam,M.Hglm:A package for fitting hierarchical generalized linear models[J].The R Journal,2010,2:20-28.
[35] Molas,M.,Lesaffre,E.Hierarchical Generalized Linear Models:The R Package.HGLMMM[J].Journal of Statistical Software,2011,39:1-20.
[36] Lars Ronnegard,Xia Shen,Moudud Alam.The hglm Package [Z]2nd.R Package Vignette.2014.
[37] Md.MoududAlam,Lars Ronnegard,Xia Shen.Fitting Spatial Models in the R Package:hglm[Z].Dalarna University,2014.
[38]李文芳,刘锐金,方伶俐.基于分层贝叶斯模型的农作物区域产量保险费率厘定研究[J].生态经济,2009,213.
[39]张振明,余新晓,朱建刚.多水平贝叶斯模型预测森林土壤全氮[J].生态学报,2009,29(10).
[40]潘奋飞.ZIP 分层索赔模型在汽车保险精算中的应用[D].硕士学位论文,2010.
[41]闫宁,等.利用 Bayes 分层广义线性模型剖析大豆籽粒形状的遗传基础[J].作物学报,2013,39(2):258-268.
[42]施红星.零膨胀集群数据层次回归模型的贝叶斯推断[J].应用概率统计,2012,28(5).
[43]段白鸽,张连增.分层模型在非寿险精算学中的应用研究评述[J].统计研究,2013,30(5).
[44]葛辉等.多水平贝叶斯模型在灵璧县食道癌死亡率空间分布模式研究中应用[J].2013,17(6).
[45]谢美华,黄友泉,董圣鸿.多层多项 Logit 模型:原理与应用[J].心理学探新,2013,.33(5):430-437.

# 附录:本案例所使用的 R 软件程序命令

```
# # # # # # # # # # # # # # # # # # # # # # # 导入所需程序包
library(data.table)
library(ggplot2)
library(hglm)
library(car)
library(lmtest)
# # # # # # # # # # # # # # # # # # # # # # # 导入数据
data=read.csv("D:\\Other\\Personal\\研究生案例大赛\\研究生案例大赛\\collision_data.csv",header=T)
data=data.table(data)
names(data)
# # # # # # # # # # # # # # # # # # # # # # 单因素分析
data[,sum(车损赔款),by='省份']
data[,sum(车损赔款),by='车龄']
data[,sum(车损赔款),by='载客数']
min(data$ 车损赔款);max(data$ 车损赔款);mean(data$ 车损赔款)
qplot(data$ 车损赔款,geom="histogram",xlim=c(0,10000),xlab="车损赔款")
ss=sort(data$ 车损赔款)
n=length(ss)
length(ss[ss<=3000])/n
# # # # # # # # # # # # # # # # # # # # # # 广义线性模型 GLM
# # 导入数据
data=read.csv("e:\\数据\\collision_data.csv",header=T)
data=data.table(data)
names(data)
# # 选择基准水平
data$ 省份=relevel(factor(data$ 省份),ref='山东')#
data$ 车龄=relevel(factor(data$ 车龄),ref="0.5")
data$ 载客数=relevel(factor(data$ 载客数),ref="5")
# # 广义线性模型
glm1=glm(车损赔款~省份+车龄+载客数,data=data,family=Gamma(link="log"))
Anova(glm1,type="III")
summary(glm1)
glm2=glm(车损赔款~省份,data=data,family=Gamma(link="log"))
Anova(glm2,type="III")
summary(glm2)
# # 计算拟合值
```

```
XX=model.matrix(~省份,data=data)
yy=data$ 车损赔款
fitted_glm=exp(XX% * % (glm2$ coef))
省份=levels(data$ 省份)
车龄=levels(data$ 车龄)
载客数=levels(data$ 载客数)
fit1=rep(0,length(省份))
fit2=rep(0,length(车龄))
fit3=rep(0,length(载客数))
names(fit1)=省份
names(fit2)=车龄
names(fit3)=载客数
for (i in 1:length(省份)){
  fit1[i]=mean(fitted_glm[data$ 省份==省份[i]])
}
for(i in 1:length(车龄)){
  fit2[i]=mean(fitted_glm[data$ 车龄==车龄[i]])
}
for(i in 1:length(载客数)){
  fit3[i]=mean(fitted_glm[data$ 载客数==载客数[i]])
}
glm_fit=c(fit1,fit2,fit3)
# # 计算实际值
省份=levels(data$ 省份)
车龄=levels(data$ 车龄)
载客数=levels(data$ 载客数)
act1=rep(0,length(省份))
act2=rep(0,length(车龄))
act3=rep(0,length(载客数))
names(act1)=省份
names(act2)=车龄
names(act3)=载客数

f or (i in 1:length(省份)){
  act1[i]=mean(data$ 车损赔款[data$ 省份==省份[i]])
}
for(i in 1:length(车龄)){
  act2[i]=mean(data$ 车损赔款[data$ 车龄==车龄[i]])
}
for(i in 1:length(载客数)){
```

```
    act3[i]=mean(data$ 车损赔款[data$ 载客数==载客数[i]])
}
act=c(act1,act2,act3)
# 拟合值与实际值的对比
cbind(glm_fit,act)
# # # # # # # # # # # # # # # # # # # # # # 广义线性混合模型 GLMM
# # 导入数据
data=read.csv("e:\\数据\\collision_data.csv",header=T)
data=data.table(data)
names(data)
# # 选择基准水平
data$ 省份=relevel(factor(data$ 省份),ref='山东')#
data$ 车龄=relevel(factor(data$ 车龄),ref="0.5")
data$ 载客数=relevel(factor(data$ 载客数),ref="5")
# # 随机效应独立,且服从正态分布
XX=model.matrix(~车龄+载客数,data=data)
yy=data$ 车损赔款
ZZ=model.matrix(~factor(省份)- 1,data=data)
glmm=hglm(X=XX,y=yy,Z=ZZ,family=Gamma(link=log),
          rand.family=gaussian(link="identity"),data=data,calc.like=T)
summary(glmm)
lrt(glmm)
# # 计算拟合值
fitted_glmm=exp(XX% * % (glmm$ fixef)+ZZ% * % (glmm$ ranef))
省份=levels(data$ 省份)
车龄=levels(data$ 车龄)
载客数=levels(data$ 载客数)
fit1=rep(0,length(省份))
fit2=rep(0,length(车龄))
fit3=rep(0,length(载客数))
names(fit1)=省份
names(fit2)=车龄
names(fit3)=载客数
for (i in 1:length(省份)){
    fit1[i]=mean(fitted_glmm[data$ 省份==省份[i]])
}
for(i in 1:length(车龄)){
    fit2[i]=mean(fitted_glmm[data$ 车龄==车龄[i]])
}
for(i in 1:length(载客数)){
```

```
  fit3[i]=mean(fitted_glmm[data$ 载客数==载客数[i]])
}
glmm_fit=c(fit1,fit2,fit3)
# # 计算实际值
省份=levels(data$ 省份)
车龄=levels(data$ 车龄)
载客数=levels(data$ 载客数)
act1=rep(0,length(省份))
act2=rep(0,length(车龄))
act3=rep(0,length(载客数))
names(act1)=省份
names(act2)=车龄
names(act3)=载客数
for (i in 1:length(省份)){
  act1[i]=mean(data$ 车损赔款[data$ 省份==省份[i]])
}
for(i in 1:length(车龄)){
  act2[i]=mean(data$ 车损赔款[data$ 车龄==车龄[i]])
}
for(i in 1:length(载客数)){
  act3[i]=mean(data$ 车损赔款[data$ 载客数==载客数[i]])
}
act=c(act1,act2,act3)
# 拟合值与实际值的对比
cbind(glmm_fit,act)
# # # # # # # # # # # # # # # # 分层广义线性模型 hglm
# # # 导入数据
data=read.csv("e:\\数据\\collision_data.csv",header=T)
data=data.table(data)
names(data)
# # # 选择基准水平
data$ 省份=relevel(factor(data$ 省份),ref='山东')#
data$ 车龄=relevel(factor(data$ 车龄),ref="0.5")
data$ 载客数=relevel(factor(data$ 载客数),ref="5")
# # # # # 分层广义线性模型:随机效应独立,服从伽马分布
XX=model.matrix(~车龄+载客数,data=data)
yy=data$ 车损赔款
ZZ=model.matrix(~factor(省份)- 1,data=data)
hglm=hglm(X=XX,y=yy,Z=ZZ,family=Gamma(link="log"),
          rand.family=Gamma(link="identity"),data=data,calc.like=T)
```

```
summary(hglm)
lrt(hglm)
# # 计算拟合值
fitted_hglm=exp(XX% * % (hglm$ fixef)+ZZ% * % (hglm$ ranef))
省份=levels(data$ 省份)
车龄=levels(data$ 车龄)
载客数=levels(data$ 载客数)
fit1=rep(0,length(省份))
fit2=rep(0,length(车龄))
fit3=rep(0,length(载客数))
names(fit1)=省份
names(fit2)=车龄
names(fit3)=载客数
for (i in 1:length(省份)){
  fit1[i]=mean(fitted_hglm[data$ 省份==省份[i]])
}
for(i in 1:length(车龄)){
  fit2[i]=mean(fitted_hglm[data$ 车龄==车龄[i]])
}
for(i in 1:length(载客数)){
  fit3[i]=mean(fitted_hglm[data$ 载客数==载客数[i]])
}
hglm_fit=c(fit1,fit2,fit3)
# 拟合值与实际值的对比
cbind(hglm_fit,act)
# # # # # # # # # # # # # # # # # 空间分层广义线性模型 shglm
# # 导入数据
data=read.csv("e:\\数据\\collision_data.csv",header=T)
data=data.table(data)
names(data)

# # 选择基准水平
data$ 省份=relevel(factor(data$ 省份),ref='山东')#
data$ 车龄=relevel(factor(data$ 车龄),ref="0.5")
data$ 载客数=relevel(factor(data$ 载客数),ref="5")
# # 随机效应服从联合正态分布
XX=model.matrix(~车龄+载客数,data=data)
yy=data$ 车损赔款
ZZ=model.matrix(~factor(省份)- 1,data=data)
DD=matrix(c(rep(0,13),rep(1,2),rep(0,2),1,0,1,rep(0,2),rep(1,2),0),
```

```
          nrow=5,byrow=T)
DD
Rnd=ncol(ZZ)
shglm=hglm(X=XX,y=yy,Z=ZZ,family=Gamma(link="log"),
                    rand.family=CAR(D=DD),data=data,calc.like=T)
summary(shglm)
lrt(shglm)
# # 计算拟合值
fitted_shglm=exp(XX% * % (shglm$ fixef)+ZZ% * % (shglm$ ranef))
省份=levels(data$ 省份)
车龄=levels(data$ 车龄)
载客数=levels(data$ 载客数)
fit1=rep(0,length(省份))
fit2=rep(0,length(车龄))
fit3=rep(0,length(载客数))
names(fit1)=省份
names(fit2)=车龄
names(fit3)=载客数
for (i in 1:length(省份)){
  fit1[i]=mean(fitted_shglm[data$ 省份==省份[i]])
}
for(i in 1:length(车龄)){
  fit2[i]=mean(fitted_shglm[data$ 车龄==车龄[i]])
}
for(i in 1:length(载客数)){
  fit3[i]=mean(fitted_shglm[data$ 载客数==载客数[i]])
}
shglm_fit=c(fit1,fit2,fit3)
# # 拟合值与实际值对比
cbind(shglm_fit,act)
# # # # # # # # 模型对比
exposure=c(table(data$ 省份),table(data$ 车龄),table(data$ 载客数))
cbind(exposure,glmm_fit,hglm_fit,shglm_fit,act)
cbind(glmm$ likelihood[1],hglm$ likelihood[1],shglm$ likelihood[1])
```

（审稿人：崔恒建　吴耀华　孙六全　夏万军）

# 基于 ARIMA 和 BP 神经网络集成模型的天然气价格预测

蒋晓秋　王　莹

（指导教师：付红妍）

中央财经大学

## 一、引言

（一）案例背景

能源是人类社会进步和发展的重要物质基础，能源工业作为国民经济的基础产业，直接关系到经济、社会的发展和人民生活水平的提高。天然气作为一种能源，具有高热值和低污染的优点，同时它也是一种优质的化工原料。天然气工业在近十几年来发展很快，其国际探明剩余可采储量按热当量值计算已超过了石油，国内外许多经济学家、能源专家认为，世界天然气将在未来 10—20 年内超过石油而成为世界的首位能源，人们将跨入一个天然气时代。

天然气价格是天然气内在价值的表现形式，完善定价机制，理顺天然气与可替代能源价格关系，可用价格引导投资需求，引导资源配置，用价格规范和调整天然气利用方向，遏止或限制非理性天然气需求，有利于天然气资源配置效率的提高与保障天然气产业的健康、持续发展。因此完善我国的天然气价格的定价机制对我国天然气市场的良好运行起着重要作用。

目前国际上主要有以下四种天然气价格定价方式：

第一，美国的竞争性定价机制，该定价机制具有如下特点：1. 天然气价格完全由市场机制决定。所有天然气购买者可以在竞争的全国市场上自由选择，找到最低竞售价的生产者；所有托运商都能非歧视性地进入管道运输网。2. 管输价格受到政府的严格监督。政府的严格监管消除了天然气生产商为争取购买者而在管输价格结构中潜在的竞争性失真。3. 地方配气公司以捆绑销售的方式向用户提供配送服务。地方监管机构只允许地方配气公司在配气服务上赚取受到监督的收益，而不允许其在天然气销售上赚取差价利润。

第二，法国的上游价格完全开放，对管道运输、储气和配气等环节进行严格的价格和利润率监管定价机制。重点是推进天然气市场化进程，推动管网独立与第三方准入机制的建立。

第三，俄罗斯的天然气批发价格、零售价格以及管输价格都是由俄罗斯联邦能源委员会来负责制定和调整的。俄罗斯的天然气批发和零售价格是根据用途分类计算的，共分为工业用、发电用和居民用三种。

第四，日本实行的是天然气进口、管输和城市配送一体化服务，由城市燃气公司和电力公司垄断经营。天然气公司对中小用户供气的零售价格要接受政府监管，对大用户的销售价格则不受管制，由供需双方决定。

我国宣布自 2011 年 26 日起在广东、广西开展天然气价格形成机制改革试点，试点是将现行以“成本加成”为主的定价方法，改为按“市场净回值”①方法定价。这是我国在天然气定价机制改革中迈出的第一步，经过长时间的改革试点后，我国的天然气价格最终会实现市场化，届时对天然气价格的预测就变得更为重要，在制定天然气发展规划时，也需要了解天然气市场供求和气价的变化，只有这样才能在国际局势中掌握主动，制定出相应的策略和适应本国的能源发展方针。

（二）天然气价格研究概述

1. 天然气价格与市场方面的研究

天然气价格与市场方面的研究以马松平、白兰君等人为主要代表。其中，马松平《天然气价格机制与体制》[1]以川渝地区为代表并结合美国天然气市场的发展经验对我国国内天然气价格沿革和管理体制的变化进行阐述，并且对天然气价格体系、天然气市场特征、天然气价格形成机制和天然气管理体制进行了研究，并且提出了“天然气作为商品，肯定具有一般商品在市场定价中所表现出来的供给和需求决定产量和价格的内在机制”，《天然气价格形成机制》《对天然气市场的几点理论认识》《天然气价格管理模式选择与政策建议》等文都针对我国天然气市场和定价机制的现状进行了分析；白兰君《市场经济中天然气价格理论与方法》[2]《论市场经济中天然气价格的形成过程》[3]、其著作《天然气经济学》[4]中的有关章节等都对我国天然气价格进行了研究，并且提出了“当前应该实行政府按供求规律定价为主、市场定价为辅的定价方式，并逐步向市场定价为主过渡”，并最后达到完全市场定价。

这些研究目前都主要与我国目前现行的天然气价格定价机制有关，只有小部分研究涉及到价格市场化的研究，并且在这些研究中也没有提出具体的市场化定价的建议。

2. 我国天然气价格及发展预测方面的研究

在我国天然气价格市场发展方面，苗承武[5]根据我国国民经济发展实际情况，从天然气市场现状、供需平衡和天然气价格等方面出发研究了我国天然气市场的特点与发展趋势；李宏勋[6]《中国天然气产业的市场前景及对策建议》《国外培育天然气市场的经验及对我国的启示》《世界天然气工业的发展趋势》等文在结合国外天然气市场发展经验的基础上分析了我国天然气市场的发展前景。

从天然气价格影响因素方面，李玉琦《影响我国天然气利用的价格因素》分析了造成目前天然气价格偏高的主要原因，并且提出了“由市场来决定价格”、“比价原则”是定价的基础、“管输价格只能保本微利”等观点。

迟尚忠《对我国天然气价格改革价格的初步看法》、李海涛《建立合理的天然气价格形成机制》、杨青《天然气定价模式与国际惯例》、杨代聪《我国天然气价格管理与调控模式》、王俊仁《对我国天然气价格问题的探讨》、朱成章《天然气价格是天然气工业发展的关键》、章兆淇《国外天然气发展的基本特点及其启示》、何润民《加入 WTO 对我国天然气工业的影响》等文分别从国内天然气市场与定价机制的实际情况和国外天然气市场与定价机制的发展经验出发进行了分析。

在学习前人研究成果的基础上，本文尝试从统计角度，选择并结合不同的统计方法对天然气价格进行分析与预测。

① 将天然气的销售价格与由市场竞争形成的可替代能源商品价格挂钩，在此基础上倒扣商品物流成本（如天然气管道运输费）后回推确定天然气销售各环节的价格。

## 二、天然气价格预测模型探索性分析

### (一)数据来源

由于目前中国的天然气价格仍然受到管制,采用较为成熟的美国市场的天然气价格数据进行研究,本文选取美国天然气市场 2001 年 1 月—2010 年 12 月月度天然气价格数据①,数据来源:美国能源局(United States National Gas Industrial)。

### (二)探索性分析

时间序列数据的分析有许多方法,需要根据数据的特征确定适合的模型。

根据获取的美国 2001 年 1 月到 2010 年 12 月天然气月度价格数据,应用 SAS 9.3 对时间序列数据做平稳性分析,结果见图 1。

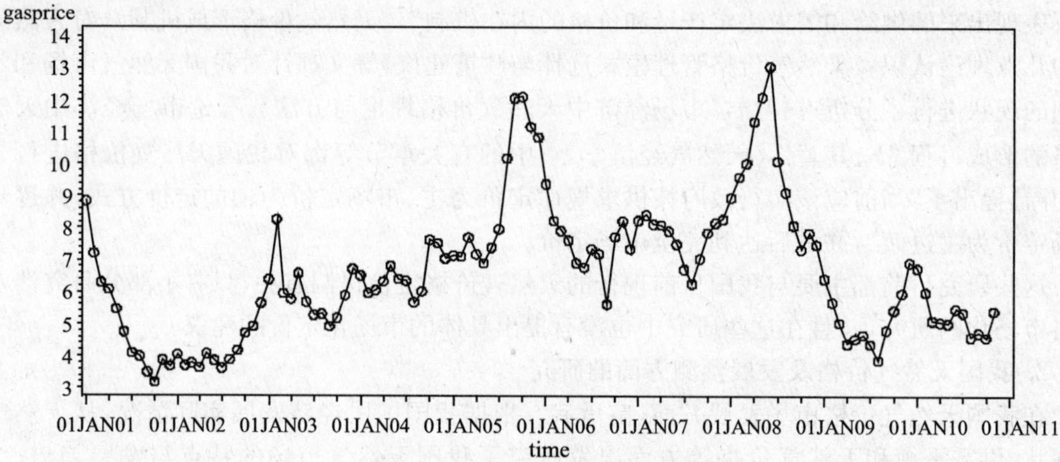


**图 1　天然气价格时序图**

从图 1 可以看到,该序列是不平稳的,有一定的线性和非线性趋势。为更准确表现趋势,利用自相关图进一步识别。

图 2 为 2001 年 1 月到 2010 年 12 月期间美国天然气月度价格的自相关图。可以看到其自相关系数长期位于零轴的一边,这是具有单调趋势序列的典型特征,这说明天然气价格走势不

```
                                   Autocorrelations

Lag    Covariance    Correlation    -1 9 8 7 6 5 4 3 2 1 0 1 2 3 4 5 6 7 8 9 1      Std Error

  0     4.327040       1.00000     |                    |********************|             0
  1     3.988893       0.92185     |                .   |******************  |      0.091287
  2     3.544559       0.81916     |              .     |****************    |      0.149990
  3     3.121791       0.72146     |             .      |**************      |      0.183523
  4     2.654518       0.61347     |            .       |************        |      0.205805
  5     2.250699       0.52015     |           .        |**********          |      0.220518
  6     1.919409       0.44358     |           .        |*********           |      0.230516
  7     1.597519       0.36919     |          .         |*******  .          |      0.237523
  8     1.288938       0.29788     |          .         |******   .          |      0.242258

                                  "." marks two standard errors
```

**图 2　天然气价格自相关图**

---

① 根据美国能源局公布的资料,只能找到 2010 年为止的天然气价格数据,故采用 2001—2010 年数据进行模型拟合说明。

具有平稳性，因此需要对其进行平稳化处理。方法为一次差分。天然气价格一阶差分后的时序图见图 3。

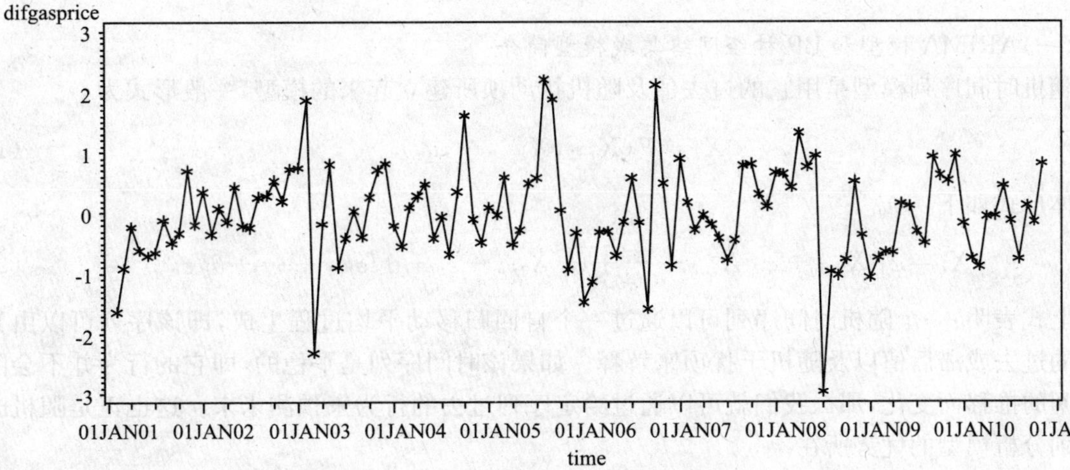


**图 3　天然气价格一阶差分后的时序图**

从图 3 可以看出，天然气价格经过一次差分后已基本平稳化。同样，为了更加准确地进行判断，通过差分后序列的自相关图进行进一步判断。

从图 4 可以看出，一阶差分后序列的自相关系数一直都比较小，基本上都控制在 2 倍的标准差范围以内，可以认为序列自始至终都在零轴附近波动，因此可以判定天然气价格一阶差分后的序列为平稳序列。

```
                                    Autocorrelations

Lag    Covariance    Correlation    -1 9 8 7 6 5 4 3 2 1 0 1 2 3 4 5 6 7 8 9 1      Std Error

  0      0.627273       1.00000    |                    |********************|            0
  1      0.129008       0.20566    |                .   |****                |     0.091670
  2    -0.0036150       -.00576    |                .   |   .                |     0.095469
  3      0.047357       0.07550    |                .   |** .                |     0.095472
  4     -0.044830       -.07147    |                .  *|   .                |     0.095972
  5     -0.058437       -.09316    |                . **|   .                |     0.096418
  6    -0.0016145       -.00257    |                .   |   .                |     0.097172
  7     -0.010742       -.01712    |                .   |   .                |     0.097172
  8     -0.101889       -.16243    |                .***|   .                |     0.097197
  9     -0.133597       -.21298    |                ****|   .                |     0.099452
 10     0.0060228       0.00960    |                .   |   .                |     0.103214
 11      0.017467       0.02785    |                .   |*  .                |     0.103222
 12     -0.022499       -.03587    |                .  *|   .                |     0.103285
 13    -0.0058792       -.00937    |                .   |   .                |     0.103389
 14      0.022569       0.03598    |                .   |*  .                |     0.103396
 15     -0.021342       -.03402    |                .  *|   .                |     0.103502
 16    -0.0039782       -.00634    |                .   |   .                |     0.103596
 17      0.036336       0.05793    |                .   |*  .                |     0.103599
 18     -0.012899       -.02056    |                .   |   .                |     0.103871
 19      0.033862       0.05398    |                .   |*  .                |     0.103905
 20      0.026480       0.04221    |                .   |*  .                |     0.104140
 21     -0.066493       -.10600    |                . **|   .                |     0.104284
 22    -0.0058725       -.00936    |                .   |   .                |     0.105186
 23     -0.110110       -.17554    |                ****|   .                |     0.105193
 24     -0.031077       -.04954    |                .  *|   .                |     0.107626

                             "." marks two standard errors
```

**图 4　天然气价格一阶差分后的自相关图**

## 三、基于 ARIMA 和 BP 神经网络模型集成模型分析

### (一)ARIMA 模型和 BP 神经网络集成模型简介

随机时间序列模型是用它的过去值及随机扰动项所建立起来的模型,一般形式为

$$X_t = F(X_{t-1}, X_{t-2}, \cdots, u_t) \tag{1}$$

其具体形式如下:

$$X_t = \varphi_1 X_{t-1} + \varphi_2 X_{t-2} + \cdots + \varphi_p X_{t-p} + \varepsilon_t + \theta_1 \varepsilon_{t-1} + \cdots + \theta_q \varepsilon_{t-q} \tag{2}$$

上式表明:一个随机时间序列可以通过一个自回归移动平均过程生成,即该序列可以由其自身的过去或滞后值以及随机干扰项来解释。如果该时间序列是平稳的,即它的行为并不会随着时间的推移而变化,那么我们就可以通过给定序列过去的行为来预测未来。这也正是随机时间序列分析模型的优势所在。

ARIMA(p,d,q)称为差分自回归移动平均模型,AR 是自回归, p 为自回归项; MA 为移动平均,q 为移动平均项数,d 为时间序列成为平稳时所做的差分次数。所谓 ARIMA 模型,是指将非平稳时间序列转化为平稳时间序列,然后将因变量仅对它的滞后值以及随机误差项的现值和滞后值进行回归所建立的模型。ARIMA 模型根据原序列是否平稳以及回归中所含部分的不同,包括移动平均过程(MA)、自回归过程(AR)、自回归移动平均过程(ARMA)以及 ARIMA 过程。

ARIMA 模型是基于线性技术来进行时序预测,而对非线性数据的处理不尽合理,且效果欠佳;神经网络(neuralnetworks,NN)模型具有较强的学习和数据处理能力,能够挖掘数据背后复杂的甚至很难用数学式描述的非线性关系,且神经网络模型对建模所用样本的数量并无特殊要求,样本数量多,网络结构可以复杂点,样本数量少,则网络结构可以简单些,其结构设计具有较大的灵活性,NN 技术擅长挖掘数据中隐含的非线性关系,但在处理具有线性特征的数据方面,其效果往往不如 ARIMA 模型。显然,实际的预测问题通常都既包含了线性时序的成分,又包含了非线性时序的成分,呈现出线性和非线性的复合特征,故单一的线性或非线性预测模型都不能很好地捕捉时间序列的这种复合特征。因此,将上述方法集成进行时间序列预测研究,通过不同方法之间的相互促进与补充,以提高模型的预测效果。

目前,采用集成模型对天然气价格时间序列进行预测的研究还不多见,且现有集成模型的主要形式是对单个预测方法进行加权平均,其研究重点为加权系数的确定。加权系数直接影响集成模型的使用效果,但如何确定加权系数是一件非常困难的事情,在实际应用中带有强烈的随意性和主观性。一般研究认为,一个时间序列过程可以看成是由一个线性结构和一个非线性结构两部分组成。受此启发,本文提出基于 ARIMA 和 NN 两种方法集成的天然气价格复合预测模型,该模型首先利用 ARIMA 技术拟合天然气价格序列的线性部分,然后利用 NN 技术估计序列的非线性残差部分,最终叠加为对整个天然气价格的预测结果,见图 5。

与使用单一模型相比,该集成模型充分发挥了单一模型各自的优势,显著改善了单一模型的预测性能,并降低了模型的使用风险。

### (二)ARIMA 模型建立与分析

根据 ARIMA(p,d,q)模型的具体建模步骤:(1)平稳性检验;(2)ARIMA 模型识别;(3)

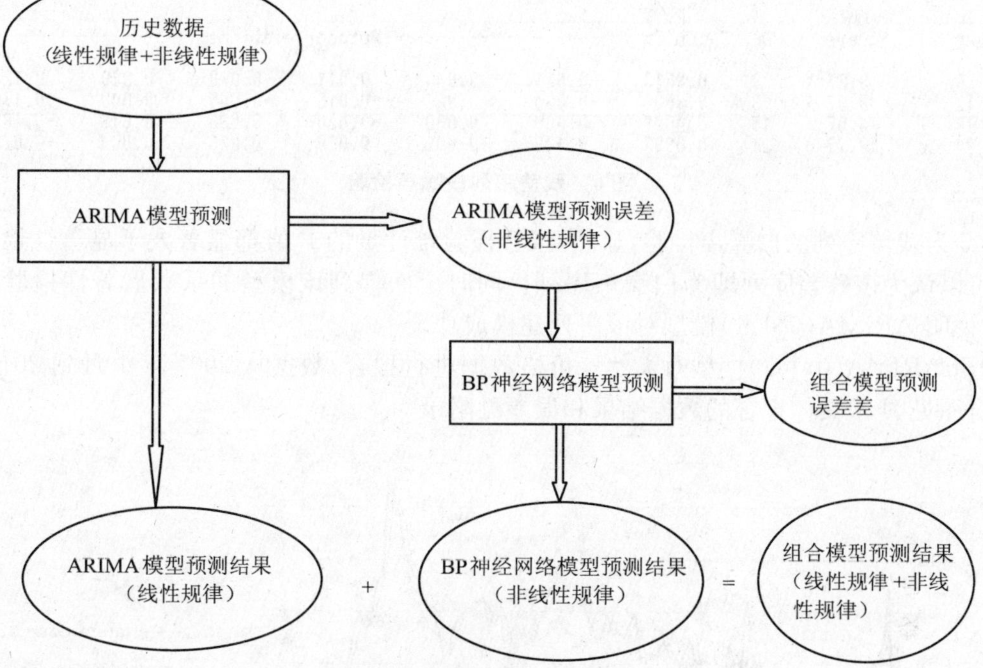


**图 5　集成模型预测流程**

ARIMA 模型估计;(4)模型检验;(5)模型预测,应用 SAS 9.3 进行 ARIMA 建模。从图 3 和图 4 的结果看出,时间序列数据一阶差分后平稳,所以天然气价格的 ARIMA 模型参数 d 可设定为 d=1。

在 ARIMA 模型定阶过程中,一般有三种方法确定参数 p 和 q。第一,通过自相关和偏自相关估计值序列的图形来大致判断在 5%的显著水平下,模型的自相关系数和偏自相关系数不为零的个数,进而大致判断序列应选择的具体模型形式。第二,SAS 系统提供的相对最优模型识别,在指定 SAS 系统输出所有自相关延迟阶数(p)小于等于某个数值,移动平均延迟阶数(q)小于等于某个数值的 ARIMA 模型的 BIC(贝叶斯信息准则,Akaike 于 1976 年提出)信息量,最终选择其中 BIC 信息量达到最小的模型的阶数。第三,分别计算一定范围内不同 p、q 值的 AIC 值(最小信息准则,Akaike 于 1973 年提出)和 SBC 值(同 BIC,Schwartz 于 1978 年提出),选择其中 AIC 和 SBC 函数值达到最小的那个模型作为最终的拟合模型。由于第三种方法可以有效弥补根据自相关图和偏自相关图定阶的主观性,又同时考虑了 AIC 值和 SBC 值,因此这里我们选择第三种方法对模型进行定阶。相关结果见表 1。

**表 1　ARIMA 模型的效果指标**

| Model | AIC | SBC |
|---|---|---|
| ARIMA (0,1,1) | 278.5322 | 281.3113 |
| ARIMA (1,1,0) | 279.1363 | 281.9155 |
| ARIMA (1,1,2) | 279.5076 | 287.845 |

从表 1 的模型指标对比可以看出,模型 ARIMA (0,1,1)比较适合预测天然气价格时间序列。并对残差序列的检验,见图 6。

Autocorrelation Check of Residuals

| To Lag | Chi-Square | DF | Pr > ChiSq | Autocorrelations | | | | | |
|---|---|---|---|---|---|---|---|---|---|
| 6 | 3.27 | 3 | 0.3513 | -0.021 | 0.044 | 0.011 | -0.076 | -0.029 | 0.129 |
| 12 | 9.97 | 9 | 0.3526 | -0.094 | 0.087 | -0.016 | -0.055 | 0.043 | -0.170 |
| 18 | 14.57 | 15 | 0.4829 | 0.009 | 0.038 | -0.020 | 0.038 | 0.018 | -0.169 |
| 24 | 18.77 | 21 | 0.5997 | 0.149 | -0.002 | 0.028 | 0.026 | 0.004 | -0.072 |

**图 6　残差序列白噪声检验**

图 6 为残差序列的白噪声检验，显然，拟合检验统计量的 P 值都显著大于显著性检验水平 0.05，可以认为该残差序列即为白噪声序列。同时上面提到该模型的系数显著性检验也均通过。这说明 ARIMA(0,1,1)模型对该序列建模成功。

利用 ARIMA(0,1,1)模型对天然气价格数据进行拟合，数据从 2001 年 1 月到 2010 年 12 月，拟合图见图 7，具体拟合的数据结果和误差见附录一。

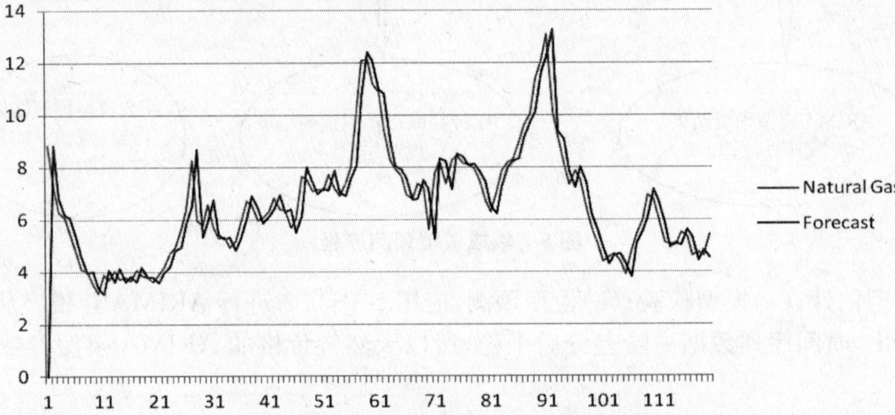


**图 7　原始数据与拟合值的时序图**

图 7 是原始数据与拟合值的时序图，从图中可以看到拟合的情况较好，ARIMA 模型的预测离差平方和为 67.04243，由于没有比较参照值，目前不能断定此模型的拟合效果。

(三)BP 神经网络模型建立与分析

1. BP 神经网络简介

BP (Back Propagation)神经网络模型是目前应用最为广泛和取得成果最为突出的神经网络之一，它可以表示极其复杂的非线性模型系统，在本文中我们应用 ARIMA 和 BP 神经网络集成模型对天然气价格进行预测。

BP 神经网络是一种多层前馈型神经网络，网络中神经节点的传递函数是 S 型函数，它的输出量是从 0 到 1 之间的连续数据，它可以实现从输入层到输出层的任意非线性映射。

神经网络可以利用对样本的训练实现从输入到输出的任意非线性函数对应关系的映射，并通过建立这种映射关系来体现对象的内在规律。

BP 神经网络是由输入层、至少一个隐含层和输出层三部分组成，每一层由一个或多个神经节点组成，每一层的神经节点只接收前一层神经元的输入，输入信息必须经过各层神经元的处理才会变为输出层的输出，即输入层接收外界的输入模式，隐含层的节点只会接受输入层信息输入，输出层的节点只会接受隐含层的信息输入。BP 神经网络结构图见图 8。

2. BP 神经网络的学习与训练过程

BP 神经网络的学习是依靠的是一种多层网络的"逆推"学习算法。它的训练学习由信息的

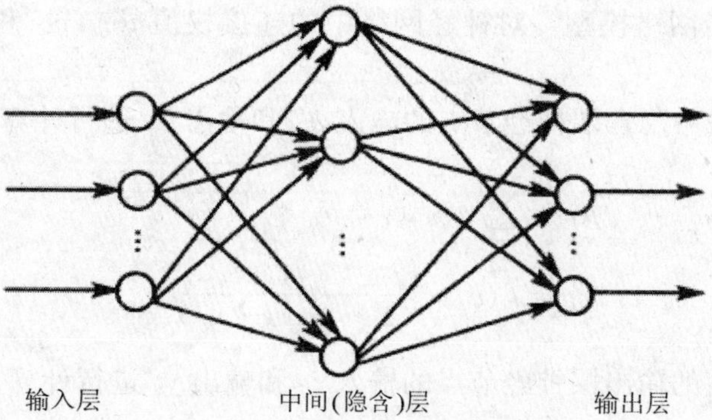


**图 8　BP 神经网络结构图**

正向传播与误差的反向传播两个过程组成。在信息进行正向传播时，从输入层传入的数据 $X(i)$ 经各个隐含层节点的处理后，经过非线性变换，从输出层输出信息 $Y(k)$，如果输出层的实际输出结果 $Y(k)$ 与期望的输出值 t 的偏差较大，则 BP 神经网络的学习过程就会转入到误差的反向传播过程，也就是将输出结果的误差值通过隐含层向输入层逐层反方向进行传播，在传播过程中将误差值分摊给各层中所有的神经节点，进而获得各层神经节点的信息，并以此信息作为修正各个神经节点的依据。通过不断的调整输入层和隐含层节点的联接强度 $W_{ij}$ 、隐含层和输出层节点的联接强度 $T_{jk}$，使得输出结果的误差逐渐下降，这种信号的正向传播与误差的反向传播及各层权值调整过程是周而复始地进行的，而最终会使得输出层输出结果与初始设定的期望值保持一致。各层神经节点权值不断调整的过程，就是 BP 神经网络的训练和学习的过程。图 9 为神经网络训练过程简图。

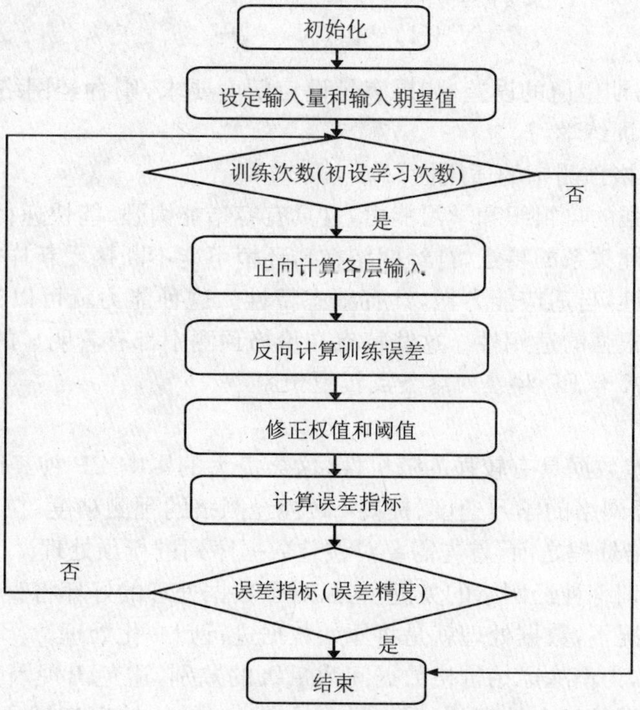


**图 9　BP 神经网络训练过程**

神经网络训练过程包括：

(1)初始化 BP 神经网络模型。对神经网络中的连接权值 $w_{ij}$,$v_{jt}$ 和阈值 $\theta_j$、$\gamma_t$ 分别赋予[0,1]区间内的数值。

(2)对 BP 神经网络中隐含层神经节点的输入 $\mu_j$ 和输出 $h_j$ 进行计算,即:

$$\mu_j=\sum_{i=1}^{n} w_{ij}\, x_i-\theta_j \tag{3}$$

$$h_j=f(u_j)=\frac{1}{1+\exp(-u_j)} \tag{4}$$

(3)对 BP 神经网络的输出层神经节点的输入 $l_t$ 和输出 $y_t$ 进行计算,即:

$$l_t=\sum v_{jt}\, h_j-\gamma_t \tag{5}$$

$$y_t=\frac{1}{1+\exp(-l_t)} \tag{6}$$

(4)计算 BP 神经网络连接到输出层神经节点 t 上的权值误差 $\varepsilon_i$,即:

$$\varepsilon_i=(c_t-y_t)\, y_t(1-y_t) \tag{7}$$

(5)计算 BP 神经网络连接到隐含层神经节点 j 上的权值误差 $\varepsilon_j$,即:

$$\varepsilon_j=\sum_{t=1}^{q} \varepsilon_i\, v_{jt}\, h_j(1-h_j) \tag{8}$$

(6)更新 BP 神经网络的连接权值 $v_{jt}$ 和阈值 $\gamma_t$,即:

$$w_{jt}(N+1)=w_{jt}(N)+\partial\, \varepsilon_j\, x_i \tag{9}$$

$$\theta_j(N+1)=\theta_j(N)+\beta\varepsilon_j \tag{10}$$

(7)计算输出值与期望值的误差,如果满足设定精度要求,则神经网络训练学习结束,否则转入步骤 2)继续进行训练学习。

3. 神经网络在价格预测中的适用性

神经网络具有较强的自组织和学习能力,且具有容错能力强、能快速得到最优解、可以充分逼近任意复杂的非线性关系的特点,神经网络在新环境下能不断接受新样本、新信息、新变化并不断调整模型自身属性,自适应能力强,具有动态特性。这种能力就可以充分的保证使用神经网络构建的模型具有很强的适用性。这些特点在价格预测中都有着明显的优势。

(四)基于 ARIMA 和 BP 神经网络集成模型预测

1. 数据的预处理

ARIMA 模型误差数据具有较强的随机性,这会极大的影响 BP 神经网络的学习速度和预测精度,为了加快神经网络的学习速度、提高 BP 神经网络的预测精度,在对 ARIMA 模型误差数据进行 BP 神经网络处理之前,首先需要对误差数据序列进行预处理。

数据的预处理是训练神经网络的关键步骤,对于数据处理的好坏将直接影响到训练后神经网络的性能。通常情况下,数据处理就是将原始数据进行归一化处理。

在本文的实验中,为消除原始价格数据间数量级的差别,避免出现因变量数量级差别较大而造成网络模型预测误差较大的现象,采用最大最小法对输入输出变量进行归一化处理。即通过一定的线性变换将输入数据统一限制在[0,1]或[-1,1]区间内。实验过程中运用 Matlab7.0 软件中的 premnmx 函数对 ARIMA 模型误差数据进行归一化处理,使其完全落入

[−1,1]的区间内。

2. BP 神经网络结构的确定

(1)网络层数的设计

根据 Kosmogorov 定理可知,在神经网络结构合理和神经节点权值取值恰当的条件下,三层神经网络可以逼近任何连续函数。这就为本文提供了一个设计 BP 神经网络结构的基本原则。

(2)各层神经节点的设计

由拟合的 ARIMA(0,1,1)模型对 2001 年 1 月到 2010 年 12 月的各月天然气价格数据进行拟合,计算拟合数据与实际数据的误差。ARIMA 模型的预测误差只有 2001 年 2 月到 2010 年 12 月,尝试以 2001 年 2 月到 2001 年 9 月、2001 年 3 月到 2001 年 10 月、……、2010 年 4 月到 2010 年 11 月 ARIMA 预测误差数据分组作为网络输入,2001 年 10 月、2001 年 11 月、……、2010 年 12 月数据作为理想输出,即以前 8 个月的数据为 BP 神经网络的输入变量,以当月数据为网络输出变量,组成样本数据对网络进行训练。因此,BP 网络的输入神经元为 8,输出神经元为 1,中间层神经元个数通过对比优化确定。

对于单一隐层无限多个隐含层神经节点的 BP 神经网络来讲,它可以实现从输入到输出的任意非线性映射;对于有限隐含层神经节点而言,需要确定一定范围内的最优隐含层神经节点数目。BP 神经网络对隐含层的神经元节点数目非常敏感,网络中隐含层节点数的多少和网络的预测精度之间有很大的相关性,神经节点数目太少,网络容错性较差、很难得到精度高的输出量;神经节点数目太多又可能设计出超适应的网络,学习时间过长。所以选择合适的神经节点数才能使 BP 神经网络的性能得到最大程度上的发挥。本文借助实验的方法对隐含层神经节点数目进行确定,在神经网络中其他参数值保持不变的情况下,通过调整隐含层神经节点的数目进行大量重复的实验,通过对比输出误差,确定最佳隐含层神经元节点的数目。经过试凑法,采用 8−12−1 的 BP 神经网络结构。

(3)传递函数的确定

传递函数是 BP 神经网络的重要组成部分,通常采用 S 型的对数或正切函数,由于本文所使用的原始数据都经过归一化处理,输入、输出向量均在区间[−1,1]范围内,符合 S 型对数或

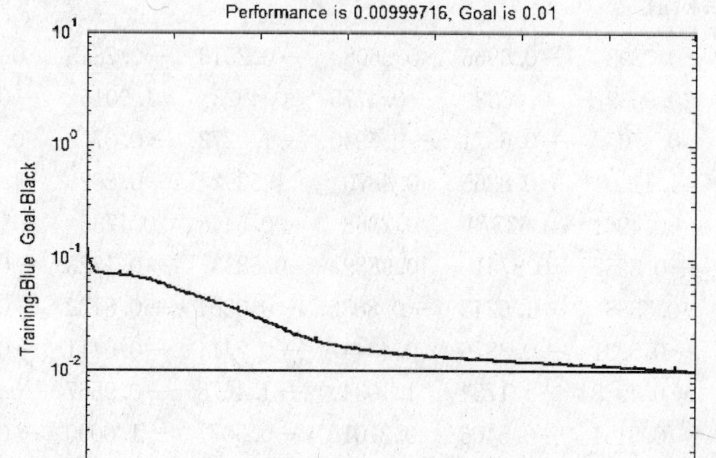


**图 10　BP 神经网络训练次数与误差关系**

正切函数对于数值取值区间的要求设计隐含层的传递函数为 S 型正切函数 tansig，输出层传递函数为纯线性函数 purelin，网络的训练函数为 traingdx。

3. 利用模型进行预测

对神经网络进行训练，设定 BP 神经网络的训练误差要求为 0.01，最高训练次数为 50000，经过 7010 次训练，误差关系如图 10 所示，达到预期的目标，在最高训练次数内实现训练误差。

计算得到该网络的权重和阈值如下：

输入到隐层权值

$$w_1=\begin{bmatrix} 0.0443 & -0.2426 & 0.5313 & 1.3766 & 1.0955 & -0.9962 & -0.3102 & -0.0817 \\ -0.1160 & -0.8099 & -0.1335 & -0.4953 & -1.3884 & 1.0724 & -0.4553 & 0.7924 \\ 0.0958 & -0.8235 & -0.2503 & 1.3546 & 0.0877 & 1.8638 & 1.1308 & -0.2211 \\ -0.3433 & 0.3893 & 0.4280 & -0.9472 & 0.0828 & 1.3422 & -2.2953 & 1.0163 \\ 0.8123 & -1.0949 & -1.4807 & -0.6322 & -0.6285 & 0.1903 & 0.7088 & -1.5408 \\ -0.9295 & -0.7892 & -0.4844 & -1.0015 & -0.7970 & -0.7630 & 1.4023 & 0.0758 \\ -1.0364 & 0.5336 & -0.7370 & 0.0966 & 1.3613 & 0.3799 & 0.7453 & -1.2726 \\ -1.0603 & -1.3013 & 0.3634 & 0.1950 & 0.4922 & 1.1008 & 0.2435 & 0.1648 \end{bmatrix}$$

隐层阈值

$$theta_1=\begin{bmatrix} -1.6530 \\ -1.1569 \\ -1.4405 \\ 0.4846 \\ 1.1586 \\ -0.7079 \\ -0.8019 \\ -1.4043 \end{bmatrix}$$

隐层到输出层权值

$$w_2=\begin{bmatrix} -0.5143 & 0.3298 & -0.6965 & 0.3608 & -0.2516 & -0.7845 & 0.8925 & -1.0992 \\ 0.9657 & 0.9639 & 0.3533 & -0.4775 & 0.4923 & 1.0015 & -0.3221 & 0.2722 \\ 0.3625 & 0.3705 & -0.6571 & -0.5940 & -1.0272 & -0.0753 & 0.6210 & -1.2601 \\ -0.7047 & 1.1149 & -0.8265 & 0.4870 & 1.5292 & -0.8620 & 1.7545 & -0.0953 \\ -1.1451 & -0.4961 & 0.57779 & 0.2368 & -0.5448 & 0.1785 & -1.1016 & -0.7657 \\ -1.0544 & -0.3952 & 0.8751 & 0.9889 & 0.5833 & -0.1723 & -0.5405 & -0.5048 \\ 0.4219 & 0.5388 & -1.6243 & -0.8886 & -0.0364 & -0.8132 & -0.1957 & -0.2154 \\ 0.5918 & -0.5931 & -0.8876 & 0.4044 & -0.7414 & -0.5411 & -0.9433 & -0.6222 \\ 0.7948 & -0.4968 & -1.1754 & 1.1034 & -1.4678 & -0.9567 & 0.1228 & -0.3780 \\ 0.3201 & -0.5151 & -0.5406 & 0.3101 & -0.5077 & -1.0090 & -0.6164 & 0.9766 \\ -0.4719 & 0.1810 & 0.8290 & 1.1091 & 1.7101 & 0.1403 & 1.0011 & -0.0428 \\ -0.0982 & -0.3634 & -1.4867 & 0.6466 & 1.7752 & -0.8822 & 0.4336 & 0.1935 \end{bmatrix}$$

输出层阈值

$$theta_2 = \begin{bmatrix} 2.0002 \\ -1.5655 \\ -0.9107 \\ 0.7702 \\ 0.5651 \\ 0.1096 \\ -0.0177 \\ 0.4117 \\ 0.4936 \\ 1.1456 \\ -1.7085 \\ -2.3420 \end{bmatrix}$$

调用已经训练好的神经网络，代入各输入变量值，对 2001 年 10 月到 2010 年 12 月天然气价格 ARIMA 模型预测误差值进行仿真，得到各期预测误差的估计值(结果见附录一)。

(五)结论分析

相对一般的运用 ARIMA 模型预测天然气价格的方法，本文中采用 ARIMA 和 BP 神经网络集成模型预测天然气价格，在运用 ARIMA 模型对天然气价格趋势进行拟合之后，运用 BP 神经网络模型拟合 ARIMA 模型的非线性残差部分。

分别用单一 ARIMA 模型和集合预测模型对天然气价格进行预测，单一 ARIMA 模型的预测离差平方和为 67.04243，集合模型的预测离差平方和为 8.83159。由此可以看出集合模型的预测效果远好于单一 ARIMA 模型。

用 BP 神经网络模型对 ARIMA 预测误差数据进行仿真，与 ARIMA 模型预测结果结合对天然气价格进行预测，从 111 期的计算结果来看，集合模型的预测误差率比单一 ARIMA 模型的预测误差率总计降低 574.2562 个百分点，可以认为集合预测模型效果较好，有效。

ARIMA 模型善于捕捉数据中的线性特征，而 BP 神经网络模型又擅长挖掘数据背后的非线性关系，本文通过 ARIMA 与 BP 神经网络模型二者的结合，构建了一个集成模型，其预测过程分两步完成：首先用 ARIMA 模型预测大然气价格序列的线性部分，然后用 BP 神经网络模型对其非线性残差部分进行估计，旨在充分发挥单一模型的优势，避免单一模型的缺陷，达到取长补短、相互补充的目的。通过误差率和残差的比较可以看出，集合模型具有更好的预测效果，

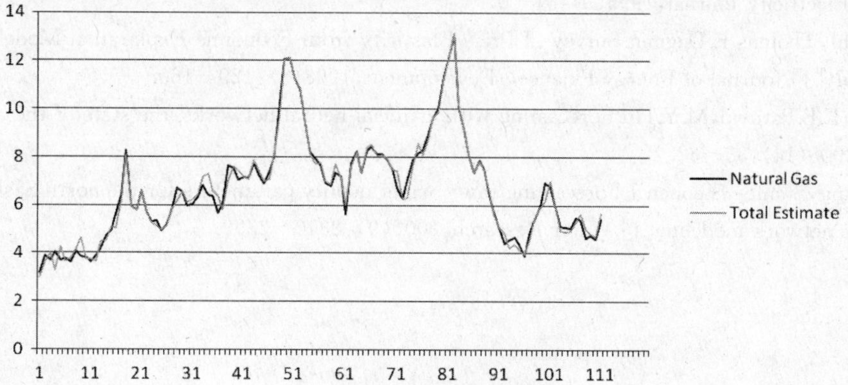


**图 11　集合模型预测效果图**

其综合考虑了时间序列中的线性趋势和非线性趋势，见图 11。

## 四、研究展望

由于本文构建的预测模型是基于天然气价格的时间序列数据，因此预测期并不长如何进一步改进模型使其具有较好的预测功能是有待进一步研究的课题。

此外，鉴于神经网络技术的理论体系还不完善，其参数设计主要依靠经验，缺乏有效的理论指导，且 BP 神经网络存在着收敛速度慢、容易陷入局部极值的缺陷，故对神经网络技术的本身还有着大量的研究工作没有完成，如何改进神经网络自身的性能，也将是提高天然气价格预测精度的一个重要方面，这些都有待于本课题的后续研究。

### 参考文献

[1] 马松平，马欣．天然气价格机制与体制[M].北京：石油工业出版社，2012:9—11.

[2] 白兰君．市场经济中天然气价格的形成过程[J].国际石油经济，2007(7)：63—67.

[3] 白兰君．论市场经济中天然气价格形成过程[J].世界石油经济，2010(6)45—70.

[4] 白兰君.天然气经济学[M].北京：石油工业出版社，2001：234—245.

[5] 苗承武．我国天然气市场发展预测[J].当代石油石化，2005(5)：5—11.

[6] 李宏勋．国外培育天然气市场的经验及对我国的启示[J].天然气工业，2000(1)：43—50.

[7] (美)麦克霍姆，等.四川天然气分配及定价研究[M].重庆：重庆大学出版社，1994.

[8] 侯木舟，韩旭里.基于 MATLAB 的神经网络在股市预测中的作用[J].系统工程，2003(2)：112—11.

[9] 楼顺天，施阳．基于 MATLAB 的系统分析与设计——神经网络[M].西安：西安电子科技大学出版社，2009.

[10] 刘光中，李晓峰．人工神经网络 BP 算法的改进和结构的自调整[J].运筹学学报，2011(1)：81—87.

[11] 杨青．天然气定价模式与国际惯例[J].世界石油工业，2000(11)：123—132.

[12] 高寿柏．世界天然气供需新动向[J].国际石油经济，2000(4)：34—45.

[13] 白暴力．价值与价格理论[M].北京：中国经济出版社，2009.

[14] 李海涛．建立合理的天然气价格形成机制[J].世界石油工业，2011(9)：34—50.

[15] 刘毅军，汪海．对美国天然气市场的竞争性分析[J].天然气工业，2012(1)：34—45.

[16] W.K.Buchananan，P.Hodges，J.Theis.Which way the natural gas price：an attempt to predict the direction of natural gas spot price movements using trader position[J].Energy Economics，2011(23)：279—293.

[17] Frank A.Felder.Modeling Natural Gas Prices as a Random Walk：The Advantages for Generation Planning [J].The Electricity Journal，1995(3)：61—67.

[18] Carol Dahl，Thomas E.Duggan.Survey of Price Elasticity from Economic Exploration Model of US Oil and Gas Supply[J].Journal of Energy Finance&Development，1998(3)：129—169.

[19] G.Zhang，E.B.Patuwo，M.Y.Hu.Forecasting with artificial neural networks：the state of the art，Int[J]Forecasting，2008(14)：35—62.

[20] Qing Zhang，Stanley Stephen J.Forecasting raw—water quality parameters for the north Saskatchewan river by neural network modeling[J].Water Research，2007(9)：2340—2350.

# 附录一:模型预测结果

| date | natural gas | forecast | residual | BP estimate | Total Estimate |
|---|---|---|---|---|---|
| | (Dollars per Thousand Cubic Feet) | | | | |
| Jan-01 | 8. 84 | | | | |
| Feb-01 | 7. 21 | 8. 84000 | -1. 63000 | | |
| Mar-01 | 6. 3 | 6. 82193 | -0. 52193 | | |
| Apr-01 | 6. 08 | 6. 17574 | -0. 09574 | | |
| May-01 | 5. 46 | 6. 05721 | -0. 59721 | | |
| Jun-01 | 4. 75 | 5. 31782 | -0. 56782 | | |
| Jul-01 | 4. 1 | 4. 61481 | -0. 51481 | | |
| Aug-01 | 3. 99 | 3. 97743 | 0. 01257 | | |
| Sep-01 | 3. 5 | 3. 99299 | -0. 49299 | | |
| Oct-01 | 3. 18 | 3. 38263 | -0. 20263 | -0. 40560 | 2. 97703 |
| Nov-01 | 3. 88 | 3. 13176 | 0. 74824 | 0. 47940 | 3. 61116 |
| Dec-01 | 3. 69 | 4. 05814 | -0. 36814 | -0. 08110 | 3. 97704 |
| Jan-02 | 4. 05 | 3. 60235 | 0. 44765 | -0. 29930 | 3. 30305 |
| Feb-02 | 3. 7 | 4. 15657 | -0. 45657 | 0. 08510 | 4. 24167 |
| Mar-02 | 3. 78 | 3. 59130 | 0. 18870 | 0. 08610 | 3. 67740 |
| Apr-02 | 3. 64 | 3. 82493 | -0. 18493 | -0. 06580 | 3. 75913 |
| May-02 | 4. 07 | 3. 59597 | 0. 47403 | 0. 59170 | 4. 18767 |
| Jun-02 | 3. 86 | 4. 18286 | -0. 32286 | 0. 42810 | 4. 61096 |
| Jul-02 | 3. 8 | 3. 78314 | 0. 01686 | -0. 03410 | 3. 74904 |
| Aug-02 | 3. 62 | 3. 80402 | -0. 18402 | -0. 06420 | 3. 73982 |
| Sep-02 | 3. 89 | 3. 57619 | 0. 31381 | 0. 08160 | 3. 65779 |
| Oct-02 | 4. 18 | 3. 96471 | 0. 21529 | 0. 49820 | 4. 46291 |
| Nov-02 | 4. 72 | 4. 23126 | 0. 48874 | 0. 29150 | 4. 52276 |
| Dec-02 | 4. 92 | 4. 83636 | 0. 08364 | 0. 21960 | 5. 05596 |
| Jan-03 | 5. 65 | 4. 93991 | 0. 71009 | 0. 08630 | 5. 02621 |
| Feb-03 | 6. 4 | 5. 81906 | 0. 58094 | 0. 35920 | 6. 17826 |
| Mar-03 | 8. 27 | 6. 53831 | 1. 73169 | 1. 53530 | 8. 07361 |
| Apr-03 | 5. 96 | 8. 68228 | -2. 72228 | -2. 72860 | 5. 95368 |
| May-03 | 5. 78 | 5. 31188 | 0. 46812 | 0. 46610 | 5. 77798 |

续表

| date | natural gas | forecast | residual | BP estimate | Total Estimate |
|---|---|---|---|---|---|
| Jun-03 | 6. 59 | 5. 89145 | 0. 69855 | 0. 71730 | 6. 60875 |
| Jul-03 | 5. 69 | 6. 75631 | -1. 06631 | -1. 05500 | 5. 70131 |
| Aug-03 | 5. 28 | 5. 43613 | -0. 15613 | -0. 17000 | 5. 26613 |
| Sep-03 | 5. 32 | 5. 24283 | 0. 07717 | -0. 11780 | 5. 12503 |
| Oct-03 | 4. 93 | 5. 33837 | -0. 40837 | -0. 37030 | 4. 96807 |
| Nov-03 | 5. 19 | 4. 83278 | 0. 35722 | 0. 32820 | 5. 16098 |
| Dec-03 | 5. 9 | 5. 27505 | 0. 62495 | 0. 60630 | 5. 88135 |
| Jan-04 | 6. 72 | 6. 04879 | 0. 67121 | 0. 10620 | 6. 15499 |
| Feb-04 | 6. 52 | 6. 87980 | -0. 35980 | -0. 32940 | 6. 55040 |
| Mar-04 | 5. 97 | 6. 43434 | -0. 46434 | -0. 31190 | 6. 12244 |
| Apr-04 | 6. 06 | 5. 85945 | 0. 20055 | 0. 37500 | 6. 23445 |
| May-04 | 6. 34 | 6. 10775 | 0. 23225 | 0. 34700 | 6. 45475 |
| Jun-04 | 6. 82 | 6. 39529 | 0. 42471 | 0. 74700 | 7. 14229 |
| Jul-04 | 6. 41 | 6. 92111 | -0. 51111 | 0. 40340 | 7. 32451 |
| Aug-04 | 6. 36 | 6. 28831 | 0. 07169 | 0. 32110 | 6. 60941 |
| Sep-04 | 5. 68 | 6. 37707 | -0. 69707 | 0. 01100 | 6. 38807 |
| Oct-04 | 6. 03 | 5. 51404 | 0. 51596 | 0. 30150 | 5. 81554 |
| Nov-04 | 7. 64 | 6. 15284 | 1. 48716 | 0. 85330 | 7. 00614 |
| Dec-04 | 7. 54 | 7. 99406 | -0. 45406 | -0. 39980 | 7. 59426 |
| Jan-05 | 7. 06 | 7. 43190 | -0. 37190 | 0. 01440 | 7. 44630 |
| Feb-05 | 7. 15 | 6. 97146 | 0. 17854 | 0. 17880 | 7. 15026 |
| Mar-05 | 7. 12 | 7. 19251 | -0. 07251 | -0. 11210 | 7. 08041 |
| Apr-05 | 7. 71 | 7. 10274 | 0. 60726 | 0. 76830 | 7. 87104 |
| May-05 | 7. 19 | 7. 85458 | -0. 66458 | -0. 47480 | 7. 37978 |
| Jun-05 | 6. 91 | 7. 03178 | -0. 12178 | -0. 05790 | 6. 97388 |
| Jul-05 | 7. 4 | 6. 88101 | 0. 51899 | 0. 20600 | 7. 08701 |
| Aug-05 | 7. 98 | 7. 52356 | 0. 45644 | 0. 56840 | 8. 09196 |
| Sep-05 | 10. 18 | 8. 08867 | 2. 09133 | 1. 61040 | 9. 69907 |
| Oct-05 | 12. 06 | 10. 67790 | 1. 38210 | 1. 37310 | 12. 05100 |
| Nov-05 | 12. 11 | 12. 38905 | -0. 27905 | -0. 27870 | 12. 11035 |
| Dec-05 | 11. 17 | 12. 04356 | -0. 87356 | -0. 88960 | 11. 15396 |
| Jan-06 | 10. 85 | 10. 96202 | -0. 11202 | -0. 08970 | 10. 87232 |
| Feb-06 | 9. 38 | 10. 82333 | -1. 44333 | -1. 43650 | 9. 38683 |

续表

| date | natural gas | forecast | residual | BP estimate | Total Estimate |
|---|---|---|---|---|---|
| Mar-06 | 8. 24 | 9. 03637 | -0. 79637 | -0. 85590 | 8. 18047 |
| Apr-06 | 7. 93 | 8. 05040 | -0. 12040 | -0. 33510 | 7. 71530 |
| May-06 | 7. 63 | 7. 90134 | -0. 27134 | -0. 15580 | 7. 74554 |
| Jun-06 | 6. 92 | 7. 56540 | -0. 64540 | -0. 57660 | 6. 98880 |
| Jul-06 | 6. 78 | 6. 76634 | 0. 01366 | 0. 10410 | 6. 87044 |
| Aug-06 | 7. 36 | 6. 78325 | 0. 57675 | 0. 93710 | 7. 72035 |
| Sep-06 | 7. 21 | 7. 49731 | -0. 28731 | -0. 37170 | 7. 12561 |
| Oct-06 | 5. 62 | 7. 14160 | -1. 52160 | -1. 15480 | 5. 98680 |
| Nov-06 | 7. 74 | 5. 25774 | 2. 48226 | 2. 34930 | 7. 60704 |
| Dec-06 | 8. 23 | 8. 33097 | -0. 10097 | -0. 13050 | 8. 20047 |
| Jan-07 | 7. 36 | 8. 20596 | -0. 84596 | -0. 84530 | 7. 36066 |
| Feb-07 | 8. 25 | 7. 15860 | 1. 09140 | 1. 17420 | 8. 33280 |
| Mar-07 | 8. 42 | 8. 50984 | -0. 08984 | 0. 03010 | 8. 53994 |
| Apr-07 | 8. 14 | 8. 39861 | -0. 25861 | -0. 34490 | 8. 05371 |
| May-07 | 8. 11 | 8. 07843 | 0. 03157 | 0. 02140 | 8. 09983 |
| Jun-07 | 7. 92 | 8. 11752 | -0. 19752 | -0. 16770 | 7. 94982 |
| Jul-07 | 7. 51 | 7. 87298 | -0. 36298 | -0. 39470 | 7. 47828 |
| Aug-07 | 6. 72 | 7. 42358 | -0. 70358 | 0. 01290 | 7. 43648 |
| Sep-07 | 6. 28 | 6. 55249 | -0. 27249 | -0. 29820 | 6. 25429 |
| Oct-07 | 7. 06 | 6. 21513 | 0. 84487 | 0. 09440 | 6. 30953 |
| Nov-07 | 7. 87 | 7. 26115 | 0. 60885 | 0. 33050 | 7. 59165 |
| Dec-07 | 8. 18 | 8. 01495 | 0. 16505 | 0. 54010 | 8. 55505 |
| Jan-08 | 8. 29 | 8. 21929 | 0. 07071 | -0. 14190 | 8. 07739 |
| Feb-08 | 8. 96 | 8. 30683 | 0. 65317 | 0. 40010 | 8. 70693 |
| Mar-08 | 9. 61 | 9. 11550 | 0. 49450 | 0. 54970 | 9. 66520 |
| Apr-08 | 10. 03 | 9. 72773 | 0. 30227 | 0. 10340 | 9. 83113 |
| May-08 | 11. 35 | 10. 10196 | 1. 24804 | 1. 17710 | 11. 27906 |
| Jun-08 | 12. 11 | 11. 64713 | 0. 46287 | 0. 40470 | 12. 05183 |
| Jul-08 | 13. 06 | 12. 22020 | 0. 83980 | 0. 92560 | 13. 14580 |
| Aug-08 | 10. 1 | 13. 25994 | -3. 15994 | -3. 09240 | 10. 16754 |
| Sep-08 | 9. 13 | 9. 34769 | -0. 21769 | -0. 23570 | 9. 11199 |
| Oct-08 | 8. 1 | 9. 07817 | -0. 97817 | -1. 00040 | 8. 07777 |
| Nov-08 | 7. 34 | 7. 86712 | -0. 52712 | -0. 51780 | 7. 34932 |

续表

| date | natural gas | forecast | residual | BP estimate | Total Estimate |
| --- | --- | --- | --- | --- | --- |
| Dec-08 | 7. 86 | 7. 21450 | 0. 64550 | 0. 62520 | 7. 83970 |
| Jan-09 | 7. 5 | 8. 01368 | -0. 51368 | -0. 55450 | 7. 45918 |
| Feb-09 | 6. 43 | 7. 37770 | -0. 94770 | -0. 84240 | 6. 53530 |
| Mar-09 | 5. 69 | 6. 20437 | -0. 51437 | -0. 58530 | 5. 61907 |
| Apr-09 | 5. 05 | 5. 56754 | -0. 51754 | -0. 50360 | 5. 06394 |
| May-09 | 4. 4 | 4. 92679 | -0. 52679 | -0. 11140 | 4. 81539 |
| Jun-09 | 4. 56 | 4. 27458 | 0. 28542 | -0. 05300 | 4. 22158 |
| Jul-09 | 4. 68 | 4. 62795 | 0. 05205 | -0. 27800 | 4. 34995 |
| Aug-09 | 4. 38 | 4. 69239 | -0. 31239 | -0. 55400 | 4. 13839 |
| Sep-09 | 3. 89 | 4. 30563 | -0. 41563 | -0. 34190 | 3. 96373 |
| Oct-09 | 4. 82 | 3. 79105 | 1. 02895 | 0. 76790 | 4. 55895 |
| Nov-09 | 5. 44 | 5. 06497 | 0. 37503 | 0. 42630 | 5. 49127 |
| Dec-09 | 5. 97 | 5. 52929 | 0. 44071 | 0. 38690 | 5. 91619 |
| Jan-10 | 6. 93 | 6. 07492 | 0. 85508 | 0. 06090 | 6. 13582 |
| Feb-10 | 6. 76 | 7. 13358 | -0. 37358 | -0. 10870 | 7. 02488 |
| Mar-10 | 6. 01 | 6. 67106 | -0. 66106 | -0. 63550 | 6. 03556 |
| Apr-10 | 5. 12 | 5. 85262 | -0. 73262 | -0. 92780 | 4. 92482 |
| May-10 | 5. 07 | 4. 94558 | 0. 12442 | -0. 06870 | 4. 87688 |
| Jun-10 | 5. 03 | 5. 09962 | -0. 06962 | -0. 16830 | 4. 93132 |
| Jul-10 | 5. 49 | 5. 01342 | 0. 47658 | 0. 26930 | 5. 28272 |
| Aug-10 | 5. 37 | 5. 60346 | -0. 23346 | 0. 04130 | 5. 64476 |
| Sep-10 | 4. 61 | 5. 31442 | -0. 70442 | -0. 30950 | 5. 00492 |
| Oct-10 | 4. 74 | 4. 44229 | 0. 29771 | 0. 36020 | 4. 80249 |
| Nov-10 | 4. 6 | 4. 81088 | -0. 21088 | -0. 14580 | 4. 66508 |
| Dec-10 | 5. 42 | 4. 54979 | 0. 87021 | 1. 13130 | 5. 68109 |

# 附录二:本案例所使用的程序命令

1. ARIMA 模型 SAS 程序命令

(1)输入数据,并对其进行差分处理

```
data gas;
input gasprice@ @;
difgasprice=dif(gasprice);
time=intnx('month','01jan2001'd,_n_-1);
format time date. ;
cards;
8. 84 7. 21 6. 3 6. 08 5. 46 4. 75 4. 1 3. 99 3. 5 3. 18 3. 88 3. 69 4. 05 3. 7
3. 78 3. 64 4. 07 3. 86 3. 8 3. 62 3. 89 4. 18 4. 72 4. 92 5. 65 6. 4 8. 27 5. 96
5. 78 6. 59 5. 69 5. 28 5. 32 4. 93 5. 19 5. 9 6. 72 6. 52 5. 97 6. 06 6. 34 6. 82
6. 41 6. 36 5. 68 6. 03 7. 64 7. 54 7. 06 7. 15 7. 12 7. 71 7. 19 6. 91 7. 4 7. 98
10. 18 12. 06 12. 11 11. 17 10. 85 9. 38 8. 24 7. 93 7. 63 6. 92 6. 78 7. 36 7. 21
5. 62 7. 74 8. 23 7. 36 8. 25 8. 42 8. 14 8. 11 7. 92 7. 51 6. 72 6. 28 7. 06 7. 87
8. 18 8. 29 8. 96 9. 61 10. 03 11. 35 12. 11 13. 06 10. 1 9. 13 8. 1 7. 34 7. 86 7. 5
6. 43 5. 69 5. 05 4. 4 4. 56 4. 68 4. 38 3. 89 4. 82 5. 44 5. 97 6. 93 6. 76 6. 01 5. 12
5. 07 5. 03 5. 49 5. 37 4. 61 4. 74 4. 6 5. 42
;
```

(2)对原序列做时序图

```
proc gplot data=gas;
plot gasprice* time=1;
symbol1 v=circle i=join c=black;
run;
```

(3)得到原序列的自相关图和偏自相关图

```
proc arima;
identify var=gasprice;
run;
```

(4)对差分后的序列做时序图

```
proc gplot;
plot difgasprice* time;
symbol v=star c=black i=join;
run;
```

(5)得到差分后序列的自相关图和偏自相关图

```
proc arima;
identify var=gasprice(1);
run;
```

(6)得到 9 个不同模型的估计值、AIC 和 SBC 值、残差检验和系数显著性检验结果

```
identify var=gasprice(1)nlag=8 minic p=(0:5)q=(0:5);
estimate q=1 noint;
```

```
forecast lead=5 id=1;
run;
estimatep=0 q=0 noint;
identify var=gasprice(1)nlag=8 minic p=(0:5)q=(0:5);
forecast lead=5 id=1;
run;
estimatep=0 q=1 noint;
identify var=gasprice(1)nlag=8 minic p=(0:5)q=(0:5);
forecast lead=5 id=1;
run;
estimatep=0 q=2 noint;
identify var=gasprice(1)nlag=8 minic p=(0:5)q=(0:5);
forecast lead=5 id=1;
run;
estimatep=1 q=0 noint;
identify var=gasprice(1)nlag=8 minic p=(0:5)q=(0:5);
forecast lead=5 id=1;
run;
estimatep=1 q=1 noint;
identify var=gasprice(1)nlag=8 minic p=(0:5)q=(0:5);
forecast lead=5 id=1;
run;
estimatep=1 q=2 noint;
identify var=gasprice(1)nlag=8 minic p=(0:5)q=(0:5);
forecast lead=5 id=1;
run;
estimatep=2 q=0 noint;
identify var=gasprice(1)nlag=8 minic p=(0:5)q=(0:5);
forecast lead=5 id=1;
run;
estimatep=2 q=1 noint;
identify var=gasprice(1)nlag=8 minic p=(0:5)q=(0:5);
forecast lead=5 id=1;
run;
estimatep=2 q=1 noint;
identify var=gasprice(1)nlag=8 minic p=(0:5)q=(0:5);
forecast lead=5 id=1;
run;
```

2. BP 神经网络 MATLAB 程序命令

(1)导入数据

```
[p1]=xlsread('Data. xls','sheet1','A1:A111');
```

```
[p2]=xlsread('Data. xls','sheet1','B1:B111');
[p3]=xlsread('Data. xls','sheet1','C1:C111');
[p4]=xlsread('Data. xls','sheet1','D1:D111');
[p5]=xlsread('Data. xls','sheet1','E1:E111');
[p6]=xlsread('Data. xls','sheet1','F1:F111');
[p7]=xlsread('Data. xls','sheet1','G1:G111');
[p8]=xlsread('Data. xls','sheet1','H1:H111');
[t]=xlsread('Data. xls','sheet1','I1:I111');
P=[p1,p2,p3,p4,p5,p6,p7,p8];
p=P. ';
t=t. ';
```

(2)数据预处理

```
[pn,minp,maxp,tn,mint,maxt]=premnmx(p,t);
dx=[-1,1; -1,1; -1,1; -1,1; -1,1; -1,1; -1,1; -1,1];
```

(3)建立神经网络

```
net=newff(dx,[8,12,1],{'tansig','tansig','purelin'},'traingdx');
net. trainParam. show=1000;
net. trainParam. epochs=50000;
net. trainParam. Lr=0. 05;
net. trainParam. goal=0. 01;
net=train(net,pn,tn);
TRAINGDX,Epoch 0/50000,MSE 6. 79346/0. 01,Gradient 17. 8801/1e-006
TRAINGDX,Epoch 1000/50000,MSE 0. 0544582/0. 01,Gradient 0. 0342735/1e-006
TRAINGDX,Epoch 2000/50000,MSE 0. 0290392/0. 01,Gradient 0. 0486378/1e-006
TRAINGDX,Epoch 3000/50000,MSE 0. 0161374/0. 01,Gradient 0. 00791597/1e-006
TRAINGDX,Epoch 4000/50000,MSE 0. 0135129/0. 01,Gradient 0. 00277473/1e-006
TRAINGDX,Epoch 5000/50000,MSE 0. 01219/0. 01,Gradient 0. 0214924/1e-006
TRAINGDX,Epoch 6000/50000,MSE 0. 0111435/0. 01,Gradient 0. 0128621/1e-006
TRAINGDX,Epoch 7000/50000,MSE 0. 0100375/0. 01,Gradient 0. 00261606/1e-006
TRAINGDX,Epoch 7010/50000,MSE 0. 00999716/0. 01,Gradient 0. 00477715/1e-006
TRAINGDX,Performance goal met.
```

(4)仿真并反归一化

```
y1=sim(net,pn)
y2=postmnmx(y1,mint,maxt)
y2. '
```

(5)输出权值和阈值

```
w1=net. iw{1,1}
theta1=net. b{1}
w2=net. lw{2,1}
theta2=net. b{2}
```

(审稿人:林金官　张宝学　陈　敏)

# 贫困山区小学生心理焦虑影响因素统计调查研究

张　菁　单　韦　吴季翔

（指导老师：唐邵玲）

湖南师范大学

我国中小学生心理健康教育起步较晚，但随着国家和社会各界对心理健康问题的高度重视，近几年心理健康教育方面的研究发展迅速。然而，在国内相关问题研究中，运用专业统计分析工具对造成小学生心理焦虑影响因素的研究领域，一直缺乏高质量、高水平的成果。因此，科学设计抽样调查方案，实施权威有效的心理健康诊断测验问卷，对调查结果运用统计数据挖掘工具，深入研究分析导致小学生心理焦虑的各种影响因素，寻找有效改善小学生心理健康状况的途径与方法，是现代教育研究中必要且十分重要的课题之一，对提高我国未来人才素质将发挥重要的促进作用。

## 一、实际问题描述

### （一）案例背景

随着社会的发展和竞争的加剧，心理疾病对人们的影响范围从成年人扩大到了青少年甚至儿童。2001年，全国教育科学“九五”规划重点课题对全国范围内1.6万名中小学生进行了心理健康状况调查研究，发现有中度或重度心理行为问题的小学生占20.6%，初中生占17.1%，高中生占17.3%。心理疾病的低龄化在小学生群体中尤为明显，儿童心理健康已经成为全球关注的话题和共同努力的目标。

另一方面，我国城乡二元结构的体制，使得城乡经济、文化与教育发展水平的差距不断被拉大。在不同文化背景下学习、生活的城乡小学生，人们推测他们的心理健康水平可能存在差异。

### （二）研究内容及目的

本研究将采用问卷调查、实地访谈与文献查询相结合的调研方式，以湖南湘西某贫困山区4～6年小学生为调研对象，通过科学设计抽样调查方案，实施权威有效的心理健康诊断测验量表（MHT），对调查结果运用精专的统计分析工具进行综合分析，全面评估小学高年级学生的心理健康水平以及城乡差别程度。同时，结合社会学、教育学、心理学、统计学、机器学习等相关理论与方法，运用统计数据挖掘分类预测的多种方法，深层次地研究分析导致小学生心理焦虑（特别是学习焦虑）的主要原因，从而为有关部门制定改善城乡小学心理健康教育政策提供科学依据，为城乡各个学校更有针对地对学生进行心理健康教育提供有益的指导建议。

### （三）调查方案设计及数据来源

1. 调查方案设计

本次调研采用两阶段复杂抽样方法（分层抽样与整群抽样），样本计划数为800，实际数758。首先将抽样框划分为城市、城郊与乡村学校三个层次，遵循各层样本初级单元数基本均等的原则，共抽取6所小学；然后在每所小学中整群抽样调查所有4～6年级学生。实际调查样本构成情况是：城市1所学校（298人，占比39.3%），城郊2所学校（217人，占比28.6%），乡村3所学校（243人，占比32.1%）。

2. 数据来源及质量

本案例全部调查数据是由湖南师范大学统计系联合调查区域当地教育局心理咨询中心，通过实地发放调查问卷（问卷样式及内容见附录）获得。问卷直接发放至6所样本小学4～6年级全体学生，由课题组成员和样本学校的班主任老师组织学生，利用自习课时间填写问卷，现场将问卷悉数收回。问卷总计发出758份，回收758份，回收率100%。剔除心理测试效度标准分≥7分的无效样本，有效问卷数694份，有效率为91.56%。由于问卷调查现场指导细致、控制得当，所有问卷填写基本完整，极少量的缺失值，也通过事后回访补齐，因此，所得数据质量优良，无需再进行特别清洗。

（四）调查问卷设计及指标选择

1. 调查问卷设计及说明

本次调查问卷内容设计为个人信息与心理健康诊断测验两部分（见附录）。其中，个人信息部分包括样本对象的性别、年级、所在学校、家庭生活状况等12个方面；而心理健康诊断测试部分直接采用我国青少年标准化《心理健康诊断测验》量表（简称MHT），该MHT量表是我国心理学工作者根据日本铃木清等人编制的《中小学生不安倾向诊断测验》修订而成的，可用于综合检测中小学生（小学四年级至高中三年级）的心理健康状况，已在全国二十多个省市（除港、澳、台之外）几千所中小学得到了广泛使用，普遍认为符合测量学的要求，信度和效度高，科学性、实用性、操作性强，是全国较好的心理测量工具之一。

MHT量表由八个内容量表、一个效度量表（即测谎量表），共计100个项目构成，每个项目后面有"是"和"否"两个答案，要求被试对象根据自己的真实情况进行选择。八个内容量表分别是：学习焦虑、对人焦虑、孤独倾向、自责倾向、过敏倾向、身体症状、恐怖倾向、冲动倾向。各内容量表的标准分用于诊断出个体在某一方面的问题倾向，八个内容量表的总标准分表示个人焦虑的一般倾向。单项标准分≥8分，总标准分≥65分的学生，即被诊断为心理异常，需要接受心理辅导。

2. 指标选择及类别值规定

(1)个人信息指标及数据库类别值规定

Q0—学校类型：1代表"城市学校"，2代表"城郊学校"，3代表"乡村学校"；

Q1—学校：数值1～6分别代表6所样本学校；

Q2—年级：1代表"四年级"，2代表"五年级"，3代表"六年级"；

Q3—性别：0代表"女生"，1代表"男生"；

Q4—是否为独生子女，Q5—是否为孤儿，Q6—是否单亲家庭，Q7—是否为特困生：0代表"否"，1代表"是"；

Q8—被抚养生活方式：1代表"和父母一起生活"，2代表"和爷爷奶奶（外公外婆）生活"，3代表"祖孙三代一起生活"；

Q9—自身健康状况，Q10—父母健康状况：1代表"很好"，2代表"一般"，3代表"较差"，4代表"很差，有严重疾病"；

Q11—父亲职业，Q12—母亲职业：1代表"农民"，2代表"农民工"，3代表"自由职业"，4代表"其他"（包括工人、军人、教师、医生、公务员等）。

(2)量表项目的指标及取值范围

X1—学习焦虑(0～15分);X2—对人焦虑(0～10分);

X3—孤独倾向(0～10分);X4—自责倾向(0～10分);

X5—过敏倾向(0～10分);X6—身体症状(0～15分);

X7—恐怖倾向(0～10分);X8—冲动倾向(0～10分);

X9—总分(0～90分);X10—效度(0～10分,得分≥7分的问卷判为无效)。

(五)数据分析基本思路及分析工具简介

1. 数据处理基本思路

本案例数据处理的基本思路是:

(1)根据调查问卷的内容,在SPSS变量视图中设置与定义所有变量(Q0～Q12,X1～X10),并一一录入数据,保留缺失值记录;

(2)采用描述性统计分析与方差分析等工具对Q0～Q12、X1～X10数据进行基础的统计分析;

(3)使用Clementine数据挖掘软件,对X1～X8中表现心理焦虑程度最严重的学习焦虑X1问题,选择分类预测(决策树与人工神经网络)的多种算法,构建并寻找小学生学习焦虑诊断最优预测模型,以期通过个人信息变量(Q0～Q12)来预测小学生的学习焦虑状况。

2. 分析工具介绍

本案例使用的数据挖掘工具是Clementine,该软件为ISL公司开发的数据挖掘工具产品,1998年被SPSS公司收购。

## 二、统计分析与建模过程

(一)样本对象基本特征统计分析

1. 性别结构、年级人数分布情况统计描述

采用SPSS软件提供的描述性统计中频数分析功能,可得样本对象性别分布与年级人数分布情况的统计结果,将输出结果整理如表1所示。

**表1　样本对象性别分布与年级人数分布表**

| | 性别分布 | | 年级人数分布 | | |
|---|---|---|---|---|---|
| | 男生 | 女生 | 四年级 | 五年级 | 六年级 |
| 人数 | 363 | 331 | 225 | 280 | 189 |
| 占比 | 52.30% | 47.70% | 32.40% | 40.30% | 27.20% |

由表1可知样本对象性别结构是:男生占比52.3%,女生占比47.7%,男生比女生多出4.6个百分比。年级人数分布情况是:五年级样本人数最多(占比40.3%),六年级人数最少(占比27.2%),四年级人数占比32.4%。

为了进一步了解调查地区男女生比例的变动情况,采用描述性统计中列联表Crosstabbs分析功能,将男女生样本对象按年级分类统计,并利用Excel表将统计结果做出如图1所示的对比柱状图。

图1结果显示,样本学校六年级男女生比例差距最大,四年级男女生比例差距较小,这表明

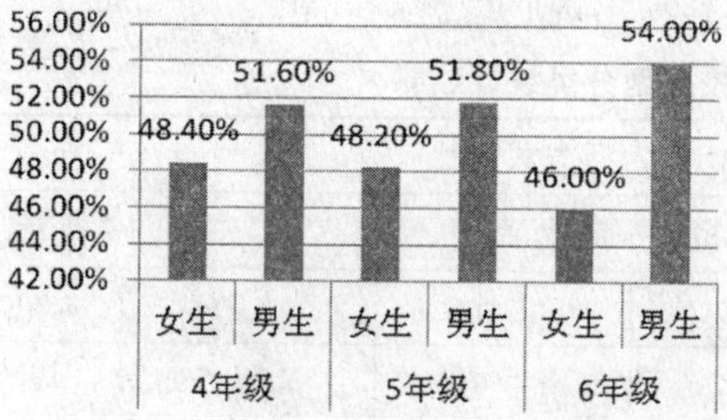


**图 1　性别结构按年级分类统计图**

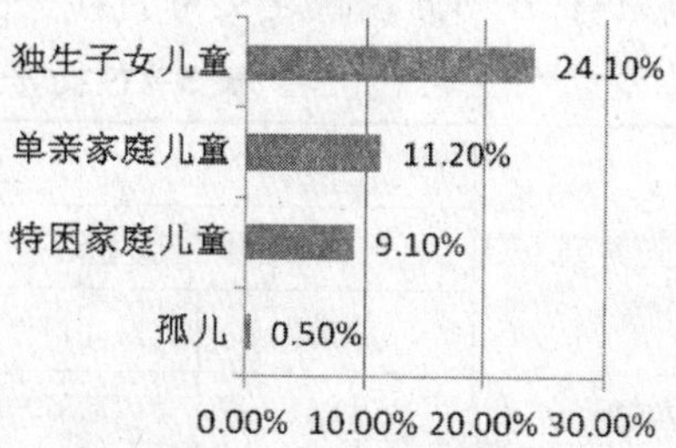


**图 2　不同家庭儿童构成总体比例分布图**

该地区男女生比例失调的现象有所好转的趋势，女童辍学现象正在逐年减少。

2. 生源结构统计分析

上图 2(由 SPSS 频数分析数据和 Excel 作图工具得到)表明，样本对象中独生子女的占比为 24.1%，接近 1/4，单亲家庭儿童占比超过 10%，特困生比例接近 10%。但仔细分析原始数据便知，城乡学校生源结构有较大不同，其分类统计分析结果如表 2 所示。

**表 2　特殊家庭儿童按学校类型分类统计结果**

| | 孤儿 | 特困家庭儿童 | 单亲家庭儿童 | 独生子女儿童 |
|---|---|---|---|---|
| 乡村 | 0.90% | 20.50% | 13.50% | 11.80% |
| 城郊 | 0.50% | 2.40% | 6.30% | 14.00% |
| 城市 | 0.40% | 5.10% | 11.60% | 42.60% |

由表 2 数据可知：

(1)城市学校独生子女的比例较高(42.6%)，城郊学校与乡村学校独生子女占比相差不大，分别为 14.0%和 11.8%。

(2)孤儿占比分布情况是：乡村学校的最高(0.9%)，城郊学校 0.5%居中，城市学校仅为 0.4%最低。

(3)单亲家庭儿童占比情况是：乡村学校与城市学校相差不太大，分别是 13.5%和 11.6%，而城郊学校较低仅为 6.3%，表明经济相对富裕与贫困都有可能是造成单亲家庭的原因。

(4)乡村学校贫困儿童占比为 20.5%，远远高于城郊学校(2.4%)和城市学校(5.1%)，城乡经济差异明显。

3. 样本对象家庭情况统计分析

由于样本对象的家庭情况城乡差别较大，因此，下面主要采用 SPSS 软件描述性统计中的列联表工具，分类统计样本对象家庭情况的各个因素的分布情形。需要分析的家庭因素有：孩子被抚养的方式、孩子自身健康状况、孩子父母身体健康状况、父亲职业和母亲职业等。

(1)被抚养方式统计结果

694 个样本对象日常被抚养方式按学校类别分类统计结果如下表 3 所示。表中结果显示：城乡学校孩子的被抚养方式很不一样，城市与城郊学校的孩子主要是和父母一起生活，占比分别为 70.71%和 78.34%，乡村学校的孩子和父母一起生活的占比与和祖辈(爷爷奶奶或外公外婆)一起生活的占比相差不大，分别为 45.7%和 43.2%；而三代同堂生活方式，乡村学校和城郊学校相当接近，分别为 11.1%和 11.06%，但城市的孩子三代同堂的比例高出将近 1 倍，占比为 19.8%。也就是说，城市孩子能在父母身边(含三代同堂)的总比例为 91.4%，而乡村孩子的这个比例只有57.3%。缺乏父母直接关爱的孩子，更容易出现心理健康问题。

**表3　被抚养生活方式按学校类型分类统计结果**

| 学校类型 | 被抚养生活方式 | | | | | |
|---|---|---|---|---|---|---|
| | 和父母一起生活 | | 和祖辈一起生活 | | 三代同堂生活 | |
| | 人数 | 占比 | 人数 | 占比 | 人数 | 占比 |
| 城市 | 184 | 71.60% | 22 | 8.60% | 51 | 19.80% |
| 城郊 | 162 | 78.30% | 23 | 11.10% | 22 | 10.60% |
| 乡村 | 105 | 45.90% | 98 | 42.80% | 26 | 11.40% |

(2)孩子及父母身体健康状况统计结果

在调查问卷中，我们专门设计了让孩子评价自身健康状况和父母身体健康状况的选项，孩子自身健康状况的统计结果如表4所示。

**表4　孩子及父母健康状况按学校类型分类统计结果**

| 学校类型 | 孩子自身健康状况 | | | | 孩子父母健康状况 | | | |
|---|---|---|---|---|---|---|---|---|
| | 很好 | 一般 | 较差 | 很差 | 很好 | 一般 | 较差 | 很差 |
| 乡村 | 44.70% | 50.90% | 4.40% | 0% | 27.60% | 53.90% | 14.90% | 3.50% |
| 城郊 | 73.40% | 26.60% | 0% | 0% | 53.60% | 39.10% | 6.80% | 0.50% |
| 城市 | 64.10% | 34.80% | 0% | 1.20% | 60.70% | 36.20% | 2.70% | 0.40% |

上表4数据显示：城市、城郊和乡村学生自评身体非常健康（即很好）的占比分别为64.1%、73.4%和44.7%，说明城市与城郊学校孩子身体健康状况要明显好于乡村学校的孩子，乡村学校虽然没有自评身体很差（有严重疾病）的孩子，但表示身体较差的孩子有4.4%，而城市与城郊学校都没有。

而乡村孩子的父母的健康状况也要远远低于城市和城郊孩子父母的水平，乡村孩子自评父母身体较差和很差的占比之和为18.4%，高于城市孩子父母的水平(3.1%)近6倍，高于城郊孩子父母的水平(7.3%)也有2倍多。

(3)父母职业分布状况统计结果

为了深入分析导致城乡高年级小学生心理焦虑的家庭因素，我们在调查问卷中设计了父母职业的选项，数据库中用Q11和Q12表示，将父母职业分为四个类别，分别是：1—农民；2—农民工；3—自由职业；4—其他（包括工人/军人/教师/医生/公务员等），按学校类型分类统计结果如表5所示。

**表5　父母职业按学校类型分类统计结果**

| 学校类型 | 父亲职业 | | | | 母亲职业 | | | |
|---|---|---|---|---|---|---|---|---|
| | 农民 | 农民工 | 自由职业 | 其他 | 农民 | 农民工 | 自由职业 | 其他 |
| 乡村学校 | 41.90% | 41.90% | 10.00% | 6.20% | 46.30% | 34.10% | 8.30% | 11.30% |
| 城郊学校 | 16.40% | 19.80% | 56.00% | 7.80% | 23.20% | 7.70% | 41.10% | 28.00% |
| 城市小学 | 2.70% | 5.90% | 58.80% | 32.60% | 4.70% | 2.40% | 50.70% | 42.20% |

表5显示的数据结果，与城乡学生父母职业的一般规律比较吻合。对城市学生而言，绝大多数的父母都具有较稳定的工作（其他类）和收入相对较高的职业，很少有农民或农民工的父

母；城郊学校，有超过30％的孩子父母是农民和农民工；而在乡村学校，孩子父母为农民和农民工的比例超过80％，其中有41.9％的父亲和34.1％的母亲在外打工，这些留守儿童的学习、生活、身体与心理健康状况通常都会比正常家庭的孩子差。

（二）心理健康诊断测试结果统计分析

1. 测试结果描述性统计分析

采用SPSS软件的相关统计分析功能，对调查问卷中小学生心理健康诊断测试的八项心理焦虑因子得分和总得分（X1～X9）的数据进行相应的统计分析处理。

（1）八项焦虑因子与测试总得分基本描述性统计

采用SPSS中描述性统计分析模块对八项心理焦虑因子得分和总得分（X1～X9）进行分析，其基本描述性统计量如表6所示。

**表6　MHT测试结果基本描述性统计量**

| 项　目 | Mean | Std. Deviation | Minimum | Maximum | Range | Skewness | Kurtosis |
|---|---|---|---|---|---|---|---|
| 学习焦虑X1 | 7.91 | 2.838 | 0 | 15 | 15 | −.130 | −.394 |
| 对人焦虑X2 | 4.37 | 2.182 | 0 | 10 | 10 | −.050 | −.583 |
| 孤独倾向X3 | 2.18 | 1.631 | 0 | 9 | 9 | .813 | .890 |
| 自责倾向X4 | 5.40 | 2.283 | 0 | 10 | 10 | −.181 | −.589 |
| 过敏倾向X5 | 5.70 | 2.112 | 0 | 10 | 10 | −.376 | −.442 |
| 身体征状X6 | 5.10 | 2.723 | 0 | 14 | 14 | .430 | .038 |
| 恐怖倾向X7 | 3.71 | 2.698 | 0 | 11 | 11 | .372 | −.924 |
| 冲动倾向X8 | 2.32 | 2.113 | 0 | 9 | 9 | .874 | .036 |
| 测试总分X9 | 36.58 | 12.888 | 0 | 82 | 82 | .028 | .002 |

表6的结果显示，八项心理焦虑因子中，学习焦虑得分的均值最高，与其他七项焦虑因子得分相差较大；有四项焦虑因子X1、X2、X4和X5数据分布呈左偏，其余四项X3、X6、X7、X8呈右偏分布，测试总分X9的分布比较对称（偏度系数Skewness＝0.028，最接近正态分布标准值0）。从峰度系数的取值来看，也只有测试总分X9最接近正态分布（Kurtosis＝0.002≈0）。

（2）八项焦虑因子与测试总得分的正态性检验

下面运用SPSS软件Nonparametric Tests模块中的Kolmogorov－Smirnov单样本检验功能，对八项心理焦虑因子得分与总得分进行正态性检验（原假设为数据服从正态分布），以分析判断数据的基本特征。K－S检验结果如表7所示。

**表7　单样本Kolmogorov－Smirnov Test结果**

| 指　标 | 学习焦虑 | 对人焦虑 | 孤独倾向 | 自责倾向 | 过敏倾向 | 身体征状 | 恐怖倾向 | 冲动倾向 | 测试总分 |
|---|---|---|---|---|---|---|---|---|---|
| Kolmogorov－Smirnov Z | 2.30 | 2.67 | 4.20 | 3.00 | 3.52 | 2.71 | 3.75 | 5.06 | 0.96 |
| Asymp. Sig. (2－tailed) | 0.00 | 0.00 | 0.00 | 0.00 | 0.00 | 0.00 | 0.00 | 0.00 | 0.31 |

由表7结果可知：八项焦虑因子得分的K－S统计量的值在2.30～5.06之间，相应的双尾检验的p值均为0.00（小于0.05），拒绝数列服从正态分布的原假设。测试总分的K－S统计量的值为0.96，双尾检验的p值为0.31，大于0.05的显著性水平，故不能拒绝测试总分变量服

从正态分布的原假设。如果按学校类型分组进行相应检验，其结果也一样(可用描述性统计中的 explore 模块实现，略)。

2. 测试结果方差分析

对各类学校的 X1～X9 的数据进行描述性统计分析可知(输出结果略)，三种类别的学校在各项焦虑因子得分和总得分上都有所不同，其差异是否具有统计显著性需做进一步的统计检验。这里根据变量是否服从正态分布来选择不同的统计分析方法。对于符合正态分布的测试总分 X9 采用比较均值模块中的单因素方差分析，其他不符合正态分布的八项焦虑因子(X1～X8)采用非参数检验模块中的多个独立样本的检验方法(选用 Kruskai－WallisH 检验)。

(1)测试总分 X9 单因素方差分析结果

对 X9 进行方差同质性检验(Levene test)，其检验结果如下表 8。

**表 8　方差同质性检验结果**

| 焦虑因子 | Levene Statistic | df1 | df2 | Sig. |
|---|---|---|---|---|
| 测试总分 X9 | 2.817 | 2 | 691 | .060 |

上表 8 数据表明 X9 通过了方差齐性检验，故选择 S－N－K(Student Newman Keuls)方法进行单因素方差分析，SPSS 软件处理的结果见表 9 和表 10。

**表 9　单因素方差分析表 ANOVA**

| 项　目 | | Sum of Squares | df | Mean Square | F | Sig. |
|---|---|---|---|---|---|---|
| 测试总分 X9 | Between Groups | 2282.092 | 2 | 1141.046 | 6.988 | .001 |
| | Within Groups | 112826.727 | 691 | 163.280 | — | — |
| | Total | 115108.818 | 693 | — | — | — |

**表 10　测试总分 X9 多重比较(S－N－K)结果**

| 检验统计量/学校类型 | | N | Subset for alpha＝0.05 | |
|---|---|---|---|---|
| | | | 1 | 2 |
| Student－Newman－Keuls | 城市学校 | 258 | 34.22 | — |
| | 乡村学校 | 207 | — | 37.97 |
| | 城郊学校 | 229 | — | 37.98 |
| | Sig. | — | 1.000 | .995 |

(2)X1～X8 非参数 Kruskai－WallisH 检验结果

因为数据不符合方差分析的正态性假设条件，因而对八项心理焦虑因子 X1～X8 进行非参数 Kruskai－WallisH 检验，其检验结果汇总如表 11 所示。

由表 11 可知，除在自责倾向 X4 和冲动倾向 X8 这两个项目上，城乡学校小学生的心理焦虑程度无显著差异外(F 统计量检验的 p 值＞0.05)，其余六个项目 X1、X2、X3、X5、X6、X7，城乡学生的心理焦虑程度都存在显著差异(Kruskai－WallisH 检验的 p 值＜0.05，拒绝各样本代表的总体分布相同的原假设)。

**表 11　X1～X8 非参数 Kruskai－WallisH 检验结果汇总表**

| 原假设 | K－W 检验 p 值 | 决策结果 |
|---|---|---|
| 学习焦虑的分布在学校类型类别上相同 | 0.019 | 拒绝原假设 |
| 对人焦虑的分布在学校类型类别上相同 | 0.000 | 拒绝原假设 |
| 孤独倾向的分布在学校类型类别上相同 | 0.016 | 拒绝原假设 |
| 自责倾向的分布在学校类型类别上相同 | 0.444 | 保留原假设 |
| 过敏情绪的分布在学校类型类别上相同 | 0.001 | 拒绝原假设 |
| 身体症状的分布在学校类型类别上相同 | 0.043 | 拒绝原假设 |
| 恐怖倾向的分布在学校类型类别上相同 | 0.000 | 拒绝原假设 |
| 冲动倾向的分布在学校类型类别上相同 | 0.180 | 保留原假设 |

进一步对 X1、X2、X3、X5、X6、X7 等六个因子进行 Kruskal－Wallis 检验成对比较(分析软件输出图表略),其结果汇总如下:

①城市学校小学生的学习焦虑程度 X1、对人焦虑程度 X2 以及过敏倾向焦虑程度 X5 显著低于城郊学校的学生,而乡村学校和城郊学校以及乡村学校和城市学校学生的学习焦虑、对人焦虑与过敏倾向焦虑程度无显著差异。

②城市学校学生的孤独倾向 X3、身体症状 X6、恐怖倾向 X7 的焦虑程度显著低于乡村学校的学生,而城郊学校学生与另外两种类型学校的学生在这几个因子上无显著差异。

3. 城乡学生心理异常焦虑程度比较分析

心理学研究将异常心理焦虑检出率定义为上述单个量表标准分≥8 分的人数占总学生数的比例。下面,利用频数分析结果将城市、城郊和乡村学校孩子的异常焦虑检出率汇总如表 12 所示。

**表 12　城乡学生心理异常焦虑检出率对比表**

| 检出率 | 乡村 | 城郊 | 城市 | 均值 | 排名 |
|---|---|---|---|---|---|
| 学习焦虑 X1 | 59.4% | 60.9% | 51.9% | 57.1% | 1 |
| 对人焦虑 X2 | 6.1% | 8.2%% | 5.4% | 6.5% | 6 |
| 孤独倾向 X3 | 0.4% | 1.0% | 0.4% | 0.6% | 9 |
| 自责倾向 X4 | 18.8% | 19.3% | 18.2% | 18.7% | 4 |
| 过敏倾向 X5 | 21.8% | 26.1% | 17.1% | 21.3% | 2 |
| 身体症状 X6 | 22.4% | 16.1% | 14.4% | 17.5% | 3 |
| 恐怖倾向 X7 | 14.1% | 7.8% | 7.8% | 9.9% | 5 |
| 冲动倾向 X8 | 2.6% | 1.5% | 2.0% | 2.0% | 7 |
| 测试总分 X9 | 3.5% | 0.5% | 1.6% | 1.9% | 8 |

从上表 12 结果可得出如下结论:

①学习焦虑检出率在所有心理焦虑因子中排名第一,样本学校共有 57.1%的学生存在异常的学习焦虑,且各类学校的检出率差距不是太大。表明该地区的小学高年级学生普遍存在学习压力过大的现象,超过半数的学生急需专业的心理疏导。

②异常焦虑检出率排名第二和第三位的是过敏倾向 X5 和身体症状因子 X6,其中身体症状

因子 X6 的检出率，乡村学校为 22.4%，城市学校为 14.4%，相差八个百分比，说明城乡学生的身体素质差别较大。而过敏倾向因子 X5 的检出率，最高的是城郊学校，有 26.1%，最低是城市学校(17.1%)，居中是乡村学生，为 21.8%，说明这个地区相当一部分的小学生对学校环境的适应性较差，缺乏自信心，需要班主任老师和学生家长平时对学生不要太过于严格管教、斥责和惩罚，应尽量营造宽松的家庭氛围，在学校多做一些轻松愉快的课外活动。

③排名最末(第 9 位)的是孤独倾向 X3 的检出率，无论是城市还是乡村学生，孤独倾向异常焦虑的孩子极少。结合实地调查的情况分析可知，这主要是城市的孩子绝大多数和父母一起生活，其中，独生子女常常能得到祖辈(爷爷奶奶和外公外婆)更多的关爱，而乡村学校 4 年级以上的学生基本上都寄宿学校，过集体生活，因而孤独感并不明显。

④在身体症状、恐怖倾向及总得分三个方面，城乡孩子的异常焦虑检出率有较大差异。但由于此次的样本学校只有 6 所(城市 1 所，城郊 2 所，乡村 3 所)，这里无法进行对城乡差异的显著性进行统计学检验。

(三)学习焦虑影响因素分类预测模型的构建及分析

综合上述分析可知，样本学生的学习焦虑程度比较严重，有高达 57.1%的学生亟待心理疏导。为了深层次地研究分析导致小学生学习心理焦虑的主要原因，我们选择数据挖掘的分析工具，建立分类预测模型。

数据的预处理是要将学习焦虑因子 X1(得分 0～15)进行两分类数据转换，这里是利用 SPSS 转换模块中的重新编码为不同变量功能，将连续变量 X1 转换为二分类变量 Y1(定义为是否有学习焦虑)。根据 MHT 量表使用手册规定，X1＜ 8 分的学生没有异常的学习焦虑，Y1 的取值为 0，X1≥8 分的学生存在异常学习焦虑，则 Y1 的取值为 1。接下来用数据挖掘工具 Clementine 建立以 Y1 为输出变量，以 Q0～Q12 为输入变量的分类预测最优模型。

1. 分类预测模型概述

分类是指将数据映射到预先定义好的群组或类。因为在分析测试数据之前，类别就已经确定了，所以分类通常被称为有监督的学习。分类算法要求基于数据属性值来定义类别，通常通过已知所属类别的数据的特征来描述类别。

在数据挖掘中，主要的分类预测方法有 logistic 回归、决策树、人工神经网络及各种分类器等。由于 logistic 回归模型的假定较多，实际中不一定满足，需要考虑使用预测精度较高且不需要任何数据假定条件的机器学习法，在机器学习法中针对两分类问题的模型主要是分类决策树和人工神经网络。本案例将使用此两类方法建立预测模型并分析模型的效果，其建模原理如图 3 所示。

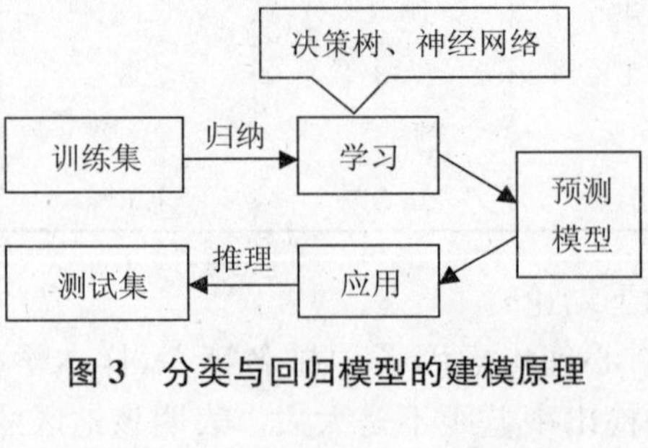


**图 3　分类与回归模型的建模原理**

2. 决策树及主要算法

决策树是基于概率统计的机器学习分类方法，是一种有效的知识获取手段。决策树方法起源于概念学习系统，它是从一个空的决策树开始，通过增加节点，逐渐精化，直到正确分类所有学习样本为止。决策树算法的目的是通过向数据学习，获得输入变量和输出变量不同取值下的数据分类和预测规律，并用于对新数据对象的分类预测。

决策树的基本原理是递归的将数据拆分成子集，以便每一个子集包含目标变量类似的状态，这些目标变量是可预测属性。决策树中的每个内部节点表示在一个属性上的测试，每个分支代表一个测试输出。树的最顶层节点是根节点，而每个叶节点代表类或者类分布。每一次对树进行拆分，都要评价所有的输入属性对可预测属性的影响。当这个递归的过程结束时，决策树也就创建完了，从几何意义上理解，决策树建立的过程就是决策树各个分枝依次形成的过程。在 Clementine 中提供的经典决策树算法包括 C5.0、CART、CHAID 和 QUEST 等。

(1)C5.0 算法。该算法以信息增益率为标准确定最佳分组变量，其核心概念是信息熵，可决策树或规则集。该模型的工作原理是根据在每个级别提供大信息收获的字段分割样本。输出字段必须为分类字段。允许进行多次多于两个子组的分割。

(2)CART 算法。这种算法生成可用于预测或分类未来观测值的决策树。该方法通过在每个步骤大限度降低不纯正度，使用递归分区来将训练记录分割为组。输出和输入字段可以是数字范围或分类(名义、有序或标志)；所有分割均为二元分割(即仅分割为两个子组)。

(3)CHAID 算法。该算法使用卡方统计量来生成决策树，以确定最佳的分割节点。CHAID 与 C&R 和 QUEST 不同，可生成非二元树，意味着有些分割将有多于两个的分支。输出和输入字段可以是数字范围(连续)或分类。

(4)QUEST 算法。这种算法可提供用于构建决策树的二元分类法，此方法的设计目的是减少大型 CART 树分析所需的处理时间，同时也减少在分类树方法中发现的趋势以便支持允许有多个分割的输入。输入字段可以是数字范围(连续)，但输出字段必须是分类。所有分割都是二元的。

3. 决策树建模的构建及分析

(1)数据准备

首先，将数据导入 Clementine。具体操作为：从“源”选项卡中选择“SPSS 文件”节点放入数据流编辑区域，设置正确的读取路径，选取需使用的变量。

然后，定义变量类型以及合理的取值范围，消除由于错误的输入带来的影响。从“字段”选项卡中选择“类型”节点，将该节点连接到相应位置，并设置每个变量的类型及角色(输入输出)，定义其取值以及对用户缺失值用指定值代替。本例中，13 个基本信息变量为输入变量，是否学习焦虑变量为输出变量。

最后，对样本集进行分割，从“字段”选项卡中选择“分区”节点连接到相应的位置，设置训练样本集和测试样本集的百分比分别为 70%与 30%。

(2)建模过程

使用决策树的 4 种算法分别建立决策树模型，并对是否有学习焦虑这个目标变量进行预测。

首先，从“建模”选项卡中分别选择“C5.0、C&R、CHAID 和 QUEST”节点连接到相应位置。

然后，设置节点参数，执行建立模型。节点默认的设置均使用分区数据，并根据算法自身选择最佳分组变量和最佳分割点的准则来生成决策树。同时，为增加模型的准确性，可选择主目标为“增强模型准确性(boosting)”。

建模过程的数据流如图 4 所示。

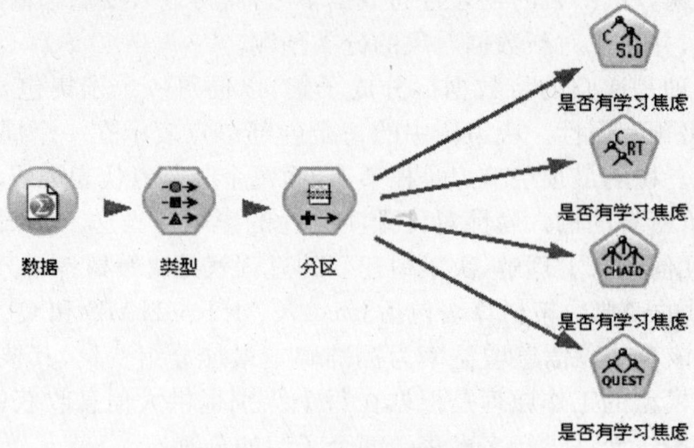


**图 4　决策树建模数据流**

最后，生成变量重要性与决策树。以生成树节点最少的“QUEST”算法进行演示，预测变量重要性与决策树如图 5、图 6 所示。

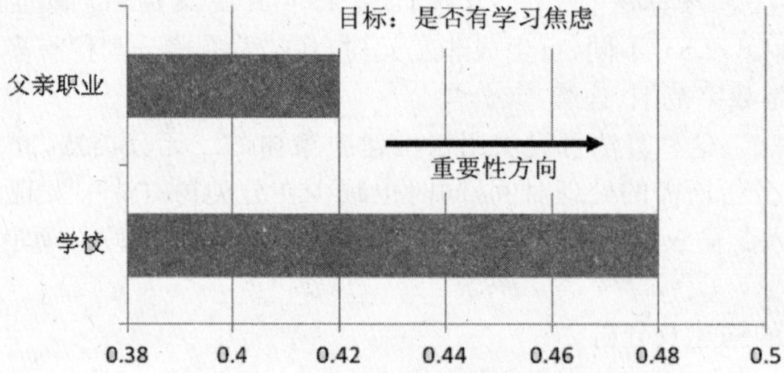


**图 5　QUEST 预测变量重要性**

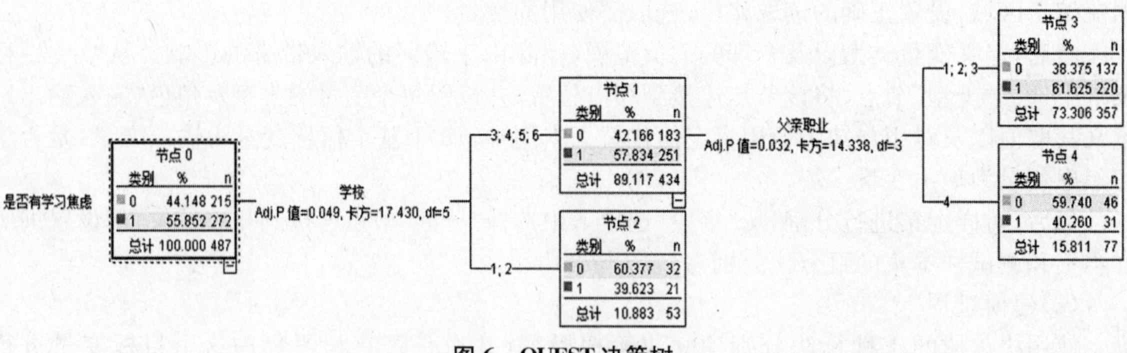


**图 6　QUEST 决策树**

根据 QUEST 算法，对于是否具有学习焦虑而言，最重要的变量是学校，其次是父亲职业，学生所在学校不同，父亲职业不同，是否有学习焦虑状况不同。由决策树(图 6)可知，学校 1、2 的 4－6 年级学生有 60.37%的可能性无学习焦虑；父亲职业为类别 4(即其他类)的学生有 59.74%的可能性无学习焦虑，而父亲职业是农民、农民工及自由职业的学生有 61.63%的可能性有学习焦虑。

其他3种算法，C5.0算法变量重要性前三分别为“父亲职业、是否为独生子女、年级”，C&R算法重要性前三分别为“父亲职业、学校、母亲职业”、CHAID算法重要性前三分别为“学校、父亲职业、是否为独生子女”。综合4种算法，“父亲职业、学校、是否为独生子女”是影响学习焦虑的重要因素。

(3)评价与小结

首先，评估各模型整体性能，进行收益评价。通过“图形”选项卡中的“评估”节点实现。

然后，评价各模型对测试样本集的预测精度，并与训练样本集比较。通过“输出”选项卡中的“分析”节点实现。将增强模型准确性后的4种算法输出的模型与分析节点连接。评估过程的数据流如图7所示。

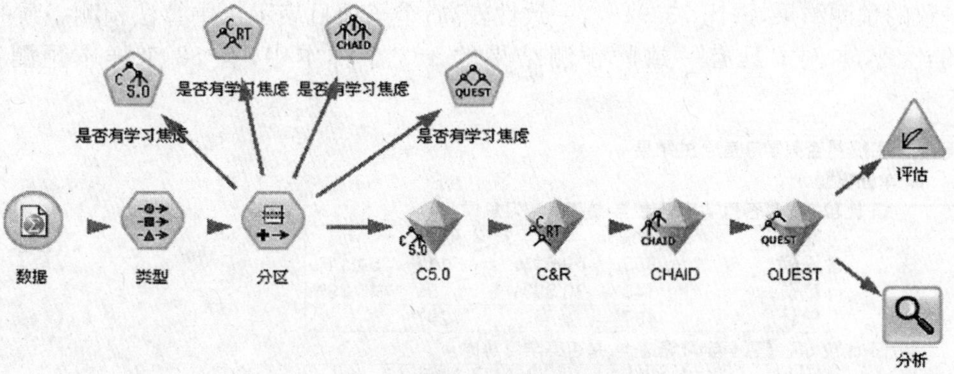


**图7 决策树模型评估数据流**

图8为“评估”节点生成的累积收益图，图中横坐标为百分位点，纵坐标为累积收益(%)。模型的“累积收益”是指指定类别(这里0为无学习焦虑类)样本，在各分位点的数值。理想的收益曲线应在前期迅速的到达较高的累积收益，如本图中最上方的“$BEST—是否有学习焦虑”曲线所示。图中剩余的4条曲线分别依次代表了了“C5.0、C&R、CHAID和QUEST”4种算法构建的决策树模型的累积收益曲线，各模型的曲线与理想曲线的差距越小，则累积收益情况越好，模型预测效果也就越好。

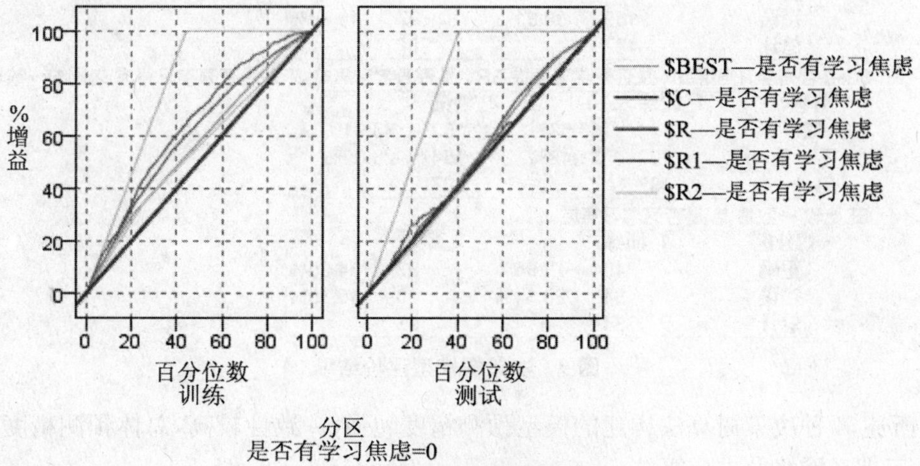


**图8 决策树模型累积收益图**

图8中对于训练样本集的曲线分布普遍高于测试样本集，可见对于训练样本集的效果大大优于测试样本集；对于测试样本集的预测，上述4种算法的收益曲线非常接近，而且离最佳曲线

的距离较远，可见决策树各算法构建的模型性能差异不大，与最佳模型都有一定的差距，需进一步改善。

图 9 为“分析”节点输出结果，作为“评估”节点输出的进一步数据分析，包含 2 部分内容：

第一部分为“单独模型”，输出了 4 个结果，依次代表了“C5.0、C&R、CHAID 和 QUEST”4 种算法构建的决策树模型对测试样本集的预测精度，本例中上述 4 种算法构建的决策树模型对测试样本集的预测精度分别为“54.11%，56.04%，55.56%，53.14%”；

第二部分为“＄C－是否有学习焦虑．＄R－是否有学习焦虑．＄R1－是否有学习焦虑．＄R2－是否有学习焦虑之间的一致性”，输出了 1 个结果和 1 个子项目，其中结果表示上述 4 中算法对测试样本集预测具有一致预测结果的比例，本例中 4 种算法在测试样本集中有 153 个样本具有一致的预测结果，占比 73.91%，一致性较高；个子项目表示 4 中算法预测一致的样本预测正确的比例，本例中具有一致的预测结果的 153 个样本中，有 83 个样本预测正确，占比 54.25%。

输出字段 是否有学习焦虑 的结果

单独模型

比较 $C-是否有学习焦虑 与 是否有学习焦虑

| '分区' | 1_训练 | | 2_测试 | |
|---|---|---|---|---|
| 正确 | 339 | 69.61% | 112 | 54.11% |
| 错误 | 148 | 30.39% | 95 | 45.89% |
| 总计 | 487 | | 207 | |

比较 $R-是否有学习焦虑 与 是否有学习焦虑

| '分区' | 1_训练 | | 2_测试 | |
|---|---|---|---|---|
| 正确 | 314 | 64.48% | 116 | 56.04% |
| 错误 | 173 | 35.52% | 91 | 43.96% |
| 总计 | 487 | | 207 | |

比较 $R1-是否有学习焦虑 与 是否有学习焦虑

| '分区' | 1_训练 | | 2_测试 | |
|---|---|---|---|---|
| 正确 | 301 | 61.81% | 115 | 55.56% |
| 错误 | 186 | 38.19% | 92 | 44.44% |
| 总计 | 487 | | 207 | |

比较 $R2-是否有学习焦虑 与 是否有学习焦虑

| '分区' | 1_训练 | | 2_测试 | |
|---|---|---|---|---|
| 正确 | 298 | 61.19% | 110 | 53.14% |
| 错误 | 189 | 38.81% | 97 | 46.86% |
| 总计 | 487 | | 207 | |

$C-是否有学习焦虑 $R-是否有学习焦虑 $R1-是否有学习焦虑 $R2-是否有学习焦虑 之间的一致性

| '分区' | 1_训练 | | 2_测试 | |
|---|---|---|---|---|
| 一致 | 334 | 68.58% | 153 | 73.91% |
| 不一致 | 153 | 31.42% | 54 | 26.09% |
| 总计 | 487 | | 207 | |

比较 一致性 与 是否有学习焦虑

| '分区' | 1_训练 | | 2_测试 | |
|---|---|---|---|---|
| 正确 | 240 | 71.86% | 83 | 54.25% |
| 错误 | 94 | 28.14% | 70 | 45.75% |
| 总计 | 334 | | 153 | |

**图 9　决策树模型评价结果**

综上所述，4 种决策树算法构建的模型预测精度勉强，一致性较高，总体预测精度较差。

4. 人工神经网络及主要算法

神经网络起源于生物神经研究，其研究的主要对象是人脑，人脑是一个高度复杂的、非线性、并行处理系统，其中大约有 $10^{11}$ 个称为神经元的微处理单元。这些神经元之间相互连接，连

接数目高达 $10^{15}$。人脑具有联想、推理、判断和决策的能力，对人脑活动机理的研究一直是一种挑战。通常认为，人脑智能的核心在于其连接机制，即由于大量简单处理单元（神经元）的巧妙连接，使得人脑成为一个高度复杂的大规模非线性自适应系统。

人工神经网络的种类繁多，从拓扑结构角度划分，可分为：两层神经网络、三层神经网络和多层神经网络；从连接方式角度划分为层间连接和层内连接；从学习方式角度划分为感知机和认知机。

人工神经网络通过定义超平面来实现多值分类，人工神经网络模型的训练过程是一个寻找最佳超平面的过程。

在 Clementine 中使用的是 B－P 反向传播网络和径向基函数网络，其中，B－P 反向传播网络一般有多层训练法、快速训练法、动态削剪法、动态增补法等 4 种算法。

5. 人工神经网络模型构建及分析

（1）数据准备

使用人工神经网络进行建模的数据准备与决策树分析相同，不再复述。

（2）建模过程

使用人工神经网络的 B－P 反向传播网络和径向基网络 2 种方法分别建立模型并对是否有学习焦虑这个目标变量进行预测。

首先，从“建模”选项卡选择“神经网络”节点连接到相应位置。

然后，设置节点参数，执行建立模型。分别选用 B－P 反向传播网络的多层训练法、快速训练法、动态削剪法、动态增补法和径向基网络 5 种算法进行建模。

最后，生成网络结构与敏感性分析。以预测精度最高的“B－P 反向传播网络多层训练法”算法进行演示，网络结构与敏感性分析如图 10 所示。

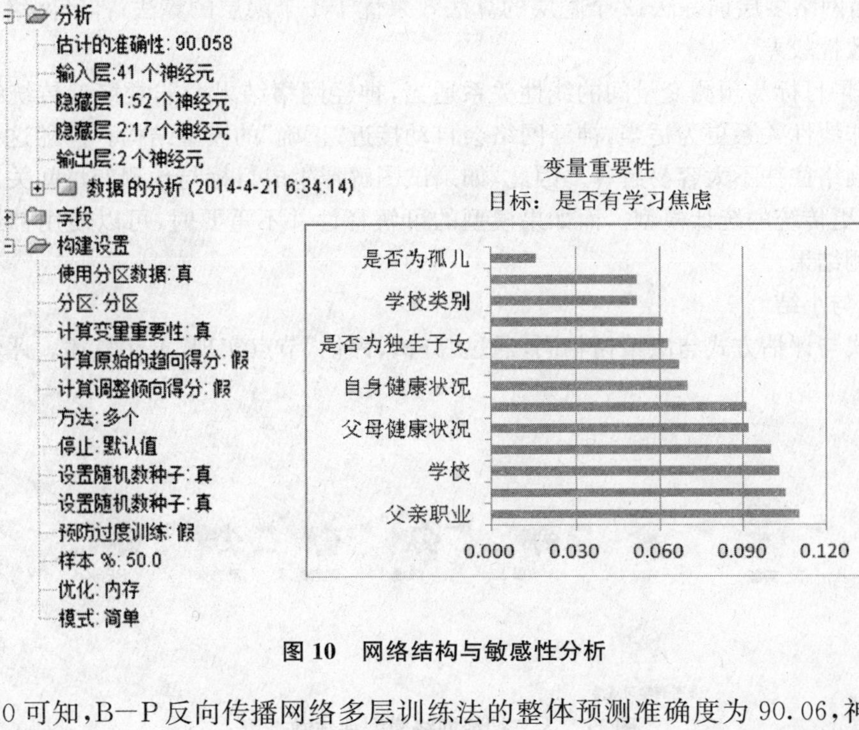


**图 10　网络结构与敏感性分析**

由图 10 可知，B－P 反向传播网络多层训练法的整体预测准确度为 90.06，神经网络结构为 41 个输入神经元，2 个隐层，2 个输出神经元；对于是否具有学习焦虑而言，最重要的变量是父亲职业，其他依次排列是年级、学校、母亲职业、父母健康状况、被抚养方式等。

B—P反向传播网络多层训练法与B—P反向传播快速训练法、网络动态削剪法、动态增补法和径向基网络5种算法(分析过程略)的模型整体预测精度、网络结构和重要性排名前三的变量如表13所示。

**表13　5种神经网络算法模型结果一览表**

| 算法 | 预测精度 | 网络结构 | 重要性前三变量 |
|---|---|---|---|
| B—P多层训练法 | 90.06 | 41个输入神经元<br>2个隐层<br>2个输出神经元 | 父亲职业<br>年级<br>学校 |
| B—P快速训练法 | 61.53 | 41个输入神经元<br>1个隐层<br>2个输出神经元 | 是否单亲家庭<br>自身健康状况<br>是否特困生 |
| B—P动态削剪法 | 57.74 | 6个输入神经元<br>1个隐层<br>2个输出神经元 | 学校 |
| B—P动态增补法 | 73.05 | 41个输入神经元<br>2个隐层<br>2个输出神经元 | 学校<br>被抚养生活方式<br>母亲职业 |
| 径向基网络(RBF) | 55.52 | 41个输入神经元<br>1个隐层<br>2个输出神经元 | 学校<br>父亲健康状态<br>父亲职业 |

由上表13可知，B—P反向传播网络的预测精度整体高于径向基网络，而其中最优的是B—P反向传播网络多层训练法；2个隐层的算法效果优于1个隐层的算法；神经网络各算法的变量重要性一致性较差。

可见，如果目标与预测变量间的线性关系适当，神经网络结果会非常接近传统线性模型的结果。如果非线性关系更为适当，神经网络会自动接近"正确"的模型结构。伴随这种灵活性的缺点是神经网络往往不太容易解释。因此，如果试图解释生成目标与预测变量间关系的底层过程，最好使用更传统的统计模型。而如果模型的可解释性并不重要时，可以使用神经网络以获得良好的预测结果。

(3)评价与小结

评价方式与评估方式与决策树相同，通过"分析、评估"节点实现，不在复述。评估数据流如图11所示。

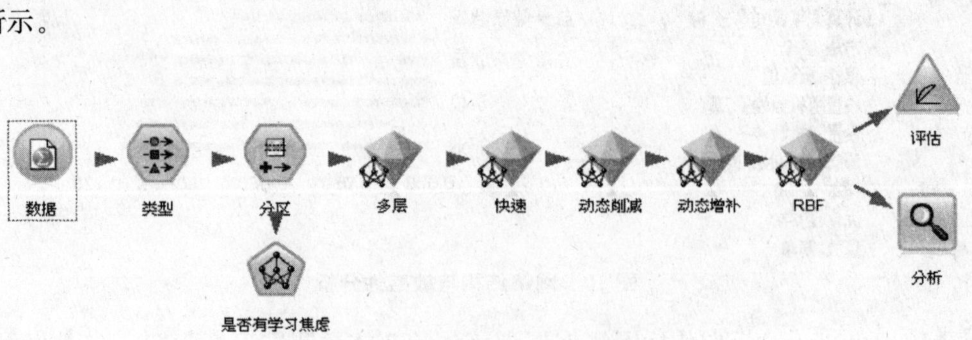


**图11　人工神经网络模型评估数据流**

图 12 为“评估”节点生成的累积收益图。图中最上方的“＄BEST－是否有学习焦虑”曲线为理想的收益曲线，剩余的 5 条曲线分别依次代表了了“B－P 反向传播网络的多层训练法、快速训练法、动态削剪法、动态增补法和径向基网络”5 种算法构建的人工神经网络模型的累积收益曲线。

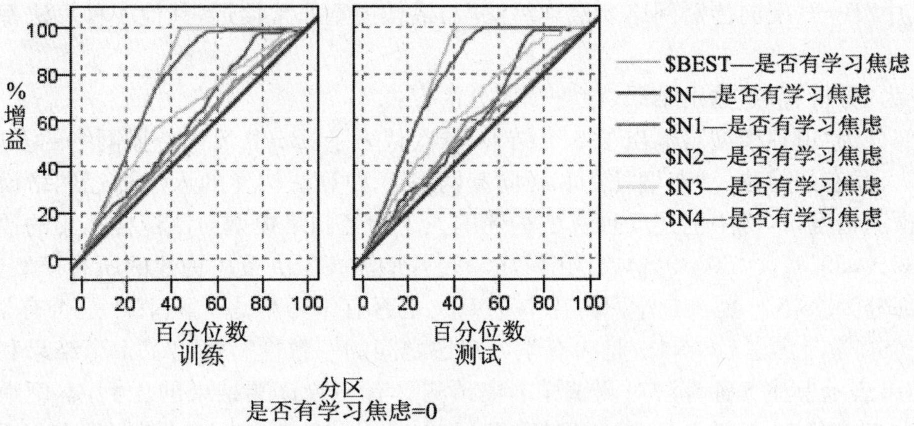


**图 12　人工神经网络模型收益图**

⊟ 输出字段 是否有学习焦虑 的结果

⊟ 单独模型

⊟ 比较 $N-是否有学习焦虑 与 是否有学习焦虑

| '分区' | 1_训练 | | 2_测试 | |
|---|---|---|---|---|
| 正确 | 439 | 90.14% | 186 | 89.86% |
| 错误 | 48 | 9.86% | 21 | 10.14% |
| 总计 | 487 | | 207 | |

⊟ 比较 $N1-是否有学习焦虑 与 是否有学习焦虑

| '分区' | 1_训练 | | 2_测试 | |
|---|---|---|---|---|
| 正确 | 304 | 62.42% | 123 | 59.42% |
| 错误 | 183 | 37.58% | 84 | 40.58% |
| 总计 | 487 | | 207 | |

⊟ 比较 $N2-是否有学习焦虑 与 是否有学习焦虑

| '分区' | 1_训练 | | 2_测试 | |
|---|---|---|---|---|
| 正确 | 279 | 57.29% | 125 | 60.39% |
| 错误 | 208 | 42.71% | 82 | 39.61% |
| 总计 | 487 | | 207 | |

⊟ 比较 $N3-是否有学习焦虑 与 是否有学习焦虑

| '分区' | 1_训练 | | 2_测试 | |
|---|---|---|---|---|
| 正确 | 357 | 73.31% | 150 | 72.46% |
| 错误 | 130 | 26.69% | 57 | 27.54% |
| 总计 | 487 | | 207 | |

⊟ 比较 $N4-是否有学习焦虑 与 是否有学习焦虑

| '分区' | 1_训练 | | 2_测试 | |
|---|---|---|---|---|
| 正确 | 287 | 58.93% | 125 | 60.39% |
| 错误 | 200 | 41.07% | 82 | 39.61% |
| 总计 | 487 | | 207 | |

⊟ $N-是否有学习焦虑 $N1-是否有学习焦虑 $N2-是否有学习焦虑 $N3-是否有学习焦虑 $N4-是否有学习焦虑 之间的一致性

| '分区' | 1_训练 | | 2_测试 | |
|---|---|---|---|---|
| 一致 | 110 | 22.59% | 53 | 25.6% |
| 不一致 | 377 | 77.41% | 154 | 74.4% |
| 总计 | 487 | | 207 | |

⊟ 比较 一致性 与 是否有学习焦虑

| '分区' | 1_训练 | | 2_测试 | |
|---|---|---|---|---|
| 正确 | 103 | 93.64% | 49 | 92.45% |
| 错误 | 7 | 6.36% | 4 | 7.55% |
| 总计 | 110 | | 53 | |

**图 13　人工神经网络模型评价结果**

图 12 中对于训练样本集的曲线分布与测试样本集相似，可见对于人工神经网络对于训练样本集与测试样本集的预测效果基本相当；对于测试样本集的预测，上述 5 种算法收益率曲线中，第一条“B－P 反向传播网络多层训练法”的收益曲线与理想收益曲线非常接近，剩余 4 中算法曲线相对接近，且与理想收益率曲线距离较远。可见人工神经网络各算法构建的模型性能差异较大，其中“B－P 反向传播网络多层训练法”与最佳模型非常接近，其他 4 种算法都有一定的差距。

图 13 为“分析”节点输出结果，包含 2 部分内容：

第一部分为“单独模型”，输出了 5 个结果，依次代表了“B－P 反向传播网络的多层训练法、快速训练法、动态削剪法、动态增补法和径向基网络”5 种算法构建的人工神经网络模型对测试样本集的预测精度，本例中上述 5 种算法构建的人工神经网络模型对测试样本集的预测精度分别为“89.86％，59.42％，60.39％，72.46％，60.39”，整体高于决策树构建的所有模型。

第二部分为“＄N－是否有学习焦虑．＄N1－是否有学习焦虑．＄N2－是否有学习焦虑．＄N3－是否有学习焦虑．＄N4－是否有学习焦虑之间的一致性”，输出了 1 个结果和 1 个子项目，其中结果表示上述 5 种算法对测试样本集预测具有一致预测结果的比例，本例中 5 种算法在测试样本集中有 53 个样本具有一致的预测结果，占比 25.6％，一致性较低；各子项目表示 5 种算法预测一致的样本预测正确的比例，本例中具有一致的预测结果的 53 个样本中，有 49 个样本预测正确，占比 92.45％。

综上所述，5 种人工神经网络算法构建的模型对测试样本集的预测精度相对较好，整体优于决策树模型，尤其是 B－P 反向传播网络多层训练法的预测精度高达 89.86％，是一种较为理想的分类预测模型；但人工神经网络各种算法的一致性较低，因此，给模型择优带来一定的困难。

（四）最优分类预测模型选择与分析结果解释

根据以上数据挖掘建模过程与分析结果，我们最终选择 B－P 反向传播网络多层训练法模型，作为预测学生是否有异常学习焦虑的最优模型，其训练样本预测精度为 90.14％，测试样本预测精度为 89.86％，预测效果优良。由该预测模型分析结果可知：影响小学生学习异常焦虑的主要因素是孩子父亲的职业、所在年级、所在学校、母亲职业、父母健康状况和被抚养方式等。这里，我们再次利用 SPSS 列联表分析功能，比较各因素的实际影响结果，见下图 14 至图 19 所示。

根据图至图 14 至图 19 的数据结果，并结合实地调查研究的情况，我们给出以下解释：

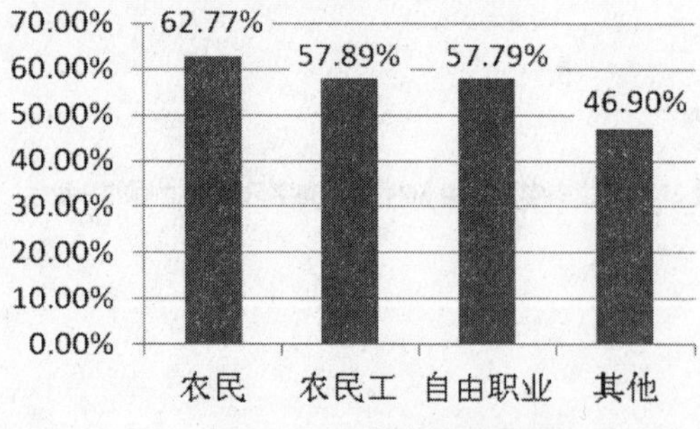


**图 14　父亲职业的影响**

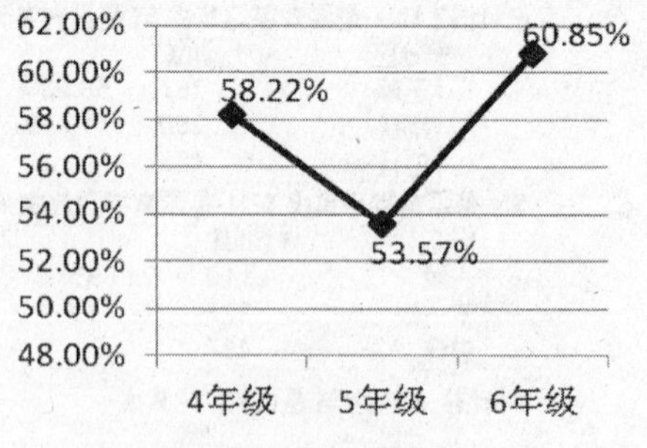


**图 15　所在年级的影响**

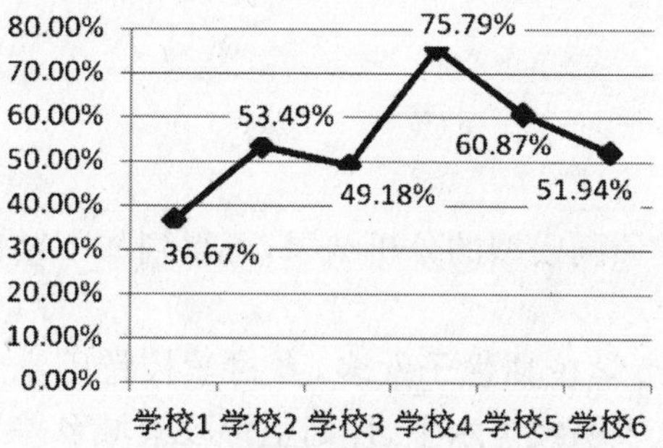


图 16　所在学校的影响

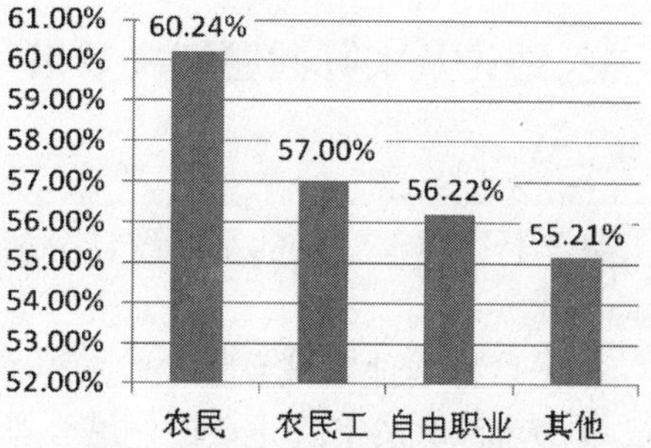


图 17　母亲职业的影响

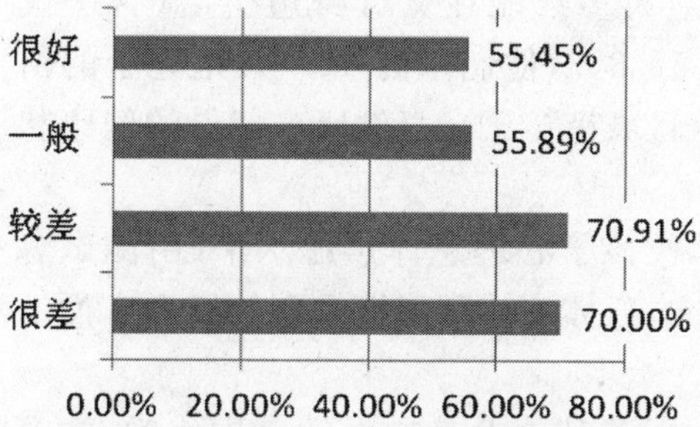


图 18　父母健康状况的影响

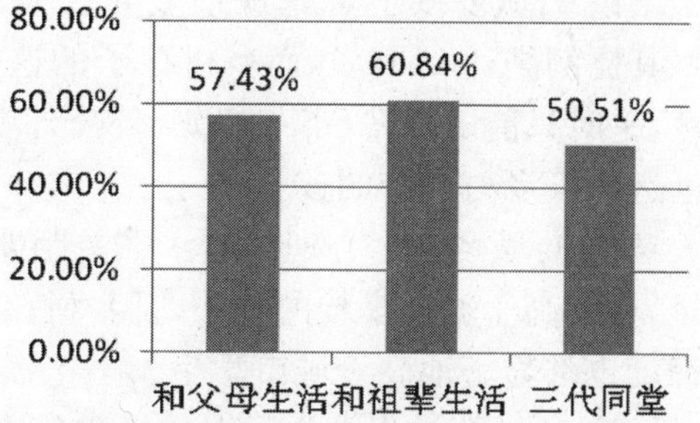


图 19　被抚养方式的影响

①父亲职业为农民的孩子，会承受比其他孩子更重的心理压力，导致学习异常焦虑的比例(62.77%)远高于那些父亲有稳定职业(其他类)的孩子(46.9%)。

②六年级的学生学习异常焦虑程度最深(检出率为 60.85%)，是因为孩子们面临小升初的升学选择，成绩优异的乡村孩子也能升到教学条件和教学水平好的多的城市学校。因此学校老师和家长都会给学生施加学习压力。而四年级学生的学习异常焦虑检出率(58.22%)之所以会高于五年级的学生(53.57%)，是因为多数学校这个年级的学生刚开始在校住宿学习，对环境的一时不适应，以及老师全天候的管教，都会让学生短期产生较重的学习焦虑。

③学生所在学校不同，学习异常焦虑程度相差很大，主要与学校规模的大小有关，与学校领导与老师的教学理念有关。图 16 显示学习异常焦虑程度最轻的学校 1，是六所样本学校中规模最小的，过去教学条件很差，这几年由于得到社会支教志愿者们的大力支持，校长和老师也逐渐接受了快乐教学的理念，学生也相对比较快乐。

④母亲职业为农民的，会更加关注自家孩子的学习成绩，更希望孩子将来能跳出农门，摆脱贫困，因而孩子学习异常焦虑检出率较高(60.24%)；而拥有稳定职业的母亲，自身焦虑程度要远远低于那些做农民的母亲们，因而其孩子的学习异常焦虑程度也要低一些(55.21%)。

⑤图 18 显示，父母身体健康状况的好坏，会导致孩子学习异常焦虑的程度相差很大，身体状况不好(较差与很差类)的父母，其孩子学习异常焦虑检出率高达 70.91%和 70.00%。这表明，要想改善和消除小学生们的心理焦虑问题，当地政府还得积极地创造条件，制定相应政策，从提高大人们的身体健康素质着手，才有可能从根本上解决孩子的心理健康问题。

⑥图 19 结果显示，孩子若能得到更多的长辈们的关爱，如三代同堂生活，那么他们的学习异常焦虑程度就会降低。那些不能与父母一起生活的孩子(即留守儿童)，他们的心理焦虑程度相对要高很多。

## 三、结论及实际问题解决效果

### (一)分析结论

综合上述样本对象的基本统计分析与数据挖掘分类预测模型的分析结果,可得到如下结论与建议:

结论1:样本地区城乡学校生源结构特点不同。城市学校独生子女多,乡村学校特困家庭儿童多,然而,单亲家庭儿童比例城乡学校比较接近。这表明经济水平、计划生育政策城乡差别大,而富裕和贫困都可能是造成家庭破裂的重要原因。

结论2:城乡孩子家庭背景差异较大。城市孩子绝大多数能在父母身边生活(含三代同堂),其比例高达91.4%,而乡村孩子的这个比例只有57.3%,他们中有42.7%是完全的留守儿童,平时只能随祖辈(爷爷奶奶、外公外婆)一起生活,且城市孩子自身健康与父母的健康状况要远远优于乡村学校的孩子。

结论3:城乡学生心理健康水平差距明显。乡村学校孩子心理总体焦虑水平(由测试总分衡量)显著高于城市学校的孩子,且乡村孩子在孤独倾向、身体症状和恐怖倾向等三个方面的焦虑程度也都显著地高于城市学生。

结论4:城乡学生在学习上的异常焦虑程度要远远高于其他七个方面的心理焦虑,学习焦虑成为目前小学高年级学生最为突出的心理健康问题,应引起学生家长、老师、学校及教育主管部门的高度重视。

结论5:依重要性强弱程度,影响小学生学习异常焦虑的主要因素分别是,孩子父亲的职业、所在年级、学校、母亲职业、父母健康状况和被抚养方式等。

综上所述,农村小学生,无论是学习焦虑程度还是心理总焦虑程度,都要比父母有稳定工作的孩子严重得多。

### (二)实际问题解决效果

此次关于小学高年级学生心理健康状况的调研工作,得到了当地教育局的大力支持和配合。综合分析报告的主要内容和结论,也已及时反馈给样本学校和主管部门,并给出了一些有针对性的指导意见。同时,对每个初级样本单元(即4~6年级学生)的八项心理焦虑因子得分与总测试得分(X1~X9)的情况,进行了细致的汇总整理,并已初步建成694名学生的心理健康档案,为样本学校和主管部门今后改善学生心理健康状况,提高学生心理健康水平,提供了非常实用的资料和信息。所构建的学习异常焦虑预测模型,也将为教育部门心理咨询中心和学校老师今后的心理咨询工作带来很大的便利,利用该预测模型,只需将学生的个人信息录入数据库,运行模型,就能迅速判断出该学生是否有异常的学习焦虑。

对该项调查研究的成果,样本学校的校长、班主任老师以及地方教育局领导,都给予了较高的评价。教育局心理咨询中心与课题组已在部署下一阶段的调查,期待这项旨在改善小学生心理健康状况的公益性调研活动,能在更广泛的范围内发挥更大的作用。

## 参考文献

[1] Cowen,E.L..New ways in school mental health:early detection and prevention of school maladaptation[M]. New York:Human Sciences Press,1975.

[2] 肖旻婵.中小学心理健康教育研究:中美比较研究[D].华东师范大学,2005.

[3] CrossRef Mcleod,JD,Shanahan,MJ.Poverty,parenting and children′s mental health.American Sociological Review Jun93,Vol.58 Issue3:351—366 .

[4] 全国22个城市协作调查组.儿童行为问题影响因素分析:22城市协作调查24013名儿童少年报告[J].中国心理卫生杂志,1993,7(1):13—15.

[5] 沃建忠,马红中,等.走向心理健康:发展篇[M].北京:华文出版社,2002:9—10.

[6] 李晓晨.南宁市小学生心理健康现状调查[J].广西教育,2001,4:7—8.

[7] 肖汉仕,苏林雁,肖婧.长沙市内和娄底市农村两所小学3～6年级学生心理健康状况的调查[J].中国临床康复,2005,9(20):112—113.

[8] 梁剑玲.中山市中小学生心理健康状况的调查与研究[J].教育测量与评价,2010(6):41—44.

[9] 程龙,柳友荣.巢湖市中小学生心理健康状况调查[J].中国学校卫生,2009(5):465—466.

[10] 李玲.城乡小学生心理焦虑异常的成因分析及对策[J].职业时空,2010(2):162—164.

[11] 张淑玲,王玉生,周树辉,王培忱.农村小学高年级学生心理健康状况调查[J].中小学心理健康教育,2004(7).

[12] 薛薇,陈欢歌.Clementine数据挖掘方法及应用[M].电子工业出版社,2013:119—208.

[13] 元昌安.数据挖掘原理与SPSS Clementine应用宝典[M].电子工业出版社,2009:98—156.

[14] 张良均.神经网络实用教程[M].机械工业出版社,2008.

[15] 郭晓龙,蒋艳,等.决策树分类模型预测蛋白质相互作用的应用研究[J].生物医学工程学杂志,2013,30(5):952—956.

[16] 徐迎迎.基于分类回归树和神经网络模型的零售商品促销数据分析与探讨[J].大众科技,2013,15(169):22—24.

[17] 林耀斌,杜友福.基于Clementine神经网络的商品促销效果预测模型应用[J].电脑知识与技术,2009,5(34):9790—9792.

[18] 杜松江.基于Clementine的数据挖掘模型评估[J].应用研发·软件设计,2010:263—265.

[19] 熊平.数据挖掘算法与Clementine实践[M].清华大学出版社,2011:145—207.

[20] 胡平,崔文田,等.应用统计分析教学实践案例集[M].清华大学出版社,2007:78—87.

# 附录：小学生心理健康综合测试问卷

请各位同学完整填写以下个人信息（请班主任协助确认）。

姓 名__________；性别______；年级__________；学校________________

你是独生子女吗？□是，□否；　　　　你是孤儿吗？□是，□否

你是单亲家庭儿童吗？□是，□否；　　你是特困家庭儿童吗？□是，□否

你平时和谁一起生活？□和父母；□和爷爷奶奶（外公外婆）；□祖孙三代一起生活

你的身体健康状况怎样？□很好；□一般；□较差；□很差，有严重疾病

你父母的身体健康状况怎样？□很好；□一般；□较差；□很差，有严重疾病

你父亲的职业：□农民；□农民工；□民营企业员工；□国营企业员工；□金融企业员工；□自由职业；□医务人员；□军人；□公务员；□教师

你母亲的职业：□农民；□农民工；□民营企业员工；□国营企业员工；□金融企业员工；□自由职业；□医务人员；□军人；□家庭妇女；□公务员；□教师

亲爱的同学：下面这些测试题是调查你的心情和感受的，不是测验你的智力和学习能力的，与学习成绩无关，答案也没有好坏之分，请按照你平时所想的如实回答。本测验每一问题都只有"是"和"否"两种可供选择答案，请以打"√"的方法将你的回答填入问卷中。

| 序号 | 问　题 | 是 | 否 |
|---|---|---|---|
| 1 | 你夜里睡觉时，是否总想着明天的功课？ | □ | □ |
| 2 | 老师在向全班提问时，你是否会觉得是在提问自己而感到不安？ | □ | □ |
| 3 | 你是否一听说"要考试"心理就紧张。 | □ | □ |
| 4 | 你考试成绩不好时，心理是否感到不快。 | □ | □ |
| 5 | 你学习成绩不好时，是否总是提心吊胆。 | □ | □ |
| 6 | 考试时，当你想不起来原先掌握的知识时，你是否会感到焦虑？ | □ | □ |
| 7 | 你考试后，在没有知道成绩之前，是否总是放心不下。 | □ | □ |
| 8 | 你是否一遇到考试，就担心会考坏。 | □ | □ |
| 9 | 你是否希望考试能顺利通过。 | □ | □ |
| 10 | 你在没有完成任务之前，是否总担心完不成任务？ | □ | □ |
| 11 | 你当着大家的面朗读课文时，是否总是怕读错？ | □ | □ |
| 12 | 你是否认为学校里得到的学习成绩总是不大可靠的？ | □ | □ |
| 13 | 你是否认为你比别人更担心学习？ | □ | □ |
| 14 | 你是否做过考试考坏了的梦？ | □ | □ |
| 15 | 你是否做过学习成绩不好时，受到爸爸妈妈或老师训斥的梦？ | □ | □ |
| 16 | 你是否常常觉得有同学在背后说你坏话？ | □ | □ |
| 17 | 你受到父母评判后，是否总是想不开，放在心上？ | □ | □ |
| 18 | 你在游戏或与别人的竞争中输给对方，是否就不想再干了？ | □ | □ |
| 19 | 人家在背后议论你，你是否感到讨厌？ | □ | □ |
| 20 | 你在大家面前或被老师提问时，是否会脸红？ | □ | □ |
| 21 | 你是否很担心叫你担任班干部？ | □ | □ |
| 22 | 你是否总是觉得好像有人在注意你？ | □ | □ |
| 23 | 在工作或学习时，如果有人注意你，你心里是否紧张？ | □ | □ |

续表

| 序号 | 问　　题 | 是 | 否 |
| --- | --- | --- | --- |
| 24 | 你受到批评时，心里是否总是不愉快？ | □ | □ |
| 25 | 你受到老师批评时，心里是否总是不安？ | □ | □ |
| 26 | 同学们在笑时，你是否也不会笑？ | □ | □ |
| 27 | 你是否觉得到同学家里玩不如在自己家里玩？ | □ | □ |
| 28 | 你和大家在一起时，是否也觉得自己是孤单的一个人？ | □ | □ |
| 29 | 你是否觉得和同学一起玩，不如自己一个人玩？ | □ | □ |
| 30 | 同学们在交谈时，你是否不想加入？ | □ | □ |
| 31 | 你和大家在一起时，是否觉得自己是多余 的人？ | □ | □ |
| 32 | 你是否讨厌参加运动会和文艺演出会？ | □ | □ |
| 33 | 你的朋友是否很少？ | □ | □ |
| 34 | 你是否不喜欢同别人谈话？ | □ | □ |
| 35 | 在人多的地方，你是否觉得很怕？ | □ | □ |
| 36 | 你在排球、篮球、足球、拔河、广播操等体育比赛输了时，是否一直认为自己不好？ | □ | □ |
| 37 | 你受到批评后，是否总是认为自己不好？ | □ | □ |
| 38 | 别人笑你的时候，你是否会认为是自己不用功的缘故？ | □ | □ |
| 39 | 你学习成绩不好时，是否总是认为是自己不用功的缘故？ | □ | □ |
| 40 | 你失败的时候，是否总是认为是自己的责任？ | □ | □ |
| 41 | 大家受到责备时，你是否认为主要是自己的过错？ | □ | □ |
| 42 | 你在乒乓球、羽毛球、篮球、足球、拔河、广播操等体育比赛时，是否一出错就特别留神？ | □ | □ |
| 43 | 碰到为难的事情时，你是否认为自己难以应付？ | □ | □ |
| 44 | 你是否有时会后悔，那件事不做就好？ | □ | □ |
| 45 | 你和同学吵架以后，是否总是认为是自己的错？ | □ | □ |
| 46 | 你心里是否总想为班级做点好事？ | □ | □ |
| 47 | 你学习的时候，思想是否经常开小差？ | □ | □ |
| 48 | 你把东西借给别人时，是否担心别人会把东西弄坏？ | □ | □ |
| 49 | 碰到不顺利的事情时，你心里是否很烦躁？ | □ | □ |
| 50 | 你是否非常担心家里有人生病或死去？ | □ | □ |
| 51 | 你是否在梦里见到过死去的人？ | □ | □ |
| 52 | 你对收音机和汽车的声音是否特别敏感？ | □ | □ |
| 53 | 你心里是否总觉得好像有什么事没有做好？ | □ | □ |
| 54 | 你是否担心会发生什么意外的事？ | □ | □ |
| 55 | 你在决定要做什么事时，是否总是犹豫不决？ | □ | □ |
| 56 | 你手上是否经常出汗？ | □ | □ |
| 57 | 你害羞时是否会脸红？ | □ | □ |
| 58 | 你是否经常头痛？ | □ | □ |
| 59 | 你被老师提问时，心里是否总是很紧张？ | □ | □ |
| 60 | 你没有参加运动，心脏是否经常噗通噗通地跳？ | □ | □ |
| 61 | 你是否很容易疲劳？ | □ | □ |

续表

| 序号 | 问　题 | 是 | 否 |
|---|---|---|---|
| 62 | 你是否很不愿意吃药? | □ | □ |
| 63 | 夜里你是否很难入梦? | □ | □ |
| 64 | 你是否觉得身体好像有什么毛病? | □ | □ |
| 65 | 你是否经常认为自己的身型和面孔比别人难看? | □ | □ |
| 66 | 你是否经常觉得肠胃不好? | □ | □ |
| 67 | 你是否经常咬指甲? | □ | □ |
| 68 | 你是否舔手指头? | □ | □ |
| 69 | 你是否经常感到呼吸困难? | □ | □ |
| 70 | 你去厕所的次数是否比别人多? | □ | □ |
| 71 | 你是否很害怕到高的地方去? | □ | □ |
| 72 | 你是否害怕很多东西? | □ | □ |
| 73 | 你是否经常做噩梦? | □ | □ |
| 74 | 你胆子是否很小? | □ | □ |
| 75 | 夜里,你是否很怕一个人在房间里睡觉? | □ | □ |
| 76 | 你乘车穿过隧道或高桥时,是否很怕? | □ | □ |
| 77 | 你是否喜欢夜里开着灯睡觉? | □ | □ |
| 78 | 你听到打雷声是否非常害怕? | □ | □ |
| 79 | 你是否非常害怕黑暗? | □ | □ |
| 80 | 你是否经常感到后面有人跟着你? | □ | □ |
| 81 | 你是否经常生气? | □ | □ |
| 82 | 你是否不想得到好的成绩? | □ | □ |
| 83 | 你是否会突然想哭? | □ | □ |
| 84 | 你以前是否说过谎话? | □ | □ |
| 85 | 你有时是否觉得,还是死了好? | □ | □ |
| 86 | 你是否一次也没有失约过? | □ | □ |
| 87 | 你是否经常想大声喊叫? | □ | □ |
| 88 | 你是否不愿说出别人不让说的事? | □ | □ |
| 89 | 你有时是否想过自己一个人到遥远的地方去? | □ | □ |
| 90 | 你是否总是很有礼貌? | □ | □ |
| 91 | 你被人说了坏话,是否想立即采取报复行动? | □ | □ |
| 92 | 老师或父母说的话,你是否都照办? | □ | □ |
| 93 | 你心里不开心,是否会乱丢、乱砸东西? | □ | □ |
| 94 | 你是否发过怒? | □ | □ |
| 95 | 你想要的东西,是否就要一定拿到手? | □ | □ |
| 96 | 你不喜欢的课,老师提前下课,你是否感到特别高兴? | □ | □ |
| 97 | 你是否经常想从高的地方跳下来? | □ | □ |
| 98 | 你是否无论对谁都很亲? | □ | □ |
| 99 | 你是否会经常急躁得坐立不安? | □ | □ |
| 100 | 对不认识的人,你是否会都喜欢? | □ | □ |

**答卷已完成,谢谢你!**

(审稿人:陈耀辉　纪　宏　李金昌　阮　敬)

# 余额宝能走多久

## ——以江西省南昌市高校数据为例


姜雯昱　李彭忠　吴　杉

（指导教师：魏和清）

江西财经大学


## 一、案例背景概述

一直以来，传统银行的金融理财产品具有高门槛、高服务费及一定的风险性等特点。因为它们主要的服务对象是少数富有人群，而并不是绝大多数的草根阶层。而余额宝，作为新兴互联网金融行业的产物，其目标群体就是传统银行所忽视的大多数群体——草根阶层。正是由于这部分人群，才创造了余额宝现在的传奇。

随着余额宝规模的不断壮大，它不仅冲击了传统金融业的发展，更引起了广大群众对于余额宝的高度关注。对于余额宝，不同的人有着不同的态度。有人认为余额宝就是趴在银行身上的"吸血鬼"；有人认为余额宝正在变革互联网金融行业的格局，等等。

那究竟余额宝能走多远？余额宝的发展前景如何？通过对阿里巴巴官方公布的数据分析，我们发现余额宝的使用者主要以年轻人为主，其中，大学生又是年轻人的中坚力量。为了更好地分析余额宝的发展前景，本文将以江西省南昌市四大高校的大学生为调查对象，通过发放问卷的方式获取数据来源，对余额宝的使用状况及竞争性进行调查分析。采用定性与定量分析相结合的方法，最终我们认识到余额宝在市场占有量（用户）上会不断的扩充，但其资金规模的发展会遇到瓶颈。

## 二、数据来源及采集方式

### （一）调查对象

支付宝官方数据显示，余额宝的用户大多数以年轻人为主，而大学生正是这群主力军中的中坚力量。因此，基于方案的可实施性，本次调查以江西财经大学、南昌大学、江西农业大学、江西师范大学的在校大学生为调查对象，同时，只对了解余额宝的在校大学生群体进行详细的调查。

### （二）调查方法

本次调查通过发放调查问卷的方式，采用分层抽样和简单随机抽样相结合的方式，以确保采集的数据具有真实性与有效性。首先在4所大学中对不同年级的在校大学生进行分层抽样，了解每个年级学生宿舍的具体位置，选择大部分学生在宿舍的时间，去不同年级的大学生的宿舍进行走访调查，对宿舍的成员随机发放问卷。这样不仅能保证抽样的随机性和公平性，还能提高估计的精度。

（三）问卷体系

前期我们制作了50份的预测试问卷，随机在4所高校进行实验性发放。通过对回收问卷的分析与反馈的信息，在与指导老师多次沟通后，我们根据指导老师的建议对问卷进行多次修改。按照目的性、一致性、明确性、逻辑性的原则，同时考虑到选项的穷尽与互斥关系，我们确定了最终的问卷。

我们根据调查内容，选取了具有代表性的若干子指标，并将其归类为三个一级指标，构成本问卷的指标体系。如表1所示。

**表1　问卷指标体系**

| 主指标 | 余额宝发展前景 | | |
|---|---|---|---|
| 一级指标 | 使用状况 | 二级分指标 | 使用者情况 |
| | | | 使用情况 |
| | | | 重要程度—满意度 |
| | 竞争力 | 二级分指标 | 使用者忠诚度 |
| | | | 与银行竞争 |

（四）样本量的确定与分配

根据样本容量计算公式可得，所需样本的样本量为：$\alpha=0.05$。在总体很大的情况下，$Z=\frac{r-u_r}{\sigma_r}$，它在$\alpha$时达到最大，$\alpha$取0.05，又知样本方差$s$是总体方差S的无偏估计量，得出$x_j$份。

考虑到废卷的存在，确定问卷发放总量为560，定结合比例分配抽样和最优分配抽样决定最终各校样本分配量为南昌大学为140份，江西财经大学为140份，江西师范大学为140份，江西农业大学为140份。

（五）质量控制

为了保证问卷填写的质量，采用面对面交流的调查方式。并在收回每一份问卷之后，率先检查问卷填写是否完整，提高有效的问卷率。经过粗略的审核剔除由于数据不完整等原因造成的无效问卷。在其后的输机过程中继续对问卷的有效性进行进一步的审核。

在录入数据之前，我们对每一份问卷进行编号，其次在EXCEL中进行数据录入，并用冻结窗口、交叉底纹、警戒线标记等方式协助输机者，使其录入问卷的效率与准确性更高；再次，我们将EXCEL中的输入数据导入SPSS中，并逐个检查，找出问卷录入时出现的错误，查核问卷、修正数据。

## 三、统计分析——使用状况

（一）基本数据

1. 数据检验

为了验证我们调查得出的总分是随机的，现采用游程检验方法对余额宝各项性能的重要程度与满意度进行分析，如果余额宝各项性能的重要程度与满意度的数据变动是随机的，可认为该数据是正常的，如果该数据不是随机的，则认为该数据不正常，误差较大。

原假设 H0：总体数据具有随机性

显著性水平：$\alpha=0.05$ 统计量：$Z=\frac{r-u_r}{\sigma_r}$

由表 2 可知，检验值(这里为中位数)为 53，共有样本 181 个，小于和大于等于检验值的样本数各为 74 和 107 个。概率 P 值为 0.588，由于 P 值大于显著性水平 $\alpha$，因此不应拒绝原假设，可以认为总分数据的变动是随机性的。因此，我们的样本具有随机性，符合随机要求。

**表 2 总体分值游程检验**

| | 重要程度与满意度 | | 重要程度与满意度 |
|---|---|---|---|
| Test Valuea | 53 | Number of Runs | 92 |
| Cases < Test Value | 74 | Z | .541 |
| Cases >= Test Value | 107 | Asymp. Sig. (2-tailed) | .588 |
| Total Cases | 181 | | |

a. Median

2. 数据概况

此次调查过程中，调查对象为大学生这一群体，就采取了一对一的校园拦截、站点蹲点方式进行问卷调查，问卷的填写采用面对面的填写方式，严格控制整个调查过程中的调查质量，以保障问卷填写的完整性与有效性。所以在很大程度上提升了整体问卷的回收率和有效率。

经过几天的问卷发放及回收的工作，总共发放问卷 600 份，回收 600 份，其中有效问卷 537 份。其中，南昌大学有效问卷 136 份，江西财经大学有效问卷 139 份，江西师范大学有效问卷 130 份，江西农业大学有效问卷 132 份。问卷总体有效率为 89.5%。各个学校具体发放数量及回收情况如表 3。

**表 3 问卷发放及回收情况**

| 调查区域 | 单位 | 南昌大学 | 江西财经大学 | 江西师范大学 | 江西农业大学 |
|---|---|---|---|---|---|
| 发放数 | 份 | 140 | 140 | 140 | 140 |
| 回收数 | 份 | 140 | 140 | 140 | 140 |
| 回收率 | 份 | 100 | 100 | 100 | 100 |
| 有效问卷 | 份 | 136 | 139 | 130 | 132 |
| 有效率 | 份 | 97.1 | 99.3 | 92.9 | 94.3 |

3. 基本信息

此次调查的在校大学的的男女占调查总人数的比例分别为 48.79%、51.21%。

根据国家统计局 2011 年 4 月 28 日发布的《2010 年第六次全国人口普查主要数据公报(第 1 号)》，男性占 51.3%，女性占 48.7%。可见，此次调查是接近实际男女比例的。

为了反应不同年龄、不同专业背景对余额宝使用的影响，我们选取了年级、专业背景两个基本信息二级指标。

在 537 份问卷中，大一在校大学生有 101 人，占总人数的 18.8%；大二在校大学生有 117

人，占总人数的 21.8%；大三在校大学生有 131 人，占总人数的 24.4%；大四在校大学生 101 人，占总人数的 19.2%；研究生有 85 人，占总人数 15.8%。具体人数分布见图 1。

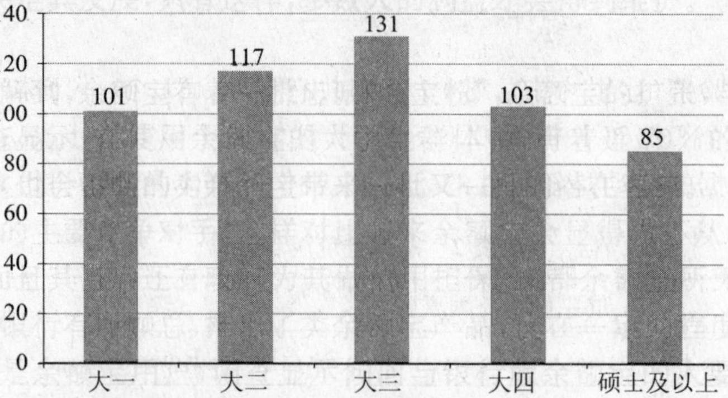


**图 1　年级构成**

537 份问卷中，具有经济管理类专业知识背景的大学生有 217 人，占总人数的 40.4%；具有理工类专业知识背景的大学生有 202 人，占总人数的 37.6%；剩下的具有其他专业知识背景的大学生 118 人，占总人数的 22.0%。具体人数分布见图 2。

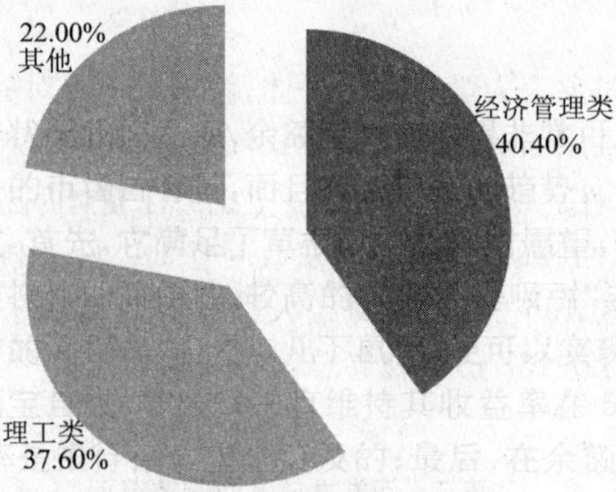


**图 2　专业构成**

（二）使用现状

1. 市场占有

余额宝的使用人群主要集中在年轻的群体中，大学生是年轻群体最有力的代表。通过调查了解余额宝在大学生群体中的发展状况，用来折射出余额宝的发展前景。

在这次调查中，我们从所有受访者了解中，有 33.7% 的大学生了解并且使用余额宝，58.8% 的大学生是了解了但未去使用，只有 7.4% 的人表示没有听说过余额宝，如图 3 所示。

通过调查的数据我们发现，余额宝自 2013 年 6 月份成立以来在大学生中的市场中已取得了三分之一的市场占有率，足以见得余额宝发展的迅速性。

为了解余额宝的使用情况与大学生所在学校以及所学专业是否存在关联，我们将使用情况与学校、专业分别做了交叉列联表分析和卡方检验。

从表 4 中我们发现，对于余额宝的使用状况，江西财经大学的使用比例是最高的，达到了 40.3%，没有听说过余额宝的比例是最低的，只有 3.6%。而南昌大学、江西师范大学、江西农业大学三所大学在校大学生使用余额宝的比例分别为 30.1%、28.5%、35.6%。都比江西财经

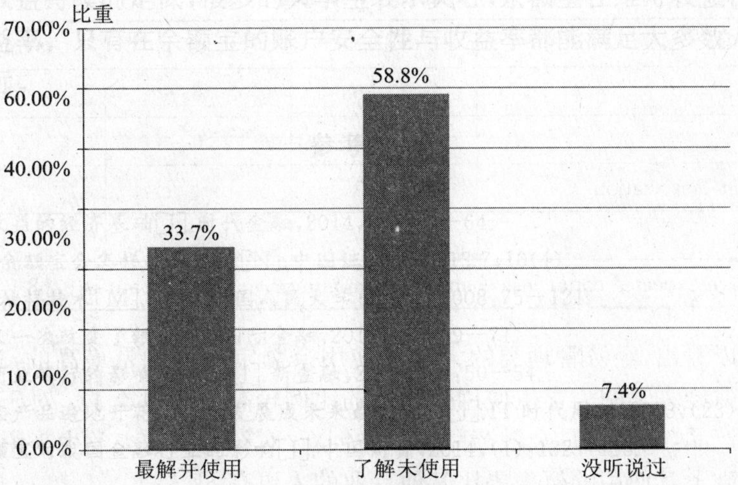


**图 3　了解情况**

大学的使用比例要低。为了解大学生所在的学校与其使用余额宝的状况是否存在关系，下面用大学生所在的学校与其使用余额宝的状况做卡方检验。

**表 4　学校与了解情况的交叉列联表**

| | | | 是否了解余额宝 | | | Total |
|---|---|---|---|---|---|---|
| | | | 了解并使用 | 了解但未使用 | 没听说过 | |
| 学校 | 江西财经大学 | Count | 56 | 78 | 5 | 139 |
| | | % within 学校 | 40.3% | 56.1% | 3.6% | 100.0% |
| | | % within 是否了解余额宝 | 30.9% | 24.7% | 12.5% | 25.9% |
| | 南昌大学 | Count | 41 | 85 | 10 | 136 |
| | | % within 学校 | 30.1% | 62.5% | 7.4% | 100.0% |
| | | % within 是否了解余额宝 | 22.7% | 26.9% | 25.0% | 25.3% |
| | 江西师范大学 | Count | 37 | 77 | 16 | 130 |
| | | % within 学校 | 28.5% | 59.2% | 12.3% | 100.0% |
| | | % within 是否了解余额宝 | 20.4% | 24.4% | 40.0% | 24.2% |
| | 江西农业大学 | Count | 47 | 76 | 9 | 132 |
| | | % within 学校 | 35.6% | 57.6% | 6.8% | 100.0% |
| | | % within 是否了解余额宝 | 26.0% | 24.1% | 22.5% | 24.6% |
| Total | | Count | 181 | 316 | 40 | 537 |
| | | % within 学校 | 33.7% | 58.8% | 7.4% | 100.0% |
| | | % within 是否了解余额宝 | 100.0% | 100.0% | 100.0% | 100.0% |

从表 5 中可以看出，Pearson 卡方检验的卡方值为 10.985，其所对应的概率为 0.089，在显著性水平为 5%的情况下，并未通过检验。说明大学生所在学校这个因素并未显著性的影响余额宝的使用。但在表 4 可以看出，江西财经大学的在校大学生使用余额宝的比例是最高的，因此，我们猜测专业对大学生使用余额宝有影响，接下来我们对大学生的专业类别与了解使用情况进行交叉列联表分析。

**表 5　卡方检验**

| | Value | df | Asymp. Sig. (2—sided) |
|---|---|---|---|
| Pearson Chi-Square | 10.985a | 6 | .089 |
| Likelihood Ratio | 10.930 | 6 | .091 |
| Linear—by—Linear Association | 1.893 | 1 | .169 |
| N of Valid Cases | 537 | | |

a. 0 cells (.0%) have expected count less than 5. The minimum expected count is 9.68.

通过表 6 可以看出，经济管理类的大学生使用余额宝的比例是最高的，达到了 39.6%，这个可以解释江西财经大学的大学生使用余额宝的比例较高这一现象了。对于经管类的学生，他们更加关注金融产品，余额宝是金融产品的一种创新，对经管类的大学生来说接触的机会更多，所以在了解的基础上其使用的概率要比其他专业的人更高。

**表 6　专业类别与了解情况的交叉列联表**

| | | | 是否了解余额宝 | | | Total |
|---|---|---|---|---|---|---|
| | | | 了解并使用 | 了解但未使用 | 没听说过 | |
| 专业类别 | 经济管理类 | Count | 86 | 123 | 8 | 217 |
| | | % within 专业类别 | 39.6% | 56.7% | 3.7% | 100.0% |
| | | % within 是否了解余额宝 | 47.5% | 38.9% | 20.0% | 40.4% |
| | 理工类 | Count | 62 | 120 | 20 | 202 |
| | | % within 专业类别 | 30.7% | 59.4% | 9.9% | 100.0% |
| | | % within 是否了解余额宝 | 34.3% | 38.0% | 50.0% | 37.6% |
| | 其他 | Count | 33 | 73 | 12 | 118 |
| | | % within 专业类别 | 28.0% | 61.9% | 10.2% | 100.0% |
| | | % within 是否了解余额宝 | 18.2% | 23.1% | 30.0% | 22.0% |
| Total | | Count | 181 | 316 | 40 | 537 |
| | | % within 专业类别 | 33.7% | 58.8% | 7.4% | 100.0% |
| | | % within 是否了解余额宝 | 100.0% | 100.0% | 100.0% | 100.0% |

由表 7 可以看出，卡方检验的卡方值为 11.251，对应的概率为 0.024，在显著性水平为 5% 的前提下，通过了检验，这也说明专业类别确实对大学生的使用余额宝情况有显著性影响。

**表 7　卡方检验**

| | Value | df | Asymp. Sig. (2—sided) |
|---|---|---|---|
| Pearson Chi-Square | 11.251a | 4 | .024 |
| Likelihood Ratio | 11.892 | 4 | .018 |
| Linear—by—Linear Association | 8.842 | 1 | .003 |
| N of Valid Cases | 537 | | |

a. 0 cells (.0%) have expected count less than 5. The minimum expected count is 8.79.

2. 了解途径

余额宝是个新生的事物,其发展的速度如此之快,与其扩散的途径存在着很大的关联。如图 4 所示,通过网络了解到余额宝的学生占了一半以上,高达 54.22%,而通过身边的人了解到余额宝的学生达到了 33.42%,有小部分的学生是通过新闻媒体来了解到余额宝的,只占了 11.65%。余额宝是互联网金融的产品,其发展正是因为很好的利用了互联网。下面我们来看下大学生了解余额宝的途径与其使用状况间的关系。

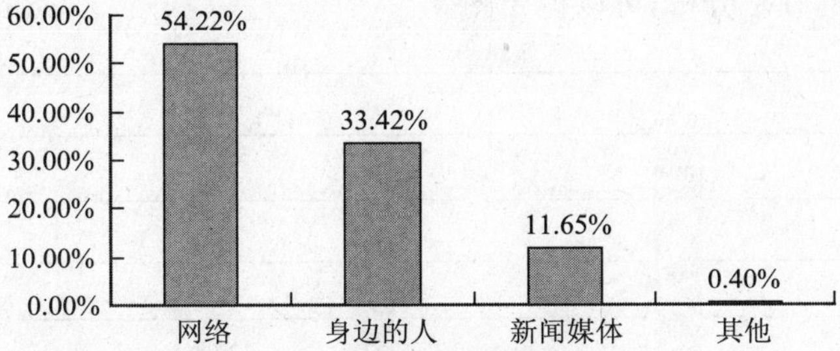


**图 4　了解余额宝途径**

从表 8 表中发现,通过网络了解到余额宝的大学生中使用比例是最高的,达到了 61.9%,这也说明互联网对人们的理财有非常大的影响,为未来金融业的发展提供了一个新的途径。

**表 8　了解渠道功能与使用情况的交叉列联表**

| | | | 是否了解余额宝 | | Total |
|---|---|---|---|---|---|
| | | | 了解并使用 | 了解但未使用 | |
| 了解余额宝的渠道 | 朋友同学 | Count | 54 | 114 | 168 |
| | | % within 是否了解余额宝 | 29.8% | 36.1% | 33.8% |
| | 新闻媒体 | Count | 14 | 43 | 57 |
| | | % within 是否了解余额宝 | 7.7% | 13.6% | 11.5% |
| | 网络 | Count | 112 | 158 | 270 |
| | | % within 是否了解余额宝 | 61.9% | 50.0% | 54.3% |
| | 其他 | Count | 1 | 1 | 2 |
| | | % within 是否了解余额宝 | .6% | .3% | .4% |
| Total | | Count | 181 | 316 | 497 |
| | | % within 是否了解余额宝 | 100.0% | 100.0% | 100.0% |

从表 9 中可以看出,关于了解渠道与使用情况交叉列联表的卡方检验的概率值为 0.047,在显著性水平为 5%的前提下,通过了显著性检验。说明了解渠道对于余额宝的了解使用情况存在着显著的影响。

**表 9　卡方检验**

| | Value | df | Asymp. Sig. (2−sided) |
|---|---|---|---|
| Pearson Chi-Square | 7.935a | 3 | .047 |
| Likelihood Ratio | 8.117 | 3 | .044 |
| Linear−by−Linear Association | 4.660 | 1 | .031 |
| N of Valid Cases | 497 | | |

a. 2 cells (25.0%) have expected count less than 5. The minimum expected count is. 73.

由此我们可以得出，网络是余额宝传播的主要途径，而且余额宝本身也是属于互联网金融产品中的一种，这是它得天独厚的内在优势。它通过与支付宝相关联，使得那些使用支付宝进行网上付款的人们关注到它，并不断发展壮大。

3. 使用原因

对于余额宝的使用者，了解使用群体对于使用余额宝的原因是有利于余额宝的推广和发展，同时也能发现余额宝的一些优势以及不足之处。针对问卷所设计的关于使用余额宝的原因这个多选题进行选项的频率分析，可以得出图 5。

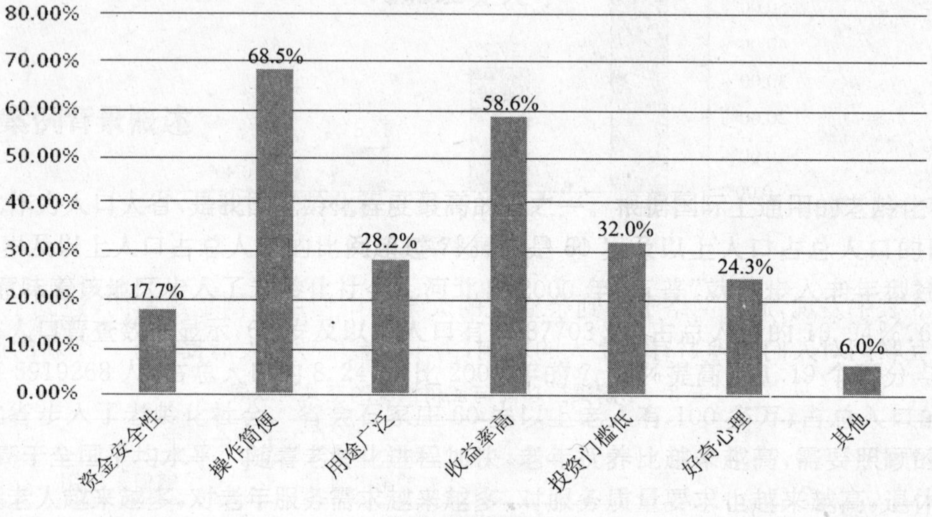


**图 5　使用原因**

从图 5 中我们可以看出，操作简便和高收益率这两个因素是吸引大学生使用余额宝的主要原因。我们可以通过把资金从支付宝中转移到余额宝中，操作比较简便，不需要收取手续费，而且收益率普遍比银行的定期存款高，还能每日结算。这样操作方便轻松又能赚钱的特点吸引了那些支付宝里有闲散资金的大学生。然而余额宝的其他一些特性，如用途广泛和投资门槛低，并不是能够吸引到大学生最主要原因。其原因很容易发现，学生把资金投入到余额宝中是为了赚取利益，若是投入的资金很少，就不会产生比较大的收益，所以一般人投入的资金都会为了产生收益而投入相应的资金，余额宝所设的门槛就显得没那么重要了；再者说余额宝的用途，虽然用途很广泛，但是对于大学生来说，大部分人仅仅是把余额宝的资金调回到支付宝来进行网购或者其他支付，所以余额宝广泛的用途并不能吸引大学生；同时我们也发现了有一部分的同学是出于对余额宝这类新兴理财产品的好奇而去使用它，对于资金安全性，绝大部分的学生都没有因为这个特性而选择使用余额宝，然而对于金融产品，资金的安全是首要的问题，可见余额宝的资金安全性有待提高。

4. 关注频率

余额宝是一种理财产品，既然是理财产品，其收益率必然是人们所考虑在内的。余额宝的收益每天都会更新，并且会及时的发放到每个账户。基于这点，我们来看下大学生对余额宝收益的关注程度。

在 181 位在校大学生中(余额宝的使用者)，有 33 位在校大学每天都关注余额宝的收益，有 133 位在校大学生会偶尔看下收益率，只有 15 为在校大学生对余额宝的收益不关注。关注余额宝收益情况的在校大学生占到总人数的 90%以上。具体人数见图 6。

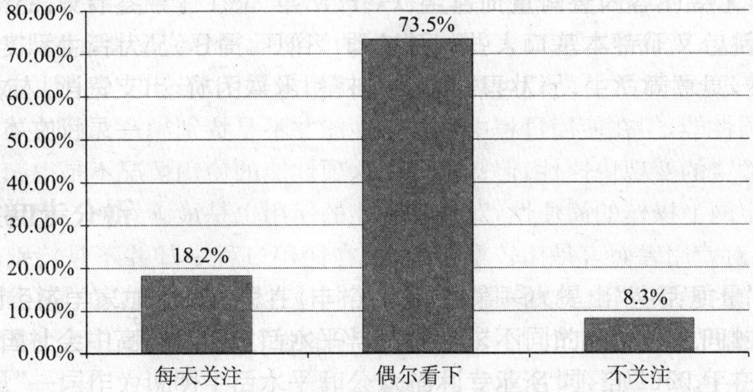


**图 6　关注频率**

对于不关注余额宝收益的 15 为在校大学生，再来看下其可支配资金投入到余额宝的情况。可以发现，对于不关注余额宝收益情况的大学生，其投入到余额宝中的可支配资金的比例是比较低的，投入到余额宝中的可自配资金在 20%以下的人数比例接近 70%。具体人数比例见表 10。

**表 10　倾向于把多少比例的可支配资金投入余额宝**

| | | Frequency | Percent | Valid Percent | Cumulative Percent |
|---|---|---|---|---|---|
| Valid | 20%以下 | 10 | 66.7 | 66.7 | 66.7 |
| | 20%—40% | 1 | 6.7 | 6.7 | 73.3 |
| | 40%—70% | 2 | 13.3 | 13.3 | 86.7 |
| | 70%以上 | 2 | 13.3 | 13.3 | 100.0 |
| | Total | 15 | 100.0 | 100.0 | |

（三）使用重要程度——满意度

本节主要是针对在大学生群体中，他们对于余额宝各种性能满意程度和重要程度评价的分析，其中包括账户资金的安全性、网上操作的简便性、用途的广泛性、较高收益性、手机操作的强移动性和变现的快速性这六项指标。我们采用李克特(Likert)编制法，把使用者评价分为五个选项，为每个指标的各选项设定相应的分值，分别是：5＝完全同意，4＝重要，3＝一般重要，2＝不重要，1＝非常不重要。

1. 各性能重要程度——满意度综合简述

首先，我们对各性能重要程度——满意度的值进行汇总，如表 11 所示。

**表 11　重要程度—满意度赋值汇总**

| | N | 重要程度 | 满意程度 |
|---|---|---|---|
| 账户资金的安全性 | 181 | 897 | 672 |
| 网上操作的简便性 | 181 | 773 | 760 |
| 用途的广泛性 | 181 | 712 | 697 |
| 获得较高收益 | 181 | 769 | 670 |
| 手机操作的强移动性 | 181 | 729 | 709 |
| 变现的快速性 | 181 | 820 | 643 |

从表 11 中可以看出，就重要程度而言，账户资金的安全性得分值最高，变现的快速性其次，而四项分值差异不大；就满意程度而言，网上操作的简便性得分值最高，而变现的快速性得分最低，而账户资金的安全性次之。我们可以总结出，使用者认为资金的安全性能是他们在使用过程中最看重的一项性能，但在使用过程中对这项性能并不是特别满意。而使用者第二比较看重的一项性能是余额宝的变现快速性，但却仍然对这项性能的使用情况不是很满意。第三比较看重的性能是余额宝网上操作的简便性，对这项性能的使用也是最满意的。使用余额宝能获得较高收益，这一性能对使用者而言是比较重要的，但在使用过程中却并不是特别的满意。用途的广泛性与手机操作的强移动性，这两项性能较之于其他性能，对被调查的使用者而言，不是特别重要，但对其使用情况都较为满意，尤其是手机操作的强移动性。为了更清晰形象地展现数据结果，特别制作了雷达图。如图 7 所示。

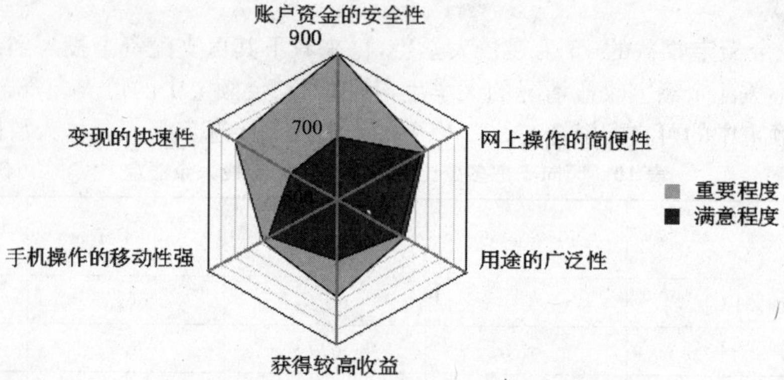


**图 7　各性能重要程度—满意程度的雷达图**

2. 各性能重要程度影响因素分析

对于余额宝的使用人群，其究竟认为哪些性能更加重要？不同的人是否具有不同的性能偏好呢？下面我们将对各性能重要程度的影响因素进行深入分析。

通过对各性能重要程度的得分情况进行基础统计描述分析，得到下表 12。如表 12 所示，账户资金安全性的均值最大，为 4.96，标准差较小，为 0.295。进一步说明账户资金的安全性对被调查的使用者来说是最为重要的一项性能。用途的广泛性这项性能的均值最小，为 3.93，此项对被调查的使用者来一般重要。

**表 12　各性能重要程度影响因素的描述统计量**

| | N | 极小值 | 极大值 | 均值 | | 标准差 |
|---|---|---|---|---|---|---|
| | 统计量 | 统计量 | 统计量 | 统计量 | 标准误 | 统计量 |
| 账户资金安全性的重要程度 | 181 | 2 | 5 | 4.96 | .022 | .295 |
| 网上操作的简便性的重要程度 | 181 | 3 | 5 | 4.27 | .051 | .682 |
| 使用广泛性的重要程度 | 181 | 1 | 5 | 3.93 | .059 | .793 |
| 获得较高收益的重要程度 | 181 | 2 | 5 | 4.25 | .060 | .809 |
| 手机操作可移动性强的重要程度 | 181 | 1 | 5 | 4.03 | .065 | .872 |
| 变现快速性的重要程度 | 181 | 3 | 5 | 4.53 | .049 | .663 |
| 有效的 N（列表状态） | 181 | | | | | |

3. 各性能满意度分析

在使用余额宝的过程中，使用者对于余额宝的各项性能都有很直观的体验。那在使用过程中，使用者对余额宝的各项性能的满意程度如何？不同的使用群体对哪些性能更加满意？为此，我们对余额宝各项性能的满意程度进行深入分析。

通过对各性能满意程度进行基础统计描述，得到表 13。从表中可知，网上操作的简便性均值最高，为 4.20，即受调查者普遍对余额宝网上操作的简便性感觉到非常满意。其次是手机操作的强移动性，均值为 3.92，对此性能较为满意。均值最低的为变现的快速性，为 3.55，对此项性能一般满意。这可能是由于余额宝的出现使传统银行纷纷出台限制变现最高金额的规定，使使用者对此项性能满意度的均值较于其他性能而言，较为低。用途的广泛性和手机操作的强移动性均值相差不大，都属于较为满意。

**表 13　各性能满意度的描述统计量**

| | N | 极小值 | 极大值 | 均值 | | 标准差 |
|---|---|---|---|---|---|---|
| | 统计量 | 统计量 | 统计量 | 统计量 | 标准误 | 统计量 |
| 账户资金的安全性 | 181 | 1 | 5 | 3.71 | .054 | .727 |
| 网上操作的简便性 | 181 | 2 | 5 | 4.20 | .052 | .703 |
| 用途的广泛性 | 181 | 2 | 5 | 3.85 | .058 | .785 |
| 获得较高的收益 | 181 | 1 | 5 | 3.70 | .062 | .836 |
| 手机操作的强移动性 | 181 | 2 | 5 | 3.92 | .061 | .822 |
| 变现的快速性 | 181 | 2 | 5 | 3.55 | .072 | .962 |
| 有效的 N（列表状态） | 181 | | | | | |

4. 重要程度——满意程度四分图模型

四分图模型又称重要因素推导模型，是一种偏于定性研究的诊断模型。首先通过调研和访谈列出余额宝各种性能的所有评价项目，对每个评价项目设重要度和满意度两个属性，然后根据余额宝的使用具体情况，要求被调查者对相应指标的满意程度及重要程度的打分，将影响余额宝使用满意度的各因素归进四个象限内，按归类结果对这些因素分别处理，最后汇总得到一个大学生余额宝使用整体的满意度值。

在实际绘图时，通过将各项指标的满意程度和重要程度得分标准化，将直角坐标平面分为四个象限，分别对应四分图模型的四个区域，即：

第一象限——优势区（高重要性、高满意度）：指标分布在这些区域时，表示对使用余额宝的大学生来说，这些指标是重要的关键性因素，被调查者目前对这些指标的满意度评价也较高，这些优势指标需要继续保持并发扬。使之成为余额宝的优势。

第二象限——维持区（低重要性、高满意度）：满意度评价较高，但对使用余额宝的大学生来说不是最重要的因素，属于次要优势（又称锦上添花因素），对于这些指标一方面余额宝运营商可以注意发挥这些指标的优势，使之向保持区变化，另一方面由于其对余额宝运营商当前的实际作用不大，如果从资源的有效分配考虑，可以先从该部分做起。

第三象限——机会区（低重要性、低满意度）：指标分布在这些区域时，代表着这一部分指标对使用余额宝的大学生来说不是最重要的，而满意度评价也较低，但对余额宝运营商的影响并不很大，因此不是现在最急需解决的问题，没有必要投入大量的精力，可以暂时将其忽略。

第四象限——修补区(高重要性、低满意度):指标分布在这些区域,表示这些指标对使用余额宝的大学生来说是重要的,但当前余额宝在这些方面的表现比较差,被调查者的满意度评价较低,需要重点修补、改进。

(1)计算各项指标的满意程度得分

根据公式计算每项指标的满意程度

$$S_i=\sum_{j=1}^{5}x_j y_{ij}\quad (i=1,2,3,4,5,6) \tag{1}$$

其中,$S_i$:第 $i$ 个指标的满意程度;

$i$:影响使用者满意的指标个数;

$x_j$:指标相对重要性为 $j$ 时所对应的分值;

$j$:评价各指标相对重要性的分类等级;

$y_{ij}$:认为第 $i$ 项指标重要度为 $j$ 级的使用者占总人数的比例。

计算出结果见表 14。

(2)计算各项指标的重要程度得分

根据公式计算每项指标的重要程度

$$I_i=\sum_{j=1}^{5}m_j n_{ij}\quad (i=1,2,3,4,5,6) \tag{2}$$

其中,$I_i$:第 $i$ 个指标的重要程度;

$i$:影响使用者重要程度的指标个数;

$m_j$:指标相对重要性为 $j$ 时所对应的分值;

$j$:评价各指标相对重要性的分类等级;

$n_{ij}$:认为第 $i$ 项指标满意度为 $j$ 级的使用者占总人数的比例。

计算出结果见表 14。

(3)计算余额宝总体使用满意度指数(CSI)

以各项指标的相对重要程度为权重,计算各指标满意程度的加权平均数 $w_i$,从而得出 CSI 指数。

$$w_i=\frac{I_i}{\sum_{i=1}^{6}I_i} \tag{3}$$

$$CSI=\sum_{i=1}^{6}s_i w_i \tag{4}$$

最后计算得出 $CSI=3.82$

根据 CSI 指数,可知大学生对余额宝各性能满意程度较为满意,为 3.82。若将其化为百分制为 76.31,处于中上水平。

(4)绘制重要程度——满意程度四分图模型

首先根据公式计算出各项指标的满意程度和重要程度的标准化得分,其中满意程度标准得分记 $S_i'$,重要程度标准得分记 $I_i'$。

各项指标的满意程度标准化得分公式:

$$I_i'=\frac{I_i-\bar{I}}{\sqrt{\frac{1}{6-1}\sum_{i=1}^{6}(I_i-\bar{I})^2}} \tag{5}$$

各项指标的重要程度标准化得分公式：

$$S_i'=\frac{S_i-\bar{S}}{\sqrt{\frac{1}{6-1}\sum_{i=1}^{6}(S_i-\bar{S})^2}} \tag{6}$$

得出标准化后结果见表 14。

**表 14　各指标满意程度和重要程度得分及标准化得分**

| 指　标 | 满意程度得分 $S_i$ | 满意程度标准化 $S'_i$ | 重要程度得分 $I_i$ | 重要程度标准化 $I_i$ | 重要程度权重 $w_i$ |
|---|---|---|---|---|---|
| 账户资金的安全性 | 3.71 | −0.48 | 4.95 | 1.69 | 0.19 |
| 网上操作的简便性 | 4.19 | 1.68 | 4.27 | −0.15 | 0.16 |
| 用途的广泛性 | 3.85 | 0.12 | 3.93 | −1.06 | 0.15 |
| 获得较高收益 | 3.70 | −0.53 | 4.24 | −0.21 | 0.16 |
| 手机操作强移动性 | 3.91 | 0.42 | 4.02 | −0.80 | 0.15 |
| 变现的快速性 | 3.55 | −1.20 | 4.53 | 0.54 | 0.17 |

以标准化的得分重要程度为纵坐标，标准化的满意程度得分为横坐标，画散点图，所得图形即为分析大学生余额宝使用重要程度——满意程度的四分图模型。四分图如图 8 所示。

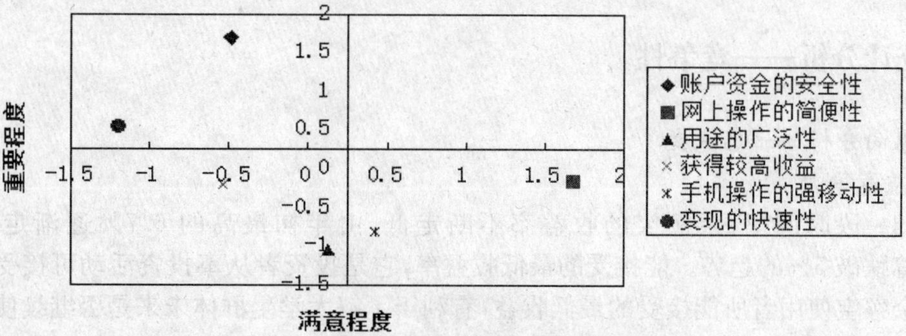


**图 8　重要程度—满意程度矩阵图**

从图 8 可看出，余额宝作为一个新兴的互联网金融产品，其账户资金的安全性能和变现的快速性都落在第四象限(修补区)，即满意度评价较低，但对使用余额宝的大学生来说是比较重要的因素，尤其是账户资金的安全性能，其在图中表现出高重要性低满意度，余额宝今后要将重心放于提高这两项性能上，该两项指标满意程度的提高将会改进大学生用户对余额宝的总体满意程度。获得收益较高性和用途的广泛性两项性能落在第三象限(机会区)，即表明这两项指标对使用余额宝的大学生来说不是最重要的，而满意度评价也较低，但对余额宝的影响并不很大，因此不是现在最急需解决的问题。落在第二象限的是网上操作的简便性和手机操作的强移动性。说明此两项性能满意度评价较高，但对使用余额宝的大学生来说不是最重要的因素，属于锦上添花因素。因此,对于这些指标一方面余额宝可以注意发挥其优势,另一方面,从资源的有效分配考虑,余额宝可以先从该部分做起。

(四) 小结

通过此次调查我们发现,余额宝在南昌市的高校中取得了三分之一的市场占有量,这足以说明余额宝扩张的迅速性。进一步分析我们发现,大学生所学的专业对其是否使用余额宝影响非常显著,余额宝是一种金融产品,不同专业背景的学生接触的金融知识会有区别的,这也在一定程度上影响到大学生是否使用余额宝。通过调查大学生使用余额宝的原因我们发现:操作简便和高收益率是大家最为关注,而余额宝正好满足了这两点,首先余额宝借助互联网极大的简化了操作的流程,只需要点几下鼠标,便可以实现轻松理财,可以说是指尖上的理财产品;与此同时,余额宝自成立以来,一直维持其收益率在5%左右,在其顶峰时期更是接近了7%,而这样的收益率是银行存款望尘莫及。对于余额宝的使用者,有超过90%的在校大学生对余额宝的收益是比较关注的,这也从侧面说明余额宝维持高收益率的重要性。

余额宝扩张如此迅速,根本原因在于其利用了互联网这一有力工具,大学群体中,也不例外,绝大多数的大学生是通过网络了解到余额宝。

对于余额宝各项性能的重要性和满意度,其中账户资金的安全性能是受调查者最为关注和重要的一项性能,但总体满意程度为一般满意;网上操作的简便性能是受调查者最为满意的一项性能,也较为重要;用途的广泛性能较其他性能而言不是特别重要,但对其使用情况都较为满意;使用余额宝能获得较高收益,这一性能对使用者而言是比较重要的,但在使用过程中却并不是特别的满意;手机操作的强移动性对受访者而言不是特别重要,但使用情况较为满意;变现的快速性重要程度较高,但满意度却较低。

最后通过四分位图模型我们发现,余额宝需要改进的地方是账户资金的安全性和变现的快速性上;继续维持其较广泛的用途性和较高的收益性。

## 四、统计分析——竞争性

(一)纵向分析——忠诚度

1. 收益竞争力

最近的一段时间里,余额宝的收益率不断走低,由年初最高的6.7%逐渐走到如今的5.1%,有着跌破5%的趋势。能接受的最低收益率,它是投资者从事投资活动可接受的下临界值。调查余额宝使用者所能接受的最低收益,有利于了解大学生群体未来是否继续使用余额宝的预期,这同时也是余额宝发展的一个警戒线,收益率的持续走低会使得使用者纷纷撤资转而投资其他更安全、收益更好的理财产品。

通过收集到的数据显示,如图9,有36.46%的学生所能接受的最低收益为5%,27.62%的学生则是能接受的最低收益是高于一年期银行存款利率,而对于最低收益是高于银行活期存款利率和无所谓的学生的人数基本一样。

从最低收益上分析可以看出,大学生把闲置资金投入余额宝产品主要是为了获得可观的收益,这个观点在前面关于余额宝的使用原因分析中也提到了。但有18.78%学生对收益率表示需要高于银行活期的利率,还有17.13%的学生对于余额宝的收益率表示不看重,无所谓。

随着互联网金融产品的不断发展,会出现越来越多的新的类余额宝产品来抢夺余额宝的市场。届时,那些期望最低收益为5%以上的客户很可能就会转而投资那些收益率高于余额宝的

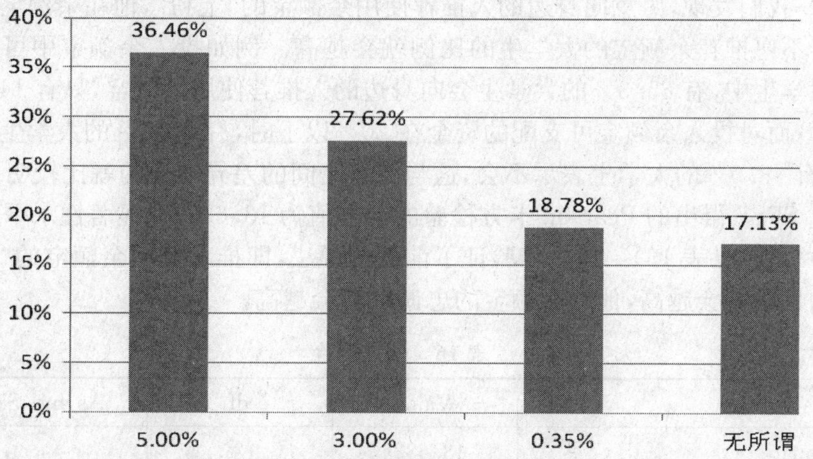


**图 9　大学生能接受最低收益率**

产品，剩下的 63.54％的学生用户是比较稳定的客户，只要余额宝的收益率稳定在一个合理且高于银行一年期存款的利率范围内。

2. 推广竞争力

余额宝在大学生群体中取得如此高的市场占有率约为三分之一，除了其自身具有高度的吸引力之外，还与在校大学生中一群忠诚的“宝粉”是分不开的。在 181 位在校大学生的使用者中，有 126 位同学会向身边的人推荐使用余额宝，占使用总人数的 69.6％。

下面就余额宝的“宝粉”的忠诚度做进一步的分析，我们用是否推荐使用余额宝与投入余额宝的可支配资金的比例做交叉列联表分析，见表 15。

**表 15　倾向于把多少比例的可支配资金投入余额宝与是否推荐使用余额宝**

| | | | 是否推荐使用余额宝 | | Total |
|---|---|---|---|---|---|
| | | | 不会 | 会 | |
| 倾向于把多少比例的可支配资金投入余额宝 | 20％以下 | Count | 24 | 26 | 50 |
| | | ％ within 倾向于把多少比例的可支配资金投入余额宝 | 48.0％ | 52.0％ | 100.0％ |
| | 20％—40％ | Count | 19 | 41 | 60 |
| | | ％ within 倾向于把多少比例的可支配资金投入余额宝 | 31.7％ | 68.3％ | 100.0％ |
| | 40％—70％ | Count | 7 | 30 | 37 |
| | | ％ within 倾向于把多少比例的可支配资金投入余额宝 | 18.9％ | 81.1％ | 100.0％ |
| | 70％以上 | Count | 5 | 29 | 34 |
| | | ％ within 倾向于把多少比例的可支配资金投入余额宝 | 14.7％ | 85.3％ | 100.0％ |
| Total | | Count | 55 | 126 | 181 |
| | | ％ within 倾向于把多少比例的可支配资金投入余额宝 | 30.4％ | 69.6％ | 100.0％ |

通过表 15 我们发现,愿意向身边的人推荐使用余额宝的"宝粉",他在余额宝中投入的可支配资金相对于不愿推荐余额宝的大学生的比例就会越高。例如投入余额宝中可支配的资金在 70%以上的大学生中,有 85.3%的大学生会向身边的人推荐使用余额宝,只有 14.7%的大学生表示不会推荐;而对投入余额宝可支配的资金在 20%以下时,有 52.0%的大学生表示会推荐使用余额宝,而有 48.0%的大学生表示不会,这与前者之间的差异表现的就比较明显。

我们通过 SPSS 得出的 Pearson 卡方检验的卡方值为 13.632,在显著性水平 5%的前提下,通过了显著性检验(见表 16)。进一步验证了前面的说法,即推荐使用余额宝的"宝粉",投入的可支配资金的比例就会越高,他对余额宝的忠诚度就会越高。

**表 16　卡方检验**

| | Value | df | Asymp. Sig. (2−sided) |
|---|---|---|---|
| Pearson Chi-Square | 13.632a | 3 | .003 |
| Likelihood Ratio | 13.863 | 3 | .003 |
| Linear−by−Linear Association | 12.815 | 1 | .000 |
| N of Valid Cases | 181 | | |

a. 0 cells (.0%) have expected count less than 5. The minimum expected count is 10.33.

3. 余额宝的提升空间

余额宝作为一种新兴的金融理财产品,除了有其独特的优点外,同时也存在一些缺点。通过阅读网上的一些文献和报道,我们总结出了以下四个缺点,分别是帐号资金被盗的风险、民营企业没有政府支持、不能及时取款资金流动性不足和账户被盗后资金不能及时追回。

从图 10 中可以看出,在被调查的 537 个大学生中有 73.8%的人认为帐号资金被盗的风险是余额宝存在的问题之一,有 42.9%大学生认为余额宝的缺点之一是民营企业没有得到政府支持,39.7%人认为余额宝不能及时取款是缺点之一,资金流动性不足,而担心余额宝账户被盗后资金不能及时追回的人占了 45.8%,仅 5.8%人认为余额宝现阶段没有明显的缺点。

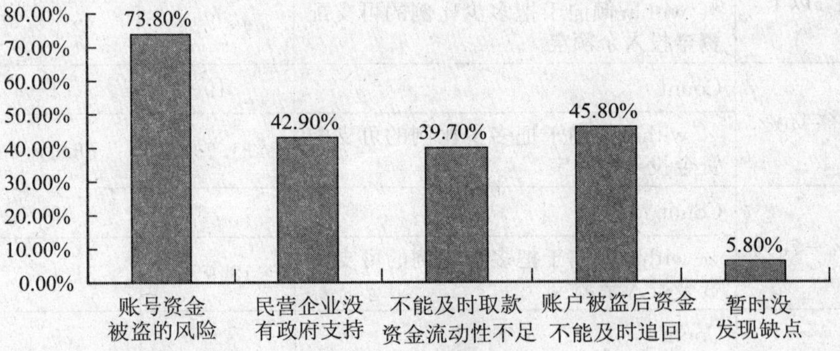


**图 10　余额宝缺点**

人们在使用余额宝的同时,最担心的问题还是资金安全的问题,总而言之,由于余额宝的背后是民营企业,信用额度和内部系统的完善性不及银行,所以大部分人都对余额宝的资金账户安全性持怀疑态度。而且最近余额宝处于风口浪尖,各种声音都充斥在媒体和网络上,政府也曾公开表示对余额宝的发展持中立态度。

（二）横向分析——前景性

1. 资金流向

我们在对大学生进行关于会把多少比例的可支配资金投入余额宝的调查，发现有三分之一的大学生愿意投入20%－40%的资金，有27.62%的大学生只愿意投入20%以下的资金，愿意投入40%－70%资金的同学有20.44%，而愿意投入70%以上资金的同学有18.78%。除了投入20%－40%的大学生人数稍微多一些以外，投入其他比例的大学生人数基本相差不大。具体数据见图11。

自从余额宝产品问世以来，人们存在 银行里的资金就源源不断地流进了余额宝里，达到了现在4000多个亿的规模，用户突破8000万。面对这样的情况，银行苦不堪言，短短几个月内，流动资金不断减少，这相当于提高了存款准备金率，使得银行的信贷业务受到了影响。由于余额宝在金融市场上不断抢夺银行的存款，银行也不甘落后，逐步推出了类余额宝产品，希望以此能够吸收更多的资金。

2. 使用倾向

传统的银行一直是我国金融行业的领头羊，在金融行业中起着主导的作用。然而余额宝的出现却从传统的银行的盈利模式中分得了一杯羹，这也让传统的银行不得不有所顾忌。为了应对余额宝对传统银行的冲击，传统的银行也纷纷堆出类余额宝产品。传统银行与有着支付宝公司无可比拟的优势，其身后有政府为其信用做担保，另外还有着多年的经营信用。因此，传统的银行推出余额宝，势必会使余额宝的客户或者潜在的客户产生动摇。

通过对497位在校大学生的使用倾向进行调查（其中使用余额宝181人，了解未使用余额宝316人），其中有9.70%的人表示使用余额宝，13.70%的人会使用银行版余额宝，68.00%的人表示不能确定，8.70%的人表示都不会使用。其中表示使用余额宝的人数要低于与使用银行版余额宝的人数，这也说明银行版的余额宝在一定的程度上会吸收余额宝的用户或者是潜在用户。具体数据见图12。

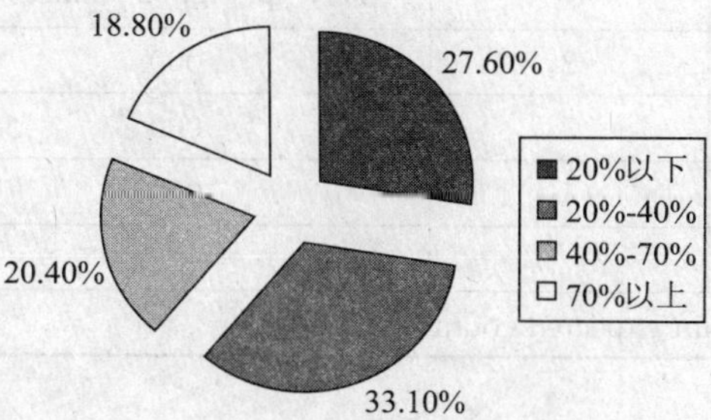


**图11　资金投入比例**

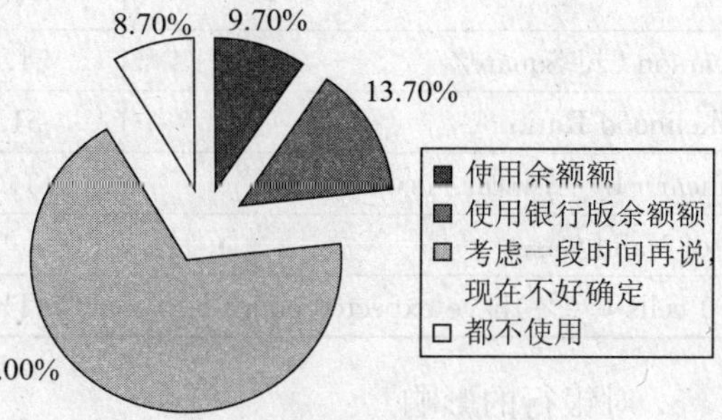


**图12　使用倾向比例**

由于所调查的497位在校大学生，其中包括使用余额宝和了解未使用余额宝的人，并不能很好的反应不同人对银行版余额宝的态度，为此我们通过交叉列联表的形式来观察不同人对银行版余额宝的态度，见表17。

通过表17中的数据可以发现，在表示继续倾向于使用余额宝的人中，有81.3%的人是来自已经在使用余额宝的人，只有18.8%的人是未在使用余额宝，而表示倾向于使用银行版余额宝的大学生中，有70.6%的人是未使用余额宝，有29.4%的人来自与已经在使用余额宝。者说明了不同的人群对银行版余额宝的态度不同。

**表 17 银行推出了银行版余额宝您会与是否了解余额宝的交叉列联表**

| | | | 是否了解余额宝 | | Total |
|---|---|---|---|---|---|
| | | | 了解并使用 | 了解但未使用 | |
| 银行推出了银行版余额宝您会 | 使用余额宝 | Count | 39 | 9 | 48 |
| | | % within 银行推出了银行版余额宝您会 | 81.3% | 18.8% | 100.0% |
| | | % within 是否了解余额宝 | 21.5% | 2.8% | 9.7% |
| | 使用银行版余额宝 | Count | 20 | 48 | 68 |
| | | % within 银行推出了银行版余额宝您会 | 29.4% | 70.6% | 100.0% |
| | | % within 是否了解余额宝 | 11.0% | 15.2% | 13.7% |
| | 考虑一段时间再说现在不好确定 | Count | 115 | 223 | 338 |
| | | % within 银行推出了银行版余额宝您会 | 34.0% | 66.0% | 100.0% |
| | | % within 是否了解余额宝 | 63.5% | 70.6% | 68.0% |
| | 都不使用 | Count | 7 | 36 | 43 |
| | | % within 银行推出了银行版余额宝您会 | 16.3% | 83.7% | 100.0% |
| | | % within 是否了解余额宝 | 3.9% | 11.4% | 8.7% |
| Total | | Count | 181 | 316 | 497 |
| | | % within 银行推出了银行版余额宝您会 | 36.4% | 63.6% | 100.0% |
| | | % within 是否了解余额宝 | 100.0% | 100.0% | 100.0% |

通过 SPSS 做出的 Pearson 卡方检验的卡方为 51.474，在 5%的显著性水平下，通过了显著性检验，这也说明了不同的人群对银行版的态度不同，见表 18。

**表 18 卡方检验**

| | Value | df | Asymp. Sig. (2－sided) |
|---|---|---|---|
| Pearson Chi-Square | 51.474a | 3 | .000 |
| Likelihood Ratio | 51.484 | 3 | .000 |
| Linear－by－Linear Association | 34.707 | 1 | .000 |
| N of Valid Cases | 497 | | |

a. 0 cells (.0%) have expected count less than 5. The minimum expected count is 15.66.

3. 对银行的影响

我们普遍认为余额宝对银行的影响更多的是负面的影响，但是对于全社会而言，余额宝的出现是有利的，由于它是新兴事物，受到的管制比较少，使得所拥有的资金能够自由地流向更需要的地方，促进了资源配置的合理化；而且由于余额宝的门槛比较低，能够收集到并且利用更多的闲散资金；余额宝一出现，其收益率与银行业务相比高出了许多，有效地冲击了利率市场，使得市场利率回归一个合理的位置，进而能促进经济的发展。

在前面也提到了，余额宝的横空出世，严重影响了银行的流动资金数量，从而从根本上制约了银行的业务扩张。通过从网上阅读文献报道以及学过知识，对银行的影响可以大致归结为以下四点：抢夺银行存款、影响银行传统理财业务的销售、加大了银行业的融资成本和推进了利率市场化，还有一些未能考虑到的因素，我们归结为其他影响。针对我们问卷中设置的关于对银行影响的多选题，我们对它进行频数分析，得到表 19。

**表 19　对银行影响的频数分析**

| | | Responses | | Percent of Cases |
|---|---|---|---|---|
| | | N | Percent | |
| $影响 a | 抢夺银行存款 | 280 | 26.7% | 56.3% |
| | 影响银行传统理财业务的销售 | 302 | 28.8% | 60.8% |
| | 加大了银行业的融资成本 | 186 | 17.8% | 37.4% |
| | 推进了利率市场化 | 275 | 26.3% | 55.3% |
| | 其他 | 4 | .4% | .8% |
| Total | | 1047 | 100.0% | 210.7% |

a. Dichotomy group tabulated at value 1.

从表 19 中我们可以读出一些信息，在对这道题进行回答的 498 个人中，有 280 个学生认为余额宝的出现抢夺了银行的存款，302 个学生认为余额宝影响了银行传统理财业务的销售，186 个学生认为余额宝的出现加大了银行业的融资成本，275 个学生认为余额宝的出现推进了利率市场化，仅四个人认为存在其他的影响。从中可以看出对传统银行理财业务的影响是最大的，这也迫使传统银行不得不做变革，改变其销售理财产品的渠道、降低理财门槛等。

4. 大学生看余额宝

从余额宝诞生至今已有将近一年的时间了，在这段时间里，余额宝经历了风风雨雨，在发展中遇到了重重阻力，银行还出台了各种限制其转账上限和支付的条文；虽然官方公开表示不会干涉余额宝的发展，但是还有很多声音唱空余额宝，而且余额宝的收益率也在不断下降。大学生群体作为最有活力的客户群，调查他们对余额宝的发展前景的观点，一定程度上可以反映余额宝未来的发展潜力。

通过设计大学生对于余额宝前景看法的题目来推测余额宝的走势，由图 13 所显示，41.4%的大学生对余额宝前景看法是一般，认为发展到一定程度会遇到瓶颈，有 31.6%的大学生比较看好不看好余额宝的发展还有 16.5%，的大学生现在不能确定余额宝未来如何。

监管者的态度对余额宝的发展也至关重要，调查大学生针对监管机构所持态度，有利于了解大学生希望余额宝所处的市场环境，一个良好的市场环境有利余额宝的持续发展。从调查的结果来看(图 14)，76.7%的大学生希望监管机构处于中立态度，让市场来决定余额宝的发展，21.7%的大学生希望监管机构能够积极营造一个良好的环境来促进余额宝的发展，只有 1.6%的大学生认为余额宝需要严格监管，甚至取缔。

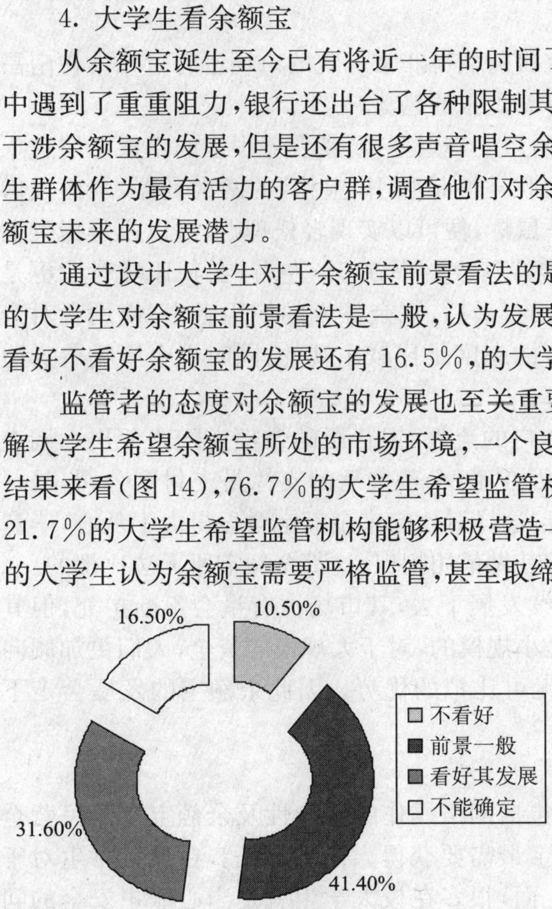


**图 13　发展前景**

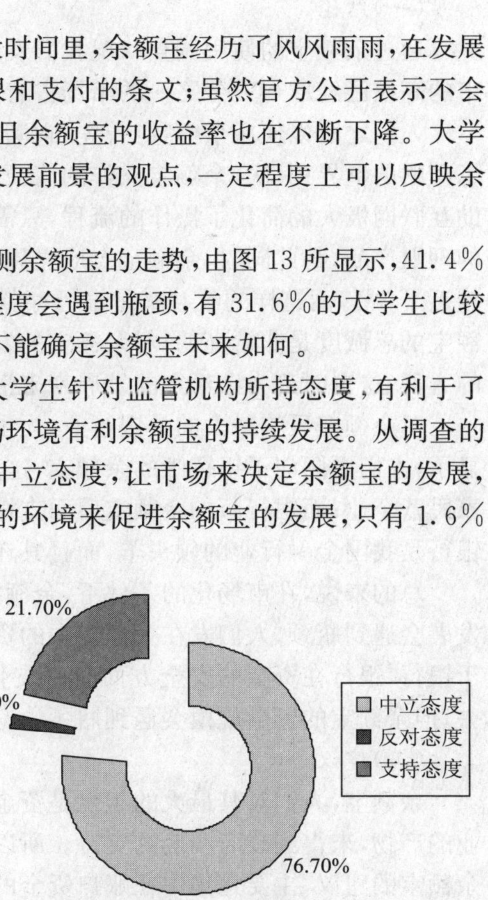


**图 14　大学生针对监管机构的操作度**

面对这样的结果，我们认为是一种正常合理的现象。在当今复杂的市场环境下，余额宝这样一个新兴互联网金融产品能否顺利存活下来并发展壮大，不能一直靠监管机构决定其是否生存，它应该由市场来决定其发展，只有这样，多数人的利益才会得到维护。

（四）小结

通过本章我们了解到，余额宝有着一批忠诚的“宝粉”，余额宝的扩张，与“宝粉”也是有着分不开的联系，通过调查显示，在使用余额宝的大学生群体中，有着近70%的人表示会向身边的人推荐使用余额宝，这也会不断的为余额宝带来一批又一批的潜在客户。

银行作为余额宝的主要竞争对手，这样对比起来余额宝会显得力不从心，毕竟银行是我国金融行业的领头羊，而且其身后还有政府为其做信用担保，这都余额宝所无法比拟的。但余额宝的出现却让传统的银行有所顾忌，推出了类余额宝产品，这在一定的程度上吸收了余额宝的潜在客户或者是已经是余额宝用户，调查显示倾向与银行版余额宝的人要多余使用余额宝的人。大学生群体对余额宝持消极态度的人数还是比较少的，大多数人会相信余额宝会继续走下去。大学生暂时还是属于草根阶层，其更希望监管机构能够持中立的态度，在合法的前提下由市场来决定余额宝的发展前景。

## 五、结论建议

（一）结论

通过余额宝的使用调查状况我们发现，余额宝目前取得非常可观的市场占有量——在南昌市的高校已经取得三分之一的市场占有量，而且有着扩张的趋势。

人们之所以使用余额宝：首先，它满足了草根阶层的理财愿望，带领着很多的草根阶层进入了理财的世界；其次，余额宝操作的简便性、较高的收益性是吸引“宝粉”的两大利器，余额宝借助互联网极大的简化了操作的流程，只需要点几下鼠标，便可以实现轻松理财，可以说是指尖上的理财产品，与此同时，余额宝自成立以来，一直维持其收益率在5%左右，在其顶峰时期更是接近了7%，而这样的收益率是银行存款望尘莫及的；最后，在余额宝的使用者中，使用者对余额宝的忠诚度是非常高的，对余额宝的发展所持有的态度是比较乐观的，同时也会影响着身边的人群，这也时刻为余额宝的发展带来潜在的客户。

对余额宝反响最大的是银行业，为了减少其客户的流失，银行版的余额宝随之而出。调查显示，人们更倾向于银行版的余额宝，这其中的原因在于：余额宝后的支撑是支付宝公司，是一家民营企业；而银行版的余额宝后面支撑的是银行，这样对比起来余额宝会显得力不从心，毕竟银行是我国金融行业的领头羊，而且其还有政府为其做信用担保，这都余额宝所无法比拟的。

总的来说，在市场化的条件下，余额宝还会继续发展下去，其市场占有量会不断扩充，但其发展会遇到瓶颈，人们发在余额宝中的资金都会是小规模的，对于大规模的资金，人们更加倾向于银行，银行在资金的安全方面有着支付宝公司无可比拟的优势。因此余额宝的发展会走下去，但余额宝的资金规模会遇到瓶颈。

（二）建议

余额宝，人们对其最大的担忧是资金安全性，包括网络操作的风险性及余额宝它是民营企业的产物，未得到政府明确的支持。所以说，余额宝最需要获得人们的信任。在校大学生对于余额宝的建议，主要是集中在账户资金的安全性上面，很多在校大学生就是当心账户安全的问题而没有使用余额宝；其次，在大学生所提的建议中，集中在余额宝的收益方面，尤其是最近一段时间余额宝的收益持续的走低，很多的大学生表示关心，余额宝在维持收益稳定的同时，还应该保持较高的收益率。只有在余额宝的账户安全性与收益率都能满足大多数人的预期时，相信余额宝会走的更远。

## 参考文献

[1] 陈川.余额宝高收益的经济基础[J].时代金融，2014，(8)：63—64.

[2] 蒋清海，李庆治.余额宝会怎样改变银行[N].中国证券报，2013.7，10(4).

[3] 金勇进，杜子芳.抽样技术[M].北京：中国人民大学出版社，2008：75—121.

[4] 李庆治.余额宝又一次改变了银行[J].国际金融，2013，(8)：69—71.

[5] 邱勋.余额宝对商业银行的影响与启示[J].新金融，2013，(9)：50—54.

[6] 宋滟泓.类余额宝产品遍地开花可持续发展成未来最大考验[J].IT时代周刊，2013，(23)：42—45.

[7] 王天宇.浅析余额宝对我国金融行业的影响[J].中国商贸，2014，(1)：132—133.

# 附录:余额宝在大学生群体中的使用状况调查问卷

亲爱的同学:

您好！我们是来自江西财经大学统计学院的学生，目前就余额宝在大学生群体中的使用状况展开调查，为了能更好地了解余额宝的使用状况并对余额宝的发展提出相关建议，特进行此次问卷调查。

本次问卷大约占用您几分钟时间，采取匿名的调查方式，我们会对您所填的信息绝对保密。请根据您的实际情况填写，非常感谢您的参与。

基本信息

1. **您的性别(　)**　　A 男　B 女

2. **您的专业类别(　)**　　A 经济管理类　B 理工类　C 其他

3. **您的年级(　)**　A 大一　B 大二　C 大三　D 大四　E 硕士及以上

问卷主体

4. **您是否了解余额宝(　)**

A 了解并使用　B 了解但未使用(**跳转第 11 题**)　C 没听说过—**结束问答**

5. **(可多选)您使用余额宝的主要原因(　)**

A 资金安全有保障　B 开户、支付、转账操作简便　C 用途广泛

D 收益率高　E 投资的低门槛　F 好奇心理　G 其他＿＿＿＿＿＿

6. **您关注余额宝收益的频率为(　)**

A 每天都在关注　B 偶尔看下　C 不关注

7. **您能接受余额宝最低的年化收益率为(　)**

A 高于银行活期存款利率(0.35%)　B 高于一年期银行存款利率(3%)

C 5%以上　D 无所谓

8. **下列是关于余额宝性能的重要程度—满意度的一些陈述，请您对这些陈述进行评价**

| 陈述项目 | 非常重要 | 重要 | 一般 | 不重要 | 非常不重要 | 非常重要 | 重要 | 一般 | 不重要 | 非常不重要 |
|---|---|---|---|---|---|---|---|---|---|---|
| 账户资金的安全性 | □5 | □4 | □3 | □2 | □1 | □5 | □4 | □3 | □2 | □1 |
| 网上操作的简便性 | □5 | □4 | □3 | □2 | □1 | □5 | □4 | □3 | □2 | □1 |
| 使用具有广泛性 | □5 | □4 | □3 | □2 | □1 | □5 | □4 | □3 | □2 | □1 |
| 获得较高收益 | □5 | □4 | □3 | □2 | □1 | □5 | □4 | □3 | □2 | □1 |
| 手机操作可移动性强 | □5 | □4 | □3 | □2 | □1 | □5 | □4 | □3 | □2 | □1 |
| 变现的快速性 | □5 | □4 | □3 | □2 | □1 | □5 | □4 | □3 | □2 | □1 |

9. **您是否会向身边的同学或者朋友推荐使用余额宝(　)**

A 会　B 不会

10. **您倾向于把自己多少比例的可支配资金投入余额宝(　)**

A 20%以下　B 20%—40%　C 40%—70%　D 70%以上

11. **您最初通过什么渠道了解到余额宝(　)**

A 身边的人(朋友同学等)　B 新闻媒体　C 网络　D 其他________

**12. (可多选)您认为余额宝存在哪些缺点(　)**

A 存在账号、资金被盗的风险　　B 民营企业,没有得到政府的支持

C 不能及时取款,资金流动性不足　　D 账户被盗后资金不能被及时追回

E 暂时未发现缺点　　F 其他

**13. (可多选)您觉得余额宝的出现对银行业最主要的影响为(　)**

A 会抢夺银行的存款　　B 影响银行传统理财业务的销售

C 加大了银行业的融资成本　　D 推进了利率的市场化　　E 其他

**14. 目前银行也纷纷推出"银行版"余额宝产品,您了解过后会(　)**

A 使用余额宝

B 使用"银行版"余额宝

C 考虑一段时间再说,现在不好确定

D 都不使用

**15. 对于余额宝的发展,您认为监管机构应该持怎样的态度(　)**

A 持中立态度,在合法的前提下由市场来决定其发展

B 持反对的态度,严格监管直至取缔

C 持支持的态度,积极促进其继续发展

**16. 您认为余额宝的发展前景如何(　)**

A 不看好,可能会遭到有关部门的"暗杀"

B 前景一般,在其发展到一定规模会遇到瓶颈

C 看好其发展,余额宝会越来越深入人心

D 不能确定

**17. 您认为余额宝还存在哪些问题,请给出您的建议:**

我们的调查到此结束,再次感谢您的配合!

---

调查员________　调查时间 2014 年______月______日

问卷编号□□□□□

(审稿人:岳荣先　张鸣芳　常　宁)

# 河北省老龄人口生活质量分析

麻东露　张世芳　刘宁婷

（指导教师：张彩霞）

河北经贸大学

## 一、案例背景概述

河北作为人口大省，是我国老龄化程度最高的省之一。根据国际上通用的老龄化程度判断标准，65 岁及以上人口占总人口的比例超过 7%，或是 60 岁及以上人口占总人口的比例超过 10%，就意味着该地区步入了老龄化社会。河北自 2000 年“五普”就已步入老年型社会，2010 年河北省人口普查数据显示，60 岁及以上人口有 9987703 人，占总人口的 13.94%，65 岁及以上人口有 5919268 人，占总人口的 8.24%，比 2000 年的 7.05%提高了 1.19 个百分点，这充分表明河北省步入了老龄化社会。省会石家庄 60 岁以上老人有 100 多万，占总人口的 20%还多，大大高于全国平均水平。随着老龄化进程加快，老年抚养比越来越高，需要照顾的高龄、空巢和失能老人越来越多，对老年服务需求越来越多，对服务质量要求也越来越高，退休费、医疗费、福利费的支出呈上升趋势，客观上要求有坚强的经济后盾，而目前全省的人口老龄化与经济发展不同步，经济水平滞后大大削弱了社会对老龄人口承受能力，由老龄问题带来的社会压力越来越大。在这种情况下，进一步探索河北省老龄化问题及健全和完善老龄人口管理体制尤为重要，要解决这一问题必须积极主动地迎接人口老龄化的挑战。

河北省老龄人口数额巨大，他们对物质生活和精神生活的满足程度，不仅会影响家庭的幸福和睦，社会的和谐安定，而且将直接影响到全面建成小康社会总体战略目标的实现。这就要求把老年工作的落脚点放在提高老年生活质量，改善老年人生活上。加强对老年人口生活质量的研究，发现有待解决和提高的问题，提出切实可行的政策建议，推动老龄工作更好更快开展，通过采取一系列行动举措提升这一群体的生活质量，从而带动全河北省整体生活品质的提升，是落实“以人为本”的科学发展观和推动构建社会主义和谐社会的需要，符合河北省发展的战略指向，对河北省建立健全养老保障体系，建立健全养老服务体系，具有重要的实践意义。

## 二、数据来源及采集方式

第一，本案例所用数据主要为河北省第六次人口普查数据。

第二，我们与河北省统计局人口处联合对河北省 60 岁及以上人口生活质量进行了调查。此次调查是以河北省 60 岁及以上的常住老年人为调查对象，通过分层、整群抽样的方法从河北省十一个设区市随机抽取 5000 人构成调查对象，由参与劳动力调查的专业调查员采用面对面访谈的方式进行问卷调查。去除各种原因造成的失访者，共调查 4715 人，应答率达到 94.30%。

调查问卷内容的设计参照了1993年WHO对生活质量调查内容的要求，结合了我国及河北省老年人口的实际生活状况、习惯、习俗。既包括一些人口基本特征又包括了有关老年人的居住条件、经济收入、消费支出、休闲娱乐、精神状况、健康状况、生活满意度、养老模式等内容。具体调查问卷见本文附录一。

## 三、探索性初步分析

1958年美国经济学家加尔布雷思在《丰裕社会》中第一次提出“生活质量”概念。这个概念是他在研究了美国社会中高与低的生活水平与精神需求不同的两类人之间的矛盾的基础上提出的。“生活质量”一词作为说明生活水平和公众福利专业名词，自1960年在美国的一些官方报告和鲍尔主编的《社会指标》论文集中开始使用。但是，“生活质量”问题研究探讨的真正发起是将“追求生活质量”作为最后经济增长时期的阶段名称和特征标志，1971年美国经济学家罗斯托发表了《政治和增长阶段》一书，书中用“生活质量”的提升和改善幅度来衡量社会发展成就。“生活质量”逐步发展成为一个独立的社会指标研究领域，被包括学术界在内的社会各界广泛接受和使用，最终成为经济社会发展中的一个重要组成部分。生活质量研究在美国和欧洲等发达国家的蓬勃发展期是20世纪60年代中期至80年代末，这一时期产生了一系列有影响力的研究成果，出现了“经济福利测算”“社会进步指数” 和“物质生活质量指数”等用于衡量生活质量的重要指标。这一时期的研究有以下几点特点：一是侧重主观研究。由于这一时期的特定经济社会发展水平和文化环境，但坎其贝尔和林南等把个人的主观幸福感作为研究的出发点和中心，生活质量的主观研究占主体地位；二是重视研究经济增长对生活质量影响研究，研究发现随着人均收入的增加，经济对生活质量的影响有降低的趋势，当人均GDP超过3000美元时，两者的相关性就很低；三是注重对个体生活质量的研究，强调对个体物质生活和精神活动的考察。20世纪90年代以来，生活质量研究开始与广义的资本概念联系在一起。

“老年人生活质量”研究产生于20世纪80年代初，发展的相对较晚。但是随着老龄化日趋严重以及国际社会对生活质量研究的不断发展，社会各界越来越重视老年人的生活问题，老年人生活质量研究得到较快发展。研究主要表现为以下四方面特点：一是界定老年人生活质量的指标体系和内涵，认为老年人生活质量的内涵应包括主客观两方面，总括健康、物质和心态、精神，老年人生活质量的指标体系与适用于所有人的指标体系相同；二是重视健康方面的研究，将生理、心理健康和环境等因素纳入老年人生活质量研究；三是研究方法越来越综合，世界卫生组织的生活质量量表(WHOQOL)、欧洲生活质量量表个人生活质量评估量表(SEIQOL)等评估方法都直接被用于老年人生活质量的研究；四是老年人生活质量影响因素分析，研究发现健康状况、年龄大小、物质条件、代际关系、社会环境、主观精神状态都是老年人生活质量的影响因素。

国内老年人生活质量的研究始于20世纪90年代初。1993年，有关老年人生活质量的首次研讨会在上海举行；1994年，北京老年医学研究所提出了老年人生活质量调查应包含的内容以及合理评价体系的建议；1998年，北京大学出版社出版了《中国内地和相关地区老年人生活状况和生活质量研究》。国内研究也把老年人生活质量研究作为生活质量研究的一个分支，但是也肯定老年人口特殊性。

国内最开始从地域差异和职业差异入手研究老年人生活质量，注重物质基础对生活质量的影响。由于地域差异，各地区的调查数据口径难以对接，不能客观比较不同地区的差距，因而全国性的老年人口生活质量研究偏重于宏观层面。近年来，国内学者从社会保障、国家支持以及城镇化等紧跟时代步伐的方面对老年人生活质量的影响因素进行了探讨。最终，宏观角度上认为，经济实力落后，社会养老滞后是影响老年人生活质量最重要的因素；微观角度上，学者们一致认可收入、年龄、婚姻状况、文化水平、居住条件、代际关系、社会环境等是衡量老年人生活质量的重要指标。

自从进入 20 世纪 90 年代以来，河北省老龄化程度日益严重。人口老龄化既关乎社会社会和谐，也关乎经济发展，如果不能妥善处理，就会给社会经济的发展带来极大的负面影响。因此，认真研究老年人口现状及存在的问题，全面关注老年人的物质生活和精神生活，搞好为老年人的服务工作，是各级政府义不容辞，也是迫在眉睫需要解决好的问题。

## 四、统计建模与结论分析

### (一)未来 50 年河北省老年人口发展趋势及特点分析

利用 Leslie 修正人口预测模型，基于第六次人口普查数据设定了低、中、高三种控制方案，对河北省未来 50 年的常住人口总数和总人口数进行预测。然后采用中方案分别预测河北省分省、市、镇、乡四个人口类别未来 50 年常住人口总数及各个年龄段的常住人口数和总人口数。两种方案相结合不但确定了未来人口的变动范围，而且全面细致的反应了河北省未来人口的构成结构。

1. 模型简介

(1)模型的假设

①社会环境稳定，人口无重大变动；

②忽略人口迁移对人口总数的影响；

③不考虑城市的影响。

(2)模型的建立

①设在时间段 $t$ 第 $i$ 年龄组的女性人口总数为 $n_i(t)$，$i=0,1,2,\cdots,m$，定义向量 $n(t)=[n_0(t),n_1(t),\cdots,n_m(t)]^T$；

②设第 $i$ 年龄组妇女的生育率为 $B_i$，则第 $i$ 年龄组妇女的女孩生育率 $b^i=B_i\times\dfrac{w_0(t)}{w_0(t)+m_0(t)}$，$i=0,1,2,\cdots,m$。其中，$w_0(t)$ 为 $t$ 年龄组新生女婴人口总数，$m_0(t)$ 为 $t$ 年龄组新生男婴人口总数；

③设第 $i$ 年龄组女性人口的死亡率为 $d_i$，则 $s_i=1-d_i$ 称为 $i$ 年龄组女性人口存活率。

设 $b_i$、$s_i$ 不随时间 $t$ 变化，根据 $b_i$、$s_i$ 和 $n_i(t)$ 的定义写出 $n_i(t)$ 与 $n_i(t+1)$ 应满足关系：

$$\begin{cases} n_1(t+1)=\sum_{i=1}^{m} b_i n_i(t) \\ n_{i+1}(t+1)=s_i n_i(t), i=0,1,2,\cdots,m-1 \end{cases} \tag{1}$$

④总和生育率 $\beta$，是指一定时期各年龄组妇女生育率的合计数，即：

$$\beta=B_0+B_1+\cdots+B_m \tag{2}$$

在(1)式中我们假设 $b_i$ 中已经扣除时段 $t$ 以后出生而活不到 $t+1$ 的婴儿。记矩阵：

$$L=\begin{bmatrix} b_0 & b_1 & \cdots & b_{m-1} & b_m \\ s_0 & 0 & & & 0 \\ 0 & s_1 & & & \vdots \\ & & \ddots & & \\ 0 & & 0 & s_{m-1} & 0 \end{bmatrix} \tag{3}$$

则(3)式变形为

$$n(t+1)=Ln(t) \tag{4}$$

当 $L$、$n(0)$ 已知时，对任意的 $t=1,2,\cdots$，有

$$n(t)=L^t n(0) \tag{5}$$

若(4)中的元素满足

(ⅰ) $s_i>0, i=0,21,\cdots,m-1$；

(ⅱ) $b_i \geqslant 0, i=0,1,\cdots,m$，且至少一个 $b_i>0$。

则矩阵 $L$ 称为 Leslie 矩阵。

只要求出 Leslie 矩阵 $L$ 结合人口分布的初始向量 $n(0)$，就可以求出 $t$ 时段的人口分布向量 $n(t)$。

2. Leslie 矩阵稳定性分析

将人以一岁为一个时间间隔分成 91 个年龄组，把超过 90 岁的妇女都计入 90 岁年龄组。首先对 Leslie 模型数字特性进行讨论。矩阵 $L$ 的特征多项式为：

$$|L-\lambda E|=\begin{bmatrix} b_0(t)-\lambda & b_1(t) & \cdots & b_{89}(t) & b_{90}(t) \\ s_0(t) & -\lambda & \cdots & 0 & 0 \\ 0 & s_1(t) & \cdots & 0 & 0 \\ 0 & & s_2(t) & \cdots & 0 \\ & & & \vdots & \\ 0 & 0 & \cdots & s_{90}(t) & -\lambda \end{bmatrix}$$

$$\begin{aligned} &=s_0(t)s_1(t)\cdots s_{89}(t)b_{90}(t)+s_0(t)s_1(t)\cdots s_{88}(t)b_{89}(t)\lambda \\ &\quad+s_0(t)s_1(t)\cdots s_{87}(t)b_{88}(t)\lambda^2+\cdots+s_1(t)b'_1(t)\lambda^{89} \\ &\quad+b_0(t)\lambda^{90}-\lambda^{91} \end{aligned}$$

令：

$$\begin{aligned} f(\lambda)=&\frac{s_0(t)s_1(t)\cdots s_{89}(t)b_{90}(t)}{\lambda^{91}}+\frac{s_0(t)s_1(t)\cdots s_{88}(t)b_{89}(t)}{\lambda^{90}} \\ &+\frac{s_0(t)s_1(t)\cdots s_{87}(t)b_{88}(t)}{\lambda^{89}}+\cdots+\frac{s_0(t)b_1(t)}{\lambda^2}+\frac{b_0(t)}{\lambda} \end{aligned}$$

则矩阵 $L$ 的特征方程：$f(\lambda)=1$。对函数 $f(\lambda)$ 进行分析可知 $f(\lambda)$ 在 $\lambda>0$ 时连续。当 $\lambda>0$ 时，$f(\lambda)$ 单调减少，$f(0)=0$ 时，$\lim\limits_{\lambda\to\infty} f(\lambda)=0$，所以，$f(\lambda)=1$ 有且仅有一个正实数特征值 $\lambda_0$。则 $\lambda_0$ 是该矩阵模最大的特征值。$L$ 是一个非负矩阵，它有主特征值 $\lambda_0$ 和特征向量 $v_0$。设 $L$ 的特征值和特征向量为：

$$\lambda_0, v_0; \lambda_1, v_1; \cdots; \lambda_{90}, v_{90}$$

若所有的特征值是单根，则表示为：

$$x_0 = c_0 v_0 + c_1 v_1 + \cdots + c_{90} v_{90}$$

根据利用矩阵的性质得：

$$x(t) = \lambda_0^t \left( c_0 v_0 + c_1 \frac{\lambda_1^t}{\lambda_0^t} v_1 + \cdots + c_{90} \frac{\lambda_{90}^t}{\lambda_{90}^t} v_{90} \right)$$

由上式得：

当 $\lambda_0 < 1$ 时，$\lim\limits_{t\to\infty} x_k(t) = 0$；

当 $\lambda_0 > 1$ 时，$\lim\limits_{t\to\infty} \sum\limits_{k=0}^{\infty} x_k(t) = \infty$；

当 $\lambda_0 = 1$ 时，$\lim\limits_{t\to\infty} \sum\limits_{k=0}^{\infty} x_k(t) = c_0 v_0$；

当 $\lambda_0 = 1$ 时 $L$ 趋于稳定。所以，要使由预测公式 $n(t) = L^t n(0)$ 得到的未来人口趋于稳定，就必须使 $\lambda_0$ 逼近于 1。根据河北省第六次人口普查数据，利用 MATLAB 软件得到河北省分市、镇、乡三类人口的 $L$ 矩阵的正实数特征值：$\lambda_1$，$\lambda_2$，$\lambda_3$ 的值分别为 $\lambda_1 = 0.9924$，$\lambda_2 = 0.9738$，$\lambda_3 = 0.9904$。全省人口的稳定性与总和生育率有关，因此可以对 $\lambda_1$，$\lambda_2$，$\lambda_3$ 加权平均来衡量人口的稳定性。当生育率达到更替水平时，出生和死亡趋于均衡，在没有人口迁移的情况下，人口数将保持稳定状态。一般认为，总和生育率为 2.1 时即达到更替水平。因此取值 2.1 进行权值确定：

$$\omega_i = \frac{2.1}{2.1 - \beta_i}, i = 1,2,3$$

其中，设 $\beta_i$，$i = 1,2,3$ 为 2010 年河北省市、镇、乡的总合生育率，其值分别为 $\beta_1 = 0.95233$，$\beta_2 = 1.27144$，$\beta_3 = 1.48891$。对权值 $\omega_i$ 进行归一化处理后得到 $\omega_1 = 0.330305$，$\omega_2 = 0.330305$，$\omega_3 = 0.339389$，于是 2010 年河北省总人口 Leslie 修正模型的 Leslie 矩阵特征值 $\lambda = \sum\limits_{i=1}^{3} \omega_i \lambda_i = 0.9856$。由于 $\lambda < 1$，所以根据 Leslie 修正模型预测出的河北省、市、镇、乡的未来人口总数都将在某一年达到峰值后，逐渐趋于稳定并稍有下降趋势。

为保证预测结果的可靠性，本文首先对河北省的常住人口进行预测，再通过转换系数转换为总人口。数据取自第六次人口普查数据，以 2010 年为预测初始年份。

3. 基于模型的常住老龄人口及老龄化预测分析

(1)未来人口变化范围预测

方案设计以目前水平作为了低方案，中、高方案的生育水平在低方案基础上根据不同的增长速度有所提高。通过河北省第六次人口普查数据，我们获得河北省的总和生育率为 1.37，由于存在大量超生人口未登记人口使人口普查的误差很大，因此我们需要对生育率进行一定的修正。

低方案，用系数 1.168 调整总和生育率，使其保持在与政策生育率基本接近的 1.6 的生育水平不变；中方案，假设人们的生育意愿迫于养老压力缓慢上升，对总和生育率用系数 1.314 进行调整；高方案，假设是生育政策逐步放宽，总和生育率最终升到更替水平 2.1，之后保持不变。我们对综合生育率用系数 1.533 进行修正。

按照上述三种方案，通过运行软件，计算取得预测结果（2010 年数据调整为人口普查数据）如表 1 所示。

**表 1　2010－2060 年河北省人口预测结果**　　单位：万人

| 年份 | 低方案 | 中方案 | 高方案 |
|---|---|---|---|
| 2010 | 7185.42 | 7185.42 | 7185.42 |
| 2011 | 7227.39 | 7232.49 | 7254.95 |
| 2012 | 7277.01 | 7287.30 | 7332.75 |
| 2013 | 7325.91 | 7341.51 | 7410.05 |
| 2014 | 7373.19 | 7394.41 | 7485.91 |
| 2015 | 7417.70 | 7444.76 | 7558.60 |
| 2016 | 7458.85 | 7491.87 | 7627.62 |
| 2017 | 7496.42 | 7535.52 | 7692.36 |
| 2018 | 7528.79 | 7573.86 | 7750.86 |
| 2019 | 7554.93 | 7605.78 | 7802.01 |
| 2020 | 7575.35 | 7631.46 | 7846.12 |
| 2021 | 7588.93 | 7650.00 | 7881.96 |
| 2022 | 7598.12 | 7663.32 | 7912.49 |
| 2023 | 7601.79 | 7670.91 | 7936.58 |
| 2024 | 7600.67 | 7673.18 | 7955.07 |
| 2025 | 7595.46 | 7670.95 | 7968.75 |
| 2026 | 7585.76 | 7664.95 | 7977.43 |
| 2027 | 7573.31 | 7656.07 | 7982.94 |
| 2028 | 7558.30 | 7645.04 | 7985.90 |
| 2029 | 7541.14 | 7631.95 | 7986.82 |
| 2030 | 7523.07 | 7618.03 | 7987.13 |
| 2031 | 7502.04 | 7601.86 | 7984.67 |
| 2032 | 7479.07 | 7584.14 | 7980.90 |
| 2033 | 7453.44 | 7564.56 | 7975.79 |
| 2034 | 7425.46 | 7543.95 | 7970.07 |
| 2035 | 7395.55 | 7522.00 | 7965.07 |
| 2036 | 7362.06 | 7497.58 | 7959.15 |
| 2037 | 7326.73 | 7471.80 | 7953.43 |
| 2038 | 7290.18 | 7445.31 | 7948.63 |
| 2039 | 7251.17 | 7417.36 | 7942.92 |
| 2040 | 7209.31 | 7386.85 | 7936.07 |
| 2041 | 7165.10 | 7354.38 | 7928.52 |
| 2042 | 7119.36 | 7320.58 | 7920.25 |

续表 单位:万人

| 年份 | 低方案 | 中方案 | 高方案 |
|---|---|---|---|
| 2043 | 7070.86 | 7283.81 | 7909.73 |
| 2044 | 7020.83 | 7245.50 | 7897.99 |
| 2045 | 6967.64 | 7203.91 | 7882.78 |
| 2046 | 6912.71 | 7160.48 | 7865.62 |
| 2047 | 6856.14 | 7115.41 | 7846.33 |
| 2048 | 6797.64 | 7068.19 | 7824.48 |
| 2049 | 6738.01 | 7019.75 | 7800.69 |
| 2050 | 6679.71 | 6972.12 | 7777.51 |
| 2051 | 6617.53 | 6921.00 | 7749.74 |
| 2052 | 6557.80 | 6871.95 | 7723.70 |
| 2053 | 6489.90 | 6815.71 | 7688.78 |
| 2054 | 6415.06 | 6752.66 | 7646.62 |
| 2055 | 6344.61 | 6694.03 | 7608.43 |
| 2056 | 6274.16 | 6635.80 | 7570.14 |
| 2057 | 6205.04 | 6578.90 | 7533.38 |
| 2058 | 6138.47 | 6524.44 | 7499.38 |
| 2059 | 6068.73 | 6467.19 | 7462.93 |
| 2060 | 6001.45 | 4876.52 | 7429.85 |

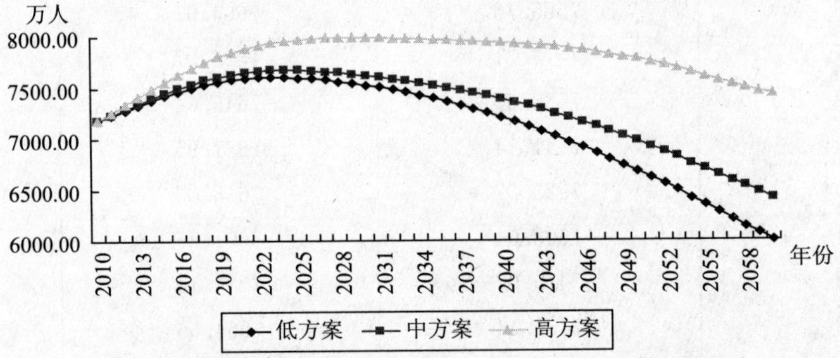


**图 1 按高、中、低方案 2010—2060 年河北省人口预测结果**

从人口总量变动来看,三种方案变化趋势比较一致,都是以较快的速度先上升,在到达峰值后,高方案人口数平缓下降,中、低方案下降速度较快,中方案介于高方案和低方案之间。

由图 1,低方案中,人口总量迅速上升,在 2023 年到达峰值 7601.79 万人,而后加速下降,2060 年下降至 6001.45 万人。中方案中,人口总量同样以上升态势开始,在 2024 年到达峰值 7673.18 万人,然后逐步下降,2060 年为 6412.08 万人;高方案中,人口总量增长速度快于中、低方案,在 2030 年到达峰值 7987.13 万人,峰值年份较中、低方案略迟,峰值人口与中方案较为接近,而后平缓下降,2050 年降至 7429.85 万人。高方案与低方案的预测值的差距呈逐年扩大的趋势,其中峰值人数相差 385.34 万,到 2060 年人口的最大差距为 1428.41 万。

(2)按中方案分省、市、镇、乡及年龄结构未来 50 年人口预测分析选择 2010 年为基数，按中方案运用 MATLAB 模型分别预测分省、市、镇、乡四类人口未来 50 年常住人口分年龄段人口数，部分预测程序见附录二。乘以转换系数可得分省、市、镇、乡四个人口类别未来 50 年人口总数。预测结果如表 2 所示。

表 2　2011—2060 年河北省分省、市、镇、乡人口预测数　　单位：万人

| 年份 | 省 | 市 | 镇 | 乡 |
|---|---|---|---|---|
| 2010（基数） | 7185.42 | 1438.85 | 1718.75 | 4027.82 |
| 2011 | 7232.40 | 1444.61 | 1732.01 | 4055.78 |
| 2012 | 7287.22 | 1451.52 | 1746.72 | 4088.98 |
| 2013 | 7341.43 | 1458.43 | 1761.43 | 4121.57 |
| 2014 | 7394.33 | 1465.34 | 1775.93 | 4153.06 |
| 2015 | 7444.68 | 1471.73 | 1790.11 | 4182.84 |
| 2016 | 7491.78 | 1477.70 | 1803.89 | 4210.20 |
| 2017 | 7535.43 | 1483.14 | 1817.15 | 4235.15 |
| 2018 | 7573.78 | 1487.75 | 1829.06 | 4256.98 |
| 2019 | 7605.70 | 1491.10 | 1839.41 | 4275.18 |
| 2020 | 7631.38 | 1493.30 | 1848.01 | 4290.07 |
| 2025 | 7670.87 | 1485.97 | 1866.96 | 4317.94 |
| 2030 | 7617.95 | 1456.97 | 1860.65 | 4300.33 |
| 2035 | 7521.91 | 1413.73 | 1840.35 | 4267.84 |
| 2040 | 7386.77 | 1354.05 | 1808.03 | 4224.68 |
| 2045 | 7203.83 | 1277.62 | 1763.29 | 4162.92 |
| 2050 | 6972.04 | 1189.88 | 1703.74 | 4078.42 |
| 2055 | 6693.95 | 1089.17 | 1629.58 | 3975.20 |
| 2060 | 6412.00 | 983.00 | 1551.07 | 3877.93 |

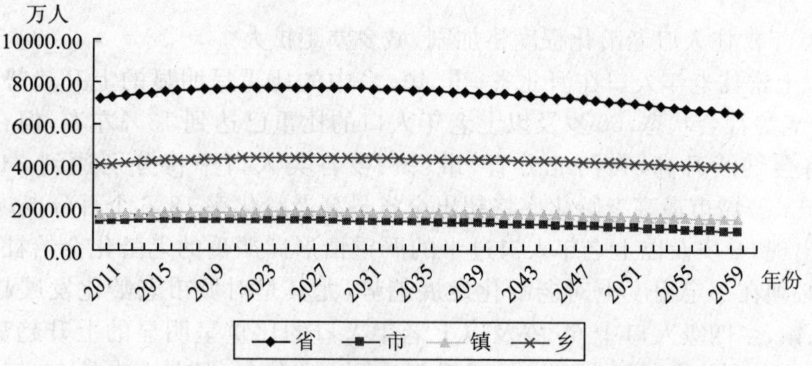


**图 2　2011—2060 年河北省分省、市、镇、乡四类人口变化趋势**

由图 2，河北省四类人口都有先增长在达到峰值后再保持下降趋势，河北省分省、市、镇、乡四类人口总数分别将在 2024 年、2021 年、2026 年和 2025 年达到峰值 7673.18 万人、1494.03 万人、1867.07 万人和 4317.94 万人。到 2060 年，将分别降低为 6412.00 万人、983.00 万人、1551.07 万人和 3877.93 万人。由此可见，在未来的 10—20 年河北省城乡人口高峰将相继到

来，因此必须未雨绸缪迎接人口高峰的到来。

①未来 50 年常住老年人口规模巨大

未来 50 年河北省老龄人口都呈上升态势。自 2030 年以后，河北省 60 岁及以上老龄人口将持续保持在 2000 万以上，65 岁及以上老龄人口则将维持在 1500 万人－1800 万人之间。2052 年 60 岁及以上达到峰值 2418.24 万人，市、镇、乡的 60 岁以上老龄人口在 2053 年、2053 年、2050 年分别达到峰值 596.28 万人、601.68 万人和 1216.15 万人。分省、市、镇、乡的 65 岁以上老龄人口数将在 2055 年、2058 年、2058 年和 2037 年分别达到峰值 1872.72 万人、475.64 万人、467.90 万人和 929.67 万人。见图 3 和图 4。

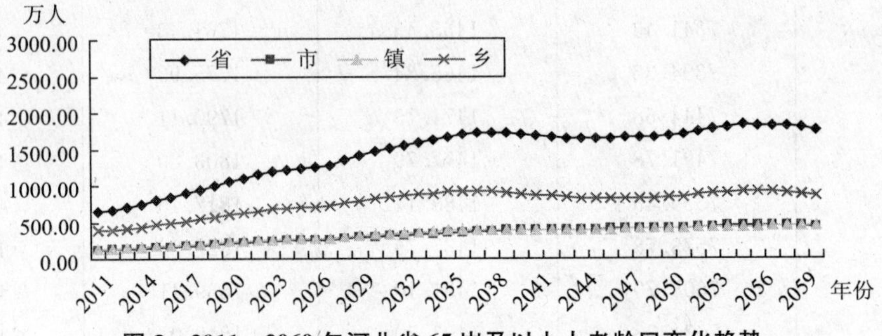


**图 3　2011－2060 年河北省 65 岁及以上人老龄口变化趋势**

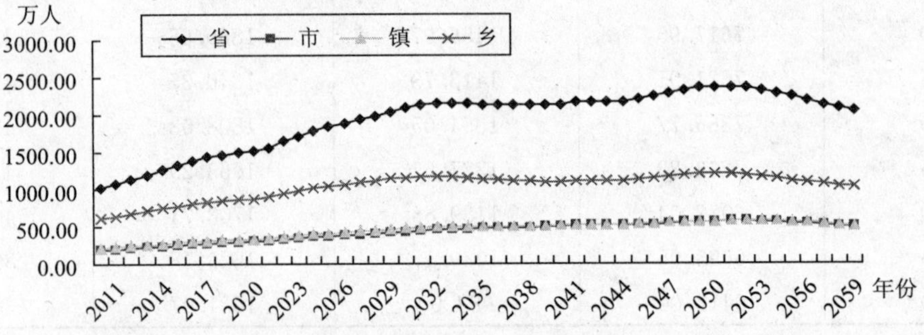


**图 4　2011－2060 年河北省 60 岁及以上老龄人口变化趋势**

②未来 50 年常住人口老龄化程度将加剧，城乡差距扩大

60 岁及以上常住老年人口在河北省、市、镇、乡中的比重呈明显的上升趋势。虽然目前河北省已经处于老龄社会状态，60 岁及以上老年人口的比重已达到 13%左右，但在未来的 50 年中这个比重将会继续升高，在河北分省、市、镇、乡各类人口中将分别达到 34.7%、53.3%、36.8%和 28.9%。城市最高老龄化率将超出全省最高老龄化率 18.6 个百分点，超出乡村 24.4 个百分点，并出现 60 岁及以上老年人口过半的严重情形。严重的老龄化会给社会带来一系列问题。因此，必须在一定程度上对老龄化发展趋势，尤其是对城市老龄化发展趋势进行控制。河北分省、市、镇、乡四级人口中 65 岁及以上老年人口的比重呈明显的上升趋势。2010 年 65 岁以上老年人口在河北省各级人口中的比重都为到 8%左右，但在未来的 50 年中这个比重在河北分省、市、镇、乡各级人口中将分别达到 28.04%、46.9%、30.14%和 22.6%。城市 65 岁以上老年人口的比重甚至超过农村的 2 倍。见图 5 和图 6。

③未来 50 年河北省抚养比呈上升趋势，城市抚养比升速明显

人口抚养比是指总体人口中非劳动年龄人口数与劳动年龄人口数之比。表明每 100 名劳动年龄人口大致要负担多少名非劳动年龄人口。本文根据预测的数据以 15—64 岁人口作为劳

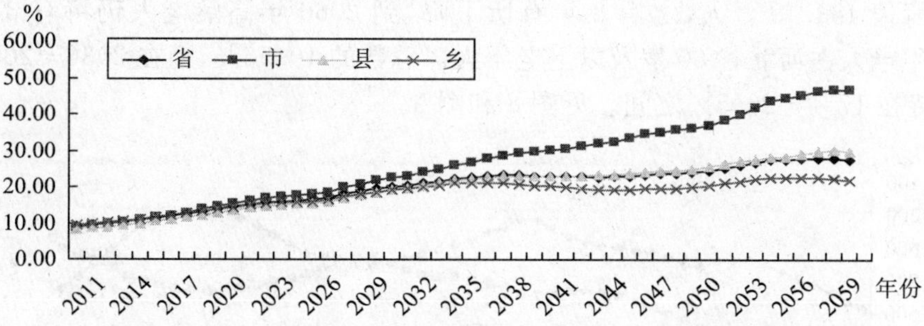


**图 5　2011—2060 年河北省 65 岁及以上人口比重变化趋势**

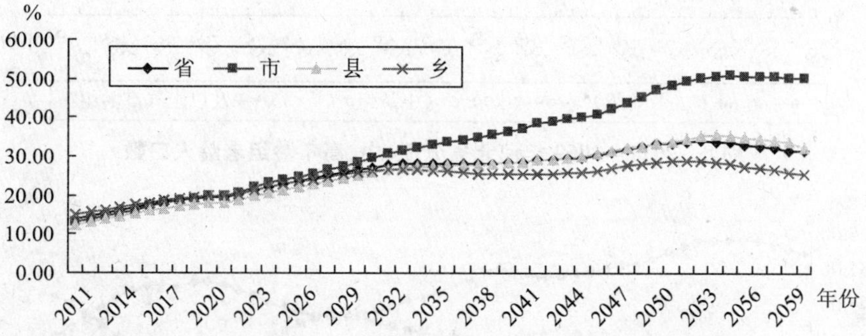


**图 6　2011—2060 年河北省 60 及以上人口比重变化趋势**

动年龄人口，做出 2011—2060 年的抚养比。河北省抚养比总体呈上升趋势，且城市抚养比上升趋势尤为明显。2011 年河北分省、市、镇、乡的抚养比分别为 34.2%、27.3%、31.6%、38.0%，到 2060 年抚养比将分别达到 71.2%、112.2%、75.1%、69.6%，劳动人口压力明显增大。其中城市的抚养比 2037 年以前总体上低于乡、镇抚养比，但于 2045 年后将超过省、乡、镇抚养比，呈快速上升趋势。抚养比在一定程度上也反映出我省人口老龄化状况。见图 7。

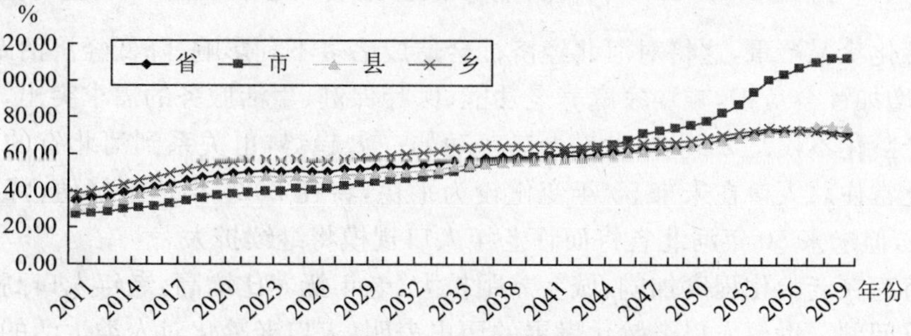


**图 7　2011—2060 年河北省抚养比变化趋势**

④未来 50 年老年常住人口高龄化将日益突出

2011—2056 年河北省 60 岁及以上常住老年人口中，60—69 岁（低龄组）老年人口数最多，70—79 岁（中龄组）次之，80 岁及以上（高龄组）的人数最少。直到 2057 以后中龄组老人总数超过老年低龄组，成为老年人口中人数最多的一个群体。

未来 50 年间 60—69 岁（低龄组）老年人口在河北省 60 岁及以上老龄常住人口中的比重总体呈下降趋势，2010 年比重为 59%，到 2060 年下降至 35%；70—79 岁（中龄组）老年人口的比重变化较为波折，但总体呈上升之势，占老年人口的比重维持在 25—45%之间；80 岁及以上（高龄组）老龄人数呈现平稳的上升趋势。高龄组老龄常住人口数 2010 年为 116.84 万人，将于

2052 年达到峰值 483.19 万人，之后 8 年有所下降，到 2060 年高龄老人仍将有 378.03 万人。2010 年高龄组老人占河北省 60 岁及以上老年人口总数的 10.55%，但在 2036—2060 年期间这个比重将保持在 17%—20.5%之间。见图 8 和图 9。

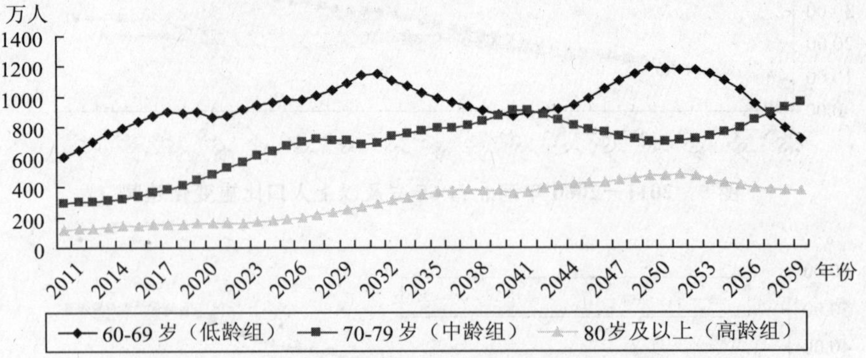


**图 8　2011—2060 年河北省分低、中、高年龄组老龄人口数**

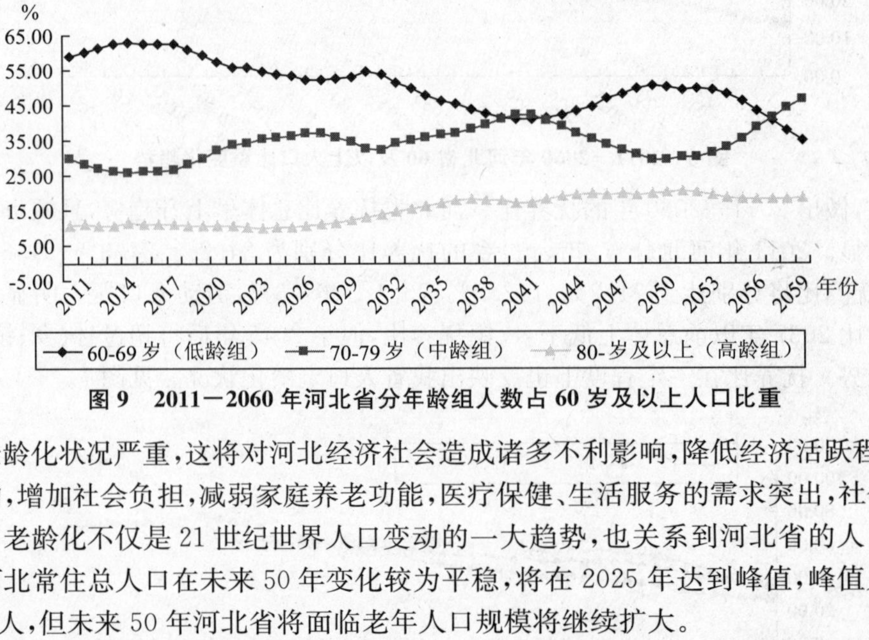


**图 9　2011—2060 年河北省分年龄组人数占 60 岁及以上人口比重**

人口老龄化状况严重，这将对河北经济社会造成诸多不利影响，降低经济活跃程度，改变生产消费结构，增加社会负担，减弱家庭养老功能，医疗保健、生活服务的需求突出，社会保障压力加大。人口老龄化不仅是 21 世纪世界人口变动的一大趋势，也关系到河北省的人口可持续发展。虽然河北常住总人口在未来 50 年变化较为平稳，将在 2025 年达到峰值，峰值人口总数为 7745.82 万人，但未来 50 年河北省将面临老年人口规模将继续扩大。

河北省将存在老龄化程度加剧、城乡差距扩大，老年抚养比增高，老年人口高龄化日益突出等一系列严重问题。世界人口老龄化发展的历史表明，人口老龄化对人类生活的方方面面都会产生重大的影响。如在经济领域，人口老龄化将对经济增长、储蓄、投资与消费、劳动力市场、养老金、税收等产生冲击。在社会方面，人口老龄化将影响社会福利、医疗制度、家庭构成以及生活安排、住房和迁移等。在政治和文化方面，人口老龄化也会有不同程度的影响。因此，对老年人口数据的认知和预测对政府在制定人口政策、建立健全养老保障体系及宏观调控上都具有非常重要的现实意义。

（二）河北省老年人口生活质量的聚类分析

老年人生活质量受多方面因素的共同影响，一般认为有健康、物质、家庭、精神和环境五个方面。为了找到针对河北省老年人口生活质量的主要因素，发现存在的主要问题的根源，本文使用 K—均值聚类分析法分析河北省老年人生活质量相关数据，从中得出数据中包含的有用信息。

1. K－均值聚类分析法简介

K－均值聚类分析方法是一种方便实用的统计分析方法。方法的核心思想是把数据看作K维空间中的点，以点之间的距离大小测度个体的亲疏关系，其操作步骤如下：

(1)给定聚类数K。按照数据的多少确定合适的聚类组数；

(2)指定这K个初始类的初始中心点；

(3)按照距离最短原则进行数据分类；

(4)以各个类中K个变量的均值做为K个类的新中心点；

(5)判断终止聚类分析的满足条件；

满足终止条件就结束聚类，否则回到步骤(3)。

应用K－均值聚类分析对河北省老年人口生活质量进行实证分析，能够快速的从众多信息中提取出精华部分，分离出有用信息，为提出改善河北省老年人口的使用政策建议提供可靠依据，给政策制定者找到出发点和落脚点，提高政策的可实施性。

2. 实证分析

本文以河北省60岁及以上的常住老年人为研究对象，通过分层、整群抽样的方法从河北省十一个设区市随机抽取3000名农村老年人和2000名城镇老年人，共5000人构成调查对象，在河北省统计局的大力帮助下，通过面对面访谈的方式进行问卷调查获得农村2829份，城镇1886份样本数据。对样本数据进行K－均值聚类分析。

(1)对城镇的数据进行K－均值聚类分析

首先，依据老年人生活质量影响因素指标的5个方面，用SPSS统计软件指定5个类初始类中心点，具体数据如表3所示。

**表3　初始类中心点**

| | Cluster | | | | |
|---|---|---|---|---|---|
| | 1 | 2 | 3 | 4 | 5 |
| 健康质量 | 95.01 | 39.32 | 86.78 | 80.42 | 62.15 |
| 物质质量 | 38.91 | 55.67 | 47.23 | 35.18 | 62.98 |
| 家庭质量 | 93.21 | 76.24 | 50.54 | 45.90 | 89.00 |
| 精神质量 | 60.00 | 43.89 | 90.21 | 39.99 | 88.01 |
| 环境质量 | 85.00 | 70.00 | 82.78 | 80.09 | 68.05 |

类中心迭代过程如表4所示。

**表4　类中心变化情况**

| Iteration | Change in Cluster Centers | | | | |
|---|---|---|---|---|---|
| | 1 | 2 | 3 | 4 | 5 |
| 1 | 25.787 | 22.987 | 21.91 | 25.621 | 18.899 |
| 2 | 3.899 | 3.726 | 1.462 | 1.175 | 3.416 |
| 3 | .653 | 3.927 | .882 | 1.068 | 2.567 |
| 4 | .342 | 1.688 | .062 | .352 | 1.502 |
| 5 | .000 | .592 | .000 | .000 | .498 |
| 6 | .000 | .000 | .000 | .000 | .000 |

由表4可见，本次聚类总共进行了六次迭代。当进行到第六次时，五个的类中心点都几乎没有发生变化了，距离都缩小到0.000，小于给定的判定条件标准0.02，聚类终止。

由表5可以看到迭代结束后的类中心点位置相对初始类中心点位置有了一定的偏移。聚类后看到，第1类健康质量和家庭质量较好；第2类只有家庭质量水平居中，健康水平和环境水平都较差；第3类健康质量和精神质量水平较好，物质水平指标较低；第4类仅有健康质量和环境质量较好，其他的指标都较差；第5类家庭质量、健康质量和精神质量三方面都偏向好的方面。这5类指标较为全面的反映了河北省老年人生活质量在不同方面存在的现实问题。就此可以针对5个不同的类别存在的缺陷进行老人生活质量的改善和提高。

**表5　最终类中心值**

| | Cluster | | | | |
|---|---|---|---|---|---|
| | 1 | 2 | 3 | 4 | 5 |
| 健康质量 | 79.98 | 52.09 | 74.57 | 75.04 | 71.98 |
| 物质质量 | 46.98 | 68.82 | 47.98 | 48.24 | 64.89 |
| 家庭质量 | 85.01 | 76.89 | 66.34 | 63.45 | 85.32 |
| 精神质量 | 58.02 | 60.32 | 80.34 | 50.73 | 73.29 |
| 环境质量 | 84.78 | 68.89 | 79.02 | 82.27 | 70.28 |

结合层次分析法按优秀(90及分以上)、良好(89～80分)、中等(79～70分)、一般(69～60分)和差(60分以下)5个等级对老年人生活质量进行分类。根据指标权重，使用以下公式：QOL＝0.32HLQ＋0.21MLQ＋0.21FLQ＋0.13JSQ＋0.13ESQ区分对生活质量指标体系的综合评价，分别对5类情况进行计算的结果如表6至表8所示。

**表6　每类包含的样本数**

| | | |
|---|---|---|
| Cluster | 1 | 402.000 |
| | 2 | 276.000 |
| | 3 | 704.000 |
| | 4 | 220.000 |
| | 5 | 398.000 |
| Valid | | 2000.000 |
| Missing | | 2000.000 |

**表7　5类指标综合评分**

| 第1类 | 第2类 | 第3类 | 第4类 | 第5类 | 权数平均值 |
|---|---|---|---|---|---|
| 71.88 | 64.07 | 68.59 | 64.76 | 73.24 | 69.41 |

**表8　每类样本比重**　　单位：%

| 第1类 | 第2类 | 第3类 | 第4类 | 第5类 |
|---|---|---|---|---|
| 20.1 | 11.8 | 33.2 | 11.0 | 23.9 |

从每类老人所占比重可以看出，河北省非农业老年人口的生活质量平均水平仅达及格水平。

从每类老人占总体的比重来看，只有第5类在家庭质量、健康质量、精神质量三方面都较均衡，其余大约近80%的老年人在这三方面都存在有待解决改善的问题。特别是物质质量在这五个类中都有较大的提升空间。物质生活质量成为制约河北省老年人生活质量改善的一个重大瓶颈。

(2)对农村的数据进行K－均值聚类分析

同样对河北省农业老人口生活生活水平按照这五个类别进行分析计算。同样用SPSS统计软件指定5个类初始类中心点，具体数据如表9所示。

**表9　初始类中心值**

| | Cluster | | | | |
|---|---|---|---|---|---|
| | 1 | 2 | 3 | 4 | 5 |
| 健康质量 | 61.53 | 86.03 | 50.78 | 43.92 | 79.28 |
| 物质质量 | 78.74 | 45.23 | 55.02 | 49.82 | 77.92 |
| 家庭质量 | 72.23 | 74.68 | 30.08 | 79.92 | 67.02 |
| 精神质量 | 79.29 | 40.09 | 26.97 | 58.28 | 20.72 |
| 环境质量 | 70.58 | 80.00 | 78.78 | 74.09 | 82.28 |

从表10可以看出，类中心总共执行了四次迭代。当进行到第四次时，五个的类中心点都几乎没有发生变化了，距离都缩小到0.000，小于给定的判定条件标准0.02，聚类终止。

**表10　类中心变动情况**

| Iteration | Change in Cluster Centers | | | | |
|---|---|---|---|---|---|
| | 1 | 2 | 3 | 4 | 5 |
| 1 | 22.248 | 19.032 | 21.923 | 15.028 | 17.024 |
| 2 | 2.899 | 1.726 | 3.917 | 1.782 | 2.018 |
| 3 | .253 | .627 | .982 | .068 | .597 |
| 4 | .000 | .000 | .000 | .000 | .000 |

从表11的最终类中心表看出，迭代后的类中心点位置应经偏离了初始类中心点位置。我们可以看出每一类代表不同的生活质量水平的特点。

**表11　最终类中心**

| | Cluster | | | | |
|---|---|---|---|---|---|
| | 1 | 2 | 3 | 4 | 5 |
| 健康质量 | 60.53 | 80.03 | 59.23 | 58.92 | 79.19 |
| 物质质量 | 78.74 | 55.23 | 58.02 | 69.32 | 65.92 |
| 家庭质量 | 70.08 | 74.68 | 48.08 | 73.92 | 68.02 |
| 精神质量 | 74.02 | 40.23 | 36.97 | 60.25 | 38.72 |
| 环境质量 | 69.09 | 80.01 | 75.78 | 74.37 | 82.28 |

第1类物质质量、家庭质量和精神质量较好，环境质量在五类之中最差；第2类健康质量、家庭质量和环境质量较好；第3类仅生活环境质量处于居中水平，其他几类都未达标；第4类物质质量和家庭质量较好，精神质量刚达标；第5类精神质量非常差。这五类基本上反映了河北省农村老人生活水平在不同方面存在的实际问题。从而就能够针对这五个不同类别各自存在的缺陷，进行老人生活质量的提高和改善。按上文的层次分析法和指标权重公式分别对五类情况进行计算，得出如表12至表14所示。

**表12　5类指标综合评分**

| 第1类 | 第2类 | 第3类 | 第4类 | 第5类 | 权数平均值 |
|---|---|---|---|---|---|
| 69.23 | 68.52 | 55.89 | 66.44 | 69.20 | 66.72 |

**表13　每类包含的样本数**

| | | |
|---|---|---|
| Cluster | 1 | 513.000 |
| | 2 | 1014.000 |
| | 3 | 456.000 |
| | 4 | 540.000 |
| | 5 | 477.000 |
| Valid | | 3000.000 |
| Missing | | 3000.000 |

**表14　每类样本比重**

单位：%

| 第1类 | 第2类 | 第3类 | 第4类 | 第5类 |
|---|---|---|---|---|
| 17.1 | 33.8 | 13.2 | 18.0 | 17.9 |

聚类分析方法是对数据进行定量分类处理、简化数据并进行分层的实证分析方法，能够快速简便的获得数据指标的主要特征和关键因素。通过上述分析发现，河北省非农村和农村的老年人生活质量都是相对比较低下的，其原因主要是：第一，物质生活水平低。农村老人的平均生活水平均分为66.72，水平比较低，可以看出河北省农村老人的生活状况不太理想，第3类占河北省农村总人口数13.2%人口总体生活质量未能实现达标水平；第二，精神生活匮乏。在第2、第3、第5类中精神质量都非常差，老年人口的生活质量不仅在健康、物质这两方面比较落后，同时在精神生活和家庭生活质量上也是十分的匮乏。所以，要解决并提升河北省老年人生活质量的水平，应该最先解决这两个方面的问题才能有效的提高老年人口生活质量。

## 五、问题解决方案

通过以上对河北省老龄人口的生活质量的研究发现，农村养老问题尤其突出，农村经济条件差，子女外出打工给老年人的生活照料和精神慰藉带来了困难；较低和不太稳定的收入使得部分老年人口的日常生活得不到可靠的保障，经常陷入经济拮据的困境；医疗保障起点低，老年人口支付压力大；通过聚类分析发现河北省非农村和农村的老年人生活质量是比较的低下的，主要表现为物质生活水平低，精神生活匮乏；且存在未来50年老龄人口规模继续扩大，人口老龄化程度将加剧、城乡差距扩大。针对上述问题，提出以下建议。

（一）提高对老龄化问题的认识，建立健全相关的政策法规

要加强舆论宣传和引导，深刻认识人口老龄化趋势加快的严峻性及其对社会经济发展的影响，采取多种形式、鼓励社会力量兴办老年社会福利事业。政府应在政策与资金等方面给予更多扶持和帮助，如老年社会福利设施建设用地、用房优惠政策、老年社会福利设施收费优惠政策、老年社会福事业的税收政策、政府为老年社会福利设施和项目的财政支持计划等。

（二）加大对老年人的经济补助，建立多层次的筹资机制

增加农村老年人的生活救助或津贴，对于老年人个体来说使其收入更加稳定，基本生活能够更有保障，还可以使老年人心理上更加安全。政府要按社区老龄人口数量给予社区卫生服务发展资金，用于社区卫生服务机构建设、人员培训、公共卫生、健康服务合同、老年康复等方面。城镇职工基本医疗保险要向社区卫生服务倾斜，规定老年人在社区卫生服务组织就诊的自付比例可低于综合医院，引导老年人在社区就诊，以合理分流病人。针对不同老年人群的需求，社区卫生服务也可提供少量非基本医疗服务，广泛吸纳社会资金用于老年社区卫生服务工作。老年人自身在社区卫生服务使用过程中也要承担一定的费用。

（三）做好老年社会福利设施建设的规划

认真做好老年社会福利设施建设的规划，并将其纳入经济和社会发展的整体规划之中，增加政府财政对老年社会福利设施建设的投入，统筹规划，合理安排。根据不同群体老年人对老年福利设施需求上的差异特点，建造各种规模与档次的老年社会福利设施，并注意设施的配套，以满足不同群体老年人口的需要。注意民政、教育与卫生等社会资源的整合，充分利用现有社会资源，加快老年社会福利设施的建设步伐。例如将多余的托儿所、幼儿园和小学改建成养老院等老年社会福利设施。这一方面可使现有社会资源尽可能得到充分的利用，另一方面也为老年社会福利设施建设节省了大量的资金。针对养老机构管理与服务人员素质普遍较低的特点，有针对性地加强对他们的专业培训，帮助其提高自身素质，增加服务内容，强化服务功能，提高服务质量。

（四）建立科学完善的养老保障体系

在经济发展和社会进步的基础上，加快养老保障体系的构建。社会养老是人类养老事业发展的必然趋势，是社会化大生产的必然结果。尽管目前河北省仍主要是依靠家庭养老，但在市场经济和人口老龄化的推动下，必将过渡到以社会养老为主要形式的新的养老模式。因此，为了适应人口老龄化进程和社会经济发展的需要，应建立一个城乡有别的社会养老、家庭养老与社区助老服务相结合的养老保障体系。

城镇职工的养老保险应由国家基本保险、企业补充保险和个人储蓄保险组成，国家基本保险实行社会统筹与个人账户相结合的制度，保险费由国家、单位和个人共同承担。农村养老则要以家庭保障为主。目前，要充分发挥家庭的养老功能，提倡签订家庭赡养协议，政府对有养老义务的子女给予适当的资助。在政府引导和农民自愿的基础上，逐步发展农村社会养老保险。此外，还可以发展商业保险和社会互助保险作为对社会养老保险的补充，满足个体劳动者、农民和部分职工对养老的特殊需求。

（五）实现健康老龄化，开发利用老年人力资源

健康老龄化是指老年人口群体大多数健康长寿，健康预期寿命提高，不仅体现为寿命的长度，更重要的是寿命质量的提高。健康老龄化以“老有所养，老有所医，老有所为，老有所学，老

有所乐”为其工作目标。它强调老年人既要生理上的健康，更要心理上的健康；既能过有尊严、有保障、有安全的生活，又能自由自地实现自身价值。河北省老龄人口中低龄组老年人的比例最大，60岁及以上老龄人口的平均年龄为68.34岁。这说明我们可以开发利用大量的低龄老年人资源，让他们从事一些力所能及的工作，使这部分消费人口转为生产人口，既能使老年人感到自身存在的价值，又可以减轻社会的压力。

（六）积极发展老龄产业

老龄产业是为了满足老年人物质和精神生活需求而形成的产业，既包括生产性产业，也包括服务性产业，是解决人口老龄化问题的重要手段。因此，老龄化程度的加剧既有巨大的养老压力，也蕴藏着无限的消费商机。老龄产业并非是一个独立的产业，它分布在三大产业的许多领域。应重点发展以下领域的老龄产业：一是消费品制造业，如生产具有高营养、易消化和补充人体正常需要的特殊食品以及老年日常需要的拐杖、轮椅、助听器、老花镜等特殊用品等；二是房地产产业，可兴建适合老年人需要的公寓式住宅，特别是建设医疗、卫生、保健相配套的住宅小区；三是卫生保健服务业，如生产老年人特定的药品、医疗器具、保健品等，提供老年人专业保健、医疗、看护服务等；四是人寿保险业，如人身保险，健康保险等；五是旅游娱乐业，如旅游服务与陪同、老年棋牌、运动、艺术等；六是家政服务业，如老年人家庭护理、临终关怀等；七是文体教育业，如老年大学等；八是咨询服务业，如婚姻介绍、心理咨询等。发展老龄产业，要从当地实际出发，借鉴国际经验，以满足老年人物质和精神生活的需要为目的，对一些产业结构进行调整，开发生产适用对路的各种老年用品，鼓励和引导老年产品市场的发展。

## 参考文献


[1] 韩中庚.数学建模方法及应用[M].北京：高等教育出版社，2005.

[2] 于洪彦.Excel统计分析与决策[M].北京：高等教育出版社.2009.

[3] 李南南，吴清，曹辉林.MATLAB 7简明教程[M].北京：清华大学出版社，2010.

[4] 熊必俊.人口老龄化与可持续发展[M].北京：中国大百科全书出版社，2002.

[5] 国家统计局人口和社会科技统计司.中国人口统计年鉴[M].北京：中国统计出版社，2006.

[6] 波拉德(著)，姚志坚(译).人口增长的数学模型[M].成都：四川大学出版社，1988.

[7] 姜启源，谢金星，叶俊.数学模型[M].北京：高等教育出版社，2003.

[8] 国务院办公厅.转发全国老龄委办公室和发展改革委等部门关于加快发展养老服务业意见的通知.国办发(2006)6号，2006.2.9.

[9] 赵喜顺.论养老方式与老年人生活质量[ J].社会科学研究，2013(2).

[10] 高灵芝.论老年弱势群体社会支持体系的构建[J].理论学刊，2010(7).

[11] 周战超.中国人口老龄化问题研究[J].经济社会体制比较，2007(1).

[12] 高启杰.日本应对农村老龄化问题的策略与启示[J].世界农业，2009( 10).

[13] 胡毅伟，杨淑萍，李文政，等.石河子市老年人生活状况调查与研究[J].安徽农学报，2011，17(05).

[14] 陈淑君.新型农村社会养老保险的财政支持研究 [J] .学术交流，2009(7).

[15] 中国人口网.国家人口发展战略研究报告[EB/OL].http://www.chinapop.gov.cn/fzzlbg/bgyw/t.20070111_172058153.htm，l2007－02－01.

[16] 丁少群.城市化冲击农村家庭养老和土地保障制度[J].中国国情国力，2004(5).

[17] 董上海，汪柱旺.欠发达地区农村养老保险制度的构建与创新[J].求实，2008(12).

[18] 杜鹏，杨慧."未富先老"是现阶段中国人口老龄化的特点[J].人口研究，2009(6).

[19] 杜鹏，翟振武，陈卫.中国人口老龄化百年发展趋势 [J] .人口研究，2012(6).

[20] 方越峦,黄富荣.我国农村社会养老保险问题及对策[J].农村经济,2011(1).
[21] 冯方回,尹华.世界人口最新发展趋势[J].人口与计划生育,2012(6).
[22] 甘信宇,宋进朝.应对我国人口老龄化对策探究[J].网络财富,2010(24).
[23] 杨晓苏,马佳.老年人生活质量的测评及其影响因素的研究进展[J].中国老年学杂志,2012(23).
[24] 周爱萍.老龄化背景下少数民族老年人生活质量研究[J].云南民族大学学报(哲学社会科学版),2012(02).
[25] 王志宝,孙铁山.近20年来中国人口老龄化的区域差异及其演化[J].人口研究,2013(01).
[26] 孙锐,王红姝.黑龙江省农村人口老龄化的现状及其原因分析[J].安徽农业科学,2014(33).
[27] 蒋朝晖,魏维.老龄化社会背景下养老设施配置初探[J].城市规划,2014(12).
[28] 孙祥才,袁磊.现阶段我国城市老年人养老居住设施研究[J].规划师,2014(S4).
[29] 王美桃.我国城乡居民基本养老保险制度一体化问题探讨[J].中国财政,2014(21).
[30] 程承坪,罗栋.国外应对人口老龄化的政策[J].国外社会科学,2013(02).
[31] 刘菲,陈共.人口老龄化背景下的基本养老保险筹资模式[J].经济管理,2013(02).
[32] 韩艳平,李群.人口老龄化下社会力量参与养老服务研究[J].长春理工大学学报(社会科学版),2014(12).
[33] 原新.中国如何应对人口老龄化挑战[J].国家治理,2014(21).
[34] 尹欣.人口老龄化与居家养老服务研究[J].决策探索,2012(02).
[35] 李红岚,武玉宁.应对人口老龄化的养老保险对策研究[J].老龄科学研究,2013(07).
[36] 张莹.新时期我国人口老龄化问题分析[J].新西部,2014(24).
[37] 苗红军.日本公共护理保险制度的建立、发展及社会影响[J].日本研究,2014(04).
[38] 穆光宗.从"未备先老",到"有备而老"[J].中国社会工作,2010(07).
[39] 李志建.日本老年人社区照顾调查报告[J].中国物业管理,2010(10).
[40] 穆光宗,张团.我国人口老龄化的发展趋势及其战略应对[J].华中师范大学学报(人文社会科学版),2011(05).
[41] 邬沧萍.积极应对人口老龄化理论诠释[J].老龄科学研究,2013(01).
[42] 叔平.积极应对人口老龄化挑战——"2014年上海老年人生活质量需求调查报告"分析[J].上海质量,2014(10).
[43] 张焱,文淑惠.西部少数民族地区农村老人生活及养老状况的调查分析[J].云南农业大学学报(社会科学版),2013(05).

## 附录一:60 岁及以上人口生活质量调查问卷

第六次人口普查的数据显示,河北省的人口结构已经进入老龄化时代。老年人是社会的宝贵财富,关心、关爱老年人,了解老龄人口的生活质量状况,能够促进社会健全养老保障和服务体系、切实提高老年人的生活质量。基于上述目的,请在调查时点年满 60 周岁的老年人如实填写以下信息,此调查不会用做商业用途,个人信息不会被泄露。

性别:　　　　　出生年月:　　　户口性质:□城镇 □农村

所在地区:　　　市　　　　　填表时间:　　年　　月

**问卷内容:**

1. 您维持生活的最主要收入(在各项收入中所占比重最大)来源是(　)。

A. 劳动收入　　　B. 离退休金养老金　　　C. 最低生活保障金

D. 财产性收入　　E. 家庭其他成员供养　　F. 商业保险

2. 请问您今年的月均工资(退休金)收入能达到多少(　)。

A. 无　B. 1000 元以内　C. 1001~1500 元　D. 1501~2000 元

E. 2001~3000 元　　F. 3001 元以上

3. 您今年的月均总收入(包括子女供养、政府补贴、财产收入、养老金收入等)能达到多少(　)。

A. 500 元以下　B. 501 ~1000 元　C. 1001~1500 元

D. 1501~3000 元　E. 3001 元以上

4. 您今年的月基本生活消费支出能达到多少(　)。

A. 500 元以下　B. 501 ~1000 元　C. 1001~1500 元

D. 1501~3000 元　E. 3001 元以上

5. 您家的住房面积有多大(　)。

A. 40 平米以下 B. 41~60 平米　C. 61~80 平米

D. 81~100 平米　E. 101 平米以上

6. 您对住房条件的满意程度(　)。

A. 非常满意　B. 比较满意　C. 一般　D. 不满意　E. 非常不满意

7. 您对您家周围居住环境的评价(　)。

A. 非常满意　B. 比较满意　C. 一般　D. 不满意　E. 非常不满意

8. 您平时除了日常作息外通常进行的主要活动是(　)。

A. 休闲娱乐　B. 带孩子　C. 学知识　D. 继续工作

E. 做义工　F. 看病　G. 参观考察　H. 随意打磨

9. 您的休闲娱乐活动通常是(　)。

A. 健身、跳舞或唱歌唱戏　B. 打牌、麻将或下棋　C. 宗教活动

D. 看电视或看演出　E. 读书、写作或画画　F. 旅游

G. 聊天 H. 无休闲娱乐活动

10. 您的休闲娱乐场所通常是(　)。

A. 公园 B. 小区 C. 街边 D. 老年活动室

E. 家里 F. 老年大学 G. 其他

11. 日常生活中您会觉得孤独空虚吗（ ）。

A. 每天都孤独空虚 B. 经常孤独空虚

C. 偶尔孤独空虚 D. 从来都不孤独空虚

12. 如果日常生活中您有孤独空虚的感觉，其程度为（ ）。

A. 非常孤独空虚　　B. 比较孤独空虚　　C. 一般孤独空虚

13. 您是否患有以下一种或多种慢性疾病（ ）。

A. 心脑血管疾病 B. 糖尿病　C. 肺病　D. 癌症　E. 高血压

F. 高血脂 G. 动脉硬化　H. 各种肝病　I. 肾病　J. 无慢性病

14. 日常生活中如果患病，您通常的处理方式是（ ）。

A. 自己配药　B. 去私人诊所　C. 去医院看病　D. 不理会、忍着

15. 您体检的状况（ ）。

A. 一年体检一次　　B. 若干年体检一次　　C. 从来不体检

16. 您愿意参加体检吗（ ）。

A. 无条件愿意　B. 自己不掏钱才愿意　C. 不愿意　D. 其他

17. 您对自己看病方便程度的评价（ ）。

A. 非常方便　B. 比较方便　C. 一般　D. 不太方便　E. 很不方便

18. 您的医药费来源主要是（ ）。

A. 社会医疗保险　　B. 商业医疗保险　　C. 依靠子女

D. 依靠亲属　　E. 依靠自己储蓄　　F. 其他

19. 您对目前生活水平的自我评价（ ）。

A. 很宽裕　B. 比较宽裕　C. 大致够用　D. 有些困难　E. 很困难

20. 您对目前幸福感的自我评价（ ）。

A. 非常幸福　B. 比较幸福　C. 一般　D. 不太幸福　E. 很不幸福

21. 您实际生活中的养老模式是（ ）。

A. 与子女共同生活养老　B. 一人独居　C. 一人独居，子女辅助养老

D. 与老伴儿居住养老　E. 与老伴儿居住，子女辅助养老

F. 养老院　G. 其他

22. 您理想中的养老模式是（ ）。

A. 与子女共同生活养老　B. 一人独居 C. 一人独居，子女辅助养老

D. 与老伴儿居住养老　E. 与老伴儿居住，子女辅助养老

F. 养老院　G. 其他

## 附录二：本案例所使用的 MATLAB 软件程序命令(部分)

```
###省份人口预测###
p=0.494890886;                    % 女性占总人口的比例
N=\[ 3983500 4654900 4557400 4320200 4474000 4296300 4007400 3223600 3519200 3505500
3441200 2908300 2952000 2855400 3047000 3618200 4428300 5505100 5631100 5522100 7398700
7500400 7520500 7605400 6587700 5764900 5614400 5355200 6394200 5651700 5155300 4736400
4677800 4058900 4307400 4044200 4447500 5104200 5739900 6061600 6840900 5930800 6497900
5348200 6093700 6379100 6249000 7399300 5087000 2998700 4419500 3864800 4952200 5172000
5086800 5149500 5119100 4685700 4717700 4258600 4129000 3765200 3222500 2987200 2954300
2700900 2069000 1922500 1922700 1802300 1795500 1530000 1734100 1601600 1553600 1558200
1340000 1291200 1190200 999200 1067100 780200 770800 608000 510100 466700 378700 289900
241400 179500 489700\];
N0=N'/10;% 第 0 年（2010 年）的女性各个年龄段的人口数(十)
N00=N0/10% 把单位化成（人）
A=eye(90);
b=\[0.997697 0.999433 0.999701 0.999745 0.99979 0.999821 0.99983 0.999872 0.999885 0.999865
0.999804 0.999832 0.999788 0.999799 0.999801 0.999772 0.999787 0.999786 0.999716 0.9997470.
999768 0.999725 0.999745 0.999701 0.99971 0.999699 0.999701 0.999652 0.999672 0.999599 0.999581
0.999535 0.999612 0.999547 0.999423 0.99945 0.999421 0.999293 0.999275 0.999202 0.999022 0.999055
0.998852 0.9988350.998648 0.998469 0.998502 0.998273 0.997929 0.99774 0.997563 0.997374 0.997086
0.996836 0.996341 0.996 0.99573 0.995392 0.994667 0.993659 0.992808 0.992092 0.991078 0.990546 0.
988545 0.987077 0.985934 0.984188 0.983021 0.978062 0.96859 0.97413 0.973392 0.968753 0.965383 0.
960732 0.954975 0.954492 0.945048 0.939768 0.927103 0.915281 0.909823 0.90246 0.894917 0.883513
0.876182 0.866205 0.855693 0.8388420.823624 0.766001\];
for i=1:90
    A(i,:)=A(i,:)* b(1,i);
end
A;
c=\[0   0 0 0 0 0 0 0 0 0 0 0 0 09.30858E- 06 4.65429E- 05
0.000344417 0.001284584 0.003206806 0.011226147 0.02632001 0.041036875 0.055963183 0.056214515
0. 046277605 0. 043903918 0. 040320114 0. 046459123 0. 042437816 0. 035149198 0. 027981591 0.
024304702 0.01963645 0.017965559 0.014633088 0.011672959 0.009252729 0.007847133 0.00570616 0.
005021979 0.003458137 0.003379015 0.002015308 0.001978073 0.00176863 0.001484719 0.001908259
0.001773284 0.001265967 0.001726742 0 0 0 0 0 0 0 0 0 0 0 0 0
0 0 0 0 0 0 0 0 0 0 0 0 0 0 0 0 0 0 0 0 0 0
0\];          % 由 2001 年原始数据得到的生育率(出生女婴比例 0.465429)
c1=1.313868613* c;                    % 修正后的生育率(1.37)
M=sum(c1');% 总合生育率
```

```
d=zeros(91,1);
B=\[c1;A\];
L=\[B,d\];% 构造的 lestie 矩阵
for i=0:1:50
X=L^i* N0;% 第 i 年后女性各个年龄段的人口数(千万)
Z=X./p;% 第 i 年在各个年龄段的人口总数预测
K(i+ 1,1)=sum(Z);
S1=sum(Z(\[1:15\],:));% 第 i 年 0- 14 岁的总人数
D(1,i+ 1)=S1;
S2=sum(Z(\[16:65\],:));% 第 i 年 15- 64 岁的总人数
S3=sum(Z(\[61:91\],:));% 第 i 年 60- 90 岁人数
G(1,i+ 1)=S3;
E(1,i+ 1)=S2;
S4=sum(Z(\[66:91\],:));% 第 i 年 65- 90 岁人数
F(1,i+ 1)=S4;
end
K% 2001- 2051 的人口总数
D% 年龄在 0- 14 岁总人数(包括男女)
E% 年龄在 15- 64 岁总人数(包括男女)
F% 年龄在 65 岁及 65 岁以上总人数(包括男女)
G% 年龄在 60 岁及 60 岁以上总人数(包括男女)
d=eig(L)
……
```

（审稿人：吴耀华　崔恒建　孙六全　夏万军）

# 基于环境保护视角下吉林省低碳经济综合评价及监测研究

侍术凯　安　佳　杨　苹

（指导教师：王静敏）

吉林财经大学

## 一、案例背景概述

在环境保护与和平、发展同为世界主题的今天，环境与经济协调发展显得尤为重要。中国的碳排放量位居世界首位，在低碳经济与环境保护事业上面临着巨大的挑战。在未来的发展中，选择适合国情的、全面的“低碳”发展模式迫在眉睫。

吉林省是全国碳排放的重灾区，且高碳经济运行模式仍起主导作用。2001—2012年，吉林省经济发展迅速，地区生产总值翻一番，但环境发展速度明显低于经济发展；吉林省产业结构不均衡，其第二产业比重高于全国平均水平，第三产业比重明显低于全国平均水平，说明吉林省仍然以高消耗、高污染、高排放的重工业为支撑，经济发展主要依赖于第二产业，而第三产业发展相对缓慢；吉林省能源消耗的比重高于其GDP的贡献率，且能源消耗一直以煤炭为主，大约占77.57%左右，石油、天然气等其他能源则占很少的部分，可见吉林省的能源消耗以高污染、高消耗的煤炭等一次性能源为主，有待于进一步通过优化能源消耗结构来降低环境污染和二氧化碳的排放。目前吉林省低碳经济情况处于起步阶段，研究吉林省环境与经济协调可持续发展具有重要意义。

## 二、数据来源及处理

（一）数据来源及采集方式

本案例报告选取吉林省2001—2012年数据，数据来源为《吉林省统计年鉴》以及中华人民共和国国家统计局网站（http://ww w. stats. gov. cn/）。

（二）数据清洗和整理

在数据分析前，进行了数据预处理，首先检验数据是否异常，进行错误纠正以及清除重复数据；其次采用取倒数法进行逆向指标正向处理；最后进行数据标准化旨在进行数据趋同化处理和无量纲化处理，具体公式如式（1）所示。

$$x'_{ij}=\frac{x_{ij}-\bar{x}_i}{\sigma_i} \tag{1}$$

其中：$i=1,2,3,4$；$j=1,2,3,4,5$

$$\bar{x}_i=\frac{1}{n}\sum_{j=1}^{n}x_{ij};\sigma_i^2=\frac{1}{n-1}\sum_{j=1}^{n}(x_{ij}-\bar{x}_i)^2$$

## 三、探索性初步分析

近十年，吉林省的经济发展迅速，地区生产总值不断翻翻，人均可支配收入也成倍增加，由此产生的环境问题日益突出。所以倡导低碳经济成为主流趋势。低碳经济的研究，需要结合环境、技术、经济、社会等各个方面提取信息。

经济方面，2001—2012 年吉林省的地区生产总值基本呈现指数函数增长趋势，2001 年地区生产总值 7351 亿元，而到 2012 年则达到了 38460 亿元，几乎每两年翻一番，经济发展速度可谓非常迅速，这就不可避免的造成了一定程度的环境问题。图 1 是吉林省城镇居民和农村居民的人均可支配收入的发展趋势图，可以看出吉林省城镇居民和农村居民的人均收入均有很大的提高，说明人们的生活水平有了翻天覆地的变化。

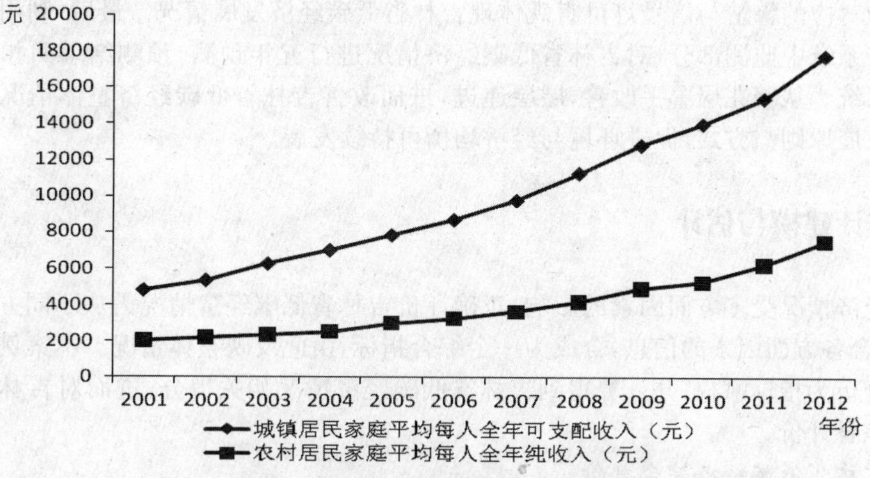


**图 1　吉林省人均可支配收入折线图**

环境方面，近十年吉林省的整体森林覆盖率呈现稳定增长趋势，几乎接近整体占地面积的 44%，而仅建成区绿地覆盖率就占了近 1/3，可见吉林省的原生态植物保留比较好，低碳经济的提倡具有一定的先天优势。然而，近十年吉林省的二氧化碳的排放量也呈现直线增长趋势，如图 2 所示，2012 年几乎达到了 7000 吨，大气污染相当严重。所以低碳经济的发展任重道远。

**图 2　二氧化碳排放量折线图**

技术方面，随着科技的进步和经济的飞速发展，低耗能的产品逐渐占领了市场，近年来吉林省每万元耗能量逐渐的降低，由最初的高耗能设备到如今的低耗能设备，耗能量也由 2001 年的 1.8 亿到 2012 年的 0.8 亿。另一方面，工业废水达标率也有了明显的提高，到 2012 年几乎达到了 90%，说明技术的进步极大的促进了环境的改善。吉林省的工业固体废物的综合利用率虽然并未连续增长，但是整体发展趋势表现为上升趋势。技术的进步提高了废物的利用率。

社会方面，自 2001 年吉林省的城镇化率达到了 50%，到 2012 年几乎达到了 54%，城镇化水平几乎呈现平稳增长趋势。吉林省城镇居民和农村居民的的恩格尔系数逐年下降，十年间几乎降低了 10%，说明人们花费在食品上的消费额逐渐下降，更加注重享受生活。

综上所述，吉林省无论在经济、社会、技术上还是在环境方面都有足够的理由倡导低碳经济。本文在当前的经济背景下，选取吉林省 2001—2012 年的相关指标数据进行分析，构建吉林省低碳经济情况综合评价指标体系。首先，采用多层次因子分析法计算得到吉林省低碳经济情况综合得分，以及环境、技术、经济、社会四方面得分，从而做出综合评价。其次，建立吉林省低碳经济情况预警系统，利用预警系统划分出四级警情，警戒线依据各指标数据的标准值确定。各指标得分对应的警情与信号灯可直观体现吉林省低碳经济发展情况。最后，利用灰色预测模型完善预警系统中监测部分，对吉林省低碳经济情况进行五年预测，预测结果回扣吉林省低碳经济预警系统。从警兆层着手改善，层层递进，进而改善吉林省低碳经济整体情况。同时坚持过去良好发展原则与方式，促进环境与经济均衡可持续发展。

## 四、统计建模与估计

低碳经济情况受多方面因素的影响，正确评价吉林省低碳经济情况需从不同方面进行描述与分析，综合各方面因素的信息，合成为一个综合指标，由此反映整体情况。本案例报告通过多层次因子分析为指标赋权，并计算得到吉林省低碳经济情况相关得分，进而对吉林省低碳经济情况做出综合评价。

### （一）吉林省低碳经济综合评价

1. 方法选择

本案例报告采用多层次因子分析法，多层次因子分析是在普通因子分析基础上的推广与改进，其原理为：提取综合评价的整体所涵盖的几方面特征，进而搜集能够反映每一特征的指标，对每一方面做因子分析，提取出能够反映每一方面特征的公共因子；在提取出全部公因子的基础上，以全部公因子构建评价体系，再次进行因子分析[1]。

与其他综合评价方法相比，多层次因子分析可有效避免指标体系赋权过程中的主观影响，实现客观赋权。此外，运用多层次因子分析，一方面可以对吉林省低碳经济情况作出综合评价，另一方面可以了解其各方面特征的发展情况及进行优劣比较。

2. 指标体系的构建

低碳经济情况综合评价体系是一个复杂的体系。环境与经济的变化无疑会直接影响低碳经济情况；技术发展可促进生产力改革及对“碳污染”的治理，进而影响低碳经济情况；社会变化则间接影响着低碳经济情况；此外相关政策的制定与实施亦会影响低碳经济情况[2]。综合考虑全局性原则、客观性原则，将吉林省低碳经济情况体系划分为四个准则层，即环境发展，技术发展，经济发展，社会发展。依据整体性与层次性原则、3R 原则（即替代、减少、优化原则），进而确立各准则层指标[3]。指标结构见图 3 所示。

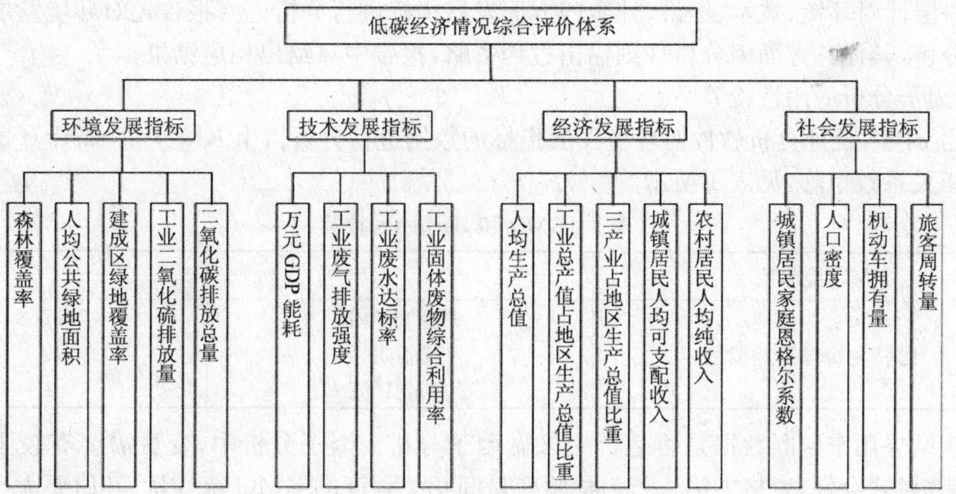


**图 3 低碳经济情况综合评价体系**

在环境发展方面，森林覆盖率是反映森林资源的丰富程度和生态平衡状况的重要指标，其值越大，说明净化二氧化碳的能力越强；人均公共绿地面积指城市公共绿地面积和城市非农业人口之比，该指标衡量城市居民生活环境和质量，指标值越大说明该地区居民生活环境越好；建成区绿地覆盖率是描述环境状况的重要指标；二氧化碳排放总量越高，高碳特征越明显；工业二氧化硫排放量越大，对环境的污染越严重[4]。

在技术发展方面，万元 GDP 能耗用来反映一个国家经济活动中对能源的利用程度，反映经济结构和能源利用效率的变化，需要高技术；工业废气排放强度越大，越急需高技术的引进，从而减少对环境的污染；工业废水达标率说明地区处理污染能力的强弱，指标越高，越有利于环境的净化和"碳排放量"的减少；工业固体废物综合利用率指通过回收、加工、循环、交换等方式，从固体废物中提取或者使其转化为可以利用的资源、能源和其他原材料的固体废物量的效率，利用率越大，其改善环境的能力越强。

在经济发展方面，人均生产总值代表了该地区经济发展的程度；工业总产值占地区生产总值比重是衡量一个地区经济发展必不可少的指标因素；第三产业占地区生产总值比重是指除第一、二产业以外的其他行业，以服务业为主的第三产业占地区生产总值的比重，其比重越大，说明该地区注重轻污染的产业发展；居民家庭平均每人全年可支配收入可以很直观地反应地区经济发展的状况。

在社会发展方面，人口密度表示单位面积土地上居住的人口数，表示该地区人口密集程度的指标；城镇化率（又称城市化率）是一个国家或地区经济发展的重要标志，也是衡量一个国家或地区社会组织程度和管理水平的重要标志。其值越高，说明社会发展越好；恩格尔系数是用来衡量家庭富裕程度的重要指标。城镇（农村）恩格尔系数越低，家庭越富裕，社会发展能力越强[5]。

3. 低碳经济情况的多层次因子分析

采用多层次因子分析法计算出各指标的综合得分。在对环境、技术、经济、社会四类指标分别进行因子分析并提取公因子的基础上，对环境、技术、经济、社会四方面新提取的公因子进行因子分析[6]。进而通过贡献率加权法为指标赋权，并计算得到吉林省低碳经济情况综合得分[7]，以及环境、技术、经济、社会四方面得分。

第一层针对环境、技术、经济、社会四方面发展指标进行分析。本报告先对环境发展指标进行具体分析，其他三方面因分析详细输出过程省略，报告中只给出相应结果。

(1)因子分析适用性检验

利用 SPSS 统计分析软件对环境发展指标的数据进行分析得出 KMO 和 Bartlett 的检验结果以及相关系数矩阵，见表 1 所示。

**表 1　KMO 和 Bartlett's 检验**

| KMO 检验值 | | 0.752 |
|---|---|---|
| 巴特利特球形检验 | 球形检验值 | 77.968 |
| | 自由度 | 10 |
| | 检验 P 值 | 0 |

表 1 结果用来判断数据是否适合用来做因子分析。因子分析中，变量需要有较强的相关度，降维效果才会好，表格中第一行为检验变量间相关程度的 KMO 统计量，其值要大于 0.6 才可以做因子分析，该组数据的 KMO 数值为 0.752，符合做因子分析的要求，因此检验通过。下面三行是球形检验的结果，球形检验原假设的变量是不相关的，显然只有拒绝原假设的情况下，才适合做因子分析。本例中 KMO 值符合，球形检验显著，两个条件都满足，表明变量间相关程度较大，适合做因子分析。

(2)公因子反映原始指标信息度

按照特征根大于 1 的原则选取公共因子，表 2 给出了提取公因子前后各变量的共同度。

**表 2　各指标共同度**

| 指　标 | 初始值 | 提取信息值 |
|---|---|---|
| 森林覆盖率 | 1 | 0.959 |
| 人均公共绿地面积 | 1 | 0.890 |
| 建成区绿地覆盖率 | 1 | 0.918 |
| 工业二氧化硫排放量 | 1 | 0.869 |
| 二氧化碳排放总量 | 1 | 0.900 |

(3)公因子提取及命名

根据变量共同度的统计意义，它刻画了全部公因子对各变量的总方差所做的贡献，说明了全部公因子反应出原始变量信息的百分比，例如，提取公因子后，森林覆盖率的共同度为 95.9%，即提取的公因子对该变量的方差做出了 95.9%的贡献。从该列的数值看出，各个变量的共同度都比较大，说明变量空间转化为因子变量时，保留了较多信息，因此，因子分析的效果显著。

**表 3　特征根与方差贡献率表**

| 因子 | 初始特征值 | | | 提取载荷平方和 | | |
|---|---|---|---|---|---|---|
| | Total | 方差的贡献率 | 累积贡献率% | Total | 方差的贡献率 | 累积贡献率% |
| 1 | 4.537 | 90.733 | 90.733 | 4.537 | 90.733 | 90.733 |
| 2 | 0.253 | 5.057 | 95.790 | | | |
| 3 | 0.160 | 3.201 | 98.990 | | | |
| 4 | 0.034 | 0.674 | 99.664 | | | |
| 5 | 0.017 | 0.336 | 100.000 | | | |

表 3 给出了提取公因子后的累积贡献率。提取一个公因子的累积贡献率达到了 90.733%，具有良好的代表性。采用主成分分析法计算因子载荷矩阵，同样利用 SPSS 统计软件求得因子载荷矩阵，见表 4 所示。

**表 4　因子载荷阵**

| 指　　标 | 组成成分 |
|---|---|
| | 1 |
| 森林覆盖率 | 0.980 |
| 人均公共绿地面积 | 0.943 |
| 建成区绿地覆盖率 | 0.958 |
| 工业二氧化硫排放量 | −0.932 |
| 二氧化碳排放总量 | −0.949 |

从表 4 可以看出，表格第二列数据代表公因子的载荷，如森林覆盖率的公因子载荷为 0.980。从因子载荷矩阵看到，公共因子的典型代表变量突出。四个指标皆属于环境发展范畴，故命名为环境发展因子。

表 5 为因子得分系数矩阵。因子模型将变量表示成公因子的线性组合，自然也可以将公共因子表示成原始变量的线性组合，将公因子对各个变量做线性回归，得到系数的最小二乘估计就是所谓的因子得分系数，根据估计出来的得分系数，我们可以计算因子得分。

**表 5　因子得分系数矩阵**

| 指　　标 | 组成成分 |
|---|---|
| | 1 |
| 森林覆盖率 | 0.216 |
| 人均公共绿地面积 | 0.208 |
| 建成区绿地覆盖率 | 0.211 |
| 工业二氧化硫排放量 | −0.206 |
| 二氧化碳排放总量 | −0.209 |

同理对技术发展、经济发展、社会发展的子指标分别做因子分析，其 KMO 和 Bartlett 的检验结果以及相关系数见表 6 所示。

**表 6　准则层各指标 KMO 和 Bartlett′s 检验**

| 准则层 | KMO 检验值 | 巴特利特球形检验 | | |
|---|---|---|---|---|
| | | 球形检验值 | 自由度 | P 值 |
| 技术发展 | 0.796 | 39.343 | 6 | 0 |
| 经济发展 | 0.759 | 155.679 | 10 | 0 |
| 社会发展 | 0.643 | 58.850 | 6 | 0 |

检验结果表明所有指标均满足 KMO>0.6 的标准，且球形检验显著，即检验的两个条件都得到了满足，各指标内部变量间相关程度较大，适合做因子分析。

在技术发展特征中提取了一个技术发展因子，其方差贡献率为 85.88%，即该公因子提取了四项指标 85.88%的信息；在经济发展特征中提取了一个经济发展因子，其方差贡献率为 98.582%，也就是说该公因子提取了五项指标 98.582%的信息；在社会发展特征中提取了一个社会发展因子，其方差贡献率为 89.24%，即是说该公因子提取了五项指标 89.24%的信息。

分别计算技术发展因子、经济发展因子和社会发展因子三个因子内部子指标得分系数矩阵，具体值见表 7 所示。

**表 7　准则层各指标因子得分系数矩阵**

| 低碳经济准则层 | 指标名称 | 成分 |
|---|---|---|
| 环境发展 | 森林覆盖率 | 0.216 |
| | 人均公共绿地面积 | 0.208 |
| | 建成区绿地覆盖率 | 0.211 |
| | 工业二氧化硫排放量 | −0.206 |
| | 二氧化碳排放总量 | −0.209 |
| 技术发展 | 万元 GDP 能耗 | 0.274 |
| | 工业废气排放强度 | 0.280 |
| | 工业废水达标率 | 0.271 |
| | 工业固体废物综合利用率 | 0.253 |
| 经济发展 | 人均生产总值 | 0.202 |
| | 工业总产值占地区生产总值比重 | 0.201 |
| | 三产业占地区生产总值比重 | 0.200 |
| | 城镇居民人均可支配收入 | 0.202 |
| | 农村居民人均纯收入 | 0.202 |
| 社会发展 | 人口密度 | −0.273 |
| | 城镇化率 | 0.266 |
| | 城镇居民家庭恩格尔系数 | 0.276 |
| | 农村居民家庭恩格尔系数 | 0.242 |

根据表 7 中各得分系数分别写出公式。在吉林省低碳经济综合评价指标体系中环境发展因子得分公式：

$$X_1 = 0.216X_{11} + 0.208X_{12} + 0.211X_{13} - 0.206X_{14} - 0.209X_{15} \quad (2)$$

技术发展因子得分公式：

$$X_2 = 0.274X_{21} + 0.28X_{22} + 0.271X_{23} + 0.253X_{24} \quad (3)$$

经济发展因子得分公式：

$$X_3 - 0.202X_{31} + 0.201X_{32} + 0.2X_{33} + 0.202X_{34} + 0.202X_{35} \quad (4)$$

环境发展因子得分公式：

$$X_4 = -0.273X_{41} + 0.266X_{42} + 0.276X_{43} + 0.242X_{44} \quad (5)$$

以提取的四个公因子为新的指标，构成吉林省低碳经济情况综合评价指标体系，再次进行因子分析。对其进行 KMO 和 Bartlett 检验，得知：KMO 统计量值为 0.798>0.6，适合做因子分析；在进行球形检验时，原假设为变量之间不相关，检验结果为拒绝原假设，即变量间存在相关关系可以做因子分析。综上所述:在该层次中因子分析具有可行性。

提取一个低碳经济因子,其方差贡献率为96.162%,说明提取了四项指标96.162%的信息。得到低碳经济因子综合得分,即反映出吉林省近年来低碳经济综合情况。通过SPSS软件计算才低碳经济因子的内部指标得分系数矩阵见表8所示。

**表8 低碳经济各子系统指标因子得分矩阵**

| 低碳经济因子 | 成分 |
| --- | --- |
| | 1 |
| 环境发展 | 0.258 |
| 技术发展 | 0.257 |
| 经济发展 | 0.252 |
| 社会发展 | 0.255 |

根据表8中各得分系数写出低碳经济总体得分公式:

$$Y=0.258X_1+0.257X_2+0.252X_3+0.255X_4 \tag{6}$$

将各项指标数值代入对应方程,计算得到吉林省各年度低碳经济因子分析各项得分,其中环境发展因子、技术发展因子、经济发展因子以及社会发展因子得分表示其对低碳经济情况的影响,得分数值越大,代表其影响越好;低碳经济综合得分表示吉林省各年度低碳经济情况整体情况,分数越高为越好。正值表示其得分高于平均水平,负值则表示低于平均水平。吉林省近年来低碳经济情况得分见表9所示。

**表9 吉林省2001—2012年低碳经济情况得分情况**

| 年份 | 环境发展 | 技术发展 | 经济发展 | 社会发展 | 低碳经济 |
| --- | --- | --- | --- | --- | --- |
| 2001 | −1.358 | −1.389 | −1.082 | −1.710 | −1.416 |
| 2002 | −1.359 | −1.268 | −1.036 | −1.485 | −1.316 |
| 2003 | −1.200 | −0.885 | −0.988 | −0.941 | −1.026 |
| 2004 | −0.789 | −0.722 | −0.830 | −0.614 | −0.755 |
| 2005 | −0.588 | −0.540 | −0.498 | −0.289 | −0.490 |
| 2006 | 0.237 | −0.405 | −0.329 | 0.062 | −0.110 |
| 2007 | 0.429 | 0.185 | −0.178 | 0.561 | 0.256 |
| 2008 | 0.581 | 0.803 | 0.254 | 0.634 | 0.582 |
| 2009 | 0.691 | 0.845 | 0.614 | 0.541 | 0.688 |
| 2010 | 0.906 | 0.550 | 0.741 | 1.000 | 0.817 |
| 2011 | 1.118 | 1.500 | 1.383 | 1.083 | 1.298 |
| 2012 | 1.333 | 1.325 | 1.949 | 1.157 | 1.470 |

本案例报告通过多层次因子分析法进行分析研究,最终可得到环境发展因子、技术发展因子、经济发展因子、社会发展因子的综合得分;低碳经济综合得分代表了吉林省低碳经济的整体情况,分数越高为越好。借助两层因子分析中各指标的方差贡献率,可加权得出指标的权重,具体权重见表7所示。各准则层及低碳经济综合得分保持上升趋势,说明吉林省低碳经济的整体走势良好。从2007年开始,吉林省低碳经济整体发展水平高于平均水平,可以看出省政府对低碳经济发展的高度重视,以及通过实施政策所得到的显著成效。

从影响低碳经济发展的四个因子得分上来看,2001—2012年,经济发展因子分值差距最大，上升趋势明显，发展最为迅速，有力推动了吉林省低碳经济发展。环境发展分值变化较大，对低碳经济发展具有较大贡献，但其发展速度明显低于经济发展速度，在环境发展因子的各指标中，森林覆盖率的得分系数最大，说明其对吉林省低碳经济发展起了一定推动作用，进而说明了吉林省发展“碳汇”林业和农业潜力还是比较大的。据科学研究表明，每增加1%的森林覆盖率，就可以从大气中吸收0.671亿吨碳，所以要加强本省的林业系统的建设和管理。技术发展分值变化较大且变动迅速，科学技术是第一生产力。良好的技术能缓解工业等重污染企业对环境的破坏，保持低碳经济稳定健康发展。社会发展因子的分值差距最小，但整体处于上升趋势，侧面反映了吉林省低碳经济情况的平稳上升的良好态势。

（二）吉林省低碳经济情况预警系统的建立

良好的预警是对吉林省低碳经济情况优化调控的重要途径之一，本案例报告在吉林省从高碳经济向低碳经济转型，且环境保护发展与经济发展失衡的背景下，以前文因子分析中指标体系与赋权为基础，对吉林省近年来低碳经济情况进行分析，建立吉林省低碳经济情况预警系统，针对整体警情存在的问题，探索子预警系统警情情况；针对预警子系统警情存在的问题，探索警兆层并提出具体改进措施，为吉林省低碳经济情况提出针对性政策建议，旨在防患于未然，改善吉林省低碳经济整体情况。

1. 方法概述

预警系统是衡量某种状态偏离警戒线的强弱程度并发出预警信号的过程，是确定预警状态、发出监控信号的信息系统。应用专业方法对各指标进行分析评估，以监测低碳经济情况系统偏离可持续发展轨道的情况。

**表10　预警系统指标结构**

| 警度层 | 警情层 | 警兆层 | 标准值 | 权重 |
|---|---|---|---|---|
| 低碳经济综合评价指标体系 | 环境发展预警子系统 | 森林覆盖率 | 43.70% | 0.055 |
| | | 人均公共绿地面积 | 15平方米 | 0.053 |
| | | 建成区绿地覆盖率 | 45% | 0.054 |
| | | 工业二氧化硫排放总量 | 27.06万吨 | −0.053 |
| | | 二氧化碳排放总量 | 3904.16万吨 | −0.053 |
| | 技术发展预警子系统 | 万元GDP能耗 | 0.9万吨/亿元 | 0.071 |
| | | 工业废气排放强度 | 3.38 | 0.071 |
| | | 工业废水达标率 | 83% | 0.069 |
| | | 工业固体废物综合利用率 | 100% | 0.065 |
| | 经济发展预警子系统 | 人均生产总值 | 33000元 | 0.051 |
| | | 工业总产值占地区生产总值比重 | 38.67% | 0.051 |
| | | 三产业占地区生产总值比重 | 40.53% | 0.050 |
| | | 城镇居民人均可支配收入 | 2400元 | 0.050 |
| | | 农村居民人均纯收入 | 11000元 | 0.050 |
| | 社会发展预警子系统 | 人口密度 | 132人/平方公里 | −0.069 |
| | | 城镇化率 | 53.85% | 0.067 |
| | | 城镇居民家庭恩格尔系数 | 30% | 0.070 |
| | | 农村居民家庭恩格尔系数 | 45.60% | 0.061 |

2. 预警系统指标体系

本案例报告中低碳经济情况预警系统是在前文因子分析所形成综合评价指标体系基础上构成的复合系统,包含四个子系统,具体为:社会发展预警子系统、经济发展预警子系统、环境发展预警子系统、技术发展预警子系统。每个子系统下包括具体警兆层指标,结合国家要求以及地区特征,确立各项指标标准值,同时给出各项指标所占权重其中各指标预警权重借助因子分析中指标方差贡献率加权确立。具体预警指标结构见表10所示。

3. 确定警戒区间

依据吉林省低碳经济情况得分变化趋势与人们心理预期确定警戒线。为直观表现,此处将上文因子分析得分进行处理,同时加上最低分将所有数值转化为正值,在按同等比例转化为百分制,具体结果见表11所示。

**表11　吉林省各年度低碳经济百分制得分**

| 年份 | 环境发展 | 技术发展 | 经济发展 | 社会发展 | 低碳经济 |
|---|---|---|---|---|---|
| 2001 | 62.819 | 62.567 | 65.027 | 60.003 | 62.356 |
| 2002 | 62.809 | 63.539 | 65.394 | 61.799 | 63.154 |
| 2003 | 64.078 | 66.596 | 65.776 | 66.152 | 65.473 |
| 2004 | 67.365 | 67.907 | 67.038 | 68.768 | 67.642 |
| 2005 | 68.978 | 69.360 | 69.694 | 71.370 | 69.764 |
| 2006 | 75.574 | 70.443 | 71.047 | 74.178 | 72.800 |
| 2007 | 77.111 | 75.158 | 72.254 | 78.169 | 75.731 |
| 2008 | 78.331 | 80.104 | 75.710 | 78.753 | 78.336 |
| 2009 | 79.206 | 80.443 | 78.594 | 78.006 | 79.184 |
| 2010 | 80.928 | 78.078 | 79.611 | 81.679 | 80.212 |
| 2011 | 82.620 | 85.682 | 84.742 | 82.344 | 84.065 |
| 2012 | 84.341 | 84.283 | 89.275 | 82.939 | 85.442 |

借助国家统一规定标准,结合吉林省地区发展特征进行细微调整,确立16项警兆指标的标准值。将16项警兆的标准值带入得分方程,得到低碳经济预警系统及四个子系统的标准值,分别为:76.225分、83.451分、84.522分、82.513分。本案例报告假定,超出标准值5%以上为安全状态,超出标准值在0—5%之间为轻警状态,低于标准值5%以内为中警状态,低于标准值超过5%为重警状态。以相应的波动范围限制确定其得分区间。将得分区间纳入相应警戒区域,直观的用信号灯体现,其意义见表12所示。

在低碳经济整体情况中,重警状态对应红色信号灯,表明其经济模式为高碳经济,经济发展迅速,但污染排放过多,环境治理匮乏,环境保护与经济发展处于极度不均衡的状态,体现在社会方面则是社会发展缓慢,环境治理技术落后;中警状态对应橙色信号灯,表明其经济模式为中碳经济,经济发展较快,但污染排放较多,环境治理短缺,环境保护与经济发展处于中度不均衡的状态,体现在社会方面则是社会发展较慢,环境治理技术发展缓慢;轻警状态对应黄色信号灯,表明其经济模式为轻度低碳经济,经济发展较快,污染排放相对合理,环境治理较好,环境保护与经济发展处于相对均衡的状态,体现在社会方面则是社会发展较快,环境治理技术发展较快;安全警状态对应绿色信号灯,表明其经济模式为良好低碳经济,经济发展较快,污染排放较少，环境治理较好，环境保护与经济发展处于均衡稳定的状态，体现在社会方面则是社会发展飞速，人民生活水平提高，环境治理技术发展迅速。

**表 12　低碳经济各因子得分 S 对应警情警灯**

| 因子名称 | S值 | 警情/警灯 | 警情意义 |
|---|---|---|---|
| 低碳经济 | S＜74.3 | 重　警(红) | 重高碳经济，亟待改进 |
| | 74.3＜＝S＜82.5 | 中　警(橙) | 中高碳经济，有待改进 |
| | 82.5＜＝S＜90.8 | 轻　警(黄) | 轻低碳经济，存在隐患 |
| | S＞＝90.8 | 安全警(绿) | 低碳经济情况良好 |
| 环境发展 | S＜76.1 | 重　警(红) | 对低碳经济情况起中度负向牵引作用，亟待改进 |
| | 76.1＜＝S＜84.5 | 中　警(橙) | 对低碳经济情况起中度正向制动作用，有待改进 |
| | 84.5＜＝S＜93.0 | 轻　警(黄) | 对低碳经济情况起轻度正向制动作用，存在隐患 |
| | S＞＝93.0 | 安全警(绿) | 对低碳经济情况起正向牵引作用，态势良好 |
| 技术发展 | S＜75.1 | 重　警(红) | 对低碳经济情况起中度负向牵引作用，亟待改进 |
| | 75.1＜＝S＜83.5 | 中　警(橙) | 对低碳经济情况起中度正向制动作用，有待改进 |
| | 83.5＜＝S＜91.8 | 轻　警(黄) | 对低碳经济情况起轻度正向制动作用，存在隐患 |
| | S＞＝91.8 | 安全警(绿) | 对低碳经济情况起正向牵引作用，态势良好 |
| 经济发展 | S＜76.6 | 重　警(红) | 对低碳经济情况起中度负向牵引作用，亟待改进 |
| | 76.6＜＝S＜85.1 | 中　警(橙) | 对低碳经济情况起中度正向制动作用，有待改进 |
| | 85.1＜＝S＜93.6 | 轻　警(黄) | 对低碳经济情况起轻度正向制动作用，存在隐患 |
| | S＞＝93.6 | 安全警(绿) | 对低碳经济情况起正向牵引作用，态势良好 |
| 社会发展 | S＜68.6 | 重　警(红) | 对低碳经济情况起中度负向牵引作用，亟待改进 |
| | 68.6＜＝S＜76.2 | 中　警(橙) | 对低碳经济情况起中度正向制动作用，有待改进 |
| | 76.2＜＝S＜83.9 | 轻　警(黄) | 对低碳经济情况起轻度正向制动作用，存在隐患 |
| | S＞＝83.9 | 安全警(绿) | 对低碳经济情况起正向牵引作用，态势良好 |

在环境发展方面，重警状态对应红色信号灯，表明污染排放过多，环境治理匮乏，环境保护情况亟待改善，对低碳经济情况起中度负向牵引作用，亟待改进；中警状态对应橙色信号灯，表明污染排放较多，环境治理短缺，环境保护有待改进，对低碳经济情况起中度正向制动作用；轻警状态对应黄色信号灯，表明污染排放相对合理，环境治理较好，环境保护发展与标准值偏差较小，但存在隐患可能，对低碳经济情况起轻度正向制动作用；安全警状态对应绿色信号灯，表明污染排放较少，环境治理较好，环境保护态势良好，对低碳经济情况起正向牵引作用。

在低碳经济技术方面，重警状态对应红色信号灯，表明环境治理技术落后，能源应用开发不合理，对低碳经济情况起中度负向牵引作用，亟待改进；中警状态对应橙色信号灯，表明环境治理技术发展缓慢，能源应用开发情况较差，对低碳经济情况起中度正向制动作用，有待改进；轻警状态对应黄色信号灯，表明环境治理技术发展较快，能源应用开发情况一般，对低碳经济情况起轻度正向制动作用，存在隐患；安全警状态对应绿色信号灯，表明环境治理技术发展迅速，能源应用开发情况较好，对低碳经济情况起正向牵引作用，态势良好。

在经济发展方面，重警状态对应红色信号灯，表明经济发展缓慢，对低碳经济情况起中度负向牵引作用，亟待改进；中警状态对应橙色信号灯，表明经济发展较慢，对低碳经济情况起中度正向制动作用,有待改进;轻警状态对应黄色信号灯,表明经济发展接近于人民心里预期,对低碳经济情况起轻度正向制动作用,存在隐患;安全警状态对应绿色信号灯,表明经济发展较好,对低碳经济情况起正向牵引作用,态势良好。

在社会发展方面,重警状态对应红色信号灯,表明社会发展水平落后,人民生活水平贫瘠;中警状态对应橙色信号灯,表明社会发展水平较差,人民生活水平发展缓慢;轻警状态对应黄色信号灯,表明社会发展水平相对较好,人民生活水平良好;安全警状态对应绿色信号灯,表明社会发展水平与人民生活水平发展迅速。

4. 低碳经济情况警情分析

将吉林省低碳经济评价体系各指标得分与警戒范围对照,得到吉林省 2001—2012 年低碳经济警情,见表 13 所示。

**表 13　吉林省 2001—2012 年低碳经济警情**

| 年份 | 环境发展 | 技术发展 | 经济发展 | 社会发展 | 低碳经济 |
|---|---|---|---|---|---|
| 2001 | 重警 | 重警 | 重警 | 重警 | 重警 |
| 2002 | 重警 | 重警 | 重警 | 重警 | 重警 |
| 2003 | 重警 | 重警 | 重警 | 重警 | 重警 |
| 2004 | 重警 | 重警 | 重警 | 重警 | 重警 |
| 2005 | 重警 | 重警 | 重警 | 中警 | 重警 |
| 2006 | 中警 | 重警 | 重警 | 中警 | 重警 |
| 2007 | 中警 | 重警 | 重警 | 轻警 | 中警 |
| 2008 | 中警 | 中警 | 重警 | 轻警 | 中警 |
| 2009 | 中警 | 中警 | 中警 | 轻警 | 中警 |
| 2010 | 中警 | 中警 | 中警 | 轻警 | 中警 |
| 2011 | 中警 | 轻警 | 中警 | 轻警 | 轻警 |
| 2012 | 中警 | 轻警 | 轻警 | 轻警 | 轻警 |

从整体来看,低碳经济情况处于转好态势,在过去 12 年里,由重警已转为轻警,表明仍存在着安全隐患。分看四个预警子系统警情,皆为逐年转好态势,环境发展方面警情最为突出,近年来皆为中警状态,安全隐患明显;技术发展方面与整体警情相近,存在轻微安全隐患;经济发展警情转化速度最快,仅 5 年时间便从重警逐步转变为轻警状态;社会发展中,发展态势最佳,近六年都处于轻警状态。

其中环境发展对低碳经济整体情况有相对突出的影响。2005 年与 2006 年技术发展,经济发展,社会发展警情皆相同,但环境发展警情由重警转化为中警,与整体警情变化一致。值得关注的是,经济发展子系统警情转化速度明显高于环境发展子系统警情转化速度。有明显正向制动作用。低碳技术发展可有效改善低碳经济整体情况。2010 年与 2011 年社会发展,环境发展,经济发展警情皆相同,但技术发展警情由中警转化为轻警,与整体警情变化一致。在 2012 年中,整体警情良好显示为轻警状态,但环境方面为中警,与整体情况存在偏差,未能实现协调发展,是值得我们关注并着手改进的。

(三)吉林省未来低碳经济情况预测

吉林省低碳经济的未来情况是不确定的,但在以上报告分析中,我们明显看到其发展有规律可循，根据吉林省低碳经济过去情况，预测未来情况对于吉林省低碳经济的发展具有良好的监测作用，同时完善了上文预警系统的内容。本案例报告利用灰色预测模型对吉林省的低碳经济情况进行预测，并分析预测值对应的警情，分析较差警情提出相应对策。

1. 模型选择

本案例报告所选数据范围涵盖 2001—2012 年，时间跨度 12 年，相对于时间序列预测要求，存在着数据量不足的问题，但这正好符合灰色系统研究对象的主要特征，即“部分信息已知，部分信息未知”的不确定性。

灰色系统理论认为，对既含有已知信息又含有未知信息或不确定信息的系统进行预测，就是在一定方位内变化的、与时间有关的灰色过程进行的预测。尽管这一过程中所显示的现象是随机的，但毕竟是有序的，因此这一数据集合具有潜在的规律性。灰色预测就是利用这种潜在的规律性建立灰色模型对灰色系统进行预测[8]。

2. 模型构建

在前文多层次因子分析，得到因子得分，并转化为百分制的基础上，可利用灰色预测模型对其进行整体水平预测，及社会发展因子等四项公因子进行预测。过程如下[9]：

(1)累加生成

对数列 $X^{(0)}=[62.356,63.154,65.473,67.642,69.764,72.800,75.731,78.336,79.184,80.212,84.065,85.442]$，

累加生成数列 $X^{(1)}=[62.356,125.509,190.983,258.625,328.389,401.190,476.920,555.256,634.441,714.653,798.718,884.160]$；

(2)求解 $\hat{a}$、$\hat{u}$，且 $\begin{bmatrix}\hat{a}\\ \hat{u}\end{bmatrix}=(B^TB)^{-1}B^TY$，因此算得 $\hat{a}=-0.03$、$\hat{u}=61.192$；

(3)建立灰色预测模型 $\hat{x}^{(1)}(k+1)=\left[x^{(1)}(1)-\frac{\hat{u}}{\hat{a}}\right]e^{-\hat{a}k}+\frac{\hat{u}}{\hat{a}}$，利用模型计算出拟合值 $\hat{x}^{(1)}$ 为 [62.356，126.374，192.342，260.319，330.366，402.546，476.924，553.568，632.546，713.929，797.790，884.206]；

(4)对拟合值利用公式 $\hat{x}^{(0)}(i)=x^{(1)}(i)-\hat{x}^{(1)}(i-1)$ 进行后减运算，得出 $\hat{x}^{(0)}$ 序列：[64.018，65.968，67.977，70.047，72.180，74.378，76.644，78.978，81.383，83.861，86.415]；

(5)利用公式 $E(k)=x^{(0)}(k)-\hat{x}^{(0)}(k)$，$k=2,3,\cdots,N$ 计算残差序列；

3. 模型检验

(1) $x^{(0)}$ 的均值：$\bar{X}=\frac{1}{N}\sum_{k=1}^{N}x^{(0)}(k)=73.680$；

(2) $x^{(0)}$ 的方差：$S_1^2=\frac{1}{N}\sum_{k=1}^{N}(x^{(0)}(k)-\bar{X})^2=64.00014541$；

(3)残差的均值：$\bar{E}=\frac{1}{N-1}\sum_{k=2}^{N}E(k)=-0.004$；

(4)残差的方差：$S_2^2=\frac{1}{N-1}\sum_{k=2}^{N}(E(k)-\bar{E})^2=0.8664$；

(5)后验差比值：$C=\frac{S_2}{S_1}=0.116$；

(6)由于 $0.6745S_1=43.168$，小误差概率 $P=P(|E(k)-\bar{E}|<0.6745S_1)=1>0.95$；

检验结果显示模型合格，模型预测精度很好。

4. 模型求解

根据预测模型公式，对未来五年低碳经济进行预测，得到具体值依次为：89.037 分，91.747 分，94.540 分，97.419 分，100.385 分。

同理可对环境发展、技术发展、经济发展、社会发展指标建立模型，求解并检验，求解结果见表 14。

**表 14　不同指标的检验值结果**

| 检验类别 | 环境发展 | 技术发展 | 经济发展 | 社会发展 |
|---|---|---|---|---|
| 后验差比值 C | 0.23 | 0.28 | 0.24 | 0.25 |
| 小误差概率 P | 1 | 1 | 1 | 1 |

检验得知环境发展、技术发展、经济发展、社会发展指标预测精度均很好。

利用检验合格后的模型对未来五年环境发展、技术发展、经济发展、社会发展指标得分进行预测，预测值见表 15 所示。

**表 15　不同指标的预测值**

| 年份 | 环境发展 | 技术发展 | 经济发展 | 社会发展 |
|---|---|---|---|---|
| 2013 | 88.737 | 88.701 | 89.582 | 87.808 |
| 2014 | 91.392 | 91.346 | 92.465 | 90.215 |
| 2015 | 94.126 | 94.069 | 95.442 | 92.687 |
| 2016 | 96.942 | 96.873 | 98.513 | 95.227 |
| 2017 | 99.843 | 99.761 | 101.684 | 97.837 |

（四）未来五年吉林省低碳经济情况预警系统分析

将灰色预测结果中吉林省未来五年低碳经济发展预测分值代入吉林省低碳经济情况预警系统，旨在发现整体警情存在问题，进而着手探索子预警系统是否存在警情，针对存在警情的预警子系统，探索警兆层，提出具体改进措施，为吉林省低碳经济情况提出相关政策建议。

根据灰色预测得分，我们将吉林省低碳经济情况评价体系各指标五年预测得分与预警系统警戒标准对照，得到吉林省 2013－2017 年低碳经济预警警情，见表 16 所示。

**表 16　吉林省 2013－2017 年低碳经济预警警情**

| 年份 | 环境发展 | 技术发展 | 经济发展 | 社会发展 | 低碳经济 |
|---|---|---|---|---|---|
| 2013 | 轻　警 | 轻　警 | 轻　警 | 轻　警 | 轻　警 |
| 2014 | 轻　警 | 轻　警 | 轻　警 | 轻　警 | 安全警 |
| 2015 | 安全警 | 安全警 | 安全警 | 安全警 | 安全警 |
| 2016 | 安全警 | 安全警 | 安全警 | 安全警 | 安全警 |
| 2017 | 安全警 | 安全警 | 安全警 | 安全警 | 安全警 |

我们可以看到，在预测的五年中，低碳经济情况整体良好，仅有 2013 年为轻警状态，其余都处于安全警状态。各子系统大体情况与整体预警情况基本一致，各子系统在 2013－2014 年存在轻警警情，有着轻微安全隐患。发现了子系统预警轻警警情，进而指引我们分析相应警兆层

指标。欲改善子系统警情情况,应着手改进相应警兆层指标。从警兆层着手改善,层层递进,进而改善吉林省低碳经济整体情况。

说明若能持续过去发展趋势,我省将于 2015 年达到安全警状态,但发展越到瓶颈越是困难,建议相关部门坚持一贯作风,坚持经济与环境的均衡关系,适当加大力度建设吉林省低碳经济,走可持续发展道路。

## 五、结论分析

基于前文对吉林省低碳经济情况的综合评价及态势监测,总结相应结论。

### (一)吉林省低碳经济的整体走势良好

从预警警情来看,吉林省低碳经济情况处于转好态势,在过去 12 年里,由重警已转为轻警。从因子分析得分情况来看,各影响因子及低碳经济综合得分保持上升趋势,说明吉林省低碳经济的整体走势良好。从 2007 年开始,吉林省低碳经济整体发展水平高于平均水平,可以看出省政府对低碳经济发展的高度重视,以及通过实施政策所得到的显著成效。

### (二)环境发展有待加强,对低碳经济情况影响较大

环境发展方面警情最为突出,近年来皆为中警状态,安全隐患明显,且环境发展对低碳经济情况有相对突出的影响。2004 年与 2005 年技术发展,经济发展,社会发展警情皆相同,但环境发展警情由重警转化为中警,与整体警情变化一致。在 2012 年中,整体警情良好显示为轻警状态,但环境方面为中警,与整体情况存在偏差,未能实现协调发展。

### (三)技术与社会发展情况良好

技术发展方面与整体警情相近,存在轻微安全隐患,技术发展因子分值变化较大且变动迅速,科学技术是第一生产力,良好的低碳技术能缓解工业等重污染企业对环境的破坏,保持低碳经济稳定协调发展。低碳技术发展可有效改善低碳经济整体情况。2010 年与 2011 年社会发展,环境发展,经济发展警情皆相同,但技术发展警情由中警转化为轻警,与整体警情变化一致。

社会发展方面警情近三年都处于安全警状态。社会发展因子的分值差距最小,从侧面反映了我省低碳经济的稳健态势。

### (四)经济发展迅速,环境与经济发展不均衡

经济发展警情转化速度最快,仅 5 年时间便从重警逐步转变为轻警状态;经济发展因子分值差距最大,说明在这段时间,吉林省经济高速发展,对我省低碳经济快速发展的贡献最大。经济发展子系统警情转化速度明显高于环境发展子系统警情转化速度,有明显正向制动作用。

## 六、问题解决方案

根据灰色预测结果显示若能持续过去发展趋势,我省将于 2015 年达到安全警状态,但发展越到瓶颈越是困难,如何改进经济与环境的均衡关系,走可持续发展道路值得我们探索。针对前文结论,提出建议如下。

### (一)制定低碳经济发展战略,提高环境保护重视度

政府应提高环境保护重视程度,加大环境保护经费投入,根据吉林省地方发展情况制定低碳经济发展战略,并尝试在部分区域、行业及领域进行试点,寻求发展低碳经济合适有效的途径。

（二）化石能源低碳化，提高能源利用率

在上述分析中看到，二氧化碳的排放量过多是低碳经济的第一杀手，从源头上减少二氧化碳排放量就要开发并有效利用新能源，改变以化石能源为主要能源的现状，开发利用核能、生物质能、风能等可再生能源。

（三）设立低碳经济技术基金，激励相关技术的研发

我国碳基金模式应以政府投资为主，多渠道筹集资金。以应用为前提基础，鼓励技术创新，开拓和培育低碳技术市场，以促进低碳经济发展。

（四）调整升级产业结构，发展低碳产业

一方面要推进第三产业发展，平衡产业结构，逐渐降低高碳产业经济在国民经济中的比例，从而使产业结构符合低碳经济的标准。另一方面要将高碳产业低碳化，全面开发低碳技术，并将低碳技术引入高碳产业，利用科学技术这一第一生产力推进我省低碳经济发展进程。

（五）设计优化城市空间布局，减少出行碳排放

随着城市化率的提高，城市人口大量增多，城市空间布局逐渐变得紧凑，导致人民出行车程较远，应大力优化城市空间布局，旨在减少居民出行过程中的碳排放量。

（六）提高公民低碳意识，鼓励公民践行低碳理念

随着低碳经济的推行，低碳理念逐渐走入人民生活，如低碳生活、低碳办公、低碳旅游等等。这是一种思想意识上的觉悟，也是我们坚持低碳经济的态度，建议吉林省政府部门加大宣传经费投入，鼓励人民践行低碳理念。

## 参考文献

[1] 朱建平.应用多元统计分析[M].2版.北京：科学出版社，2012.
[2] 王文.低碳经济范式下的环境保护评价指标体系研究[D].中南大学，2011.
[3] 吴雪，陈锦，李爽.低碳经济评价指标体系的构建[J].企业经济，2012(06).
[4] 王金，陆军，吴舜泽.中国环境政策（第八卷）[M].中国环境科学出版社，2011.
[5] 秦大河，张坤敏，牛文元.中国人口资源环境与可持续发展[M].新华出版社，2002.
[6] Tanner B A.Using BMDP and SPSS for a Q factor analysis[J].Computer programs in biomedicine，1980.
[7] 陈超，邹滢.SPSS 15.0 中文版常用功能与应用实例精讲[M].电子工业出版社，2010.
[8] 王静峰，李柏年.基于灰色预测模型的安徽省经济发展与环境污染关系研究[J].价值工程，2009(10).
[9] 谢乃明.序列算子与灰色预测模型研究[D].南京航空航天大学，2005.
[10] 刘嵘，徐征，李悦.低碳经济评价指标体系及实证研究——以河北省某县为例[J].经济论坛，2010(5).
[11] Varadachari Chandrika. Understanding clay minerals with fuzzy mathematics [J]. Naturwissenschaften，2003，90(1).

（审稿人：岳荣先　张鸣芳　常　宁）

# 梨温高速公路交通事故致因的统计分析研究

胡　辉　王峰娟　唐　蓉　周芷著

（指导教师：胡　辉）

华东交通大学

## 一、案例背景

作为承载大流量和高速运动的道路载体，高速公路是国家交通运输系统的骨干，它具有高速行车、通行能力大、运输效率高、方便舒适等优点，是短距离快速通行的首要选择。但是高速公路一旦发生交通事故，往往意味着交通拥堵、财产损失乃至人员伤亡。在我国，高速公路交通事故的发生尤其如此，还表现出致死率高、救援难度大、车辆及路产损失严重等特征。例如 2012 年，我国高速公路交通事故致死率高达 33.32%，而同期的美国为 1.45%，日本仅为 0.54%。因此，有必要深入分析高速公路交通事故发生原因，继而提出预防交通事故发生的对策，以期降低交通事故发生概率，提高高速公路交通安全性。

梨温高速公路属沪昆高速 458km—662.3km 路段，共 204.3 公里，它是横贯江西东西向的大通道，也是连接长江经济区、珠江三角洲和闽东南沿海经济区的交通大动脉。该路段为沥青混凝土路面，双向 4 车道，路幅宽度为 2×7.5m，单车道宽 3.75m，硬路肩宽度为 3m。沿线共有 1 个省际收费站（赣浙省际口）、11 个市县级收费站、5 个服务区、134 座桥梁，其中跨度 100 米以上的大型、特大型桥梁 95 座。

据统计，在 2008 年 1 月至 2012 年 12 月间，梨温高速共发生大小交通事故 845 起，造成 211 人死亡、266 人受伤，给人民生命财产造成了重大的损失和威胁。为尽量避免路段上交通事故发生，减少生命财产的损失，路段管理部门希望在分析路段过去 5 年事故发生数据的基础上，了解交通事故发生的主要特征，掌握交通事故发生的重要原因，从而提出预防交通事故发生的对策建议。本案例即以梨温高速公路交通事故为研究对象，利用统计中的相关方法和模型对该路段过去 5 年发生事故进行深入分析，综合客观地评判该路段的安全状况，了解造成交通事故发生的主要因素是什么，以及这些影响因素是独立影响交通事故的发生，还是与其他因素存在交互作用，其中用到的软件工具是 Excel2010 和 SPSS19.0。

## 二、沪昆高速梨温段交通事故致因数据

### （一）交通事故数据来源与获取

案例数据通过调查取证，从江西省公安厅交通警察总队直属三支队获取，数据时间跨度从 2008 年 1 月至 2012 年 12 月。全部数据包含发生交通事故的时间（含年、月、日和星期几）、地点、气候、车辆类型、死亡人数、受伤人数、经济损失和交通事故原因等方面，数据通过调查员现场记录的方式收集。

原始的记录数据分简易事故和一般事故，因为简易事故记录指标过少，无法进行详细分析，所以本案例不作考虑，同时，有些数据信息是本文所不需要的，因此，整合的信息是最基本的数据，详见数据文件。

(二)数据预处理

原始案例数据是Excel文件，共计数据845条，对每条事故从事故发生期、事故发生时间、星期、公里数、米数、死亡人数、受伤人数、财产损失、天气类型、事故车辆类型、事故认定原因、事故认定原因大类、事故形态等13个方面进行描述。为方便后续对数据的统计分析处理，对原始数据进行以下的预处理：

(1)事故发生期：分解成年份、季节等，用数字表示。

(2)事故发生时间：定义成上午、中午、下午、晚上等，用数字表示。

(3)星期：字符型转换成数字表示。

(4)死亡人数、财产损失：转换成不同的交通事故类型，如一般事故、重大事故，用数字表示。

(5)天气类型：雨、雪、晴天、阴等天气文本类型数据转换成数字表示。

(6)事故车辆类型：对原始数据中出现的事故车辆类型转换成数字表示。

(7)事故认定原因及其大类：把原始数据中事故原因转换成数字表示。

(8)事故形态：把各种事故形态转换成数字表示。

经过预处理后的数据，另存成Excel文档和SPSS格式类型，并在SPSS软件中对各变量的取值进行相应定义，详见数据文件。

## 三、沪昆高速梨温段交通事故致因的统计建模分析

为了能对梨温高速交通事故发生原因进行深入分析，本案例首先对交通事故发生特征进行描述统计分析，然后利用灰色关联方法对交通事故发生因素的影响程度进行定量评价，最后考虑到相关变量都是分类变量，利用对数线性模型对事故发生的因素与事故发生类型进行定量分析，了解在不同因素水平下交通事故发生可能性变化。

(一)交通事故特征的描述统计分析

1. 沪昆高速公路梨温段交通事故概况

表1是对原始数据进行汇总后沪昆高速公路梨温段2008年1月至2012年12月交通事故的主要指标情况。

**表1　沪昆高速公路梨温段交通事故及相关指标统计表**

| 时间 | 事故起数 | 死亡人数（人） | 受伤人数（人） | 直接经济损失（元） |
|---|---|---|---|---|
| 2008年 | 219 | 39 | 78 | 4194036 |
| 2009年 | 221 | 55 | 81 | 13777536 |
| 2010年 | 179 | 63 | 88 | 4357944 |
| 2011年 | 107 | 76 | 97 | 4418174 |
| 2012年 | 155 | 42 | 65 | 5713170 |
| 合　计 | 881 | 275 | 409 | 32460860 |

注：简易事故、轻微事故、现场调解双方互为免责放行的未纳入统计。

根据1992年1月1号实施的公安部颁布的《道路交通事故等级划分标准》将道路交通事故分为以下四类：轻微事故，即“一次性造成轻伤1到2人，或者财产损失机动车事故不足1000元，非机动车事故不足200元的事故。”一般事故，即“一次性造成重伤1到2人，或者轻伤3人以上，或者财产损失不足3万元的事故。”重大事故，即“一次性造成死亡1到2人，或者重伤3人以上10人以下，或者财产损失3万元以上不足6万元的事故。”特大事故，即“一次性造成死亡3人以上，或者重伤11以上，或者死亡1人同时重伤8人以上，或者死亡2人同时重伤5人以上，或者财产损失6万元以上的事故。”根据原始数据，梨温高速这5年发生事故的严重程度统计如下表2。

**表2　事故严重程度统计**

| 事故类型 | 事故起数 |
|---|---|
| 轻微事故 | 110 |
| 一般事故 | 403 |
| 重大事故 | 187 |
| 特大事故 | 145 |

2. 沪昆高速公路梨温段事故特征

为了能更详细分析梨温段事故发生特征，利用已有数据，我们从事故发生的时间、空间、天气、事故形态、发生事故原因等方面进行分析。

(1)事故的时间特性分析

事故时间分布是指对已发事故的时间进行系统的分析，从而得出事故可能发生的多发季节或时段，进而有针对性的对多发时段采取相对应的措施进行预防。图1到图6分别给出了2008年1月至2012年12月沪昆高速公路梨温段交通事故月份分布变化趋势情况。

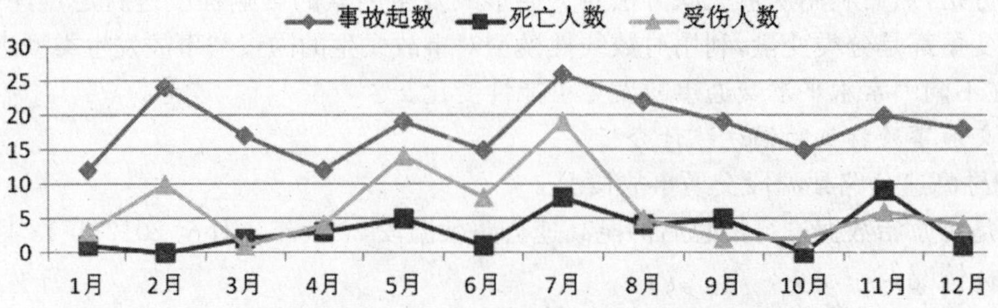


**图1　沪昆高速公路梨温段2008年各月份事故统计图**

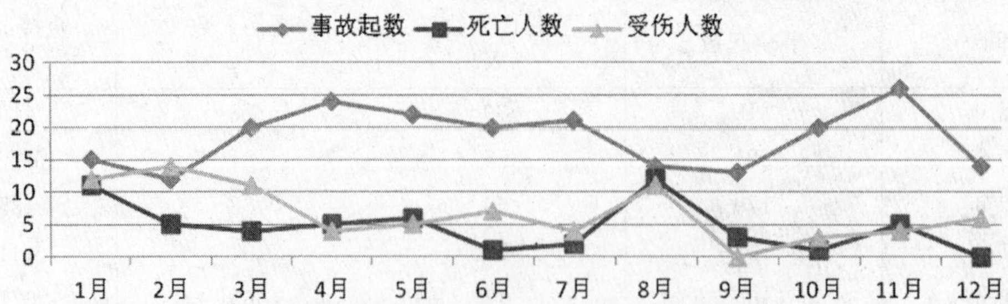


**图2　沪昆高速公路梨温段2009年各月份事故统计图**

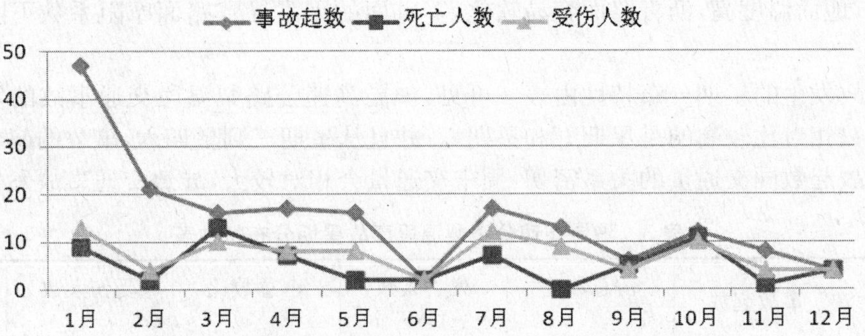


**图 3　沪昆高速公路梨温段 2010 年各月份事故统计图**

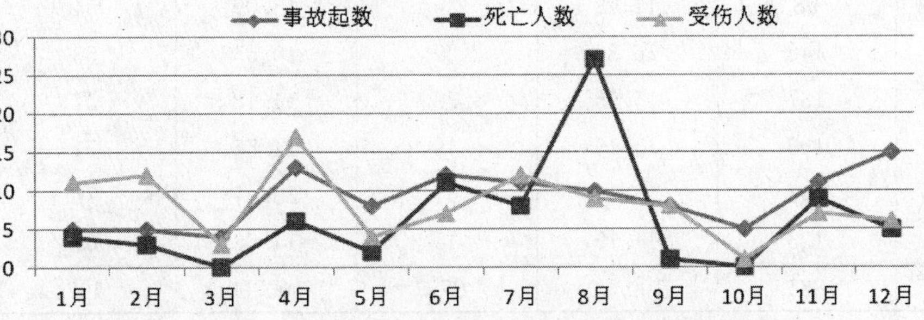


**图 4　沪昆高速公路梨温段 2011 年各月份事故统计图**

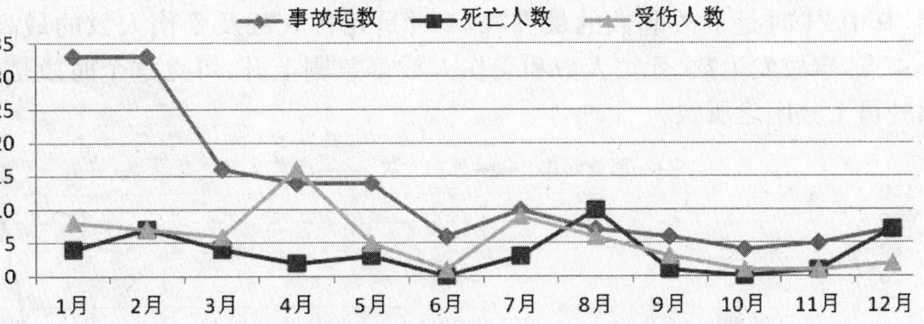


**图 5　沪昆高速公路梨温段 2012 年各月份事故统计图**

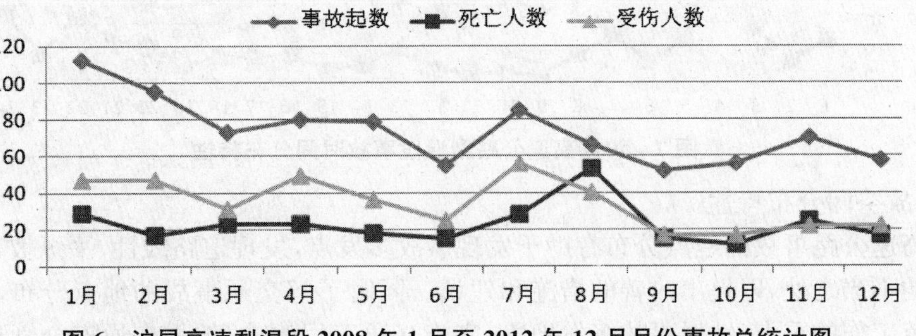


**图 6　沪昆高速梨温段 2008 年 1 月至 2012 年 12 月月份事故总统计图**

从图 1 到图 6 中可以看出，事故多发时段分布为 1 月、2 月、4 月、7 月、11 月。究其原因，一方面是交通量的原因，尤其 1 月份和 2 月份，此时一般为春运时间，沪昆高速公路梨温段交通量大，交通事故发生起数多；另一方面是天气的原因，4、7 月份处于梅雨季节，加上路段多上下坡，使得道路行驶的车辆易侧滑，引发交通事故。夏季天气炎热，人容易疲劳同时车辆也容易出现爆胎等故障，地面温度高，沥青路面容易软化，多方面的因素导致路面摩阻系数下降，容易引发交通事故。

交通事故发生的星期分布特性由表3可见，沪昆高速公路梨温段交通事故的发生，受伤人数和死亡人数相对比较高的是星期五和星期六，并且从星期三到星期六，事故的起数都比较大，也表明了事故起数同交通量的关系密切，周末交通量会相对较大，导致交通事故发生率上升。

**表3　沪昆高速公路梨温段事故星期分布特性表**

| 星　期 | 事故起数 | 占总数比（%） | 死亡人数（人） | 占总数比（%） | 受伤人数（人） | 占总数比（%） |
|---|---|---|---|---|---|---|
| 星期一 | 99 | 11.24 | 27 | 9.82 | 40 | 9.78 |
| 星期二 | 98 | 11.12 | 36 | 13.09 | 51 | 12.47 |
| 星期三 | 148 | 16.80 | 29 | 10.55 | 53 | 12.96 |
| 星期四 | 137 | 15.55 | 39 | 14.18 | 57 | 13.94 |
| 星期五 | 133 | 15.10 | 40 | 14.55 | 71 | 17.36 |
| 星期六 | 141 | 16.00 | 64 | 23.27 | 70 | 17.11 |
| 星期日 | 125 | 14.19 | 40 | 14.55 | 67 | 16.38 |
| 合　计 | 881 | 100.00 | 275 | 100.00 | 409 | 100.00 |

时段分布特性由图7可见，沪昆高速公路梨温段交通事故起数在4时、11时、14—16时、24时是高峰期，其中24时是事故起数的最高峰，4时是死亡人数及受伤人数的最高峰。图中显示，凌晨2—4点，事故发生数、死亡人数和受伤人数都急剧上升，可见这个时段是事故易发段，很可能是驾驶员十分困乏所致。

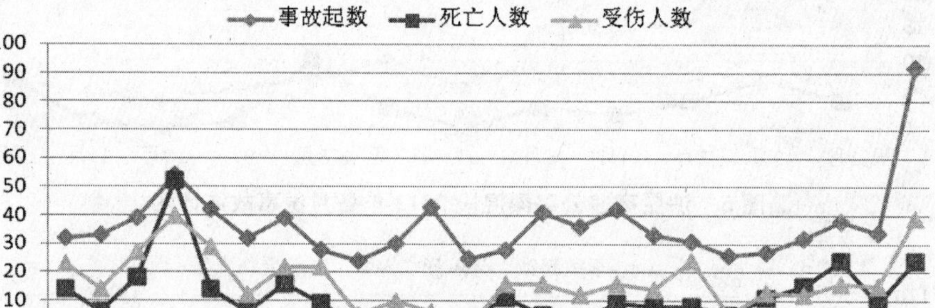


**图7　沪昆高速公路梨温段事故时间分布特性**

(2)事故空间分布特性

研究高速公路事故的地点分布有助于发现事故多发点，发现道路线性、平纵坡、超高等技术指标设计的不当之处，以提出改善的措施和建议。同时了解交通事故的地点分布，也有助于确定事故防范工作的重点，针对事故多发地段，实施交通工程改造，加强交通安全管理与控制，最大限度的降低事故率。图8、9对近5年沪昆高速公路梨温段主线各里程段事故起数及变化趋势进行统计汇总。

由图8、9可以发现2008年1月至2012年12月事故多发段主要分布在K561、K566、K575、K587、K602、K608、K623、K630路段。

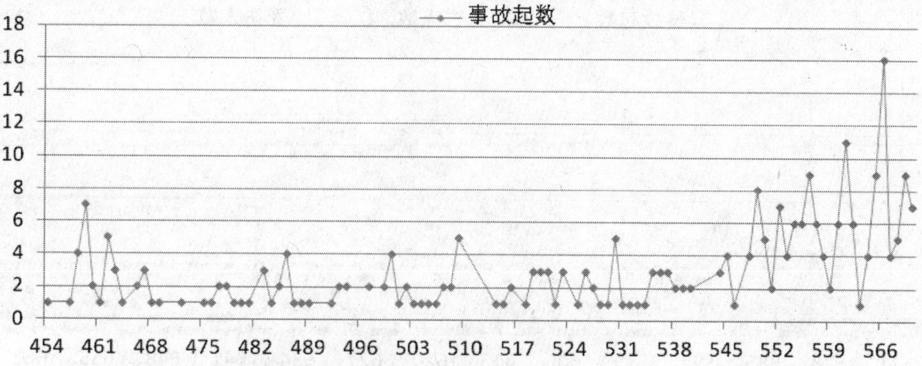


**图 8　沪昆高速公路梨温段(K458－K569)各里程事故情况图**

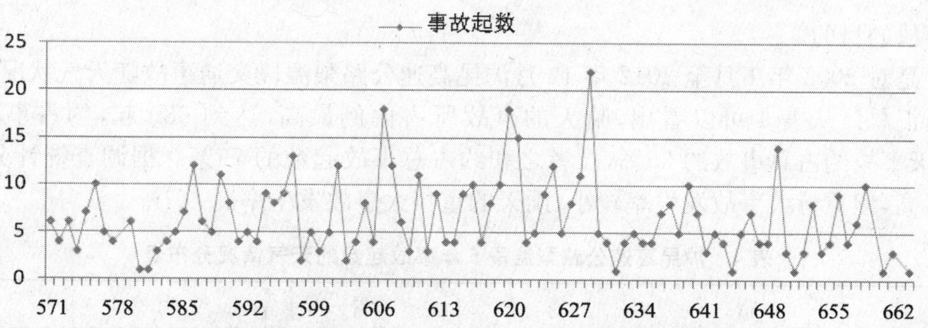


**图 9　沪昆高速公路梨温段(K570－K662)各里程事故情况图**

2008 年 1 月至 2012 年 12 月沪昆高速公路梨温段各里程事故情况汇总如图 10、11 所示，综合分析表明，沪昆高速公路梨温段事故的多发及后果严重的路段主要分布在 K561－K567、K587－K593 路段，应该加以预防。

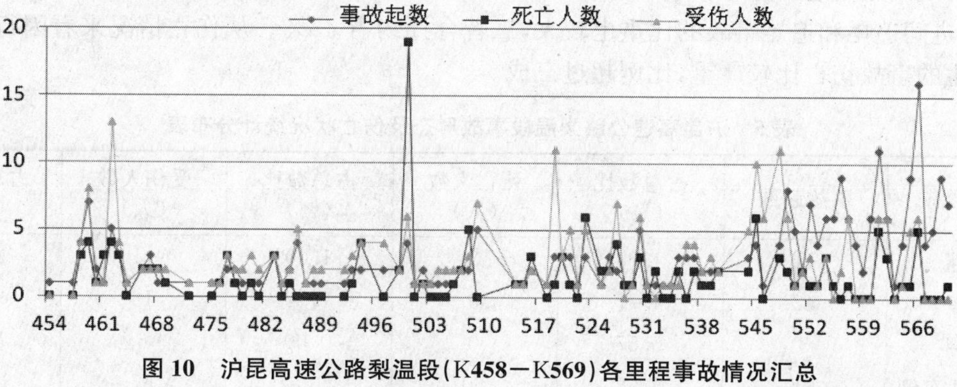


**图 10　沪昆高速公路梨温段(K458－K569)各里程事故情况汇总**

由综合分析图可以看出几个明显的峰值点，如：K631 处发生交通事故最高达到 22 起，K608、K622 处发生交通事故 18 起，K623 处发生交通事故为 16 起。因此，有必要对上述路段进行认真的研究分析，找出路况条件与交通安全防护设施存在的问题，并加以整改，从而达到预防和减少交通事故的目的。

(3)事故天气分布特性

事故的天气分布即事故在不同天气状况下的累计情况，是展示事故发生规律的另一个重要方面。研究事故的天气分布，可以有针对性地制定相应对策，采取得当的措施来达到预防和减

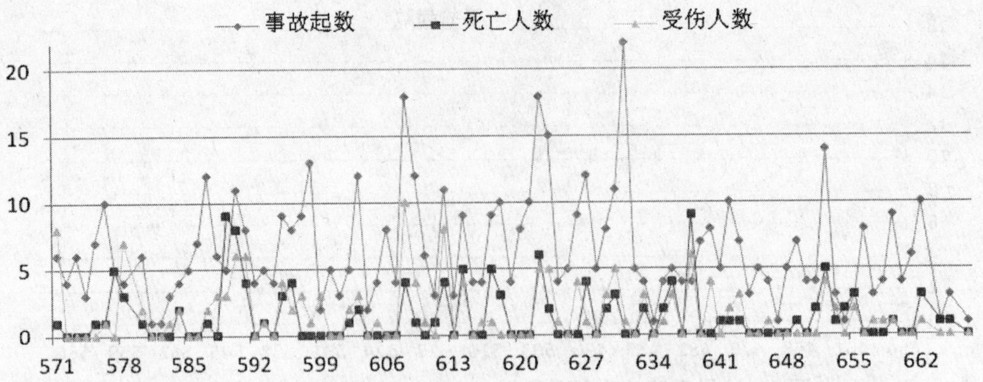


**图 11 沪昆高速公路梨温段(K570—K662)各里程事故情况汇总图**

少交通事故的目的。

表 4 是对 2008 年 1 月至 2012 年 12 月沪昆高速公路梨温段交通事故随天气状况分布变化情况进行汇总。从表 4 可以看出,晴天的事故所占比例最高,达到 380 起,约占事故总量的 43%,雨天事故约占总事故的 35%,二者之和约占总事故起数的 79%。据调查统计分析,晴天事故率最高,但重特大事故发生率较小,雨天的重特大事故发生率高。

**表 4 沪昆高速公路梨温段 5 年事故起数的天气情况分布表**

| | 晴 | 雾 | 雪 | 阴 | 雨 |
|---|---|---|---|---|---|
| 事故起数 | 380 | 15 | 12 | 162 | 312 |
| 比例(%) | 43.13 | 1.70 | 1.36 | 18.39 | 35.41 |

(4)事故形态分布特性

表 5 是沪昆高速公路梨温段的事故形态分布统计,其中撞固定物所占的比重最大,接近 40%;行进间追尾和追尾事故的比重也较大,二者合计约占 43%。从伤亡情况来看因行进间追尾所发生的事故伤亡比较严重,比例超过三成。

**表 5 沪昆高速公路梨温段事故形态及伤亡状况统计分布表**

| 事故形态 | 事故起数 | 占总数比(%) | 死亡人数(人) | 占总数比(%) | 受伤人数(人) | 占总数比(%) |
|---|---|---|---|---|---|---|
| 侧翻 | 11 | 1.25 | 3 | 1.09 | 11 | 2.69 |
| 刮擦 | 42 | 4.77 | 5 | 1.82 | 16 | 3.91 |
| 滚翻 | 5 | 0.57 | 0 | 0.00 | 6 | 1.47 |
| 碰撞静止车辆 | 61 | 6.92 | 60 | 21.82 | 67 | 16.38 |
| 尾随相撞 | 9 | 1.02 | 8 | 2.91 | 8 | 1.96 |
| 行进间追尾 | 167 | 18.96 | 97 | 35.27 | 154 | 37.65 |
| 撞固定物 | 340 | 38.59 | 28 | 10.18 | 56 | 13.69 |
| 撞行人 | 19 | 2.16 | 16 | 5.82 | 7 | 1.71 |
| 追尾 | 226 | 25.65 | 58 | 21.09 | 82 | 20.05 |
| 坠车 | 1 | 0.11 | 0 | 0.00 | 2 | 0.49 |
| 合 计 | 881 | 100 | 275 | 100 | 409 | 100 |

(5)发生事故的车型分析

分析车型构成及车型比例可以反应出该路段上行驶车辆车型的构成情况，对分析高速公路运营状况有一定的作用。分析结果如表6所示：其中小车车辆约占36%，客车车辆约占9%，货车车辆约占54%，集装箱车占0.7%，其他车型车辆占0.1%，由此可见该路段目前担负着沉重的客货运输任务。

表6 沪昆高速公路梨温段车型分布比例

| | 小车 | 货车 | 客车 | 集装箱 | 其他型 |
|---|---|---|---|---|---|
| 比例(%) | 36.2 | 54.3 | 8.7 | 0.7 | 0.1 |

图12是大、小型车辆数的比较结果，该路段大、小型车辆的比例分别是64%、36%，比例悬殊较大，对该路段安全性有很大的影响。

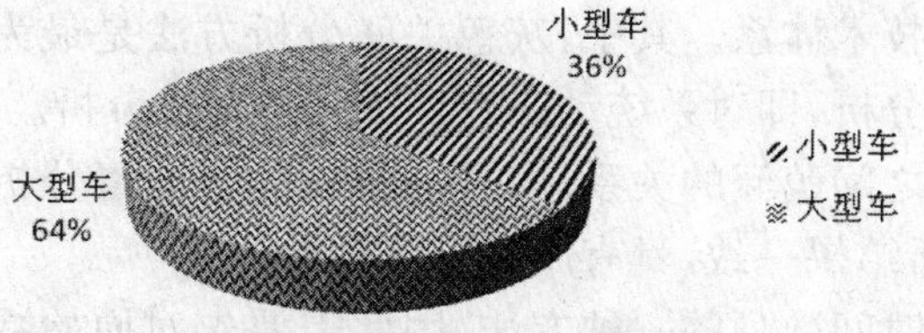


图12 大、小型车型比例图

(6)事故原因分布特性

表7为2008年1月至2012年12月事故发生原因的分析，可以看出，在造成交通事故的众多原因中，疲劳驾驶、恶劣天气未减速所占比率分别为41%、16%，这表明人是主要因素。

表7 沪昆高速公路梨温段事故原因分布表

| 事故原因 | 事故起数 | 比例(%) |
|---|---|---|
| 夜间未减速 | 11 | 1.16 |
| 低速行驶 | 5 | 0.53 |
| 妨碍安全驾驶 | 60 | 6.34 |
| 行人进高速 | 14 | 1.48 |
| 施工路段未能减速 | 12 | 1.27 |
| 低能见度不按规定行驶 | 11 | 1.16 |
| 非紧急情况占应急道 | 6 | 0.63 |
| 疲劳驾驶 | 389 | 41.12 |
| 不按规定变更车道 | 25 | 2.64 |
| 不按规定超车 | 64 | 6.77 |
| 不按规定设置标志 | 25 | 2.64 |
| 不按规定停车 | 3 | 0.32 |
| 机车不符 | 87 | 9.20 |
| 超速 | 41 | 4.33 |
| 操作不当 | 36 | 3.81 |
| 超载 | 6 | 0.63 |
| 恶劣天气未减速 | 151 | 15.96 |
| 合　计 | 946 | 100.00 |

注：原事故总数为881，合计事故为946，是因为有些事故含有1个以上的原因。

### (二)基于灰色关联和对数线性分析的沪昆高速梨温段事故致因分析

以上分析主要是从描述统计角度总结分析沪昆高速梨温段事故发生特征情况,有助于总体上把握交通事故发生的总体特性。为了能更深入分析交通事故发生原因,鉴于交通事故发生具有强烈的模糊性和不确定性,以及事故案例数据主要是非连续变量,下面利用灰色关联、对数线性模型的统计分析方法和模型,定量分析事故发生的相关特征影响程度,并对因素之间的交互关系对事故发生影响程度进行比较研究。

1. 基于灰色关联的事故致因分析

(1)灰色关联分析

灰色系统理论是20世纪80年代初由我国学者邓聚龙教授提出并发展的,其主要内容包括以灰色朦胧集为基础的理论体系,以灰色关联空间为依托的分析体系,以灰色序列生成为基础的方法体系,以灰色模型(Gray Model,GM)为核心的模型体系,以系统分析、评估建模、预测、决策、控制、优化为主体的技术体系。其中,灰色关联分析方法是最为重要的分析方法之一,它主要是对势态发展变化的分析,即对系统动态发展过程的量化分析。灰色关联分析是用较少的数据来描述系统内各因素之间蕴涵的关系,而且与传统的多因素分析方法相比,灰色关联分析计算方法简便,与定性分析结果一致,具有广泛的实用性。

灰色关联分析是分析时间数列的一种方法,因此需要先对原始数据按时间划分,利用数据在时间上的变化,计算各相关因素间的相关系数,进一步利用相关系数求出关联度。分析时首先选择反映系统行为特征的映射量,即参考数列和比较数列。用下式表示比较数列曲线 $x_1$,$x_2$,…,$x_n$ 与参考数列曲线 $x_0$ 在 $k(k=1,2,\cdots,T)$时刻的相对差值,即关联系数:

$$\xi_{0i}(k)=\frac{\Delta min+\rho\Delta max}{\Delta_{0i}(k)+\rho\Delta max}\quad i=1,2,\cdots,n$$

其中,$\xi_{0i}(k)$为第 $i$ 个因素与参考因素在 $k$ 时刻的关联系数;$\Delta_{0i}(k)$为 $k$ 时刻两个序列差的绝对值,即 $\Delta_{0i}(k)=|X_i(k)-X_0(k)|$;$\Delta\min$ 与 $\Delta\max$ 为各时刻差的绝对值中最小和最大的值;$\rho$ 为分辨系数,一般取 0.1—0.5,通常取 0.5。

关联度是关联系数的平均值,由下式计算给出:

$$\gamma_{0i}=\frac{1}{T}\sum_{k=1}^{T}\xi_{0i}(k)$$

上式中的$\gamma_{0i}$即是所求的关联度,灰色关联矩阵是由关联度组成的矩阵,从中可以看出各个子因素对参考因素的影响大小,从而确定影响参考因素的主要子因素。

(2)高速公路交通事故中人—道路致因分析

选择事故总数所在行的数据为参考数列,根据原始数据,进行事故原因的纵向横向分析见表8到表11,关联度如图13。从图13的关联度统计可知,影响高速公路交通安全的主要因素是人员,其次是道路,最后是天气和车辆。

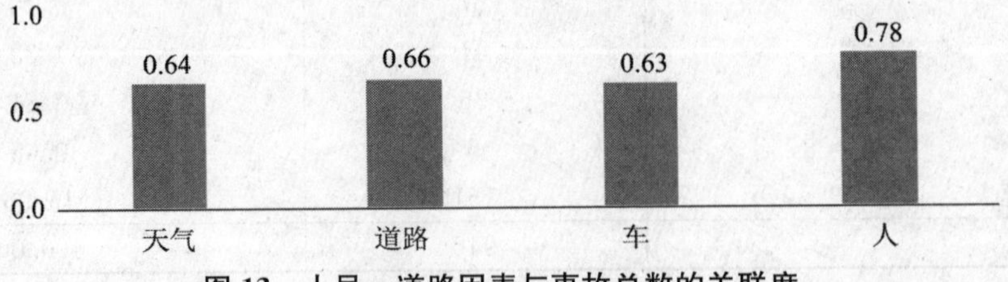


**图13　人员—道路因素与事故总数的关联度**

**表 8　纵向分析列差表**

| 类别 | 年份 | | | | | | | | | | | | | | | | | | | |
|---|---|---|---|---|---|---|---|---|---|---|---|---|---|---|---|---|---|---|---|---|
| | 2008 | | | | 2009 | | | | 2010 | | | | 2011 | | | | 2012 | | | |
| | 第一季度 | 第二季度 | 第三季度 | 第四季度 | 第一季度 | 第二季度 | 第三季度 | 第四季度 | 第一季度 | 第二季度 | 第三季度 | 第四季度 | 第一季度 | 第二季度 | 第三季度 | 第四季度 | 第一季度 | 第二季度 | 第三季度 | 第四季度 |
| 天气 | 44 | 44 | 65 | 57 | 40 | 59 | 35 | 46 | 71 | 33 | 20 | 21 | 13 | 11 | 18 | 27 | 72 | 41 | 23 | 14 |
| 路 | 40 | 47 | 64 | 49 | 39 | 65 | 34 | 56 | 80 | 32 | 24 | 19 | 9 | 10 | 14 | 16 | 83 | 33 | 21 | 10 |
| 车 | 45 | 50 | 70 | 59 | 42 | 61 | 34 | 48 | 75 | 36 | 22 | 20 | 13 | 14 | 19 | 32 | 85 | 38 | 19 | 13 |
| 人 | 17 | 24 | 35 | 30 | 20 | 34 | 23 | 24 | 47 | 16 | 9 | 6 | 13 | 10 | 9 | 24 | 42 | 20 | 12 | 11 |
| $\Delta min$ | 17 | 24 | 35 | 30 | 20 | 34 | 23 | 24 | 47 | 16 | 9 | 6 | 9 | 10 | 9 | 16 | 42 | 20 | 12 | 10 |
| $\Delta max$ | 45 | 50 | 70 | 59 | 42 | 65 | 35 | 56 | 80 | 36 | 24 | 21 | 13 | 14 | 19 | 32 | 85 | 41 | 23 | 14 |

**表 9　灰色关联系数表**

| 类别 | 年份 | | | | | | | | | | | |
|---|---|---|---|---|---|---|---|---|---|---|---|---|
| | 2008 | | | | 2009 | | | | 2010 | | | |
| | 第一季度 | 第二季度 | 第三季度 | 第四季度 | 第一季度 | 第二季度 | 第三季度 | 第四季度 | 第一季度 | 第二季度 | 第三季度 | 第四季度 |
| 天气 | 0.56069 | 0.560694 | 0.45116 | 0.487437 | 0.587879 | 0.47783 | 0.625806 | 0.548 | 0.42731 | 0.642384 | 0.776 | 0.76378 |
| 路 | 0.58788 | 0.541899 | 0.4554 | 0.530055 | 0.595092 | 0.45116 | 0.633987 | 0.4924 | 0.39592 | 0.651007 | 0.72932 | 0.788618 |
| 车 | 0.55429 | 0.524324 | 0.43111 | 0.477833 | 0.573964 | 0.4686 | 0.633987 | 0.5359 | 0.41277 | 0.617834 | 0.75194 | 0.776 |
| 人 | 0.81513 | 0.729323 | 0.62581 | 0.668966 | 0.776 | 0.63399 | 0.740458 | 0.7293 | 0.5419 | 0.82906 | 0.94175 | 1 |

| 类别 | 年份 | | | | | | | | |
|---|---|---|---|---|---|---|---|---|---|
| | 2011 | | | | 2012 | | | | |
| | 第一季度 | 第二季度 | 第三季度 | 第四季度 | 第一季度 | 第二季度 | 第三季度 | 第四季度 | 关联度 |
| 天气 | 0.87387 | 0.90654 | 0.80165 | 0.69784 | 0.4236 | 0.58084 | 0.74046 | 0.858407 | 0.63961 |
| 路 | 0.94175 | 0.92381 | 0.85841 | 0.82906 | 0.3865 | 0.64238 | 0.76378 | 0.92381 | 0.656109 |
| 车 | 0.87387 | 0.85841 | 0.78862 | 0.65101 | 0.3804 | 0.60248 | 0.78862 | 0.873874 | 0.628791 |
| 人 | 0.87387 | 0.92381 | 0.94175 | 0.72932 | 0.574 | 0.776 | 0.88991 | 0.906542 | 0.782343 |

**表 10　横向分析列差表**

| 类别 | 年份 | | | | | | | | | | | | | | | | | | | |
|---|---|---|---|---|---|---|---|---|---|---|---|---|---|---|---|---|---|---|---|---|
| | 2008 | | | | 2009 | | | | 2010 | | | | 2011 | | | | 2012 | | | |
| | 第一季度 | 第二季度 | 第三季度 | 第四季度 | 第一季度 | 第二季度 | 第三季度 | 第四季度 | 第一季度 | 第二季度 | 第三季度 | 第四季度 | 第一季度 | 第二季度 | 第三季度 | 第四季度 | 第一季度 | 第二季度 | 第三季度 | 第四季度 |
| 天气 | 148 | 145 | 143 | 148 | 149 | 142 | 149 | 144 | 136 | 150 | 151 | 155 | 153 | 152 | 154 | 150 | 134 | 153 | 154 | 154 |
| 路 | 153 | 157 | 151 | 149 | 157 | 157 | 157 | 163 | 154 | 158 | 164 | 162 | 158 | 160 | 159 | 148 | 154 | 154 | 161 | 159 |
| 车 | 108 | 110 | 107 | 109 | 110 | 103 | 107 | 105 | 99 | 112 | 112 | 113 | 112 | 114 | 114 | 114 | 106 | 109 | 109 | 112 |
| 人 | 449 | 453 | 441 | 449 | 457 | 445 | 465 | 450 | 440 | 461 | 468 | 468 | 481 | 479 | 473 | 475 | 432 | 460 | 471 | 479 |

**表 11　灰色关联系数表**

| 类别 | 年份 | | | | | | | | | | | |
|---|---|---|---|---|---|---|---|---|---|---|---|---|
| | 2008 | | | | 2009 | | | | 2010 | | | |
| | 第一季度 | 第二季度 | 第三季度 | 第四季度 | 第一季度 | 第二季度 | 第三季度 | 第四季度 | 第一季度 | 第二季度 | 第三季度 | 第四季度 |
| 天气 | 0.87387 | 0.880674 | 0.88527 | 0.873874 | 0.87163 | 0.88758 | 0.87163 | 0.883 | 0.90173 | 0.869398 | 0.86718 | 0.858407 |
| 路 | 0.86277 | 0.854088 | 0.86718 | 0.87163 | 0.854088 | 0.85409 | 0.854088 | 0.8414 | 0.86058 | 0.851945 | 0.83931 | 0.843478 |
| 车 | 0.97418 | 0.968616 | 0.97698 | 0.971388 | 0.968616 | 0.98836 | 0.976978 | 0.9826 | 1 | 0.963121 | 0.96312 | 0.960396 |
| 人 | 0.49239 | 0.489546 | 0.49817 | 0.492386 | 0.486738 | 0.49526 | 0.481219 | 0.4917 | 0.4989 | 0.483963 | 0.47918 | 0.479181 |

| 类别 | 年份 | | | | | | | |
|---|---|---|---|---|---|---|---|---|
| | 2011 | | | | 2012 | | | |
| | 第一季度 | 第二季度 | 第三季度 | 第四季度 | 第一季度 | 第二季度 | 第三季度 | 第四季度 |
| 天气 | 0.86277 | 0.86497 | 0.86058 | 0.8694 | 0.9065 | 0.86277 | 0.86058 | 0.860583 |
| 路 | 0.85194 | 0.84769 | 0.84981 | 0.87387 | 0.8606 | 0.86058 | 0.84558 | 0.849812 |
| 车 | 0.96312 | 0.95769 | 0.95769 | 0.95769 | 0.9798 | 0.97139 | 0.97139 | 0.963121 |
| 人 | 0.47055 | 0.47186 | 0.47582 | 0.47449 | 0.5048 | 0.48465 | 0.47716 | 0.471855 |

(3)事故关联度的时间序列

以季度为时间单位，选择各因素影响下5年事故发生总数为参考数列，根据原始数据，计算各年每个季度事故与人、车、道路、天气因素的平均关联度，结果如图14所示。可知，2008年到2010年第一季度，这些因素与交通事故的关联度较高，在2010年第一季度达到最高值，0.8153；从2010年第一季度开始，关联度直线下降，第四季度到达最低点，0.7854，之后一直到2011年第三季度都处于相对较低水平；从2011年到2012年末，关联度先急剧上升后又急剧下降。

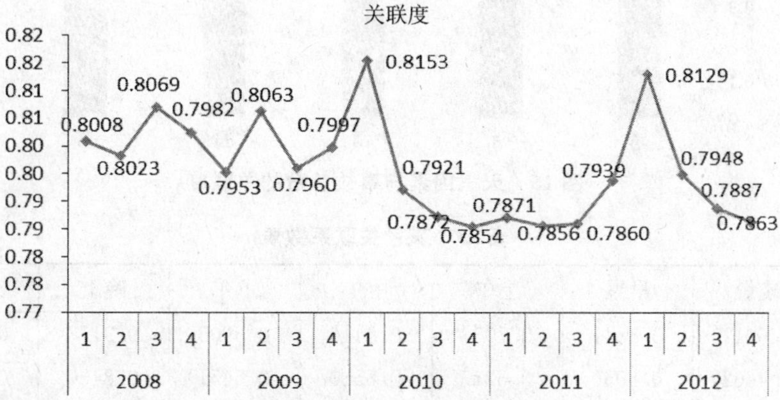


**图14 各因素与事故数关联度的时间序列**

平均每年的关联度排序结果：2008＞2009＞2012＞2010＞2011。

通过纵向分析可以借助事故总数来判断各事故原因对高速公路交通安全的影响程度，为高速公路交通安全管理提供有益的指导。通过横向分析又从另一方面分析了各年的高速公路交通安全情况，并对各年的高速公路交通安全情况进行了分析。

(4)高速公路交通事故天气因素分析

以每天不同的时间段为时间维度，选择事故总数所在行的数据为参考数列，分析各天气因素对事故的影响程度，表12为各种天气因素导致事故的列差表，计算事故总数与各因素的关联度，得到关联系数和关联度如图15，表13所示。从图15的关联度统计可知，影响高速公路交通安全的主要天气因素是晴天，其次是雨天、阴天、雾天，最后是雪天。从表13还可以发现，中午、晚上和深夜三个时段，各天气因素与事故发生量的关联度较其他时间段的高，初步判定交通事故的发生还受到时间因素的影响，而且有可能天气因素与时间因素存在交互作用，后面的对数线性模型能够进一步检验这两点。

**表12 各种天气因素导致事故的列差表**

| 天气情况 | 凌晨 | 早晨 | 上午 | 中午 | 下午 | 晚上 | 深夜 |
|---|---|---|---|---|---|---|---|
| 晴 | 126 | 49 | 90 | 39 | 95 | 43 | 37 |
| 阴 | 196 | 65 | 116 | 54 | 151 | 57 | 68 |
| 雨 | 155 | 52 | 72 | 44 | 117 | 30 | 57 |
| 雪 | 229 | 78 | 135 | 67 | 177 | 65 | 81 |
| 雾 | 230 | 72 | 135 | 68 | 180 | 65 | 81 |
| Δmin | 126 | 49 | 72 | 39 | 95 | 30 | 37 |
| Δmax | 230 | 78 | 135 | 68 | 180 | 65 | 81 |

由表得 $\max\Delta\max(k)=230$，$\min(\Delta\min)=126$。

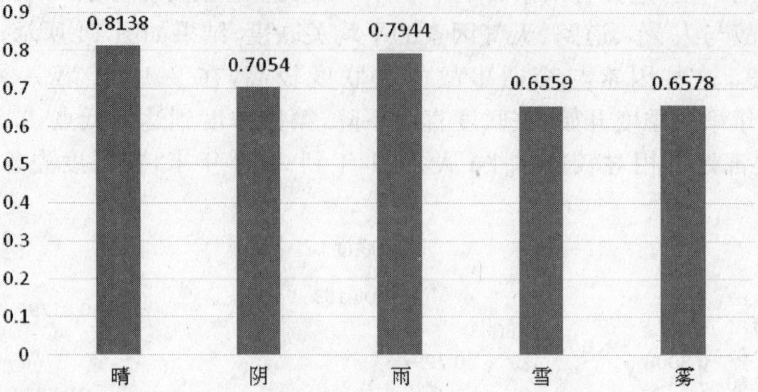


**图 15　天气因素与事故总数的关联度**

**表 13　灰色关联系数表**

| 天气情况 | 凌晨 | 早晨 | 上午 | 中午 | 下午 | 晚上 | 深夜 | 关联度 |
|---|---|---|---|---|---|---|---|---|
| 晴 | 0.6017 | 0.8841 | 0.7073 | 0.9416 | 0.6905 | 0.9177 | 0.9539 | 0.8138 |
| 阴 | 0.4662 | 0.8056 | 0.6277 | 0.8580 | 0.5451 | 0.8430 | 0.7923 | 0.7054 |
| 雨 | 0.5370 | 0.8683 | 0.7754 | 0.9119 | 0.6250 | 1.0000 | 0.8430 | 0.7944 |
| 雪 | 0.4215 | 0.7513 | 0.5800 | 0.7967 | 0.4966 | 0.8056 | 0.7398 | 0.6559 |
| 雾 | 0.4203 | 0.7754 | 0.5800 | 0.7923 | 0.4915 | 0.8056 | 0.7398 | |

根据上述分析结果可知，导致交通事故发生的主要因素是人为因素，从原始数据可以发现人的因素主要包括驾驶人超速驾驶、违规操作以及疲劳驾驶等，因此应该加大交通管理力度，对于违反交通规则的行为给予罚款等惩罚措施，结合普及规范交通知识等辅助手段，以减少并预防交通事故的发生。

从时间维度来看，2010 年第一季度开始，各种因素与事故发生的关联度大幅下降，在 2010 年第四季度达到最低，为 0.7854，直到 2011 年第三季度都处于较低水平。经过调查发现，在 2010 年到 2011 年交通部门加大了该路段资金投入，事故量大幅度地降低，可见加大资金投入也能一定程度地降低事故发生率。从总体情况看，各种因素与交通事故发生的平均关联度一直处于较高水平，且存在波动现象。

由天气因素与事故发生数的关联度分析表明，与交通事故发生关联性最大的是晴天，其次是雨天，最低的是雪天，可以认为晴天会使得事故发生量上升。同时我们还观察到，在中午、晚上和深夜三个时段各天气因素与事故总量的关联度相对较大，有待进一步验证天气因素与时间因素是否存在交互作用。

2. 基于对数线性模型的事故致因分析

(1)对数线性模型

对数线性模型是一种分析多个定类或定序型变量的多元统计分析方法。该方法以多维交叉列联表中的对数频数为研究对象，将卡方检验与多因素方差分析、多元线性回归分析等方法相结合，建立简约模型，并对变量间的频数变化和相互关联关系给予解释。这让对数线性模型不仅能够分析各变量的各主项效应，还可以分析各变量间的交互效应，而且即便是高阶交互效应也不会被遗漏。在对数线性模型分析中,有三个重要概念。

①因素(factor)

因素是将被分析的定类定序等分类变量,根据分类变量的数量模型又可分为单因素模型和多因素模型。

②主效应(main effect)

主效应是多个因素不同类别对频数分布的独立影响,主效应也称为边际效应(marginal effect)。

③交互效应(interaction effect)

交互效应是多个因素不同类别组合所造成的影响。

对数线性模型方法不仅可以解决多个变量之间的关联问题,同时,它还具有完备的统计检验功能。可以对模型中所有参数估计进行检验,使得可以通过样本数据的分析结果来推断总体的参数值。并且通过对不同模型的统计检验结果,对备选模型进行筛选和评价,使得模型在具有很强的解释能力的同时,也兼具简约的特性。

(2)层次对数线性分析

层次对数线性分析是从饱和模型入手,从饱和模型中的最高阶交互项开始,对不显著的高阶效应逐步剔除,最终形成一个简化的非饱和对数线性模型。最终得到的非饱和线性模型在剔除了不显著的高阶交互作用之后仍然具有良好的拟合度。最终得到的非饱和模型将为下一步中一般对数线性模型分析提供依据。

根据前面的灰色关联度分析,我们知道了各个因素(人,车,路,天气)的关联系数,了解了各因素的影响程度。由于数据的限制,此处,我们选取了人,车,天气以及时间四个变量进行对数线性模型分析。其中人的因素设计有三个水平,分别是行速不当、行驶方位不当、其他原因;车的因素设计有三个水平,分别是轿车、客货车、挂车;天气因素设计有三个水平,分别是阴晴、雨雪、雾;时间设计有两个水平,分别是白天和夜晚。

将数据处理后导入到 SPSS 软件中,得到如下表 14 结果。

**表 14 K－Way 和高阶效果**

| | K | df | 似然比 | | Pearson | | 迭代数 |
|---|---|---|---|---|---|---|---|
| | | | 卡方 | Sig. | 卡方 | Sig. | |
| K-Way 和高阶效果[a] | 1 | 53 | 1085.818 | .000 | 1461.748 | .000 | 0 |
| | 2 | 46 | 153.471 | .000 | 184.615 | .000 | 2 |
| | 3 | 28 | 6.440 | 1.000 | 6.195 | 1.000 | 4 |
| | 4 | 8 | .000 | 1.000 | .000 | 1.000 | 2 |
| K-way 效果[b] | 1 | 7 | 932.346 | .000 | 1277.133 | .000 | 0 |
| | 2 | 18 | 147.031 | .000 | 178.420 | .000 | 0 |
| | 3 | 20 | 6.440 | .998 | 6.195 | .999 | 0 |
| | 4 | 8 | .000 | 1.000 | .000 | 1.000 | 0 |

用于这些检验的 df 没有为结构零或抽样零进行调整。使用这些 df 的检验可能有些保守。

a. 检验 k－way 和高阶效果是否为零。

b. 检验 k－way 效果是否为零。

从表 14·中可以看出，三阶交互项效应的似然比卡方值和卡方值分别等于 6.440 和 6.195，相应的概率 P 值都为 1.000，接受零假设，表明三阶及以上的交互在剔除后对模型无显著效应。二阶及以上所有效应的检验表明，饱和模型的二阶交互效应及其以上的检验概率 P 值为 0.000，小于 0.05，因此拒绝原假设，认为二阶及以上的交互效应具有显著的差异。表 14 中第二部的检验结果也进一步肯定了以上结论，说明三阶和四阶的交互效应中不存在显著效应项。

表 15 给出的是饱和模型的效应筛选结果，从表中可以看出，在经过 8 个步骤筛选剔除后，三阶以上的交互效应均被剔除，最终留在对数线性模型中的交互效应只有人的因素 * 车的因素、人的因素 * 天气因素、车的因素 * 天气的因素这三个二阶的交互效应（剔除到最后，所有效应的检验概率 P 值都小于 0.05）。

**表 15 步骤摘要**

| 步骤 a | | | 效果 | 卡方 c | df | Sig. | 迭代数 |
|---|---|---|---|---|---|---|---|
| 0 | 生成类[b] | | 时间因素 * 人的因素 * 车的因素 * 天气因素 | .000 | 0 | . | |
| | 已删除的效果 | 1 | 时间因素 * 人的因素 * 车的因素 * 天气因素 | .000 | 8 | 1.000 | 2 |
| 1 | 生成类[b] | | 时间因素 * 人的因素 * 车的因素，时间因素 * 人的因素 * 天气因素，时间因素 * 车的因素 * 天气因素，人的因素 * 车的因素 * 天气因素 | .000 | 8 | 1.000 | |
| | 已删除的效果 | 1 | 时间因素 * 人的因素 * 车的因素 | .000 | 4 | 1.000 | 2 |
| 2 | 生成类[b] | | 时间因素 * 人的因素 * 天气因素，时间因素 * 车的因素 * 天气因素，人的因素 * 车的因素 * 天气因素 | .000 | 12 | 1.000 | |
| | 已删除的效果 | 1 | 时间因素 * 人的因素 * 天气因素 | .000 | 4 | 1.000 | 2 |
| 3 | 生成类[b] | | 时间因素 * 车的因素 * 天气因素，人的因素 * 车的因素 * 天气因素，时间因素 * 人的因素 | .000 | 16 | 1.000 | |
| | 已删除的效果 | 1 | 时间因素 * 车的因素 * 天气因素 | .000 | 4 | 1.000 | 2 |
| 4 | 生成类[b] | | 人的因素 * 车的因素 * 天气因素，时间因素 * 人的因素，时间因素 * 车的因素，时间因素 * 天气因素 | .000 | 20 | 1.000 | |
| | 已删除的效果 | 1 | 人的因素 * 车的因素 * 天气因素 | 6.440 | 8 | .598 | 4 |
| | | 2 | 时间因素 * 人的因素 | .000 | 2 | 1.000 | 2 |
| 5 | 生成类[b] | | 人的因素 * 车的因素 * 天气因素，时间因素 * 车的因素，时间因素 * 天气因素 | .000 | 22 | 1.000 | |
| | 已删除的效果 | 1 | 人的因素 * 车的因素 * 天气因素 | 6.440 | 8 | .598 | 4 |
| | | 2 | 时间因素 * 车的因素 | .000 | 2 | 1.000 | 2 |

续表

| 步骤 a | | | 效果 | 卡方 c | df | Sig. | 迭代数 |
|---|---|---|---|---|---|---|---|
| 6 | 生成类[b] | | 人的因素 * 车的因素 * 天气因素,时间因素 * 天气因素 | .000 | 24 | 1.000 | |
| | 已删除的效果 | 1 | 人的因素 * 车的因素 * 天气因素 | 6.440 | 8 | .598 | 4 |
| | | 2 | 时间因素 * 天气因素 | .000 | 2 | 1.000 | 2 |
| 7 | 生成类[b] | | 人的因素 * 车的因素 * 天气因素,时间因素 | .000 | 26 | 1.000 | |
| | 已删除的效果 | 1 | 人的因素 * 车的因素 * 天气因素 | 6.440 | 8 | .598 | 4 |
| | | 2 | 时间因素 | 593.334 | 1 | .000 | 2 |
| 8 | 生成类[b] | | 时间因素,人的因素 * 车的因素,人的因素 * 天气因素,车的因素 * 天气因素 | 6.440 | 34 | 1.000 | |
| | 已删除的效果 | 1 | 时间因素 | 593.334 | 1 | .000 | 4 |
| | | 2 | 人的因素 * 车的因素 | 19.244 | 4 | .001 | 2 |
| | | 3 | 人的因素 * 天气因素 | 93.778 | 4 | .000 | 2 |
| | | 4 | 车的因素 * 天气因素 | 19.068 | 4 | .001 | 2 |
| 9 | 生成类[b] | | 时间因素,人的因素 * 车的因素,人的因素 * 天气因素,车的因素 * 天气因素 | 6.440 | 34 | 1.000 | |

a. 在每一步骤中,如果最大显著性水平大于 .050,则删除含有"似然比更改"的最大显著性水平的效果。

b. 在步骤 0 之后,将在每一步骤显示最佳模型的统计量。

c. 对于"已删除的效果",从模型中删除该效果之后,这是卡方中的更改。

表 16 显示,经过剔除部分交互效应后得到的非饱和对数线性模型的似然比卡方检验和皮尔逊卡方检验的概率 P 值均大于 0.05,说明接受原假设,非饱和线性模型与原饱和线性模型无显著差异。

**表 16　拟合优度检验**

| | 卡方 | df | Sig. |
|---|---|---|---|
| 似然比 | 6.440 | 34 | 1.000 |
| Pearson | 6.195 | 34 | 1.000 |

根据上述一系列分析,我们得到了最终的简单对数线性模型:

$$\ln(f_{ij})=\lambda+\lambda_i^A+\lambda_j^B+\lambda_k^C+\lambda_l^D+\lambda_{ij}^{AB}+\lambda_{jk}^{BC}+\lambda_{ik}^{AC}$$

其中:$\lambda$ 为对数频数的总理论值,即常数项;$\lambda_l^A$ 是人的因素的主效应;$\lambda_j^B$ 是车的因素的主效应;$\lambda_k^C$ 是天气的因素的主效应;$\lambda_l^D$ 是时间的因素的主效应;$\lambda_{ij}^{AB}$ 是人和车两因素的交互效应;$\lambda_{jk}^{BC}$ 是车和天气因素的交互效应;$\lambda_{ik}^{AC}$ 是人和天气因素的交互效应。

(3)一般对数线性模型

由于层次对数线性模型只提供饱和模型的参数估计、没有给出简约模型的参数估计,即各效应的具体估计值，因此，在用层次对数线性模型得到最佳简约模型后，还应当采用一般模型获得具体的参数估计和检验结果，如表 17。

**表 17 参数估计[b,c]**

| 参数 | 估计 | 标准误 | Z | Sig. | 95%置信区间 | |
|---|---|---|---|---|---|---|
| | | | | | 下限 | 上限 |
| 常量 | −.944 | .806 | −1.171 | .241 | −2.524 | .636 |
| [时间因素=0] | −.050 | .069 | −.727 | .467 | −.186 | .085 |
| [时间因素=1] | 0a | . | . | . | . | . |
| [天气因素=1.00] | 4.258 | .808 | 5.269 | .000 | 2.674 | 5.842 |
| [天气因素=2.00] | 3.144 | .813 | 3.866 | .000 | 1.550 | 4.738 |
| [天气因素=3.00] | 0a | . | . | . | . | . |
| [人的因素=1.00] | 1.618 | .799 | 2.026 | .043 | .053 | 3.184 |
| [人的因素=2.00] | −.611 | 1.230 | −.497 | .619 | −3.022 | 1.800 |
| [人的因素=3.00] | 0a | . | . | . | . | . |
| [车的因素=1.00] | −1.148 | .768 | −1.496 | .135 | −2.653 | .356 |
| [车的因素=2.00] | .276 | .672 | .411 | .681 | −1.040 | 1.592 |
| [车的因素=3.00] | 0a | . | . | . | . | . |
| [人的因素=1.00]*[车的因素=1.00] | .783 | .260 | 3.009 | .003 | .273 | 1.293 |
| [人的因素=1.00]*[车的因素=2.00] | −.362 | .291 | −1.246 | .213 | −.931 | .208 |
| [人的因素=1.00]*[车的因素=3.00] | 0a | . | . | . | . | . |
| [人的因素=2.00]*[车的因素=1.00] | −.244 | .214 | −1.142 | .253 | −.663 | .175 |
| [人的因素=2.00]*[车的因素=2.00] | −.112 | .203 | −.551 | .582 | −.510 | .286 |
| [人的因素=2.00]*[车的因素=3.00] | 0a | . | . | . | . | . |
| [人的因素=3.00]*[车的因素=1.00] | 0a | . | . | . | . | . |
| [人的因素=3.00]*[车的因素=2.00] | 0a | . | . | . | . | . |
| [人的因素=3.00]*[车的因素=3.00] | 0a | . | . | . | . | . |
| [天气因素=1.00]*[人的因素=1.00] | −3.353 | .801 | −4.185 | .000 | −4.924 | −1.783 |
| [天气因素=1.00]*[人的因素=2.00] | .652 | 1.229 | .531 | .596 | −1.756 | 3.061 |
| [天气因素=1.00]*[人的因素=3.00] | 0a | . | . | . | . | . |
| [天气因素=2.00]*[人的因素=1.00] | −1.202 | .800 | −1.502 | .133 | −2.770 | .367 |
| [天气因素=2.00]*[人的因素=2.00] | 1.198 | 1.235 | .970 | .332 | −1.223 | 3.619 |
| [天气因素=2.00]*[人的因素=3.00] | 0a | . | . | . | . | . |
| [天气因素=3.00]*[人的因素=1.00] | 0a | . | . | . | . | . |
| [天气因素=3.00]*[人的因素=2.00] | 0a | . | . | . | . | . |

续表

| 参　数 | 估计 | 标准误 | Z | Sig. | 95%置信区间 | |
|---|---|---|---|---|---|---|
| | | | | | 下限 | 上限 |
| [天气因素=3.00]*[人的因素=3.00] | 0a | . | . | . | . | . |
| [天气因素=1.00]*[车的因素=1.00] | 1.439 | .763 | 1.886 | .059 | −.057 | 2.935 |
| [天气因素=1.00]*[车的因素=2.00] | .392 | .668 | .587 | .557 | −.917 | 1.701 |
| [天气因素=1.00]*[车的因素=3.00] | 0a | . | . | . | . | . |
| [天气因素=2.00]*[车的因素=1.00] | 1.682 | .754 | 2.231 | .026 | .204 | 3.160 |
| [天气因素=2.00]*[车的因素=2.00] | −.037 | .663 | −.055 | .956 | −1.337 | 1.263 |
| [天气因素=2.00]*[车的因素=3.00] | 0a | . | . | . | . | . |
| [天气因素=3.00]*[车的因素=1.00] | 0a | . | . | . | . | . |
| [天气因素=3.00]*[车的因素=2.00] | 0a | . | . | . | . | . |
| [天气因素=3.00]*[车的因素=3.00] | 0a | . | . | . | . | . |

a. 此参数为冗余参数，因此将被设为零。

b. 模型：泊松。

c. 设计：常量＋时间因素＋天气因素＋人的因素＋车的因素＋人的因素*车的因素＋天气因素*人的因素＋天气因素*车的因素。

表 17 给出的是一般模型各个因素不同类别时的主效应和交互效应的参数估计、假设检验及其显著性检验和置信区间，根据表中结果我们可以看出不同天气因素造成事故发生的可能性最高达到 71 倍之多，而人与车交互因素影响造成事故发生可能性也增加到 2 倍。

3. 事故致因分析总结

从交通事故致因具体因素来看，根据灰色关联分析可得各项关联度的平均值：人员—道路因素导致事故的关联度：r=0.67671；时间因素导致事故的关联度 r=0.79604；天气因素导致事故的关联度：r=0.72546。结果说明导致高速公路交通事故发生的主要因素是由时间因素引起的，其次是天气因素，最后是人员—道路因素。经过调查发现，在 2010 年到 2011 年交通部门加大了该路段资金投入，因此事故量大幅度的降低，因而影响高速公路交通事故的主要因素归为天气因素和人员—道路因素，当然资金量的投入的因素也不能不容忽视。要预防高速公路交通事故的发生，首先要从天气因素和人员—道路因素入手，进一步分析交通事故的发生，提高对高速公路相关部门工作人员和驾驶人员的要求，并加强对道路和其他基础条件的完善和保养。

根据以上层次对数线性模型和一般对数线性模型的分析，我们得知，除了天气因素、人的因素、时间的因素与车的因素这四个主效用对交通事故的发生有影响外，人的因素*车的因素、人的因素*天气因素、车的因素*天气的因素这三个交互效应在对交通事故的发生也有显著影响，比如驾驶员行驶速度过快或者过慢，且驾驶的为小轿车则更容易出现交通事故。

## 四、结论分析与对策建议

本案例以沪昆高速梨温段 2008—2012 年以来发生的交通事故为分析对象，应用统计的相关方法和模型对交通事故发生特征、交通事故致因进行了总结描述和深入分析，得到如下的分析结果与对策建议：

（一）人、车、道路以及天气因素与事故发生的关联度分别为0.7823、0.6288、0.6561和0.6396，都处于较高水平，说明这几个因素可能是致使梨温高速公路交通事故发生量较大的主要原因，而且人为因素是最为主要的。结合对数线性模型分析结果可知，人为因素的三个水平（不按规定速度行驶、违反交通规则、其他原因）中，对交通事故影响最大的是不按规定速度行驶，所以应该对高速公路上车辆的行驶速度制定严格的规定，违反规定的给予罚款等严重惩罚，同时加强宣传力度也是一个不可忽视的手段，从主要原因入手，将事故量降下来，减少人们生命财产损失。晴天之所以发生交通事故最多，可能往往是由于雨雪天高速公路封闭、人的安全意识增强等原因反而导致事故发生的减少，但一旦发生事故造成损失就较大。

（二）道路与交通事故的关联度排在第二位，说明对事故的发生也有较大程度的影响。由于没有获得交通道路因素的具体信息，没能用对数线性模型分析其对事故影响的显著性，但是事故空间特征的统计分析表明，某些路段（如K561－K567、K587－K593路段）确实是事故多发段，有必要分析道路的具体特征，采取增加路面抗滑性能、完善设施、加强道路必要的维修和改造维修等相应的措施以降低事故发生率。

（三）以每天的不同时间段（凌晨、早上、上午、中午、下午、晚上、深夜）为时间维度，分析得到天气因素各因子（晴、阴、雨、雾、雪）与交通事故的关联度，其中最高的是晴、阴两个因子与交通事故，分别是0.8138和0.7944，说明天气为晴天和阴天的时候，高速公路更容易发生事故。对数线性模型检验结果进一步验证了这一点。且天气因素与人为因素的交互作用检验结果表明，晴天因为驾驶人违反交通规则和疲劳驾驶等其他原因导致的事故大量存在，所以在晴天要特别加强交通管理，加大对违反交通规章制度的惩治力度。晴天和雨雪天，轿车发生交通事故的可能性大于客货车和挂车，所以从车型方面，无论是晴天还是雨雪天都要从轿车入手，针对轿车制定规则，减少事故发生。

（四）考察不同时间段天气因素与交通事故的关联系数，发现中午、晚上和深夜三个时段关联系数较其他时间段的高，有理由认为天气因素与时间因素存在交互作用。由对数线性模型，并没有充分的理由认为这一假设成立，但是根据生活常识，中午是上下班的高峰时段、晚上是下班高峰期，交通量猛增，势必导致交通事故量增加，而夜晚能见度低、疲劳驾驶等原因也可能导致事故发生，本案例分析有可能因数据局限性拒绝了这一推测，但值得未来对此做进一步研究。

（五）对数线性模型分析表明，雨雪天较雾天的事故量大为上升。由前文对事故特征的统计分析可知，雨天发生的事故数在事故总数也占到相当大的比例（36％），且经调查发现，雨天的特重大事故发生率较高。由于夏季炎热、年降水量较大并且日交通流量大，超载、超速车辆较多，导致梨温高速公路沥青混凝土路面的水损害情况比较严重，应该重视对路面积水问题的治理，采取措施以提高排水功能。在雨天超速行驶会使得车辆难以驾驭，容易导致重大事故发生，因此制定规章、限制车速也是必要的措施。

（六）单从车型因素来看，客货车和挂车事故发生率更高。车型的统计特性分析也显示，无论从车流量还是事故发生量方面，大车与小车比例相差悬殊，大车多于小车。而在晴天和雨雪天，轿车发生事故的可能性更高，且轿车由于驾驶人不按规定速度行驶发生的事故是其他原因导致事故的2.2倍。这就对高速公路交通安全提出了综合性的高要求，从总体上要采取措施控制客货车、挂车的安全行驶，而在晴天、雨雪天又要特别关注轿车尤其是控制行驶速度方面。

（七）人、车、道路和天气四个因素与交通事故的平均关联度的季度时间序列分析结果可知，从2008－2012年，平均关联度一直处于较高水平且存在大幅度的波动现象，在2010年第二季度到2011年第四季度期间，关联度降到相对低的水平，经调查发现这可能得益于2010年到2011年，政府对该路段加大了资金投入，说明政府主动干预，加大投入力度，能够一定程度地降低交通事故量。

## 参考文献

[1] 马壮林.高速公路交通事故时空分析模型及其预防方法[D].北京：北京交通大学，2010.

[2] 李蓉，刘湘，刘坚.基于起越对数函数的道路交通事故频数预测[J].湖南大学学报（自然科学版），2013，40(4)：49－54.

[3] 张宇杰，丁剑，周文娜，等.广义估计方程在交通事故频数建模中的应用[J].交通信息与安全，2013，31(5)：123－127.

[4] 王卓，刁朋娣，贾利民，等.铁路事故致因与风险分析[J].中国安全科学学报，2012，22(6)：79－85.

[5] 谢邦昌.对数线性分析.http://www.doc88.com/p－77389162914.html.

[6] 王静龙，梁小筠.定性数据分析[M].上海：华东师范大学出版社，2005.7.

[7] IBM SPSS Corporation.IBM SPSS Statistics 教程.

（审稿人：崔恒建　吴耀华　孙六全　夏万军）